Nicolas Stockmann, Werner Rudhart, Helmuth Taubald

Brasilien

REISE-HANDBUCH

Inhalt

Wissenswertes über Brasilien

Wissenswertes für die Reise

Unterwegs in Brasilien

Kapitel 1 – Der Südosten

Kapitel 2 – Bahia

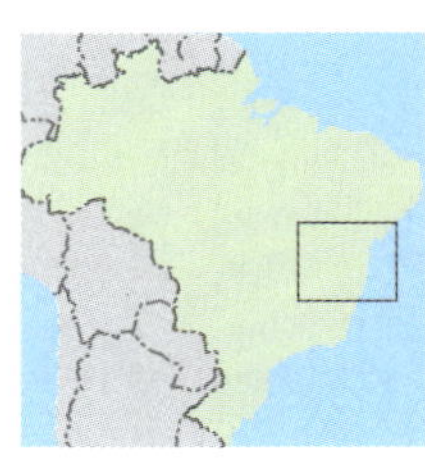

Kapitel 3 – Der Nordosten

Kapitel 4 – Der Norden

Kapitel 5 – Der zentrale Westen

Kapitel 6 – Der Süden

Themen

Alle Karten auf einen Blick

Land der Extreme und Widersprüche

Zu kaum einem anderen Land der Welt gibt es so unterschiedliche Vorstellungen und Ansichten wie zu Brasilien. In den Reisejournalen erscheint es als verheißungsvolles exotisches Urlaubsparadies, in den Medien als gesetzloses Ghetto der Gewalt, als lichterloh brennender Amazonas-Urwald. Wie kritisch wir dem Land auch gegenüberstehen mögen, Brasilien bleibt – besonders für uns Europäer – ein ewiger Mythos. Nicht nur die grandiose Natur fasziniert uns, sondern auch die Menschen dieses Landes.

Die Leichtigkeit der Brasilianer zu kommunizieren, zu flirten und Gefühle zu zeigen ist bewundernswert. Ihre spontane Ausgelassenheit und Lebensfreude steckt an und wirkt auf uns häufig wie ein Jungbrunnen. Es ist, als würde man Energie tanken für ein Überwintern in heimischen Gefilden. Besonders im stärker afrikanisch geprägten Bahia ist der Mentalitätsunterschied deutlich spürbar, in Salvador, der ›heißesten‹ Stadt Brasiliens, werden so viele Feste gefeiert wie sonst nirgendwo auf der Welt. Im Falle Brasiliens kann man durchaus von einem Mentalitätstourismus sprechen.

Nicht immer wird man gleich mitfeiern, sondern beschränkt sich zunächst auf die Rolle des Beobachters. Das gemischteste Volk der Erde berauscht unsere Sinne, anfangs kommt man aus dem Staunen und Schauen nicht mehr heraus. Besonders in den großen Städten wie Rio und São Paulo fühlen wir uns wie in einem multikulturellen Freilichttheater, an kaum einem anderen Ort der Welt sehen wir so viele Hautfarben und Typen. In anderen Städten fallen ethnisch-regionale Besonderheiten ins Auge, so die Blonden und Blauäugigen in Pomerode und Blumenau, die dunkelhäutige Bevölkerung in Salvador oder Menschen indigener Abstammung in Belém und Manaus.

Obwohl wir in Brasilien eher das andere, Entgegengesetzte suchen, können wir uns hier zugleich ein wenig wiederfinden. Es ist trotz aller Unterschiede, trotz der indigenen Bevölkerung und trotz der Sklaven aus Afrika eine überwiegend europäisch geprägte Kultur. Aus der Zeit der Kolonisierung stammt der portugiesische, holländische und französische Einfluss, aus der Zeit der Immigration besonders der italienische und deutsche, aber es machen sich auch die kulturellen Wurzeln der Schweizer, Österreicher, Ukrainer, Polen etc. bemerkbar. Im 19. Jh. siedelten sich etwa 250 000 deutsche Einwanderer im Süden des Landes an und drückten dieser Region bis heute einen Stempel auf. Es gibt Kleinstädte wie Pomerode, wo die deutsche Sprache allgegenwärtig ist, oder Feste wie das Oktoberfest in Blumenau, bei denen deutsche Traditionen lebendiger sind als bei uns in der Heimat.

Die meisten Brasilienbesucher kommen jedoch nicht, um sich hier wie zu Hause zu fühlen. Neben dem Interesse an den Menschen und ihrer anderen, spontaneren Lebensart sind es die Superlative der Natur, die uns anziehen. Der wasserreichste Fluss, 7500 Kilometer Küste, der größte Regenwald, die gewaltigsten Wasserfälle, das größte Feuchtsavannengebiet und die reichste Flora und Fauna der Welt. Nirgendwo sonst gibt es so viele Arten von Blütenpflanzen, Süßwasserfischen, Säugetieren, Wirbeltieren, Primaten und Insekten. Was will man noch mehr? Vielleicht den größten innerstädtischen Nationalpark der Welt mitten in Rio de Janeiro?

Die Städte Brasiliens üben auf Touristen ebenfalls starke Anziehung aus. Im Fall von Rio de Janeiro erlebt man eine Großstadt mitten in der Natur, die Wohnbezirke sind von grünen Hügeln durchbrochen, überall befinden sich kleine Parks und Plätze und die Stadtstrände von Copacabana und Ipanema liegen vor der Haustür. Liebt man Kontraste, so findet man im Landesinnern in Brasília eine ›Kunststadt‹, die als die modernistischste Hauptstadt der Welt gilt. Oder man taucht ein in die Megacity São Paulo, das wirtschaftliche Zentrum des ganzen südamerikanischen Kontinents. Völlig entgegengesetzter Art sind die Reichtümer der historisch ersten Hauptstadt Salvador mit Hunderten bedeutenden Kulturdenkmälern aus der Kolonialzeit, vergleichbar nur mit Ouro Preto und Olinda, sowie eine lebendige Altstadt.

In den größeren Küstenorten des Nordostens muss man sich um abendliche Vergnügen keine Sorgen machen, sei es in Ausgehvierteln oder an Strandbars, wo häufig Livemusik geboten wird. Im Nordosten findet man besonders leicht Kontakt, die Menschen sind freundlich und aufgeschlossen, überall gibt es populäre Treffs. Das fast konstant tropische Klima dieser Region führt dazu, dass man sich viel draußen, auf der Straße oder am Strand aufhält. Getrunken wird meist Bier – es schmeckt gut, ist kühl und erfrischend. Im Norden und Nordosten bestellt man dazu Fisch und Meeresfrüchte, während im Südosten und Süden Fleisch auf der Speisekarte steht, das man am besten in einer der vielen *churrascarias* genießt. *Boa viagem!*

Die Autoren

Nicolas Stockmann
Werner Rudhart
Helmuth Taubald

www.dumontreise.de/magazin/autoren
www.faszination-lateinamerika.de, www.rio-insider.com, www.salvador-insider.com, www.saopaulo-insider.com

Die Autoren Nicolas Stockmann, Werner Rudhart und Helmuth Taubald leben schon seit vielen Jahren in Brasilien und haben sich dort durch ihre journalistische Arbeit kennengelernt. Es verbindet sie die Liebe zu diesem besonderen Land, das sie von ihren brasilianischen Heimatstädten aus auf unzähligen Reisen immer wieder ausgiebig durchstreifen. Das Ergebnis sind neben dem vorliegenden Buch weitere gemeinsame Reiseführerpublikationen sowie ein Tourennetzwerk für individuelle Stadtführungen in Rio de Janeiro, Salvador und São Paulo (Websites s. oben). Auch nach vielen Jahren haben sich die Autoren ihre Faszination für das tropische Riesenland erhalten und geben ihre Erfahrungen und Einblicke gerne an interessierte Reisende weiter.

Reisen in Brasilien

Schon immer hat Brasilien für Europäer und besonders Deutsche eine ganz besondere Anziehungskraft. Trotz der portugiesischen Kolonialgeschichte haben sich in diesem südamerikanischen Land eine spezifische Kultur und Mentalität herausgebildet, die immer wieder als komplementär zum europäischen Lebensstil angesehen worden ist. Der Besucher staunt und erfreut sich an der fast kindlichen Leichtigkeit des Seins. Hier geben sich die Menschen spontaner, natürlicher, direkter und verspielter. Man merkt es auf Schritt und Tritt, besonders jedoch bei den vielen Festen und Musikveranstaltungen. Auch bietet das Land zahlreiche Möglichkeiten für einen Erholungsurlaub an paradiesischen tropischen Stränden sowie für den naturnahen, ökologisch ausgerichteten Tourismus. Beeindruckend ist schon die schiere Weite des Landes. Wo sonst fährt man viele Kilometer, ja oft Stunden, ohne auf eine menschliche Ansiedlung zu treffen. In Brasilien leben durchschnittlich 25 Menschen/km^2, in Deutschland sind es 250. Aber auch der an Kunst und Kultur interessierte Gast kommt besonders im Bereich der Architektur auf seine Kosten, in vielen Städten finden sich barocke Prachtbauten und intakte Altstädte.

Jedem sein Strand

Der Strand ist ein wichtiger Bestandteil des brasilianischen Lebensgefühls. *»Não é a minha praia«*, das ist nicht mein Strand, sagen die Leute, wenn sie sich unsicher oder irgendwo fehl am Platz fühlen. Auf 7400 km Küste besteht eine reiche Auswahl und jeder kann seine *praia* finden. Im **Sommer** werden die Strände des **südlichen Santa Catarina** zu einem der beliebtesten Urlaubsziele, nicht nur der Brasilianer. Vor allem junge Leute zieht es dann nach **Florianópolis, Balneário Camboriú** oder zur **Praia do Rosa:** Sonne, Surf und Party heisst die Devise. Im **Winter** ist das Wasser im Süden zum Baden jedoch zu kalt.

Die Strände des **Südostens** werden begleitet von der mit Regenwald bedeckten Küstenkordillere der Serra do Mar. Trotz der Nachbarschaft der größten Städte des Landes kann man durchaus noch einsame Meeresbuchten finden, denn die Brasilianer baden am liebsten da, wo möglichst viele andere sind. Und es gibt ja noch die Inseln, **Ilha Grande, Ilhabela** und **Ilha do Mel** sind die attraktivsten.

Am sichersten und ausgeglichensten ist das Klima im **Nordosten.** Besonders **Bahia** genießt das Image eines brasilianischen Sunshine State. Der größte Staat der Region bietet an seiner Küste, die mit Kokospalmen und Mangroven in vielem dem entspricht, was man aus Reiseprospekten kennt, bekannte Ziele wie **Porto Seguro** oder **Trancoso.** Aber es gibt auch ständig wechselnde ›Geheimtipps‹.

In den **nördlicheren Staaten** erweitert sich das Strandspektrum um spektakuläre Dünenlandschaften wie **Jericoacoara,** Felsformationen wie bei **Canoa Quebrada** und vorgelagerte Korallenbänke etwa bei **Recife** und Porto de Galinhas. Hier, und vor allem auf der Naturschutzinsel **Fernando de Noronha,** suchen die Taucher ihr Paradies. Noch weiter im Norden, an den Stränden von **Maranhão, Pará und Amapá,** mögen die vom Amazonas ausgeschwemmten Sedimente das sonst klare Türkis und Blau des Ozeans etwas trüben, doch imponieren hier Mangrovenwälder und die zum Teil kaum berührte Wildnis der Küste.

Natur pur

Abseits der Küste zieht es die meisten Urlauber zu drei spektakulären Reisezielen. Da ist das riesige **Amazonien,** der größte Regenwald der Welt, mit einzigartigem Artenreichtum und faszinierenden Flusslandschaften. Die **Anavilhanas-Inselgruppe** im Rio Negro bei Manaus ist ein riesiger Flussarchipel, mit unzähligen Sandstränden zur Niedrigwasserzeit. In den Lodges kann der Gast in die amazonische Welt eintauchen.

Da den Tieren der Amazonaswälder kaum nah zu kommen ist, bevorzugen viele Besucher das Wasser- und Insellabyrinth des **Pantanal.** Die ausgedehnteste Feuchtsavanne der Welt ist Brasiliens Tierparadies mit der weltweit höchsten Konzentration von Fauna.

Und schließlich sind da noch die **Cataratas do Iguaçu,** die wasserreichsten Fälle der Welt, bestehend aus 20 größeren sowie 255 kleineren Wasserfällen, die in einer Ausdehnung von 2,7 km in die Tiefe stürzen.

Es mangelt also nicht an Natur-Superlativen. Brasilien ist weltweit das führende Land, was natürliche Ressourcen anbelangt. Von seinen 71 **Nationalparks** sind 26 für Besucher geöffnet. Viele liegen weitab, andere direkt vor der Haustür, wie die **Floresta da Tijuca** von Rio de Janeiro.

An den meisten Orten besteht ein breites Angebot an lokalen **ökologischen Exkursionen** und **sportlichen Naturabenteuern,** sowohl auf dem Wasser als auch auf dem Land und in der Luft.

Kunst- und Kulturgenuss

Wer nach **Ouro Preto** und zu den anderen historischen Kleinstädten von **Minas Gerais** fährt oder nach **Olinda** bei Recife, wird entzückt sein von der Pracht und dem Reichtum der barocken (Kirchen-)Kunst, übertroffen nur noch von den Palästen in **Salvador.** Auch die moderne Architektur, verbunden mit dem Namen **Oscar Niemeyer,** lässt sich vielerorts, vor allem jedoch in der von ihm nach dem Grundriss eines Flugzeugs entworfenen Hauptstadt **Brasília** bewundern.

Die Zahl der **Museen** in Brasilien wird auf rund 4000 geschätzt. Allein in **São Paulo** existieren 111, darunter das international bedeutende Kunstmuseum MASP. Ein Museum der ganz besonderen Art ist das **Instituto Inhotim** bei Belo Horizonte in Minas Gerais. Es verbindet zeitgenössische Kunst, Architektur, Landschaftsgestaltung und Botanik zu einem Gesamtkunstwerk.

Desgleichen ist die **Volkskunst** reich entwickelt, sei es im **Kunsthandwerk** oder bei

WICHTIGE FRAGEN VOR DER REISE

Welche **Dokumente** braucht man für die Einreise und beim Reisen? s. S. 66

Welches **Budget** muss ich für einen Urlaub in Brasilien einplanen? s. S. 93

Sollte man schon zu Hause **Geld** tauschen oder erst im Land? s. S. 84

Welche **Impfungen** sind notwendig, welche **Medikamente** sollte man dabeihaben? s. S. 86

Welche **Kleidung** muss in den Koffer? s. S. 88

Wie macht man am **Strand** eine gute Figur? s. S. 81

Welche **Verkehrsmittel** benutzt man, um ein Land von kontinentalen Ausmaßen zu bereisen? s. S. 12, 67

Sommer oder Winter oder wo herrscht welches **Klima** im Land? s. S. 89

Wie steht es um die **Sicherheit** im Land? Welche Vorkehrungen sollte man treffen? s. S. 93

den zahlreichen populären **Festen** (mal ganz abgesehen vom weltberühmten Karneval), die sowohl von den Tänzen und der Musik her als auch durch farbenfreudige Umzüge, fantasievolle Festwagen und traditionelle szenische Inszenierungen beeindrucken (***Festas juninas,*** s. S. 80).

Auch die ›**hohe**‹ **Kunst** ist in Brasilien in zahlreichen Theatern, anspruchsvollen Ballettstücken und bedeutenden Symphonieorchestern präsent – und das zudem an Orten, wo allerhöchstens Fitzcarraldo es erwarten würde: Mitten in Amazonien unterhält die Stadt **Manaus** eine Philharmonie und veranstaltet alljährliche **Opernfestspiele.**

Brasilien individuell oder pauschal – Tudo bem!

Brasilien ist ein unkompliziertes Reiseland. Die Brasilianer sind selbst viel unterwegs und können auf eine relativ gute Reiseinfrastruktur zurückgreifen. Fehlende Hinweistafeln und mangelnde Fremdsprachenkenntnisse der Einheimischen werden mehr als kompensiert durch Gastfreundlichkeit und Hilfsbereitschaft und, in dringenden Fällen, durch ein sagenhaftes Improvisationsvermögen.

Es gibt praktisch keine Eisenbahn, dafür können **Individualreisende** auf ein flächendeckend ausgebautes **Fernbusnetz** bauen. Mit bequemen Reisebussen (auch mit separaten Schlafliegen) kommt man von den größeren Städten aus preisgünstig in jeden Winkel des Landes und zurück. In Amazonien, wo Flüsse die Straßen sind, steigt man um ins **Schiff** mit Hängematte. Da mag mancher das **Flugzeug** vorziehen, bei den größeren Entfernungen oft sowieso die bessere Option. Inlandflüge sind vor Ort einfach zu buchen.

Die brasilianischen **Frauen** sind selbstbewusst und genauso kann man sich als reisende Europäerin bewegen, ohne angemacht oder belästigt zu werden. An den Hauptreisezielen (Rio, São Paulo, Salvador, Foz do Iguaçu usw.) findet man als Alleinreisende(r) leicht Infos, Kontakte oder Gruppenanschluss.

Wer das **pauschale Reisen** vorzieht, hat zwar meist daheim gebucht, kann aber bei den Reisebüros und Agenturen vor Ort mit kompetenter Hilfe und vielen weiteren passenden Angeboten rechnen. Wir haben uns im vorliegenden Buch bemüht, bei den Tipps für örtliche Agenturen vorrangig solche auszuwählen, die entweder von Deutschen geführt werden oder auch mit deutschsprachigen Führern arbeiten.

NACHHALTIG REISEN

Die Umwelt schützen, die lokale Wirtschaft fördern, intensive Begegnungen ermöglichen, voneinander lernen – nachhaltiger Tourismus übernimmt Verantwortung für Umwelt und Gesellschaft. Die folgenden Websites geben Tipps, wie man seine Reise nachhaltig gestalten kann.

www.fairunterwegs.org: »Fair Reisen« anstatt nur verreisen – dafür wirbt der schweizerische Arbeitskreis für Tourismus und Entwicklung. Außerdem erhält man hier Infos zu Reiseländern in der ganzen Welt.

www.sympathiemagazin.de: Länderhefte mit Infos zu Alltagsleben, Politik, Kultur und Wirtschaft; Themenhefte zu den Weltregionen, Umwelt, Kinderrechten und Globalisierung.

www.forumandersreisen.de: Hier haben sich über 100 Reiseveranstalter zusammengeschlossen, die sich für einen umweltfreundlichen und sozialverträglichen Tourismus engagieren.

Außerdem: www.atmosfair.de, www.tourism-watch.de

Planungshilfe für Ihre Reise

Angaben zur Zeitplanung

Bei den folgenden Zeitangaben für die Reise handelt es sich um Empfehlungswerte für Reisende, die ihr Zeitbudget eher knapp kalkulieren.

Kulturerlebnis

Naturerlebnis

Die Kapitel in diesem Buch

1. Der Südosten

Rio de Janeiro und São Paulo sind die größten und wichtigsten Städte Brasiliens. Während die Stadt am Zuckerhut wohl zum Wunschprogramm eines jeden Brasilienreisenden gehört, stellt die geschäftige Mega-City São Paulo die Alternative für alle dar, die den Strand einmal gegen modernen Museen und *urban culture* tauschen wollen.

Und dazwischen? Angefangen mit dem Nationalpark Floresta da Tijuca (Rio), sind es über 500 km Küste (Costa Verde/Litoral Norte) entlang der mit Regenwald bedeckten Serra do Mar. Unterwegs verleitet vor allem die Ilha Grande mit tropischer Natur ohne Autos zu ausgedehnteren Besuchen. Das Kolonialstädtchen Paraty markiert den Endpunkt auf dem Weg des Goldes aus der Provinz Minas Gerais zur Küste. In Minas Gerais führen die Barockstädte Ouro Preto und Tiradentes den Besucher zurück in eine reiche kulturelle Vergangenheit.

- *Rio de Janeiro*
- *São Paulo*
- *Ouro Preto*

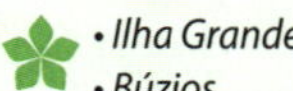

- *Ilha Grande*
- *Búzios*

Gut zu wissen: Die Fahrt von Rio nach São Paulo auf der Hauptverkehrsader durch das Hochtal Vale do Paraíba dauert ca. 6 Std. Die Fahrt auf der Küstenstraße ist mit öffentlichen Verkehrsmitteln nicht an einem Tag zu machen und lohnt sich nur mit Aufenthalt(en) in Paraty oder auf einer der Inseln.

Zeitplanung

Rio de Janeiro:	3 Tage
São Paulo:	2 Tage
Costa Verde/Litoral Norte:	5 Tage
Minas Gerais:	5 Tage

Alternative: Wer in Minas Gerais einen Ausgleich zum Barock sucht, sollte einen Tag der Hauptstadt Belo Horizonte widmen und (mindestens) einen weiteren dem Instituto Inhotim, dem bedeutendsten brasilianischen Museum für zeitgenössische Kunst.

2. Bahia

Der größte Bundesstaat des Nordostens ist eines der wichtigsten Reiseziele Brasiliens. In Bahia schaffen tropische Natur und einladende Strände, afrobrasilianische Kultur und bunte Lebensfreude eine unwiderstehliche Atmosphäre. Man spürt es in der lebendigen Hauptstadt Salvador mit ihrem reichen architektonischen Erbe ebenso wie in den entspannten Badeorten (Praia do Forte, Morro de São Paulo) der näheren und den namhaften Ferienzielen (Porto Seguro, Trancoso, Itacaré) der weiteren Umgebung. Vor der Küste liegt der von Tauchern geschätzte Abrolhos-Archipel und im Landesinnern lädt der Nationalpark Chapada Diamantina zum Wandern zwischen Tafelbergen und schroffen Canyons ein.

Salvador

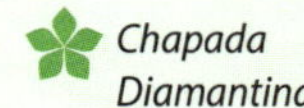

Chapada Diamantina

Gut zu wissen: Selbst im Paradies kann es mal regnen. An Bahias Küsten ist von Mai bis Juli durchaus mal mit gemischtem Wetter zu rechnen. Im Nationalpark Chapada Diamantina dagegen herrscht von Mai bis September hartnäckige Trockenheit.

Zeitplanung

Salvador:	4 Tage
Itacaré:	3 Tage
Chapada Diamantina:	5 Tage

Ausflüge: Bei mehr Zeit lässt sich der Aufenthalt in Salvador mit Tagestouren zu attraktiven Zielen in der nähren Umgebung, z. B. Praia do Forte, Ilha de Itaparica, São Felix kombinieren.

3. Der Nordosten

Der Nordosten Brasiliens ist eine Region der starken Kontraste. Die Küsten von Alagoas bis Maranhão sind wie aus dem Bilderbuch, mit vielen der schönsten Strände des Landes, eingewandet von Dünenlandschaften und Korallenriffen, geschmückt mit dem Kleinod der Altstadt von Olinda und gekrönt von der Perle des Atlantiks, der Insel Fernando de Noronha. Abgewandt von diesem Tropentraum erstreckt sich in rauer Schönheit das Hinterland des von Dürren und Rückständigkeit geplagten Sertão. Diese Diskrepanz spiegelt sich in den großen Küstenstädten, Recife, Natal, Fortaleza und São Luís wider, die (nicht nur architektonisch) versuchen, eine Balance zwischen Kolonialerbe und Modernität zu finden.

• Olinda
• São Luís

• Natal

Gut zu wissen: Man kann unmöglich die ganze Küste des Nordostens bereisen, außer Zeit spielt keine Rolle. Wer Brasilien kennenlernen will, sollte aber wenigstens in einer der Küstenstädte oder einem der schönsten Badeorte 3–4 Tage bleiben. Um das Wetter braucht man sich dabei nicht zu sorgen – die Sonne scheint fast das ganze Jahr. Ferner sind im Nordosten die *Festas juninas* (s. S. 80) besonders variantenreich, so etwa die Juni-Festivitäten in São Luís.

Zeitplanung

Maceió und Umgebung:	**4–5 Tage**
Olinda und Recife:	**4 Tage**
João Pessao:	**3–4 Tage**
Fernando de Noronha:	5 Tage
Fortaleza und Umgebung:	4–5 Tage
São Luís und Alcântara:	3 Tage
Lençóis Maranhenses:	4 Tage

4. Der Norden

Amazonien ist mit ca. 5,5 Mio. km² Fläche eine Welt für sich, die großteils aus unberührten Urwäldern und Flüssen besteht. Kultur findet man in den Metropolen Belém und Manaus. Der Natur näher kommt man in Urwaldlodges, auf den Büffelfarmen der Ilha de Marajó, auf Amazonas-Schiffstouren oder beim Baden an ›karibischen‹ Stränden bei Alter do Chão.

Amazonastouren ab Manaus

Olinda ist UNESCO-Weltkulturerbe, im Hintergrund die Skyline von Recife

Gut zu wissen: Das colafarbene Wasser der Schwarzwasserflüsse (z. B. Rio Negro) ist nährstoffarm und sauer, daher eher arm an Fischen und lästigen Moskitos. Das milchkaffeefarbene Wasser der Weißwasserflüsse (z. B. Rio Solimões) ist sehr nährstoffhaltig, das finden auch die Mücken gut.

Zeitplanung

Belém:	3 Tage
Ilha de Marajó:	3 Tage
Santarém und Alter do Chão:	4 Tage
Manaus:	2–3 Tage
Dschungellodge/Exkursionen:	4 Tage
Manaus–Belém per Schiff:	bis zu 1 Woche

Alternative: Wer keine Woche Zeit hat, aber auf dem Amazonas schippern möchte, kann die Reise auf halber Strecke mit einem Besuch von Santarém unterbrechen und mit dem Flieger weiterziehen.

5. Der zentrale Westen

Mato grosso bedeutet dichter Wald, doch die niedrigen Savannenwälder des Cerrado, die die Fläche der Bundesstaaten Mato Grosso, Mato Grosso do Sul und Goiás bedecken, wei-

Die Zähne ausbeißen muss sich hier wirklich niemand – auf Brasiliens Weiden grast die größte Rinderherde der Welt und die zahlreichen Churrascarias sind berühmt für ihre saftig und zart gegarten Steaks

chen immer mehr den Monokulturen von Soja und Mais. Trotzdem sind die ursprünglichen, von Tafelbergen und den niedrigen Savannenwäldern des Cerrado durchsetzen Plateaulandschaften *(chapadas)* immer noch sehr beeindruckend. Das eigentliche Highlight der Region liegt südlich der Hauptstadt Cuiabá: eine Senke in der Weite der brasilianischen Hochebene *(planalto)*, wie ein gigantischer Suppenteller, in dem das Leben brodelt – die Feuchtsavanne des Pantanal ist eines der reichsten Tierparadiese der Erde. Einen Sumpf ganz anderer Art bildet dagegen der auf dem zentralen Planalto gelegene Bundesdistrikt (Distrito Federal do Brasil). Den Besucher soll das nicht schrecken. Die hier in den 1950er-Jahren entstandene Landeshauptstadt Brasília ist UNESCO-Weltkulturerbe und einzigartig in ihrer Architektur.

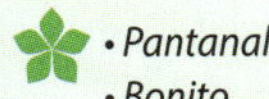

- *Pantanal*
- *Bonito*

Gut zu wissen: Am eindrücklichsten gerät der Besuch des Pantanal, wenn die sommerlichen Regenfälle die Savanne überschwemmen: Dann drängen sich die Landtiere auf den wenigen Trockeninseln, Kaimane, Fische und Anacondas aber sind in ihrem Element und unzählige Vogelarten halten ein Fest.

Zeitplanung

Brasília:	2 Tage
Pantanal:	4–5 Tage
Bonito:	4–5 Tage

Abstecher: Am südlichen Rand des Pantanal bietet die Region von Bonito eine Reihe von spektakulären Grotten und Flüsse mit kristallklarem Wasser, in denen man zwischen Fischschwärmen schnorcheln kann.

---

6. Der Süden

Mit den berühmten Iguaçu-Wasserfällen besitzt der südliche Landesteil ein Highlight, das sich kaum ein Reisender entgehen lässt. Den drei Bundesstaaten – Paraná, Santa Catarina und Rio Grande do Sul – merkt man an, dass ihr Hinterland vor allem von deutschen und italienischen Immigranten besiedelt wurde. Die Hauptstädte Curitiba und Porto Alegre sind modern und verbinden deutsche Effizienz mit südländischem Flair. Ausnahme ist das provinziell-schicke Florianópolis, auf der ›magischen‹ Ilha de Santa Catarina gelegen, umgeben von bezaubernden Stränden. Die Ilha do Mel in Paraná und die Küste von Santa Catarina sind beliebte Sommerziele. Im Hinterland warten Städte, die Blumenau heißen oder Pomerode und im Europäischen Tal trifft man auf ländliche Siedlungen mit alten Fachwerkhäusern. Dazwischen, vor allem in Rio Grande do Sul, keltern die Nachkommen italienischer Einwanderer Brasiliens beste Weine.

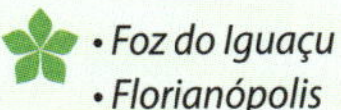

- *Foz do Iguaçu*
- *Florianópolis*

Gut zu wissen: Sobald die Badeurlauber von dannen ziehen, kommen in der Zeit von Juli bis November aus der Antarktis die Glattwale und bringen in den Buchten südlich der Ilha de Santa Catarina, hauptsächlich bei Garopaba und Praia do Rosa, ihre Jungen zur Welt: Beobachtungspunkte auf den Küstenklippen gewähren Einblicke in diese Kinderstuben der Meeressäuger. Zeitgleich beginnt in den Bergen des Hinterlands, speziell in den Ferienorten Gramado und Canela, die Hauptsaison: Dann werden hier bisweilen auftretende Schneegestöber und vereiste Windschutzscheiben wie Sensationen gefeiert, man trägt Pullover, isst Käsefondue und erkundet die Canyons der Serra Gaúcha.

Zeitplanung

Foz do Iguaçu:	2–3 Tage
Curitiba:	1 Tag
Ilha do Mel:	3 Tage
Florianópolis/ Ilha de Santa Catarina:	4–5 Tage
Blumenau/Pomerode:	2 Tage
Porto Alegre:	1–2 Tage
Serra Gaúcha:	2–3 Tage

Vorschläge für Rundreisen

Brasilien klassisch (3 Wochen)

1. Tag: Flug nach Rio de Janeiro.

2.–3. Tag: Rio de Janeiro, Stadtbesichtigung. Die Stadt in der Guanabara-Bucht ist bestens geeignet, um sich mit dem brasilianischen Lebensgefühl und dem Klima anzufreunden.

4. Tag: Weiterreise nach Foz do Iguaçu.

5. Tag: Besuch der Wasserfälle, der Cataratas do Iguaçu auf der brasilianischen Seite, nachmittags Besichtigung des Wasserkraftwerks von Itaipu am Lago de Itaipu.

6. Tag: Besuch der Cataratas de Iguaçu auf der argentinischen Seite.

7. Tag: Flug zum über 3000 km entfernten Amazonas (über São Paulo).

8. Tag: Manaus, Stadtbesichtigung.

9.–12. Tag: Bootsfahrt zu einer der vielen Lodges, Aufenthalt im Amazonasurwald.

13. Tag: Rückfahrt nach Manaus und Flug nach Salvador (über Brasília).

14.–19. Tag: Salvador, Stadtbesichtigung und Erkundung der afrobrasilianischen Tanz-, Musik- und Festwelt, Strandleben/Baden; Ausflüge nach Praia do Forte, Ilha de Tinharé (Morro de São Paulo).

20. Tag: Flug nach São Paulo, Stadtbesichtigung.

21. Tag: Rückflug.

Goldroute – Minas Gerais (12–13 Tage)

1. Tag: Flug nach Rio de Janeiro oder São Paulo.

2. Tag: Busfahrt nach Ouro Preto von Rio de Janeiro (7 Std.) oder São Paulo (11 Std.).

3. Tag: Besichtigung der barocken Kolonialstadt Ouro Preto (Kirchen, Museen).

4. Tag: Ausflug in die Altstadt des benachbarten Mariana (am Wochenende per Bahn), Besuch der Goldmine Mina de Passagem.

5. Tag: Weiterreise per Bus nach Belo Horizonte, Erkundung des Stadtzentrums.

6. Tag: Belo Horizonte, Museen an der Praça da Liberdade, Spaziergang am Ufer der Lagoa da Pampulha.

7. Tag: Tagesausflug zur Kunst im Botanischen Garten des Instituto Inhotim.

8. Tag: Weiterfahrt per Bus nach Tiradentes (Kolonialstädtchen); optional Zwischenhalt in Congonhas (Aleijadinho).

9. Tag: Tiradentes, Besuch der Altstadt; optional Ausflug nach Bichinho.

10. Tag: Rückfahrt per Bus nach Rio de Janeiro (6 Std.) oder São Paulo (8 Std.).

11. Tag: São Paulo oder Rio de Janeiro.

12. Tag: Rückflug von São Paulo oder noch 1 Tag in Rio de Janeiro.

13. Tag: Rückflug von Rio de Janeiro.

Costa Verde – von Rio de Janeiro nach São Paulo (16 Tage)

1. Tag: Flug nach Rio de Janeiro.

2.–3. Tag: Rio de Janeiro, Stadtbesichtigung, Strandleben (Baden).

4. Tag: Weiterfahrt per Bus zum Küstenort Angra dos Reis und per Fähre hinüber auf die Ilha Grande.

5.–7. Tag: Erkundung der Tropeninsel Ilha Grande, wandern und schwimmen.

8. Tag: Rückfahrt zum Festland, Weiterfahrt nach Paraty, erster Spaziergang durch die koloniale Altstadt des Küstenorts.

9. Tag: Badeausflug per Boot zu einer der vorgelagerten Inseln oder zum Strand von Vila de Trindade.

10. Tag: Weiterfahrt per Bus nach São Sebastião, kleiner Bummel durch die Altstadt am Hafen, dann mit der Fähre übersetzen zur Ilhabela.

11.–13. Tag: Ilhabela, Erkundung der Insel.

14. Tag: Rückfahrt mit der Fähre zum Festland und Weiterreise per Bus entlang der Küste über Bertioga oder Guarujá/Santos nach São Paulo.

15. Tag: São Paulo, Stadtbesichtigung.

16. Tag: Rückflug.

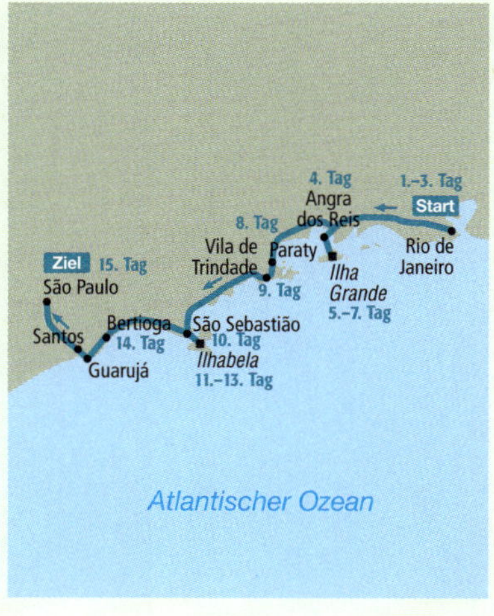

Wissenswertes über Brasilien

»Im tropischen Brasilien droht der nächste Winter bestimmt – NICHT; dort zerfließt die Zeit wie die Uhren auf den Bildern von Salvador Dalí.«
Carl D. Goerdeler, Brasilienblues, Geschichten aus Brasilien

Praia do Forte, Bahia

Steckbrief Brasilien

Daten und Fakten

Name: Brasilien (port.: *Brasil,* nach dem Brasilholz)
Fläche: 8,5 Mio. km², mehr als die Hälfte des Kontinents, fünftgrößtes Land der Erde, 24-mal so groß wie Deutschland
Hauptstadt: Brasília
Amtssprache: Portugiesisch
Einwohner: 211 Mio. (2022)
Bevölkerungswachstum: 0,82 %
Lebenserwartung: 75 Jahre
Analphabetenrate: 6,4 %
Währung: Real (R$), Plural Reais. 1 Real besteht aus 100 Centavos.
Zeitzonen: Innerhalb Brasiliens gibt es drei verschiedene Zeitzonen, dominierend ist jedoch die Uhrzeit von Brasília. Davon ausgehend ist die Differenz zur MEZ –4 Std., während der deutschen Sommerzeit –5 Std.
Landesvorwahl: +55
Landesflagge: Die brasilianische Flagge wurde 1889 entworfen und 1968 offiziell eingeführt. Die Farben Gelb und Grün sind von der alten Flagge aus dem Jahr 1822 übernommen worden. Das Gelb stand für das Kaiserhaus von Habsburg, das Grün für das portugiesische Königshaus von Bragança. Hinzu kam ein blauer Himmel mit 27 Sternen, in der Anordnung entsprechen sie dem Firmament über Rio de Janeiro am Tag der Ausrufung der Republik (15.11.1889, 8.30 Uhr). Die Zahl 27 repräsentiert die Bundesstaaten plus Brasília. In der Mitte steht der Wahlspruch »Ordem e progresso« (Ordnung und Fortschritt).

Geografie

Brasilien besteht zu 51 % aus Hochplateaus *(planaltos)* und zu 49 % aus den Ebenen Amazoniens, des Pantanal, der Pampa und des 7400 km langen Küstenstreifens. Eine genauere Aufteilung differenziert zwischen fünf großen Georäumen: Südosten (10,85 % des Staatsgebiets), Nordosten (18,27 %), Norden (45,26 %), Mittelwesten (18,86 %) und Süden (6,76 %).

Höchster Berg Brasiliens ist der Pico da Neblina (3014 m) im Norden des brasilianischen Amazonasgebiets an der Grenze zu Venezuela.

Klima

Die Jahreszeiten des Landes sind denen in Europa entgegengesetzt. Im brasilianischen Sommer von Dezember bis März ist es im ganzen Land tropisch bzw. subtropisch warm. Im Herbst und Frühling herrschen allgemein milde Temperaturen. Im brasilianischen Winter von Juni bis August kann es im Süden (-5–25 °C) und Südosten (10–30 °C) recht kühl werden. Charakteristisch sind dann tägliche große Temperaturschwankungen. Im Nordosten und Norden sind wegen der Äquatorialnähe das ganze Jahr über keine größeren Temperatureinbrüche festzustellen.

Geschichte

Offizieller Entdecker Brasiliens war der Portugiese Pedro Álvares Cabral (22. April 1500). In der Kolonialzeit dominierte die von Sklaven aus Afrika betriebene Zuckerwirtschaft, ab 1695 wurden zudem riesige Gold- und später Edelsteinvorkommen ausgebeutet. 1822 erklärte Pedro I., Sohn des portugiesischen Königs João VI., das Land für unabhängig und ließ sich zum Kaiser krönen. Von 1840 bis 1889 wurde das Kaiserreich von dessen Sohn Pedro II. geführt. Wichtigster Wirtschaftszweig war der Kaffeeanbau und -export. 1889 folgte die Republik mit wechselnden Präsidenten. Langsam entstand ein industrieller Kapitalismus, verstärkt ab Mitte des 20. Jh. Von 1964 bis 1985 wurde Brasilien von Militärs regiert, trotz wirtschaftlichen Wachstums verschlechterte sich die Lage der Bevölkerung. Nach dem Ende der Militärherrschaft versuchten vor allem Fernando Henrique Cardoso und der linksgerichtete Präsident Luíz Inácio ›Lula‹ da Silva das Land aus der Misere zu führen. Unter Lulas Nachfolgerin Dilma Rousseff entwickelte sich eine Wirtschaftskrise. 2016 folgte eine Übergangsregierung unter Michel Temer, bis Ende 2018 zunehmend enttäuschte und verdrossene Brasilianer den ehemaligen Militär und Rechtspopulisten Jair Bolsonaro zum neuen Präsidenten wählten. Anstatt jedoch die Probleme Brasiliens anzugehen, forcierte seine Regierung die Polarisierung des Landes durch einen Kulturkampf unter dem Motto »Gott über allem, Brasilien vor allen«. Seit 2023 ist ›Lula‹ zurück für eine dritte Amtszeit.

Staat und Politik

Brasilien (offizieller Name: República Federativa do Brasil) ist seit 1889 eine föderative Präsidialrepublik, aufgeteilt in 26 Bundesstaaten *(estados)* und einen Bundesdistrikt mit der Hauptstadt Brasília (seit 1960). Die demokratische Verfassung von 1988 regelt u. a. die direkte Wahl des Staatspräsidenten sowie die Wahl der Mitglieder des Abgeordnetenhauses und des Senats.

Wirtschaft und Tourismus

In dem Schwellenland dominiert der Dienstleistungssektor (58,9 % des BIP), gefolgt von Industrie (20,7 %) und Landwirtschaft/Viehzucht (6,8 %). Wichtigste Exportprodukte sind Erze, Industrieerzeugnisse (Fahrzeuge, Flugzeuge, chemische Produkte, Maschinen, Metallverarbeitung, Schuhe, Lederwaren, Papier, Zellulose, Textilien, elektrische und elektronische Erzeugnisse) sowie Nahrungsmittel. Brasilien ist weltgrößter Produzent und Exporteur von Sojabohnen, Mais, Fleisch, Kaffee, Orangensaft, Tabak, Zucker und Ethanol-Treibstoff aus Zuckerrohr.

Der Tourismus ist im Vergleich (7,8 % des BIP gegenüber durchschnittlich 10 % auf der Welt) schwach entwickelt, hat sich aber dank der starken Inlandsnachfrage von den Pandemiejahren schnell erholt und zeigt steigende Tendenzen: Im letzten Jahr vor Corona (2019) lag die Zahl ausländischer Touristen bei 4,8 Mio., im ersten Halbjahr 2023 waren es bereits 3,2 Mio. Unter den Europäern liegen die deutschen Besucher an dritter Stelle hinter Franzosen und Portugiesen. Die meistbesuchte Stadt ist Rio de Janeiro. Eine Umfrage des brasilianischen Tourismusministeriums im Jahr 2017 unter ausländischen Besuchern ergab, dass 88 % ihre Erwartungen hinsichtlich der Brasilienreise als erfüllt oder mehr als erfüllt ansahen. 95,5 % wollten sogar wiederkommen.

Bevölkerung und Religion

Die Einwohner Brasiliens leben überwiegend in Küstennähe, ca. 61 % davon in Städten. Mehr als die Hälfte der Gesamtbevölkerung (57 %) drängt sich in nur 315 größeren Städten. Die Population ist mit einem Durchschnittsalter von 32,6 Jahren recht jung. Die ethnische Gliederung umfasst 46,8 % Mischlinge (Parden), 43,6 % Weiße und 8,2 % Schwarze, der Rest der Bevölkerung (1 %) sind Asiaten und Indigene.

Mit über 50 % Katholiken ist Brasilien das größte katholische Land der Welt, die übrigen Gläubigen verteilen sich auf evangelikale, protestantische, orthodoxe, jüdische und buddhistische Religionsgruppen. Außerdem werden afrobrasilianische Religionen gepflegt. Besonders in Bahia ist der Candomblé verbreitet, im Süden hat die Umbanda viele Anhänger.

Natur und Umwelt

In Brasilien lassen sich sechs große Bioräume unterscheiden: das riesige Gebiet Amazoniens, südöstlich davon die an Feuchtsavannen reiche Übergangszone des Cerrado und des tierreichen Pantanal, weiter östlich die einen Großteil des Nordostens einnehmende dürre Caatinga-Region, an der Küste entlang ein wechselnd breiter Streifen Atlantischen Regenwalds und ganz im Süden die gewellte Hochebene der Pampa.

Amazonien

Brasiliens ausgedehntester Bioraum nimmt knapp die Hälfte (49,92 %) der Landesfläche ein. Der brasilianische Regenwald ist der größte und wichtigste der Erde. Seine Existenz erklärt sich aus der besonderen Geschichte seines großen Hauptstroms, des **Rio Amazonas.** Vor Millionen Jahren floss er noch in entgegengesetzter Richtung und mündete in den Pazifik, bis ein Erdbeben diesen Ausgang blockierte und den Fluss schließlich zur Umkehr zwang. Seitdem kommt er mangels Gefälle – lediglich 26 m zwischen Manaus und Belém – nur noch langsam vom Fleck und überschwemmt riesige Flächen. 75 % seiner Wassermenge verbleiben in einem sich selbst regulierenden Kreislauf, d. h. verdunsten und kehren als Regen in den Fluss zurück.

Drei Waldregionen

Nur unter diesen extrem feuchten Bedingungen konnte sich der weltweit einzigartige **Amazonas-Regenwald** entwickeln. Er ist immergrün, äußerst artenreich und in drei Stockwerke bzw. Geländestufen gegliedert: Auf der niedrigsten gedeiht der sumpfige, ständig überschwemmte **Igapó-Wald,** dort ist die Açaí-Palme *(Euterpe oleracea)* am charakteristischsten. Fährt man im Boot auf den Seitenarmen des Amazonas, fällt besonders das Seerosengewächs *Victoria regia (Victoria amazonica)* auf, dessen Blüten eine Größe von 30 bis 40 cm erreichen. Etwas höher als der Igapó-Wald gelegen ist der **Várzea-Wald,** der nur in Hochwasserzeiten überflutet wird. Zu den häufigsten Gewächsen gehören hier die Jupati-Palme *(Raphia taedigera)* und die besonders hohe Miriti-Palme *(Mauritia flexuosa).*

Noch höher schließlich liegt die **Terra Firme,** das vor Überschwemmungen sichere Festland, das 98 % der Fläche Amazoniens ausmacht. Hier haben Biologen über 2500 Baumarten nachgewiesen, viele bis zu 60 m hoch. Neuere Studien ergaben bei einzelnen Bäumen ein Alter von bis zu 1000 Jahren. Auch wachsen hier zahlreiche Palmenarten, Farb- und Edelhölzer wie Palisander, Fruchtbäume wie der Paranussbaum, Heil- und Gewürzpflanzen, Kakaobäume u. v. m. Zu erwähnen ist auch der in dieser Region heimische Kautschukbaum *(Hevea brasiliensis).* Er wird, ebenso wie der – nicht verwandte – *Ficus elastica,* auch als Gummibaum *(seringuera)* bezeichnet. Besonders beeindruckend sind die ca. 1000 verschiedenen Farn- und Orchideensorten.

Tierwelt

In Amazonien leben ca. 1500 **Vogelarten,** besonders farbenprächtig sind Papageien, Tukane und Kolibris *(beija-flor).* Es gibt etwa 15 000 **Insektenarten** und farbenprächtige Schmetterlinge mit Flügelspannweiten von bis zu 25 cm. Die größten **Waldtiere** sind der Tapir, das Wildschwein *(pekari),* der Jaguar *(onça)* und der Puma. Ferner findet man in diesem Lebensraum zahlreiche Arten von Wildkatzen, Affen, Faultieren, Gürteltieren und Ameisenbären. Außerordentlich groß ist der **Fischreichtum,** über 1500 Arten sind vertreten. Besonders spektakuläre Beispiele sind der Pirarucu, mit 2 m Länge und einem Gewicht von 70 kg der größte bekannte Süßwasserfisch der Welt, dann ein Zitteraal, der elektrische Schläge bis zu 800 V austeilen kann, sowie die gefährlichen, bis zu 30 cm langen Piranhas mit messerscharfen Zähnen. Häufig sieht man auch Flussdelfine, darunter den rosaroten Boto *(Inia geoffrensis)*.

Feuchtsavannen und tierreicher Pantanal

Feuchtwald und -savannen

In Zentralbrasilien schließt sich südostlich des tropischen Regenwalds ein wechselnd breiter Streifen Übergangsvegetation an, die **Cerrado** genannt wird. Es handelt sich um eine Mischform zwischen Wald und Grasland. Nur 50 % dieser Region sind noch ursprünglich bewachsen. Dennoch finden sich hier ca. 12 000 verschiedene Pflanzenarten und teilweise dichter, Laub abwerfender **Feuchtwald** mittlerer Höhe. Einen Eindruck davon vermittelt der **Parque Nacional de Brasília.**

Die sechs Bioräume Brasiliens

Dominierend sind aber **Feuchtsavannen** *(campos cerrados)*, die sich über den größten Teil des zentralbrasilianischen Hochlands erstrecken.

Flora und Fauna

Die **Flora** besteht aus 3–8 m hohen knorrigen Bäumen mit groben Rinden und dicken, Wasser speichernden Blättern. Die winterliche **Trockenzeit** dauert zwischen vier und sechs Monaten, die Savannen nehmen eine gelbliche Färbung an und die Bäume werden kahl. In der **Regenzeit** entsteht im Unterwuchs eine grüne Grasflora und somit Weidefläche, die von der Landwirtschaft genutzt wird. Auch der in Brasilien stark verbreitete Sojaanbau hat sich auf diese Gebiete konzentriert und zum Teil die traditionelle Vegetation völlig zerstört.

Die **Fauna** ist durchaus reichhaltig. Unter den Vögeln finden sich Nandus, Geier, Eulen, Papageien, Kolibris u. a.; an Säugetieren trifft man Ameisen-, Nasen- und Waschbären, Stinktiere, Sumpfhirsche, den kleinen Kamphirsch, eine Fuchsart, Mähnenwölfe und sogar Jaguare; zu den Nagetieren gehören Wasserschweine, Pacas und Agutis; unter den Beuteltieren ist der rattenähnliche Gambá zu nennen; häufig sind auch Schlangen, Echsen und eine Vielzahl von Insekten, die längst noch nicht alle registriert sind.

Der Pantanal

Der tiefer, nur 90–100 m über dem Meeresspiegel gelegene **Pantanal** liegt am westlichen Ende des Cerrado-Streifens. Er bildet das größte **Binnenland-Feuchtgebiet** der Erde, ein äußerst artenreiches Überschwennungsland, in dessen Becken die Flüsse des nördlichen Planalto entwässern.

Flora und Fauna

Im Pantanal gedeihen zahlreiche Büschelgräser, Schwimmpflanzen und offene Gehölze. Einzigartig ist jedoch der **Tierreichtum,** der den Pantanal bzw. den **Parque Nacional do**

Bedrohtes Grün – nur noch 12,5 % des Atlantischen Küstenregenwalds sind erhalten

Pantanal Matogrossense zum interessantesten Naturreservat Lateinamerikas bzw. zur Arche Noah Südamerikas werden lässt. Mehr als 1000 Arten sind hier anzutreffen, 650 davon Vögel. Es wimmelt nur so von Kaimanen, Wasserschweinen, Hirschen, Tapiren, Brüllaffen u. v. m. Die Tatsache, dass man die meisten Tiere gut aus nächster Nähe beobachten kann, macht den Pantanal zu einem bevorzugten Reiseziel für Naturfreunde. Durch den zunehmenden Klimawandel verursachte, lange Trockenheiten und daraus folgende Flächenbrände haben in der Region vor allem im Jahr 2020 große Schäden verursacht.

Caatinga-Halbwüsten

Östlich der zentralbrasilianischen Feuchtsavannen erstreckt sich eine sehr regenarme Zone, die einen Großteil des Nordostens einnimmt. Die **Caatinga,** ›Weißer Wald‹, genannte **Vegetation** besteht aus mehr oder weniger lichtem, Laub abwerfendem Trocken- und Dornsavannenwald mit sonnengebleichtem Astwerk, Dornsträuchern und Sukkulenten. Charakteristisch sind Wasser speichernde Bäume, dornige Pflanzen und eine große Vielfalt an Kakteen. Nur genügsamere **Tiere** wie Nasenbären, Ameisenbären und einige Gürteltiere bevölkern diesen Lebensraum. Auch gibt es Echsen, Schlangen, Fledermäuse und einige Vogelarten.

Im extrem trockenen **Sertão** mit weniger als 300 mm Niederschlag und fast ganzjähriger Dürre sind Sukkulenten-Halbwüsten entstanden, in denen nur eine sehr spärliche Flora gedeiht. Insgesamt sind in dieser Region bereits 46 % der ursprünglichen Vegetation zerstört. Die dortigen **Nationalparks** sind

daher weniger wegen ihrer Flora und Fauna als wegen der Landschaft sehenswert. Der riesige **Parque Nacional dos Lençóis Maranhenses** gilt mit seiner endlosen Dünenlandschaft als die Sahara Brasiliens. Im **Parque Nacional da Chapada Diamantina** in Bahia findet sich eine faszinierende Canyon-Landschaft mit Wasserfällen und Höhlen, ein ideales Wandergebiet.

Atlantischer Küstenregenwald

Umwelt in Gefahr

Obwohl der gesamte Küstenstreifen etwa ab Natal im Nordosten Brasiliens bis in den Süden bei Porto Alegre heute noch offiziell **Mata Atlântica,** Atlantischer Regenwald, genannt wird, ist er doch bereits zu 87,5 % verschwunden. Im Nordosten musste er fast ganz dem Vordringen von **Zuckerrohrplantagen** und der starken **Besiedlung** weichen, lediglich einige Mangrovenwälder und weitläufige Palmenhaine sind übrig geblieben. Im Südosten war vor allem der **Kaffeeanbau** für die Zerstörung verantwortlich, später folgten landwirtschaftliche **Monokulturen.** Wald- und Weidegebiete mit extensiver Rinderhaltung und Subsistenzwirtschaft wichen dem **Dauerfeldbau** auf großflächigen Plantagen. Hinzu kam eine exzessive **Urbanisierung.**

Auch die **Tierwelt** leidet. Von 627 vom Aussterben bedrohten Arten leben 60 % in diesem Bioraum. Trotz aller Probleme ist der Artenreichtum in den verbliebenen Resten der Mata Atlântica noch immer einer der höchsten der Welt.

Grüne Relikte und Schutzzonen

Wie üppig grün früher der gesamte Küstenstreifen war, lässt sich heute nur noch an der **Costa do Cacau,** der Kakaoküste, nördlich von Ilhéus in Bahia und an der **Costa Verde,** der Grünen Küste, zwischen Rio und Paraty nachempfinden. Teilweise haben sich auch Sekundärwald und Grasland gebildet. An frei lebenden Tieren trifft man Agutis, Brüllaffen, Spinnenaffen, Ameisenbären und Eulen. Mit etwas Glück begegnet man diesen auch in Rios **Nationalpark von Tijuca,** dieser ist aber das Ergebnis einer einzigartigen Wiederaufforstungsaktion im 19. Jh. Die im Süden liegenden Nationalparks, **Parque Nacional de Aparados da Serra** und **da Serra Geral,** beeindrucken neben der Flora und Fauna vor allem mit ihren gewaltigen Canyons.

Sehr charakteristisch für das etwas weiter von der Küste entfernte Hinterland sind die häufig noch von intaktem Atlantischem Regenwald überzogenen ***serras,*** Hügellandschaften mit einer Höhe von durchschnittlich 800–1000 m. Vom Süden des Landes in nordöstlicher Richtung erstreckt sich zu-

Naturrekorde

Brasilien ist in vieler Hinsicht ein Land der Extreme. Ginge man das Guinnessbuch der Rekorde durch, würde man Hunderte von Eintragungen finden. Weltmeister ist das Land jedoch mit Sicherheit bei den Schöpfungen der Natur.

Kolibri

Bis zu 12 m Länge erreicht die Sucuri *(Eunectes murinus)*, die größte Schlange der Welt. Sie lebt an den Ufern großer Flüsse im Landesinnern, ist nicht giftig, sondern tötet ihre Opfer (Fische, Vögel, Nager) durch Erwürgen.

Mit 13,6 cm Körper- und 20,2 cm Schwanzlänge der kleinste Affe der Welt ist der Zwergseidenaffe (*Callithrix pygmae;* port. *mico-leãozinho*) im Amazonasgebiet. Er ist vom Aussterben bedroht.

49 km lang ist die Toca da Boa Vista, die größte Höhle Südamerikas in Laje dos Negros (Bahia). 1143 Höhlen gibt es in Brasilien, davon 437 in Minas Gerais.

Die Ilha do Bananal in Araguaia gilt als die größte Flussinsel (2 Mio. ha) der Erde.

Ca. 55 000 Blumen- und Blütenarten soll es in Brasilien geben – ebenfalls ein Weltrekord.

Der kleinste Frosch der Welt *(Bufo pygmaeus)* erreicht kaum die Größe eines Streichholzes.

1,8 m–2,4 m/min bewegt sich das langsamste Tier Brasiliens: ein Faultier *(Bradypus tridactylus)*.

Der mit ca. 4500 Jahren älteste Baum des Landes *(Cariniana legalis)* steht in Vassununga im Bundesstaat São Paulo. Mit 55,3 m Höhe überragt er die meisten Wipfel im Regenwald.

8400 m^2 misst die Krone des größten Caju-Baums der Erde. Er ist etwa 130 Jahre alt und steht in Pirangi do Norte in der Nähe von Natal.

Ca. 3000 Fledermäuse zehn verschiedener Arten, die stärkste Konzentration dieser Tiere in Brasilien, trifft man in der Grotte Upu Muren in Pará (Amazonien).

Die größte Feuchtsavanne der Erde, der Pantanal im Mittelwesten Brasiliens, erstreckt sich über ein Gebiet von 230 000 km^2. Dort leben über 1000 verschiedene Tierarten.

Der größte Vogel Brasiliens, der Nandu *(Rhea americana)*, erreicht die stattliche Höhe von 1,70 m, der kleinste Vogel, der Kolibri (port. *beija-flor*), misst nur 6,5 cm und wiegt 1,5–2,8 g.

Größter Süßwasserfisch des Landes (ca. 70 kg, bis zu 2 m lang) ist der Pirarucu *(Arapaima glanis)*.

Der längste Strand Brasiliens, die Praia do Cassino, misst 240 km und liegt in Rio Grande do Sul.

nächst die in Küstennähe befindliche **Serra do Mar,** in nördlicher Richtung landeinwärts schließt sich die **Serra da Mantiqueira** an und noch weiter nördlich die **Serra do Espinhaço.** Die verschiedenen *serras* sind oft durch **Flüsse** getrennt, der größte im Südosten Brasiliens beginnende Fluss ist der **Rio São Francisco.** Er ist 2900 km lang und führt von Minas Gerais bis in den Nordosten.

Pampa

Im Süden Brasiliens wird das Küstengebirge immer flacher und weicht der **Campanha Gaúcha,** auch Pampa genannt, in der viel Rinderzucht betrieben wird. Für den Naturtouristen hat diese Zone wenig Interessantes oder Neues zu bieten, Landschaft und Klima erinnern eher an süddeutsche Gefilde. Die Region gehört zwar geologisch zum zentralbrasilianischen Hochland, wirkt aber von der Erscheinung her eher wie ein Teil der Paraná-Paraguai-Senke.

Bei der Campanha Gaúcha handelt es sich in etwa um das Gebiet des Bundesstaats **Rio Grande do Sul** mit der Hauptstadt Porto Alegre. Die im nördlich angrenzenden **Santa Catarina** noch teilweise vorhandenen Mangroven- und Bromelienwälder sind hier einem einzigen grünen Wiesenteppich gewichen, der nur manchmal von einigen restlichen Araukarien durchbrochen wird. Insgesamt sind schon 54 % der ursprünglichen **Vegetation** gewichen. An **Tieren** sieht man häufiger Waldhunde und Pampa-Katzen, seltener schon Hirsche. Der einst verbreitete Jaguar ist heute vom Aussterben bedroht.

Umweltprobleme

Industrie und Verkehr

Obwohl die entwickelten Industriestaaten die Umwelt mit CO_2-Ausstoß pro Kopf berechnet sechsmal so stark belasten, ist Brasiliens Rolle auch nicht gerade rühmlich. Die exzessive Wachstumspolitik seit der zweiten Hälfte der 1960er-Jahre hat zu einem ökologisch extrem destruktiven Entwicklungsstil geführt. Zwar ist Umweltschutz seit 1988 in Brasiliens Verfassung verankert, seit 1989 gibt es die staatliche Umweltbehörde Ibama/ICMBio und seit 2003 ein eigenes Umweltministerium, doch die zaghaften, aber trotz beschränkter Mittel positiven Initiativen der Behörden im letzten Jahrzehnt wurden während der Regierungszeit des Klimaleugners Bolsonaro gestoppt oder ausgehöhlt: Er gab grünes Licht für jede Art von Umweltfrevel.

Nach wie vor verseuchen **Industriewerke,** vor allem aus den Wirtschaftszweigen Petroleum, Chemie und Pharmazeutik die Umwelt und Wasserkraftwerke in Amazonien zerstören den Lebensraum indigener Völker.

Auch die steigende Zahl von schweren **Lastfahrzeugen** erhöht den Schadstoffausstoß. Beim **Individualverkehr** haben neuere Fahrzeugtechniken zwar Verbesserungen bewirkt, Kontrollen z. B. durch Abgastests existieren jedoch bis heute nicht. Bei der **Treibstoffverwendung** setzte man große Hoffnungen auf den Zuckeralkohol (Ethanol), weil dieser Biotreibstoff die Umwelt weniger belastet. Die meisten Neuwagen sind heute mit sogenannter Flexible-Fuel-Technik ausgestattet, welche die Verwendung unterschiedlicher Treibstoffarten ermöglicht. Nur ist Ethanol außerhalb der Haupterntezeit meist etwas teurer, sodass viele Autofahrer eher Benzin tanken.

Von Abholzung bis Urbanisierung

Neben der Industrie und dem Autoverkehr in den Städten gibt es noch spezifisch brasilianische Faktoren der Umweltzerstörung. Der frühere **Küstenregenwald** ist bereits zu 88 % abgeholzt, besonders wegen einer exzessiven Urbanisierung und landwirtschaftlichen Erschließung. Die Vernichtung des **Amazonaswalds** ist allgemein bekannt, auf Fortschritte, die immer wieder festzustellen sind, folgen aber genauso oft Rückfälle in das hinlänglich bekannte destruktive Ausbeutertum.

Wirtschaft, Soziales und aktuelle Politik

Das Schwellenland Brasilien liegt hinsichtlich seines BIP in der Weltrangliste recht weit oben. Seit die große Völkerwanderung vom Land in die Städte begann, nahm die Industrialisierung sprunghaft zu. Doch viele Arbeiter, die zu diesem nationalen Wohlstand beitrugen, mussten sich mit einem Leben in den Randvierteln bescheiden. Die extreme Diskrepanz zwischen Arm und Reich hält an, auch sozialpolitisch engagierte Regierungen konnten diesen Zustand nur graduell verbessern.

Umzug in die Städte

Landflucht

61 % der Bevölkerung Brasiliens leben heute in Städten, davon mehr als die Hälfte in Ballungsgebieten mit über 500 000 Einwohnern. Die Metropolen waren auf das explosionsartige Wachstum nicht im Geringsten vorbereitet. Im Jahr 1940 waren nur 12,8 Mio. Menschen Stadtbewohner, heute sind es mit ca. 124 Mio. fast 10-mal so viel.

Früher gab es nur wenige **urbane Zentren,** die sich alle auf dem kolonialen Mutterland an der Küste entwickelten. Den Anfang machte Salvador, gefolgt von Rio de Janeiro, João Pessoa, São Luís, Recife und Belém. Erst viel später wuchs São Paulo zu einem gewaltigen städtischen Ballungsraum an. Die Megastadt besitzt heute den größten Industriepark Lateinamerikas und hat flächenmäßig etwa die Ausdehnung der Rhein-Ruhr-Region, übertrifft jedoch deren Bevölkerungszahl um 65 %.

Großbetriebe contra Kleinbauern

Städtewachstum und Landflucht hingen aufs Engste mit der oligarchischen Agrarwirtschaft zusammen, seit Beginn der Kolonialzeit bis heute in Monokulturen auf großen **Fazendas** durchgeführt. Nur 2 % der Betriebe bewirtschaften fast 60 % der Anbaufläche. Der Konzentrationsprozess beschleunigte sich in den 1970er-Jahren noch durch die Vergabe staatlicher Modernisierungskredite an die sowieso schon kapitalstarken Mittel- und Großbetriebe (›Grüne Revolution‹) und führte zur Wegrationalisierung zahlreicher Arbeitsplätze sowie zum Ruin vieler Kleinbauern.

Schleppende Landreform

Einer immer kleineren Zahl von auf Exportproduktion und Viehwirtschaft spezialisierten Großgrundbesitzern stand eine stets größere Masse **landloser Bauern** gegenüber. Deren Organisation **Movimento dos Sem Terra** (Bewegung der Landlosen) steht im gewaltsamen Dauerkonflikt mit den einflussreichen *fazendeiros*.

Ab 1995 nahm mit den Amtszeiten von Präsident Fernando Henrique Cardoso und Luiz Inácio Lula da Silva eine eher zaghafte **Landreform** ihren Lauf, die aber dem großen Bedarf bei weitem nicht gerecht wurde.

Heute schenken Medien und die Öffentlichkeit dem Problem immer weniger Aufmerksamkeit. Unter der Regierung Bolsonaro war die für Landreform zuständige Behörde Incra dem vom Großgrundbesitz dominierten

Noch ist der Kaffee kalt – Kaffeeernte im Bundesstaat São Paulo

Landwirtschaftsministerium unterstellt und auch unter Lula hat sich wenig geändert.

Ewiges Schwellenland

Lange schon steht Brasilien, einer der fünf BRICS-Staaten, an der Schwelle zum Industriezeitalter und schafft doch nicht den Sprung hinüber. Im Volksmund heißt es spöttelnd: »Brasilien ist das Land der Zukunft … und wird es immer bleiben.« Unter der Regierung Lula schien es so, als würde dieser Spruch bald nicht mehr gelten. Hohe Rohstoffpreise garantierten jahrelanges Wachstum, aber dann war der Traum plötzlich aus. 2015 und 2016 schrumpfte die Wirtschaft um jeweils 3,6 % und Brasiliens BIP fiel auf heute Platz neun in der Weltrangliste.

Wirtschaftsstruktur

Trotz des hohen Rohstoffanteils sind viele Exportartikel inzwischen Industrieerzeugnisse, ein wichtiger Indikator für die Klassifizierung als Schwellenland. Der 20,7 % des BIP ausmachende Industriebereich ist jedoch seit Jahren leicht rückläufig. Führend sind die Sektoren Petroleum und Erdgas, Fahrzeug- und Flugzeugbau, gefolgt von Chemie, Pharmazie, Maschinenbau, Schuh- und Lederwarenproduktion, Papier und Zellulose, Textilien sowie elektronische Erzeugnisse. Mit 58,9 % des BIP ist der Dienstleistungsbereich zwar weiterhin dominierend, immer wichtiger jedoch geriert sich der Agrarsektor (6,8 %) mit alljährlichen Rekordernten an Soja, Mais und Kaffee.

Wachstum ohne Entwicklung

Verteilte man das beachtliche BIP dieses Landes gleichmäßig auf die Einwohnerzahl, würde es sich hier für jeden recht gut leben lassen. Aufgrund der Ungleichheit der Vermögen und Einkommen ergibt sich jedoch ein ganz anderes Bild. Wissenschaftler nennen dieses Phänomen »Wachstum ohne Entwicklung«, der Volksmund spricht schlicht vom »kranken Menschen in der gesunden Wirtschaft«.

Reichtum und Armut

Wer als Tourist Brasilien bereist und sich in den entsprechenden Luxusvierteln von Rio, Recife oder São Paulo aufhält, wird nicht glauben, was er vielleicht vorher in den Medien über die Armut gelesen hat. Selbst wer jahrelang in Brasilien wohnt, wird das so viel beschworene Elend geradezu suchen müssen, es ist ein Elend, das sich eher versteckt, in den Favelas, den *morros,* der Peripherie, dem *interior* und dem *campo.*

So ist Brasilien trotz deutlicher Verbesserungen in den letzten Jahren noch eines der Länder mit der ungleichsten **Einkommensverteilung** der Welt. Der gesetzliche Mindestlohn beträgt 998 R$. 1 % der Bevölkerung verdient monatlich das Sechsunddreißigfache davon, während das durchschnittliche Monatseinkommen einer brasilianischen Familie bei 1511 R$ liegt. Es bleibt eines der größten Geheimnisse Brasiliens, wie die Ärmeren damit fertig werden. Die Hauptsorgen der meisten Menschen sind nicht Liebeskummer, sondern Geld, Schulden und die Angst vor dem Verlust des Arbeitsplatzes. 40 % der arbeitenden Bevölkerung geht nach neueren Schätzungen informeller Arbeit ohne Absicherung nach. Zudem ist **Kinderarbeit** trotz Verbots in den ärmeren Regionen Brasiliens noch weit verbreitet.

Bildung, Gesundheit und Soziales

Obwohl inzwischen 97,8 % der Kinder die Grundschule besuchen, leidet auch der **Bildungssektor** unter extremen sozialen Verzerrungen. Um 87 % sind auf das unzureichende staatliche Schulwesen angewiesen, die recht guten privaten Einrichtungen können fast nur von Kindern der Reichen in Anspruch genommen werden.

Diese Diskrepanz zeigt sich auch im **Gesundheitssektor,** nur eine Minderheit von 47,4 Mio. Bürgern kommt in den Genuss einer guten privaten Versorgung, während die breite Masse vor den kostenlosen, aber unterversorgten staatlichen Kliniken Schlange steht. Doch zumindest im **Sozialsektor** vermochte die Regierung Lula Verbesserungen zu erzielen (s. rechts).

Die Regierungen Lula, Dilma und Bolsonaro

Radikale Wende

Mit Amtsantritt (1. Januar 2003) des neuen Staatspräsidenten **Luiz Inácio Lula da Silva,** kurz Lula genannt, deutete sich eine radikale Wende in der brasilianischen **Sozialpolitik** an. Lula, Mitbegründer sowohl der Gewerkschaften als auch der links gerichteten Arbeiterpartei (PT), repräsentierte alle Hoffnungen der sozial Ausgeschlossenen und Diskriminierten.

Vorzeigbare Fortschritte

Brasiliens Eliten und vor allem die Reichsten taten jedoch alles, um von ihrem dicken Kuchen nichts abgeben zu müssen. Dennoch konnte Lula, 2006 mit 60 % der Stimmen im Amt bestätigt, einen Großteil seiner Wahlversprechen erfüllen. Größtes Vorzeigeprojekt der Regierung Lula war ein **Sozialprogramm** zur Unterstützung von armen Familien *(Bolsa Família),* in dessen Genuss inzwischen schon 20 Mio. Familien bzw. ein Drittel der Bevölkerung kommen. Erstmals in der Geschichte Brasiliens gibt es nun ein soziales Sicherheitsnetz.

Die sozialen Fortschritte haben bewirkt, dass zwischen den Jahren 2003 und 2011 rund 40 Mio. Brasilianer von den untersten ›Klassen‹ D und E nach C aufgestiegen sind, von 2012 bis 2014 kamen weitere 13 Mio. hinzu. Ein großer Teil dieser Verbesserungen sind durch die seit 2015 andauernde schlimmste Witschaftskrise des Landes inzwischen aber weitgehend wieder zunichte gemacht.

Abstürze

Seit Januar 2011 hatte Lulas Wunschkandidatin **Dilma Rousseff** (PT) das Präsidentenamt inne, zum ersten Mal in der Geschichte Brasiliens war eine Frau an der Macht. Anfang 2013 gaben ihr zwei Drittel der Bevölkerung die Note gut oder sehr gut, doch nach den landesweiten Protesten Mitte 2013 war es nur noch ein Drittel.

Leben mit dem Mindestlohn

In der Favela Santa Marta

Der gesetzliche Mindestlohn ***(salário mínimo)*** wurde im Jahr 1940 unter der Regierung Getúlio Vargas festgelegt und 1946 in der brasilianischen Verfassung verankert. Die Kaufkraft war bei seiner Einführung kaum geringer als heute – wie damals reichen die derzeit ausbezahlten 1320 R$ gerade für das Nötigste.

Mit dem gegenwärtigen gesetzlichen Mindestlohn müssen heute 75 Mio. Brasilianer zurechtkommen, nicht wenige verdienen sogar darunter. Bei Preisen, die zumindest in den großen Städten wie Rio oder São Paulo schon europäisches Niveau erreicht haben, fragt man sich zu Recht, ob mit einem solchen Lohn ein Leben überhaupt möglich ist.

Die Antwort lautet »Nein«, das Resultat ist ein ›Leben‹ mit einem Warenkorb, der sich auf Reis, Bohnen und Brot ohne Butter beschränkt. Und so suchen viele Brasilianer verzweifelt nach kleinen Nebenerwerbsquellen oder bieten auf Straßen und Plätzen Billigwaren aus Paraguay feil. Sogar die ›Arbeit‹ als Straßenkind kann lukrativer sein als die Tätigkeit als Verkäuferin in einem kleinen Laden.

Nur wer auf die Solidarität einer größeren Familie zählen kann, mag auf der Basis eines einzigen Mindestlohns noch zurechtkommen können. In diesem Falle wohnt man jedoch weit außerhalb, an der Peripherie oder in einem Vorort der Stadt. Die häuslichen Spesen werden reihum bzw. je nach aktueller Liquidität geteilt, und wenn es nicht reicht, wird die öffentliche Stromleitung einfach illegal angezapft. Auf jeden Fall hat Oma immer etwas im Suppentopf.

Zur Arbeit geht es oft stundenlang per Bus mit Tickets vom Arbeitgeber, die man im Falle übrig gebliebener Karten auch verkaufen oder gar zum Bezahlen des Mittagessens verwenden kann. Dadurch spart man wieder das Essensticket, das ebenfalls als Zweitwährung fungiert. Da die Essensportionen in den populären *lanchonetes* stets reichlich bemessen sind, kann eine Mahlzeit gut durch zwei geteilt werden. Für das so eingesparte Ticket reicht der kleine Angestellte des Lokals schon mal ein Sandwich herüber, wenn der Chef gerade nicht hinschaut.

Die allgegenwärtig Lösung aber lautet schlichtweg Ratenkäufe und Schulden, Schulden, Schulden … Der ärmere Teil der Bevölkerung nutzt die Kreditkarte tatsächlich sogar häufiger als der reichere Teil. Wer seine Einkäufe in bar bezahlt, fällt sogar richtiggehend auf. Anders als bei uns nutzt hier fast jeder nur Karten. Auf die Frage der Kassiererin oder Verkäuferin, ob man *débito* oder *crédito* wünscht, wählen fast alle die zweite Option, denn die Abbuchung erfolgt ja erst später. Nur wenn man dann nicht zahlt, bedienen sich die Banken mit Zinsen, die schon 425 % erreicht haben. Selbst ein einfaches Paar Schuhe zahlt kaum jemand auf einmal. Für die klein gedruckte Gesamtsumme interessiert sich niemand, wichtig sind nur die groß geschriebenen und auf viele Monate verteilten Raten. Brasilianer leben eben heute, morgen ist *amanhã* …

Schon Ende 2014 wurde offensichtlich, dass sie sich ihre Wiederwahl mit Unwahrheiten über den Zustand der Staatskassen und bewusst falschen Versprechungen an das Volk erkämpft hatte. Die teilweise verfehlte Wirtschaftspolitik wurde noch verstärkt durch den weltweiten Verfall der Rohstoffpreise – Brasiliens größte **Wirtschaftskrise** nahm ihren Anfang. Gleichzeitig schockierte die Aufdeckung milliardenschwerer **Korruptionsfälle** das ganze Land. Willkommener Anlass für die oppositionellen Mitte-Rechts-Parteien, mit einem vorgeschobenen Impeachment (wg. ›Haushaltsdribblings‹) Rousseff im August 2016 aus dem Amt zu putschen.

Der Nachfolger **Michel Temer,** ein Mann der Mitte, war selbst bald durch massive Korruptionsvorwürfe in seinem Amt entscheidend geschwächt. Währendessen saß Lula, der eigentliche Mentor der Regierungsperiode, zu einer Strafe von 12 Jahren verurteilt, schon über ein halbes Jahr in einem Gefängnis der ›República de Curitiba‹ (s. S. 418).

Operation ›Hochdruckreiniger‹ – die Luft ist raus

Es begann 2014 ›harmlos‹ mit der Razzia in einer Tankstelle, in deren Waschanlagen nicht nur Autos, sondern auch schmutzige Gelder gereinigt wurden. Stück für Stück kam ein gigantisches Korruptionssystem ans Licht. Die **Operation Lava Jato** (Hochdruckreiniger) wurde zu einer Task Force von Bundespolizei, Bundesanwaltschaft und Justiz mit Basis in Curitiba – sie steht heute als Begriff für den größten Justizfall der brasilianischen Geschichte.

Nicht dass Korruption für die Brasilianer etwas Neues gewesen wäre. Erstmals wanderten die Beteiligten nun ins Gefängnis und kamen nicht, wie bisher üblich, am nächsten Tag wieder frei. Nach und nach wurden die unglaublichen Ausmaße der Korruption im Lande sichtbar. Auf die Inhaftierungen folgten Prozesse und Verurteilungen, auch etwas Neues im brasilianischen System. Im Falle des Ex-Präsidenten Lula mahlten die Mühlen der Justiz allerdings verdächtig schnell.

Erst viel später, nachdem politischer Überdruss, Enttäuschung und Wut in der Bevölkerung den parlamentarischen Hinterbänkler Bolsonaro ins Präsidentenamt gespült hatte, kamen die dunklen Machenschaften hinter Lava Jato allmählich ans Licht. Leaks im Internet machten eklatante Ungereimtheiten in der Prozessführung und koordinierte Absprachen zwischen Staatsanwälten und dem vorsitzenden Richter Sergio Moro, der unter Bolsonaro Justizminister wurde, öffentlich. Verurteilung und Inhaftierung von Lula waren genau abgestimmt, um seine Teilnahme an den Präsidentschaftswahlen zu verhindern – er führte in den Umfragen.

Heute sind fast alle Verurteilungen der Operation vom Obersten Bundesgericht wieder aufgehoben – die große Hoffnung Lava Jato ist diskreditiert und steht als Beispiel für einen Kampf gegen die Korruption, wie man ihn besser nicht führen sollte.

Zurück in der Zukunft

Bei den Massendemos, die die Polit-Skandale der Lava Jato begleiteten, fungierte das Rechtsaußen-Spektrum anfangs nur als Trittbrettfahrer. Doch es machte sich geschickt den Ärger der Bürger und die Ängste einer von sozialem Abstieg und Kriminalität bedrohten Mittelschicht zunutze. Lula und seine Arbeiterpartei hatte mit ihren Machenschaften eine historische Chance vertan, aus Brasilien endlich doch das von Stefan Zweig beschworene »Land der Zukunft« zu machen.

Viele, die ihr Kreuzchen beim rechten Populisten **Jair Messias Bolsonaro** machten, taten dies nicht, weil er wirklich Lösungen angeboten hätte. Bisher war der einfache Abgeordnete nur ab und an mit verächtlichen Äußerungen über Frauen, Schwule und Indigene aufgefallen, oder etwa mit Huldigungen an die Militärdiktatur und ihre Folterer. Sein Präsidentenamt verdankt er dem Frust des Wahlvolks und einer geschickten populistischen Inszenierung als ›ein Mann gegen das System‹. Dass er es damit aber so weit treiben würde, einen Staatsstreich anzuzetteln, wollten nur die wenigsten sehen. Nach vier langen Jahren sieht sich Brasilien 2023 einmal mehr zurückgeworfen auf das ewige ›Land der Zukunft‹.

Geschichte

Seit seiner offiziellen Entdeckung im Jahr 1500 zog Brasilien viele Expeditionen besonders aus Europa an, eine friedliche und von Wissenschafts- und Kunstinteresse geprägte Annäherung. Doch bald folgte die Ausrottung der indigenen Bevölkerung und die wirtschaftliche Ausbeutung der portugiesischen Kolonie unter Einsatz von Sklaven. Nach dem ›Zuckerzyklus‹ kam der Goldrausch und dann der Aufstieg der Kaffeebarone, die jedoch den Weg bahnten für das neue Industriezeitalter und die Republik.

Zeit der Entdeckung

Der Portugiese **Pedro Álvares Cabral,** der offizielle Entdecker des Landes, machte im Jahr 1500 den Weg frei für große Expeditionen durch die Weiten Brasiliens. Die endlose Reihe großer Abenteurer und Forscher, Ausbeuter und Piraten, Künstler und Wissenschaftler kam fast ausschließlich aus unseren Breiten.

Pioniere und Abenteurer

Die ersten europäischen Pioniere des **16. Jh.** wurden hauptsächlich angezogen von den zahlreichen Berichten über die indigenen Bewohner des Küstenstreifens. Einer von ihnen war der deutsche Söldner in portugiesischen Diensten **Hans Staden.** Er verbrachte im Jahr 1550 als Gefangener neuneinhalb Monate bei den Tupinambá zwischen Rio und Santos, unter ständiger Angst, jeden Moment verspeist zu werden. Zurück in der hessischen Heimat, nach gelungener Flucht auf einem französischen Schiff, verfasste er seine »Warhaftig historia und beschreybung eyner Landtschafft der Wilden Nacketen Grimmigen Menschenfresser-Leuthen in der Newenwelt America gelegen«. Darin heißt es u. a.: »... und sofort nehmen die Frauen den Toten, ziehen ihn über das Feuer, kratzen ihm die ganze Haut ab, machen ihn ganz weiß und stopfen ihm den Hintern mit einem Holze zu, damit nichts von ihm abgeht.« Stadens erstem Kannibalismus-Bericht folgten endlose weitere.

Völlig unbeeindruckt von derlei Gräuelgeschichten kam sechs Jahre später der Franzose **Jean de Léry,** um ebenfalls die Lebensgewohnheiten und Sprache der den Franzosen freundlich gesinnten Tupinambá zu erforschen. Sein Resümee fiel ganz anders aus: »Nach meiner Erfahrung zu urteilen, würde ich mich diesem Volk, das wir als die ›Wilden‹ bezeichnen, mehr anvertrauen und mich bei ihm sicherer fühlen als unter den unverlässlichen und entarteten Bewohnern mancher Gegenden Frankreichs.« (»Des Herrn Johann von Lery Reise in Brasilien«)

Erste Expeditionen

Im **17. Jh.** galt das Interesse der europäischen Besucher neben der indigenen Bevölkerung auch der Erkundung und Darstellung der tropischen Flora und Fauna. Die wichtigste Expedition zwischen 1637 und 1644 bestand aus einer Gruppe holländischer Wissenschaftler und Maler, angeführt von dem Niederländer **Maurício de Nassau.** Die Landschaftsgemälde von Frans Post, u. a. die Gemälde vom Rio São Francisco, den Stränden Paraíbas, den Städten von Pernambuco und den Wasserfällen von Paulo Afonso, gelten als die ersten Bilder des neuen ›Tropenparadieses‹. Der Maler Albert Eckhout hingegen konzentrierte sich auf die Darstellung von Indigenen.

Im **18. Jh.** kam es zu einem wahren Boom von Expeditionen, doch die »Viagem Philosofica« des Portugiesen **Alexandre Rodrigues Ferreira** in den Jahren 1783 bis 1792 markierte den Anfang einer Reihe von Reisen in noch unbekannte Gefilde des neuen Riesenkontinents. Seine Gruppe war die erste, die tief in die Amazonasregion vorstieß und zahlreiche Spezies für das Museu Real da Ajuda in Lissabon zusammentrug. Gegen Ende des Jahrhunderts erweiterte sich das wissenschaftliche Interesse um neue Dimensionen. So unternahm der 1768 von der Londoner Royal Society entsandte Forscher **James Cook** mehrere Reisen, u. a. entlang der brasilianischen Küste, um mittels der Venusbewegungen die Entfernung zwischen Erde und Sonne zu messen. Mehr noch als die Bahnen des großen Planeten beeindruckte ihn jedoch die Bucht von Guanabara in Rio de Janeiro.

Erforschung durch Gelehrte

Als im Jahr 1808 der portugiesische Hof nach Rio übersiedelte, nahm das Interesse der europäischen ›Gelehrten-Abenteurer‹, dieses hoheitliche Land zu erkunden, im **19. Jh.** stark zu. Der auf die Wissenschaften Ethnologie und Botanik spezialisierte Deutsche **Maximilian zu Wied,** ein Freund Alexander von Humboldts, durchquerte von 1815 bis 1817 den Küstenwald zwischen Rio und Bahia, trat in Kontakt mit den Camacã, malte Hunderte von Aquarellen und schrieb ein zweibändiges Buch mit dem Titel »Reise in Brasilien«.

Die kühnste Mission wurde zwischen 1817 und 1821 ebenfalls von Deutschen durchgeführt. **Carl Friedrich Philipp von Martius** und **Johann Baptist von Spix,** eingeladen zur Hochzeit der österreichischen Prinzessin Carolina Leopoldina mit Kaiser Pedro I., nutzten die Gelegenheit zu einer Reise durch mehrere Landesteile und konnten schließlich dem Naturhistorischen Museum in Wien den bis dahin einzigartigen Schatz von über 6000 neuen Pflanzenarten übergeben.

Die ambitionierteste und bedeutendste Expedition des 19. Jh. stand wiederum unter deutscher Federführung, geleitet von **Georg Heinrich von Langsdorff,** allerdings in seiner Funktion als Generalkonsul von Russland in Rio de Janeiro. Mit dem Anliegen, in bislang von Weißen noch gänzlich unberührte Gebiete im Innern des Landes vorzustoßen, versammelte er eine Equipe erster Klasse, u. a. den Botaniker **Ludwig Riedel,** den Astronomen und Kartografen **Nester Rubstov,** den Zoologen **Christian Hasse** und die Maler **Moritz Rugendas, Hercule Florençe** und **Adrien Taunay.** Mit finanzkräftiger Unterstützung von Zar Alexander I. durchquerte die Gruppe von 1821 bis 1829 das Gebiet zwischen Rio de Janeiro und Amazonien und legte eine Strecke von 17 000 km zurück. Die nach Petersburg überführten Schätze überstiegen alles bisher Dagewesene: Tausende von Pflanzenarten, ausgestopfte Tiere, Edelsteine, ethnografisches Material, 369 Zeichnungen und Aquarelle sowie 1000 Seiten Tagebuchnotizen.

Der vielleicht berühmteste Wissenschaftler, der von 1831 bis 1836 an Bord des Schiffes Beagle den Kontinent bereiste, war der Engländer **Charles Darwin.** Überaus beeindruckt von der Schönheit der brasilianischen Städte, insbesondere von Salvador, sowie von dem Reichtum der tropischen Fauna und Flora, verfasste er später seine revolutionäre Theorie »Über die Entstehung der Arten«.

Erschließung des Landesinneren

Im **20. Jh.** sammelten die Expeditionen nicht nur Material und wissenschaftliche Entdeckungen, sondern konstruierten Straßen, Dörfer, Telegrafenposten, Eisenbahnlinien und gingen ihnen bis dahin unbekannten Flusslinien und Bergzügen im unerschlossenen Innern des Landes nach. Am spektakulärsten war die Entdeckungsreise des alternden amerikanischen Ex-Präsidenten **Theodor Roosevelt,** der hier seine letzte Chance sah, »noch einmal Junge sein zu können«. Seine Gruppe, angeführt von dem Brasilianer **Cândido Mariano Rondon,** entdeckte im Jahr 1914 einen für sie neuen Fluss, zunächst Rio da Dúvida (Fluss des Zweifels) genannt, zeich-

Brasilienkarte aus dem »Atlas Miller«, um 1519 (Ausschnitt)

nete eine Karte von seinem 712 km langen Verlauf und nannte ihn schließlich Rio Roosevelt. Der große Namensvetter ebenso wie manch andere Teilnehmer der Expedition hätten bei diesem Unternehmen beinahe ihr Leben gelassen – sie litten unter Malaria und waren Angriffen der einheimischen Bevölkerung ausgesetzt –, doch nur ein Expeditionsteilnehmer musste zurückbleiben, in den Fluten des neu entdeckten Flusses. Kein solches Glück hatte **Percy Fawcett,** der 1921 in die Wälder des Mato Grosso aufbrach, um nach den Überresten einer uralten Hochkultur zu suchen. In dem eindrücklichen Buch »Die versunkene Stadt Z« beschreibt der Autor David Grann seine Spurensuche nach dem mysteriösen Schicksal der im Dschungel verschollenenen Expedition des englischen Forschers.

Den Reigen der großen Entdeckungen des 20. Jh. beendete der bekannte französische Anthropologe **Claude Lévi-Strauss.** Im Jahr 1935 wurde er nach São Paulo berufen, um bei der Gründung der neuen Universität mitzuwirken und dort eine Lehrtätigkeit aufzunehmen. Bei diversen Reisen durch das Landesinnere studierte er die Lebensweise der Bororo, Kadiwéu und Nhambiquara. Seine Expeditionen durch São Paulo, Pantanal, Paraná, Mato Grosso und Amazonien trugen zu seinem Buch »Traurige Tropen«, dem größten Klassiker der anthropologischen Literatur, bei.

Brasiliens indigene Bevölkerung

Schätzungen der Archäologin Anna Roosevelt gehen von 5–8 Mio. Indigenen aus, die Anfang des 16. Jh. in 1175 Ethnien gegliedert in Brasilien lebten. Seit Jahrtausenden siedelte die indigene Bevölkerung vor allem in den Küstenregionen, bis sich eine besonders kriegerische Ethnie, nach ihrer Sprache Tupi genannt, hervorhob und allmählich sowohl weite Teile der Küste als auch Gebiete entlang der großen Flüsse einschließlich des Amazonas beherrschte. Als die portugiesischen Kolonisatoren um 1500 zum ersten Mal ›Land sahen‹, gab es mindestens so viele Tupi wie Einwohner Portugals (ca. 1 Mio.), wahrscheinlich jedoch mehr.

Die **Tupi-Kultur** befand sich im Übergang von der bloßen Jäger- und Fischerexistenz zur einfachen Agrarwirtschaft mit Landrodungen, Feldbestellungen und vor allem der Nutzbarmachung der giftigen Maniokpflanze.

Wenn auch kriegerische Auseinandersetzungen um bevorzugte Anbau- und Jagdgebiete zum Alltag gehörten, war das soziale Leben innerhalb der 300–2000 Einwohner zählenden Dörfer eher von altruistischem Solidargefühl gekennzeichnet.

Tödliche Seuchen

Die portugiesischen Kolonisatoren brachten nicht gleich den Krieg, sondern neben Spiegeln und Glasperlen auch Nützliches wie Angelgeräte, Pferde, Hunde und Rinder sowie Äxte, Messer und Schwerter. Der plötzliche Vorstoß in die Eisenzeit war für die indigene Bevölkerung bei ihren Kriegen (Pfeile mit Metallspitzen), bei der Jagd, beim Kanubau und in der Landwirtschaft von Nutzen. Auch die Viehzucht kam nun auf.

Doch bald zeigte sich, dass die weißen Götter nicht nur Segen brachten. Der erste Krieg bedurfte indes auch keiner Waffen, es war ein bakteriologischer. Die Indigenen wurden völkerweise durch **Röteln-, Windpocken-, Keuchhusten- und Tuberkuloseepidemien** hinweggerafft, von den ursprünglich 5–8 Mio. blieben nach einem Jahrhundert Fremdherrschaft 4 Mio. übrig.

Verschleppung und Versklavung

Im 17. Jh. starben weitere 2 Mio. außer durch Krankheiten nun auch infolge ungewohnter Sklavenarbeit und blutiger Verteidigungskriege. Die Tupi wehrten sich heldenhaft, doch jedes Volk kämpfte unkoordiniert für sich. Ihre zahlenmäßige Überlegenheit nützte wenig angesichts der besseren Organisation und besseren Waffen der Eroberer. Die Versuche des Jesuitenordens, die indigene Bevölkerung zwecks christlicher Umerziehung in **Missionsstationen** zu versammeln und gegen äußere Feinde abzuschirmen, waren nur von begrenztem Erfolg. Sowohl gegnerische Ethnien als auch die erbarmungslosen Sklavenjäger *(bandeirantes;* von *bandeira* = Fahne) aus São Paulo überfielen mit Vorliebe diese leicht zu nehmenden Bastionen. Zudem konnten sich hier Epidemien schneller ausbreiten als in den versteckten Dörfern der indigenen Bevölkerung, auch der christliche Kleidungszwang bzw. das Tragen schmutziger Wäsche beförderten Krankheiten. Als später die Missionare von der portugiesischen Krone nicht mehr toleriert und sogar des Landes verwiesen wurden, waren die in den ghettoartigen Stationen verbliebenen Indigenen der **Versklavung** noch schutzloser ausgeliefert als zuvor.

Ihre Frauen dienten den weißen Herren aus Lusitanien vor allem als Gebärerinnen, die Männer fungierten als Führer (auch bei Kriegen und Raubzügen), Ruderer, Holzfäller, Jäger, Fischer und Hausdiener, in der Produktion für den Exportmarkt setzte man ab dem 17. Jh. jedoch die kräftigeren Schwarzen aus Afrika ein. Der Indigene wurde zum Sklaven der ›Armen‹, kostete er doch nur ein Fünftel des importierten Schwarzen. Im 18. Jh. setzte sich der Exitus der stolzen indigenen Bevölkerung fort, ihre Zahl reduzierte sich um eine weitere Hälfte von 2 auf 1 Mio. Statt 5–8 Mio. Indigener um 1500 sind es heute knapp 1,7 Mio., die noch immer um ihre Rechte kämpfen.

Kolonialzeit

Schon 1494, also noch vor der Entdeckung Brasiliens, war durch einen Schiedsspruch Papst Alexanders VI. im Vertrag von Tordesillas eine Einigung zwischen Portugal und Spanien über die Aufteilung der Kolonialgebiete erzielt worden. Die Trennungslinie entsprach etwa dem 48. Grad westlicher Länge. Alles, was östlich davon lag, ging an **Portugal,** was westlich davon lag, an Spanien. Und so wurde Brasilien, von einem Teil im Süden zunächst abgesehen, portugiesische Kolonie.

Doch erst am 22. April des Jahres 1500 erreichte die erste portugiesische Karavellenflotte unter dem Kommando von **Pedro Álvares Cabral,** eigentlich auf dem Weg nach Indien, ›brasilianisches‹ Territorium. Es war der offizielle Beginn der Entdeckung; nicht unwahrscheinlich ist, dass zwei Jahre vorher bereits ein anderer portugiesischer Seefahrer, **Duarte Pacheco Pereira,** hier angekommen war.

Die indigene Bevölkerung heute

Nach der offiziellen Statistik (IBGE), die auf der letzten Volkszählung von 2022 basiert, leben in Brasilien etwa 1,7 Mio. Indigene (0,83 % der Bevölkerung); über die Hälfte davon in den Bundesstaaten der Amazonasregion (868 000), viele auch in Bahia (230 000). Noch 1991 zählte man im ganzen Land nur 294 000, danach hätte sich ihre Zahl in 19 Jahren fast versechsfacht.

Traditionelle Tracht der Desana am Rio Uaupés zu besonderen Anlässen.

Der starke statistische Zuwachs der indigenen Bevölkerung erklärt sich aus vier Faktoren: 1. Schutz durch Reservate, 2. staatlicher Gesundheitspolitik, 3. der Möglichkeit der Selbstdeklarierung als indigen, um staatliche Hilfen zu erlangen, 4. vermehrtem Konsum industrialisierter Lebensmittel (mit allen daraus entstehenden negativen Folgen).

Von den 1,7 Mio. Indigenen leben 63 % nicht mehr in ihrem Herkunftsgebiet, sondern bilden in einem urbanen Umfeld eine Art Subproletariat. Doch auch die in ihren angestammten Dörfern Lebenden befinden sich mehrheitlich in einer Situation extremer Armut. Verwaltet durch die staatliche Nationale Stiftung der Indigenen, Funai (Fundação Nacional do Índio), verteilen sie sich auf 305 Ethnien mit 274 verschiedenen Sprachen. Die mit ca. 85 100 Angehörigen größte Gruppe sind die Guarani, die auch in den Nachbarländern Bolivien, Paraguay und Argentinien leben. Das zahlenmäßig bedeutendste Volk Amazoniens sind die Tikuna (56 000) im Grenzgebiet zu Kolumbien.

Von insgesamt 688 Gebieten der indigenen Bevölkerung (ca. 12,5 % des brasilianischen Territoriums) sind bislang 573 als Reservate geschützt. Die anderen befinden sich noch in einem komplizierten Legalisierungsprozess. Die Bemühungen um die Demarkierung von Reservaten werden in Zukunft wohl noch schleppender und konfliktreicher verlaufen. »Indigene im Reservat sind wie Tiere im Zoo« verlautbarte Präsident Bolsonaro und unterstellte die Funai dem Justizministerium. Unter der Leitung eines Polizeikommissars fror die Organisation die Ausweisung von neuen Reservaten völlig ein. Die Ungeduld der Indigenen gegenüber dieser Verweigerungspolitik ist nur zu verständlich und führt immer wieder zu Besetzungen ihrer eigenen Gebiete. Eine endgültige Demarkation bedeutet meist schon eine Überlebensgarantie, im physischen und wirtschaftlichen Sinn ebenso wie in Bezug auf Traditionserhalt, Schulunterricht in der eigenen Sprache, Besuchseinschränkungen für Touristen usw.

Großgrundbesitzer und *garimpeiros* (Goldsucher) taten schon immer alles, um die Besiegelung der Rechte der indigenen Bevölkerung zu behindern, und schrecken selbst vor Morden nicht zurück, woran auch der Tod des Umweltaktivisten Chico Mendes erinnert. Tausende von *garimpeiros,* die unter Duldung der letzten Regierung in die Reservate eindrangen, wurden nach Amtsantritt des Präsidenten Lula 2023 durch eine konzertierte Aktion von Armee, Bundespolizei und Funai größtenteils zum Verlassen der Gebiete gebracht. Die Funai untersteht jetzt einem neu geschaffenen Ministerium der Indigenen Völker, geleitet von einer indigenen Frau – ein Zeichen der Hoffnung.

Brasilholz und Zucker

Anfangs entzückte sich der Hof in Lissabon hauptsächlich an den bunten Papageien, weshalb das Land zuerst Terra Papagalli genannt wurde. Der Name Brasil folgte erst 1503 in Anlehnung an das begehrte **Brasilholz** (urspr. franz.: *brésil*), mit dem roten Extrakt bemalte schon die indigene Bevölkerung ihre Gesichter und in Portugal konnte man damit die königlichen Gewänder in verschiedenen Tönen färben. Die eigentliche Kolonisierung begann erst 1530 mit der Entsendung von **Martim Afonso de Souza,** der die Franzosen vertreiben, den Einflussbereich der portugiesischen Krone erweitern und ein neues Verwaltungssystem einführen sollte. 1532 teilte König João III. die brasilianische Küste in 15 Zonen, *capitanias* genannt, und vergab diese als Erblehen an portugiesische Adlige und Angehörige des Mittelstands, um die eigenen Kolonisierungskosten gering zu halten. Als dies jedoch bis auf zwei Ausnahmen nicht die gewünschten Resultate erbrachte, wurde 1549 in Salvador eine portugiesische Zentralgewalt etabliert, angeführt von dem ersten Generalgouverneur **Tomé de Souza.**

Die folgenden Jahrzehnte waren gekennzeichnet von einer verstärkten Einwanderung aus Portugal, einer Zunahme des Sklavenimports aus Afrika und einer immensen Ausweitung des **Zuckerrohranbaus.**

Sklavenwirtschaft

Die Portugiesen hatten bereits Erfahrungen mit dem Anbau von Zuckerrohr auf Madeira und den Azoren. Dank billiger Sklavenarbeit, fruchtbarer tropischer Erde und des Baus von Zuckermühlen (ab 1520) wurde Brasilien schon um 1600 zum **Hauptzuckerproduzenten** der damaligen Welt. Die gigantischen Einnahmen fanden schnell ihren sichtbaren Niederschlag in der kulturellen Blüte von Hafenstädten wie Olinda-Recife im Nordosten und der ersten Hauptstadt Salvador (1549).

Die Pracht der Kirchen und Herrschaftspaläste der neuen Latifundienbesitzer basierte jedoch im Wesentlichen auf der Ausbeutung **afrikanischer Sklaven:** 30 000 gab es im Jahr 1600, 150 000 im Jahr 1700 und 1,5 Mio. im Jahr 1800. Die ersten Schiffe mit den bis dahin freien Bürgern kamen um 1538 an. Schon beim Transport wurde streng darauf geachtet, die verschiedenen Ethnien und Sprachen zu vermischen, um jeden kollektiven Widerstand auszuschalten. 18 Stunden Arbeit pro Tag sowie ein ausgeklügeltes System von Bewachungen und Präventivstrafen ließen jeden Gedanken an Flucht sinnlos werden.

Aufstieg durch Gold

Dennoch verlief die Ausbeutung der Kolonie keineswegs reibungslos. Andere europäische Nationen, im Vertrag von Tordesillas nicht berücksichtigt, versuchten, ihre Einflusssphären auf den neuen Kontinent auszudehnen. Zwischen 1555 und 1565 errichteten die **Franzosen** in der Baía da Guanabara von Rio de Janeiro ihre Kolonie França Antártica, konnten sich danach bis 1596 in Paraíba etablieren und zwischen 1612 und 1615 in Maranhão. 1624 attackierten die **Holländer** Salvador und besetzten zwischen 1630 und 1654 einen Teil der Nordostküste. Viele Zuckerrohrpflanzungen dieser Region wurden von den verängstigten portugiesischen Besitzern aufgegeben, zahlreiche Sklaven nutzten die Gelegenheit zur Flucht und organisierten sich in **autonomen Wehrdörfern** *(quilombos),* von denen Palmares legendäre Bedeutung gewann.

Doch weder diese Herrschaftskrisen noch die zunehmende Schwäche des portugiesischen Mutterlands bewirkten den Verfall der brasilianischen Kolonie. Es waren die ***bandeirantes*** aus São Paulo, die auf der Suche nach Gold und Sklaven um 1650 damit begannen, das brasilianische Hinterland zu erschließen. Rekordhalter wurde der *bandeirante* Antônio Raposo Tavares, der rund 12 000 km zurücklegte und bis in die heutigen Mato Grosso do Sul, Mato Grosso, Rondônia und Pará vorstieß.

Der Goldrausch

Das Hauptinteresse galt jedoch dem **Gold in Minas Gerais,** das ab 1695 einen regelrechten Massenzustrom von Goldsuchern bewirkte. Rechtzeitig – der Zuckerhandel war durch die holländische Konkurrenz auf den Antillen in eine Krise geraten – gab es wieder ein Exportprodukt, nach dem in Europa große Nachfrage bestand.

Ein wahrer **Goldrausch** setzte ein: Hunderttausende strömten in noch unerschlossene Gebiete im Innern Brasiliens; viele Plantagenbesitzer sattelten um und ließen ihre Sklaven Gold schürfen. Über die Hälfte aller amerikanischen **Edelsteinexporte** kam zu dieser Zeit aus Brasilien, der plötzliche Goldregen veränderte schnell das Gesicht wie das Selbstgefühl des Landes.

Städte wie Ouro Preto in Minas Gerais erblühten in der Pracht barocker Kultur und eine von dem Zahnarzt (›Tiradentes‹) Joaquim José da Silva Xavier angeführte **Unabhängigkeitsbewegung** *(Inconfidência mineira)* legte sich mit dem Kaiser und Portugal an. Rio de Janeiro mit seinem Hafen, der günstig auf der Goldexportroute von Minas Gerais nach Lissabon lag, löste 1763 Salvador als Hauptstadt ab.

Kaiserreich

Das Jahr 1808 war eines der markantesten und wichtigsten der brasilianischen Geschichte. Auf der Flucht vor den Truppen Napoleon Bonapartes siedelte Portugals Prinzregent **João VI.** mit dem gesamten Hofstaat, insgesamt mehrere Tausend Menschen, in das damals nur 50 000 Einwohner zählende Rio de Janeiro um. Es fällt nicht schwer sich vorzustellen, welche wirtschaftlichen und politischen Veränderungen dies im Leben der kleinen brasilianischen Hauptstadt bewirkte. Die frühere Kolonie bekam nun den Status eines gleichberechtigten Mitglieds des Mutterlands, auf dem Wiener Kongress von 1815 wurde Brasilien mit Portugal gleichgestellt.

Zwei Pedros

Nachdem João VI. 1821 in sein Heimatland zurückgegangen war, erklärte sein Sohn **Pedro I.** am 7. September 1822 die Unabhängigkeit und ließ sich zum ersten Kaiser krönen. Brasilien ist das einzige Land Südamerikas, in dem es eine Monarchie gegeben hat. Dem Herrscher lagen Musik und Frauen mehr am Herzen als die Politik. Als er 1831 nach Portugal zurückkehrte, ging die Kaiserkrone – nach einer Regentschaftszeit bis 1840 – an seinen Sohn **Pedro II.** über, der das Land von 1840 bis 1889 regierte. Er war ein relativ gebildeter und am Fortschritt interessierter Monarch. 1850 wurde in Brasilien die Einfuhr von Sklaven verboten und 1888 – als letztes Land Lateinamerikas – die Sklaverei ganz abgeschafft.

Mächtige Kaffeebarone

Die wirtschaftliche Basis des Kaiserreichs lag weitgehend in der Kaffeegewinnung. Die Gold- und Edelsteinfunde gingen immer mehr zurück und gerade rechtzeitig kam mit dem Kaffee ein neuer rettender Zyklus. Das erste Kaffeepflänzchen wurde 1805 gesetzt, 1831 übertraf der **Kaffee-Export** erstmals die Zuckerausfuhr, 1870 wurden bereits 167,4 Mio. kg exportiert. Doch die ›Kaffeebarone‹ von São Paulo mutierten zur Kaffeebourgeoisie und begannen, in Manufakturen zu investieren, vor allem in die Textilindustrie. An zwei Grundvoraussetzungen fehlte es nicht: Als Rohstoff war Baumwolle zur Genüge vorhanden, und als qualifiziertere Arbeitskräfte bot sich das Millionenheer der Immigranten an, das ab 1850 aus Europa, vor allem aus Italien, hier einströmte.

Föderative Republik

Nach dem Sturz von Kaiser Pedro II., der nach der Abschaffung der Sklaverei bei den *fazendeiros* keine Basis mehr besaß, war der Weg frei für die Ausrufung der Föderativen Republik Brasilien (15. November 1889). Es war auch die Zeit der beginnenden industriellen Revolution und des Kapitalismus. Die ›Kaffeebarone‹ von São Paulo entgingen knapp den Auswirkungen der Weltwirtschaftskrise von 1929/30, da sie rechtzeitig in die neue Textilindustrie investiert hatten.

Autoritäre Regierungen

Während die meisten der 13 Präsidenten der sogenannten ***República Velha,*** der Alten Republik, von 1889 bis 1930 politisch noch die Agraroligarchien vertraten *(política do café-com-leite)*, repräsentierte der ***Estado Novo*** unter **Getúlio Vargas** von 1930 bis 1945 schon die agroindustriellen und industriellen Eliten. Das Herrschaftssystem war jedoch zentralistisch und autoritär, politische Repression und Zensur waren an der Tagesordnung. Nach einer Redemokratisierungsphase unter dem vom Volk gewählten Präsidenten **Eurico Caspar Dutra** (reg. 1946–51) konnte Getúlio Vargas 1951 noch einmal durch Wahlen an die Macht gelangen, bis er 1954 Selbstmord verübte.

Die eigentliche Phase ungehemmter industrieller Entwicklungspolitik begann jedoch erst unter dem populistischen Präsidenten **Juscelino Kubitschek** (reg. 1956–61). Modernisierung war das neue Schlagwort der Zeit, das in der Errichtung der Retortenhauptstadt Brasília (1960) Ausdruck fand. Moderne Kunst und Architektur wurden gefördert, eine allgemeine Aufbruchsstimmung breitete sich aus. Der Fortschritt wurde jedoch durch verstärkte Abhängigkeit vom ausländischen Kapitalmarkt erkauft, die Inflation nahm zu, soziale Probleme verschärften sich. Der nächste Präsident, **Jânio Quadros,** regierte nur ein Jahr und übergab das Amt 1961 an seinen bisherigen Vizepräsidenten **João Goulart.** Dieser unterstützte Massendemonstrationen für wirtschaftliche und soziale Reformen und geriet dadurch in offenen Widerspruch zu den Generälen. Am 31. März 1964 wurde er von der militärischen Oppositionsfront gestürzt und begab sich ins Exil nach Uruguay.

Militärdiktatur

Der **Staatsstreich,** von den Militärs Revolution genannt, bildete den Anfang bzw. die Generalprobe weiterer, von den USA unterstützter Putsche in Lateinamerika, die mit dem Gespenst des Kommunismus und dem drohenden Gewerkschaftsstaat aufräumen wollten. Schon bald wurden die Voraussetzungen für eine totalitäre **Diktatur** geschaffen, die Verfassung aufgelöst, Parteien verboten und das Parlament entmachtet, bis im Jahr 1968 alle Regierungsvollmachten bei der Junta lagen. Obwohl die Repressionsorgane längst nicht so wüteten wie in Chile und Argentinien, sind dennoch schätzungsweise 458 Personen aus politischen Gründen ermordet oder zu Tode gefoltert und etwa 12 000 inhaftiert worden.

Das Perfide an der Situation war, dass der staatliche Terrorismus sich selbst zu rechtfertigen schien durch verblüffende **Wirtschaftserfolge** mit bis zu 11-prozentigen jährlichen Wachstumsraten zwischen 1968 und 1973. Die forcierte Entwicklung einer autarken nationalen Industrie und Infrastruktur mit vielen Großprojekten war jedoch weitgehend mit ausländischen Investitionen finanziert worden und führte zu einer lange andauernden Verschuldungskrise. Die ärmeren Schichten blieben von diesem Wirtschaftswunder gänzlich ausgeschlossen, Gewerkschaftsverbot und Lohnknebel bewirkten sogar eine noch extremere Einkommensverteilung als vorher.

Übergang zur Demokratie

Bereits dem vorletzten Präsidenten der Militärdiktatur, **General Geisel,** blieb 1974 angesichts der schweren Probleme des Landes keine andere Wahl, als die Öffnung zur Demokratie einzuleiten. Seitens der Bevölkerung gab es breite Zustimmung, die Eliten taten sich mit dem Wandel allerdings schwer. Misstrauisch beäugte man die geläuterten Militärs und eine Regierungskrise folgte der nächsten. 1982 gab es endlich die ersten direkten Gouverneurswahlen, 1985 die erste zivile Zentralregierung unter **José Sarney** und 1989 die erste direkte Präsidentschaftswahl der Geschichte Brasiliens, aus der **Fernando Collor de Mello** als Sieger hervorging.

Mit ihm begann 1990 eine klare Neuausrichtung der Wirtschaftspolitik, die Brasilien in das Zeitalter der Globalisierung einzuführen versuchte. Die Macht der alten, konkurrenzlosen Kartelle mit ihren überteuerten, minderwertigen Waren sollte endlich durch ein neoliberales, weltmarktorientiertes Marktmodell aufgebrochen werden. Ein Korruptionsskandal bereitete jedoch dem nationalen Hoffnungsträger Collor ein vorzeitiges, unrühmliches Ende.

Seine Nachfolger **Itamar Franco** und **Fernando Henrique Cardoso** verfolgten ein ähnliches Wirtschaftsprogramm weiter. Staatsbetriebe wurden privatisiert, Schutzzölle reduziert, vor allem wurde die Inflation gebremst. Hohe Leitzinsen behinderten jedoch das Wirtschaftswachstum, sodass die Arbeitslosigkeit weiter zunahm. Ab Januar 2003 wurde mit Amtsantritt des links gerichteten Präsidenten **Luiz Inácio Lula da Silva** eine neue Ära eingeleitet. Bis zum Ende seiner Amtszeit im Dezember 2010 gelang ›Lula‹ sowohl die wirtschaftliche Konsolidierung als auch die Reduzierung der Armut, seine Nachfolgerin **Dilma Rousseff** setzte diese Programme fort.

Doch im Jahr 2015, eingeleitet durch den Verfall der Rohstoffpreise auf dem Weltmarkt, begann Brasiliens bislang schwerste **Wirtschaftskrise.** Das Bruttoinlandsprodukt (BIP) ging 2015 und 2016 um jeweils 3,6 % zurück. Die Arbeitslosigkeit stieg auf über 12 %. Die Staatskassen waren leer und gleichzeitig kamen die größten Korruptionsskandale aller Zeiten ans Licht, in die auch Teile der regierenden Arbeiterpartei verstrickt waren.

Die nach einem kurzen Übergang folgende Regierung unter **Jair Messias Bolsonaro** mit einem neoliberalen Entwurf für die Wirtschaft und einem reaktionär-konservativen Diskurs in gesellschaftlichen Dingen scheiterte spektakulär. Eine desaströse und Corona verleugnende Politik kostete über 700 000 Brasilianer das Leben. Die gezielte Verbreitung von Falschinformationen und eine permanente Bedrohung von Institutionen wie Presse, Wahlsystem und Bundesgerichtshof zielten auf eine Schwächung der brasilianischen Demokratie. Die faktische Liquidation bisheriger Umweltpolitik und eine rein ideologische, auf ›Autonomie durch Abstand‹ gegründete Außenpolitik brachten Brasilien gar in der Ruf eines Pariastaats. Als ein paar Tage nach dem Amtsantritt des (trotz allem) Wahlgewinners Lula Tausende frustrierter *bolsonaristas* den Platz der Drei Staatsgewalten in Brasília verwüsteten, taten sie dies auch gemäß zuvor in Bolsonaros Umfeld entstandener Putschpläne – und sind damit nicht durchgekommen, vorerst.

Macht und Moderne – der Platz der Drei Gewalten in Brasília repräsentiert die brasilianische Demokratie, links der Panteão da Pátria, rechts das Stadtmuseum

Zeittafel

ab 29 000 v. Chr.	Radiokarbonmessungen an Felsmalereien in den Höhlen von Piauí belegen frühestes menschliches Leben in Brasilien (Paläo-Indianer).
100 v. Chr.	Im Amazonasraum entwickelt sich die Keramikkultur.
1494	Vertrag von Tordesillas (7. Juni) – Einigung zwischen Spanien und Portugal über die künftige Aufteilung der Kolonien. Es beginnt der Handel mit Brasilholz und ab 1520 der Zuckerrohranbau.
1534	König João III. teilt die brasilianische Küste in 15 Zonen, *capitanias,* ein und vergibt sie an Adlige und Personen aus dem Mittelstand.
1538	Aus Afrika werden Sklaven als Plantagenarbeiter eingeführt.
1549	Salvador wird erste Hauptstadt der portugiesischen Kolonialregierung.
ab 1600	Um 1600 ist Brasilien der größte Zuckerproduzent der Welt. Die *bandeirantes* von São Paulo drängen auf der Suche nach Gold und Sklaven ins Hinterland vor.
ab 1695	Goldrausch in Minas Gerais.
1763	Rio de Janeiro wird neue Hauptstadt.
1792	Der mineirische Unabhängigkeitskampf gegen Portugal endet mit der Hinrichtung von Tiradentes. Ab 1805 gewinnt der Kaffeeanbau an Bedeutung.
1808	Der portugiesische Hof flüchtet vor Napoleon nach Brasilien und erklärt die Kolonie zum Regierungssitz für Portugal.
1822	Pedro I., Sohn des portugiesischen Königs João VI., erklärt die Unabhängigkeit Brasiliens und lässt sich zum Kaiser krönen.
1888/89	Ein Gesetz vom 13. Mai 1888 bereitet der Sklaverei ein Ende. Kaiser Pedro II. wird gestürzt und am 15. November 1889 die Föderative Republik Brasilien ausgerufen.
1930–1945	Getúlio Vargas ergreift die Macht und regiert als Diktator bis 1945. 1942 tritt Brasilien in den Krieg gegen Deutschland und Italien ein.
1946–1963	Unter dem vom Volk gewählten Präsidenten Enrico Caspar Dutra tritt am 16. September 1946 eine neue demokratische Verfassung in Kraft. Die Regierung unter Juscelino Kubitschek forciert

1956–61 die Industrialisierung Brasiliens. Brasília wird 1960 neue Hauptstadt.

Staatsstreich des Militärs und Militärdiktatur. Die Verfolgung Oppositioneller wird ab 1969 verschärft. Von 1979 bis 1985 setzt sich eine langsame Demokratisierung durch.	**1964–1985**
Tancredo Neves wird von Wahlmännern zum Präsidenten gewählt, stirbt jedoch kurz vor seinem Amtsantritt am 21. April 1985; Präsident der ›Neuen Republik‹ wird nunmehr José Sarney.	**1985**
Die neue demokratische Verfassung mit umfassenden Bürgerrechten, erstmals auch für die Indigenen, tritt am 5. Oktober in Kraft.	**1988**
Bei der ersten direkten Präsidentenwahl siegt Fernando Collor de Mello, muss jedoch 1992 wegen Korruption zurücktreten. Seine Nachfolger setzen die neoliberale Wirtschaftspolitik und die Inflationsbekämpfung fort.	**1989–1992**
Einführung der neuen Währung Real am 1. Juli. Der Plano Real bewährt sich, die Inflation geht von 50 % auf 1–2 % zurück. Verstärkte Öffnung zum Weltmarkt.	**1994**
Fußballweltmeisterschaft in Brasilien.	**2014**
Aufdeckung riesiger Korruptionsfälle und Beginn einer schweren Wirtschaftskrise.	**2015**
Austragung der Olympischen Spiele in Rio de Janeiro.	**2016**
Der Populist Jair Messias Bolsonaro tritt sein Amt als Präsident einer Regierung mit neoliberalen Ambitionen an.	**2019**
Die Coronapandemie trifft Brasilien hart mit über 19 Mio. Fällen und über 700 000 Opfern. Impfkampagnen erreichen 80 % der Bevölkerung.	**2020/21**
Trotz Versuchen von krimineller Wahlbeeinflussung durch die Regierung Bolsonaro wird ›Lula‹ am 30. Oktober mit knappem Vorsprung für eine dritte Amtsperiode zum Präsidenten gewählt.	**2022**
Am 8. Januar stürmen Tausende fanatisierter Anhänger des Ex-Präsidenten Bolsonaro das Regierungsviertel von Brasília und verwüsten den Präsidentenpalast, Kongress und Bundesgerichtshof – doch der Putschversuch schlägt fehl.	**2023**

Gesellschaft und Alltagskultur

Was dem Fremden in Brasilien schnell auffällt, ist die einmalige Vielfalt und Vermischung der Hautfarben und Ethnien. Trotz bestehender Rassendiskriminierung hat sich das Multikulturelle meist positiv auf alle Lebensbereiche ausgewirkt. Nur so wird man das besondere Temperament und die vielen Ausprägungen der Alltagskultur begreifen. Es liegt nicht nur am Wetter, dass hier gerne gefeiert, geflirtet und gespielt wird.

Mischung der Ethnien und Nationalitäten

Wer zum ersten Mal nach Brasilien kommt, wird vielleicht enttäuscht sein, was die Farben der Natur betrifft, ein ›eintöniges‹ Grün beherrscht die Landschaft. Ganz anders ist das Bild, wenn es um die ›Farben der Menschen‹ geht. Besonders in den Metropolen von Rio und São Paulo werden die Sinne schier erschlagen von der Vielfalt der Hautfarben und Kulturen. Einfach nur das ›bunte‹ Treiben auf der Straße zu beobachten, ist oft interessanter als manche organisierte Sightseeing-Tour. Was die Besonderheit Brasiliens ausmacht, zeigt sich auf der Straße. Was man hier sieht, ist lebendige Geschichte, lebendiger Beweis der gewaltigsten Nationalitätenvermischung aller Zeiten und aller Länder.

Buntestes Volk der Erde

Offiziell unterscheidet man in Brasilien nur vier **ethnische Gruppen:** 47,7 % Weiße *(brancos)*, 43,1 % Mischlinge *(pardos)*, 7,6 % Schwarze *(negros)* sowie 1,5 % Indigene und Asiaten. Dabei ist seit 2015 der Anteil der Schwarzen und Mischlinge größer als die Zahl der Weißen. Unter den ehemals europäischen Einwanderern bildeten die Portugiesen (1,7 Mio.) die größte Gruppe, gefolgt von den Italienern (1,6 Mio.), den Spaniern (700 000) und den Deutschen (250 000, s. auch Thema S. 416). Aus Asien wanderten ca. 229 000 Japaner nach Brasilien ein. Der europäische und asiatische Einfluss ist im Süden und Südosten Brasiliens am stärksten sichtbar, dort deklarieren sich heute 76,8 % bzw. 52,2 % als Weiße, deren Hautfarbe jedoch zahlreiche Nuancierungen zeigt.

Die meisten Mischlinge stammen aus Verbindungen zwischen Weißen und Indigenen, man nennt sie *mamelucos* oder *caboclos.* Besonders im Landesnorden ist deren Anteil an der Bevölkerung mit 72,3 % sehr hoch. Die indigene Herkunft vieler Brasilianer ist dort leicht zu erkennen. Mischlinge weißer und schwarzafrikanischer Abstammung heißen *mulatos.* Sie finden sich in großer Zahl überall in Brasilien, besonders in Bahia. Dort ist auch der Anteil der Schwarzen am höchsten.

Rassen- oder Klassendiskriminierung

Je dunkler die Hautfarbe, desto niedriger sind soziales Prestige und sozialer Status. Auch wenn der Ausleseprozess eher subtil vonstatten geht, wirkt das Erbe der Sklaverei bis heute nach. Schwarze Arbeiter bilden nach wie vor das Subproletariat, sie »erledigen mit Leichtigkeit schwere körperliche Arbeit«, wie es der Direktor des Industrieverbandes von São Paulo, Carlos Uchoa Fagundes, auszudrücken beliebte. Die viel beschworene *democracia racial* (Rassendemokratie), Schlagwort der offiziellen Regierungspropaganda und Verfassungsgrundsatz seit 1946, ist in der Praxis

Brasilianer mögen Individualisten sein, aber sie lieben die Geselligkeit

keineswegs realisiert. Und wenn ein Schwarzer doch einmal den Aufstieg schafft, wie z. B. der frühere Fußballstar und ehemalige Sportminister Pelé, dann ist es »ein Schwarzer mit weißer Seele« (Volksmund).

Überwiegend ist Rassendiskriminierung in Brasilien jedoch eher **Klassendiskriminierung,** Dunkelhäutige werden weniger ihrer Hautfarbe wegen benachteiligt als wegen ihrer geringeren Bildung, ihrer höheren Beteiligung an kriminellen Delikten und vor allem wegen ihrer Armut. Von den 1 % Reichsten der Bevölkerung sind 86 % Weiße, 12,6 % Mischlinge und 1,4 % Schwarze. De facto ist das Hauptproblem Brasiliens eher die extreme Kluft zwischen Arm und Reich (s. S. 31).

Traditionen und Lebensart

»Der herzliche Mensch«

Es fällt nicht leicht, *die* Brasilianer zu charakterisieren. Was vielleicht hilft, ist die Eindrücke ins Auge zu fassen, die *jeder* Besucher von diesem Land und seinen Menschen hat: Brasilien ist offen, zugänglich, spontan, verspielt, natürlich und freundlich. Woher dies kommt, darüber zerbrechen sich Brasilianer kaum den Kopf. Eine der wenigen Ausnahmen ist **Sérgio Buarque de Holanda,** der Vater des berühmteren Sängers Chico Buarque. 1936 bereits erschien sein Essay »Raízes do Brasil«, seit 1995 auch auf Deutsch erhältlich unter dem Titel »Die Wurzeln Brasiliens« (edition suhrkamp).

Das Buch ist eine wahre Fundgrube gelungener **Mentalitätserklärungen,** besonders das Kapitel »Der herzliche Mensch«. Da heißt es: »Freundlichkeit und Natürlichkeit im Umgang, Gastfreundschaft, Großzügigkeit – Tugenden, die von Ausländern, die uns besuchen, gepriesen werden – sind tatsächlich typische Merkmale des brasilianischen Charakters.« Ein Schlüsselbegriff ist die Formulierung »Auf-den-anderen-hin-leben«. Ein simples Beispiel: Man sucht nie den einsamsten, sondern immer den vollsten Strand. Brasilianer sind eigentlich auf sich gestellte Individualisten, die Angst vor dem Allein- und Verlassensein haben und daher immer den anderen suchen, besonders aber die Nestwärme der **Familie.** Elias Canetti sprach einmal von den italienischen Nesthockern, für die Brasilianer gilt das genauso.

In Zeiten allgemeiner Volksfeste wie dem Karneval oder bei Fußballweltmeisterschaften wird die Familie zur ganzen Nation ausgeweitet. Der Wunsch nach Intimität ist so stark, dass sogar die mit Misstrauen beäugten Politiker und Präsidenten stets nur beim Vornamen genannt werden (z. B. Lula). In der Alltagssprache ist der Diminutiv *(-inho)* ein häufig gebrauchtes Hilfsmittel, um sich mit dem Fremden vertraut zu machen. Selbst wer nur auf Kundenfang geht, versucht sein Gegenüber erst einmal zum *amigo* zu machen, selten kommt man unverblümt zur Sache. Sogar die verbreitete Gottesverehrung ist eher sinnlich-konkret, intim und familiär als streng, respektvoll und ritualisiert, man geht zu einem Gottesdienst wie zu einem Fest.

Die natürliche Hinwendung der Brasilianer zur Gemeinschaft hat freilich mit kollektiver Disziplin wenig zu tun. Sich für große, überindividuelle Belange einzusetzen oder staatlichen Programmen und Institutionen zu huldigen, liegt den meisten Menschen fern. Vom öffentlichen Eigentum nimmt man sich das, was man meint zu brauchen, oder überlässt es dem Staat. Rebellion, Aufruhr, kollektiver Widerstand ist den Brasilianern trotz der schreienden Misere in vielen Bereichen eher fremd. Selbst Rassendiskriminierung, die unterschwellig allenthalben existiert, wird von der breiten Masse der Unterprivilegierten schon aus Gewohnheit resignativ hingenommen.

Das wahre **Glück** liegt nicht im System oder Staatsgebilde, auch nicht im Beruf und in der Arbeit, sondern im Privaten und Emotionalen. Sérgio Buarque de Holanda resümiert ebenso treffend wie kritisch: »In dem so offensichtlichen Primat der privaten Vorteile gegenüber den kollektiven Interessen zeigt sich deutlich die Vorherrschaft des Gefühls über den Verstand.«

Frauen – das unterdrückte Geschlecht?

Natürlich ist auch in Brasilien der traditionelle südamerikanische Machismo noch in

Frauenpower gegen sexuelle Gewalt – auf Demos in São Paulo thematisiert

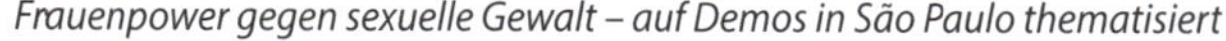

der Gesellschaft verankert. Laut einer jüngeren Umfrage bestätigen dies sogar 83 % der Bevölkerung – nur 11 % der befragten Männer indes sehen sich selbst als Machos. Beim Emanzipations-Ranking des Global Gender Gap Report aus dem Jahr 2020 liegt Brasilien unter 149 Ländern auf Platz 130, macht also keine allzu rühmliche Figur. Wer das Land bereist, bekommt allerdings einen ganz anderen Eindruck: Die Brasilianerinnen treten auf als stolze, starke und selbstbewusste Persönlichkeiten. Feminismus wird nicht besonders großgeschrieben, **Frauenemanzipation** jedoch ist allerorten zu spüren. Immer mehr Angehörige des ›schwachen Geschlechts‹ definieren ihre Identität unabhängig vom Mann. Die meisten halten heute einen **Beruf** für notwendig, selbst wenn keine finanzielle Notlage besteht. Der bis 2019 kontinuierlich steigende Anteil der Frauen am Arbeitsmarkt lag 2020 bei 51,5 % und damit nicht wesentlich niedriger als vor der Pandemie. 37,5 % von ihnen arbeiten in führenden Positionen, da sie zudem mit einem durchschnittlich höheren Bildungsniveau als die Männer antreten (61 % mit Oberschulabschluss gegenüber 53 % bei den Männern).

Ein Großteil der arbeitenden Frauen lebt nicht mit einem Mann zusammen. Die Scheidungsrate nimmt seit Jahren stark zu. Schon 48 % der Familien werden von einem weiblichen Haushaltsvorstand ausgehalten. Die stärkere Ausrichtung auf eine berufliche Karriere hat auch dazu geführt, dass jede Frau im Durchschnitt nur noch 1,7 Kinder hat.

Leben vor dem Fernseher

Nichts hat den brasilianischen Alltag so verändert wie das 1950 in São Paulo geborene Fernsehen. Der Flimmerkasten, wichtiger noch als Kühlschrank oder Herd, hat dazu beigetragen, dass immer mehr Brasilianer ihre Freizeit statt auf der Straße in ihren vier Wänden verbringen. Der ununterbrochen laufende Apparat ist geradezu zum Markenzeichen eines intakten Familienlebens geworden. Ist man als Gast geladen, darf man nie erwarten, dass sich die Hauptaufmerksamkeit auf einen selbst richtet, es bleibt einem keine andere Wahl, als das störende Nebengeräusch auf stoische Weise zu ertragen. Und die Qualität des Programms – selbst wenn man alles verstehen würde – bietet leider auch keinen Ersatz für das erwartete Gespräch mit den brasilianischen Freunden.

TV Globo

Kaum jemand in Brasilien kommt vorbei an **TV Globo,** dem bis zu 90 % aus Unterhaltung und Werbung bestehenden Programm eines der größten Medienkonzerne der Welt. Über 15 Mrd. R$ betrug der Umsatz der Gruppe im Jahr 2022, allein 60 % davon waren Werbeeinnahmen. Der damalige **Kanal 4,** anfangs staatlich, wurde unter der Regierung Kubitscheks Rádio Globo unterstellt, einem privaten Zeitungs- und Rundfunkunternehmen im Besitz von Roberto Marinho, dem bald sowohl zweitreichsten als auch – nach dem Präsidenten – zweitmächtigsten Mann des Landes, was die meinungsbildende Potenz des Senders betrifft. Sowohl Collor de Mello als auch Fernando Henrique Cardoso wären ohne die Unterstützung des sogenannten ›Präsidentenmachers‹ schwerlich an die Macht gekommen. Im Volksmund hieß es denn auch: »Die Präsidenten gehen, aber Roberto bleibt.« Doch 2004 segnete auch er das Zeitliche und überließ sein Imperium den Söhnen. In Zeiten von Facebook und Streaming ist der Einfluss von TV Globo, vor allem unter Jugendlichen, zwar deutlich zurückgegangen, doch seine Macht ist weiterhin gefürchtet. Seit der teilweise kritischen Berichterstattung über die Verstrickung der PT-Regierungen in Korruption und über die antidemokratischen Umtriebe der ›Bolsonaristen‹, hat sowohl Brasiliens Linke als auch die Rechte den Sender zu ihrem Feind erklärt.

Der Aufstieg des **Medienmultis** mit über 100 Gesellschaften (mehrere Zeitungen, sieben Fernseh- und 35 Radiosender, Streaming, Immobilien etc.) begann 1962 mit staatlicher Finanzierung der Infrastruktur, amerikanischem Kapital und Know-how des damaligen Partners Time-Life sowie Subventionen des Militärs, das 1964 mit Unterstützung von Globo an die Macht kam.

Viele talentierte Künstler und Techniker liefen vom Theater, Film oder Rundfunk zum Fernsehen über. 1961 hatte noch die Regel Gültigkeit, dass ausländische und brasilianische Filme im Verhältnis 2 : 1 gesendet werden mussten, und 15 Künstlergruppen produzierten relativ niveauvolle brasilianische Filme. Später kam nur noch ein brasilianischer Beitrag auf 56 amerikanische Produktionen.

Das Phänomen Telenovela

Doch es waren bald nicht mehr die bekannten *soap operas* aus Hollywood, die das Publikum in den Bann von Kanal 4 zogen. Als sichere Quotenbringer erwiesen sich die *telenovelas,* brasilianische Fortsetzungsserien in Endlosschleife, die von Montag bis Samstag immer zur gleichen Zeit ausgestrahlt werden und die Nation über Monate in Bann halten können. Anfangs waren es nur 40 Folgen à 20 Minuten, heute sind es im Durchschnitt 180 Folgen von jeweils etwa einer Stunde.

Zwischen 19 und 22 Uhr, wenn bei Globo die Fortsetzungskapitel dreier verschiedener *novelas* laufen, ist es schwer, sich mit Brasilianern zu verabreden. Zwar verändern Streaming und Internet die Fernsehgewohnheiten zunehmend, doch man weiß ja nie, wer gerade wieder wo hängen geblieben ist. Ob Indigener am Amazonas, Slumbewohner in Rio oder Universitätsprofessor an der Medienfakultät, niemand stellt sich außerhalb der großen TV-Gemeinde.

Die **technische Qualität** der *novelas* ist höchst professionell, die schauspielerische Leistung passabel, der **Inhalt** mitunter beachtenswert. Trotz extremer Dramatisierung und Theatralisierung gibt es gute historische Serien, gegenwartsbezogene Stoffe thematisieren nicht selten in aufklärerischer Absicht und mit einigem Erfolg soziale Probleme wie Drogen, Gewalt, Homosexuellenfeindlichkeit u. a. 2009 gewann »Caminho das Índias« sogar den internationalen Emmy-Preis für die weltbeste *telenovela.* Auch wenn der Blickwinkel mittelschichtorientiert ist, versuchen die *novelas* doch alle sozialen Gruppen anzusprechen und sind ›offen‹ konzipiert, d. h. die einzelnen Folgen werden nach und nach produziert und richten sich dabei nach den jeweiligen Publikumsreaktionen. Die Rechnung ist aufgegangen, auch im Ausland. *Novelas made in Brazil* werden bereits in über 70 Länder der Welt exportiert. Auch in Deutschland finden sie immer wieder Abnehmer. SAT.1 machte den Anfang, als man das Konzept von »Verliebt in Berlin« (2005–07) bei Globo einkaufte und an deutsche Lebensumstände anpasste. Zuletzt strahlte Sixx die Novela »Totalmente Demais« (Total Dreamer – Träume werden wahr) aus.

Allgegenwärtiger Fußball

Charles Miller, der Sohn eines Engländers, brachte diesen Sport 1894 in das Land seiner brasilianischen Mutter. Erst war Fußball nur Weißen vorbehalten, bis der Rio-Klub Vasco da Gama in den 1920er-Jahren auch dunkelhäutige Spieler erlaubte. Dies war die Geburtsstunde eines von da an weltweit bewunderten Dribbelstils, hier *futebol-arte* genannt, der stark von Einzelartisten geprägt war. Lange Zeit konnte ein einziger Pelé der Welt zeigen, wer die besten Kickerbeine hat. Doch in den letzten Jahrzehnten musste das egozentrische Individuum dem harmonierenden Kollektiv weichen – auch wenn die FIFA nach wie vor den besten Spieler eines Jahres kürt und Brasilien dabei immer wieder hervorragend abschneidet (1994 Romário, 1996, 1997 Ronaldo, 1999 Rivaldo, 2002 Ronaldo, 2004 und 2005 Ronaldinho, 2007 Kaká, 2015 schaffte es Neymar immerhin auf Platz drei).

Als Gastgeberland hoffte man auf ein gutes Abschneiden bei der **WM 2014** – doch es kam anders: Bis heute liegt die schmachvolle 1:7-Niederlage gegen Deutschland der Nation schwer im Magen. Und man verdrängt sie, indem sich die Fußballbegeisterung wieder mehr den **nationalen Turnieren** zuwendet. Deren Spieler gelten als volksnahe Identifikationsfiguren, während das Nationalteam aus millionenschweren Legionären besteht, die fernab von ihren Fans bei europäischen Topklubs oder in arabischen Wüsten kicken.

Allgegenwärtig – Faszination Fußball, und sei es vorm Fernseher an der Copacabana

Der brasilianische Fußball lebt von den lokalen Spielen und dem Traum, darüber berühmt und reich zu werden.

Ausweg Fußball – *jeitinho brasileiro*

Überall in den Armenvierteln des Landes rollt ständig die runde Lederkugel, bietet doch der Fußball die einzigartige Möglichkeit, alle Welt auszutricksen, selbst die Fallstricke der armen Geburt. Viele Mütter der Unterschicht hoffen, dass ihr kleiner Junge, auch wenn er in der Schule nicht so gut ist, allein mit den Beinen nach ganz oben gelangen kann. Man muss, so glaubte man jedenfalls lange Zeit, nur mit viel Dynamik, Flexibilität und verwirrenden Dribbelattacken die starre Ordnung der Gegner auflösen und durchdringen.

Der brasilianische Psychoanalytiker Claudio Bastidas sieht in der Kreativität, die sich auch beim Fußball zeigt, einen ganz wichtigen Aspekt des brasilianischen Subjekts. Diese Kreativität gehört zu einem Lebensprinzip, das mit dem schwer übersetzbaren Begriff ***jeitinho brasileiro*** umrissen wird. Gemeint ist so etwas wie ein Trick oder gerissener Kniff, mit dem man sich durchs Leben boxt. Sei es im Fußball oder im Alltag, der *jeitinho* soll helfen, die vielen kleinen und großen Bedrohungen des Daseins kreativ zu ›umdribbeln‹. Dabei sollte man es allerdings nicht zu sehr übertreiben, so wie Neymar bei der WM 2018. So gesehen repräsentiert oder reflektiert dieser Sport bis heute sehr gut die brasilianische Mentalität.

Fußball für die Wirtschaft, Fußball für die Kommunikation

Doch repräsentiert dieser populäre Sport nicht nur die nationale Identität, er ist auch ein bedeutender **Wirtschaftsfaktor.** Es gibt in Brasilien 1276 Klubs, 850 davon Profivereine, und mehr als 700 Stadien, deren Besucherzahlen allerdings weit hinter denen deutscher Arenen zurückliegen.

Auch ist Fußball ein wichtiges **Kommunikationsvehikel,** das alle gesellschaftlichen Schichten umgreift und selbst Wildfremde sofort in jedes Gespräch integriert. Bei der Weltmeisterschaft 2014 konnten die Besucher sich davon überzeugen.

Religion und Kulte

Katholizismus light

Immer wieder liest man, Brasilien sei mit **51 % Katholiken** das katholischste Land der Welt. Die Kirche spielt zwar eine ungeheuer wichtige Rolle, aber die Evangelisierung verlief hier seit Beginn der Kolonisierung eher oberflächlich und nicht so streng dogmatisch wie in Europa.

Die **Religiosität der Brasilianer** ist sehr emotional, Gott – in welchem Gewand auch immer – ist der liebevolle Vater, der das gequälte Individuum trotz aller Sorgen und Nöte nicht im Stich lässt. Sicher würde man stets Befremden hervorrufen, wenn man ein atheistisches Bekenntnis ablegt, denn an irgendeinen Gott *(deus)* glaubt hier bis auf 14 % Atheisten fast jeder. Dabei bleibt es jedoch. Die mahnenden Worte des Papstes greifen schon längst nicht mehr, genauso wenig wie die zehn Gebote. Die konkrete Umsetzung der **christlichen Moral** im Alltag lässt sehr zu wünschen übrig.

Die Gründe für diesen Wandel liegen hauptsächlich in dem rasanten Verstädterungsprozess der letzten Jahrzehnte, der zunehmenden Auflösung der traditionellen Familienstrukturen sowie in dem hohen Anteil von Jugendlichen an der Bevölkerung. Zudem hat die traditionelle katholische Kirche nach dem **Ende der Theologie der Befreiung** ziemlich deutlich an Anziehungskraft verloren. Ab 1985 wurden die progressiven religiösen Schulen vom Vatikan geschlossen. Der Preis hierfür ist ein weiterer **Vertrauensschwund.**

Pentekostalismus (Pfingstkirchen)

Unerfüllte Bedürfnisse der Gläubigen nach Nähe und Zuwendung, Heilserfahrung und Wohlstand sowie die jüngsten Enthüllungen von Pädophilie lassen immer mehr zu verschiedensten **Pfingst- und Freikirchen** abwandern, die hier **Evangélicos** genannt werden. Sie agieren hauptsächlich in den ärmeren Vierteln, die Predigten sind sehr emotionsgeladen und manipulativ. Zudem werden den Gläubigen auch noch 10 % des Lohnes abgenommen. Diese Glaubensgemeinschaften beginnen, den alleinigen Führungsanpruch der katholischen Kirche vehement infrage zu stellen und haben heute mit einem Drittel der Bevölkerung eine große, ständig wachsende Gemeinde hinter sich. Prognosen rechnen für das Jahr 2035 bereits mit einer Mehrheit der Bevölkerung mit evangelikalem Glauben.

Protestantismus

Obwohl der Katholizismus bis zur Ausrufung der Republik im Jahr 1889 offizielle brasilianische Staatskonfession blieb, entwickelte sich bereits im Kaiserreich eine zweite Konfession, der ab 1824 von den Deutschstämmigen eingeführte **Protestantismus.** Da man die Deutschen eher der ›Religion der Arbeit‹ zuordnete, wurde deren lutherisches Mitbringsel kaum als wirkliche Konkurrenz angesehen. Wenn sie nur an ihren Sakralbauten auf Turm, Glocke und Kreuz verzichteten, durften sie unbehelligt ihren Glauben ausüben.

Außerdem entwickelte sich ab 1855 ein bis heute vorhandener Einfluss des **Freimaurertums** sowie ab 1873 des **Spiritismus.**

Theologie der Befreiung

Das 20. Jh. war geprägt von bedeutenden Veränderungen innerhalb der katholischen Kirche Brasiliens, verbunden mit dem Namen des 1909 in Fortaleza geborenen Priesters **Hélder Pessoa Câmara** (1909–99), bis

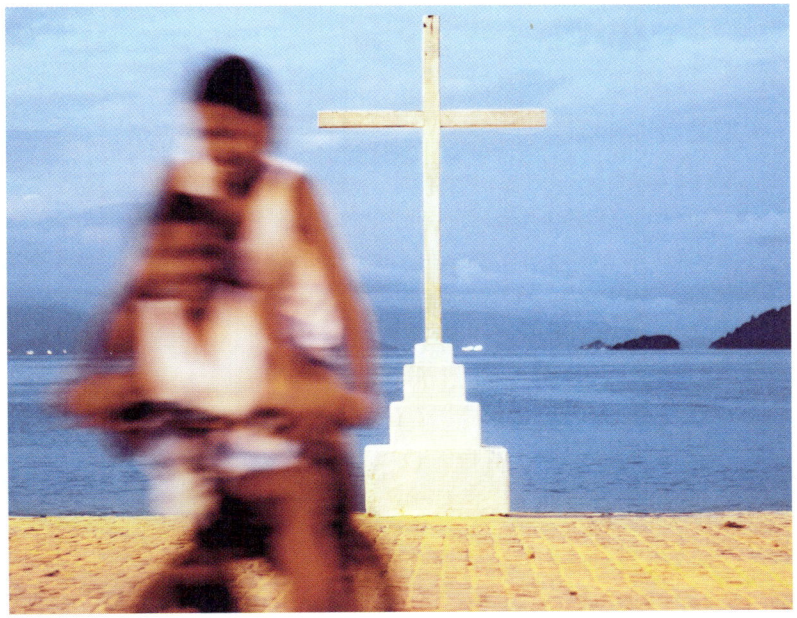

An Gott glauben in Brasilien etwa 89 % der Menschen

heute der bekannteste Vertreter der **Theologie der Befreiung.** Alle Formen gesellschaftlicher Ungerechtigkeit wurden von nun an als ›strukturelle Sünde‹ betrachtet, aus einer Kirche *für* die Armen sollte eine Kirche *mit* den Armen oder gar *der* Armen werden.

Die Basisgemeinden im armen Milieu gewannen ab den 1950er-Jahren sprunghaft an Bedeutung und machten von sich reden: nicht nur durch ihren Kampf gegen Analphabetismus, sondern auch durch ihr Engagement gegen soziale Missstände. Die Protestgeneration der 1960er-Jahre war der Befreiungstheologie gegenüber ebenfalls sehr aufgeschlossen, bis die Militärs zusammen mit dem Vatikan deren ›sozialistischen Machenschaften‹ den Garaus machten. Die wortgewandten einstigen Leitfiguren sind inzwischen tot. Hélder Câmara wurde seinerzeit in seinem Amt als Erzbischof von Olinda (1964–85) von der römischen Kirche durch den ultrakonservativen José Cardoso Sobrinho ersetzt.

Synkretismus

Nur knapp 2 % der Bevölkerung ordnen sich afrobrasilianischen Religionen zu, besonders im ›schwarzen‹ Bahia. Während der Christianisierungsphase der Kolonialepoche hüllten die Sklaven aus Afrika ihre Gottheiten in das Gewand von Heiligen des iberischen Volkskatholizismus, um so an ihren Traditionen festhalten zu können. Es entstanden zahlreiche Formen synkretistischer Religionen, in Bahia **Candomblé** genannt und in Rio de Janeiro **Umbanda.**

Die Vermischung verschiedener Religionen ist in Brasilien nicht untypisch. Viele Menschen kreieren und manipulieren ihre eigene Glaubenswelt gemäß den individuellen Bedürfnissen. Die Vielfalt der Religionen und die allgemeine Toleranz korrespondiert mit der Vielfalt der ethnischen Bevölkerungsgruppen sowie dem allgemeinen gesellschaftlichen Chaos. Da – wie man hier sagt – Gott Brasilianer ist, wird er wohl diesem ›Religionsbabel‹ gegenüber ein Nachsehen haben.

Architektur und Kunst

Wieder einmal zeigt sich Brasilien als Land der Extreme und Widersprüche. Da ist einerseits Ouro Preto mit dem größten Ensemble barocker Architektur und Kunst der Welt und auf der anderen Seite Brasília mit seinem weltweit einzigartigen, 1960 eingeweihten und durchweg modernistischen Regierungsviertel. Bei den Schönen Künsten steht die Musik an erster Stelle, auch gibt es einen nicht unbedeutenden Literaturbetrieb. Der Kinofilm hat in den letzten gut 20 Jahren ein beachtliches Comeback erlebt.

Architektur und Bildende Künste

Kolonialbarock

Der **Kolonialbarock** ist überwiegend geprägt vom damaligen europäischen Barockstil. Ab der Mitte des 17. Jh., etwa seit Errichtung der monumentalen Jesuitenkirche von Salvador (1657), der späteren Catedral Basílica, beginnt die Blütezeit der brasilianischen Architektur. Die meisten Bauten entstanden im Auftrag der Jesuiten-, Franziskaner- und Benediktinerorden, die **prunkvolle Ausstattung** der Kirchen nahm mit den reichen Goldfunden ab 1695 weiter zu, besonders in Minas Gerais. Die Kirchen von Ouro Preto sind neben denen von Salvador das architektonisch Wertvollste, was Brasilien bis heute zu bieten hat. Viele sind verbunden mit dem Namen des bedeutenden Bildhauers Antônio Francisco Lisboa, liebevoll Aleijadinho, Kleiner Krüppel genannt (s. S. 195).

Auf dem Gebiet der **Malerei** war Minas Gerais ebenfalls führend, besonders wertvoll sind die Kirchengemälde von Manuel da Costa Ataíde. Lediglich in Rio de Janeiro entstanden durch Frei Ricardo do Pilar, den bekanntesten Maler der zweiten Hälfte des 17. Jh., ähnlich bedeutende Kunstwerke. Zu besichtigen sind sie u. a. im Kloster von São Bento (s. S. 122).

Insgesamt stand die Kunst lange im Zusammenhang mit dem religiösen Leben, dies änderte sich erst im 19. Jh.

Klassizismus, Jugendstil und Art déco

Im Jahr 1816 kam eine Gruppe französischer Künstler unter Führung von Joachim Le Breton (Missão Artística Francesa) auf der Suche nach neuen Arbeitsmöglichkeiten nach Rio de Janeiro und trug wesentlich zur Bereicherung und **Akademisierung** des dortigen Kunstbetriebs bei. So entstanden 1820 die erste Kunstakademie (Escola Real das Artes) und 1826 die Akademie der Schönen Künste (Academia Imperial das Belas-Artes), in der Folge fanden dann 1830 die ersten Ausstellungen plastischer Kunst statt. Stilistisch setzte sich zunehmend der **Klassizismus** durch, später auch der **Jugendstil.** Besonders nach Ausrufung der Republik im Jahr 1889, mit den noch vom Kautschuk- und Kaffeeboom gefüllten Kassen, enstanden in der Architektur zahlreiche imposante Bauten, die vom **Neoklassizismus** geprägt waren. In der Folge markierte der **Art-déco-Stil,** z. B. mit dem Elevador Lacerda (Schnellaufzug) in Salvador, dem Pa-

Bunte Bauten, blaue Kirche – die Igreja N. S. do Rosário dos Pretos in Salvador

Der Nationalarchitekt Oscar Niemeyer

Als Präsident Juscelino Kubitschek 1958 die uralte Idee wieder aufgriff, in der Mitte des Landes eine neue Hauptstadt zu bauen, war Oscar Niemeyer einer der Ersten, der das leere Ödland betrat und zunächst eine Holzbaracke für Besuche seines Auftraggebers in Angriff nahm. Brasílias Architektur ist ganz mit seinem Namen verbunden, als sein Meisterwerk empfand er stets den Congresso Nacional.

Nicht alle sahen Oscar Niemeyers Walten in Brasília mit Ungeduld und Entzücken zu. Als der Kriegsminister die bange Frage stellte, ob seine Gebäude denn modern oder klassisch aussehen würden, fragte der Baumeister zurück, ob er im Krieg denn lieber moderne oder klassische Waffen einsetze. Als 1964 die Militärs an die Macht kamen, zogen sie nur ungern in die noch vom Hauch demokratischer Ideen und Konzepte beseelte Retorten-Hauptstadt ein.

Der Altkommunist und Fidel-Castro-Verehrer Niemeyer musste sich in der Zeit der Militärdiktatur nach Frankreich ins Exil begeben, doch später hatte ihn die Heimat wieder. Er liebte Brasilien und seine Geburtsstadt Rio, auch wenn er und seine Familie deutsche, portugiesische und arabische Wurzeln haben. An der Copacabana besaß er das Privileg, von seinem Büro im 10. Stock der Avenida Atlântica 3940 (natürlich das einzige Haus mit runden Fassaden) einen weiten Panoramablick auf den Strand und den Zuckerhut genießen zu können. Manchmal malte er den ersten Entwurf eines neuen Projekts im Sand, doch meistens saß er in einem winzigen, mit Büchern vollgestopften und künstlich beleuchteten Hinterzimmer, wo er vormittags die Post durchschaute, alte Freunde oder Journalisten empfing und sich nachmittags strikt bis 21 Uhr abends über Karten und Pläne beugte.

Der agile und kampflustige *senhor,* der mit zittrigen Fingern einen kubanischen Zigarillo nach dem anderen rauchte und die Sekretärin ständig *cafezinhos* bringen ließ, hatte noch viele Pläne, doch am 5. Dezember 2012 verstarb er kurz vor seinem 105. Geburtstag. Am leichtesten fiel ihm in den letzten Jahren die Überwachung der Bauarbeiten am Niemeyer-Weg *(Caminho Niemeyer)* im nahe gelegenen Niterói auf der anderen Seite der Bucht von Guanabara. Das bekannteste seiner Gebäude dort ist das bereits 1997 fertig gestellte Museu de Arte Contemporânea, das schon zu den sieben Weltwundern der modernen Architektur gezählt wurde.

Auch hier sieht man wieder die berühmten Rundungen, das Museum erinnert stark an eine fliegende Untertasse. Neben einer rundherum gezogenen schrägen Glasfront dominiert der Stahlbeton. Dieser Stoff hat den Vorzug, formbar zu sein; Niemeyers Verdienst ist es, die gerade Linie und den rechten Winkel zumindest in seiner Architektur fast ausgerottet zu haben. Von seinen Bauten im Ausland entzückten den Meister besonders der Sitz der Kommunistischen Partei Frankreichs in Paris von 1969, die Costantina-Universität in Algerien aus demselben Jahr und das Bürohaus des Mondadori-Verlags in Mailand aus den 1970er-Jahren. 2010 wurde noch das von ihm entworfene Auditorium von Ravello in Italien eingeweiht.

Woher die Faszination Niemeyers für die Rundungen kommt, ist nicht ganz klar. Sein schweizerischer Lehrmeister Le Corbusier (1887–1965) meinte, er hätte sich wohl außer von ihm durch Rios Hügellandschaft inspirieren lassen. Der brasilianische Freund lehnt diese Sichtweise nicht ganz

Meisterwerk von Oscar Niemeyer – Museu de Arte Contemporânea in Niterói bei Rio

ab, verweist aber gern auf die Rundungen des weiblichen Körpers. Letztendlich hält er sich für den Erfinder der ›freien und sinnlichen Kurve‹: »Der rechte Winkel zieht mich nicht an und auch nicht die gerade, harte inflexible Linie, die der Mensch geschaffen hat. Was mich anzieht, ist die freie und sinnliche Kurve, die ich in den Bergen meines Landes finde, im mäandernden Lauf seiner Flüsse, in den Wolken des Himmels, im Leib der geliebten Frau. Das ganze Universum ist aus Kurven gemacht. Das gekrümmte Universum Einsteins.«

Die Frauen! Niemeyer liebte und verehrte sie. Das war es, was ihn lebendig hielt, wie er selbst sagte. Vom Schreibtisch aus schaute er auf ein Bild mit spärlich bekleideten reizvollen Damen, und unten am Strand der Copacabana sah er sie live. Die Architektur bedeute und ändere gar nichts. Was wichtig im Leben sei, sind Freunde, Vergnügen und vor allem Frauen, genauer ›die Frau‹. Und so war er zweimal verheiratet, mit 100 ehelichte er noch seine Sekretärin.

Meistens wirken Niemeyers Formen in der Architektur sehr harmonisch, auch wenn viele das Übermaß an Beton als bedrückend empfinden und manche Bauten zudem nicht gerade praktisch sind. In Niteróis Ufo-förmigem Kunstmuseum beispielsweise lassen sich an den schrägen Wänden der runden Scheibe keine Bilder anbringen. Aber Niemeyer, selbstbewusst auf mehr als 400 Projekte in acht Hauptstädten Brasiliens und mehr als 30 Städten im Ausland zurückblickend, fällt es nicht schwer zu kontern: Warum er denn dann mit immer weiteren Aufträgen betraut worden sei? Ob sie nun gefallen oder nicht, habe man denn solche Bauwerke schon mal gesehen?

caembu-Stadion in São Paulo oder in Rio de Janeiro dem Bahnhof Central do Brasil, die Ankunft des Industriezeitalters.

Modernismus

Das 20. Jh. war geprägt vom Modernismus. 1922 fand in São Paulo im Teatro Municipal eine viel beachtete Woche der Modernen Kunst statt, die wesentlich zum Bruch mit den Traditionen des akademischen Konventionalismus beitrug. Die Ausstellung zeigte bedeutende Werke der **Futuristen** genannten Gruppe von modernen Künstlern und Künstlerinnen wie Anita Malfatti, Emiliano Di Cavalcanti, Vítor Brecheret, Vicente do Rego Monteiro und Tarsila do Amaral. Der Maler, der ab 1930 sowohl in Brasilien als auch im Ausland die stärkste Anerkennung fand, war **Cândido Portinari** (1903–62). Bevorzugte Themen seiner Bilder sind ärmere, meist dunkelhäutige Menschen in ihrem harten sozialen Alltag.

In der **Architektur** wurde die Moderne vor allem durch **Oscar Niemeyer** (1907–2012) repräsentiert. Seit seiner maßgeblichen Beteiligung am Bau der Hauptstadt Brasília (1958–60) entstand bis in die Gegenwart ein Bauwerk nach dem andern nach seinen Plänen. Stilmerkmale seiner eher skulpturalen Bauweise sind stark geschwungene Formen und parabolisch gewölbte Dächer, deutlich erkennbar an den Konturen der von ihm entworfenen Regierungsgebäude in Brasília (s. S. 362, s. auch Thema S. 56). Im Bereich der **Landschaftsarchitektur** taucht immer wieder der Name **Roberto Burle Marx** (1909–94) auf, der den modernistischen Beton- und Glaskonstruktionen mit Gärten und Parks frisches Grün und Farben beimischte.

Musikstile

Brasilien ist vielleicht das musikbesessenste Land der Welt. An vielen Orten ist man mit Klängen und Rhythmen der verschiedensten Stilrichtungen konfrontiert. Die Texte sind im Unterschied zum deutschen Schlager recht anspruchsvoll und decken ein weites Themenspektrum ab, angeführt von Liebe und Leid, doch greifen sie auch Probleme und Nöte des Alltags und sozialen Lebens auf.

Wie beim Karneval ist die Ventil- und Verdrängungsfunktion stark ausgeprägt, doch verarbeiten viele Texte auch konkrete Erfahrungen und Probleme der breiten Masse und bieten praktische Lebenshilfe an. Nicht nur die Jugend, sondern die gesamte Bevölkerung wird angesprochen. Nur so lässt sich die einzigartige Identifikation der Brasilianer mit ihrer Volksmusik und ihren Idolen erklären. Wer einmal eines der vielen Livekonzerte besucht, wird schnell die engagierte, mitgehende Haltung des Publikums bemerken. Kaum jemand verharrt bewegungslos an seinem Platz, getanzt wird spontan und einfach dort, wo man gerade steht. Fast ständig wird mitgesungen, nirgendwo auf der Welt kennt man so viele Texte auswendig.

Eine Beschreibung der zahlreichen Musikrichtungen ist natürlich schwierig, dennoch ragen einige Strömungen deutlich heraus. Im Ausland dürften Samba und Bossa Nova am bekanntesten geworden sein, obwohl diese Richtungen nur einen geringen Teil der brasilianischen Musik ausmachen.

Samba, Bossa Nova und MPB

Die 1917 in den Vorstädten von Rio geborene **Samba** lebt vor allem zum Karneval auf. Historisch und begrifflich geht sie auf den angolanischen Tanz *semba* (Bauchnabel) zurück. 1928 wurde die erste Karnevals-Sambaschule Rios gegründet, gefolgt von einer Differenzierung in verschiedene Richtungen wie z. B. die schnelle *samba carnevalesco* oder die langsame, liedartige *samba canção*. Mit der »Aquarela do Brasil«, einem *samba exaltacão* (Lobeslied-Samba) aus den nationalistisch gestimmten 1930er-Jahren, füllen heute die Fans des FC Bayern München bei jedem Heimspiel lautstark ihre Arena.

Die international ähnlich bekannte **Bossa Nova,** ebenfalls in Rio geboren, ist eine Musikform und nicht wie häufig angenommen eine Tanzform. Letztere war eine Erfin-

Samba im Sambódromo von Rio während des Karnevals

dung des Amerikaners Lennie Dale, die in Brasilien wenig Resonanz fand. Obwohl die aus der langsamen Samba abgeleitete Bossa Nova ursprünglich durch einen Rhythmusfehler des Gitarristen João Gilberto entstanden sein soll, gilt sie doch als die musikalisch anspruchsvollere Variante. Sie wurde besonders geprägt von dem 1994 verstorbenen Antônio Carlos ›Tom‹ Jobim, mit über 300 Kompositionen der bedeutendste Musiker Brasiliens. Das von ihm gespielte, von seinem Freund Vinícius de Moraes geschriebene und von João Gilberto gesungene »Chega de Saudade« avancierte Ende 1958 zum ersten großen Bossa-Nova-Hit in Brasilien. International bekannt wurde die Bossa Nova dann durch die Musik zu dem Filmklassiker »Orfeu Negro«. Um die ganze Welt schließlich ging Tom Jobims Song »A Garota de Ipanema« (1962/63) bzw. die erfolgreichere Version »The Girl from Ipanema« von Astrud Gilberto, Stan Getz und João Gilberto aus dem Jahr 1964. Als es im selben Jahr schon wieder abwärts ging mit der Bossa Nova in Brasilien, wurde sie in den USA gerade erst zur Modeströmung. 23 Jahre später noch ›beklagte‹ sich Jobim, in jedem Aufzug New Yorks ständig sein Lied hören zu müssen. 180 Versionen mit Frank Sinatra, Nat King Cole, Ella Fitzgerald u. a. wurden bereits produziert und allein in den USA mehr als 1,2 Mio. Platten aufgelegt, übertroffen nur noch von den großen Erfolgen der Beatles.

Ab 1967 entwickelte sich die ebenso international erfolgreiche **Música Popular Brasileira** (MPB), in der Anfangszeit auch *tropicalismo* genannt. Deren Alt-Stars füllen bis heute die Konzertsäle, die wichtigsten Vertreter sind Gilberto Gil, Djavan, Milton Nascimento, Jorge Ben Jor, Caetano Veloso, Chico Buarque, Elis Regina, Gal Costa u. a.

Pagode und Axé

Seit 1995 kam besonders in Rio und São Paulo die **Pagode** in Mode. Angefangen hat es mit der erfolgreichen Gruppe Raça Negra, danach folgte eine Band nach der anderen. Der Stil besitzt Ähnlichkeit mit der Samba, ist jedoch simpler, mit repetitiven Melodien und recht banalen Herz-Schmerz-Texten. Nur die Lieder des populären Sängers und Textschreibers Zeca Pagodinho, der trotz seines Namens stärker dem Samba als der Pagode verpflichtet ist, heben sich wohltuend von dem sonstigen Einheitssingsang ab.

Im schwarzen, afrikanisch geprägten Salvador, dem musikalischen Herzen Brasiliens, entwickelte sich zeitlich parallel die **Axé-Musik,** kreiert von der unermüdlichen Daniela Mercury. Man könnte ihren Stil als hochvoltigen Samba-Reggae charakterisieren, geprägt von einer markanten, schneidigen Gesangsstimme und begleitet von einer Misch-Percussion aus elektronischen Pop-Rock-Instrumenten. Heute gibt es schon eine ganze Reihe ähnlich talentierter Sängerinnen, besonders Ivete Sangalo und Claudia Leite. Bei den männlichen Stars ist das musikalische Universalgenie Carlinhos Brown hervorzuheben. Er hat eine gewaltige Zahl an Axé-Karnevalhits komponiert sowie die Musik zum Comicfilm »Rio«.

Aus den Reihen der regionalen Musiktraditionen konnte sich nur der **Forró** aus dem Nordosten ähnlich der Pagode und dem Axé einen festen Platz im ganzen Land erobern. Diese ursprünglich recht hinterwäldlerische Richtung begann in den 1940er-Jahren mit Luiz Gonzaga, wurde dann aber rhythmischer, schneller und melodischer. Einen wahren Siegeszug durch die Hitparaden erlebte die Forró-Gruppe Calypso aus Belém. Inzwischen wird der Forró auch in Deutschland immer beliebter, es gibt darauf spezialisierte Tanzschulen, Fanklubs und Festivals.

Noch bemerkenswerter ist der Wandel der **Música Sertaneja.** Aus dem meist im Duett zur Gitarre gesungenen traditionellen Volkslied mit romantisch naiven Texten von der Liebe und dem Leben auf dem Lande wurde eine hyperkommerzielle, mit Popelementen angereichte Herz-Schmerz-Melange, deren Stars im Cowboy-Look ganze Stadien füllen.

Funk, Jazz und Klassik

Bemerkenswert ist noch der brasilianische **Funk,** ein in den Favelas von Rio und São Paulo entstandener Mix aus den elektronischen Beats des Hip-Hop und der Poesie des Rap, der anfangs zusammen mit den berühmt-berüchtigten Funkbällen *(baile funk)* eine Art Gegenkultur zum bürgerlich-kommerziellen Musikbetrieb darstellte. Die Stücke sind schrill, peitschend und repetitiv, die Texte oft sexistisch, brutal und niemals jugendfrei, der Tanzstil exhibitionistisch bis vulgär. Inzwischen haben die Medien und die Mittelschicht-Jugend diesen Stil assimiliert und seines sozialen Sprengstoffs beraubt. Sein international bekanntester Star ist die Sängerin Anitta mit einer Mischung aus *funk carioca,* Pop und Reggaeton, garniert mit viel Laszivität und Favela-Selbstbewusstsein.

Last but not least sei erwähnt, dass Brasilien auch kunstvollere Musikstile bereichert hat, so z. B. den **Jazz** durch die Interpreten Egberto Gismonti und Leo Gandelmann und die **klassische Musik** durch den großen Komponisten Hector Villa-Lobos (1887–1959).

Gegenwartsliteratur

»Ich verstehe immer noch nicht, warum die Deutschen 1994 ›Brasilien‹ zum Thema der Frankfurter Buchmesse gemacht haben. Unsere Literatur ist so bedeutend nicht. Wie viele annehmbare Schriftsteller haben wir denn? Vier? Fünf? Im Grunde gab es keinen Anlass, einen ganzen Pavillon dafür bereitzustellen. Unsere Bücher hätten wirklich Platz gehabt in der Toilette des 1. Stocks.« So schrieb ein Literaturkritiker in der renommierten brasilianischen Wochenzeitung VEJA. Bei der Buchmesse 2013 war Brasilien wieder Ehrengast, und große deutsche Verlage brachten ca. 40 übersetzte Werke auf den Markt. Das Schwergewicht lag auf der Gegenwartsliteratur, um dem steigenden Interesse am modernen Brasilien entgegenzukommen.

Obwohl vieles davon lesenswert ist, sind nicht wenige der Meinung, die ältere Literatur sei überzeugender. An erster Stelle sind hier die Werke von **Machado de Assis** (1839–1908) zu nennen, des bedeutendsten brasilianischen Dichters des 19. Jh. Mit seinen psychologisch-realistischen Romanen und Erzählungen begann eigentlich die moderne Literaturgeschichte Brasiliens. Bis heute spannende Romanklassiker sind »Der Irrenarzt«, »Dom Casmurro«, »Quincas Borba« und vor allem »Die nachträglichen Memoiren des Brás Cubas«.

Nicht alle wissen, dass der auch in Deutschland viel gelesene **Paulo Coelho** (geb. 1947) Brasilianer ist, nur handeln seine esoterisch ausgerichteten Romane (z. B. »Der Alchimist«) kaum von seinem Land und gelten trotz ständiger Bestseller-Platzierung nicht als anspruchsvolle Literatur.

Bahia-Geschichten

Der erfolgreichste und international bekannteste Romancier Brasiliens ist **Jorge Amado** (1912–2001). Er war ein sehr kritischer und scharfsinniger Beobachter seiner Umwelt, der die sozialen Probleme auf den Kakaoplantagen seiner Heimat ebenso geschildert hat wie die verwickelten zwischenmenschlichen Beziehungen, alles stets gewürzt mit einer guten Portion feinen Humors. Besonders die Romane »Gabriela wie Zimt und Nelken« und »Dona Flor und ihre zwei Ehemänner« begründeten seinen Weltruhm. Mehr als 20 seiner Romane wurden in 47 Sprachen übersetzt, mit einer Auflage von ca. 30 Mio.

Ebenfalls in Bahia, auf der Insel Itaparica, spielt der große Epochenroman »Viva o povo brasileiro« (dt. »Brasilien, Brasilien«, 1988) von **João Ubaldo Ribeiro** (1941–2014). Er ist die brasilianische Variante von Márquez' »Hundert Jahre Einsamkeit«. 300 Jahre brasilianischer Geschichte werden hier ausgebreitet, dem Autor überliefert durch die Erzählungen seines Großvaters. Hauptthema ist das Leben und der Kampf der Sklavenbevölkerung sowie die Intrigen der herrschenden weißen Oberschicht.

Ana Miranda (geb. 1951) veröffentlichte ebenfalls einen historischen Bahia-Roman, »Boca do Inferno« (dt. »Höllenmaul«, 1992), als literarische Entdeckung des Jahres gefeiert und in viele Sprachen übersetzt. Detailgenau recherchiert, ersteht vor den Augen des Lesers das 17. Jh., ausgehend von einem politisch motivierten Mord im Jahr 1683. Der damals in Salvador lebende Satiriker Gregório de Matos, bekannt als das Höllenmaul, verhöhnte die kirchliche und weltliche Obrigkeit mit beißendem Spott. Die Autorin vermittelt ein authentisches Bild vom Alltag der Stadt und den Machenschaften der Herrschenden.

Amazonas-Themen

In den Urwald um Manaus entführt der Roman »Galvez, Kaiser von Amazonien«, in dem der talentierte **Márcio Souza** (geb. 1941) sehr kritisch und ironisch die Inkompetenz der staatlichen und militärischen Erschließung der Regenwälder im Norden des Landes beschreibt. In »Mad Maria und das Klavier am Fluss« geht es um die Baugeschichte einer Eisenbahnlinie durch den Amazonas.

Ebenfalls in das Gebiet von Manaus entführt »Emilie oder Tod in Manaus« (1992) von **Milton Hatoum** (geb. 1952), Sohn libanesischer Einwanderer. Bekannt wurden auch »Zwei Brüder« (2002) und die »Asche vom Amazonas« (2008). Hauptthema des Autors ist das Aufeinandertreffen verschiedener Kulturen, besonders in den Immigrationsstädten, aber auch die Kritik an der Militärdiktatur und skrupellosen Wirtschaftseliten.

Die Großstadt

Ein häufiges Thema der modernen Literatur ist die Großstadt, wohnen doch inzwischen schon 76 % der Bevölkerung in Städten. Bereits ein Klassiker ist das vor über 30 Jahren erschienene »Quarto de Despejo« (dt. »Tagebuch der Armut«, 1989) von **Carolina Maria de Jesus** (1914–77), in dem sie eindrucksvoll ihren Alltag in der Favela schildert. Viele Romane konzentrieren sich auf die Lebensprobleme in der Megastadt São Paulo.

Von dem gescheiterten Versuch eines jungen Zuwanderers aus dem armen Nordosten, sich in São Paulo eine Existenz zu schaffen, berichtet der Roman »Essa terra« (dt. »Diese Erde«, 1986) von **Antônio Torres** (geb. 1940). Einen ähnlichen Fluchtversuch in die Stadt, jedoch aus Frauenperspektive geschrieben, stellt der beeindruckende Roman »A hora da estrela« (dt. »Die Sternstunde«, 1985) von **Clarice Lispector** (1925–77) dar. Ein apokalyptisches Zukunftsbild von São Paulo nach 2000 zeichnet **Ignácio de Loyola Brandão** (geb. 1936) in seinem Roman »Não verás país nenhum« (dt. »Kein Land wie dieses«, 1986). Die Stadt platzt mit 60 Mio. Einwohnern aus allen Nähten, das öffentliche Leben ist extrem reglementiert, die Psyche der Menschen deformiert und die Natur zerstört. São Paulo ist auch das Thema des Romans »Es waren viele Pferde« (Original 2001, dt. 2012). Der Ausnahmeautor **Luiz Ruffato** (geb. 1961) entwirft darin ein kaleidoskopisches Bild dieser Megacity mit all ihren Licht- und Schattenseiten.

Das Leben bzw. die Gewalt in einer vom Drogenhandel beherrschten Favela Rios beschreibt der Roman »Cidade de Deus« (dt. »Die Stadt Gottes«, 2004) von **Paulo Lins** (geb. 1958) mit äußerst eindringlichen Bildern. Die Kinoverfilmung »City of God« erregte im Jahr 2002 weltweites Aufsehen. Weitere Empfehlungen finden sich im Abschnitt Literatur und Filme (s. S. 90).

Comeback des Kinofilms

Vom Cinema Novo bis in die 1980er-Jahre

Anfang der 1950er-Jahre versuchten die brasilianischen Filmemacher mit großen Studios und aufwendigen Streifen den Erfolg von Hollywood zu imitieren, bis auf Lima Barretos Räubergeschichte »O Cangaceiro« (1953) ein gescheitertes Experiment. Aus der Not eine Tugend machend, folgte von 1955 bis 1969 das Neue Kino, **Cinema Novo.** Mit sparsamen Mitteln und handlicher Kameratechnik produzierte man nach dem Vorbild des italienischen Neorealismus sozialkritische Filme, die durchaus berühmt wurden und sogar Preise erhielten, heute jedoch nur noch zum Kultgenre zählen (»Rio, vierzig Grad«, »Nach Eden ist es weit«, »Gott und Teufel im Land der Sonne«, »Macunaíma«). Die breite Masse der Bevölkerung erkannte sich in diesen Filmen nicht wieder, richtig populär wurden sie nie.

Danach versuchte man, das ästhetische Defizit des Cinema Novo durch viel Erotik zu kompensieren. 1976 sahen mehr als 10 Mio. Brasilianer die Verfilmung von Jorge Amados »Dona Flor e seus dois maridos«. Die größten internationalen Erfolge feierten das Roadmovie »Bye bye Brasil« (1979) und die Gefängnisstory »Der Kuss der Spinnenfrau« (1985). Doch dann folgte, besiegelt durch die Liquidierung der Embrafilme unter Präsident Collor (1990), der Bankrott. Nur noch zwei bis drei Filme pro Jahr wurden gedreht.

Comeback

Ein staatliches Förderungsgesetz von 1994 und später unter der Regierung Lula verstärkte Investitionen leiteten schließlich ein Comeback ein. Das Land wurde überflutet von einer nicht abreißenden Welle guter Streifen, viele erhielten sogar Oscarnominierungen.

»Carlota Joaquina« (1994) von **Carla Camurati** zeigt die peinliche Rolle einer spanischen Prinzessin und Gattin des portugiesischen Prinzregenten João VI. bei der Übersiedlung des Hofstaats von Lissabon nach Rio. **Bruno Barretos** »O que É Isso Companheiro« (»Four Days in December«, 1997), in der Kategorie Bester ausländischer Film im selben Jahr für den Oscar nominiert, erzählt die Geschichte der 1969 erfolgten Entführung des US-amerikanischen Botschafters in Brasilien durch eine linksradikale Gruppe.

Einen weiteren Sprung nach vorne brachten die Filme von **Walter Salles.** Sein berühmtester wurde »Central do Brasil« bzw. »Central Station« (1998), die Odyssee eines Straßenkinds von Rio auf der Suche nach seinem (Stief-)Vater, prämiert mit dem Goldenen Bären der Berlinale für den besten ausländischen Film. Das folgende Werk von Salles, »Diários de motocicleta« (dt. »Die Reise des jungen Che«, 2004), hätte fast den Preis von Cannes gewonnen. Es ist eine eindrucksvolle

In den brasilianischen Kinos werden nicht nur internationale Blockbuster, sondern auch Filme aus heimischer Produktion gezeigt

Verfilmung der großen Südamerikareise des jungen Che Guevara und seines besten Freundes auf einem alten Motorrad.

Drei weitere erfolgreiche Filme der letzten Zeit zeugen ebenfalls vom Aufwärtstrend des brasilianischen Kinofilms. Der talentierte Regisseur **Fernando Meirelles** porträtierte mit Laienschauspielern aus der Favela Cidade de Deus (Stadt Gottes) auf realistische Weise die um den Drogenhandel wuchernde Gewalt in einem Elendsviertel am Rande von Rio, die englische Version »City of God« (2002) machte den Film weltberühmt. Misere, Gewalt und Tyrannei sind auch Thema von »Carandiru« (2004), in dem **Hector Babenco** detailgetreu das ›Leben‹ in einem Horrorgefängnis von São Paulo nachzeichnet.

Größter Kinoerfolg 2007 und Gewinner des Berliner Goldenen Bären 2008 war »Tropa de Elite« von **José Padilha.** Der schauspielerisch gute Film mit Wagner Moura in der Hauptrolle zeigt ebenso schockierend wie realistisch die brutalen Einsätze einer Polizei-Elitetruppe (BOPE) in den Favelas von Rio. Vorlage war ein Buch ähnlichen Titels, der Teil zwei des Films (2010) war noch erfolgreicher.

Fortsetzung folgt …

Die Jahre unter Bolsonaro waren ein harter Schlag für den brasilianischen Film. Der zunächst für die Branche zuständige Kultursekretär, ein verkrachter Theaterregisseur, verhieß in einer Fernsehansprache dem Land mit teilweise direkt aus einer Rede von Joseph Goebbels übernommenen Zitaten eine »heldenhafte und nationale Kultur«. Der durchaus filmreife Auftritt in mit Musik aus Wagners Lohengrin unterlegter NS-Ästhetik kam beim Volk aber nicht gut an – der Mann musste seinen Hut nehmen. Der letztlich eingesetzte Kultusminister, ein drittklassiger Novela-Schauspieler, der sich gern mit Waffen fotografieren lässt, trocknete in der Folge die Mittel der staatlichen Filmförderung radikal aus, sodass vielen Schaffenden nur blieb, sich in die Arme von Netflix & Co. zu flüchten und vorrangig Serien zu drehen.

Wissenswertes für die Reise

Anreise und Verkehr
Übernachten
Essen und Trinken
Outdoor
Feste und Veranstaltungen
Reiseinfos von A bis Z

Farbenfrohe Vogelwelt

Multikulti und Lebensfreude – das ist Brasilien

Flussrandsiedlung im Mamirauá-Reservat, Amazonas

Anreise und Verkehr

Einreise- und Zollbestimmungen

Reisedokumente

Für Besucher aus Westeuropa besteht keine Visumpflicht. Es genügt, einen noch mindestens 180 Tage gültigen **Reisepass** vorzulegen. **Kinder** benötigen unabhängig vom Alter ein eigenes Reisedokument mit Lichtbild.

Aufenthaltsdauer: Als Tourist oder Geschäftsreisender darf man pro Jahr maximal 180 Tage im Land verweilen, jedoch nicht am Stück. Nach 90 Tagen ist eine Unterbrechung des Aufenthalts von mindestens 90 Tagen erforderlich. Da die Daten durch die *Polícia Federal* elektronisch erfasst werden, nützt es nichts, kurz in ein Nachbarland aus- und dann wieder einzureisen. Wer länger als den zulässigen Zeitraum in Brasilien verweilt, muss eine Strafe von ca. 100 R$ pro Tag bezahlen.

Für einen 90 Tage überschreitenden, legalen Aufenthalt benötigt man ein sogenanntes **Zeitvisum** *(visto temporário)*. Dieses wird nur gewährt, wenn man aufgrund einer speziellen Tätigkeit länger im Land verweilen muss.

Brasilien ist auch für digitale Nomaden attraktiv. Seit 2022 gibt es für sie sogar ein spezielles Visum: Unter der Bezeichnung Vitem XIV berechtigt es zu einem einjährigen Aufenthalt, der verlängert werden kann. Die Auflagen dafür sind im Vergleich zu anderen Ländern eher zivil (Näheres unter www.gov.br/mre/pt-br/embaixada-berlim/de/konsulat/mobiles-online-arbeiten-nomade-digital). Merkwürdigerweise werden fast alle ›Nomaden‹ in Rio de Janeiro sesshaft.

Eine **unbefristete Aufenthaltserlaubnis** *(permanência)* erhält man entweder durch Heirat, Vater-/Mutterschaft, eine Geschäftsinvestition in Höhe von mindestens 1 Mio. R$ oder – bei Personen ab 60 Jahren – mittels Nachweis einer Rente von monatlich ca. 1900 € aus dem Ausland.

Ein- und Ausfuhr von Waren

Bei der Einreise sind Gegenstände des persönlichen Bedarfs zollfrei. Für die Eigennutzung können die üblichen elektrischen Geräte, 12 l alkoholische Getränke, 200 Zigaretten und 25 Zigarren mitgenommen werden. Geschenke sind bis zum Wert von 1000 US-$ zollfrei (bei Einreise auf dem Land- oder Wasserweg nur bis 500 US-$). Auf brasilianischen Flughäfen erstandene Duty-free-Artikel sind bis zu 1000 US$ zollfrei. Der Geld- oder Scheckfreibetrag liegt bei 10 000 US$. Höhere Beträge müssen deklariert werden. **Verboten ist die Einfuhr** von Drogen, lebenden Vögeln, zuvor exportierten brasilianischen Alkoholika, frischen Nahrungsmitteln, Früchten, Samen und Pflanzen. Wer nichts zu deklarieren oder zu verzollen hat, geht gleich zu dem Ausgang, der mit *»nada a declarar«* gekennzeichnet ist.

Bei der **Rückreise** müssen mitgebrachte Geräte wieder ausgeführt werden. Im Fall eines Diebstahls zeige man das Polizeiprotokoll *(boletim de ocorrência)*. **Ausfuhrverbot** besteht für lebende Tiere (z. B. Papageien) wie für Tierhäute und Felle, für Rohedelsteine, Fossilien und natürlich für Waffen und Drogen. Einige Souvenirs sind aus seltenen Tier- und Pflanzenarten gefertigt, es kann Probleme bei der Ausfuhr geben. Man sollte schon aus ethischen Gründen darauf verzichten. Zu beachten sind auch die **Einfuhrbestimmungen des Heimatlande**s (www.zoll.de).

Anreise

Flug

Folgende Flughäfen können von Europa aus direkt angeflogen werden: Rio de Janeiro, São Paulo, Campinas, Belo Horizonte, Brasília, Salvador, Recife, Natal und Fortaleza. Haupteintrittstor ist jedoch São Paulo. Die Flugzeit beträgt 9–12 Std.

Die wichtigsten **Linienfluggesellschaften** sind: **Air Europa** (https://www.aireuropa.com, Direktflüge Madrid–São Paulo), **Air France** (www.airfrance.de, nonstop Paris–Rio), **British Airways** (www.britishair ways.com, London–São Paulo–Rio), **Condor** (www.condor.com, Frankfurt–São Paulo, Frankfurt–Rio), **Iberia** (www.iberia.com, ab Madrid tgl. nach São Paulo und Rio), **KLM** (www.klm.com, tgl. Amsterdam–Rio, Weiterflüge in Brasilien mit Codeshare-Partner GOL), **LATAM** (www.latamairlines.com, 4 x wöchentl. Frankfurt–São Paulo), **Lufthansa** (www.lufthansa.de, nonstop Frankfurt–Rio, nonstop Frankfurt–São Paulo und nonstop München–São Paulo), **TAP Portugal** (www.flytap.com, Direktflüge von Lissabon u. a. nach São Paulo, Rio, Belo Horizonte, Recife, Salvador und Fortaleza mit der Möglichkeit von Gabelflügen); **Swiss** (www.swiss.com, Zürich–São Paulo–Rio).

Last-minute-Flüge findet man im Netz z. B. bei www.lastminute.de.

Ob Nah- oder Fernverkehr, Busse sind eines der wichtigsten Verkehrsmittel

Verkehrsmittel im Land

Inlandsflüge

Die wichtigsten nationalen Fluggesellschaften sind **GOL, LATAM** und **Azul** (mit Marktanteilen in dieser Reihenfolge).

Es ist relativ unkompliziert vor Ort über die Internetseiten der brasilianischen Airlines Inlandsflüge zu buchen. Je früher, desto günstiger. An den Wochenenden findet man auf diesen Seiten oft gute Sonderangebote. Achtung: Beim Buchungsvorgang aufpassen, dass man sich unter seinem Herkunftsland einloggt, sonst wird die Kreditkarte wegen der fehlenden brasilianischen Steuernummer (CPF) nicht akzeptiert.

Bus

Das **Fernbusnetz** ist gut ausgebaut und komfortabel, besonders in den mit Schlafliegen bzw. verstellbarer Rückenlehne ausgestatteten *leitos, semi-leitos* oder *executivos.* Zu empfehlen sind diese Busse aber nur für kürzere Strecken (z. B. Nachtfahrten – abends einsteigen, morgens ankommen). Fernreisen sind, abgesehen von der chronischen Unterkühlung, eine rechte Strapaze und vor allem sehr zeitraubend. Eine Fahrt von Rio nach Salvador dauert beispielsweise 29 Std.! Oft sind Flüge nur wenig teurer. Von Vorteil ist jedoch, etwa bei Überlandstopps, der unmittelbare Kontakt mit dem brasilianischen Alltagsleben.

Die **Fahrkarten** kauft man direkt beim Busbahnhof *(rodoviária, terminal rodoviário).* Es gibt zahlreiche Busunternehmen, die den Markt und die Fahrtrouten unter sich aufgeteilt haben. Welche Gesellschaft welche Strecke bedient, ist jeweils im Serviceteil der einzelnen Orte vermerkt. Trotz vieler Linien gibt es ein System mit Einheitspreisen. Die Tickets sind ein Jahr gültig, Umbuchungen ohne zusätzliche Gebühr möglich; bei Stornierung muss der entrichtete Betrag innerhalb von 30 Tagen von der Gesellschaft erstattet werden.

Während der **Fahrt** halten die Busse alle 3–4 Std. an einer Tankstelle mit Imbiss bzw. Restaurant. Die Pausen sind nur kurz (ca. 25 Min.), man merke sich die Busnummer, um anschließend nicht falsch einzusteigen. Beim

Rasten lasse man keine Wertgegenstände oder Papiere im Bus zurück. Das Reisegepäck bleibt in den seitlichen Kofferabteilen verstaut (Quittung aufbewahren). Es empfiehlt sich, immer, etwas Warmes zum Überziehen mit ins Handgepäck zu nehmen, damit man sich über die Klimaanlage keine Erkältung holt.

Bahn

Das nur rudimentär ausgebaute brasilianische Eisenbahnnetz dient fast ausschließlich dem Gütertransport. Eine Ausnahme bilden besondere, oft ebenso nostalgische wie abenteuerliche **Touristenzüge.** Diese Linien verzeichnen einen wahren Boom, in den letzten Jahren hat sich die Zahl der Angebote und Fahrgäste fast verdoppelt.

Ausgehend von den besonders positiven Erfahrungen mit der **Zahnradbahn hinauf zum Corcovado/Cristo in Rio,** der **Maria Fumaça** zwischen São João del Rei und Tiradentes sowie dem **Trem da Vale** zwischen Ouro Preto und Mariana in Minas Gerais, dem **Trem da Uva** in der Serra Gaúcha (48 km) und der **Bahn Curitiba–Morretes** in Paraná entstehen immer neue Routen. Heute existieren bereits über 20 Bahnstrecken, auf denen jährlich über 3 Mio. Fahrgäste befördert werden.

Eine der wenigen regulären, aber auch von Touristen gern genutzten Bahnstrecken ist die tgl. Zugverbindung **Belo Horizonte (Minas Gerais)–Vitória (Espírito Santo).**

Schiffsreisen

In **Amazonien,** vor allem zwischen Belém, Santarém und Manaus, ist die **Flussschifffahrt** besonders gut entwickelt und kann eine willkommene touristische Abwechslung darstellen. Passagierschiffe verkehren auch auf einigen Abschnitten des **Rio Paraná** (Mato Grosso und Mato Grosso do Sul). An Deck braucht man eine Hängematte zum Schlafen (2. Klasse), Passagiere der 1. Klasse lassen sich in einer recht engen Kajüte nieder. Bequemer sind natürlich die **Luxuskreuzfahrtschiffe,** die während der Saison an der Küste entlangfahren.

Immer mehr Gäste (20 % aller Besucher), ob per Kreuzfahrtschiff oder per Flugzeug über den Ozean gekommen, steigen in Brasilien in ein **Kreuzfahrtschiff** um, eine bequeme und relativ preiswerte Reiseform, um das Land kennenzulernen. Man ist jedoch auf die Hochsaison (Nov.–März) beschränkt und startet dann meistens von Santos nahe São Paulo aus. Die Plätze sind oft schon Monate vorher ausgebucht, bei Reservierungen bis Ende August erhält man günstige Sondertarife. Wie viel eine Kreuzfahrt pro Tag kostet, lässt sich nicht pauschal beantworten. Als Größenordnung sollte man einen Reisepreis zwischen 100 und 130 € pro Tag rechnen. Die meisten Schiffe befahren die **Küstenroute** (3–13 Nächte, Fahrten zu mehreren Häfen teils auch anderer südamerikanischer Länder), nur einige wenige ab Manaus die **Amazonasflüsse. Informationen** über die verschiedenen Anbieter, Schiffe und aktuellen Daten erfährt man über die Reisebüros oder auf der deutschen Internetseite www.dreamlines.de.

Mit den Schiffen folgender Gesellschaften kann man **Kreuzfahrten** *(cruzeiros)* in Brasilien unternehmen: **MSC** (www.msccruzeiros.com.br), **Regent Seven Seas** (https://de.rssc.com), **Costa** (www.costacruzeiros.com.br) und **Oceania Cruises** (https://de.oceaniacruises.com) sind mit jeweils mehreren Schiffen unterwegs. Der Veranstalter **CVC** (www.cvc.com.br) hat viele davon im Angebot.

Frachtschiffreisen sind entgegen weit verbreiteter Meinung keine billige Alternative, daher eher etwas für am Schiffahrtswesen interessierte Seewölfe oder Leute, denen beim Gedanken an ein paar Tausend gut aufgelegte Mitreisende die Haare zu Berge stehen. **Infos:** www.zylmann.de.

Mietwagen

Ein Mietwagen ist nur dann ratsam, wenn man einen kurzen Abstecher vom Urlaubsort in die nähere Umgebung plant oder eine bestimmte Route fahren möchte (z. B. die Küstenstraße Rio–São Paulo). Längere Strecken legt man dagegen am besten per Flugzeug zurück und mittlere im modernen Fernbus. In Brasilien gibt es viele der inter-

Bloß keine nassen Füße kriegen – auf eigene Faust mit eigenem, respektive Leihwagen durch Brasilien zu fahren, ist nur etwas für sehr erfahrene Globetrotter

national bekannten Autoverleihfirmen, die kleinen regionalen sind oft preiswerter, besitzen jedoch ältere Wagen und bieten einen schlechteren Service.

Empfehlenswerte Firmen sind **Localiza** (www.localiza.com/brasil), **Avis** (https://brasil.avislac.com) und **Unidas** (www.unidas.com.br). Auf der Website www.rentcars.com/pt-pt finden sich über einen Broker die jeweils günstigsten Tarife. Die genannten Firmen bieten ihren Service auch an den Flughäfen an, gegen eine (hohe) Gebühr ist eine Rückgabe in einer anderen Stadt möglich.

Der Tagespreis für den einfachsten Kleinwagen ohne fixes Kilometerlimit liegt bei ca. 120 R$. Hinzu kommt die stets zu empfehlende Versicherung. Man informiere sich auch über oft preiswerte Mehrtages- und Wochenendtarife. Lokale Adressen und Telefonnummern finden sich bei den Serviceinfos zu den Orten.

Geachtet werden muss darauf, ob das Mietfahrzeug einen Flex-Motor hat (was meistens der Fall ist) und somit Ethanol und/oder Gasolina in beliebigem Verhältnis tanken kann, oder ob ein reiner Benzin- oder auch Dieselmotor vorliegt.

Bei der Budgetplanung sollte man auch nicht vergessen, dass auf vielen ›besseren‹ Straßen inzwischen Mautgebühren zu zahlen sind.

Voraussetzung für die Anmietung eines Leihwagens ist ein Reisepass, eine Kreditkarte, ein Mindestalter von 21 Jahren, und die Vorlage eines internationalen Führerscheins, der nicht allzu ›frischbacken‹ sein sollte. Am einfachsten fährt, wer seinen Wagen bereits vorher in Deutschland bucht.

Verkehrsregeln

Es ist zu beachten, dass in ganz Brasilien **Anschnallpflicht** herrscht und **Handys** am Steuer verboten sind.

Hinsichtlich der **Strafen** zählt das brasilianische Verkehrsgesetz zu den härtesten der Welt. Viele Ampeln sind kameraüberwacht und Geschwindigkeitskontrollen mittels Induktionsschleifen in der Fahrbahn werden immer zahlreicher. Die **Promillegrenze** liegt bei 0,0 – es gibt häufig Kontrollen (ab 21.30 Uhr) und hohe Bußgelder (man kann sich zwar weigern, ins Röhrchen zu blasen, bezahlt dann aber gleich schon mal 3000 R$ und verliert die Fahrerlaubnis).

Der **Straßenzustand** ist abseits der Hauptverkehrswege häufig schlecht und das **Verkehrsverhalten** manchmal etwas fahrlässig. Andererseits ist der Fahrstil selten aggressiv, auch wird kaum gehupt. Es herrscht eine große Toleranz, alles schiebt sich hin und her, man muss sich nur stets vorsichtig ein wenig durchsetzen. Die wichtigste Regel ist, im Verkehr mitzufließen, wenn nötig auszuweichen oder sich auch einmal langsam, aber entschieden hineinzudrängeln. Beim Spurwechsel in den Städten sollte man stets das Heer der Motorradkuriere, die mit hoher Geschwindigkeit zwischen Autoschlangen durchfahren oder die Fahrbahnen kreuzen, im ›Hinterauge‹ haben.

Die Ausschilderung auf den Straßen ist oft ausgesprochen lückenhaft und erfordert meist gute Ortskenntisse. Wer sich nicht andauernd verfahren will, sollte sich eine deutschsprachige Navigations-App auf sein Handy laden oder gar ein Navigationsgerät mit Brasilienkarte einpacken. Aber selbst diese Navigationshilfen haben nicht jede Favela auf der Rechnung. Allgemein sollte man in den großen Städten das Steuer lieber den Einheimischen überlassen und somit auf der sicheren Seite fahren. Überlandfahrten in Brasilien können dagegen dem geübten Fahrer durchaus Spaß bereiten.

Abzuraten ist jedoch von **Nachtfahrten** über Land. Falsch eingestellte Scheinwerfer entgegenkommender Fahrzeuge sowie unangekündigte Schlaglöcher machen die Reise zum gefährlichen Abenteuer.

Nahverkehr

Für den innerstädtischen Transport empfiehlt sich in der Regel das **Taxi.** In den großen Städten Brasiliens ist es eines der Hauptverkehrsmittel, in Rio bestimmen die gelben Wagen mitunter das Straßenbild. Die Preise sind bedeutend niedriger als bei uns. **Abzuraten** ist von den vor großen Hotels stehenden Taxis. **Absolut zuverlässig** sind die speziellen Radio-/Funktaxis an den Flughäfen, sie sind allerdings ca. 50 % teurer. Bei **normalen Taxis** achte man darauf, dass das *taxímetro* eingeschaltet ist. Am Tag gilt der Tarif 1, später am Abend, nachts sowie an Sonn- und Feiertagen wie im ganzen Monat Dezember der etwas teurere Tarif 2. In fast allen Taxis kann man inzwischen auch mit der Kreditkarte bezahlen. Trinkgelder sind nicht üblich, man runde lediglich den geforderten Betrag auf. In fast allen größeren Städten bietet inzwischen der Onlinefahrdienst **Uber** eine um ca. 50 % günstigere Alternative zum Taxi.

Stadtbusse und **Vans** gibt es in Brasilien reichlich, in den großen Städten auch nachts. Die Zielstadtteile sind oben an der Frontseite angeschrieben. Nicht immer gibt es genau auszumachende Haltestellen, man muss sich bei Einheimischen erkundigen. Oft halten die Busse auch spontan und lassen vor roten Ampeln Fahrgäste zusteigen. Je nach Stadt betritt man den Bus hinten oder vorne, geht durch eine Drehtür, zahlt beim Schaffner einen relativ geringen, am Bus angeschriebenen Einheitspreis (ohne Fahrschein) und steigt bei Ankunft am anderen Ende des Busses wieder aus.

Während der Fahrt ist es ratsam, sich stets gut festzuhalten, der **Fahrstil** weicht stark von mitteleuropäischen Standards ab. **Linien in Peripheriebezirke** hinein sollte man wegen der Gefahr von Überfällen oder Diebstählen eher meiden.

In vielen Städten werden inzwischen auch **Fahrscheine** angeboten, die mehrere Verkehrsmittel integrieren, sowie mit Geldbeträgen aufladbare **Plastikkarten,** von denen bei Fahrtantritt automatisch abgebucht wird.

Die **U-Bahn** ist im Vergleich zum Bus meist sicherer, auch sauberer und moderner. Nur wenige Städte besitzen jedoch ein nennenswertes U-Bahn-Netz, darunter São Paulo, Rio, Recife, Porto Alegre und Belo Horizonte.

Übernachten

Unterkünfte vorab buchen?

Oft sind Reservierungen von der Heimat aus – über Reisebüros oder das Internet – preiswerter als Buchungen vor Ort oder über die Rezeption, zumindest bei größeren Hotels. Zur sommerlichen **Hauptreisezeit** (Jan./Febr.) sowie teilweise im Juli empfiehlt sich in vielen touristischen Städten eine vorherige Reservierung. Wer unterwegs kurzfristig eine Unterkunft sucht, findet auf den Websites www.tripadvisor.de, www.agoda.com und www.booking.com eine gute Übersicht und Entscheidungshilfe.

Preise und Reservierung

Insgesamt liegen die Preise für Unterkünfte noch unter europäischem Niveau. Besonders in der Saison kann bei der Reservierung eine Anzahlung *(depósito)* oder die Übermittlung der Kreditkartendaten verlangt werden. Die in diesem Buch angewandte Einteilung in Preiskategorien bezieht sich gewöhnlich auf ein Doppelzimmer mit Frühstück außerhalb der Hauptsaison. Vor allem in teureren Unterkünften werden manchmal noch 5–15 % Steuern auf den Preis aufgeschlagen.

Hotels und Pensionen

In den Großstädten ist man stärker auf Hotels angewiesen, das Angebot ist groß und umfasst alle Kategorien. Viele **Businesshotels** bieten an den Wochenenden teils beachtliche Preisnachlässe. Fast immer ist das Frühstück im Preis inbegriffen. Zur Hauptreisezeit (Jan./Febr.) sowie teilweise im Juli empfiehlt sich in vielen touristischen Städten eine vorherige Reservierung. In kleineren Orten werden Zimmer häufig in Pousadas (Pensionen) angeboten. Sie sind meistens preiswerter als Hotels und bieten ein stimmungsvolleres, häufig auch familiäres Ambiente mit Terrassen- oder Gartenanlage. Mit den Preisen verhält es sich aber genau andersherum: an den Wochenenden liegen sie meist höher. In den entsprechenden Regionen sind die Betten mit Moskitonetzen ausgestattet.

Hotel-Fazendas und Lodges

Eine besondere Attraktion stellen **Hotel-Fazendas** dar, größere Anlagen inmitten der Natur mit kleinen Chalets *(chalés)*, Sauna und Schwimmbad, vielen Wander-, Reit- und Sportmöglichkeiten sowie guter Verpflegung. Immer beliebter werden auch die Lodge-Unterkünfte im Regenwald.

Apartments

Überlegenswert ist auch das Anmieten eines Apartments. Die Preise sind günstiger als die von Hotels, man hat mehr Platz und die individuellen Freiheiten sind größer. Speziell in Rio de Janeiro, Salvador, Fortaleza und Florianópolis bieten die Reisebüros und Privatvermieter eine große Auswahl.

Überhaupt kann man sagen: Brasilien ist **Airbnb**-Land – es gibt kaum einen Ort im Land, in dem man über das Onlineportal zur

PREISKATEGORIEN

€	bis 50 Euro (bis 250 R$)
€€	50 bis 100 Euro (250–500 R$)
€€€	über 100 Euro (über 500 R$)

Preise für ein Doppelzimmer mit Frühstück

Schwimmende Lodges bieten ein spektakuläres Ambiente für die Übernachtung

Buchung und Vermietung von Unterkünften (www.airbnb.de) nicht unterkommen kann, teilweise recht günstig und mit direktem Kontakt zu den Besitzern. In São Paulo findet man sogar ganze Hochhäuser, in denen sämtliche Wohnungen nur über Airbnb belegt werden.

Motels

An den Ein- und Ausfallstraßen großer Städte sieht man oft bunt beleuchtete Motels, die weniger der Übernachtung als der intimen Begegnung dienen. Andererseits sollte einen nichts davon abhalten, hier gelegentlich für max. 12 Std. ein Zimmer zum Schlafen zu nehmen. Diese Häuser sind oft preiswert, nie belegt (auch nicht zum Karneval oder über Silvester) und bieten einen ganz speziellen Komfort wie private Sauna, Whirlpool, Musikanlage, Fernseher und Bestellservice. Bezahlt wird erst hinterher. Normalerweise treffen sich hier brasilianische Liebespaare zum klassischen Seitensprung oder solange sie unverheiratet sind. Da Mann/Frau in der Regel bis zur Hochzeit bei den Eltern wohnt, ist das zärtliche Einverständnis wegen der räumlichen Enge gewissen Einschränkungen unterworfen. Zudem tauschen Paare gern die Bescheidenheit des häuslichen Ambientes gegen ein paar Stunden im französischen Luxusbett unter einer glitzernden Spiegeldecke. Wer es ausprobieren will, gehe z. B. ins **Vips,** Av. Niemeyer 418, Vidigal, nahe Copacabana, Rio de Janeiro, www.vipsmotel.com.br.

Jugendherbergen und Hostels

Jugendherbergen und Hostels sind in Brasilien sehr beliebt, man findet sie mittlerweile in allen Teilen des Landes. Sie sind recht komfortabel und fast immer preiswerter als Hotels. Einfache Pousadas können allerdings manchmal noch günstiger sein. Wer in diesen **Jugendherbergen** *(albergues da juventude* oder *hostels)* übernachten will, kann über https://hihostel brasil. com.br, www.brazilian.hostelworld.com online reservieren oder sich informieren.

HI-Hostels sind in einem weltweiten Verband organisiert, der Hostelling International Association. Mit dem internationalen Jugendherbergsausweis (HI-Card) und/oder dem internationalen Studentenausweis (ISIC-Card) bekommt man hier Ermäßigungen, die HI-Card kann ohne Altersbegrenzung auch in den HI-Hostels günstig erworben werden (40 R$) und gilt für ein Jahr.

Camping

Campingplätze befinden sich meist in der Umgebung der Küstenstädte. Sie sind meist ganz gut ausgestattet, dennoch mit europäischen Standards nicht zu vergleichen. Freies/wildes Campen ist in Brasilien eher unüblich und auch gefährlicher (nicht nur wegen der Tierwelt), zudem sollte man der Umwelt zuliebe davon absehen.

Insgesamt gesehen ist Camping in Brasilien kein wirkliches Thema, auch Wohnmobile trifft man hier kaum an. Man sollte es wie die meisten Brasilianer halten und eine Pousada aufsuchen – es gibt sie schon sehr preiswert und recht komfortabel.

Essen und Trinken

Essen und Trinken gehören in Brasilien neben dem Strandvergnügen zu den wichtigsten gesellschaftlichen Ereignissen. Die Restaurants sind trotz Krisen und schmaler Budgets stets voll und nicht selten von zwölf bis Mitternacht durchgehend geöffnet.

Streifzug durch die Küchen

Brasiliens **Nationalgericht** ist die *feijoada,* ein Eintopf aus schwarzen Bohnen mit allerhand vom Rind und Schwein, dazu gibt es grünen Kohl, Maniokmehl und eine Orange. Ursprünglich ein Resteessen der Sklaven, wurde sie später verfeinert und bereichert. Um das deftige Mahl zu verdauen, darf eine Caipirinha nie fehlen.

Unter den in ganz Brasilien sehr beliebten *salgadinhos,* den **kleinen Gesalzenen,** die in Bars und Cafés angeboten werden, ist die *coxinha* besonders zu erwähnen. Die in heißem Öl ausgebackene Weizenteigmasse mit einer würzigen Füllung aus Hühnerhack hat die Form eines Hühnchenschlegels.

Während der brasilianische **Süden und Südosten** bis nach Rio eher **Fleischlichem** *(churrascos)* zugeneigt sind, stehen **nördlich von Rio** immer häufiger **Fisch und Meeresfrüchte** auf den Speisekarten, sie passen auch eher zu Strand und Palmen. In Espírito Santo und Bahia sollte man unbedingt eine *moqueca* probieren. Bahias afrikanisch geprägte Küche mit dem von Sklaven eingeführten Dendê-Öl gilt als die reichhaltigste und zugleich würzigste Brasiliens. Man wird oft gefragt, ob man sein Gericht mit viel oder wenig Pfeffer *(pimenta)* wünscht. Wer *um pouco* sagt oder ganz ohne bestellt, dürfte kein Schärfeproblem haben. In den **nördlicheren Küstenregionen** liegt dann das wahre Paradies der **Meeresfrüchte**-Liebhaber. An jeder Strandbar bekommt man günstig Austern, Langusten, Krabben oder Krebse, die man allerdings oft mit einem Holzknüppelchen aufschlagen muss.

Je weiter man ins Landesinnere der **Amazonasregion** kommt, desto **indigener** wird die Küche. Delikat sind Süßwasserfische.

Will man nach dem Urlaub deutsche Freunde einladen und beim Betrachten der Schnappschüsse etwas Brasilianisches reichen, empfiehlt sich das **Kochbuch** von Moema Parente Augel, »Brasilianisch kochen. Gerichte und ihre Geschichte« (Edition diá).

Getränke

Kalt

In Brasilien werden in vielen Bars frisch bereitete **Fruchtsäfte** *(sucos)* angeboten. Das Angebot an Tropenfrüchten ist breit. Man sollte auch einmal weniger Bekanntes ausprobieren, z. B. *acerola (Westindische Kirsche)*, *cupuaçu* (wilder Kakao) oder *açaí* (Beeren der Kohlpalme), Früchte aus dem Norden. Zwei Drittel der Brasilianer bevorzugen jedoch Alkoholisches. Nationalgetränk Nr. 1 ist **Bier,** stets eiskalt serviert. Gute und weit verbreitete Marken sind Bohêmia, Original, Eisenbahn und Brahma, alle im Land produziert. In der letzten Zeit erlebt Brasilien einen regelrechten Boom kleiner und

WASSER, EIS ETC.

Als Vorsichtsmaßnahme gegen Magen-Darm-Infektionen und Cholera ist zu empfehlen, **Leitungswasser** nicht zu trinken und in hygienisch nicht einwandfreien Restaurants **Getränke ohne Eis** *(sem gelo)* zu bestellen. Auch **Speiseeis** kann Bakterien enthalten. **Rohes Gemüse, Salate und Obst** sollte man vor dem Verzehr gründlich waschen bzw. schälen. Wichtig ist – nicht erst seit Corona – häufiges Händewaschen.

feiner regionaler Brauereien. Ausprobieren! Wer ein frisch Gezapftes vorzieht, fragt nach einem *chopp,* abgeleitet vom deutschen Wort Schoppen. Das andere Nationalgetränk ist die **Caipirinha** aus Zuckerrohrschnaps *(cachaça),* Limonenstückchen, Zucker und Eis, oft als Aperitif genossen. Qualitativ guter **Zuckerrohrschnaps,** in kleinen Betrieben aus angegorenem Zuckerrohrsaft gebrannt, kommt meist aus Minas Gerais. Man genießt *cachaça* auch pur. Mit der industriell produzierten Massenware, die sich ärmere Brasilianer oft nach Feierabend genehmigen, hat das nur wenig zu tun.

Heiß

Brasilien ist weltweit größter Produzent und Exporteur von **Kaffee.** Lange vernachlässigte man die Qualität zugunsten der Masse, heute kommen auch Bohnen der Spitzenklasse vor allem aus dem Süden von Minas Gerais, dem derzeitigen Hauptanbaugebiet. Der *cafezinho* wird zu allen möglichen und unmöglichen Zeiten genossen, meist in gefilterter Form. Die Espressokultur im Land ist jung und beschränkt sich eher auf die größeren Städte. Gleiches gilt für Cafés, die Brasilianer nehmen ihren Kaffee traditionell am liebsten in der Bäckerei *(padaria),* wo neben der Espressomaschine immer auch ein dem Samowar ähnliches Gefäß mit Filterkaffee bereitsteht. Einem deutschen Milchkaffee entspricht die *média* (halb und halb), mit mehr Milch wird sie zum *pingado* (Getropften). Wer seinen Espresso stark will, bestellt ihn mit dem Zusatz *paulista* (weil in São Paulo schließlich hart gearbeitet wird), wer ihn leicht bevorzugt, ordert einen *carioca* (weil in Rio eben alles irgendwie leichter genommen wird).

Restaurants

Am häufigsten und beliebtesten sind die einfacheren **populären Lokale,** in denen man in ungezwungener Atmosphäre schon ab 20 R$ speisen kann. Das Angebot ist jedoch fast überall gleich (Fleisch, Fisch, Nudelgerichte, kaum interessante Salate, wenig Gemüse). Ein dickes Filet mit Reis und Bohnen gilt hier als Inbegriff guten und gesunden Essens. Gern und häufig besuchen die Brasilianer auch preiswerte **Pizzerien,** der dicke Teig ist jedoch für europäische Mägen oft zu schwer, es sei denn, er wurde im Steinofen *(à lenha)* zubereitet. Vor allem in São Paulo, wo heute der Abstammung nach mehr Italiener leben als in Rom, kann man sich unbedenklich einem herzhaften Pizzagenuss hingeben: Über 1 Mio. der würzigen Fladenbrote werden täglich in der Stadt vertilgt, unbestritten die besten in ganz Brasilien.

Zu empfehlen sind die überall zu findenden **Self-Service-Lokale,** in denen man sich aus einem großen Angebot seine Lieblingsspeisen auf den Teller tut und nach Gewicht *(à kilo)* abrechnen lässt. Für den kleinen Hunger stehen noch die zahlreichen **Lanchonetes** zur Verfügung, Stehimbisse mit einem leckeren Angebot diverser Snacks, oft gefüllte Teigtaschen/Pastetchen *(pastel, coxinha* etc.).

Auch **Gourmets** werden sich in Brasilien nicht beklagen können, besonders in São Paulo und Rio de Janeiro fehlt es nicht an nobleren Etablissements. Zu empfehlen sind die Sushibars der millionenstarken japanischen Kolonie, ein Muss ist jedoch der Besuch einer **Churrascaria.** Für einen Fixpreis bedient man sich am reichhaltigen Büfett und lässt sich von langen Spießen eine zarte und magere Fleischsorte nach der anderen auf den Teller schneiden.

Wenn die **Rechnung** kommt, ist die Prüfung der einzelnen Posten keineswegs ein Zeichen von Kleinlichkeit, sondern in Brasilien ganz übliche Demonstration von Selbstbewusstsein und gesundem Misstrauen. Das **Trinkgeld** ist meistens mit 10 % im Preis enthalten, etwas aufrunden kann man aber gern.

PREISKATEGORIEN

€	bis 10 Euro (bis 50 R$)
€€	10 bis 20 Euro (50–100 R$)
€€€	über 20 Euro (über 100 R$)

Preise für ein Hauptgericht oder Menü

Wer Meeresfrüchte, insbesondere Austern liebt, kommt in Florianópolis in den vollen Genuss

Geselligkeit wird großgeschrieben – hier im Viertel Liberdade, São Paulo

Outdoor

Beach-Volleyball und Futevôlei

Brasiliens Strände sind das Eldorado der Volleyballfans. Wegen vieler internationaler Erfolge steht der Sport in der Beliebtheitsskala nach Fußball an zweiter Stelle. Angehörige der Mittel- und Oberschicht praktizieren ihn sogar mehr als das Fußballspiel. An vielen Stränden sind Tag und Nacht Teams in Aktion, die teilweise begeisternde Ballwechsel zeigen. Wer Lust hat – und den Sport beherrscht –, kann sich oft einfach anschließen und mitspielen. In vielen Städten kann man auch Trainingsstunden buchen, z. B. in Rio de Janeiro.

Beim **Futevôlei** sind die Regeln ähnlich, nur darf hier der Ball bloß mit Brust, Schulter, Kopf und Fuß gespielt werden, wobei oft geradezu akrobatische Einlagen entstehen.

Buggytouren

Mit Vollgas geht es durch die Dünen von **Genipabu** in Natal, sicherheitshalber mit Fahrer. Vor Ort gibt es zahlreiche Anbieter, die man auch über die Hotels kontaktieren kann. Die Frage des Fahrers, ob eine Tour *com ou sem emoção* (mit oder ohne Emotion) gewünscht wird, bezieht sich nicht auf romantische Gefühle, sondern auf die gewünschte Umdrehungszahl des Motors. Neulinge sollten sich mit der emotionsloseren Tour bescheiden (s. S. 293). Auch wenn wir diese Angebote hier im Buch benennen, sollte man sich durchaus die Frage stellen, ob eine solche Tour mit Umweltschutz vereinbar ist, insbesondere in Dünengebieten.

Drachenfliegen

Asa-Delta-Flüge und **Paragliding** im Tandem werden in zahlreichen Orten Brasiliens angeboten. Sehr schön ist dieses Erlebnis auch in **Rio de Janeiro** (São Conrado, Praia do Pepino), ein zwar teures, aber bestimmt unvergessliches Abenteuer. Die grüne Berglandschaft am Meer ist von besonderem Reiz.

Fahrradfahren

Während bis vor wenigen Jahren die Brasilianer das Fahrrad hauptsächlich als Fortbewegungsmittel der ärmeren Landbevölkerung kannten, erlebt es als urbanes Verkehrsmittel und Sportartikel derzeit einen regelrechten Boom. Im letzten Jahrzehnt sind in der Stadt São Paulo über 700 km neue Radwege entstanden und auch in Rio wurde das Radwegenetz massiv ausgebaut. An praktisch allen touristisch relevanten Orten findet man heute Fahrradverleihe und lokale Anbieter für Radtouren, teils auch anspruchsvolle, mehrtätige Unternehmungen mit Begleitfahrzeug und Übernachtungsbuchungen.

Wassersport

Chartersegeln

Eine gute Möglichkeit besteht ab **Angra dos Reis** im Bundesstaat Rio de Janeiro, wo sich z. B. über Brasil Yacht Charter (www.byc.com.br) ein Boot mieten lässt. Es empfiehlt sich, nicht direkt anzureisen, sondern sich zuvor einige Tage in Rio zu akklimatisieren. Von dort ist man in ca. 2 Std. am Jachthafen von Angra. Die Schiffe sind in relativ gutem Zustand, die Ausstattungsliste entspricht allerdings nicht europäischen Standards. Das Segelrevier ist anspruchsvoll, bei Nacht wegen der Untiefen gefährlich. Die Infrastruktur ist nur bedingt auf Chartersegeln ausgelegt.

Surfen

In **Rio de Janeiro** gibt es zwei beliebte Surfspots, in Arpoador zwischen Copacabana und Ipanema sowie etwas außerhalb an dem traumhaft schönen Strand Prainha. Wer nur mal kurz surfen will, wird fast immer jemanden finden, der gegen ein Trinkgeld sein Brett ausleiht. In **Saquarema,** 100 km nordöstlich von Rio, erreichen die Wellen gar eine Höhe von 3 m, hier werden häufig internationale Wettbewerbe ausgetragen. Weitere Surfparadiese sind **Fernando de Noronha** (Pernambuco), **Florianópolis** (Santa Catarina), **Itacaré** (Bahia), die Praia da Guarda in **Garopaba** (Santa Catarina), Itamambuca in **Ubatuba** und Maresias in **São Sebastião** (beide São Paulo).

Einen großen Fankreis hat auch **Kitesurfen,** nicht nur am vorderen Strandabschnitt von Barra da Tijuca in **Rio de Janeiro,** wo man mit Windstärken von bis zu 40 km/h rechnen kann. Auch **Windsurfen** und **Stand Up Paddling** sind häufig praktizierte Sportarten an Brasiliens Küsten.

Tauchen

Brasiliens bestes Tauchgebiet ist die Insel **Fernando de Noronha** im Nordosten. Die Sichtweite ist wegen des klaren Wassers sehr hoch und die Meeresfauna mit rund 230 Fisch- und über 100 Korallenarten einzigartig.

An zweiter Stelle im brasilianischen Ranking liegt der **Parque Nacional Marinho dos Abrolhos** in Bahia. Die Sichtweite ist mit 8–15 m etwas geringer, dafür findet man hier die artenreichste Fauna der ganzen Küste, darunter 18 verschiedene Arten von Korallen. Weitere Reviere sind **Búzios/Arraial do Cabo,** 179 km nordöstlich von Rio gelegen, mit mehreren guten Tauchschulen sowie **Ilha Grande** und **Ilhabela** an der Nordküste von São Paulo, wo zahlreiche Schiffswracks auf Erkundung warten.

Wandern

Brasilien besitzt 72 Nationalparks, einige davon mit einer Infrastruktur, die es erlaubt, stunden- oder auch tagelang zu wandern. Eine beliebte Option ist der **Parque Nacional da Floresta de Tijuca** in Rio de Janeiro, der größte städtische Regenwald der Welt. In den nordwestlichen Regionen gibt es ein gut ausgeschildertes Wegenetz.

Wer in Salvador ist, kann im Hinterland den **Parque Nacional da Chapada Diamantina** aufsuchen. Der Nationalpark besitzt viele Canyons, Höhlen und Wasserfälle sowie eine recht grüne Vegetation. Es gibt zahlreiche Wanderrouten, die teilweise entlang alter Goldsucherpfade führen.

Wohlverdiente Ruhepause nach einem Tag auf und im Wasser

Feste und Veranstaltungen

Karneval

Fleisch heißt auf Portugiesisch *carne* – und aus diesem Wortstamm leitet sich auch der Begriff *carnaval* (Abschied vom Fleisch) ab. Historisch, während des europäischen Karnevals des 16. und 17. Jh., stand das ganz ordinäre ›Fressen‹ im Vordergrund. Fleisch zu essen war zu dieser Zeit noch etwas Besonderes und nur zu bestimmten festlichen Anlässen geboten, zudem wollte man die letzten Tage vor Beginn der Fastenzeit am Aschermittwoch noch voll auskosten. Geht man noch weiter in die Geschichte zurück bis zu den alten Griechen und Römern, trifft man auf die orgiastischen Feste des Bacchanal, Saturnal und Lupercal, die ebenso zu den Vorläufern des späteren Karnevals gehören wie die Narrenfeste und Maskentänze des Mittelalters.

Land des Karnevals

Nach Brasilien eingeführt wurde der Karneval von den Portugiesen wahrscheinlich schon im 17. Jh., sicher jedoch im Jahr 1723, unter der alten Bezeichnung *entrudo.* Er war ursprünglich ein ausgelassenes und mitunter ausartendes Treiben, bei dem man sich mit Wasser, Puder, Kalk und allem, was gerade zur Verfügung stand, gegenseitig bespritzte und beschmutzte. Ab 1840 setzte allmählich eine Verbürgerlichung ein, mit Festveranstaltungen in noblen Ballhäusern und der Entstehung von finanzkräftigen Karnevalsgesellschaften. 1928 entstand in Rio de Janeiro die erste Sambaschule, 1935 fanden die ersten Umzüge statt.

Bis heute ist der Karneval von dieser historischen Ambivalenz zwischen spontanem Volksfest und organisierter Bürgerveranstaltung geprägt, bis heute stehen diese Formen nebeneinander, vermischen sich bisweilen und grenzen sich anschließend wieder aus. Seit Mitte des 20. Jh. jedoch präsentiert sich der Karneval in Brasilien, besonders in Bahia und im Nordosten des Landes, verstärkt afrobrasilianisch und führte zu einer Wiederbelebung des populären Straßenkarnevals, lediglich in Rio blieben der traditionelle Salon- und Klubkarneval weiter erhalten.

Sambakarneval

Eigentliches Rückgrat des **Karnevals von Rio de Janeiro** (www.rio-carnival.net) sind die aus den verschiedenen Stadtteilen erwachsenen **Sambaschulen** *(escolas de samba).* Es sind vom Staat unabhängige Vereine mit eigener Satzung und einem Dachverband. Das ganze Jahr über bereiten sich die 12 Spitzengruppen der 1. Liga *(Grupo Especial)* auf ihren großen Auftritt im Sambódromo vor, ein eigens von dem Architekten Oscar Niemeyer entworfenes und 1984 eingeweihtes Karnevalsstadion mit Tribünen und abgeschirmten Logen, Sicherheitseinrichtungen und recht hohen Eintrittspreisen. Im Jahr 2012 wurde es erweitert und besitzt nun 77 800 Plätze. In zwei Nächten ziehen hier etwa 50 000 Teilnehmer hindurch, immerhin 3000–5000 pro Sambaschule. Auch Nichtmitglieder sowie Touristen sind zugelassen, wenn sie sich rechtzeitig anmelden, 300–500 € für ein Kostüm bezahlen, ein paar Tanzbewegungen einüben und das Themenlied erlernen. Die überwiegend aus dem einfachen Volk stammenden Teilnehmer sind trotz der spürbaren Vermarktung und einer kritischen Jury mit Leib und Seele dabei. Das Fernsehen überträgt den Umzug live, die

TASCHENDIEBE

Im Karneval Brasiliens tummeln sich nicht nur lustige Gesellen, sondern auch versierte Taschendiebe, die ein geübtes Auge für Touristen und noch geübtere lange Finger besitzen!

Zeitungen zeigen tagelang die spektakulärsten Bilder und das Radio spielt wochenlang die verschiedenen Sambamotive der jeweiligen Siegerklubs. Alles ist wie beim Fußball: Es gibt verschiedene Ligen, Auf- und Abstieg sowie Punktrichter, die nach einem akribischen Kriterienkatalog Originalität, Rhythmus, Choreografie, Tänzer, Kostüme, die Allegoriewagen und das Sambathema bewerten.

Gleich strukturiert ist auch der Karneval der Sambaschulen von **São Paulo** (https://ligasp.com.br), erreicht dabei aber nicht den Glamour von Rio.

In beiden Städten erlebte in den letzten Jahren zudem der **Straßenkarneval** ein regelrechtes Revival und ist im Falle von São Paulo heute der größte der Welt. Offiziell gezählte 556 Umzüge *(blocos)* zogen dort 2019 während der letzten tollen Tage vor Corona durch die Stadt. 2023 waren es gleich wieder 511 und um die 15 Mio. Jecken, hier *foliões* genannt (www.blocosderua.com).

Karneval in Rio – Sambatänzerin bei einer der Paraden im Sambódromo

Hoch auf dem lauten Wagen

Die dritte Karnevalshochburg Brasiliens ist **Salvador** (www.carnaval.salvador.ba.gov.br). 2,5 Mio. Menschen feiern und tanzen hier eine ganze Woche lang nach dem Rhythmus der zahlreichen, auf ungetümen Lautsprecherwagen spielenden *trios elétricos* – besonderes Kennzeichen des bahianischen Karnevals. Früher dominierte auch hier der Salon- und Klubkarneval, bis 1950 zwei Musiker, Dodô und Osmar, zusammen mit dem Fahrer Aragão auf einem alten Ford 29 zwei Lautsprecher montierten und dem Straßenkarneval neue (dröhnende) Impulse gaben. Das alte Vehikel ist heute Museumsstück in der Casa da Música an der Lagoa do Abaeté, doch der Siegeszug der *trios elétricos* war nicht mehr aufzuhalten. Es werden immer mehr und jedes Jahr sind sie aufwendiger ausgestattet. Gespielt wird dabei Axé, die typische Musik des Karnevals in Bahia, eine Mischung aus diversen afrobrasilianischen und Latin-Musikstilen, zu der nach Herzenslust getanzt werden kann. Und die Schar der hüpfenden Gefolgschaft nimmt ebenfalls beständig zu. Der traditionellste Umzug *(circuito)* verläuft von der Praça Campo Grande bis zur Praça Castro Alves (7 km hin und zurück), die Teilnehmer stammen überwiegend aus der schwarzen Unterschicht. Der zweite wichtige Umzug führt vom Farol da Barra bis Ondina am Meer entlang (4,5 km), das Publikum besteht eher aus der weißen Mittelschicht und vielen Touristen.

Bis der Hahn kräht

Wirkliche Konkurrenz zum bahianischen Karneval gibt es außer in Fortaleza vor allem in **Recife,** der traditionellen Karnevalshochburg des Nordostens. Hier hängt man immer noch ein paar Tage dran und feiert den längsten Karneval südlich des Äquators. 1995 wurde der *Bloco Galo da Madrugada* wegen einer Gefolgschaft von damals 1 Mio. Menschen ins Guinnessbuch der Rekorde aufgenommen, heute sind es schon um die 2,5 Mio. Die Karnevalsfeste finden an ca. 50 Punkten statt, vor allem jedoch auf der Praça do Marco Zero im historischen Zentrum. Besonderes Markenzeichen sind die traditionellen *frevo-blocos* mit ihrer eigenartigen Vermischung von Polka, Quadrille, Maxixe und afrikanischem Lundu.

Im benachbarten **Olinda** kann man neben dem Frevo auch den eigenartigen *maracatu*-Karneval ruralen Ursprungs erleben. Hier bewegen sich mehr als 300 Grüppchen mit kleinen Blasorchestern, ohne die sonst üblichen Lautsprecherwagen langsam durch die steilen Gassen *(ladeiras)*. Eine besondere Tradition ist der Umzug der ca. 100 Riesenpuppen *(bonecos gigantes)*. Das närrische Treiben ist voller Magie, Folklore und Fantasie und repräsentiert mit Sicherheit den eigenartigsten Straßenkarneval Brasiliens. Man sollte jedoch vor- oder nachmittags hingehen (Praça do Carmo), am Abend wechselt ein Großteil des Völkchens von Olinda nach Recife.

Festas juninas

Wer im Juni den Nordosten Brasiliens bereist, wird allerorten auf ein **Volksfest** treffen, das nach dem Karneval das zweitgrößte Fest darstellt und inzwischen auch in den anderen Landesregionen gefeiert wird. Die aus der portugiesischen Tradition herrührenden *Festas juninas* ranken sich um die populären Feierlichkeiten zu Ehren des Santo Antônio (12./13. Juni, St. Antonius), São João (23./24. Juni, St. Johannes) und São Pedro (29. Juni, St. Peter und Paul).

Das Besondere an diesen Festen sind jedoch weder die verschiedenen religiösen Zeremonien und Prozessionen zu Ehren der drei Heiligen noch die üblichen Forró-Klänge. Die eigentliche Attraktion ist ein Tanzspiel mit dem seltsamen Namen *bumba-meu-boi,* was man am ehesten noch als Ochsenspiel übersetzen kann. Die ersten belegten Aufführungen fanden im Jahr 1840 in Recife statt, 1873 wurde das Spektakel zur führenden Folklorerichtung in Maranhão. Es ist eine spezifisch brasilianische, mestizische Kreation, wenn auch einige Bezüge zum portugiesischen *Monólogo do Vaqueiro* von Gil Vicentes (1502) oder zum angolanischen *Boi-de-gero-a*-Kult herstellbar sind. Das **Tanzspiel** – geprägt von den Rollen armer Landarbeiter und Sklaven – reflektiert das Verhältnis von Herr und Knecht in der Zeit der Zuckerrohr- und Viehwirtschaft, häufig vermischt mit religiös-mystischen und satirisch-karnevalesken Elementen.

Ochsentour

Die dramatische Farce um Tod und Rettung eines Ochsen erzählt die Geschichte der schwangeren Hirtenfrau Catirina. Sie will die Zunge des prächtigsten Ochsen der Fazenda verspeisen und überredet ihren Gatten Chico, das auserwählte Tier zu erlegen. Der Grundbesitzer *(capitão)* empört sich, der Mörder wird angeklagt, der Pfarrer Matéus betet zu Gott und ein Arzt oder Wunderheiler macht das Vieh wieder lebendig. Alles löst sich in einen Freudentanz auf, es wird vergeben und vergessen. Im Landesinnern werden die religiösen Bezüge dieses Arme-Leute-Märchens stärker herausgespielt, in den großen Städten dagegen mehr die sozialen und satirischen Elemente. Vor allem die große Gruppe der stets präsenten Viehhirten *(vaqueiros)* übernimmt den Part der ironischen Kommentierung des Geschehens, oft ins Groteske oder in den schwarzen Humor abgleitend.

Die Aufführungen finden auf öffentlichen Plätzen statt und faszinieren vor allem durch die spektakulären Bewegungen sowie die Farbenpracht und Fantasie der **Kostüme,** etwas, was im Straßenkarneval z. B. zunehmend verschwindet. So ist es auch kein Versäumnis, wenn man die Bedeutung der einzelnen Handlungselemente nicht vollständig versteht, entscheidend ist die optische und tänzerische Inszenierung, die zudem je nach Spielzeit und Region variiert.

Märchenwald

Eine ganz besonders fantasievolle Variante des Tanzspiels hat sich im amazonischen Norden entwickelt, nachdem Migranten aus dem Nordosten während des Kautschukbooms die Tradition in den Dschungel brachten. Ausgeschmückt mit wilden Fabelwesen, indianischen Legenden und den Mythen der Wälder ist der **Boi-Bumbá** heute bedeutendster folkloristischer Ausdruck der brasilianischen Amazonasregion, zu dem sich Ende Juni alljährlich über 100 000 Besucher um ein eigens errichtetes Stadion *(bumbódromo)* im Ort Parintins auf der Flussinsel Tupinambarana, 420 km von Manaus entfernt, versammeln.

Reiseinfos von A bis Z

Auskunft

... in Deutschland

Weder in Deutschland noch in der Schweiz oder in Österreich gibt es derzeit eine Vertretung des brasilianischen Tourismusbüros.

... in Brasilien

Brazilian Tourist Board (Embratur)
SCN, Quadra 2, Bloco G
70712-907 Brasília-DF
Tel. 061 20 23 88 29
www.embratur.com.br

Baden

Topless und Nacktbaden ist, von einigen FKK-Stränden abgesehen, in ganz Brasilien verpönt und provozierend. Man sollte sich den Bräuchen nicht entgegenstellen. Angehörige beiderlei Geschlechts finden es hier aufregender, wenn nicht gleich alles zu sehen ist und der knappe Zahnseiden-Bikini der Damen *(fio dental)* noch ein wenig vom Geheimnis lässt. Neben Bikinis besteht die **Bademode** aus Strandlatschen (z. B. *havaianas*) und einem leichten Strandtuch *(canga)*, das man überall preiswert erwerben kann (auch als ein schönes Andenken).

Umkleideprozeduren am Strand versuchen die Brasilianer weitgehend zu vermeiden. Man erscheint schon in Badesachen und es ist durchaus nicht ungewöhnlich, dass jemand in diesem Outfit auf dem Nachhauseweg noch an der Kühltheke des Supermarkts haltmacht.

Barrierefrei reisen

In einem Land wie Brasilien haben Behinderte nicht unbedingt Vorrang im öffentlichen Leben. Die Bevölkerung ist zwar stets hilfsbereit, auch

Nur nicht oben ohne – sonst darf am Strand getragen werden, was gefällt

gibt es keine Vorurteile oder Diskriminierungen. Behinderte, ob im Rollstuhl oder nicht, sind eine normale und häufige Erscheinung im Straßenbild. In größeren Städten werden allmählich die Bürgersteige, die selbst für Menschen ohne Behinderung oft genug eine Herausforderung darstellen, den Bedürfnissen Behinderter angepasst, auch die besseren Hotels stellen sich immer mehr auf diese ein. Metrostationen, Busbahnhöfe, wichtige Straßen usw. besitzen spezielle Markierungssysteme. Probleme bereiten die meist überfüllten Omnibusse, auch hinsichtlich des rabiaten Fahrstils.

Botschaften und Konsulate

... in Deutschland

Brasilianische Botschaft
Wallstr. 57, D-10179 Berlin
Kontaktaufnahme nur über E-Mail oder Fax 030 72 62 83 20/21
www.gov.br/mre/pt-br/embaixada-berlim

Generalkonsulat Frankfurt: Tel. 069 92 07 42 12, www.gov.br/mre/pt-br/consulado-frankfurt, Hansaallee 32 a/b

Generalkonsulat München: Tel. 089 210 37 60, www.gov.br/mre/pt-br/consulado-munique, Sonnenstr. 31

... in Österreich

Brasilianische Botschaft
Pestalozzigasse 4/1
A-1010 Wien
Tel. 01 512 06 32
www.gov.br/mre/pt-br/embaixada-viena

... in der Schweiz

Brasilianische Botschaft
Monbijoustr. 68, 3007 Bern
Kontakt über E-Mail
www.gov.br/mre/pt-br/embaixada-berna

Generalkonsulat Genf: 1er étage, 45, rue de Lausanne, Kontakt über E-Mail, www.gov.br/mre/pt-br/consulado-genebra

Generalkonsulat Zürich: Stampfenbachstr. 138 (2. Stock), Kontakt über E-Mail, www.gov.br/mre/pt-br/consulado-zurique

... in Brasilien

Deutsche Botschaft
Lote 25, Quadra 807, Av. das Nações
70415-900 Brasília-DF
Tel. 061 34 42 70 00
www.brasil.diplo.de

Generalkonsulat Porto Alegre: 11. Stock, Rua Prof. Annes Dias 112, Tel. 051 32 24 92 55.

Generalkonsulat Recife: Rua Antônio Lumack do Monte 128, Tel. 081 34 63 53 50

Generalkonsulat Rio de Janeiro: Av. Presidente Antônio Carlos 58 (Centro), Tel. 021 33 80 37 00

Generalkonsulat São Paulo: 4. Stock, Block B, Av. Brigadeiro Faria Lima 3477, Tel. 021 33 80 37 60

Österreichische Botschaft
Lote 40, Quadra 811, Av. das Nações
70426-900 Brasília-DF
Tel. 061 34 43 31 11
www.bmeia.gv.at/oeb-brasilia

Botschaft der Schweiz
Lote 41, Quadra 811, Av. das Nações
70448-900 Brasília-DF
Tel. 061 34 43 55 00
www.eda.admin.ch/brasilien

Generalkonsulat Rio de Janeiro: 11. Stock, Rua Cândido Mendes 157 (Gloria), Tel. 021 38 06 21 00, www.eda.admin.ch/riodejaneiro

Generalkonsulat São Paulo: 4. Stock, Edificio Grande Avenida, Av. Paulista 1754, Tel. 011 33 72 82 00, www.eda.admin.ch/saopaulo

Dos and Don'ts

1. Trau niemals einem Zebrastreifen!
2. Toilettenpapier: Bis auf ganz, ganz wenige Ausnahmen wird gebrauchtes Klopapier in Brasilien nicht mit der Spülung, sondern in dafür immer bereitstehenden Körbchen oder Behältern entsorgt. Die werden täglich geleert und man vermeidet so ›überflüssigen‹ Ärger.

Drogen

Brasilien ist bekannt als großer Drogenumschlagplatz. Die heiße Ware kommt vor allem aus Kolumbien, Bolivien oder Paraguay und wird später über die Verteilerorganisationen in den *favelas* an die Konsumenten innerhalb und außerhalb Brasiliens weitergeleitet. Trotz staatlicher Verfolgungsmaßnahmen ist der Drogenhandel und Drogengebrauch – vor allem Marihuana *(maconha)*, Kokain *(cocaina, pó)* und Crack – stark angestiegen. Die scharfen Kontrollen an den Grenzen, vor allem zu Bolivien, sowie an den Flughäfen führen nur zu sporadischen Erfolgen. Man kann schon beim Besitz kleinster Mengen die größten Probleme bekommen.

Einkaufen

Edelsteine

Brasilien gehört zu den Ländern mit den größten Edelsteinvorkommen. Von **Smaragden, Saphiren, Rubinen, Opalen** und **Topasen** bis zu 18-karätigem Gold kann man hier fast alles preisgünstiger erwerben als zu Hause. Am seriösesten sind die zwei großen Marktführer **H. Stern** und **Amsterdam Sauer,** die in vielen Städten Filialen haben. Sehenswert sind die von ihnen unterhaltenen Edelsteinmuseen in Rio (Ipanema). Die Häuser bieten kostenlos und ohne Kaufverpflichtung Taxitransfers vom Hotel zum Geschäft und zurück. Beim Kauf auf der **Straße** oder einem **Markt** findet man bestenfalls einfache Halbedelsteine, die jedoch auch schön sein und ihren Zweck als kleines Souvenir erfüllen können. Vor allem in den Tourismusorten von **Minas Gerais** gibt es gute und teils günstige Angebote.

Kunsthandwerk

Im **Norden und Nordosten,** vor allem in Fortaleza, Belém und Santarém, sind **Hängematten** *(redes)* besonders zu empfehlen, die zugleich bei einem Urwaldaufenthalt von Nutzen sein können. Auf den Märkten werden preiswerte **Lederwaren, Spitze** und gehäkelte **Tischdecken,** aus Holz geschnitzte **Tierfratzen** *(carrancas)* und in Flaschen und Gläser gefüllte farbige **Sandmischungen** feilgeboten.

Im **Amazonasgebiet** gibt es ein reiches Angebot an **Kunsthandwerk der indigenen Bevölkerung.**

Schiffschaukel – Abhängen auf einer amazonischen Flussreise

Das typischste Mitbringsel aus **Salvador** ist der *berimbau,* ein afrobrasilianisches Musik- und Begleitinstrument zur Capoeira.

Wer in den **Süden** reist, wird vielleicht Geschmack finden am traditionellen *chimarrão* der *gaúchos,* bestehend aus dem seltsam anmutenden Trinkgefäß *(cuia),* einem Trinkrohr *(bomba)* und gemahlenen Mateblättern.

Ansonsten findet man in jedem Touristenort **T-Shirts** mit speziellen Motiven der Region.

Eintrittspreise

Die Eintrittspreise für Museen, Kirchen usw. sind in Brasilien äußerst gering. Häufig zahlt man gar nichts oder nur einen kleinen Tribut von 3–25 R$. Wer über 60 Jahre alt ist und ein entsprechendes Dokument vorlegen kann (Ausweis, Führerschein etc.), bezahlt in der Regel gar keinen Eintritt oder nur den halben Preis. Das gleiche gilt für Kinder, wobei es hier keine feste Altersgrenze gibt.

Elektrizität

Die Stromspannung in Brasilien beträgt je nach Region 110 oder 220 Volt, im Zweifel erkundige man sich vor Ort. Große Hotels haben oft beide Anschlüsse.

Feiertage

1. Januar (Neujahr)
Faschingsdienstag
Karfreitag
21. April (Tiradentes-Gedenktag)
1. Mai (Tag der Arbeit)
Fronleichnam
7. September (Unabhängigkeitstag)
12. Oktober (Tag der Schutzheiligen N. S. da Aparecida)
2. November (Allerseelen)
15. November (Tag der Proklamation der Republik)
25. Dezember (Weihnachten)

Fotografieren

Brasilianer/innen lassen sich im Allgemeinen gern fotografieren oder filmen (ausgenommen die indigene Bevölkerung), dennoch sollte man anstandshalber vorher fragen. Das Foto kann auch ein bewährtes Mittel der Kontaktaufnahme sein. Mitunter, wie in Salvador, verlangen speziell für Touristen kostümierte Frauen ein Honorar, das nicht immer im Verhältnis steht (Preis vorher abstimmen). In Armenvierteln ist, von der erhöhten Diebstahlgefahr abgesehen, ein besonderes Taktgefühl angebracht. In Museen und Kirchen ist Fotografieren mit Blitz in der Regel nicht erlaubt.

Frauen

Wie überall auf der Welt ist auch in Brasilien Gewalt gegen Frauen ein Thema. Vor allem während der Pandemiejahre haben die Vorfälle von häuslicher Gewalt im ganzen Land deutlich zugenommen, doch insgesamt werden die recht emanzipierten brasilianischen Frauen (s. S. 48) – und erst recht Europäerinnen – von den Männern respektiert und verehrt. Bewundernde Blicke und Hinterherschauen auf der Straße gehören in Brasilien allerdings zum Alltag. Gleichzeitig bleiben Männer jedoch diskret, allzu aufdringliche Annäherungsversuche, wie Frauen sie beispielsweise aus Italien kennen, sind selten. Wer das Land allein bereist, hat bestimmt nicht mehr zu befürchten als anderswo. Und gelegentliche Flirts gehören ja ebenso zum Urlaub wie zur brasilianischen Lebensart. Falls doch einmal etwas passieren sollte, bekommen Frauen über den speziell dafür eingerichteten **Notruf 180** Hilfe.

Geld

Währung

Seit seiner Einführung 1994 hat sich Brasiliens jetzige Währung, der **Real** (R$), als vergleichsweise stabil erwiesen. Im Umlauf sind Geldscheine im Wert von 2, 5, 10, 20, 50, 100

und 200 Reais. Ab 1 R$ abwärts kursieren auch Münzen, die *centavos,* die wegen chronischer Wechselgeldprobleme Gold wert sein können. Grundsätzlich sollte man möglichst mit kleineren Geldnoten bezahlen bzw. in nobleren Etablissements jede Gelegenheit nutzen, die von den Bankautomaten ausgegebenen 100-R$-Scheine in Kleingeld umzuwandeln.
Wechselkurs (Nov. 2023): 1 €/1 CHF = 5,26/5,45 R$, 1 R$ = 0,19 €/0,18 CHF.

Geldwechsel

Bereits im Heimatland Reais zu tauschen ist nicht notwendig. Es genügt, für den Anfang einen gewissen Betrag an Euro oder Franken in bar mitzubringen. An den Flughäfen gibt es sowohl **Wechselstuben** *(câmbio)* als auch **Bankautomaten** zur Barabhebung mit Karten. Letztere Option ist hier sogar vorzuziehen, denn die Wechselstuben in den Städten, die meist Reisebüros angegliedert sind, bieten später einen viel besseren Kurs. Eigentlich braucht man bei seiner Ankunft im Land überhaupt kein Bargeld. In Brasilien ist es durchaus üblich, auch kleinste Beträge (z. B. für den Kaffee an der Ecke) entweder mit Debit- oder Kreditkarte zu bezahlen, auch Taxifahrer und selbst Straßenhändler benutzen Kartenlesegeräte.

Bankautomaten

Am Bankautomaten genügt eine **Bankkarte mit Maestro/Cirrus-Symbol** (ab 2027 mit neuen Symbolen). Das Abheben von Bargeld ist nur möglich in Filialen von **Banco do Brasil, Bradesco** und (da, wo vorhanden) **Santander**, dort gibt es Bargeld an den Automaten, an denen ebenfalls eines der Symbole (Maestro etc.) sichtbar angebracht ist. Andere Banken akzeptieren keine internationalen Karten. Für jede Abhebung wird eine Gebühr erhoben, die in der Regel 20 R$ (4 €) beträgt, kleinere Bargeldabhebungen lohnen sich daher nicht. Häufig sieht man – auch in Shoppingcentern, Busbahnhöfen usw. – Automaten von **Banco-24Horas.** Sie sind oft durchgehend zugänglich, stellen aber eine höhere Gebühr in Rechnung, die bis zu 8 € betragen kann. Überhaupt sind die in **Bankfilialen aufgestellten Automaten** generell vorzuziehen, nicht nur wegen der niedrigeren Gebühren, sondern auch aus Sicherheitsgründen: Automaten an Orten mit großem Publikumsverkehr sind immer wieder das Ziel von **Betrügern,** die versteckte Lesegeräte installieren, um an die Kartendaten der Nutzer zu gelangen. Auf jeden Fall empfiehlt es sich, regelmäßig seinen Kontostand zu kontrollieren.

SPERRUNG VON GELD- UND KREDITKARTEN

bei Verlust oder Diebstahl*:
0049 116 116
oder (besser) 0049 30 4050 4050
(* Zentrale und einheitliche Rufnummer zum Sperren von unterschiedlichen elektronischen Berechtigungen wie Kreditkarten, Handykarten etc., hier erhält man erste Auskünfte und wird zum zuständigen Geldinstitut oder Anbieter weitergeleitet, Info: www.sperr-notruf.de).
Bitte halten Sie Ihre Kreditkartennummer, Kontonummer und Bankleitzahl bereit!

Kreditkarten

Zum bargeldlosen Bezahlen kann man zwar die normale Debitkarte verwenden, man sollte aber unbedingt auch eine (internationale) **Kreditkarte** mit auf die Reise nehmen, am besten mit Geheimzahl, damit sie sowohl an Bankautomaten als auch zur Bezahlung verwendet werden kann. Für bestimmte Transaktionen (z. B. Flugbuchungen, Mietwagen) ist eine Kreditkarte nämlich unabdingbar. Die gebräuchlichsten sind **Visa** und **MasterCard.** In Brasilien ist es durchaus Usus auch kleinere Beträge – im Café, beim Kiosk an der Ecke etc. – mit Karte zu begleichen. Dementsprechend weit verbreitet sind Kartenlesegeräte.

Bei Bargeldabhebungen am Automaten möglichst die Debitkarte vorziehen. Wer die Kreditkarte benutzt, sollte Folgendes beachten: Beim Vorgang immer die Variante wählen, in der Landeswährung (Real) und **nicht**

TROPENMEDIZINISCHE INSTITUTE

Berlin: Augustenburger Platz 1, Südring 2/3, 13353 Berlin, Tel. 030 450 56 57 00, https://internationale-gesundheit.charite.de
Hamburg: Bernhard-Nocht-Str. 74, 20359 Hamburg, Tel. 040 285 38 02 19, www.tropmed-hamburg.de
Heidelberg: Im Neuenheimer Feld 324, 69120 Heidelberg, Tel. 06221 562 29 99, www.klinikum.uni-heidelberg.de
Leipzig: Haus 12, Delitzscher Str. 141, 04129 Leipzig, Tel. 0341 909 26 01, www.sanktgeorg.de
München: Leopoldstr. 5, 80802 München, Tel. 089 440 05 98 70, www.lmu-klinikum.de/tropeninstitut
Rostock: Ernst-Heydemann-Str. 6, 18057 Rostock, Tel. 0381 494 75 50, https://tropen.med.uni-rostock.de
Tübingen: Wilhelmstr. 27, 72074 Tübingen, Tel. 07071 298 23 65, www.medizin.uni-tuebingen.de
Wien: Lenaugasse 19, 1080 Wien, Tel. 01 40 26 86 10, https://tropeninstitut.at
Basel: Socinstr. 57, 40 51 Basel, Tel. 061 284 82 55, www.swisstph.ch/de

in Euro abzurechnen. In diesem Fall bekäme man einen deutlich schlechteren Wechselkurs und auch die Gebühren fallen höher aus. Den **Wechselkurstrick** versuchen immer öfter auch Tankstellen und Restaurants anzuwenden. Nicht darauf eingehen! Stets gilt die gleiche Grundregel: **Immer in Real abrechnen.**

Gesundheit

Gesundheitsvorsorge

Vor der Abreise sollte eine **Auslandskrankenversicherung** abgeschlossen werden, die einen eventuell erforderlichen Rücktransport in die Heimat einschließt. Wird ein Arzt konsultiert, ist das Honorar sofort in bar zu bezahlen. Man lässt sich für die Reisekrankenversicherung eine **Quittung** ausstellen mit Angabe der Krankheit und Therapieform.

Impfungen sind bei der Einreise nicht vorgeschrieben, ratsam ist jedoch neben den auch in der Heimat üblichen Maßnahmen eine Vorsorge gegen **Hepatitis A** und bei einem Aufenthalt von mehr als drei Monaten auch gegen **Hepatitis B.**

Eine **Gelbfieberimpfung** ist auf jeden Fall zu empfehlen. Die brasilianischen Fluggesellschaften machen sich strafbar, wenn sie nicht geimpfte Reisende aus Risikogebieten in andere Landesteile fliegen lassen, dies gilt auch für Veranstalter von Kreuzschifffahrten auf der Route Amazonien–Rio de Janeiro. Überprüfungen sind jedoch eher selten. Dennoch sollte man ggfs. den **Internationalen Impfausweis** mitnehmen. Ein Nachweis über erfolgte Covid-19-Impfungen ist nicht notwendig. Eine Impfbescheinigung mitzuführen ist aber sinnvoll, auch weil sie z. B. bei Kreuzfahrten weiterhin verlangt werden kann.

Eine **Malaria-Prophylaxe** z. B. mit Lariam oder Malarone ist höchstens beim Besuch der Bundesstaaten Rondônia, Acre und Roraima zu erwägen. Im zentralen Westen und in den Amazonasstaaten reicht im Infektionsfall eine Stand-by-Therapie mit den gleichen Medikamenten.

Gegen das von den Tigermücken übertragene und mittlerweile in ganz Brasilien verbreitete **Denguefieber** gibt es (noch) keinen Impfstoff.

Vorbeugung gegen Mückenstiche: Allgemein hilft es, in den Dämmerstunden den Aufenthalt an (stehenden) Gewässern zu meiden und keine dunkle Kleidung (am besten weiße), lange Hose und lange Hemdsärmel zu tragen. Selbiges gilt für den Schutz vor dem **Zikavirus.**

Ratschläge für Tropenreisende gibt es u. a. auf den Websites: www.dtg.org, www.crm.de, www.die-reisemedizin.de und bei tropenmedizinischen Instituten (s. Kasten links).

In Brasilien ist häufiges Händewaschen wichtig und **Vorsicht** bei Wasser, Eis, rohem Gemüse, Salat und Obst geboten (s. Kasten S. 73).

Reiseapotheke

Sofern man nicht auf bestimmte Medikamente angewiesen ist (z. B. Antibiotika, die nur auf Rezept erhältlich sind), muss nicht viel in die **Reiseapotheke,** außer einem Mückenschutzmittel, einem Durchfallmittel sowie Sonnencreme mit hohem Lichtschutzfaktor. Sinnvoll ist es sicherlich auch Mittel gegen Schmerzen und Fieber sowie für alle Fälle Pflaster im Gepäck zu haben.

Apotheken und ärztliche Versorgung

Die **privatärztliche Versorgung** in Brasilien ist recht gut, auch **Apotheken** sind zahlreich vorhanden. Bei kleineren Problemen kann man direkt in der Apotheke Hilfe suchen. Die zahlreichen *farmácias* bzw. *drogarias* sind oft rund um die Uhr geöffnet. Vieles, was es zu Hause nur auf Rezept gibt, geht hier einfach so über die Ladentheke. Corona-Schnelltests kosten ab 110 R$, sind aber nicht besonders zuverlässig. In allen größeren Städten gibt es auch **Deutsch sprechende Ärzte**, eine Liste (mit den jeweiligen Fachgebieten) findet man auf der Website der Deutschen Botschaft.

Corona / Covid-19

Die Pandemie hat bisher über 700 000 Brasilianer das Leben gekostet. Dass es, vor allem auch wegen der systematischen Sabotage des Ex-Präsidenten Bolsonaro, nicht deutlich mehr geworden sind, verdankt Brasilien nicht zuletzt seinem omnipräsenten Gesundheitssystem SUS, effizient und erfahren mit Impfkampagnen in dem Riesenland. Bei Verdacht auf eine Infektion – und nicht nur dann – kann man sich in einer der vielen tausend stationären (UBS) oder ambulanten (UPA) Behandlungszentren kostenlos und zuverlässig testen lassen.

HIV (Aids)

Die heutige Zahl der HIV-Positiven wird auf 1,1 Mio. geschätzt, Tendenz steigend. Unter den Gays ist der Anteil mit 10 % allerdings recht hoch. Die Mann-Frau-Verteilung liegt bei 2:1.

Internetzugang

Kostenloser Internetzugang (WLAN/Wi-Fi) gehört mittlerweile zum Service sowohl von Hotels als auch Pousadas, nur in ganz seltenen Fällen wird man dafür zur Kasse gebeten. Selbst in Bars, Cafés und Restaurants kann man sich meist nach Erfragen einer Pin *(senha)* einfach einloggen. Wer kompliziertere Sachen im Netz erledigen muss, findet immer noch das eine oder andere LAN House oder Cybercafé und immer mehr Gelegenheiten für Coworking.

Karten

In Deutschland erhält man gutes Kartenmaterial zu Brasilien bei **Dr. Götze Land & Karte,** zu empfehlen ist die Landkarte Collins Brazil, www.landundkarte.de (mit Online-Versand).

In Brasilien findet man an besseren Zeitungskiosken diverse Großkarten und Stadtpläne. Für Selbstfahrer empfiehlt sich der **Guia Mapograf/Mapa de Estradas.**

Mit Kindern unterwegs

Brasilien ist ein sehr kinderfreundliches Land. Über die Kinder bekommt man zudem noch leichter Kontakt zu den ohnehin sehr offenen und gastfreundlichen Einheimischen. Für die Allerkleinsten ist jedoch der lange Flug ein Hemmnis, ebenso die intensive Sonnenstrahlung und die oft hohen Temperaturen.

Für etwas ältere Kinder und Jugendliche gibt es jedoch genügend Attraktionen. Außer Strandvergnügen, Schildkröten-, Delfin- und Walbeobachtung, Abenteuersport, Fazenda-Ferien, zoologischen Gärten (Rio, São Paulo), Aquarien (u. a. Rio), dem Beto Carrero World (bei Penha, Santa Catarina, eine Art Disneyland) und der Minimundo (Welt im Miniaturformat) in Gramado (Rio Grande do Sul) mit über 100 detailgetreuen Miniaturrepliken von europäischen Schlössern, Eisenbahnen usw., locken Dinoparks in Camboriú und Foz

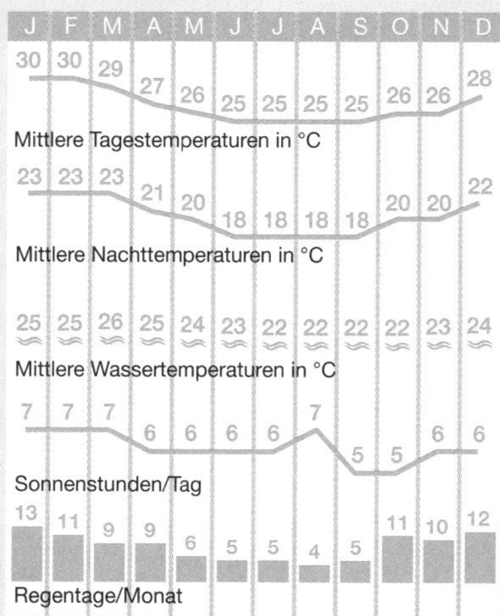

Klimadiagramm Rio de Janeiro

Klimadiagramm Manaus

do Iguaçu und riesige Beachparks in Arraial d'Ajuda, Recife und Fortaleza/Aquiraz. Last not least: Die Begegnung mit der wilden Natur im Pantanal und in Amazonien ist auch für Kinder immer spannend und aufregend.

Bei den Hotelbuchungen sollte man auch anfragen, inwieweit kleine Kinder mitbezahlen müssen. Oft werden sie nicht berechnet oder erhalten einen erheblichen Rabatt. Das gleiche gilt für Eintritte in Museen und zu den oben erwähnten Attraktionen.

Kleidung und Ausrüstung

Das sicherste Mittel, nicht nur einen Hitzschlag zu erleiden, sondern auch Opfer eines Taschendiebstahls zu werden, ist unangemessene oder auffällige Kleidung. Unerfahrene Neuankömmlinge outen sich häufig durch lange Hosen, dicke, weiße Socken, bunte Hemden oder ›gesundes‹ Schuhwerk. Brasilianer kleiden sich eher dezent und sportlich. Üblich sind (auch für Senioren) Tennisschuhe, Shorts und T-Shirts. In Strandnähe reichen sogar oft die Badehose bzw. der Bikini sowie einfache Sandalen, womit man selbst für viele Restaurants ausreichend bekleidet ist. Frauen binden höchstens noch ein spezielles Strandtuch *(canga)* um, das man überall kaufen kann.

Am Abend ist in Tanzbars und Klubs dann allerdings eine etwas feinere Garderobe angebracht. Wer Zeit hat, kauft sich noch ein paar Kleidungsstücke vor Ort, man sieht dann gleich einheimischer aus und begeht so auch keinen modischen Fauxpas.

Alles in allem legen die Brasilianer viel Wert auf ein gepflegtes Äußeres; unabhängig vom Einkommen versucht fast jeder, sich so hübsch wie möglich zu präsentieren. Ein schmuddeliges Outfit, ungewaschene Haare oder eine fleckige Hose werden dagegen mit stiller Ablehnung quittiert. Besonders vom ›reichen‹ Touristen erwartet man ein rundum adrettes Erscheinungsbild. Was in Europa bei vielen wahrscheinlich gerade noch als ›Travellermode‹ akzeptiert wird, stößt in Brasilien leicht auf Unverständnis.

Im Winter (Juni–Sept.) braucht man sowohl in den höher gelegenen Regionen (z. B. Ouro Preto oder Petrópolis) als auch im südlichen Teil des Landes wärmere Kleidung, zumindest noch einen Pullover und eine Jacke. Für den Amazonas sollte man einen Regenschutz dabeihaben.

Klima und Reisezeit

Brasilien kann im Prinzip ganzjährig bereist werden, aber es gibt einige klimatische, regionale und saisonale Besonderheiten zu berücksichtigen. Vor allem ist zu beachten, dass die **Jahreszeiten** gegenüber der nördlichen Erdhalbkugel **vertauscht sind.**

Reisezeit für den Pantanal: s. S. 370

Im europäischen Winter

Die meisten Gäste aus Europa besuchen das warme Tropenland während der heimatlichen Wintermonate. Auch lockt der Karneval. Die Zeit von Mitte Dezember bis zum Karneval ist jedoch auch die **Hauptreisezeit der Brasilianer.** Dann ist alles voller und teurer, gleichzeitig aber belebter und u. U. auch interessanter.

Während des brasilianischen Sommers ist das Klima im ganzen Land wärmer, im **Norden** (Amazonien) und **Nordosten** wird es allerdings zwischen Dezember und April recht schwül und regnerisch (Regenzeit). Die Einheimischen nennen diese Zeit mangels echter Jahreszeiten gar Winter.

Egal zu welcher Jahreszeit, wer keine Überraschungen liebt, informiert sich am besten mit den sehr zuverlässigen Vorhersagen von www.climatempo.com.br (auch als App fürs Handy).

Im europäischen Sommer

Die zweite Hauptreisezeit ist der eigentliche ›Winter‹-Monat **Juli,** Ferienmonat in Brasilien. Wer die Wärme sucht, sollte den äußersten **Süden** des Landes zwischen Juni und September meiden. Dort kann die Temperatur bis unter den Gefrierpunkt fallen, bei fehlender Zentralheizung keine angenehme Erfahrung.

Auch im **Südosten** sind zu der Zeit Tiefsttemperaturen zwischen 10 und 15 °C keine Seltenheit. Gleichzeitig macht sich inzwischen der Klimawandel mit Rekordtemperaturen knapp unter (São Paulo) und über (Rio) 40 °C bemerkbar.

Je weiter man jedoch nach **Norden** und damit in Äquatornähe kommt, desto geringer sind die jahreszeitlichen Temperaturschwankungen.

Der **Nordosten** ist zu dieser Zeit sicherlich das ideale Reisegebiet, nicht zuletzt wegen der im Juni bzw. Juli stattfindenden großen *Festas juninas.*

Im Herbst und Frühling

In den anderen Jahreszeiten, also dem brasilianischen Herbst und Frühling ist **Nebensaison.** Die Ferienorte sind weniger belebt und die Preise niedriger. Im **Nordosten** bleibt das Klima konstant tropisch, im **Süden und Südosten** ist es weniger feucht, aber zugleich auch weniger warm als im Sommer und somit für europäische Gewohnheiten recht angenehm.

LGBTQ+

Brasilien, besonders Rio de Janeiro und São Paulo, ist ein beliebtes Reiseziel von Homosexuellen. Die lokale LGBTQ+-Gemeinde ist recht groß. Man trifft sich beim Posto 8 am Strand von Ipanema oder in den dortigen Bars der Rua Farme do Amoedo (z. B. in der Bofetada). Zum Karneval gibt es Umzüge und viel Spektakel der Transvestiten, die ihr Revier besonders in den Stadtteilen Lapa und Ipanema haben. Die Gay-Paraden von Rio und São Paulo gehören zu den größten der Welt. Ein bekannter Treff der Gay-Szene in São Paulo ist der Largo do Arouche im Zentrum, ebenso diverse Bars und Klubs der Rua Augusta. Infos zu allem, was die Stadt in dieser Hinsicht bietet, findet man auf www.guiagaysaopaulo.com.br. Homosexuelle Brasilienbesucher sind offiziell willkommen, geben sie doch im Durchschnitt 40 % mehr aus als andere Gäste.

Links und Apps

Links Landeskunde

www.topicos.de: Anspruchsvolle Seite der Deutsch-Brasilianischen Gesellschaft e. V., Pflege der deutsch-brasilianischen Beziehungen; Herausgeber der Zeitschrift »Tópicos«.

www.ahkbrasilien.com.br/de: Website der Deutsch-Brasilianischen Außenhandelskammer, auf Deutsch. Überwiegend Wirtschaftsinformationen, aber mit Links zu Geschichte, Kultur und Tourismus.

www.brasilieninitiative.de: Politischer Verein, der seit 1978 u. a. soziale Projekte in Brasilien unterstützt.

www.gov.br/mre/pt-br/embaixada-berlim/de/konsulat: Infos zu Einreise, Visum.

Links Tourismus

www.visitbrasil.com: Seiten der brasilianischen Tourismusbehörde, auch Englisch. Infos zu Reisezielen, Touren, Sehenswürdigkeiten, Karten und Fotos.

www.faszination-lateinamerika.de: Umfangreicher neuer Reiseblog der Autoren dieses Buches mit Schwerpunkt auf Brasilien. Zusammen mit weiteren Insidern stellen sie die Landesregionen detailliert vor und geben viele aktuelle Tipps zur Reiseplanung.

www.travel-friends.com: Private Tourismusprojekte von Aussteigern auf vier Kontinenten, darunter auch Südamerika/Brasilien.

www.gateway-brazil.de: Erfahrener Reiseveranstalter mit individuell kombinierbaren Bausteinen, auch Familien- und Themenreisen sowie umfangreiches Pantanal-Programm.

www.rio-insider.com, www.salvador-insider.com, www.saopaulo-insider.com, www.manaus-insider.com, www.recife-insider.com, www.fortaleza-insider.com, www.belohorizonte-insider.com: Private Stadtführungen u. a. durch Rio de Janeiro, Salvador und São Paulo mit den Autoren dieses Buches und deutschsprachigen Insidern.

Apps

Die folgenden Apps können hilfreich sein:

www.google.com/maps: hilft bei der Orientierung in fremden Städten (Google Maps).

www.tripadvisor.com: erleichtert die Auswahl von Hotels und Restaurants.

www.uber.com: Onlinevermittlungsdienst für Fahrdienstleistungen, schont die Reisekasse.

www.airbnb.de: Die Alternative zu Hotels und Pousadas, oft auch mit direktem Kontakt mit den Gastgebern.

Literatur und Filme

Romane und Erzählungen

Amado, Jorge: Jubiabá. München 1998. Gilt als bestes Buch des Autors. Bekannter wurden »Herren des Strandes« (Hamburg 2002), »Gabriela wie Zimt und Nelken« (Hamburg 1992) und »Dona Flor und ihre zwei Ehemänner« (München 2008).

Boff, Leonardo: Haus aus Himmel und Erde. Erzählungen der brasilianischen Urvölker. Ostfildern 2003. Sammlung von Texten der brasilianischen Mythen- und Märchenwelt, »zum Lachen, Weinen und Lernen«, wie der katholische Theologe Boff meint.

Galera, Daniel: Flut. Berlin 2015. Literarische Spannungsliteratur. Ein namenloser Ich-Erzähler zieht zusammen mit seinem Hund in das Küstenstädtchen Garopaba bei Florianópolis. Er will das Schicksal seines Großvaters aufklären, der hier vor vielen Jahren spurlos verschwand.

Goerdeler, Carl D.: Brasilienblues. Geschichten aus Brasilien. Remscheid 2013. Der kleine Band des in Rio lebenden deutschen Journalisten und Schriftstellers ist ein wahrer Lesegenuss. Die Sinnlichkeit und zum Teil auch abgründigen Facetten des riesigen tropischen Landes sind mit viel Humor darin eingefangen.

Ruffato, Luiz: Das Buch der Unmöglichkeiten. Berlin-Hamburg 2019. In der Zeit der zu Ende gehenden Militärdiktatur kommt Guto aus der Provinz zu Besuch nach São Paulo und begegnet einer Jugend, die Subkultur und Zukunft erprobt.

Vieira Junior, Itamar: Die Stimme meiner Schwester. Frankfurt/M. 2022. Zwei Frauen erheben ihre Stimme gegen die alte Welt Brasiliens. In der Tradition des magischen Realismus erzählt das Buch eine ungehörte Geschichte: Die Schwestern Bibiana und Belonísia wachsen Mitte des 20. Jh. auf einer Fazenda auf. Beim Spielen finden sie unter dem Bett ihrer Großmutter einen alten Koffer, darin eingewickelt ein großes Messer – es ereignet sich ein tragischer Unfall – eine der Schwestern verliert ihre Zunge, die andere ersetzt fortan ihre Stimme.

Berichte und Reportagen

Lévi-Strauss, Claude: Traurige Tropen. Berlin 2008. Das Hauptwerk des großen französischen Ethnologen und Anthropologen über seinen Aufenthalt in Brasilien und seine Studien zur indigenen Bevölkerung in den 1930er-Jahren.

Matussek, Matthias: Im magischen Dickicht des Amazonas. Wien 2004. Die gesammelten Amazonasreportagen des früheren Spiegel-Korrespondenten – eine aufschlussreiche Lesereise.

Schneider, Sylk: Goethes Reise nach Brasilien. Gedankenreise eines Genies. Weimar 2008. Johann Wolfgang von Goethe beschäftigte sich mit Literatur über Brasilien, korrespondierte mit führenden Wissenschaftlern zu brasilianischen Themen und empfing regelmäßig Forschungsreisende in Weimar. Das Buch verarbeitet die vielen Briefäußerungen Goethes zu Brasilien und beweist dessen Faszination für dieses Land.

Staden, Hans: Warhaftige Historia. Zwei Reisen nach Brasilien (1548–1555). Kritische Ausgabe von Franz Obermeier (Hrsg.). Kiel 2007. Die grausigen Protokolle des deutschen Abenteurers Hans Staden als Gefangener bei den Tupinambá, erstmals in einer kritischen Ausgabe und von Joachim Tiemann ins heutige Deutsch übertragen.

Zweig, Stefan: Brasilien – ein Land der Zukunft. Berlin 2013. Reisebuch und Liebeserklärung an das Brasilien der Jahre 1940/41 – recht schwärmerisch-harmonisierend, jedoch von sehr hohem sprachlich-literarischem Wert.

Sachbücher

Bellos, Alex: Futebol. Frankfurt/M. 2005. Spannend geschriebenes Buch, das am Beispiel der Fußballgeschichte (ab 1894) zugleich das Land Brasilien erklärt.

Bernecker, Walther L./Pietschmann, Horst/Zoller, Rüdiger: Eine kleine Geschichte Brasiliens. Berlin 2000. Auch für Laien verständlicher und genau recherchierter geschichtswissenschaftlicher Abriss.

Holanda, Sérgio Buarque de: Die Wurzeln Brasiliens. Berlin 2013. 1936 erstmals publizierter Essay. Bis heute die beste Analyse eines Brasilianers zum Verständnis des Landes sowie der Lebensart und Mentalität seiner Bevölkerung.

Kunath, Wolfgang: Das kuriose Brasilien-Buch. Frankfurt/M. 2013. Auf 352 Seiten beschreibt der seit 1992 in Rio lebende Korrespondent mehrerer großer deutscher Zeitungen das Brasilien von heute – immer spannend und locker, zugleich kritisch und tiefschürfend. Ein Buch, das von der Oberfläche in die Tiefe geht und einen mitreißt.

Stockmann, Nicolas/Rudhart, Werner/Taubald, Helmuth: Stefan Loose Travel Handbuch Brasilien. Ostfildern 2024. Bester deutschsprachiger Reiseführer für Individualreisende und Backpacker mit höchst aktuellen Infos, zahlreichen Detaildaten und vielen Karten – eine optimale Ergänzung zum vorliegenden Werk von DuMont.

Stockmann, Nicolas/Taubald, Helmuth: DuMont direkt Rio de Janeiro. Ostfildern 2017. Der erste Cityguide von DuMont für eine lateinamerikanische Stadt. Auf 120 Seiten werden neben allgemeinen Infos und einem ausführlichen Serviceteil 15 Rundgänge durch Rio beschrieben, stets mit Karte, sodass man sicher durch die Riesenmetropole navigiert.

Filme

Muylaert, Anna: Der Sommer mit Mamã. 2015. Val lebt als Haushälterin bei einer reichen Familie in São Paulo und ist eine Art Ersatzmutter für den 17-jährigen Sohn Fabinho. Ihre eigene gleichaltrige Tochter Jéssica musste sie bei einer Freundin zurücklassen, um in der fernen Stadt Geld zu verdienen. Eines Tages teilt Jéssica ihrer Mutter mit, in São Paulo studieren zu wollen und steht wenig später vor der Tür. Die liebevolle Sozialkomödie über Klassenzugehörigkeiten und Standesdünkel bietet einen verschmitzten Einblick in das Brasilien von heute.

Padilha, José: Tropa de Elite. 2007. Der mit dem Goldenen Bären ausgezeichnete Film thematisiert auf eindrückliche und polemische Weise die Arbeit des BOPE, einer Spezialeinheit der Militärpolizei von Rio de Janeiro.

Medien

Fernsehen

Wichtigster und größter TV-Sender ist TV Globo, spezialisiert auf die beliebten Telenovelas (s. S. 50).

Zeitungen und Zeitschriften

Die wichtigsten Tageszeitungen, in denen die besten Journalisten und führenden Köpfe des Landes publizieren, sind **Folha de São Paulo** (www.folha.uol.com.br), **Estado de São Paulo** (www.estadao.com.br) und **O Globo** (http://oglobo.globo.com, Rio). An den besseren Kiosks der großen Städte gibt es sie in gedruckter Form. Wer etwas Portugiesisch kann, findet viele aktuelle Ausgehtipps (Shows, Restaurants etc.), ihre Onlineversionen sind größtenteils durch Paywalls geschützt. Der Anbieter UOL (Universo Online, www.uol.com.br) bietet einen weitgehend frei zugänglichen, guten Mix aus News und Kultur.

Nachtleben

Brasilianer gehen gern und häufig aus. Am beliebtesten ist der Familien- und Gruppentreff im **Restaurant.** Oft sitzt man auch nur vor einer **einfachen Kneipe** *(boteco)* an der Straßenecke und trinkt reichlich Bier in geselliger Runde. Ferner sind **Kinobesuche** sehr *in,* die Filme laufen, oft sowohl in einer synchronisierten und in der Originalfassung (meist Englisch) mit portugiesischen Untertiteln.

In einigen **Küstenorten** gibt es **Strandbars** *(barracas),* die abends manchmal Livemusik *(música ao vivo)* anbieten.

NOTRUFNUMMERN

Ambulanz: 192
Feuerwehr: 193
Polizei: 190
Frauennotruf: 180

In den **Hauptstädten und Metropolen** kann man sich über fehlendes Nightlife kaum beklagen, die Zahl der **Tanzlokale** *(danceterias, boates)* und **Klubs** *(clubes)* ist beachtlich. Besonders in **São Paulo** ist das Angebot größer als in allen anderen Städten Lateinamerikas, das Stadtviertel Vila Madalena ist ein Zentrum der Boheme. In **Rio de Janeiro** wurde im Stadtteil Lapa nahe dem Zentrum ein heruntergekommenes Viertel revitalisiert, in vielen schönen Villen und sogar Antiquitätenläden spielen die besten Samba- und Choro-Bands der Stadt zum Tanz. In **Salvador** und **Recife** fand die Restaurierung der Altstädte schon früher statt, im Zentrum der Hauptstadt Bahias ist besonders in den Monaten vor Karneval viel los.

Auch sollte man in manchen Orten die vielfältigen Programmangebote der **Konzerthäuser und Theater** beachten, Brasilien bietet nicht nur Samba und Axé. Im Theatro Municipal von Rio de Janeiro finden beispielsweise anspruchsvolle Ballettvorführungen und Konzerte statt. Ein ganz besonderes Erlebnis ist ein Besuch der Sala São Paulo, einer der modernsten Kunstmusiktempel der Welt (www.salasaopaulo.art.br).

Öffnungszeiten

Banken *(bancos):* in der Regel Mo–Fr 10–16, auf dem Land oft nur bis 14 Uhr. Geldautomaten sind meist bis 22 Uhr zugänglich.
Kioske *(bancas):* An den zahlreichen Kiosken bekommt man oft rund um die Uhr Zeitschriften, Süßigkeiten, kalte Getränke u. v. m.
Läden: nicht einheitlich geregelt, im Allgemeinen Mo–Fr 9–19, Sa 9–13 Uhr. Manche **Supermärkte, Einkaufscenter, Bäckereien, Drogerien** und **Apotheken** schließen jedoch erst um 22 Uhr bzw. sind in den größeren Städten sogar Tag und Nacht sowie an Sonntagen geöffnet. **Shoppingcenter** öffnen wochentags ab 10, So ab 14 Uhr.
Post *(correios):* Mo–Fr 9–17, Sa 9–12 Uhr.
Restaurants: oft ab mittags durchgehend, manche schließen gegen 15.30 Uhr und öffnen erst wieder abends oder gar nicht mehr.

Polizei und Kontrollen

Leider ist die Polizei in Brasilien, von Ausnahmen abgesehen, kein ›Freund und Helfer‹. Die Nähe zum organisierten Verbrechen und die unzureichende Bezahlung haben zu einer weitgehenden Korrumpierung des Polizeiapparats geführt. Man sollte stets eine Ausweiskopie dabei haben und sich bei Problemen nur an die Touristenpolizei wenden.

Post

Das brasilianische Postwesen funktioniert relativ zuverlässig, von nicht registrierten Wertsendungen sollte man jedoch absehen. Die *carta registrada* entspricht einem Einschreibebrief, mit SEDEX verschickt man Gegenstände, wichtige Dokumente usw. **Postämter** *(correios)* finden sich in fast jedem Stadtteil. Eine Briefsendung zwischen Brasilien und Europa kann bis zu 3 Wochen dauern.

Rauchen

Nur noch 12 % der Brasilianer sind Raucher. Striktes **Rauchverbot** besteht in allen öffentlichen und gemeinschaftlich genutzten Gebäuden und Räumen. Das Verbot gilt auch für geöffnete Räume, z. B. wenn man im Café unter einer Markise sitzt.

Reisekasse

Preisniveau

Die Hotel- und Restaurantpreise liegen in Rio de Janeiro und São Paulo mindestens auf europäischem Niveau. Abseits der touristischen Hochburgen ist es preiswerter als in der Heimat.

Preisbeispiele

Essen & Trinken: Mineralwasser 4–8 R$, Milchkaffee 5–12 R$, frisch gepresster Fruchtsaft 8–15 R$, Glas Bier (300 ml) 9–16 R$, Flasche Bier (national/600 ml) ab 10 R$, Caipirinha mit guter Cachaça ab 14 R$, Essengehen ab 25 R$/Pers., Sandwich ab 10 R$, Fleisch-*rodízio* in *churrascaria* 90–180 R$/Pers., Zigaretten 7–11 R$.
Service: Wäsche waschen (kalt, 20 Teile) 15–30 R$.
Verkehrsmittel: öffentliche Nahverkehrsmittel um 6 R$, Taxifahrt (in São Paulo) Startpreis 5,50 R$, dann 4 R$/km, Taxi Flughafen Galeão–Rio Zentrum (30 km) 100 R$, Busfahrt (500 km) ab 90 R$, Inlandsflug ab 175 R$, Mietwagen ab 120 R$/Tag.
Sonstiges: Eintrittsgelder für Museen, Kirchen usw. 3–30 R$, Kinobesuch 20–40 R$, T-Shirts ab 25 R$.

Spartipp

In vielen **Restaurants** sind die à la carte angebotenen Gerichte sehr üppig und reichen für zwei Personen. Oft ist dies sogar auf der Karte vermerkt. Andererseits, wer allein ausgeht und sich vor der Bestellung nicht vergewissert, läuft Gefahr, mit einer gewaltigen Portion kämpfen zu müssen. Vor allem die einfacheren Restaurants bieten daher mittags die Option *prato feito,* Fertigteller, kurz PF genannt. Das sind abgespeckte Versionen der Tagesgerichte, mit so viel, wie eben auf einen Teller passt. Ansonsten sind für sparsame Esser vor allem die Kilo-Büfetts zu empfehlen, wo man seine Mahlzeit selbst zusammenstellt (s. S. 74).

Sicherheit

Der Aufenthalt in kleinen Badeorten und touristischen Kleinstädten ist traditionell sehr ungefährlich, nach wie vor konzentriert sich die Kriminalität wie überall auf der Welt in den großen Städten. Folgende **Verhaltensregeln** sollte man beherzigen:

In einsamen Nebenstraßen oder auf unbeleuchteten Plätzen wie in Tunneln ist die Überfallgefahr stets erhöht – auch am Tag, aber besonders abends oder nachts. In manchen Gebieten, wie etwa dem ›Crackolândia‹ im Zentrum von São Paulo, gibt es Ansammlungen von Crack-Süchtigen, denen man natürlich aus

Am Ohr im Ohr – Telefonzelle mit dem Porträt von Fußballkönig Pelé; wegen ihrer Form werden die typischen brasilianischen Telefonzellen als ›orelhão‹ (großes Ohr) bezeichnet

dem Weg gehen sollte. *Favelas* sollte man, falls überhaupt, nur mit einem Guide besuchen.

Fast am wichtigsten ist es, keine Angst zu zeigen, sich natürlich zu bewegen und dennoch die Augen offen zu halten. Auffällige, unangemessene Kleidung sowie Rucksäcke (außer kleine Daypacks), offen mitgeführte Handys und umgehängte Kameras, Schmuck und teure Armbanduhren können an bestimmten Orten provozierend wirken, ebenso Geldbörsen in der Gesäßtasche. Geld sollte man nur in kleineren Mengen lose in der Vordertasche mit sich führen und bei einem Überfall sofort ohne Gegenwehr herausgeben, um eine Eskalation zu vermeiden, auch wenn die Täter ›nur‹ Kinder oder Jugendliche sind. Wichtige Ausweisdokumente sollte man im Hotel aufbewahren und nur eine digitale Version auf dem Handy oder eine Kopie mit sich tragen.

Geraubte Wertgegenstände meldet man bei der **Delegaçia Especial de Apoio ao Turista:** z. B. in Rio de Janeiro, Av. Afrânio de Mello Franco 159 (Leblon), Tel. 021 23 32 29 24; in São Paulo, Rua da Cantareira, 390 (Anbau am Mercado Municipal, Centro), Tel. 011 32 57 44 75. Dort erhält man eine Bescheinigung für die Versicherung im Heimatland. Im Fall eines Hoteldiebstahls reicht eine Bescheinigung der Hoteldirektion.

Sprache

In Brasilien leben 305 indigene Völker mit mindestens 247 verschiedenen Sprachen! Landessprache ist Portugiesisch. Englisch sprechen leider wenige Brasilianer, lediglich in größeren Hotels oder bei manchen Reiseagenturen werden Reisende sich auf Englisch verständigen können. Deutsch wird nur in einigen Kleinstädten des Südens (Blumenau, Pomerode, Joinville) gesprochen. Mit Spanisch kann man sich teils behelfen, doch gibt es viele Begriffe und Redewendungen, die man auf Portugiesisch bzw. in der brasilianischen Form kennen sollte. Eine Sprachapp kann da manchmal weiterhelfen, und sonst eben ›Hand und Fuß‹. Wer die Sprache richtig erlernen will, kann mit dem bewährten Lehrwerk von Claus Metzger beginnen: Langenscheidts »Praktisches Lehrbuch Brasilianisch«.

Telefonieren

Telefonnetz und Funkrelais-System sind modern, es existieren drei Koaxial-Tiefseekabel, auch das Satellitensystem funktioniert gut.

Insbesondere für **Auslandstelefonate** gilt: Meist ist es einfacher und günstiger, einen der vielen Wi-Fi-Spots zu nutzen und via Zoom oder WhatsApp zu kommunizieren. Die Qualität ist meistens erstaunlich gut, auch weil Glasfasernetze in Brasilien schon viel stärker verbreitet sind als in Deutschland.

Festnetz

Über die **Auskunft 102** erfährt man alle Festnetznummern.

Für **Orts- und Inlandsgespräche** findet man bisweilen noch (meist desolate) öffentliche **Telefonzellen** *(orelhão* = großes Ohr), die mit Prepaid-Telefonkarten *(cartão telefônico pré-pago)* bedient werden, die man an Zeitungskiosken kaufen kann.

Bei **Fern- und Auslandsgesprächen** ist stets nach der 0 bzw. 00 die **Kennnummer der gewünschten Telefongesellschaft** mitzuwählen (**Claro:** 21, **TIM:** 41, **Vivo:** 15).

Mobiltelefone

Das **Handy** *(celular)* ist in Brasilien sehr verbreitet (4G- und oft schon 5G-Standard). Das Betriebssystem ist GSM und erlaubt die Nutzung europäischer Handys. Man sollte sich vor Reisebeginn bei seinem Mobilfunkanbieter über die Roamingdienste informieren. Notfalls kann man sich auch in Brasilien (gegen Vorlage des Reisepasses plus – geborgter – CPF-Steuernummer) bei Claro, TIM oder Vivo einen Chip und dazu Prepaid-Karten kaufen. Der Haken dabei ist die Steuernummer – ohne einen guten Bekannten oder findigen Anbieter, der einem die Seine ›leiht‹, funktioniert die Registrierung nicht. Bei **Handy-Ferngesprächen** sind ebenfalls die Kennnummern der gewünschten Telefongesellschaft (s. Festnetz) erforderlich, bei mitgebrachten Geräten (auch *prepaid)* stellt man jedoch nur auf die richtige Gesellschaft ein.

Seit 2017 sind alle brasilianischen Mobilnummern neunstellig, wer es trotzdem noch mit einer achtstelligen Nummer zu tun bekommt, stellt einfach eine **9** voran.

Vorwahlen

Deutschland: +49
Schweiz: +41
Österreich: +43
Die 0 der folgenden Ortsnetzkennzahl entfällt.
Brasilien: +55

Trinkgeld

In den meisten **Restaurants** ist das Trinkgeld bereits als *serviço* mit 10 % auf der Rechnung ausgewiesen. Zusätzliche Trinkgelder werden nicht erwartet, sind aber trotzdem immer willkommen. Viele **Hotels** berechnen auf den Endpreis eine oder mehrere Gebühren *(taxas)* von 5–15 %. Dem Zimmerpersonal oder Gepäckträgern macht man mit einem kleinen Geldbetrag (10 R$) ebenfalls eine Freude. Bei **Taxifahrern** sollte man den Preis lediglich ein wenig aufrunden.

Wasser

Das Wasser in Hotels und Pousadas ist nirgendwo im Land zum Trinken geeignet (s. auch Kasten S. 73), zum Zähneputzen lässt es sich jedoch benutzen. Da es meistens sehr gechlort ist, schmeckt es auch nicht besonders.

Zeit

Im größten Teil des Landes gilt die Uhrzeit von Brasília: MEZ –4 Std., während der deutschen Sommerzeit –5 Std. In Westbrasilien gilt MEZ –5 Std. (–6 Std.), auf dem Archipel Fernando de Noronha MEZ –3 Std. (–4 Std.). Die brasilianische Sommerzeit ist seit 2020 abgeschafft.

Unterwegs in Brasilien

»Sind die Wendekreise überschritten, so ist das Tragen des Tropenhelms obligatorisch von morgens 8 Uhr bis abends 17 Uhr.«
Walter Baumgartner, Handbuch für Überseer, Kaufleute und Auswanderer anderer Berufe sowie für Übersee-, Import- und Exportfirmen, 1947/48

Unterwegs durch den Küstenwald
an der Costa Verde

Belo
Horizonte
Rio de Janeiro
São Paulo
Atlantischer
Ozean

Kapitel 1

Der Südosten

Der Südosten, die bevölkerungsreichste Region des Landes, besteht aus den vier Bundesstaaten Rio de Janeiro (RJ), São Paulo (SP), Minas Gerais (MG) und Espírito Santo (ES). Er ermöglicht einen höchst abwechslungsreichen Urlaub.

Rio de Janeiro ist nach wie vor das beliebteste Reiseziel Brasiliens. Von der topografischen Lage her wird man auf der ganzen Welt nichts Vergleichbares finden. In einem Tagesausflug gelangt man zu der früheren Kaiserstadt Petrópolis. Drei andere in der Umgebung liegende Reiseziele, der noble Badeort Búzios, die grüne Insel Ilha Grande und das denkmalgeschützte Kolonialstädtchen Paraty, zählen zu den absoluten Highlights Brasiliens.

Die Megacity São Paulo wird seltener besucht, obwohl sie das größte Freizeit-, Kultur- und Nightlife-Angebot des Landes bietet und als Stadt aufregend und überraschend ist. Der Bundesstaat wartet mit einigen netten Küstenorten auf, am reizvollsten ist jedoch die grüne Ilhabela.

Im bergigen Hinterland von Minas Gerais liegen die meisten barocken Kolonialstädte Brasiliens, kontrastiert durch die moderne Hauptstadt Belo Horizonte. Besuchermagnet Nummer eins ist das barocke Kleinod Ouro Preto. Kleiner und musealer ist das hübsche Tiradentes, ruhiger und authentischer Diamantina.

Der Bundesstaat Espírito Santo führte bisher ein touristisches Schattendasein, hat aber besonders für Naturfreunde einiges zu bieten. Die sympathische Hauptstadt Vitória und das nahe Vila Velha lohnen einen Zwischenstopp auf dem Weg nach Bahia, ebenso das schon dicht an der Grenze gelegene Strand-, Dünen- und Ökoparadies Itaúnas.

Blick über die Praia Vermelha, Rio de Janeiro – ganz im Hintergrund die Christusstatue auf dem Corcovado

Auf einen Blick: Der Südosten

Sehenswert

Rio de Janeiro: *Cidade maravilhosa* (wunderbare Stadt) mit Zuckerhut, Corcovado und Christusstatue sowie der legendären Copacabana (s. S. 102).

Búzios: Eine Halbinsel mit 23 Traumstränden, idyllische Bootsfahrten auf Holzschonern, Buggytouren und das sonnenreichste Klima der Region (s. S. 147).

Ilha Grande: Grüne Regenwaldinsel mit idyllischen Badebuchten, alten Pfaden der indigenen Bevölkerung, Bootsausflügen und allem, was die maritime Welt zu bieten hat (s. S. 152).

Paraty: Museales Kolonialstädtchen aus dem 17. Jh., vom alten Gold- und Sklavenhafen starten die Ausflugsboote zu den Inseln der Bucht (s. S. 157).

São Paulo: Lateinamerikas Kulturmetropole ist faszinierend und verwirrend zugleich (s. S. 164).

Ouro Preto: Barockstädtchen aus der Goldgräberzeit mit noblen Herrenhäusern und prunkvollen Kirchen (s. S. 194).

Schöne Route

Costa Verde und Litoral Norte von São Paulo: Die Grüne Küste von Rio und der Litoral Norte von São Paulo bilden einen der üppigsten und reizvollsten Küstenabschnitte Brasiliens. Hier reicht der Atlantische Regenwald der Serra do Mar noch bis ans Meer, zudem gibt es über 2000 Strände und viele vorgelagerte Inseln. (s. S. 152).

Unsere Tipps

Musikbars: In Lapa gleich neben dem Zentrum pulsiert das musikalische Nachtleben Rios. Dort finden sich zahlreiche Musikbars, wo die besten Bands der Stadt Samba, Chorinho und Bossa Nova spielen (s. S. 125).

Zuckerrohrschnaps: In Paraty erhält man mit die besten *cachaças* Brasiliens, von denen die meisten im nahen Minas Gerais gebrannt werden. Mal etwas anderes als der billige, in Deutschland verbreitete Pitu-Fusel. Diverse Shops bieten viele Marken an (s. S. 162).

Flaniermeile: An Sonntagen ist die Avenida Paulista, markantestes Wahrzeichen São Paulos, für den Autoverkehr gesperrt und wird zu einer Art urbanen Spielwiese – sehen und gesehen werden (s. S. 170).

Besuch der Favela Santa Marta: Rios 2008 pazifizierte Favela kann heute mit lokalen Guides besucht werden: hoch geht es mit einer Standseilbahn und hinunter zu Fuß durch enge und steile Gassen (s. S. 115).

Wandern und klettern in der Floresta da Tijuca: Ohne große Anstrengung geht es durch den Regenwald bis Bom Retiro (hin und zurück 6 km). Wer eine größere Herausforderung sucht, startet ab Bom Retiro den Aufstieg zum Pico da Tijuca, dem höchsten Gipfel von Rio (s. S. 126).

Inhotim – Im Garten der Künste: Wie zeitgenössische Kunst und Botanik auf dem Gelände einer ehemaligen Fazenda eine perfekte Verbindung eingehen, kann man entweder zu Fuß oder mit Elektrowagen bei Brumadinho erkunden. (s. S. 192).

Rio de Janeiro

▶ Q/R 9

Die Cariocas – die Einwohner von Rio – nennen sie *Cidade maravilhosa,* die wunderbare Stadt. Zahlreiche ›Zuckerhüte‹, viel Grün und weite Strände durchbrechen überall das Häusermeer. Oft glaubt man nicht, in einer Sechs-Millionen-Metropole zu sein. Stefan Zweig schrieb einmal: »Überall ist die Natur eine überschwengliche und doch harmonische, und inmitten der Natur die Stadt selbst. Es gibt keine schönere auf Erden.«

Tief unter uns erstreckt sich das endlose Lichtermeer der erwachenden Stadt, erheben sich die idyllisch wirkenden Hügel der Armen, die Christusstatue und der Zuckerhut.

Wer zum ersten Mal diese außergewöhnliche Stadt besucht, wird ihr mit reichlich gemischten Gefühlen begegnen. Zu vieles hat man schon gehört oder gelesen, als dass man ihr noch gelassen gegenüberstehen könnte. Im Flugzeug nach New York, so heißt es, werde man zuerst durch die Freiheitsstatue, in Paris durch den Eiffelturm, in Rio aber durch den Verlust der Kamera auf die baldige Ankunft vorbereitet. Es nützt nichts zu sagen, dass es hier so gefährlich nicht mehr ist. Wenn etwas passiert, dann zumeist am ersten Tag.

Und so verlegt man noch vor der Landung seine Kostbarkeiten in den Halsbeutel oder die Gürteltasche, am Ausgang steigt man eiligst in das nächste Taxi und hofft nur noch, die letzte Hürde der Ankunft ebenfalls heil zu überstehen. Doch alles verläuft reibungslos, kein Überfall, kein Unfall und noch nicht einmal die erwarteten Ärgernisse beim Bezahlen.

Endlich im Hotel angekommen, fühlt man sich wieder frei und sicher, abgeschirmt von dem vermeintlichen ›Feindgebiet‹, das einen umzingelt. Aus dem Zimmer fällt der Blick auf einige Armensiedlungen an den Hügelhängen, beängstigend nahe bei der Zufluchtsstätte und den benachbarten Luxuswohnungen der Reichen. Zur anderen Seite hin öffnet sich der Blick auf das Meer und den Strand, häufig der einzige Ort, an den man sich weniger verschüchtert am ersten Tage hingetraut.

Doch die vornehme Blässe und häufig seltsame Strandgarderobe weist Besucher schnell als frisch eingetroffene ›Gringos‹ aus. So streift mancher Neuankömmling seine Jeans und Wollsocken erst dicht am Wasser ab, auch der geschlossene Badeanzug wirkt im Land der knappen Bikinis recht befremdlich. Oft unterschätzt man auch das Ozonloch oder die Kraft der tropischen Sonne und trägt die Brandzeichen des ersten Tages den ganzen Urlaub mit sich herum.

Sicherheit

Rio wurde zehn Jahre lang immer ungefährlicher, doch gibt es seit Beginn der Wirtschaftskrise 2015 Rückschläge. Darum sind die allgemeinen Sicherheitsregeln hier besonders zu beachten (s. S. 93). Speziell für Rio gilt, dass man bei Dunkelheit nicht bis ganz ans Wasser gehen sollte. Das Flanieren auf beleuchteten Promenaden ist jedoch unbedenklich. Wie überall sonst darf man am Strand seine Sachen nie unbeaufsichtigt lassen. Besonders gefährlich sind spezielle Viertel, auf die im Text hingewiesen wird. Die pazifizierten Favelas kann man mit einem Guide durchaus besuchen. Als Transportmittel ist die Metro am sichersten, auch Taxis und vor allem der Uber-Fahrdienst sind zuverlässig, Busse und Vans sollte man nachts eher meiden. Die empfohlenen Orte in der Umgebung von Rio sind ungefährlich. Ratsam ist für die ersten Tage ein Guide (s. Tipp s. S. 103).

Am Nachmittag stellt sich erfahrungsgemäß Ermüdung ein, das Zuckerhut- und Corcovado-Programm wird nach guter brasilianischer Sitte auf morgen verschoben. Stattdessen wagt man sich vielleicht ein paar Schritte auf die Straße, neugierig und ängstlich-verhalten zugleich. Doch das multikulturelle Freilichttheater zieht einen schnell in den Bann, ein buntes Treiben von Menschen aller Herkunft und Hautfarbe lässt uns aus dem Staunen nicht mehr herauskommen. Samba tanzende Paare auf den Straßen sieht man zwar nicht, doch der ganz normale Alltag ist für den Neuling bereits aufregend genug. Und wenn man dann abends in einer der großen *churrascarias* sitzt und sich von langen Spießen eine edle Fleischsorte nach der anderen auf den Teller schneiden lässt, ist die Welt vollkommen in Ordnung. Gestärkt und gespannt kann das große Abenteuer Brasilien nun richtig beginnen.

PRIVATE RIO-TOUREN MIT HELMUTH TAUBALD

Der deutsche Co-Autor dieses Buches lebt seit 1990 in Rio und bietet hier private Citytouren im eigenen Pkw an. Zur Auswahl stehen drei unterschiedliche Tagestouren, ein Ausflug in die Kaiserstadt Petrópolis sowie ein Abendprogramm. Viele Ziele werden von den Bussen der Reiseagenturen gar nicht angesteuert, einige sind noch echte Geheimtipps. Nährere Infos: www.rio-insider.com, Kontakt und Buchung unter helmuthtaubald@gmail.com oder Tel. +55 21 992 413 782 (auch WhatsApp).

Rios Wahrzeichen

Cityplan: S. 106

Pão de Açúcar (Zuckerhut) 1

Seilbahn: Anfahrt von Leblon, Ipanema und Copacabana mit Bus 518 oder 519 nach Urca, sonst Uber/Taxi, www.bondinho.com.br, tgl. 8.30–20 Uhr (letzte Abfahrt 18.30 Uhr), Auffahrt am besten vormittags oder gegen Abend bei Sonnenuntergang und möglichst werktags, an sonnigen Wochenenden, über Ostern und in der Hochsaison längere Warteschlangen, 160 R$ (›Fast Pass‹ mit Überholspur der anderen Gäste 260 R$)

Der weltberühmte **Pão de Açúcar** (Zuckerhut) besteht aus ca. 570 Mio. Jahre altem Gneis, ebenso wie die meisten anderen Erhebungen in Brasiliens Hauptstadt der Berge. Durch die geologische Aufspaltung Südamerikas und Afrikas vor ca. 250 Mio. Jahren kamen diese Gneisschichten der ursprünglichen südamerikanischen Erdplatte an die Oberfläche. Danach bildeten sich durch Erosion die heute bekannten Formen.

Pão de Açúcar bedeutet wörtlich übersetzt Zuckerbrot. Das ab dem 16. Jh. in Rio angebaute Zuckerrohr wurde damals zu an der Spitze abgerundeten Kegeln aus kristallisiertem Zucker verarbeitet, deren Form dem auffälligen Felsen an der Einfahrt zur Bucht von Guanabara glich. Er war stets Markstein und Erkennungszeichen für die Schifffahrt und bis heute ist er das bekannteste Symbol der Stadt. Viele Besucher glauben gar, dass dies der einzige Felsen Rios sei, und stellen später überrascht fest, dass es noch viele weitere gibt.

In zwei Etappen geht es hinauf mit einer Seilbahn *(bondinho)*, die bereits für sich eine Attraktion darstellt. Der erste Streckenabschnitt bis zum **Morro da Urca** wurde 1912, der zweite bis zum **Pão de Açúcar** 1913 fertiggestellt. Das Werk der Firma Pohlig Heckel aus Köln war ein für damalige Zeiten gewagtes Projekt – nur in Spanien und der Schweiz gab es Ähnliches –, was dem für rückständig angesehenen Brasilien einiges internationales Prestige einbrachte. Die erste Kabine wurde in-

Der Cristo Redentor blickt gen Zuckerhut und auf die Hügelwelt von Niterói

zwischen schon zweimal durch eine modernere ersetzt (die alten kann man bei Ankunft auf der Zwischenstation besichtigen). Sie ist seitlich transparent und ermöglicht damit schon bei der Auffahrt einen herrlichen Blick.

Die steilen Drahtseile erlangten jedoch erst Weltruhm durch zwei große artistische Abenteuer. 1967 fuhr ein Deutscher mit einem Motorrad darüber, und 1977 balancierte der nordamerikanische Drahtseiltänzer Steven McPeak vom Morro da Urca bis zur Spitze des Pão de Açúcar. Weltweit 200 Mio. Menschen verfolgten das Schauspiel über die Medien. Zwei Jahre später erlangte die Seilbahn erneut Aufsehen durch den James-Bond-Film »Moonraker – Streng geheim«.

Von oben eröffnet sich aus 396 m Höhe ein bezaubernder Ausblick. Zur Linken sieht man von mehreren Aussichtsplattformen sehr schön den ganzen Strand der Copacabana, zur Rechten, von einer größeren Plattform aus, die Bucht von Guanabara mit den angrenzenden Stadtvierteln Botafogo, Flamengo, Catete und Glória. Dann folgt das Zentrum und jenseits der langen Brücke die Nachbarstadt Niterói. In der Mitte dieses Panoramas erhebt sich majestätisch der Corcovado-Felsen mit der Figur des Cristo Redentor. So viel Erhabenheit mag die vielfältigsten Wirkungen auf unser Gemüt haben. In einem alten Gästebuch findet sich, in zittriger Schrift verfasst, der Eintrag: »Ich kam hierher mit dem Gedanken, meinem Leben ein Ende zu setzen. Oben angelangt, war ich so ergriffen, dass ich mein Vorhaben wieder aufgab.« Wenn einem so viel Gutes widerfährt, das ist schon auch einen Drink im **Clássico Beach Club Urca** auf dem Gipfel wert – der Cafébar mit einem der weltweit besten Ausblicke.

Vor oder vielleicht besser nach dem Besuch sollte man noch 200 m weiter bis zu dem kleinen Strand **Praia Vermelha** gehen, die beste Stelle für ein Zuckerhut-Foto von unten. Und links vom Strand gibt es noch den halb um den Zuckerhut herumführenden Waldwanderpfad **Pista Cláudio Coutinho** (hin und zurück 2,5 km).

Corcovado und Christusstatue 2

Auffahrt per Zahnradbahn: *Bus 583 ab Leblon, Ipanema, Copacabana zur Estação Trem Corcovado (Rua Cosme Velho 513, www.tremdocorcovado.rio, Mo–Fr 8–17, Sa, So 8–18 Uhr, alle 20 Min., je nach Saison 94–118 R$, 5–11 Jahre 64 R$), Tickets gibt es im Vorverkauf und mit Zeitbindung entweder über die Website oder über andere Online-Ticketverkäufer, aber auch an Schaltern und Automaten an der Bahnstation lassen sich spontan Karten kaufen.* ***Auffahrt per Van:*** *Die Anfahrt über die Serpentinenstraße ist fast reizvoller und vor allem einfacher. An der Avenida Atlântica, Copacabana, stehen vor dem Lido-Platz (Pça. do Lido) mehrere Vans der Nationalparkverwaltung, die in kurzen Abständen bis zur Christusstatue hochfahren. Wer in einem Viertel an der Bucht von Guanabara wohnt, kann diesen Shuttleservice auch ab Largo do Machado im Stadtteil Flamengo nutzen, am Platz befindet sich auch eine Metrostation. Tickets (hin und zurück 101–125 R$) sind an den dortigen Kiosken erhältlich oder über die englischsprachige Website www.paineirascorcovado.com.br*

Die gigantische **Statue des Cristo Redentor** ist neben dem Zuckerhut das bekannteste Symbol von Rio und seit 2007 auch eines der neuen sieben Weltwunder. Von allen Standorten in der Stadt sieht man, selbst nachts, die wie ein Leuchtturm auf dem 709 m hohen **Corcovado** stehende Figur. Vom Gipfel aus erschließt sich die ganze Anlage Rios in einem einzigartigen Rundblick.

Die Idee für die Christusfigur entwickelte der französische Priester Pierre Marie Bos schon 1859 während eines Rio-Aufenthalts. Doch erst 1922 wurde der Grundstein gelegt, dann – nach heutiger Währung – eine Summe von 6 Mio. R$ gesammelt und ab 1926 fünf Jahre lang gebaut. Am 12. Oktober 1931 fand die Einweihung statt. Der damalige Präsident Getúlio Vargas sprach bewegende Worte und von Kardinal Sebastião Leme Cintra stammte der fromme, aber bis heute wenig gehörte Bittspruch an die Figur, das Land zu leiten und von allen Übeln zu befreien.

Auch nicht-religiöse Besucher werden ergriffen sein von der schlichten Erhabenheit dieses Monuments. 38 m inklusive Sockel strebt die Figur in die Höhe und die ausgebreiteten Arme erreichen 28 m. Sie ist vor allem das Werk des Brasilianers Heitor da Silva Costa, dessen Entwurf bei einem Architektenwettbewerb siegte. Nur für die Modellierung des Kopfes und der Hände wurde der berühmte französische Art-déco-Bildhauer Paul Landowski hinzugezogen.

Der Besuch des Corcovado gehört zum absoluten Pflichtprogramm, eine Alternative wäre noch der Aussichtspunkt Dona Marta

DONA MARTA STATT CHRISTUS

Vom 340 m hohen Aussichtspunkt **Dona Marta** 3 an der zum Christus hinaufführenden Serpentinenstraße sieht man ganz Rio (außer das Zentrum) fast genau so gut wie vom Gipfel des Corcovado, der zudem häufig von Wolken eingehüllt ist. Fotografen bevorzugen sogar Dona Marta wegen des ›flacheren‹ Blicks auf den Zuckerhut und die Christusstatue lässt sich von unten fast noch besser einfangen. Und last but not least: Man kommt per Taxi schnell und leicht ohne Warteschlangen hinauf (Fahrer wartet kurz), zahlt keinen Eintritt und muss sich nicht durch Touristenschwärme durchboxen. Am Parkplatz ankommend, gelangt man rechts davon auf einem etwas versteckten Weg (200 m) zur **Hauptaussichtsplattform.** Hinterher kann man noch zum anderen Ende des Parkplatzes gehen und gleich dahinter zu einem **Hubschrauberlandeplatz** (Heliponto) mit ebenfalls schönem Blick.

Rio de Janeiro, Großraum

Sehenswert

1 Pão de Açúcar (Zuckerhut)
2 Corcovado/Christusstatue
3 Mirante Dona Marta
4 Praia do Leme
5 Praia de Copacabana
6 – 7 s. Cityplan S. 132
8 Praia do Arpoador
9 Lagoa Rodrigo de Freitas
10 Praia de Ipanema
11 Praia do Leblon
12 Praia de São Conrado
13 Barra da Tijuca/Praia da Tijuca/Recreio dos Bandeirantes
14 Prainha/Abricó/Grumari
15 Museo do Índio
16 Favela Santa Marta
17 Rua Dois de Dezembro
18 Parque do Flamengo
19 Palácio do Catete/Museu da República
20 Igreja de N. S. da Glória do Outeiro
21 Monumento Nacional aos Mortos da Segunda Guerra Mundial
22 – 32 s. Cityplan S. 120
33 Palácio da Ilha Fiscal
34 – 40, 43 s. Cityplan S. 120
41 AquaRio
42 Rio Star (Riesenrad)
44 Parque das Ruínas/Museu da Chácara do Céu
45 Kloster Santa Teresa und Escadaria Selarón
46 Sambódromo; s. auch s. Cityplan S. 120
47 Sambaschule Mangueira
48 Sambaschule Salgueiro
49 Floresta da Tijuca

Fortsetzung: S. 108

Details s. S. 120/121
Cityplan Zentrum
Ilha das Cobras
Estação Central do Brasil
Presidente Vargas
Uruguaiana
CENTRO
Central
Rua Visc. do Rio Branco
Carioca
Av. Rep. do Chile
Av. Henrique Valadares
Cinelândia
Av. Mem de Sá
Largo da Lapa
Aeroporto Santos Dumont
SANTA TERESA
GLÓRIA
Glória
1 = R. Joaquim Murtinho
2 = R. Almirante Alexandrino
3 = Largo do Guimarães
Túnel Santa Bárbara
Catete
Praia do Flamengo
Av. Infante Dom Henrique
Baía de Guanabara
Largo do Machado
FLAMENGO
Flamengo
Rua Pinheiro Machado
Av. Osvaldo Cruz
Av. Rui Barbosa
BOTAFOGO
Rua Muniz Barreto
Praia de Botafogo
Enseada de Botafogo
Morro Cara de Cão
Fortaleza de São João
Av. Portugal
Teleférico
Pão de Açúcar
Morro da Urca 218 m
Praia Vermelha
Praça Pimentel Duarte
Avenida Pasteur
Botafogo
Rua Voluntários da Pátria
Rua M. Barreto
Rua Gen. Polidoro
Morro da Babilônia 235 m
Cemitério São João Batista
Cardeal Arcoverde
Praça Alm. Júlio de Noronha
Siqueira Campos
Rua Barata Ribeiro
Av. N. S. de Copacabana
Posto 1
114 m
Morro do Leme
Ilha de Cotunduba
Posto 2
Posto 3
Rua Figueiredo de Magalhães
COPACABANA
Avenida Atlântica
Posto 4
Details s. S. 132
Cityplan Copacabana
Oceano Atlântico
Posto 5
Posto 6
Ponta de Copacabana
0 500 1000 1500 2000 m
0 2,5 5 7,5 10 km
Ilha de Paquetá
Aeroporto Internacional Tom Jobim
Rio de Janeiro
Baía de Guanabara
siehe Detailkarte
CENTRO
Aeroporto Santos Dumont
Parque Nacional da Tijuca
Cristo Redentor
Pão de Açúcar 396 m
COPACABANA
IPANEMA

50 Jardim Botânico
51 Vista Chinesa/ Parque Lage
52 Estádio Maracaña
53 BioParque do Rio
54 Museu Nacional
55 Feira de São Cristóvão

Übernachten

1, 3, 5 – 7, 9, 10, 13 s. Cityplan S. 132
2 Santa Teresa Hotel MGallery
4 Villa Paranaguá Hotel & Spa
8 Guesthouse Bianca
11 Arena Leme Hotel
12 Riale Imperial Hotel

Essen & Trinken

1, 7, Cityplan S. 132
2 Fogo de Chão
3 Casa da Feijoada
4 Térèze
5 Frontera
6 Gula Gula

Einkaufen

1 Rio Sul Shopping Center
2 Shopping Leblon
3 Feira Hippie
4 s. Cityplan S. 120

Abends & Nachts

1, 2, 3, 9 s. Cityplan S. 120
2 Carioca da Gema
4 Boteco Boa Praça
5 Explorer Bar
6 Meza Bar
7 Vinicius Bossa Nova Bar
8 Ginga Tropical
10 Vivo Rio

Aktiv

1 Marina da Glória
2 Ilha de Paquetá
3 Pedra Bonita
4 Special Bike
5 Helisight
6 Morro da Babilônia
7 Morro Dois Irmãos
8 Pedra da Gávea
9 Surfspot Arpoador
10 Surfspot Prainha
11 Surfspot Praia do Pepê
12 s. Cityplan S. 132
13 Xdivers

(s. Tipp S. 105). An sonnigen Wochenenden, über Ostern und in der Hochsaison muss jedoch, ebenso wie beim Zuckerhut, auch auf dem Corcovado mit viel Andrang gerechnet werden. Den Zugang zur Spitze erschließen eine Asphaltstraße und eine Zahnradbahn.

Die steile Trasse der **Zahnradbahn** wurde bereits 1885 von einer schweizerischen Firma gebaut und bis 1911 von Dampfloks aus den USA sowie einer Lok aus Esslingen und ab 1975 von alten E-Loks aus Winterthur befahren. Heute bedienen aus der Schweiz stammende elektrische Triebwagen die Strecke. Oben angelangt, muss man nur noch in einen Aufzug steigen, dann zwei Rolltreppen betreten und schon genießt man den erhabensten **Panoramablick** über ganz Rio de Janeiro:

Einen besseren ›Reiseführer‹ als diesen Christusberg kann sich der Besucher gar nicht wünschen. Das Auge schweift über den Zuckerhut, von dort nach links über die Bucht von Guanabara mit der 13,3 km langen Brücke nach Niterói, links daneben sieht man die Hochbauten des Zentrums, angrenzend einen Teil von Santa Teresa, dahinter die ärmere Nordzone sowie die Schatten der Vorstädte der Baixada Fluminense. Am deutlichsten zeichnen sich in Blickrichtung Atlantik die Viertel der reicheren Südzone am Fuß des Corcovado ab, die Wohnbezirke und Strände von Leblon, Ipanema und Copacabana sowie die große Lagune Rodrigo de Freitas und rechts davon die Pferderennbahn und der Botanische Garten. Vom Rücken des Christus aus streift der Blick dann noch über den größten innerstädtischen Nationalpark der Welt, den Parque Nacional da Tijuca.

Strände und Strandviertel

Eine Besonderheit Rios besteht darin, dass die meisten Strände nicht außerhalb, sondern gleich vor der Haustür liegen. Man muss vom Hotel aus nur die Straße überqueren und kann trotz der urbanen Lage an vielen Stellen bedenkenlos baden. Auf gefährliche Strömungen wird durch rote Warnschilder oder Flaggen hingewiesen. Die meisten Brasilianer können ohnehin nicht schwimmen und aalen sich nur stundenlang in der Sonne. Schirme und Strandstühle kann man überall ausleihen oder man bleibt einfach in einer der vielen Strandbars sitzen. Im Allgemeinen ist der Atlantik deutlich sauberer als die stark verschmutzte Bucht von Guanabara.

Praia do Leme 4

Cityplan: S. 106
Metro Cardeal Arcoverde
Die Strandtour beginnt am Ende der Avenida Atlântica bzw. in Leme, dem kleinen und ruhigeren Nachbarviertel der Copacabana. Besonders schön ist ein Spaziergang am Sonntag, wenn von der **Praia do Leme** bis Leblon eine Seite der breiten Strand-Avenida für den Autoverkehr gesperrt ist. Zunächst sollte man beim **Morro do Leme** ein Stückchen um den Felsen herumgehen, den Anglern zusehen und den weiten Blick auf die Bucht genießen, – dies ist eine der schönsten Aussichten der ganzen Stadt, die man mittlerweile von einer ganzen Reihe kleiner Bars aus genießen kann.

Praia de Copacabana 5

Citypläne: S. 106, 132
Metro Cardeal Arcoverde
Nach 1 km, auf der Höhe der Avenida Princesa Isabel, gelangt man schon zur legendären **Copacabana.** Nirgends soll die Sonne so groß aufgehen wie hier, am berühmtesten Stadtstrand der Welt. An der 3,2 km langen, halbrunden Bucht leben heute dicht gedrängt ca. 150 000 Menschen, die von ihrer sozialen und kulturellen Herkunft kaum unterschiedlicher sein könnten. Auf den ersten Blick möchte man wirklich an die viel beschworene These von der klassenlosen Copacabana-Gesellschaft glauben, zumindest was das relativ unbekümmerte Nebeneinander von Arm und Reich, Schwarz und Weiß, Jung und Alt betrifft. Nur wenige wissen, dass die Copacabana das Viertel mit den meisten Rentnern Brasiliens ist, 30 % sind über 60 Jahre alt. Außerdem steigen hier auch die meisten ausländischen Besucher ab, bietet das Viertel doch an die 100 Hotels.

Lange Zeit war die Copacabana fast unbekannt, bis die Straßenbahnen kamen und ab 1892 vom Zentrum her Tunnel gebaut wurden. Als 1923 das mächtige **Copacabana Palace Hotel** 1 entstand, gab es erst wenige kleine Villen in der Nachbarschaft. Doch in den 1930er-Jahren kam es in Mode, am Meer zu wohnen, und viele Reiche zogen nun an die Copacabana um. In den 1950er-Jahren war das Viertel schon das nobelste der Stadt. Bei den Bällen der High Society spielten die bedeutendsten Musiker Brasiliens. Doch dann setzte in den 1960er-Jahren die Invasion der unteren Mittelschicht ein, die herrschaftlichen Villen wurden abgerissen und durch Hochbauten mit Kleinstwohnungen ersetzt. In den folgenden Jahrzehnten verfiel der Stadtteil zunehmend. Der Tiefpunkt war erreicht, als das Viertel 1992 seinen 100. Geburtstag feierte und Überfälle, Einbrüche, Lynchjustiz und Drogenkriege das Straßenbild beherrschten. Die Mittelschicht hatte schon länger die Flucht ins benachbarte Ipanema oder nach Barra da Tijuca angetreten und das Viertel den Armen und Kriminellen überlassen.

Als die Besucherzahlen aus dem Ausland drastisch zurückgingen, war die Zeit reif für eine radikale Wende. Das Comeback der Copacabana wurde vom damaligen Bürgermeister César Maia, auch Architekt der Reichen genannt, mit den Worten eingeleitet: »Wir müssen den öffentlichen Raum für die Bürger zurückerobern.« Inzwischen ist das Viertel kaum wiederzuerkennen. Der Strand ist hell beleuchtet und die Promenade mit Kameras überwacht. Moderne Strandbars mit unterirdischer Küche laden zum Verweilen ein. Parkplätze wichen einem Fahrradweg, der von auf dem Zweirad patroullierenden Politessen wie von zahlreichen Joggern, Skateboard- und Rollschuhfahrern genutzt wird. Überhaupt gleicht die Copacabana heute einem einzigen Sportplatz, überall wird Fuß- und Volleyball gespielt oder an Fitnessgeräten trainiert.

Am Abend bietet die Copacabana weniger als erwartet, nur viele Straßenrestaurants, aber anders als in Lapa (s. S. 125) kaum Sambalokale. Dafür befinden sich hier einige

Nachtklubs, die jedoch eher gähnend langweilig sind. Ungeachtet aller Ressentiments der Cariocas gegenüber diesem ehemals ›sündigen‹ Viertel lösen sich einmal im Jahr alle Berührungsängste auf und der Traum von der klassenlosen Gesellschaft wird für ein paar Stunden Wirklichkeit. Beim traditionellen **Silvesterfest** treffen sich hier bis zu 2 Mio. Menschen, um im weißen Dress das größte Feuerwerksspektakel der Welt zu verfolgen, der Meeresgöttin Iemanjá Blumen und sonstige Opfergaben zu überreichen und danach bis zum Morgengrauen ein karnevalähnliches Fest zu feiern. *Feliz ano novo!*

Forte de Copacabana 6

Den schönsten Blick über die Copacabana genießt man von der Landzunge am Südende der Bucht, auf der die Festung **Forte de Copacabana** steht und wo man sich in zwei Cafés mit herrlichen Außenbereichen setzen kann. Bis 1908 stand hier auch die Kirche Igreja de N. S. de Copacabana, in der eine Heiligenfigur gleichen Namens stand – nach ihr wurde das Viertel benannt.

Museu da Imagem e do Som 7

Av. Atlântica 3432, Ecke Rua Djalma Ulrich, www.mis.rj.gov.br

Eine ganz besondere Attraktion an der Copacabana soll einmal das **Bild- und Tonmuseum** werden, dessen Bau 2010 begann und das nach etlichen Bauverzögerungen hoffentlich in naher Zukunft seine Pforten öffnen wird. In dem architektonisch höchst spektakulären Bau wird die nationale Filmgeschichte aufgearbeitet und von Bossa Nova bis Samba alles an Musik zu hören sein, was das Land bietet. Der Blick durch die Glasfront auf die Copacabana, das Meer und den Zuckerhut wird bestimmt fantastisch sein.

Praia do Arpoador 8

Cityplan: S. 106

Metro Cantagalo

Danach verschwindet das Meer für ein paar kurze Augenblicke aus dem Blickfeld, bis nach Durchquerung des **Parque Garota de Ipanema** die bezaubernde kleine **Praia do Arpoador** erscheint. Von der Anhöhe einiger Felsen aus überblickt man die ganze Meeresbucht von Arpoador über Ipanema bis nach Leblon. Im Sommer erlebt man hier den faszinierendsten Sonnenuntergang der ganzen Stadt. An Sonn- und Feiertagen kommen wegen diverser Buslinien viele Badegäste aus der ärmeren Nordzone hierher (etwas aufpassen).

Lagoa Rodrigo de Freitas 9

Cityplan: S. 106

Hinter Ipanema und dem Nachbarviertel Leblon liegt die große (Umfang 7,3 km) **Salzwasserlagune Rodrigo de Freitas.** Ihr Name bezieht sich auf den früheren Besitzer der umliegenden Ländereien (Zuckerplantagen). Seinerzeit handelte es sich eher um einen – fast doppelt so großen – Meerbusen. Von der breiten Öffnung zum Meer ist nur

Von den Felsen oberhalb der Praia do Arpoador aus lässt sich der Sonnenuntergang genießen

noch ein 8 m breiter Kanal übrig, der zugleich die Grenze zwischen Ipanema und Leblon bildet. Hier wird gerudert und gesegelt, auf dem durchgehenden **Rundweg** gejoggt umd geradelt. Am Wochenende verwandelt sich das Areal in einen Freizeitpark vor allem für Familien mit Kindern. An dem Rundweg befinden sich auch mehrere nette **Bars** und **Lokale.**

Praia de Ipanema 10

Cityplan: S. 106
Metro General Osório
Der Promenadenweg führt nun in Ipanema an der noblen Avenida Vieira Souto entlang, eine der teuersten Adressen Rio de Janeiros. Am **Strand von Ipanema** fallen die durchnummerierten Strandposten auf, sie dienen nicht nur der Lebensrettung oder Hygiene, sondern auch als Referenzpunkte für Verabredungen. Um den **Posto 8** versammelt sich die große Gay-Gemeinde und am **Posto 9,** dem belebtesten Strandabschnitt der Stadt, treffen sich Studenten der Mittelschicht (bekannter Marihuana-Point).

Immer mehr Gäste quartieren sich statt an der Copacabana im nobleren und lebendigeren Ipanema ein, besonders Backpacker, die hier viele nette Hostels finden.

Praia do Leblon 11

Cityplan: S. 106
Metro Jardim de Alah
Weiter geht es entlang des kürzeren, zum Baden weniger geeigneten **Strandes von Leblon.** Der gleichnamige Stadtteil ist vom Immobilienpreis her der teuerste von Rio, und an der **Rua Dias Ferreira** befinden sich die nobelsten Bars und Restaurants von ganz Brasilien. Weithin sichtbar erhebt sich der oft mit dem Zuckerhut verwechselte **Morro Dois Irmãos** (Hügel der Zwei Brüder), das inoffizielle Wahrzeichen der Region. Am Ende der

Der Kult des Körpers

Vor einigen Jahren wurden sie verboten, die berühmten Rio-Postkarten mit den knappen Zahnseiden-Bikinis ***(fio dental)*** und den knackigen Pos. Die damalige Gouverneurin und andere Statthalter der Moral sahen darin einen Ansporn zum Sextourismus. Doch viele Brasilianerinnen protestierten, denn sie sind stolz auf ihre Körper und sehen nichts Verwerfliches an der öffentlichen Zurschaustellung. Schließlich hat es doch einigen Aufwand gekostet, solche Formen zu gewinnen.

Gut aussehen – nicht zuletzt am Strand – spielt eine große Rolle

Während die Herren der Schöpfung mehr um die Aneignung großer Muskelpakete bemüht sind, sorgen sich die Damen besonders um die Ausformung eines perfekten Brazilian Body, der im Zahnseiden-Bikini überzeugt. Unerlässlich für dieses Schönheitsideal sind ein runder, glatter Po, durchtrainierte Oberschenkel und ein flacher Bauch. Schwierigere Fälle übergeben Brasilianerinnen ohne Scham einem Chirurgen, seit Ivo Pitanguy gilt Rio als das Mekka des Schönheitstourismus. Brust- und auch gefährliche Hinternvergrößerungen mit Silikon sind die natürlichste Sache der Welt, Medienstars nutzen solche Eingriffe sogar offen als Marketingstrategie.

Mehrere Magazine beschäftigen sich ausschließlich mit dem Thema plastische Chirurgie: Corpo & Plástica titelt mit »Narkose ohne Angst!« und die Konkurrenz von Plástica & Beleza rät eindringlich, zur Konsultation über die Fettabsaugung unbedingt den Lieblingsbikini mitzunehmen. Diese Propaganda wirkt: Mit 4,6 Schönheits-OPs pro 1000 Menschen ist Brasilien Weltmeister, in Deutschland sind es nur 2,3. Das Durchschnittsalter der Patientinnen liegt bei 35 Jahren, doch auch immer mehr 15- bis 18-Jährige lassen etwas an sich ›machen‹.

Von den über 33 000 registrierten Fitnessstudios in Brasilien konzentrieren sich viele in den Strandvierteln der besseren Südzone von Rio. Dort kämpft man um die Befriedigung der Eitelkeit, einen Konkurrenzvorteil gegenüber den Geschlechtsgenoss(inn)en sowie gegen die Auswirkungen kalorien- und fettreicher Ernährung und der Fast-Food-Kultur. Am stärksten sind die ärmeren Schichten betroffen, seitdem unter der Regierung Lula der Wirtschaftsboom, starke Mindestlohnerhöhungen und Sozialprogramme fast jedem erlaubten, endlich die doppelte Kalorienmenge zu sich zu nehmen. Zwar ist dieser Trend seit 2015, dem Beginn einer schweren Wirtschaftskrise, gestoppt, aber die Sünden der Vergangenheit sind noch allerorts sichtbar. Die schlanke Mulattin ist eher Geschichte und Mythos geworden. Doch trotz rundlicherer Formen legen die Cariocas größten Wert auf Körperpflege und Erscheinung. Nirgends wird so viel geduscht wie in Rio (dreimal täglich). Der Kosmetikmarkt hat seinen Umsatz in den letzten zehn Jahren verdoppelt und es gibt immer mehr schicke Modeboutiquen. Auch die Frauen der Unterschicht kleiden sich sehr modebewusst, besonders bei Schuhen und Taschen wird nicht gespart. Kräftig nachgeholfen wird auch mit immer mehr Tätowierungen, die sich fast jeder leisten kann. Und wenn alle Stricke reißen, gibt es kostenlos am Strand die obligatorische dezente Bräune und vor allem die *marquinha de praia,* die kleinen hellen Hautstreifen unter dem knappen Bikini.

Praia do Leblon erreicht man, 100 m nach links gehend, die Anhöhe des **Mirante do Leblon** und genießt von diesem Aussichtspunkt einen herrlichen Blick bis Arpoador. Zwei Bars laden zum Verweilen ein.

Praia de São Conrado 12

Cityplan: S. 106
Metro São Conrado
Nach einigen Kilometern über die Avenida Niemeyer (Uber/Taxi), vorbei an der Favela do Vidigal und einigen Motels, gelangt man zur **Praia de São Conrado.** Dieser Strand ist etwas verschmutzt und vegetationslos. An seinem Ende, der **Praia do Pepino,** landen die Drachen- und Ultraleichtflieger, die von dem nahe gelegenen Felsen Pedra Bonita starten – manche wagen das Abenteuer, im Tandem mitzufliegen.

Stadteinwärts, an den Hängen eines immensen Hügels, erstreckt sich die **Favela Rocinha,** mit 67 000 Bewohnern eine der bevölkerungsreichsten Armensiedlungen Brasiliens, die man, soweit es die jeweils herrschende Sicherheitslage erlaubt, mit speziellen Guides besichtigen kann (s. S. 140, Thema S. 134).

Barra da Tijuca und Recreio dos Bandeirantes 13

Cityplan: S. 106

Barra da Tijuca und Praia da Barra

Metro Barra da Tijuca
3 km weiter folgt **Barra da Tijuca,** ein erst seit den 1970er-Jahren erschlossenes, weitläufiges Neureichen-Viertel mit bald 400 000 Bewohnern und vielgeschossigen Apartmenthäusern, die mit allen möglichen Sicherheitsanlagen ausgestattet sind. Dieses eher künstlich wirkende Wohnviertel, oft mit Florida verglichen, erfreut sich bei brasilianischen Angestelltenfamilien mit Kindern zunehmender Beliebtheit. Es gibt viele große Shoppingmalls (u. a. Barra Shopping, die größte des Landes), Privatschulen, Privatkliniken, Autohändler, Bars und Klubs. Im vorderen Teil des Viertels wohnen die meisten Schauspieler und Fußballstars. Alles in allem herrscht hier der *American Way of Life.* Es ist das von den Cariocas geliebte moderne Vorzeige-Rio. Geschäftsleute werden direkt hierher geschleust und die meisten internationalen Kongresse finden hier statt. Und – last not least – fanden hier 2016 die meisten Wettkämpfe der Olympischen Spiele statt. Und dafür hat man endlich auch die U-Bahn ausgebaut.

In nur zehn stressfreien Minuten kommt man seither von Leblon zur 14 km langen und recht sauberen **Praia da Barra:** Eine willkommene Alternative für alle, die Rios natürliche Schönheit einmal abseits des üblichen Rummels von Copacabana und Ipanema genießen wollen. Nur an den Wochenenden wird die Barra zum beliebten Badeort der Cariocas und zu einem Tummelpatz der Surfer und Stand-Up-Paddler. Für das leibliche Wohl sorgt eine zunehmende Anzahl von Strandbars und Kioske, darunter die mit exquisiten Drinks und Cocktails aufwartende **Bar & Co.** (beim Posto 3) und Rios Promi-Strandbar, die **Barraca do Pepê** (Av. do Pepê, Kiosk 11, http://pepe.com.br).

Recreio dos Bandeirantes

Hinter Barra liegt das ruhigere **Recreio dos Bandeirantes.** Hier ist man noch weiter weg vom Zentrum und entsprechend geht es am Strand noch ruhiger zu als in der Barra.

Prainha, Abricó und Grumari 14

Cityplan: S. 106
Anfahrt nur mit Auto/Uber/Taxi
3 km weiter gelangt man zu der entzückenden kleinen **Prainha,** Rios beliebtestem Surfertreff. Dieser Strand in einer lieblichen, naturgeschützten Bucht ist nur wenige Hundert Meter lang, das Wasser ist glasklar, im Hintergrund liegt ein von dichtem Regenwald überzogener Berghang und eine große Strandbar ganz am Ende bietet kühles Bier und köstlichen Fisch.

Ein paar Kurven hinter der Prainha folgt die kleine **Praia do Abricó,** Rios einziger FKK-Strand. Nur durch ein paar Felsen getrennt beginnt die lange **Praia de Grumari.** Ganz am Ende bei den Felsen ist es am schönsten, dort gibt es auch einige Strandbars. Von einem Besuch an Sonn- und Feiertagen sollte man jedoch wegen häufiger Verkehrsstaus absehen.

Die Guanabara-Bucht

Cityplan: S. 106
Jeder staunt über die gewaltige Ausdehnung dieser Bucht. Bei der Einfahrt am Zuckerhut ist sie nur knapp 2 km breit, dehnt sich aber auf 24 km aus und reicht 26 km tief ins Land hinein. Als der portugiesische Seefahrer Gonçalo Coelho hier am 1. Januar 1502 mit seinem Geschwader hineinfuhr, glaubten alle, den Garten Eden entdeckt zu haben. Die geschützte Lage der Bucht machte die Region auch strategisch interessant. Zumindest war sie es wert, einen Namen zu bekommen. Rio de Janeiro heißt auf Deutsch Bucht des Januars. Im 16. Jh. bedeutete das portugiesische Wort *rio* (damals noch *ria*) sowohl Bucht als auch Fluss.

In der ersten Zeit erkundeten überwiegend Franzosen die Region, vor allem wegen des begehrten Brasilholzes, mit dem man endlich verschiedene Rottöne für die königlichen Gewänder erzeugen konnte. 1555 entstand unter dem Kommando von Nicolas Durand de Villegaignon eine France Antarctique (Französische Antarktis) genannte, kleine Kolonie. 1565 wurde sie von den portugiesischen Truppen unter Estácio de Sá erobert und 1567 wurde schließlich Rio de Janeiro gegründet.

Gegen Ende des 16. Jh. ging die Hälfte des gesamten Holzexports nach Portugal über Rio. Im 18. Jh. kam die Verschiffung des Goldes von Minas Gerais hinzu und machte Rio zum ökonomischen Zentrum Brasiliens sowie 1763 zu dessen Hauptstadt. Um die westliche Seite der Bucht herum entwickelten sich das historische Zentrum und die wichtigsten Stadtteile, lange bevor die Copacabana und andere Viertel der Südzone Gestalt annahmen. Dort liegt auch der bis heute bedeutende Hafen (die ganze Bucht gilt als der größte natürliche Hafen der Welt).Transportiert werden vor allem Autos, Petroleum, Chemikalien, Textilien und Nahrungsmittel. In der Werft der Nachbarstadt Niterói werden Schiffe und sogar Ölbohrinseln gebaut und gewartet.

Leider ist die Bucht trotz eines 1995 begonnenen Sanierungsprogramms nach wie vor verschmutzt, was die Segler bei den Olympischen Spielen mit Unmut zur Kenntnis nahmen. Auch wenn man also an den Buchtstränden eher nicht baden sollte, gehört der viel besungene Meeresbusen doch zu einer der faszinierendsten Landschaften der Welt.

Zwischen der Copacabana und dem Zentrum liegen vier Stadtteile, die alle an die Bucht von Guanabara grenzen (Botafogo, Flamengo, Catete und Glória).

Botafogo

Metro Botafogo
In **Botafogo** befinden sich viele kulturelle Einrichtungen, darunter gute Kinos, Theater und Museen wie das **Museu do Índio** 15 (Rua das Palmeiras 55, www.museudoindio.gov.br, zzt. wg. Renovierung geschlossen). Berühmt ist auch der riesige **Prominentenfriedhof São João Batista,** man sieht ihn gut vom Christus und vom Aussichtspunkt Dona Marta. Hier ruhen u. a. der Dichter Machado de Assis, der Flugpionier Santos Dumont, der Musiker Antônio Carlos Jobim, der Architekt Oscar Niemeyer und Jorge Selarón, der Schöpfer der Fliesentreppe von Santa Teresa. Von der **Praia de Botafogo** aus genießt man einen herrlichen Blick auf den Zuckerhut und den Morro da Urca, zum Baden ist sie jedoch nicht geeignet. Zu Botafogo gehört Santa Marta, Rios erste befriedete Favela.

Favela Santa Marta 16

s. Aktiv S. 115

Flamengo

Metro Flamengo
Der Stadtteil **Flamengo** ist gegenüber Botafogo schon etwas herrschaftlicher, besonders erkennbar an einigen historischen Fassaden etwa an der **Rua Dois de Dezembro** 17. Das

BESUCH DER FAVELA SANTA MARTA

Tour-Infos

Start: Pça. Corumbá, Rua São Clemente, Botafogo; als Haltepunkt nennt man dem Uber-/Taxifahrer am besten Palácio da Cidade, da der offizielle Name kaum jemandem ein Begriff ist.
Infos: kleine Tourist-Info an der Praça Corumbá, tgl. 8–18 Uhr. Lokale Guides bieten ihre Dienste an (1,5–2 Std.), sprechen allerdings kein Englisch (mit Übersetzer wird es jedoch teurer).
Länge und Dauer: Auffahrt per Standseilbahn (Plano Inclinado, tgl. 6–24 Uhr, gratis); mit Umsteigen/kurzer Wartezeit ca. 30 Min.; zügiger Abstieg ohne Einkehr ca. 30 Min.
Wichtiger Hinweis: Konsumieren Sie ein wenig und unterstützen Sie so die Bewohner. Nie Personen fotografieren ohne zu fragen!

Die **Favela Santa Marta** 16, Rios erste im Dezember 2008 von der Polizei besetzte Favela, gilt heute als relativ ungefährlich und zieht zahlreiche Besucher an. Trotz allem ist es ratsam, die Dienste eines lokalen Guides in Anspruch zu nehmen. Von der **Praça Corumbá** geht es mit oder ohne Guide auf der Rua Marechal Francisco de Moura 300 m leicht bergauf bis zur **Station 1 (Estação 1) der Standseilbahn.** Bei **Station 3** muss man umsteigen, um mit einer anderen Bahn nach oben bis zur **Endstation 5** zu fahren. Dort steht rechts das Gebäude der Polizei (UPP). Von oben bietet sich ein herrlicher Blick auf die Lagune, den Morro Dois Irmãos und den Corcovado. Geht man 400 m nach rechts weiter (ausgeschildert), eröffnet sich vom **Mirante Pedrão** ein ähnlich fantastischer Blick über die Bucht von Botafogo bis zum Zuckerhut.
Wieder zur Bahnstation 5 zurückgekehrt, beginnt der steile Abstieg. Die Favela macht einen relativ gepflegten Eindruck, von extremer Armut ist wenig zu spüren. Manche Ziegelsteinhäuser sind schon verputzt und gestrichen, hier und da fällt der Blick in sorgsam eingerichtete Wohnzimmer. Natürlich sieht man auch ein paar abenteuerlich auf Felsen zusammengenagelte Holzhütten, Abwässer, die ungeklärt den Hang hinunterlaufen, und herumliegenden Müll. Nach und nach soll all dies verbessert werden. Die Bewohner sind jedenfalls gelassen und kaum aufdringlich. Niemand bettelt, einige grüßen freundlich, spielende Kinder versuchen sich mit ein paar Brocken Englisch.
Von den Hauptwegen gehen viele kleinere Gassen ab. Eine führt nach rechts zum **Espaço Michael Jackson,** dem meistbesuchten Platz der Favela. 1996 war hier der Popstar zu Gast, um den Clip zum Welthit »They don't care about us« zu drehen – das wohl größte kulturelle Ereignis der Favela-Geschichte, verewigt und gewürdigt durch ein buntes Wandmosaik und eine lebensgroße Statue. Auch von hier bietet sich wieder ein schöner Ausblick. Direkt unter dem Platz liegt die **Casa de Cultura Dedé,** wo die Bewohner Zugang zu einer Bibliothek haben und Musikunterricht erhalten. Auf dem Weg nach unten stößt man auf ein paar urige Bars, von denen aus sich ein wenig das Favela-Leben verfolgen lässt. Im unteren Teil der Favela sollte man noch die hübsche **Praça do Cantão** mit ihren bunt bemalten Häuschen aufsuchen. Dort liegen auch die blaue Halle der Sambaschule **Mocidade Unida do Santa Marta** sowie weitere einfache **Bars.**

1931 in florentinischem Stil erbaute **Edifício Flamengo** (ehem. Seabra, Nr. 88) war eines der ersten Hochhäuser Rios. Wie ein Schlösschen wirkt das **Centro Cultural Municipal Oduvaldo Vianna Filho** (1916), auch Castelinho do Flamengo genannt (Nr. 158). Das neoklassizistische **Edifício Praia do Flamengo** (Nr. 116) war das erste Luxusapartmenthaus des Viertels (1923). Aus dem Rahmen fällt auch das **Edifício Biarritz** mit seiner aus geschwungenen Balkonen bestehenden Jugendstilfront (Nr. 268).

Früher reichte das Wasser der Bucht bis kurz vor die Häuserfront. Doch 1961–65 wurde durch Aufschüttung der 120 ha große **Parque do Flamengo** 18 gewonnen. Heute stehen hier ca. 11 600 Bäume bzw. 190 verschiedene Arten, es gibt viele Spazierwege, Sportplätze und einen landschaftlich hübsch gelegenen Strand, nur ist das Wasser leider recht verschmutzt. Der Park zählt zu den besonderen Leistungen des berühmten Landschaftsarchitekten Burle Marx (1909–94). Der Sohn eines deutschen Juden und einer Brasilianerin war auch maßgeblich an der Gestaltung der Hauptstadt Brasília beteiligt.

Catete

Metro Catete

Das lebendige benachbarte Viertel **Catete** war früher ein Diplomatenrevier. Vom alten Glanz zeugen noch zahlreiche Fassaden, die nur schon etwas baufällig wirken. Im **Palácio do Catete** 19 (Rua do Catete 153, http://museudarepublica.museus.gov.br, Di–Fr 10–17, Sa, So 11–17 Uhr, Eintritt zzt. frei) wohnten bis 1960 fast alle brasilianischen Präsidenten, Getúlio Vargas nahm sich hier 1954 das Leben. Seit 1960 dient der Palast als **Museu da República,** die prachtvollen Salons sind besichtigenswert, auch der dahinter liegende Park. In der Nähe findet man auch zahlreiche Budget-Unterkünfte.

Glória

Metro Glória

In **Glória** residierten früher Kaffeebarone und Aristokraten. Hauptattraktion ist heute die hübsche kleine **Igreja de N. S. da Glória do Outeiro** 20 (Ld. da Glória 135, Di–Fr 9–16, So 8–12 Uhr) von 1739, eines der bedeutendsten historischen Monumente der Stadt im brasilianisch-lusitanischen Barockstil. Das Gotteshaus weist einen achteckigen Grundriss auf, im eher schlichten Innern sind die Wände mit alten Azulejos verziert. Die von José Cardoso Ramalho entworfene Prozessionskirche hatte schon gleich nach Ankunft der portugiesischen Krone im Jahr 1808 die ganze Königsfamilie in Entzücken versetzt und diente seitdem als Prestigekirche der herrschenden Eliten für Kindstaufen, Hochzeiten usw. Sie erscheint auf fast allen alten Bildern von Rio. Am Abend ist sie dank einer schmuckvollen Außenbeleuchtung weithin sichtbar.

Gegenüber der Kirche erhebt sich im Flamengo-Park ein mächtiges Mausoleum zu Ehren der Toten des Zweiten Weltkriegs, das **Monumento Nacional aos Mortos da Segunda Guerra Mundial** 21 (Av. Infante Dom Henrique 75, Di–So 9–17 Uhr) im Volksmund auch ›Die Soldatenkrücken‹ genannt. Brasilien war 1942 den Alliierten beigetreten, nachdem die USA Kredite für das erste Stahlwerk bereitstellten und Hitlers U-Boote vor der brasilianischen Küste 32 Handels- und zwei Passagierschiffe versenkt hatten. Der Kriegseintritt erfolgte 1944, wonach in Italien fast 500 brasilianische Soldaten ihr Leben verloren.

Historisches Zentrum

Cityplan: S. 120

Man sollte das Zentrum von Rio an einem Werktag oder notfalls am Samstagvormittag besichtigen, sonntags ist es dort wie ausgestorben und zudem etwas gefährlich.

Praça Floriano

Metro Cinelândia

Der Rundgang beginnt an der **Praça Floriano,** dem Hauptplatz des Zentrums von Rio, wegen der vielen Kinos, die hier in den 1920er-Jahren entstanden, auch Cinelândia genannt.

Rios schönstes historisches Gebäude – das Theatro Municipal

Theatro Municipal 22

Kasse/Führungsbeginn am Seiteneingang (Av. Treze de Maio), www.theatromunicipal.rj.gov.br, 60-minütige Führungen i. d. R. Mi 16, Do, Fr 11, 14, 16, Sa 11, 12.30 Uhr (Fr 16 Uhr Engl.), 20 R$

Ins Auge fällt sogleich die eklektische Fassade des berühmten, 1909 eröffneten **Städtischen Theaters**. Es ist der prachtvollste Bau Rios, im Innern reich ausgestattet mit Kristallglas, Carrara-Marmor und kunstvollen Deckengemälden. Seit 2010 strahlt alles nach einer Totalrestaurierung in neuem Glanz. Achten Sie auf das aktuelle Theaterprogramm (März–Dez.), häufig gibt es Konzerte mit klassischer Musik und Ballettvorführungen.

Palácio Pedro Ernesto 23

Vom Theatro Municipal aus gesehen erhebt sich am selben Platz schräg rechts der weiße **Palácio Pedro Ernesto** von 1923, heute Sitz des Stadtrats (Câmara Municipal) und Zielort zahlreicher Demonstrationen.

Links daneben liegt die traditionsreichste Bar der Stadt, das durch seine ockergelbe Farbe auffallende **Amarelinho,** ein idealer Ort, um das Treiben zu beobachten.

Biblioteca Nacional 24

Av. Rio Branco 219, Mo–Fr 10–17 Uhr, Eintritt frei

Auf der anderen Seite der großen Avenida Rio Branco, die hier verkehrsberuhigt und der Trambahn vorbehalten ist, steht das klassizistische Gebäude der **Nationalbibliothek** von 1910. Mit einem Archivbestand von mehreren Millionen Titeln ist sie die größte Bibliothek Lateinamerikas und die achtgrößte der Welt. Die Bücher sind nicht zu sehen, doch lohnt ein Blick in die Foyerhalle mit den hohen klassizistischen Säulen.

Museu Nacional de Belas Artes 25

Av. Rio Branco 199, @mnbario, zzt. wg. Renovierung geschlossen, danach voraussichtlich Di–Fr 10–18, Sa, So 13–18 Uhr, um 10 R$

100 m links daneben befindet sich das **Nationalmuseum der Schönen Künste** aus dem Jahr 1908 mit einer Sammlung europäi-

scher Malerei des 17. und 18. Jh. und Werken brasilianischer Künstler des 19. und 20. Jh.

Catedral Metropolitana 26

Av. Chile 245, www.catedral.com.br, tgl. 7–17 Uhr, Eintritt frei

Über die Avenida Treze de Maio und dann nach links erreichen wir den modernistischen Bau der **Kathedrale** (1964–76), die Platz für mehrere Tausend Menschen bietet. Nur wenige Cariocas mögen diesen ikonischen Betonbau, der im Volksmund ›Bienenarsch‹ genannt wird. Im Innern beeindrucken jedoch die vier in Kreuzform angeordneten bunten Glasfensterzeilen, auch die Dimension des Raumes ist überwältigend. Trotz der Größe, charakteristisch für alle repräsentativen Gebäude aus der Zeit der Militärdiktatur, ist die Kirche fast immer leer. Niemand wohnt im Zentrum, nur wenn der Papst kommt, wird es voll.

Largo da Carioca

Von der Kathdrale wieder bis zur Avenida Treze de Maio zurückgehend, liegt linker Hand ein großer Platz, der **Largo da Carioca.** Mit seinen angrenzenden Bürohochhäusern bildet er das Geschäftszentrum Rio de Janeiros.

Igreja e Convento de Santo Antônio 27

Mo–Fr 9–18, So 9.30–11 Uhr, Eintritt frei

Als kontrastreiches historisches Relikt erhebt sich auf einer Anhöhe dieser **Kirchen- und Klosterkomplex,** dessen Kirche (1608–20) zu den ältesten der Stadt zählt. Ins Auge fallen der prunkvolle goldene Altar, die Azulejos an den Seitenwänden sowie die links und rechts im Kirchenschiff angebrachten Orgelanlagen, die aus Deutschland stammen.

Igreja da Ordem Terceira de São Francisco da Penitência 28

Di–Fr 9–16 Uhr, 10 R$

Ein besonders sehenswertes Gotteshaus ist die angrenzende **Franziskanerkirche** (1657–1747). In ihr lässt sich fast kein Millimeter Zedernholz finden, der nicht mit Blattgold verziert wurde. Am Bau der Kirche waren drei der wichtigsten Künstler Brasiliens beteiligt: der Holzschnitzer Manuel de Brito, der Bildhauer Francisco Xavier de Brito und der Maler Caetano da Costa Coelho. Das von Letzterem stammende Deckengemälde (Heiligsprechung des Franziskus von Assisi) stellt die erste Perspektivmalerei Brasiliens dar. Zum selben Komplex gehört ein **Museu Sacro Franciscano,** in dem große Gemälde, antike Möbel, Porzellan und Silberwaren aus vergangenen Jahrhunderten zu bewundern sind.

Rua da Carioca 29

Die **Rua da Carioca** ist eine der ältesten Straßen Rios und wäre beinahe von den Militärs abgerissen worden. Mit ihrem historischen Baubestand hätte die Straße Potenzial, doch leider steht vieles leer oder verwahrlost, wie bei Hausnummer 49 das im Jugendstil erbaute und 1909 eingeweihte **Cine Íris,** Rios ältestes Kino und Theater, in dem heute ein billiges Erotikkino residiert.

Praça Tiradentes

Auch auf der bereits im 17. Jh. angelegten **Praça Tiradentes** findet man ein Stück Altstadt voller Atmosphäre. Ehemals eines der wichtigsten kulturellen und politischen Zentren des ganzen Landes, wurde der Platz nach fast 100-jährigem Verfall unlängst restauriert. In seiner Mitte erhebt sich die **Reiterstatue von Kaiser Pedro I. 30 ,** Rios ältestes öffentliches Monument.

Real Gabinete Português de Leitura 31

Rua Luís de Camões 30, www.realgabinete.com.br, Mo–Fr 10–17 Uhr, fotografieren nur ohne Blitz, lautes Reden und Herumlaufen vermeiden

Rechts vorbei am Teatro João Caetano gelangt man zu einer der Hauptattraktionen des historischen Zentrums von Rio, der **Königlich-portugiesischen Bibliothek.** Nach dem Eintreten in die Bibliothek fühlt man sich wie in einem faszinierenden und gleichzeitig erdrückenden Kafka-Szenarium, angesichts der etwa 350 000 in offenen Regalen hochgetürmten Bücher. Es handelt sich überwiegend um wertvolle und bis zu 500 Jahre alte Bände portugiesischer Herkunft, viele davon gingen 1837 als Geschenk Portugals an das verbündete Kaiserreich. Das im manuelinischen Stil Portugals errichtete und 1887 eingeweihte Gebäude, dessen Grundstein 1880 von Kaiser Pedro II. gelegt wurde, sollte die Freundschaft und Sprachengleichheit der beiden Länder unterstreichen.

Confeitaria Colombo 32

Rua Gonçalves Dias 32, www.confeitariaco lombo.com.br, Mo–Sa 11–18 Uhr

Von der Praça Tiradentes aus geht es zurück über die **Rua Sete de Setembro,** sehenswert vor allem wegen der historischen Häuserfassaden. Nach Überquerung der Rua Uruguaiana geht es nach links zur traditionsreichen **Confeitaria Colombo,** Rios schönstem und fast einzigem Café-Restaurant. 1894 von einem reichen Portugiesen gegründet, wurde es überwiegend im europäischen Jugendstil errichtet, mit einem großen Oberlicht und ornamentalen Verzierungen an Lampen und Spiegelrahmen. Am beeindruckendsten sind die acht gewaltigen, aus Belgien importierten Spiegel, die den Raum ins Unendliche weiten. Viele bedeutende Dichter, u. a. Machado de Assis, und wichtige Staatsmänner gingen hier ein und aus. Die Confeitaria ist eher ein repräsentativer als populärer Ort, bei allgemeinem Geschäftsschluss, wenn die Innenstadt ausstirbt, schließt auch das Café. Tagsüber wird es jedoch stark von Touristen frequentiert, die Törtchen sind hervorragend.

Rua do Ouvidor

Beim Verlassen des Kaffeehauses halten wir uns links und gehen an der nächsten Ecke nach rechts in die **Rua do Ouvidor,** der wir bis zum Ende folgen. Hier liegt der älteste Teil von Rio, unverkennbar an den schönen historischen Fassaden abzulesen. Auf den letzten 200 m gibt es viele Bars, in denen sich die in dieser Gegend arbeitenden Angestellten zur **After-Work-Party** 3 oder Happy Hour treffen. Von dort führt nach rechts die kleine Handelsgasse **Travessa do Comércio** zur Praça 15 de Novembro.

Praça 15 de Novembro

Palácio da Ilha Fiscal 33

Blickt man von der Praça 15 de Novembro hinaus auf die Bucht, so erblickt man die kleine **Ilha Fiscal,** die im 19. Jh. der Zollabfertigung der Schiffe diente. Dort erhebt sich ein grünliches neogotisches **Schlösschen** wie aus Grimms Märchen. Hier fand am 9. November 1889 der letzte Ball des Kaiserreichs statt. Während der Feierlichkeiten rief Pedro II., nachdem er gestolpert war, der Kaiser könne mal hinfallen, aber das Reich falle nie. Kurz darauf wurde die Republik ausgerufen und der traurige und kranke Monarch starb zwei Jahre später im französischen Exil.

Paço Imperial 34

Pça. 15 de Novembro 48, Di–Fr 12–18, Sa, So 12–17 Uhr

Am Platz sofort ins Auge fällt der große, weiße **Paço Imperial.** Hier residierte ab 1808 die portugiesische Krone, die aus Angst vor Napoleon Bonaparte ins brasilianische Vizekönigreich geflüchtet war. Bis 1889 blieb es das wichtigste Regierungsgebäude des Kaiserreiches, heute dient es als **Kulturzentrum** mit interessanten Kunstausstellungen und einer historischen Exposition im ersten Stock sowie einem schönen Bistro im Innenhof, einer Bücherei und einem Café.

Palácio Tiradentes 35

Rua Primeiro do Março, www.palaciotiraden tes.rj.gov.br, Mo–Fr 10–17 Uhr

Dahinter erhebt sich der mächtige klassizistische **Palácio Tiradentes** (1926). Er beherbergte bis 1960 das Parlament Brasiliens und ist seitdem **Sitz des Landtags** von Rio de Janeiro. Man kann den Palast nach Anmeldung besichtigen und gelangt sogar bis an den Plenarsaal.

Rio de Janeiro, Zentrum

Sehenswert

1 – 5 s. Cityplan S. 106
6 – 7 s. Cityplan S. 132
8 – 21 s. Cityplan S. 106
22 Theatro Municipal
23 Palácio Pedro Ernesto
24 Biblioteca Nacional
25 Museu Nacional de Belas Artes
26 Catedral Metropolitana
27 Igreja e Convento de Santo Antônio
28 Igreja da Ordem Terceira de São Francisco da Penitência
29 Rua da Carioca
30 Reiterstatue von Kaiser Pedro I.
31 Real Gabinete Português de Leitura
32 Confeitaria Colombo
33 Palácio da Ilha Fiscal; s. auch Cityplan S. 106
34 Paço Imperial
35 Palácio Tiradentes
36 Igreja de N. S. da Candelária
37 Museu de Arte do Rio (MAR)
38 Museu do Amanhã
39 Igreja e Mosteiro de São Bento
40 Porto Maravilha
41 AquaRio
42 Rio Star (Riesenrad)
43 Arcos da Lapa
44 – 45 s. Cityplan S. 106
46 Sambódromo
47 – 55 s. Cityplan S. 106

Übernachten

2, 4, 8, 11, 12 s. Cityplan S. 106
1, 3, 5 – 7, 9, 10, 13 s. Cityplan S. 132

Essen & Trinken

1, 7, s. Cityplan S. 132
2 – 6 s. Cityplan S. 106

Einkaufen

1 – 3 s. Cityplan S. 106
4 Granado Pharmácias

Abends & Nachts

1 Rio Scenarium
2 Carioca da Gema; s. auch Cityplan S. 106
3 After-Work-Party
4 – 8, 10 s. Cityplan S. 106
9 Circo Voador

Aktiv

1 – 11, 13 s. Cityplan S. 106

12 s. Cityplan S. 132

Über den Boulevard Olímpico zur Praça Mauá

Die Stadtsanierung im Zuge von Olympia 2014 hat im Zentrum positive Spuren hinterlassen, die Hochstraße ist verschwunden und wurde in weiten Teilen durch Tunnel ersetzt. Zwischen der Praça 15 de Novembro und der Praça Mauá ist der schöne **Boulevard Olímpico** entstanden. Folgt man ihm von der Praça 15 de Novembro aus, erhebt sich nach 300 m linker Hand, abseits des Boulevards, die mächtige **Candelária-Kirche** 36, die einen Abstecher lohnt. Anschließend geht es auf dem Boulevard weiter bis zur Praça Mauá mit dem **Kunstmuseum** 37 und (auf dem Pier) dem **Museu do Amanhã** 38 (s. u.). Wer nach dem Besuch dieser beiden Attraktionen noch nicht müde ist und historische Kirchen mag, kann von der Praça Mauá aus noch 200 m auf der Avenida Rio Branco zurückgehen, dann links in die Rua Dom Gerado einbiegen und nach 100 m links eine kleine Anhöhe besteigen (oder in einem Aufzug hochfahren) bis zum **Benediktinerkomplex** 39

Igreja de N. S. da Candelária 36

Pça. Pio X, Mo–Fr 7.30–16 Uhr, Eintritt frei

Die gewaltige **Igreja de N. S. da Candelária** (1775–1877) ist die größte historische Kirche Rios. Ihre Architektur, inspiriert vom Petersdom in Rom, ist stilistisch nicht einheitlich: Die Fassade mit kunstvollen Bronzeportalen trägt Barockzüge mit Renaissance-Elementen, das Innere ist klassizistisch und mit Marmor in verschiedenen Färbungen, Malereien und Skulpturen geschmückt. Besonders beeindruckend ist die 70 m hohe Kuppel, sie wiegt 630 t und besteht aus 1400 Steinen.

Museu de Arte do Rio (MAR) 37

Pça. Mauá 5, www.museudeartedorio.org.br, Di–So 11–18 Uhr (letzter Einlass 17 Uhr), 20 R$, bis 21 Jahre 10 R$, über 60 Jahre frei

Das 2013 eröffnete **Kunstmuseum von Rio** befindet sich in zwei Gebäuden, einem Palast aus der Zeit um 1900 und einem modernen Zweckbau. Beide sind durch eine lichte Dachkonstruktion in Form einer Welle verbunden. Von der **Dachterrasse** im sechsten Stock genießt man zunächst einen fantastischen Ausblick und begibt sich dann zu den darunter liegenden **Ausstellungsflächen.** Im Innern sind vor allem **Gemälde** zu besichtigen. Auf vier Etagen sieht man Landschaftsmotive des alten Rio, dann eine internationale Kollektion, darunter abstrakte Malerei und ganz unten einen Mix verschiedener Arten von Gegenwartskunst.

Museu do Amanhã 38

Pça. Mauá 1, auf dem Pier Mauá, www.museudoamanha.org.br, Di–So 10–18 Uhr (Kassenschluss 16 Uhr, letzter Einlass 17 Uhr), Eintritt 30 R$, bis 21 Jahre und Studierende 15 R$, unter 6 und über 60 Jahre gratis, Di frei

Weit in die Guanabara-Bucht hinein ragt das **Museum von Morgen,** das bestimmt das spektakulärste Bauwerk der Stadt ist. Entworfen hat es der spanische Stararchitekt Santiago Calatrava. Wie ein riesiges intergalaktisches Raumschiff wirkt es, das hier auf seiner Reise angedockt hat. Mit Energie versorgt wird es von 4500 Solarpanels und gekühlt von Meerwasser. Im Innern befinden sich viele interaktive Module. Es geht um die Zukunft, das Klima, das lange Leben der Menschen, neue Formen der Arbeit und allgemein um Nachhaltigkeit.

Igreja e Mosteiro de São Bento 39

Rua Dom Gerardo 68, www.mosteirodesaobentorio.org.br, Kirche: tgl. 6.30–18.30 Uhr, Messen mit gregorianischen Gesängen Mo–Sa 7.15 u. 18, So 10 u. 17.30 Uhr, Eintritt frei, Kloster: nicht zu besichtigen

Das **Kloster São Bento** wurde 1590 von zwei Benediktinermönchen gegründet und 1596 fertiggestellt, es ist innen nicht zu besichtigen. Anders, die angrenzende **Benediktinerkirche,** deren Bau 1633 begann und erst 1798 abgeschlossen war. Ihre schlichte Fassade steht in deutlichem Kontrast zur inneren Pracht. Die filigranen Holzschnitzereien datieren aus der Zeit von 1694 bis 1734. Fast alle Holzarbeiten wurden mit feinem Blattgold überzogen. Besonders prunkvoll

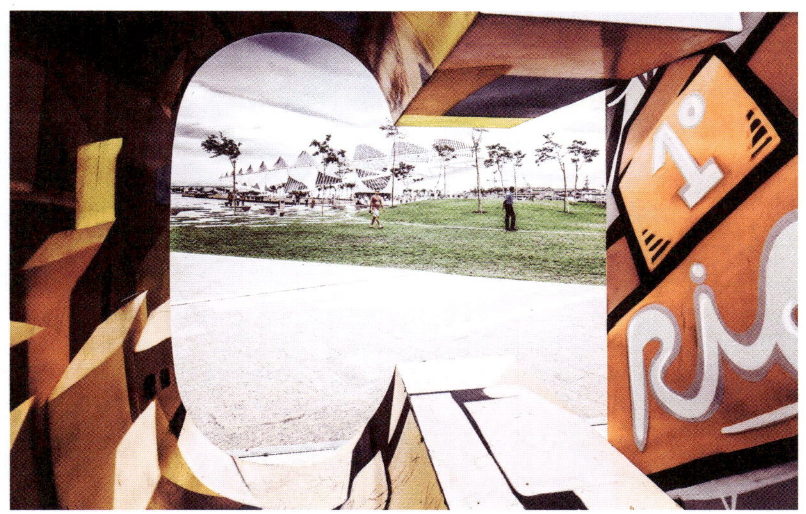

Modernes Wahrzeichen von Rio – das Museu do Amanhã begeistert Besucher wie Cariocas gleichermaßen

präsentieren sich der Hauptaltar und die acht Seitenaltäre, allerdings wirkt das Kircheninnere wegen der spärlichen Beleuchtung etwas düster.

Porto Maravilha 40

Im Anschluss an die Praça Mauá setzt sich der Boulevard noch ein Stück fort. Die autofreie Promenade des **Porto Maravilha** (Wunderbarer Hafen) rund um den Anleger der Kreuzfahrtschiffe wird mit den allmählich größer werdenden Bäumen immer grüner und schattiger und ist besonders bei den alten Hafenschuppen 3 und 4 sehr belebt und angenehm zum Spazieren. Noch mehr Leben bringen zuweil die Touristen, die sich hier vom **Anleger der Kreuzfahrtschiffe** (Parada dos Navios) aus auf den Sprung in die Stadt machen. Sie begrüßt Rio hier mit einer besonderen Attraktion: Eine moderne Straßenbahn bimmelt vorbei an der riesigen Wandmalerei **»Etnias«** des bekannten Graffiti-Künstlers Kobra – auf 3000 m² Fläche (Guinness Book) zeigt sie die beeindruckenden Porträts von Menschen fünf verschiedener ethnischer Stämme, als Vertreter der fünf Kontinente.

Kurz darauf erreicht man das gewaltige **AquaRio** 41 (Pça. Muhammed Ali, www.aquariomarinhodorio.com.br, Tram Utopia AquaRio, Mo–Fr 9–17, Sa, So 9–18 Uhr, letzter Einlass 1 Std. vor Schließung, 150 R$, bei Kauf über die Website 120 R$, Kombiticket mit BioParque oder Corcovado/Christus 170 R$, Jahrespass 190 R$). In 4,5 Mio. l Wasser tummeln sich im größten Aquarium Südamerikas 2000 Fische, Haie und andere Meerestiere, 350 Arten. Die Besucher bewegen sich teils in einem transparenten Tunnel durchs Becken. Den Abschluss des Porto Maravilha bildet derzeit das Riesenrad **Rio Star** 42, dessen Ausblick aber weniger beeindruckend ist als man erwartet.

Nur wenige hundert Meter vom Terminal der Kreuzfahrtschiffe entfernt liegt der älteste Bezirk Rios, bestehend aus den Vierteln Saúde und Gamboa. Er trägt den Beinamen **›Klein-Afrika‹**, denn hier kamen ab 1769 die Sklaven an, genauer an den **Cais do Valongo,** heute ein wenig beachtetes Ruinen-Memorial. Aber nur 300 m weiter befindet sich von der Rua Sacadura Cabral abgehend **Pedra do Sal,** ein kleiner Platz (Largo João da Baiana) mit einer Treppe, der früher als Salzdepot diente und wo heute

KARNEVAL IN RIO

Rios Karneval gilt als Synonym für Lebensfreude und ist eines der größten und berühmtesten Feste der Welt. Den Höhepunkt bildet der Umzug der Grupo Especial im **Sambódromo** 46 (Rua Marquês de Sapucaí, Santo Cristo, 72 500 Plätze). An zwei Nächten, sonntags und montags, ziehen auf dieser 700 m langen Piste 12 Sambaschulen mit je ca. 4000 Teilnehmern hindurch.

Der **Straßenkarneval** konzentriert sich in Ipanema, Lapa, Santa Teresa und im Zentrum vor dem Theatro Municipal. Im Jahr 2023 gab es 613 Umzüge *(blocos)* mit rund 5 Mio. Teilnehmern, die etwa 1,2 Mrd. R$ umgesetzt haben!

Allerdings werden auch die Schattenseiten immer deutlicher: restlos ausgebuchte Hotels mit verdreifachten Preisen und Mindestaufenthalt von sechs Tagen, überlastete Infrastruktur, hohe Kleinkriminalität etc. Wer nicht ausgesprochener Karnevals- und Sambafan ist, bekommt außerhalb der tollen Tage einen authentischeren Eindruck von Rio und die Karnevalsstimmung lässt sich auch bei den Proben in einem der **Vereine** erleben.

Infos: Organisierte Besuche über Hotels oder Spezialanbieter.

Empfehlenswerte Vereine/Schulen: Mangueira 47 Rua Visconde de Niterói 1072, Mangueira, Tel. 021 25 67 34 19, www.mangueira.com.br (Ende Aug.–Febr. Sa 22–5 Uhr, 40–70 R$); **Salgueiro** 48 Rua Silva Teles 104, Andaraí, Tel. 021 31 72 05 18, www.salgueiro.com.br, Juli–Febr. Sa 22–4 Uhr, 40–70 R$.

Selbst gebaut in den Sambaschulen – die Festwagen für die Umzüge

an vier Abenden (Fr–Mo ab 19 Uhr) eine Samba-Liveband Tausende von Besuchern anzieht. Vom Platz aus nach rechts durch die kurze Rua São Francisco da Prainha gehend, kommt man an mehreren Bars vorbei zu einem weiteren Platz, dem von bunten Altstadtgebäuden umsäumten **Largo de Francisco da Prainha,** einem der schönsten von Rio. Ab späterem Nachmittag laden dort mehrere Bars zum Verweilen ein, von Mi–So auch mit Samba-Livemusik. Das Viertel um die Pedra do Sal ist nämlich die Wiege des Samba und des Karnevals wie überhaupt der gesamten schwarzen Kultur Rios, 1984 wurde die Pedra do Sal schließlich zum Kulturdenkmal der Stadt erhoben (Monumento Cultural da Cidade do Rio de Janeiro).

Künstler- und Musikviertel

Lapa

Citypläne: S. 106, 120
Metro Cinelândia, dann 1 km zu Fuß, besser (falls nachts) Uber oder Taxi
Zwischen dem Centro und Santa Teresa liegt das alte Bohème-Viertel **Lapa,** in dem eine Vielzahl von Kneipen und Musikbars Nachtschwärmer anlockt. Der Hauptplatz, die **Praça Cardeal Câmara,** unter den **Arcos da Lapa** 43 einem zwischen 1673 und 1750 für die Wasserversorgung der Stadt erbauten, 270 m langen Aquädukt aus 42 Bögen, war bis Anfang der 1940er-Jahre so etwas wie die Place Pigalle in Paris. Als immer mehr Homosexuelle und Transvestiten (Madame Satã) das Nachtleben beherrschten, ließ der damalige Polizeichef auf Drängen der konservativen Mittelschicht zwischen 1942 und 1943 alle Cabarets schließen. Als 1946 noch das für ganz Brasilien geltende Verbot von Spielkasinos hinzukam, begann der Niedergang des Stadtteils, zumal inzwischen die Copacabana in Mode gekommen war. Seit einigen Jahren jedoch erlebt Lapa ein fantastisches Comeback und gilt heute wieder als das wichtigste Ausgehviertel Rios. Am Wochenende kommen Tausende von Gästen, viele aus der wohlhabenden Südzone und Barra. Die große Mehrheit sind Singles unter 35 mit höherer Ausbildung.

Alles begann in der **Rua do Lavradio,** als diverse vom Konkurs bedrohte Antiquitätenläden Samba- und Chorinho-Bands zum Tanz aufspielen ließen. Vorreiter war das **Rio Scenarium** 1 (Nr. 20; s. S. 138) am Ende dieser Straße, bis heute der größte und beliebteste Sambaschuppen der Stadt. Neben und gegenüber finden sich weitere Musikbars, die auch Sitzplätze im Freien bieten.

Von dort nur zehn Gehminuten entfernt stößt man auf die **Avenida Mem de Sá.** Gleich an der Kreuzung befinden sich vier große Eckkneipen mit Barhockern auf dem Bürgersteig und angrenzend zahlreiche gute Musiklokale. Am traditionellsten ist das kleine **Carioca da Gema** 2 (Hausnr. 79; s. S. 139).

Santa Teresa

Cityplan: S. 106
Metro 1, 2 bis Glória und kurze Taxifahrt; oder mit einer historischen Tram ab Terminal dos Bondes im Centro zwischen Theatro Municipal und Catedral Metropolitana
Das nahe dem Zentrum auf Hügeln gelegene frühere Reichenviertel **Santa Teresa** konnte seine Ursprünglichkeit bis heute bewahren und ist ein idealer Fluchtpunkt für Liebhaber des Pittoresken. Hier wohnen heute viele Künstler und Intellektuelle sowie die meisten der von Europa nach Rio umgezogenen Aussteiger. Auch der englische Posträuber Ronald Biggs fühlte sich hier lange zu Hause. Das Viertel ist geprägt von steil ansteigenden, gewundenen Gassen mit altem Kopfsteinpflaster, Prachtvillen aus dem 19. Jh., diversen Bars und Restaurants sowie einigen netten Kunstlädchen, die sich fast alle entlang der Strecke der Straßenbahn und beim **Largo dos Guimarães** versammeln.

Parque das Ruínas und Museu da Chácara do Céu 44

Vom Largo dos Guimarães etwa 20 Min. zu Fuß, von der Haltestelle am Largo do Curvelo 10 Min., ausgeschildert, ***Parque das Ruínas:***

WANDERN UND KLETTERN IN DER FLORESTA DA TIJUCA

Tour-Infos

Start: Parkeingang Praça Afonso Viseu, Alto da Boa Vista.

Infos/Anfahrt: www.parquenacionaldatijuca.rio.br, per Taxi oder Metro São Conrado und von dort per Taxi bis Parkeingang. Wer zum Pico da Tijuca aufsteigen will, sollte per Taxi noch weiter in den Park bis Bom Retiro fahren; tgl. je nach Jahreszeit 8–17/18 Uhr, Eintritt frei.

Länge/Dauer: Leichte Wanderung ab Parkeingang bis Bom Retiro 6 km bzw. 4 Std. hin und zurück; ab Bom Retiro auf den Pico da Tijuca hin und zurück weitere 2,5 Std. mit Steigungen größerer Schwierigkeit (am besten einer Agentur anschließen).

Geführte Schnuppertour: Eine organisierte 6-stündige Tour (6 km) ab Parkeingang zur Cascatinha Tauney und zum Wasserfall Cascata da Baronesa (Baden!) bietet **Jungle Me** (Tel. 021 967 18 60 99, www.jungleme.com.br) für 295 R$.

Hinweis: Der erste Teil der Tour ist auch ohne Guide machbar. Gut ausgeschildertes Wegnetz. Mückenschutz mitnehmen.

Die **Floresta da Tijuca** 49 bildet mit 15 km^2 den größten Teil des **Tijuca-Nationalparks** (s. S. 128) und eignet sich gut für Aktivurlauber. Hinter dem Eingangsportal ist bald das Rauschen von Rios mächtigstem Wasserfall zu hören, dem **Cascatinha do Tauney,** der 40 m in die Tiefe stürzt.

Auf der asphaltierten Straße ist nun eine leichte Steigung zu bewältigen, auf 461 m Höhe geht es links an der kleinen, 1863 errichteten **Capela Mayrink** vorbei bis zu einem Besucherzentrum mit sehr interessanten Fotos der Flora und Fauna. Es geht nun weiter geradeaus, später folgt man der Ausschilderung bis **Bom Retiro** (660 m), für die meisten der Endpunkt der Wanderung.
Wer noch nicht genug hat oder bis Bom Retiro mit dem Taxi gekommen ist, sollte auf alle Fälle weiterwandern. Man betritt nun einen schmalen Wanderpfad *(trilha)* und muss zuletzt 117 in Felsen gehauene Treppenstufen bis zum 1021 m hohen **Pico da Tijuca** bewältigen. Der Ausblick auf die **Guanabara-Bucht** bis hin zum 1692 m hohen Dedo de Deus (Finger Gottes) bei Petrópolis ist überwältigend. Auf dem Rückweg kann man noch in dem am Weg gelegenen Waldrestaurant **A Floresta** einkehren.

Do–So 9–16 Uhr, ***Museum:*** *Rua Murtinho Nobre 93, www.museuscastromaya.com.br, Mi–Mo 12–17 Uhr, 8 R$, Mi Eintritt frei*
Danach sollte man noch den **Parque das Ruínas** besuchen. Dabei handelt es sich um die restaurierten Reste der früheren Residenz von Laurinda dos Santos Lobo, einer 1946 verstorbenen Aristokratin. Der Zugang zu der Anlage befindet sich in der unterhalb davon verlaufenden Straße. Von der Dachterrasse des Gebäudes genießt man einen der vermutlich schönsten Ausblicke auf die Bucht von Guanabara und das Zentrum von Rio. Und im Hof kann man noch das im Freien liegende **Café Mandala** aufsuchen.

50 m neben dieser Ruine, über einen eisernen Übergang zu erreichen, befindet sich das berühmte **Museu da Chácara do Céu.** Hier wohnte von 1958 bis 1968 der Kunstsammler Raymundo Ottoni de Castro Maya. Neben Stilmöbeln und Porzellan beeindrucken vor allem zahlreiche wertvolle Gemälde ausländischer und brasilianischer Maler.

Zur Escadaria Selarón

Nun geht es über die **Ladeira Santa Teresa** hinunter bis zum **Kloster Santa Teresa** 45 (1750). Die Karmeliterinnen lebten und leben dort weltabgeschieden in der strengen Glaubenstradition der spanischen Heiligen Teresa Sánchez de Ahumada von Ávila, kurz Santa Teresa d'Ávila genannt. Von daher rührt auch der Name des Viertels. Zu besichtigen ist das Kloster nicht, doch beginnt genau dort (rechts nach unten gehen) eine weltberühmte Fliesentreppe, die **Escadaria Selarón:** Sie ist das Lebenswerk des chilenischen Künstlers Jorge Selarón. Seit 1989 hat er die 215 Stufen ›seiner Treppe‹ mit mehr als 2000 auserlesenen Fliesen aus rund 60 Ländern geschmückt, deutsche Städte sind dabei am stärksten repräsentiert. Laut National Geographic handelt es sich um das weltweit größte bildhauerische Kunstwerk aus der Hand eines Einzelnen. Dabei war Selarón gar kein Fliesenleger, sondern Maler. Sein bevorzugtes Motiv waren Karikaturen von schwangeren Favela-Frauen, um 25 000 solcher Bilder hat er geschaffen bzw. verkauft. Auch auf einigen Fliesen ist dieses Motiv verewigt. 2013 starb der Künstler und man fürchtete um die einzigartige Treppe. Doch zum Glück blieb sie unberührt erhalten und ist bis heute ein touristisches Highlight. Abends sollte man den Ort jedoch meiden, da sich hier Drogendealer aufhalten.

Sambódromo und Sambaschulen 46 – 48

s. Tipp S. 124

Parks und Gärten

Cityplan: S. 106
Rio ist die vielleicht grünste Stadt der Welt. Außer dem 3360 ha bzw. 7 % der Stadtfläche einnehmenden Nationalpark da Tijuca gibt es noch 42 weitere Parks und Gärten.

Hoch hinauf und himmelwärts – die Königspalmen im Jardim Botânico

Der erste öffentliche Park Brasiliens war der 1783 eingeweihte Passeio Público in Rio, 1808 folgte der riesige Botanische Garten. Als Charles Darwin 1832 Rio besuchte, kam er aus dem Staunen nicht mehr heraus: »Jede Form, jede Schattierung übertrifft an Pracht so vollkommen alles, was ein Europäer jemals in seinem heimischen Erdteil gesehen hat, dass er nicht weiß, wie er seinen Gefühlen Ausdruck geben soll.« (»Charles Darwin's Naturwissenschaftliche Reisen«, 1844) Was er sah, war indes noch der ursprüngliche Atlantische Regenwald *(mata atlântica)*, der schon bald danach den sich ausbreitenden Kaffeeplantagen weichen musste, bis nichts mehr von ihm übrig blieb als eine kahle, zerfressene Felsenlandschaft. Doch ab 1861 wurde vieles wieder aufgeforstet, auch in den ersten Jahren der Republik und dann – nach einer Phase der Destruktion während der Militärherrschaft – in den 80er-Jahren des 20. Jh.

Neben den zahlreichen Parks und Gärten gibt es in Rio kaum eine Straße, die nicht von prächtigen Baumalleen gesäumt ist. 2010 wurden insgesamt 554 041 Bäume gezählt. Am häufigsten, besonders an den Strandpromenaden, spenden Amendoeira- bzw. Mandelbäume, die ursprünglich aus Malaysia kommen, Schatten, gefolgt von Flamboyantbäumen aus Madagaskar mit roten bis orangefarbenen Blüten (Okt.–Jan.) und von Kasuarinen aus Australien. Insgesamt sind nur 16 % der Baumarten brasilianischer Herkunft, am stärksten vertreten ist der Ipé-Baum, dessen auffällige Blüten (Juni–Sept.) gelb, rosa oder violett sein können. Inzwischen wurde ein Gesetz erlassen, das bei Neuanpflanzungen nur heimische Arten vorsieht.

Parque Nacional da Tijuca

www.parquenacionaldatijuca.rio

Der Kahlschlag der ursprünglichen Regenwälder in der Umgebung von Rio besonders während des ›Kaffeezyklus‹ ab dem 19. Jh. hatte der Stadt das Wasser entzogen, sodass schließlich der Minister Almeida Torres im Auftrag von Kaiser Pedro II. das Land von den Kaffeebaronen zurückkaufte und ab 1861 die Wiederaufforstung einleitete. Man wollte den ursprünglichen Zustand weitgehend wiederherstellen und so pflanzten elf Sklaven innerhalb von 13 Jahren etwa 80 000 Bäume neu an, darunter Mahagoni, Palisander, Paranuss, Eukalyptus und Araukarien. Der Wald hat sich also weitgehend erholt, nur Tiere sieht man dort immer weniger, höchstens die süßen kleinen Mico-Äffchen und die größeren Brüllaffen, manchmal bekommt man auch Nasenbären, Faultiere, Tangare und Riesenschmetterlinge zu Gesicht.

Erst in den 1960er-Jahren begann das öffentliche Interesse an dem begrünten Gelände im Herzen der Stadt zu wachsen, was 1967 zur Gründung des **Tijuca-Nationalparks** führte. Er besteht aus drei Teilen: Der größte heißt **Floresta da Tijuca** 49 (s. Aktiv S. 126), ein wunderbares Gebiet zum Wandern und Klettern, das praktisch schon am Stadtrand im Westen von Rio liegt.

Etwas näher am Zentrum, um das Viertel São Conrado, befinden sich der Felsen **Pedra Bonita** 3 mit der Startrampe der Drachenflieger, der ebenfalls bei Kletterern beliebte Tafelberg **Pedra da Gávea** 8. Und weiter östlich, noch näher am Zentrum, erstreckt sich die **Serra da Carioca** mit dem berühmten **Corcovado** 2 (s. S. 105), der Paineras-Straße und zahlreichen Aussichtspunkten.

Vom Botanischen Garten zur Vista Chinesa

Jardim Botânico 50

Eingänge: Rua Jardim Botânico 920 und 1008, www.jbrj.gov.br, Anfahrt per Bus mit Aufschrift »Jardim Botânico«, Do–Di 8–17, Mi 11–17 Uhr, 73 R$ (nur Barzahlung), Ticket für Elektrowagen 35 R$, Führungen ab Besucherzentrum (auch englischsprachig)

Der **Botanische Garten** von 1808 im gleichnamigen Stadtteil nahe der Lagoa Rodrigo de Freitas, einer schön gelegenen Lagune mit einem 7,3 km langen Rundweg, ist mit rund 6500 tropischen Pflanzenarten und einer Fläche von 137 ha einer der größten Botanischen Gärten Südamerikas. Gegründet wurde er durch João VI. gleich nach der Übersiedlung des Lissaboner Hofstaats. Der Park ist eine grüne Oase des Schattens und der Ruhe mitten in der pulsierenden Großstadt. Manche Besucher sind jedoch etwas enttäuscht – hier steht das meiste fein säuberlich geordnet und vermittelt einen eher verklärenden Eindruck von tropischer Vegetation.

Beim Gang durch die berühmte, 740 m lange **Baumallee** mit den 40 m hohen Königspalmen stellt sich dennoch ein erhabenes Gefühl ein. Sehenswert sind auch die **Gewächshäuser,** u. a. mit Orchideen, Bromelien, Kakteen und fleischfressenden Pflanzen. Die Flora repräsentiert die wichtigsten der in Brasilien vorkommenden Bioräume (Atlantischer und Amazonas-Regenwald, Cerrado u. a., s. S. 24), doch viele Pflanzen und Bäume sind ausländischer Herkunft.

Kurioserweise sind auf dem Gelände des Botanischen Gartens noch die Ruinen einer alten **Schießpulverfabrik** zu besichtigen. Davor verkauft eine Gartenwirtschaft Snacks und Getränke. Am Eingang ist ein Lageplan mit den Attraktionen und englischen Erläuterungen erhältlich, unter den Bäumen finden sich oft Namens- und Erklärungstafeln.

Neuerdings lässt sich der Botanische Garten auch im Elektrowagen durchqueren, was besonders an heißen Tagen sehr angenehm ist. Denn auch die weiter entfernten Stellen wie die ›Region Amazonien‹ geraten so auf einmal in Reichweite. Auf einer Rundstrecke ›Circular‹ mit sieben Haltepunkten können Besucher im Laufe des Tages in die alle 15 Min. vorbeikommenden Wagen einsteigen.

Zum Abschluss kann man noch das **Museu do Meio Ambiente** (Umweltmuseum, wird zzt. renoviert) besuchen und im **Green Garden** einkehren.

Vista Chinesa und Parque Lage 51

Uber/Taxi ab Jardim Botânico, 15 Min., 20–60 R$

Nach dem Besuch des Botanischen Gartens bietet es sich an, noch zum wunderschönen **Aussichtspunkt Vista Chinesa** hochzufahren. Die Straße schlängelt sich durch einen

Teil des Tijuca-Nationalparks. Oben in 380 m Höhe fällt zunächst eine chinesische Pagode ins Auge, die 1903 im Gedenken an chinesische Gastarbeiter errichtet wurde. Die Aussicht von hier oben ist einmalig. Man sieht den Corcovado, den Zuckerhut, die Lagune, das Meer und die Guanabara-Bucht.

Auf dem Rückweg sollte man noch bis zum **Parque Lage** (Rua Jardim Botânico 414, tgl. 9–17 Uhr) fahren. Der sehr exotische Park liegt nur 2 km vom Botanischen Garten entfernt. Im Innenhof eines herrschaftlichen Palasts kann man hier noch einen Kaffee im **Plage Café** trinken und sich Kunstobjekte anschauen. Dort ist heute die Kunstschule **Escola de Artes Visuais** untergebracht.

Die ärmere Nordzone

Cityplan: S. 106

Beim Anflug auf Rio leuchtet ein grenzenloses Lichtermeer, ewig scheint der Flieger über Vorstadtzonen hinwegzugleiten, die man – einmal in den hübschen Vierteln am Meer angelangt – in der Regel nie wieder zu sehen bekommt. Doch zwei bis drei Ziele, die alle in der sogenannten Nordzone bzw. nördlich des Zentrums liegen, sind einen Besuch wert.

Estádio Maracaña 52

Av. Pres. Castelo Branco (Maracanã), www.estadiomaracana.com.br, Bus mit der Aufschrift »Maracanã« oder Metro 1 ab Ipanema bis Estácio, dort umsteigen in Metro 2 (andere Bahnsteigseite) bis Maracaña, tgl. 9–18 Uhr, 40–60 Min., geführte Tour 85 R$; ***Eintrittskarten für Spiele*** *bei den Klubs, am Stadionschalter, via Website, Beginn des Ticketverkaufs Mittwoch vor dem Spieltag, ab 80 R$. Die meisten Hotels bieten – natürlich etwas teurer – Spielbesuche inkl. Tickets und Transfers an. Wer auf eigene Faust zu einem Spiel anreist, sollte die überfüllte Metro eher meiden. Bequemer und schneller erreicht man das Stadion per Uber/Taxi, ab Copacabana über Schnellstraßen ca. 15 km*

Das weltberühmte **Maracanã-Stadion** wurde zwischen 1948 und 1950 für die damals in Brasilien abgehaltene Fußball-WM errichtet. Es war das größte Stadion der Welt, beim Endspiel Brasilien–Uruguay kamen 199 854 Besucher, bis heute ein Weltrekord. Für die WM 2014 wurde das Stadion zwischen 2010 und 2013 völlig umgebaut und zählt nun zu den modernsten der Welt. Kritisiert wird allerdings auch, dass es damit einen großen Teil seines ursprünglichen Charmes verloren habe. Es verfügt über 78 838 Sitzplätze, von denen jeweils das gesamte Spielfeld zu überblicken ist. 360 Kameras garantieren eine Überwachung.

Auf nationaler Ebene begegnen sich hier die (meistens) in der ersten Liga vertretenen Rio-Klubs Botafogo, Flamengo, Fluminense und Vasco da Gama. Auch wenn nicht gespielt wird, kann das Stadion besichtigt werden.

BioParque do Rio 53

Parque da Quinta da Boavista (São Cristóvão), wenige Taximinuten vom Maracaña-Stadion, www.bioparquedorio.com.br, tgl. 9–17 Uhr, 50 R$

Im Park Quinta da Boa Vista liegt der historisch älteste **Zoo** (1888) Brasiliens, der von Grund auf modernisiert wurde und sich nun mit einem neuen, alternativen Konzept präsentiert (u. a. können die meisten Vögel frei umherfliegen und spazieren, es gibt keine Gitter, verletzte Tiere werden betreut und gepflegt usw.). In ihm leben ca. 1000 Tiere, darunter Reptilien, Säugetiere und Vögel aus insgesamt 140 Arten. Die den Zoo umgebende Quinta da Boa Vista ist einer der schönsten und mit 155 000 m² größten Parks Rios mit Grotten, Seen, Freizeiteinrichtungen und einer Kleinbahn, die Besucher durch die Anlage fährt.

Museu Nacional 54

Parque da Quinta da Boavista (São Cristóvão), www.museunacional.ufrj.br, Anfahrt s. BioParque do Rio

Das **Nationalmuseum** von Rio ist in der Nacht des 2. September 2018 einem Großbrand zum Opfer gefallen. Große Teile des geschichtsträchtigen Gebäudes, in dem die

Immer wieder schöne Ausblicke – auch im Künstlerviertel Santa Teresa

Königsfamilien von Pedro I. und Pedro II. residierten, und in dem 1891 die erste republikanische Verfassung Brasiliens verkündet wurde, sind weitgehend zerstört worden. Ebenso die äußerst wertvollen hier untergebrachten Sammlungen (der als unersetzlich geltende zoologisch-botanische Teil, der archäologisch-ethnische Teil mit ägyptischen Mumien und Objekten zahlreicher indigener Völker) sowie eine Raritätenbibliothek mit über 1800 Bänden – das Museum und die enthaltenen Exponate werden derzeit restauriert. Eine Wiedereröffnung ist geplant, das Datum jedoch unklar.

Feira de São Cristóvão 55

Campo de São Cristóvão (São Cristóvão), www.feiradesaocristovao.org.br, Di–Do 10–18, Fr, Sa 10–4, So 10–20, Fr–So 10 R$ (bei berühmten Bands mehr), ungefährlich

In einem aufwendig restaurierten Stadion befindet sich das **Centro Luiz Gonzaga de Tradições Nordestinas,** ein großer Markt, bekannter unter dem Namen Feira de São Cristóvão. In São Cristóvão wohnen viele ärmere Migranten aus dem Nordosten Brasiliens, die im Stadion ihre Waren anbieten oder die Gelegenheit nutzen, um günstig einzukaufen. Doch ist dies nicht nur ein **Markt,** sondern mehr ein **Volks- und Begegnungsfest** der *nordestinos,* die hier ihre kulturellen und musikalischen Traditionen pflegen. Auf zwei riesigen Bühnen spielen am Wochenende Forró-Bands und davor wird kräftig getanzt. Restaurants servieren preiswerte Spezialitäten der Nordostküche, ein Gericht reicht immer für zwei.

Infos

Riotur: Av. Princesa Isabel 183 (Copacabana), Tel. 021 22 98 78 90, www.riotur.rio, www.visitrio.com.br (auch deutsch), Mo–Fr 9–18, Sa, So 9–17 Uhr; außerdem Infokioske u. a. auf den beiden Flughäfen sowie am Busbahnhof, der Rodoviária Novo Rio.

Rio Visitors: Für ausländische Touristen bietet Rio Visitors, www.riovisitorswifi.com, WLAN-Empfang in den wichtigsten touristischen Zonen, v. a. in Copacabana und Ipanema (7-Tage-Pass 20 US$).

LEME
Morro de São João 240 m
Av. Princesa Isabel
R. Rob. Dias Lopes
Av. Prado Júnior
R. Belford Roxo
R. Ronald de Carvalho
Min. Viveiros de Castro
R. Duvivier
R. Rodolfo Dantas
R. Barata Ribeiro
Ladeira do Leme
Trav. Guimarães Natal
R. Assis Brasil
R. Otaviano Hudson
R. Marechal Mascarenhas de Morais
Cardeal Arcoverde
Pça. Cardeal Arcoverde
Av. Nossa Senhora de Copacabana
Pça. do Lido
Posto 2
R. Inhangá
R. Tonelero
R. República do Peru
R. Fernando Mendes
R. Hilário de Gouveia
R. Paula Freitas
R. Siqueira Campos
Siqueira Campos
Pça. Serzedelo Correia
Av. Atlântica
Posto 3
Praia de Copacabana
R. Henr. Oswald
Lad. dos Tabajaras
R. Figueiredo de Magalhães
R. Décio Vilares
R. Maestro Francisco Braga
Pça. Edmundo Bitencourt
R. Anita Garibaldi
R. Sta. Clara
COPACABANA
R. Domingos Ferreira
R. Raimundo Corrêa
R. Dias da Rocha
R. 5 de Julho
R. Constante Ramos
R. Pompeu Loureiro
R. Barata Ribeiro
R. Barão de Ipanema
R. Miguez
R. Leopoldo Miguez
R. Bolívar
R. Xavier da Silveira
R. Aires Saldanha
R. Miguel Lemos
R. Djalma Ulrich
Posto 4
Posto 5
Oceano Atlântico
R. Saint Roman
R. Sá Ferreira
R. Raul Pompeia
R. Souza Lima
R. Francisco Sá
R. Conselheiro Lafaiete
R. Júlio de Castilhos
Av. Rainha Elisabete da Bélgica
Rua Bulhões de Carvalho
R. Joaq. Nabuco
ARPOADOR
Posto 6
Museu Histórico do Exército
Ponta de Copacabana
Pça. Col. Eugênio Franco
R. Francisco Otaviano
Pça. do Arpoador
Parque Garota de Ipanema
Praia do Diabo
Posto 7
1
3
5
6
7
9
10
12
13
0
250
500
750
1000 m

Rio de Janeiro, Copacabana

Sehenswert

1 – 5, 8 – 21, 33, 41 – 55 s. Cityplan S. 106
22 – 32, 34 – 43 s. Cityplan S. 120
6 Forte de Copacabana
7 Museu da Imagem e do Som (MIS)

Übernachten

2, 4, 8, 11 – 12 s. Cityplan S. 106
1 Belmond Copacabana Palace
3 PortoBay Rio de Janeiro
5 Arena Ipanema Hotel
6 Windsor Excelsior Copacabana
7 Windsor Martinique
9 Atlantis Copacabana Hotel
10 Arena Copacabana Hotel
13 Copa Sul Hotel

Essen & Trinken

1 Churrascaria Palace
2 – 6, s. Cityplan S. 106
7 Cervantes

Einkaufen

1 – 3 s. Cityplan S. 106
4 s. Cityplan S. 120

Abends & Nachts

1 – 3, 9 s. Cityplan S. 120
4 – 8, 10 s. Cityplan S. 106

Aktiv

1 – 11, 13 s. Cityplan S. 106
12 Stand-Up-Paddling

Übernachten

Die meisten Besucher quartieren sich in den teureren Vierteln am Atlantik ein (Copacabana, Arpoador, Ipanema, Leblon), weiter entfernt liegen zumeist etwas günstigere Hotels im alten Villen- und Künstlerviertel Santa Teresa.

Mondän – **Belmond Copacabana Palace 1**: Av. Atlântica 1702 (Copacabana), Tel. 021 25 48 70 70, www.belmond.com. Traditionsreichstes Grandhotel Brasiliens, 1923 erbaut, Ende 2012 komplett renoviert. 239 Zimmer, großer Pool im Hof. €€€

Boutique-Hotel – **Santa Teresa Hotel MGallery 2**: Av. Alm. Alexandrino 660 (Santa Teresa), Tel. 021 33 80 02 00, www.santateresahotelrio.com. Früher eine Kaffeefarm, seit 2008 Luxushotel und Traumprojekt eines französischen Millionärs mit tropischem Design, Kunstdekor und 44 unterschiedlich dekorierten Suiten. Garten, Pool, Bar und Gourmetrestaurant Térèze (s. S. 137); ökologisch ausgerichtet (u. a. kein Holz aus Raubbau). Gute Lage nahe Bars, Restaurants und Kunstläden. €€€

Sehr komfortabel – **PortoBay Rio de Janeiro 3**: Av. Atlântica 1500 (Copacabana), Tel. 021 25 46 80 00, www.portobay.com. Großes Hotel mit 117 komfortablen und sehr geschmackvoll dekorierten Zimmern, teils mit Meerblick. Schöner Pool im 20. Stock. €€€

Feinstes Design – **Villa Paranaguá Hotel & Spa 4**: Rua Visconde de Paranaguá 71 (Santa Teresa), Tel. 021 35 96 70 20, www.villaparanagua.com. Elegantes und höchst geschmackvoll dekoriertes Boutiquehotel einer französischen Familie. Design und Architektur in einer alten Villa ergänzen sich ideal mit der üppigen tropischen Vegetation. 10 Suiten mit Balkon, einige mit fantastischer Aussicht, schöner Pool im Garten mit Bar sowie exzellentes Hotelrestaurant (auch für Nichtgäste nach Anmeldung offen). Die einladenden Aufenthaltsbereiche und das Freizeitangebot (u. a. Boule-Anlage) strahlen stilvolle französische Lebensart aus. Ein außergewöhnliches Luxushotel mit Charme. €€€

Cool, einfach gut – **Arena Ipanema Hotel 5**: Rua Francisco Otaviano 131 (Ipanema), Tel. 021 35 12 82 00, www.arenahotel.com.br. Lockeres, informelles 4-Sterne-Hotel mit stilvoll designten, komfortablen Zimmern. Von der Dachterrasse mit kleinem, dreieckigem Pool und Lounge bietet sich ein herrlicher Sonnenuntergang. Nahezu perfekte Lage zwischen Copacabana, Ipanema und Arpoador. Sehr umweltfreundlich. €€€

Klassisch – **Windsor Excelsior Copacabana 6**: Av. Atlântica 1800 (Copacabana), Tel. 021 21 95 58 00, www.windsorhoteis.com. Tra-

Favelas – Hanglage mit Meerblick und Drogenkrieg

Mit einer Pflanze aus Bahia fing es an, dann hießen so die Elendsviertel der Armen und Ausgestoßenen. Wie Knospen brachen sie hervor und wie Geschwüre wucherten sie schließlich an den grünen Berghängen Rios dicht bei den Wohnvierteln der Reichen. Anfangs waren die Bewohner noch willkommene Billiglohnarbeiter, doch mit der Zunahme wirtschaftlicher Krisen kamen der Drogenhandel und die Gewalt. In Rio findet aber seit 2008 ein Pazifizierungsprozess statt. Anfangs waren die Ergebnisse ermutigend, ab 2015 stockt das Programm jedoch mangels staatlicher Ressourcen.

Der Name Favela geht auf eine Blütenpflanze in Bahia zurück. Sie wuchs auf dem Morro da Favela genannten Hügel des Feldlagers der republikanischen Truppen während des Krieges von Canudos. Die siegreichen Soldaten blieben jedoch wegen der kriegsgebeutelten Staatskassen ohne Sold und hausten ab 1897 in Holzhütten an einem Hang im Zentrum von Rio, den sie wieder Morro da Favela nannten. Auch befreite Sklaven siedelten sich an solchen Hügeln an sowie Obdachlose, deren vorherige Unterkünfte den Urbanisierungsprojekten des Bürgermeisters Pereira Passos weichen mussten. Ab den 1930er-Jahren entstanden immer mehr Favelas, häufig gefördert durch die Stadtverwaltung. Der größte Migrantenzustrom erfolgte in den 1950er- und 1960er-Jahren, als verstärkt billige Arbeitskräfte benötigt wurden. Heute gibt es in Rio ca. 600 Favelas, in denen 22 % der Stadtbevölkerung leben.

Die Häuser bestehen inzwischen alle aus Ziegelstein und sind meist gar nicht so ärmlich eingerichtet, vom Hügel aus bietet sich oft ein herrlicher Meerblick. Inzwischen kümmern sich die Behörden etwas mehr um die lange vernachlässigten Armenviertel. Es werden nun nach einem Projekt der früheren Regierung Lula alle Grundstücke und Häuser erstmals per Grundbucheintrag registriert und legalisiert. Die Stadt sorgt für Strom, Wasser und bald auch für Kanalisation, nicht zuletzt um einen Fuß in das von Drogenbossen beherrschte Niemandsland zu setzen. Der Staat und viele Initiativen versuchen die Jugendlichen in Freizeit- und Kulturangebote einzubinden, um sie dem Einfluss der Drogenwelt zu entziehen.

Und dann geschah – zumindest in Rio – noch ein ›Wunder‹. Im Dezember 2008 begann die Stadt, die jahrzehntelang der Drogenmafia überlassenen Gebiete zurückzuerobern. Die Zauberformel bestand aus einem Mix von Urbanisierung und Pazifizierung, sprich einer dauerhaften Besetzung durch eine polizeiliche Friedenstruppe (UPP). Die Wahl Rios als Austragungsort der Fußball-WM und der Olympischen Spiele beschleunigte diesen Prozess. Seitdem entwickelt sich in manchen Favelas ein reger und von den Bewohnern durchaus begrüßter Tourismus – die meisten ausländischen Gäste sind übrigens Europäer. Manche quartieren sich sogar in einem Favela-Hostel ein.

Leicht zu erkunden ist die Favela Santa Marta in Botafogo (s. Aktiv S. 115), ebenso die kleine pazifizierte Favela Cantagalo. Nahe der Metrostation Praça General Osório in Ipanema fährt man in einem Aufzug (Elevador Complexo Rubem Braga) hinauf und genießt auch noch einen herrlichen Blick auf Copacabana und Ipanema. Beide sollten jedoch möglichst in Begleitung eines Guides aufgesucht werden.

Von allen Favelas ist jedoch die pazifizierte Rocinha wegen ihrer Dimensionen und des weiten Blicks nach wie vor am faszinierendsten. Hier leben auf engem Raum mindestens 67 000 Men-

Spielende Kinder – der Favela-Alltag ist meist viel normaler, als die Nachrichten vermuten lassen

schen. Das Team von Marcelo Armstrong (s. S. 140) bietet englischsprachige Führungen an, dabei wird auch eine kleinere Favela in der Nähe besucht, inkl. einer Schule, die Marcelo mit einem Teil seines Honorars unterstützt.

Eine andere kleinere Favela namens Vidigal ist vor allem bei jüngeren Gästen en vogue. Der Grund: Vidigal hat sich seit Kurzem zu einer Art ›Party-Favela‹ entwickelt. Ihre Beliebtheit rührt nicht zuletzt daher, dass hier ein Teil einer Telenovela gedreht wurde, die den Ort einem breiten Publikum bekannt gemacht hat. Die Favela liegt in der wohlhabenden Südzone Rios nahe den In-Vierteln Ipanema und Leblon und zieht neben der brasilianischen Mittelschichtjugend auch viele ausländische Besucher an, die in den umliegenden Hotels und Hostels untergebracht sind. Ferner kommen inzwischen auch schon Besucher aus entfernteren Teilen der Stadt. Die besondere Hanglage am Ende von Leblon gilt als eine der schönsten von ganz Rio de Janeiro, der Blick schweift hier über das Meer und mehrere Strandviertel. Darüber hinaus gilt die Favela als relativ ungefährlich. Die meisten Bars und Aussichtsterrassen befinden sich mehr oberhalb der Favela im Bereich Na Laje. Am späteren Samstag- wie Sonntagnachmittag geht die Party schon los und meistens mit einem DJ. Ein schöner Ort, um Favelas auch mal als Vergnügungs- und internationalen Begegnungsort zu erleben (Anfahrt per Metro bis Antero de Quental und kurze Uber-/Taxifahrt zur Favela bis Na Laje).

ditionshotel im besten Sinne mit komfortablen Zimmern und sanfter Loungemusik. Tolle Aussicht von der Dachterrasse mit Pool. Hervorragende Lage an der Strandpromenade, viele Bars, Restaurants und Läden sind gleich in der Nähe. €€€

Ganz chic und preiswert – **Windsor Martinique 7 :** Rua Sá Ferreira 30 (Copacabana), Tel. 021 21 95 52 00, www.windsorhoteis.com. Modernes 3-Sterne-Hotel mit stimmigem Preis-Leistungs-Verhältnis. Wenige Meter bis zum Strand und nur wenige Gehminuten bis Ipanema. €€

Gästehaus – **Guesthouse Bianca 8 :** Rua Murtinho Nobre 35 (Santa Teresa), Tel. 021 986 66 80 04, www.guesthousebianca.com. Liebevoll als Bed and Breakfast umgebautes Familienhaus aus den 1930er-Jahren mit Orginalparkettböden und stilvoller Einrichtung. Der sympathische Besitzer Guido spricht Englisch. Frühstück gibt's auf gedeckter Veranda mit Sicht auf Garten und Mangobaum. Minimum 2 Übernachtungen. €€

Günstige Lage – **Atlantis Copacabana Hotel 9 :** Rua Bulhões de Carvalho 61 (Arpoador), Tel. 021 25 21 11 42, www.atlantishotel.com.br. Mittelklassehotel mit 87 Zimmern in ruhiger Seitenstraße, günstig zwischen den Stränden von Copacabana und Ipanema gelegen (je 5 Min. zu Fuß). Nette Dachterrasse mit Bar, kleinem Pool, Sauna und Fernblick auf die Praia de Ipanema. €€

Erste Reihe – **Arena Copacabana Hotel 10 :** Av. Atlântica 2064 (Copacabana), Tel. 021 30 34 15 01, www.arenahotel.com.br. Auch dieses Hotel liegt direkt am Strand im Herzen des Stadtteils. Viele Zimmer haben einen frontalen Meerblick, aber auch die seitliche Aussicht ist top. Nette Dachterrasse mit Pool und Bar-Restaurant. Unten serviert das Hotelrestaurant Otaviano u. a. eine hervorragende spanische Paella. €€€

Bewährte Kette – **Arena Leme Hotel 11 :** Av. Atlântica 324 (Leme), Tel. 021 22 44 92 00, www.arenahotel.com.br. Für das neueste Hotel aus der Arena-Hotelgruppe wurde ein ehemaliges Wohnhaus komplett neugestaltet. Heute besitzt es 164 moderne Zimmer, die besten bieten einen tollen Meerblick. Dachterrasse mit exzellenter Rooftop-Bar, ruhige und sehr entspannte Lage am Ende des Strandviertels Leme. €€€

Altbau mit Flair – **Riale Imperial Flamengo 12 :** Rua do Catete 186 (Catete), Tel. 021 21 12 60 00. Schöner Altbau, keine Nobelunterkunft, aber gepflegt und anheimelnd. Auch Restaurant, Pool, Sauna und Fitnesscenter sowie Garage. In belebter Gegend unweit von einem großen Park und direkt bei der Metrostation Catete gelegen. €€

Guter Gegenwert – **Copa Sul Hotel 13 :** Av. N. S. de Copacabana 1284, Tel. 021 32 02 94 50, www.copasul.com.br. Renoviertes Hotel mit 88 Zimmern in 3 Kategorien, am besten sind Superior und Deluxe. Geräumige, bequeme und sehr saubere Zimmer. Höhere Stockwerke bevorzugen. €€

Essen & Trinken

Fleisch mit Stil – **Churrascaria Palace 1 :** Rua Rodolfo Dantas 16 (Copacabana), Tel. 021 25 41 58 98, www.churrascariapalace.com.br, tgl. 12–24 Uhr. Exzellente traditionsreiche *churrascaria,* vom Besitzer Antônio künstlerisch und rio-spezifisch dekoriert. Sehr aufmerksamer Service und freundliche Kellner. Im *rodízio*-System kommen an die 40 verschiedene Fleischspieße an den Tisch, auch Fisch, am Büfett gibt es viele Salate, Meeresfrüchte und Sushi, alles in höchster Qualität. Fixpreis *(all you can eat)*. €€€

Edel-Churrascaria – **Fogo de Chão 2 :** Av. Repórter Nestor Moreira (Botafogo), Tel. 021 25 42 15 45, www.fogodechao.com.br, Mo–Sa 12–23.30, So 12–22.30 Uhr. Großes Gourmetlokal für Fleischliebhaber *(rodízio)*. Am Buchtstrand von Botafogo gelegen, durch eine Glaswand blickt man auf den Zuckerhut. Fixpreis *(all you can eat)*. €€€

Nationalgericht – **Casa da Feijoada 3 :** Rua Prudente de Morais 10, Loja B (Ipanema), neben dem Hippiemarkt, Tel. 021 22 47 27 76, tgl. 12–22 Uhr. Der *feijoada*-Tag ist eigentlich Samstag, doch hier bekommt man Brasiliens Nationalgericht jeden Tag. Der Fixpreis beinhaltet Vorspeise, einen alkoholischen Aperitif (Batida), das komplette *feijoada*-Menü sowie den Nachtisch. Es ist ratsam, sich am nobleren

Fleischtopf *(carne nobre)* zu bedienen, die andere Version liegt recht schwer im Magen. €€€
Gourmetgenuss mit Aussicht – **Térèze** 4 **:** Rua Almirante Alexandrino 660, Hotel MGallery (Santa Teresa), Tel. 021 33 80 02 59, tgl. 12–15.30, 18–22.30 Uhr. Eines der besten Gourmetrestaurants der Stadt serviert zeitgenössische Küche mit lateinamerikanischem Einschlag, gemessen an der Qualität nicht teuer. Probieren Sie auch die köstlichen Vorspeisen wie den *salada térèze, gaspacho de tomate oder steak tartare.* Tropisch-elegantes Design und großartiger Blick auf die Stadt mit der Guanabara-Bucht. €€–€€€
Stilvoller Self-Service – **Frontera** 5 **:** Rua Visconde de Pirajá 128 (Ipanema), Tel. 021 32 89 23 50, @restaurantefrontera, tgl. 11.30–23 Uhr. Trendiges Lokal mit variationsreichem Büfett (Fleisch, Salate), Fr, Sa auch *feijoada.* Büfettpreise wahlweise nach Gewicht oder Pauschalpreis, *all you can eat.* €€–€€€
Romantisch – **Gula Gula** 6 **:** Rua Barão da Torre 446 (Ipanema), Tel. 021 971 15 43 85, @gulagularestaurante, tgl. 12–22 Uhr. Exzellente Salate, Fleisch- und Nudelgerichte sowie die Spezialität des Hauses: köstliche Nachtische zum Dahinschmelzen. €€
Sandwiches – **Cervantes** 7 **:** Av. Prado Junior 335 (Copacabana), Tel. 021 970 75 14 90, www.restaurantecervantes.com.br, tgl. 10–5 Uhr. Die besten Fleischsandwiches der Stadt, stets belegt mit einer Scheibe Ananas. Gut für den kleinen Hunger im Morgengrauen. €–€€

KULINARISCHE ENTDECKUNGSREISEN

Zwei spannende Kurse bzw. Führungen (auf Engl.) sind besonders empfehlenswert:
Cook in Rio 8 **:** Rua Visconde de Pirajá 281, Loja 213, Ipanema, Tel. 021 988 949 857, www.cookinrio.com. Einführung in die brasilianische Kochkunst: Unter Anleitung einer erfahrenen Köchin wird ein mehrgängiges Menü bestehend aus acht typisch brasilianischen Zutaten/Rezepten zubereitet und im Anschluss gemeinsam verkostet. Als Hauptgerichte stehen, je nach Wochentag, *moqueca* oder *feijoada* zur Auswahl. Dazu werden nach Lust und Laune Caipirinhas gemixt und getrunken. Ein lebendiger Kochkurs, der Spaß macht (4 Std., 85 US$ p. P. inkl. Zutaten, 2–9 Pers.).
Brazilian Fruit Tasting Session: Tel. 021 988 94 98 57, www.cookinrio.com. Auf einem von Rios Märkten nascht man sich durch die köstlichsten Tropenfrüchte, dazu gibt's Erklärungen auf Englisch oder Deutsch (2 Std., 40 US$ p. P.).

Einkaufen

Schicke Shoppingmalls – **Rio Sul Shopping Center** 1 **:** Rua Lauro Müller 116 (Botafogo, von der Copacabana/Av. Princesa Isabel aus gleich rechts hinter dem Tunnel), www.riosul.com.br, Mo–Sa 10–22, So 13–21 Uhr. Kaufhaus mit europäischem Standard, viele Läden auf vier Etagen, auch Bars, Restaurants und Kinos. **Shopping Leblon** 2 **:** Av. Afrânio de Melo Franco 290 (Leblon), www.shoppingleblon.com.br, Mo–Sa 10–22, So 13–21 Uhr. Etwas kleiner, aber noch eleganter als das Rio Sul. Von der obersten Food-Etage schöner Blick auf die Lagune und den Corcovado.
Kunsthandwerk – **Feira Hippie** 3 **:** Pça. General Osório (Ipanema), www.feirarteipanema.com, So 8–18 Uhr. Früher ein Hippietreff, heute ein gehobener Kunsthandwerksmarkt. Sehr besuchens- und sehenswert, aber nicht gerade billig. Lederwaren, Kleidung, Schmuck, Keramik, Bilder, Möbel u. a. mehr.
Naturkosmetik – **Granado Pharmácias** 4 **:** Rua Primeiro de Março 16 (Centro), www.granado.com.br, Mo–Fr 9–18, Sa 10–14 Uhr. In einem hübschen Verkaufsraum in der ältesten Apotheke Brasiliens (1870) bekommt man natürlich hergestellte Kosmetikartikel, die meis-

An der Praia do Arpoador ist der fasziniernd ste Sonnenuntergang von Rio zu bewundern

ten Zutaten stammen aus Amazonien. Im Stadtgebiet gibt es diverse weitere Filialen, u. a. in Ipanema und Leblon.

Abends & Nachts

Im Musikviertel **Lapa** konzentriert sich Rios Nachtleben, ständig entstehen neue schöne Bars mit guter brasilianischer Livemusik. Bei der Wiederentdeckung Lapas als Nightlife-Viertel spielte das beliebteste Sambalokal Rios die Vorreiterrolle:

Der Sambaschuppen Rios – **Rio Scenarium 1**: Rua do Lavradio 20, Tel. 021 35 53 31 04, www.rioscenarium.com.br, Mi–Fr ab 19, Sa ab 20 Uhr, Eintritt im Vorverkauf über die Homepage je nach Wochentag 20–35 R$, Abendkasse 35–50 R$. Für den Kauf ist ein Ausweis mit Lichtbild erforderlich (Kopie). Fr, Sa ab 21 Uhr. Es gibt immer Warteschlangen, daher möglichst vorher kommen. Vom Antiquitätenladen zum Sambalokal: Die vielen Antiquitäten, die heute als Deko dienen, sind schon eine Sehenswürdigkeit für sich. Ab 19.30 Uhr spielt eine Vorband, die Hauptattraktion betritt gegen 23 Uhr die Bühne. Insgesamt verfügt das Kultlokal über 7 verschiedene Räumlichkeiten für bis zu 2000 Personen, die sich über drei Etagen eines restaurierten Kolonialhauses verteilen. Ein Besuch im Rio Scenarium ist ein Erlebnis für alle Sinne. Vor oder nach dem Tanzen kann man hier auch gut essen und aus einem breiten Angebot von Salaten, Hauptgerichten und Nachtisch auswählen.

Traditionelles Musiklokal – **Carioca da Gema** 2: Av. Mem de Sá 79, Tel. 021 985 56 08 34, www.barcariocadagema.com.br, Di–Fr ab 19.30, Sa ab 20.30 Uhr Uhr, 25–35 R$. Hier sollte man, sofern man gerne sitzen möchte, eventuell reservieren. Sonst steht man einfach an der Bar oder tanzt mit (v. a. Live-Samba und -Chorinho).

Altstadtfest – **After-Work-Party** 3: Rua do Ouvidor, Trav. do Comércio und Rua do Rosário, die schönsten Altstadtgassen der Stadt nahe Praça 15 de Novembro (Centro). Mit Tischen im Freien und Musik von mehreren Bars, belebt vor allem Mi–Fr ab 19 Uhr.

Retro-Chic – **Boteco Boa Praça** 4: Av. Vieira Souto 110 (Arpoador/Ipanema), Tel. 021 31 95 24 88, @botecoboapraca, Mo–Do 17–1, Fr, Sa 12–2, So 12–1 Uhr. In-Bar mit Terrasse und etwas Blick auf den Strand, auch Restaurant, die einzige Option an der Strandavenue von Ipanema. Weitere Filialen in Leblon und Barra da Tijuca.

Bohemian Rhapsody – **Explorer Bar** 5: Rua Almirante Alexandrino 399 (Santa Teresa), Tel. 021 32 64 96 65, www.explorerbar.com, Di–Do 17–24, Fr 17–1, Sa 9–1, So 9–23 Uhr. Feine Cocktails und kulinarische Spezialitäten aller Kontinente in der zauberhaften Atmosphäre einer alten Villa mit Garten.

Moderne Bar – **Meza Bar** 6: Rua Capitão Salomão 69 (Humaitá), Tel. 021 32 39 19 51, www.mezabar.com.br, tgl. ab 18 Uhr. Bar mit interessantem und bunt gemischtem Publikum. Gute Snacks und kreative Cocktails,

z. B. Santa Bárbara (Gin, Erdbeergelee und Ingwerschaum).

Jedes Alter – **Vinicius Bossa Nova Bar** 7 **:** Rua Vinicius de Moraes 39 (Ipanema), Tel. 021 995 67 01 55, @vinicius.bossanovabar, tgl. 12–23 Uhr, Eintritt oben in der Bossa Nova Bar variabel ab ca. 40 R$, unten im Restaurant ab 19 Uhr oft Livemusik mit geringem Couvert. Traditionelle Adresse für gute Bossa-Nova- und andere brasilianische Popularmusik (MPB). Liveinterpreten, Publikum aller Altersgruppen. Auch gehobene Küche.

Tanz- und Folklore – **Ginga Tropical** 8 **:** im Teatro Fashion Mall (São Conrado), Estrada da Gávea 899, Tel. 021 992 82 72 22, www.gingatropical.com. Niveauvolle Tanz- und Folkloreshow für Touristen, Lieder und Tänze aus verschiedenen Regionen Brasiliens. Dauer 2 Std., Karten via Website, Shows Do, Sa ab 21.15 Uhr, 50 US$.

Rockshows – **Circo Voador** 9 **:** Rua dos Arcos (Lapa), Tel. 021 25 33 03 54, www.circovoador.com.br, Programmtage variabel, meist Fr, Sa, Einlass meist ab 21 Uhr, Livemusik ab 23 Uhr. Modernes Showzelt mit Tribünen, Piste und Videoleinwand auf großem Freigelände neben den Arcos da Lapa. Schwerpunkt Rock und MPB, jüngeres Fanpublikum. Kartenvorverkauf über jeweilige Links auf der Homepage.

Zentrumsnahe Shows – **Vivo Rio** 10 **:** Av. Infante Dom Henrique 85 (beim Museu de Arte Moderna, Parque Flamengo), www.vivorio.com.br. Showhaus mit 2600 Sitzplätzen und Topbands. Kartenverkauf über die Homepage (Ingressos) oder an Konzerttagen von 16 Uhr bis Konzertbeginn für alle Veranstaltungen.

Klassisches – **Theatro Municipal** 22 **:** Pça. Floriano (Centro), Tel. 021 23 32 91 91, www.theatromunicipal.rj.gov.br. Fast jeden Abend (außerhalb der Sommerpause) Tanz, Ballett, Konzerte oder Theater; s. auch S. 117.

Aktiv

Private Rio-Touren mit Helmuth Taubald – **Helmuth Taubald:** s. Tipp S. 103.

Favela-Touren – **Marcelo Armstrong:** Tel. 021 999 89 00 74, www.favelatour.com.br. Besuch der Favelas Rocinha und Vila Canoa inklusive Sozialprojekte, Dauer etwa 3 Std., englischsprachige Guides, 115 R$/Pers. inkl. Hoteltransfer, direkt buchen ist günstiger als über die Hotelrezeption; s. auch Thema S. 134.

Bootstouren – **Saveiros Tour:** Tel. 021 994 48 75 51, www.saveiros.com.br, Mo–Fr 9–18 Uhr. Saveiros bietet ab der **Marina da Glória** 1 eine gemütliche Tour im Schoner (tgl. 9.30–11.30 Uhr, 80 R$) durch die Bucht von Guanabara.

Boots- und Radtour – **Ilha de Paquetá** 2 **:** ab Estaçao das Barcas bei der Praça 15 de Novembro, Mo–Fr 8.30, Sa, So 8.30, 10, 11.30 Uhr, Boot zur Paquetá-Insel, 60 Min., hin und zurück 16 R$. Auf dem hübschen kleinen Eiland (4500 Einw.) in der Bucht von Guanabara fahren statt Autos nur Fahrräder, die man vor Ort mieten kann. Schon der portugiesische Prinzregent João VI. residierte hier während seiner Brasilienaufenthalte im kleinen Palast **Solar d'el Rei.** Einige herrschaftliche **Villen** erinnern noch an damals, ebenso die kleine **Kapelle São Roque** von 1698. Auch die **Strände** sind reizvoll, besonders Moreninha und José Bonifácio, und inzwischen sogar zum Baden geeignet. Ferner bietet die Insel einen Kunsthandwerksmarkt, den **Paquetá das Artes,** sowie ein paar nette **Restaurants.**

Drachen- und Gleitschirmfliegen – **Konrad Heilmann:** Tel. 021 998 43 90 06, www.airadventures.net. Deutschsprachiger Anbieter (fliegt aber selten selbst) mit gutem englischsprachigen Team. Die Agentur ist spezialisiert auf Drachenflüge/Hängegleiter *(Asa-Delta),* vermittelt aber auch Gleitschirmflüge *(Parapente/Paragliding).* Viele weitere Anbieter an der **Praia do Pepino** (São Conrado), **Start von der Rampe des Pedra Bonita** 3 (nur bei Aufwind vom Meer). Das Mitfliegen (10–30 Min.) kostet um 770 R$, Hoteltransfer extra.

Fahrradfahren – **Special Bike** 4 **:** Rua Bartolomeu Mitre 630 (Leblon), Tel. 021 22 94 59 93, Mo–Fr 9.30–19, Sa 9.30–17 Uhr, 30 R$ je Std., 60 R$/Tag, Pfand 300 R$ in bar oder Ausweis hinterlegen. Man kann an den Stränden bzw. der Guanabara-Bucht entlang durchgehend von Leblon bis zum Flughafen Santos Dumont radeln.

Hubschrauber-Rundflüge – **Helisight** 5 **:** Tel. 021 980 55 33 32, www.helisight.com.br. Start tgl. ohne Voranmeldung 9–17 Uhr von den **Helipontos** Morro da Urca (Zwischenstation der Seilbahn zum Zuckerhut) und Lagoa, dort Infotafeln zu Routen und Preisen (kürzester Flug 6 Min./490 R$/Pers., mind. 3–5 Pers. je nach Hubschraubermodell).

Klettern – Rio gilt wegen der vielen Hügel und Felsen als bestes städtisches Kletterrevier der Welt, es gibt mehr als 300 Pfade. Anfänger erklimmen am besten die Wand des **Morro da Babilônia** 6 **,** den gegenüberliegenden **Zuckerhut** 1 (nahe der Spitze jedoch 15 m Steilaufstieg) oder die 553 m auf den **Morro Dois Irmãos** 7 (Vidigal; ab 180 R$ bei Crux Eco, s. u.). Der **Corcovado** 2 zählt zu den anspruchsvolleren Felsen. Ebenfalls herausfordernd ist die Besteigung des 842 m hohen **Pedra da Gávea** 8 (3 Std.). Geführte Touren z. B. bei den Agenturen **Companhia da Escalada,** www.companhiadaescalada.com.br, und **Crux Eco,** www.cruxeco.com.br (engl.).

Surfen, Kitesurfen, Stand-Up-Paddling – Die beliebtesten Surfspots befinden sich in **Arpoador** 9 und etwas außerhalb der Stadt am traumhaft schönen Strand **Prainha** 10 **.** Am Anfang des Barra-Strandes bei der **Praia do Pepê** 11 ist Kitesurfen verbreitet (Quiosque 7, www.kitepointrio.com.br, Ausrüstung, Kurse ab 350 R$/Std. Einführungskurs im Sand, 500 R$/Std. auf dem Wasser). Sehr in Mode gekommen ist **Stand-Up-Paddling** 12 **,** besonders am Ende (Posto 6) der Copacabana.

Tauchen – **Xdivers** 13 **:** Av. Ataúlfo de Paiva 658, Sala 402 (Leblon), Tel. 021 965 32 00 05, www.xdivers.com.br. Sehr beliebt sind die Tauchreviere um die Cagarras-Inseln vor Ipanema sowie Nachttauchen an der Praia Vermelha unterm Zuckerhut.

Wandern – Im **Parque Nacional da Tijuca** gibt es ein großes, ausgeschildertes Wegnetz (s. auch **Floresta da Tijuca** 49 Aktiv s. S. 126). Längere Wanderungen, weg von den Hauptwegen, nur mit Guide, da man sich verlaufen kann, z. B. **Rio Hiking:** www.riohiking.com.br. Englischsprachige Guides.

Termine

Karneval: Febr. Größte Karnevalsparaden der Welt mit mehr als 600 Straßenumzügen bzw. -partys (s. Tipp S. 124).

ArtRio: 5 Tage Sept./Okt., www.artrio.com. Internationale Ausstellung zeitgenössischer Kunst mit Verkauf. Von den über 100 teilnehmenden Galerien ist ein großer Teil ausländischer Herkunft. Veranstaltungsort wechselnd, zuletzt Marina da Glória (14–21 Uhr, 80 R$).

Rock in Rio: Sept., www.rockinrio.com/rio. Eines der größten Musikfestivals der Welt mit internationalen Superstars in Barra da Tijuca.

Réveillon: 31. Dez., www.rioreveillon.com.br. Größtes Silvesterfest der Welt an der Copacabana. 2 Mio. überwiegend weiß gekleidete Besucher, gewaltiges 20-minütiges Feuerwerk, mehrere Musikbühnen und Tanz.

Verkehr

Flugzeug: Der **Aeroporto Internacional Antônio Carlos Jobim** (GIG, www.riogaleao.com), kurz Galeão genannt, liegt auf der Ilha do Governador 15 km nördlich des Zentrums. Über diesen Flughafen mit zwei Terminals werden alle Auslands- und auch die meisten Inlandsflüge abgewickelt. Lediglich nach São Paulo und zu wenigen anderen Städten (immer prüfen, welcher Flughafen auf dem Ticket angegeben ist) fliegt man von dem zentral gelegenen Regional-/Inlandsflughafen, dem **Aeroporto Nacional Santos Dumont** (www.aeroportosantosdumont.net). **Transfer zu den Bucht- und Strandvierteln: Uber** funktioniert in Rio tadellos, auch von beiden Flughäfen aus kann man den Fahrdienst nutzen, er kostet etwa die Hälfte einer Taxifahrt. Bei **Taxis** hat man die Wahl: Es gibt teure, offensiv angebotene *táxis especiais,* bedeutend günstiger sind die normalen gelben Taxis *(táxi comum).* An den Schaltern in den Terminals 1 und 2 sind die Fixpreise zu allen Stadtteilen angezeigt und man zahlt vorab, auch mit Kreditkarte (z. B. Copacabana/Ipanema ca. 100–150 R$, Santa Teresa ca. 100–120 R$, ab 21 Uhr plus 20 %). **Van-Transporter** von Shuttle Rio (Tel. 021 989 97 84 57, www.shuttlerio.com.br, tgl. 8–19 Uhr, 30 R$) steuern über 70 Hotels in Copacabana und Ipanema an; von Santos Dumont ist es etwas

Stefan Zweigs ›schönste Stadt der Welt‹

Der in Wien geborene Stefan Zweig war 1941 vor den Nazionalsozialisten nach Brasilien geflohen. Von seiner neuen südamerikanischen Heimat begeistert, verfasste er das Werk »Brasilien. Ein Land der Zukunft«, dessen schwärmerische Beschreibung von Rio de Janeiro noch heute Gültigkeit hat.

Stefan Zweig um 1925

Er hält fest: »Vor fast vierhundert Jahren, 1552, schreibt Tomé de Souza, da er in Rio landet: *›Tudo é graça que dela se pode dizer‹* (Alles, was man hierzu sagen kann, ist Anmut). Man kann es eigentlich nicht besser ausdrücken als dieser raue Kriegsmann. Die Schönheit dieser Stadt, dieser Landschaft lässt sich wirklich kaum wiedergeben. Sie versagt sich dem Wort, sie versagt sich der Fotografie, weil sie zu vielfältig, zu unübersichtlich, zu unerschöpflich ist; selbst ein Maler, der Rio in seiner Gänze darstellen wollte mit all seinen tausend Farben und Szenen, käme in einem einzigen Leben nicht zu Ende. Denn hier hat die Natur in einer einmaligen Laune von Verschwendung von den Elementen der landschaftlichen Schönheit alles in einen engen Raum zusammengerückt, was sie sonst sparsam auf ganze Länder verteilt und vereinzelt. Hier ist das Meer, aber Meer in allen seinen Formen und Farben, grün anschäumend am Strand von Copacabana von der unendlichen Ferne des Atlantischen Ozeans, bei Gávea wieder grimmig aufspringend an einzelnen Felsen und dann wieder in Niterói glatt und blau an den flachen Sandstrand sich schmiegend oder die Inseln zärtlich umschließend. Da sind Gebirge, aber jeder Gipfel und Hang anders geformt, schroff, grau und felsig der eine, umgrünt und weich der andere, spitz gesteilt der Pão de Açúcar und wie von einem gigantischen Hammer flach geschlagen die Höhe von Gávea, hier zerrissen und zerzackt die Bergkette des Dedo de Deus, des Fingers Gottes. Jeder seine eigene Form eigenwillig bewahrend und doch alle in brüderlichem Kreise sich verbindend. Da sind Seen wie die Lagoa Rodrigo de Freitas und der von Tijúca, die die Berge, die Landschaft und gleichzeitig die elektrischen Linien der Stadt spiegeln, da sind Wasserfälle, kühl und schäumend aus den Felsen fallend, da sind Bäche und Flüsse, Wasser in allen seinen unfassbaren Formen. Da ist Grün in allen Farben, Urwald bis knapp heran an die Stadt mit wuchernden Lianen und undurchdringlichem Dickicht, da sind Parks und gepflegte Gärten, die jeden Baum, jede Frucht, jeden Strauch der Tropen in scheinbarem Durcheinander und doch weiser Ordnung vereinen. Überall ist die Natur eine überschwengliche und doch harmonische, und inmitten der Natur die Stadt selbst, ein steinerner Wald, mit ihren Wolkenkratzern und kleinen Palästen, mit ihren Avenuen und Plätzen und farbig orientalischen Gässchen, mit ihren Negerhütten und gigantischen Ministerien, mit ihren Badestränden und Kasinos – ein Alles-Zugleich, eine Luxusstadt, eine Hafenstadt, eine Geschäftsstadt, eine Fremdenstadt, eine Industriestadt, eine Beamtenstadt. Und über dem allen ein seliger Himmel, tiefblau des Tags wie ein riesiges Zelt und nachts besät mit südlichen Sternen; wo immer der Blick in Rio hinwandert, ist er von neuem beglückt.

Es gibt – wer sie einmal gesehen, wird mir nicht widersprechen – keine schönere Stadt auf Erden.«

günstiger (23 R$). Reservierung telefonisch oder über die Website (engl.).

Fernbus: Die **Fernbusse** starten an der **Rodoviária Novo Rio** (São Cristóvão, nördlich des Zentrums, nahe Hafen, www.rodoviariadorio.com.br). Auf der Website kann man den Zielort und das Datum eingeben und erfährt dann nach Klick auf *buscar* die auf dieser Strecke operierenden Gesellschaften sowie die aktuellen Fahrtzeiten und Preise (auch auf den Seiten der jeweiligen Busgesellschaften zu finden). Ein Online-Ticketkauf ist schwierig, da nur wenige Gesellschaften (z. B. 1001) internationale Kreditkarten akzeptieren. Es funktioniert jedoch meistens über www.clickbus.com.br. Die Anfahrt von Copacabana oder Ipanema kostet mit Uber außerhalb der Stoßzeiten ca. 30–40 R$ mit dem Taxi etwa das Doppelte. Auch die Anfahrt mit der Straßenbahn VLT ist theoretisch möglich, allerdings umständlich. Man muss zuerst die Metro bis zu einer der Stationen Carioca, Cinelândia oder Central nehmen und dann in die Straßenbahn umsteigen (mit Gepäck weniger empfehlenswert). Vom Busbahnhof gibt es häufige, meist tägliche **Verbindungen in alle wichtigen Städte** Brasiliens, z. B. Belo Horizonte (22 x tgl.), Ouro Preto (2 x tgl.), São Paulo (in kurzen Abständen rund um die Uhr) sowie zu vielen **Zielen innerhalb des Bundesstaats** Rio de Janeiro, z. B. Angra dos Reis (13 x tgl.), Búzios (12 x tgl.), Paraty (9 x tgl.). Bei längeren Reisen empfehlen sich Nachtbusse mit Liegen *(leito)* oder Halbliegen *(semi-leito)*, die die langen Fahrten etwas angenehmer gestalten.

Metro: Seit dem Ausbau des Streckennetzes im Zuge der Olympiade ist Rios U-Bahn (www.metrorio.com.br) noch attraktiver geworden. Vom Zentrum bis nach Barra da Tijuca in weniger als 30 Minuten, das schafft kein anderes Verkehrsmittel. Dabei ist eine Einzelfahrt zwar nicht mehr so günstig wie früher, aber immer noch vergleichsweise erschwinglich (6,90 R$). Rios Metro ist modern, sauber und sicher – allerdings zu den Stoßzeiten auch oft überfüllt – und bedient die meisten für den Touristen interessanten Stadtviertel (Copacabana, Ipanema, Leblon, Glória nahe Santa Teresa, das Zentrum, Barra da Tijuca usw.). Einzelfahrscheine bekommt man inzwischen überwiegend an blauen Ticketautomaten in den Stationen, fast immer muss dort mit Karte bezahlt werden. Nur noch wenige Automaten nehmen Bargeld an und geben dann häufig auch kein Wechselgeld heraus. Die Verkehrszeiten sind Mo–Sa 5–24, So 7–23 Uhr.

Stadtbus: Rio besitzt ein sehr dichtes Busnetz und ein Schnellbussystem (BRT). Eine schon von Weitem erkennbare Leuchtschrift an der Frontseite der Busse zeigt die Ziel- und Zwischenstadtteile an, auch kann man an den Haltestellen Auskünfte einholen. Bei Ankunft des Busses steigt man immer vorne ein, entrichtet in bar den außen am Bus angegebenen Einheitspreis von 4,30 R$, geht dann durch ein Drehkreuz in den Bus und steigt am Ziel nach einem Knopfdruck wieder aus. Der Fahrstil ist zumeist sehr rasant, daher gut festhalten.

Van-Transporter sind inzwischen fast gänzlich verboten, es gibt nur noch wenige Linien, von deren Nutzung aus Sicherheitsgründen jedoch streng abzuraten ist.

Straßenbahn (VLT): www.vltrio.com.br (Netzplan unter »Mapa de Rede«). Im Zentrum und in der Hafengegend fährt tgl. 6–24 Uhr eine Tram, VLT (Veículo Leve sobre Trilhos, Leichtfahrzeug auf Schienen). Das Netz umfasst 28 km. Man muss zuerst eine Riocard Mais kaufen (4,30 R$) und diese direkt aufladen (zumeist an den Automaten bei den Haltestellen, kein Wechselgeld). Mit dieser wird dann das Ticket (4,30 R$) bezahlt. Sehr nützlich ist die Verbindung zwischen dem Flughafen Santos Dumont und dem Busbahnhof Novo Rio. Ein Teil der Bahnstrecke entspricht in etwa unserem Zentrumsrundgang.

Mietwagen: Wir raten eher davon ab, in Rio einen Mietwagen zu nehmen. Der Fahrstil vor Ort ist sehr gewöhnungsbedürftig, viele Einbahnstraßen und eine sehr lückenhafte Ausschilderung erschweren die Zielfindung. Wer es trotzdem riskieren will: Verleihfirmen gibt es an den Flughäfen und in der Avenida Princesa Isabel (Copacabana), z. B. Localiza (Nr. 150, Tel. 0800 979 20 20, www.localiza.com).

Die Umgebung von Rio

Nicht nur die Hauptstadt Rio, sondern der ganze Bundesstaat ist ein Reiseziel der Superlative. Nirgendwo sonst finden sich so viele Highlights in direkter Nachbarschaft. Von Rio aus gen Norden erreicht man schnell die Kaiserstadt Petrópolis und an der Küste den mondänen Badeort Búzios. Nach Südwesten erstreckt sich die Costa Verde mit der ihr vorgelagerten Ilha Grande, einer der schönsten und grünsten Inseln des Landes. Und nur ein kurzes Stück weiter folgt das malerisch am Meer gelegene Kolonialstädtchen Paraty.

Tagesausflüge ab Rio

▶ R 9

Niterói 1

Karte: S. 149

Nach Verlassen der Stadt Rio ist man auf der 13,3 km langen Brücke zwischen Rio und Niterói, offiziell **Ponte Presidente Costa e Silva** genannt. Das imposante Bauwerk aus Stahlbeton, von 1974 bis 1985 die zweitlängste Brücke der Welt, entstand während der Militärdiktatur und sollte ein Symbol darstellen für die Kraft des brasilianischen Volkes, den wirtschaftlichen und sozialen Fortschritt voranzutreiben. Schon bald nach der Einweihung 1974 gab es Stauprobleme, heute ist das Verkehrsaufkommen in Stoßzeiten sechsmal höher als vorgesehen.

Nach Überqueren der Brücke gelangt man in die Nachbarstadt **Niterói** (ca. 482 000 Einw.).

Mercado São Pedro

Av. Visconde do Rio Branco 55, www.mercadodepeixesaopedro.com.br; wer sich für diesen Markt interessiert, sollte hier den Bus 740 D verlassen und die weiteren Ziele per Uber/Taxi ansteuern; Mo 10–14, Di–Sa 6–18, So 6–13 Uhr

Kurz vor dem Zentrum liegt rechts etwas versteckt in einer Halle der **Mercado São Pedro,** der größte Fischmarkt im ganzen Bundesstaat. In zahlreichen Läden bietet je eine Fischereigruppe ihren Fang an, im Durchschnitt werden pro Woche 50 t Fisch verkauft, zu Ostern gar 150 t. Im 1. Stock befinden sich mehrere einfache, aber beliebte Fischrestaurants.

Museu de Arte Contemporânea

Mirante da Boa Viagem, www.macniteroi.com.br, Bus 740 D bis Praia de Icaraí, dann 10 Min. zu Fuß (Promenadenweg), wer mit der Fähre von Rio kommt, nimmt am besten gleich ein Uber/Taxi Di–So 10–18 Uhr, 16 R$, Mi Eintritt frei

Das 1996 eingeweihte, an eine fliegende Untertasse erinnernde **Museum für Zeitgenössische Kunst** ist die größte Touristenattraktion von Niterói und weit über die Grenzen des Bundesstaats Rio hinaus bekannt. Das eigentliche Kunstwerk ist der futuristische Bau selbst, eine der überzeugendsten Leistungen des Architekten Oscar Niemeyer und offizielles Emblem der Stadt. In einem einzigen Monat verzeichnete das Museum einmal den Rekord von 22 000 Besuchern, die Hälfte davon stammte aus dem Ausland. Im Innern werden Wechselausstellungen gezeigt.

Praia de Icaraí

Anschließend geht man den gleichen Weg wieder zurück und weiter bis zum Ende der Strandpromenade, wo sich das exzellente Lokal **Tenore Churrascaria** (Av. Jorn. Alberto Francisco Torres 521, Icaraí, Tel. 021 979 79 26 93, tgl. 12–22.30 Uhr) befindet.

Von der langen **Praia de Icaraí,** Niteróis bestem Viertel, bietet sich eine der herrlichsten Aussichten auf Rio überhaupt. In perfekter Harmonie erscheint die gesamte Hügellandschaft der Nachbarstadt (Zuckerhut, Dois Irmãos, Pedra da Gávea, Corcovado u. a.), besonders bei Sonnenuntergang ein überwältigendes Szenarium. Die Cariocas versteigen sich zu der recht hochmütigen Behauptung, dieser Blick sei das Einzige, was Niterói zu bieten habe. Doch die Stadt belegt nach einer UN-Studie zur Lebensqualität einen der vorderen Plätze in ganz Brasilien und lässt damit den berühmten Nachbarn weit hinter sich. Nicht wenige Prominente sind aufgrund dieser Tatsache bereits auf die andere Seite der Bucht umgezogen.

Zwei weitere Highlights sind in Niterói einen Besuch wert: die schön gelegene Festungsanlage Santa Cruz da Barra und ein fantastischer Aussichtspunkt im Parque da Cidade.

Fortaleza de Santa Cruz da Barra

Anfahrt per Uber/Taxi, Besichtigung nur mit Guides der Militärverwaltung, Erklärungen nur in der Landessprache, Ausweiskopie erforderlich, Di–So 10–16 Uhr, 10 R$

Den Grundstein zur mächtigen **Festung Santa Cruz** legten 1555 die Franzosen. Im Jahr 1567 wurde sie von den Portugiesen erobert und später mehrfach ausgebaut. Faszinierender als alle Erklärungen aber ist der Ort selbst, denn aus beträchtlicher Höhe schweift der Blick über den Atlantik, die Buchteinfahrt mit dem gegenüberliegenden Zuckerhut und die Baía de Guanabara. Hier wurde Rio entdeckt, erobert und umkämpft, mehrere rostige Kanonen zeugen noch von dieser unruhigen Vergangenheit.

Parque da Cidade

Di–So 7–18 Uhr, Eintritt frei

Bei guter Sicht ist der Besuch des **Stadtparks** Höhepunkt und krönender Abschluss des Ausflugs. Durch Atlantischen Regenwald führt eine Straße steil hinauf zum Park. Der Blick von einer Paragliding-Rampe in 270 m Höhe auf Rio und die Bucht ist wirklich kaum zu übertreffen.

Verkehr

Hinfahrt: Für die Hinfahrt kann man **Bus 740 D** nach Niterói-Charitas nehmen (11 R$). Er startet in Ipanema an der Praça General Osório, in Copacabana hält er an mehreren Stellen der Avenida N. S. Copacabana. Schöner und atmosphärischer ist jedoch die Fahrt mit einer **Fähre (Barca)** von der Praça XV in Rios Zentrum zur Praça Arariboia in Niterόis Zentrum (7,70 R$). Unterwegs sieht man die großen Flugzeuge beim Landeanflug auf den Stadtflughafen Santos Dumont und genießt die wunderbare Aussicht.

Rückfahrt: Für den Rückweg gibt es drei Möglichkeiten: per **Bus 740 D** ab Charitas unterhalb des Parque da Cidade; ab Fährstation Estação Charitas per **Schnellboot** (*catamarãn,* Mo–Fr bis 20.10 Uhr, 21 R$) bis Praça XV im Zentrum von Rio; ab Fährstation Estação das Barcas im Centro von Niterói per **Fähre** (*barca,* tgl. bis 23.30 Uhr, 7,70 R$).

Petrópolis 2

Karte: S. 149

Einen Ausflug nach **Petrópolis** (279 000 Einw.) sollte man nicht montags machen, die meisten Sehenswürdigkeiten sind dann geschlossen. Schon nach 68 km ist man in einer völlig anderen Welt, der Serra de Petrópolis, einer der beliebtesten Sommerfrischen großstadtmüder Cariocas. Von einem Hügel mit der Statue der Heiligen Fátima, dem **Trono de Fátima,** gewinnt man einen herrlichen Blick auf die Landschaft und die Stadt. Vor allem von der weißen Mittel- und Oberschicht Rios wird diese Region sehr geschätzt. Man findet hier zahlreiche komfortable Pousadas und Hotel-Fazendas, viele Wander- und Reitsportmöglichkeiten sowie Brasiliens längste Einkaufsstraße. In der Rua Teresa gibt es Hunderte von Boutiquen, die ihre Waren fast zu Fabrikpreisen anbieten.

Schon Kaiser Pedro I. wusste die Reize dieser Berglandschaft zu schätzen, als er hier, auf der Hälfte der damaligen Goldroute nach Minas Gerais, 1830 von dem deutschen Siedler Friedrich Koeller eine Fazenda kaufte, die später unter Pedro II. zur Sommerresidenz der brasilianischen Kaiserfamilie wurde.

Glanz und Gloria vergangener Zeiten – wachgerufen im ehemaligen Kaiserpalast

1843 entstand daraus eine neue Stadt, nach ihrem Ahnherrn Dom Pedro Petrópolis benannt. Anfangs eine eher deutsche Kolonie, folgten bald Italiener, Franzosen, Engländer, Schweizer und schließlich die Touristen aus aller Welt. Hier lebten und starben – durch einen Doppelsuizid – auch der österreichische Dichter Stefan Zweig und seine junge Frau Lotte, deren Grab man besichtigen kann. Das damalige Wohnhaus des Paars, die **Casa Stefan Zweig** (Rua Gonçalves Dias 34, Valparaíso, www.casastefanzweig.org.br, Fr–So 11–17 Uhr, Eintritt frei), wurde in ein Museum zu Leben und Werk des Dichters umgestaltet. Empfehlenswert für Zweig-Interessierte ist auch das auf Deutsch erschienene Buch »Tod im Paradies – Die Tragödie des Stefan Zweig« des renommierten brasilianischen Journalisten Alberto Dines. Zum gleichen Thema erschien 2011 der Roman »Vorgefühl der nahen Nacht« von Laurent Seksik.

Kaiserpalast und Museu Imperial

Rua da Imperatriz 220, Tel. 061 35 21 44 55, www.museuimperial.museus.gov.br, Di–So 10–18 Uhr, 10 R$

Hauptattraktion von Petrópolis ist der **Kaiserpalast,** erbaut zwischen 1845 und 1864 nach Plänen von Friedrich Koeller. Äußerlich wirkt das Bauwerk in neo-klassizistischem Stil eher bescheiden, in seinem Innern jedoch, dem heutigen **Museu Imperial,** verbergen sich große Schätze: Gemälde vom alten Rio und der kaiserlichen Familie, Schmuck, festliche Gewänder, vor allem jedoch die goldene, mit 639 Brillanten und 77 Perlen besetzte Krone von 1841. Ein Rundgang durch die prachtvollen Säle vermittelt ein anschauliches Bild vom kaiserlichen Lebensstil der Epoche, das Mobiliar ist fast vollständig erhalten. Anschließend sollte man noch in das Nebengebäude mit alten Kutschen und der Dampflok Leopoldina schauen, das aber leider nicht immer geöffnet ist.

Catedral São Pedro de Alcântara

Rua São Pedro de Alcântara 60, Di–Sa 9–16, So 13–16 Uhr, Eintritt frei, Aufgang zum Turm mit schöner Aussicht 20 R$

Vom Museum aus sind es nur wenige Schritte nach rechts und dann an einem Bach entlang noch ein Stück nach links, bis man die **Ka-**

thedrale erblickt. Die 1884–1939 im Stil der französischen Neugotik erbaute Kirche mit ihrem 70 m hohen, schlanken Spitzturm und den farbenfrohen Fensterbildern ist ein architektonisches Meisterwerk. Dank des starken Lichteinfalls, der im Kircheninnern eine angenehme Atmosphäre verbreitet, und der wenig überladenen Innenausstattung wirkt sie sehr freundlich. In der **Capela Imperial** sind die sterblichen Überreste von Pedro II. und seiner Gattin Teresa Cristina Maria sowie von Prinzessin Isabel und ihrem Gatten Graf D'Eu aufbewahrt.

Palácio de Cristal

Rua Alfredo Pachá, Di–So 9–18 Uhr, Eintritt frei
Die dritte größere Attraktion, wieder nur ein paar Schritte entfernt, ist der 1884 eingeweihte **Kristallpalast** (ausgeschildert). Die Metallstruktur und die Gläser wurden in Frankreich angefertigt. Ursprünglich für Blumen- und Vogelausstellungen sowie höfische Fest vorgesehen, feiern nun dort die deutschstämmigen Serra-Bewohner Ende Juni/Anfang Juli ihr Bauernfest.

Zum Museu Casa de Santos Dumont

Von der Kathedrale führt die Avenida Koeller an einem Bach entlang vorbei an vielen sehenswerten Herrschaftsvillen, darunter die **Casa da Princesa Isabel** (Nr. 42) und der **Palácio Rio Negro** (Nr. 255), heute Sommerresidenz der brasilianischen Präsidenten. Der kurze Weg passiert die grüne **Praça da Liberdade** (dort ist auch das Tourismusbüro), und dahinter kann man sich im schönen italienischen Self-Service-Lokal **Massas Luigi** stärken, bis man weiter geradeaus das Gebäude der **Universidade Católica** mit der Blumenuhr davor erreicht.

Museu Casa de Santos Dumont

Rua do Encanto 22, Di–So 10–17 Uhr, 10 R$
Rechts der Universität steht am Hang das seltsame **Sommerhäuschen von Santos Dumont** (1873–1932) aus dem Jahr 1918. Heute beharren vor allem die Landsleute des brasilianischen Flugpioniers darauf, dass er und nicht die Gebrüder Wright das Fliegen erfunden habe. 1906 erhob sich sein Doppeldecker 14Bis in Paris vor den Augen zahlreicher Zeugen in die Luft und flog 220 m in 21 Sekunden Die Wrights hatten aber schon seit 1903 mehrere kurze Flüge absolviert, nur vor weniger illustren Beobachtern. Auf jeden Fall zeugt vieles in dem von Dumont selbst entworfenen Haus vom unermüdlichen Erfindergeist seines Besitzers, so etwa eine Spartreppe und eine originelle Duschvorrichtung. Das ganze Haus im französischen Alpenstil ist einfach kurios. Im Wohn- und Arbeitszimmer befinden sich Pläne, Modelle und Trophäen, oben liegen Schlafdeck und Bad. Eine Küche brauchte er nicht, das Essen wurde vom benachbarten Palace Hotel geliefert, in dem heute die Katholische Universität untergebracht ist.

1932 nahm sich Santos Dumont das Leben. Er litt an diversen Krankheiten und zunehmend auch an Depressionen, weil er auf der Weltbühne des Fliegens immer weniger hofiert wurde. Der Luftfahrtpionier wurde auf dem Cemitério São João Batista in Rio begraben.

Aktiv

Touren – **Privattouren nach Petrópolis mit Autor Helmuth Taubald:** s. Tipp S. 103.

Verkehr

Bus: Ab Rio mit Bussen der Gesellschaft **Única-Fácil** 19 x bis 23.55 Uhr, 70 Min., 35 R$). Vom Busbahnhof in der Gemeinde Bingen sind es noch ca. 7 km bis zum Zentrum, ein Taxi dorthin kostet um 40 R$.

Búzios

Karte: S. 149
Búzios (Armação dos Búzios), ein kleiner Ort auf einer nur 8 x 2 km großen Halbinsel mit 23 Stränden, liegt 191 km östlich von Rio und ist *der* internationale Badeort Brasiliens. Das ehemalige Fischerdorf lebt heute zu 80 % vom Tourismus, der über 2000 Menschen beschäftigt. In der Saison kommen auf jeden der 40 000 Einheimischen zwei Besucher aus ca. 50 verschiedenen Ländern, vor allem aus

Argentinien, Chile und Europa, nur etwa die Hälfte sind Brasilianer. 6 % aller ausländischen Touristen kommen um Búzios nicht herum. 210 Sonnentage im Jahr und eine Durchschnittstemperatur von 26 °C garantieren einen wahren Bilderbuchurlaub an herrlichen Stränden.

Brigitte Bardot, das inoffizielle Wahrzeichen von Búzios, lächelt den Besuchern von fast jedem Prospekt entgegen, schließlich war sie es, mit der 1964 der ganze Rummel begonnen hat – oder genauer gesagt: mit einer Marketingidee des damals in Paris lebenden und mit einer Französin verheirateten Finanziers Luis Reis. Nachdem er halb Búzios aufgekauft hatte, brauchte er nur noch die Bardot dorthin in bezahlten Urlaub zu schicken, um das internationale Tourismusgeschäft kräftig auf Touren zu bringen und auch die Hippies endlich von der Halbinsel zu vertreiben, zumal der Filmstar dank einer Liebesaffäre mit dem in Búzios lebenden Marokkaner Bob Zagury gleich mehrere Monate blieb.

Geschützte Umwelt

Trotz des starken Tourismus wirkt Búzios jedoch ganz und gar nicht wie eine brasilianische Ausgabe von Saint-Tropez. Auch wenn seit Langem eine Partnerschaft mit dem französischen Badeort besteht, ist Búzios doch anheimelnder und natürlicher geblieben. Dank umweltschützerischer Initiativen konnte die Entwicklung zu einer Hotel- und Bettenburg rechtzeitig verhindert werden, z. B. darf kein Haus mehr als zwei Stockwerke haben und auf jedem Grundstück darf nur eine begrenzte Fläche bebaut sein. So konnte das ehemalige weltabgeschiedene Fischerdorf viel von seinem ursprünglichen Charme bewahren, der auch nach der grandiosen touristischen Vermarktung des größten Sexidols der 1960er-Jahre nicht ganz verloren ging.

Rua das Pedras und Orla Bardot

Am Abend flaniert eine endlose Besucherschar die schicke **Rua das Pedras** auf und ab. Auch Pelé, Gisele Bündchen, Mick Jagger und Bill Gates gaben sich hier schon ein Stelldichein. In und um die zentrale Promeniermeile mit den großen Kopfsteinquadern findet man viele selbst sonntags geöffnete Boutiquen, zahlreiche noble Restaurants sowie Bars und Musiklokale, zunehmend auch an der **Orla Bardot** und der Bucht von Manguinhos im **Porto da Barra.**

Die schönsten Strände

Man könnte viel aussetzen an Búzios, zu teuer, zu snobistisch, zu unbrasilianisch, zu voll usw. Was jedoch bis heute über alle Kritik erhaben ist und trotz Massentourismus nicht zerstört wurde, sind die herrlichen Strände, als Gruppe betrachtet vielleicht die schönsten Brasiliens. Selbst FKK ist möglich (Praia Olho de Boi).

Vom Zentrum aus bequem zu Fuß zu erreichen sind die entzückenden **Strände von Azeda** und **Azedinha.** Das ruhige und saubere Meer ist ideal zum Schnorcheln. Sehr reizvoll ist der nächste **Strand von João Fernandes.** Palmen, feiner Sand und ein paar Bars und Fischlokale laden zum Verweilen. Es ist am Tag der internationalste Treffpunkt der ganzen Halbinsel. Nur wenige Meter weiter folgt die kleinere, abgeschiedenere **Praia de João Fernandinho.** Ebenfalls ortsnah, nur in der Gegenrichtung, liegt der schöne **Strand von Tartaruga** mit viel wild wachsender Vegetation, Felsen und vorgelagerten Korallenriffs. Bei Ebbe bilden sich Naturpools.
Auf der anderen Seite der Halbinsel gehört die **Praia do Forno** zu den schönsten Stränden. Sie liegt an einer kleinen Bucht mit Riffen und eignet sich gut zum Tauchen. Sehr reizvoll ist die wie eine große Lagune wirkende **Bucht von Ferradura,** ein beliebter Platz zum Schwimmen, Schnorcheln und Segeln. An einer Stelle der Bucht liegen mehrere Strandbars nebeneinander. Der von der Rua das Pedras aus weiter abgelegene und dennoch belebteste ist der **Strand von Geribá,** reizvoll durch die Weitläufigkeit und den breiten Sandstreifen. Hier trifft sich in den Sommermonaten mit Vorliebe die Jugend, besonders an der Partybar Fishbone. Die kräftige Brandung zieht viele Surfer an. Geribá ist das ganze Jahr über belebt, während die anderen Strände in der Nebensaison, besonders an Wochentagen kaum besucht werden. Ganz in der Nähe, von Geribá aus über einen kleinen

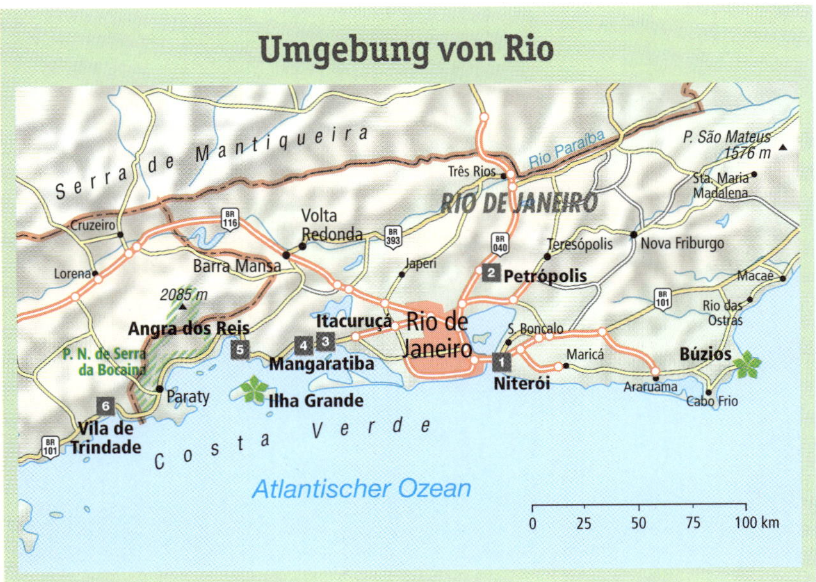

Trampelpfad zu erreichen, liegt ein besonderes Kleinod, der abgeschiedene Mini-**Strand von Ferradurinha** mit Felsen und ruhigem Meer. Die 8 km lange **Bucht von Manguinhos** wird weniger zum Baden als für Strandwanderungen aufgesucht. Am Abend locken hier sehr hübsche Strandrestaurants am Porto da Barra.

Nahe Umgebung

Die Region um Búzios, wegen der vielen Lagunen Região dos Lagos sowie wegen der vielen Sonnentage Costa do Sol genannt, ist das beliebteste Ausflugsgebiet der Cariocas aus Rio. Wegen der moderateren Preise strömen die meisten ins 155 km entfernte **Cabo Frio** (222 000 Einw.) oder ins benachbarte **Arraial do Cabo** (31 000 Einw.). Man kann diese in schöne Dünenlandschaften eingebetteten Orte in einem Tagesausflug per Boot von Búzios aus besuchen (s. S. 151).

Infos

www.visitbuzios.com.
Infostand: Pça. Santos Dumont, Centro, tgl. 8–17 Uhr.

Übernachten

In der Hauptsaison unbedingt rechtzeitig reservieren!

Gute Aussichten – **Byblos Pousada:** Rua Alto do Humaitá 14 (Centro), Tel. 022 981 83 15 82, www.pousadabyblos.com.br. Trumpf ist die hoch über der Orla Bardot gelegene Terrasse mit Pool, Lounge-Bar und traumhaftem Meerblick. 21 Zimmer, teils mit Balkon und toller Aussicht. Zum Haus gehören ein naher Apartmentkomplex (Residence dos Búzios, www.residencedosbuzios.com.br) sowie die etwas günstigere Pousada dos Búzios (www.pousadadosbuzios.com.br, €€). In der Nebensaison deutliche Ermäßigung, keine Kinder unter 15 Jahren. €€€

(Nicht nur) für Familien – **Pousada Corais e Conchas:** Rua Aniquim 15, Geribá (150 m vom Strand), Tel. 022 981 14 17 15, www.coraiseconchas.com.br. Charmantes Mini-Resort, in dem sich Kinder und Erwachsene gleichermaßen wohlfühlen. Herz der Anlage ist eine hübsche Pool-Landschaft mit diversen größeren und kleineren Becken sowie einer Sauna. Tropisch grüne Anlage, gutes Restaurant. €€€

Grün und Blau, das sind die Farben von Búzios

Unterkunft mit Wow-Effekt – **Pousada Villa Raphael:** Rua Beatriz Larragoiti Lucas 4–6 (Praia da Ferradura), Tel. 022 981 51 01 25, www.villaraphael.com.br. Großartige Pousada in einer Strandvilla. Vom herrlichen Palmengarten mit Pool schweift der atemberaubende Blick über die von grünen Hügeln eingerahmte Bucht. Die Zimmer bieten sämtlichen Komfort dieser Preisklasse. Sehr beliebt bei Paaren (keine Kinder unter 15). Hervorragendes Restaurant. €€€

Marokkanisches Flair – **Pousada Pedra da Laguna:** Rua 6, Praia de Ferradura, Tel. 022 981 42 61 31, www.pedradalaguna.com.br. Die hochwertige Pousada besticht mit ihrem schönen Garten, in dem sich Lounge-Gazebos verteilen, und einem großen Pool mit 6 m hoher Pergola. Alles ist abends romantisch beleuchtet. 34 Zimmer sowie 2 luxuriöse Mastersuiten. Das exzellente Open-Air-Restaurant Orange Bistrô steht auch Nichtgästen offen. €€€

Fisherman's Charme – **Pousada Vila do Mar:** Trav. dos Pescadores 88 (Centro), Tel. 022 992 15 65 07, www.viladomar.com. Pousada im Stil der alten Fischerhäuser von Búzios an einem tropischen Hanggarten im Zentrum (50 m von der Orla Bardot). Die 18 Zimmer sind mit Filmplakaten dekoriert – den Besitzern gehört auch das benachbarte Traditionskino (Gäste dürfen einen Film gratis sehen). Kleiner Pool. €€€

Ein guter Deal – **Pousada Bucaneiro:** Av. do Forno 9, Tel. 022 988 41 36 19, www.bucaneiro.com.br. Sehr aparte Pousada, die über einen tropischen Garten und Pool mit kleinem Wasserfall verfügt. 20 hübsche Zimmer, die meisten mit Terrasse und Sofa. €€

Essen & Trinken

Fleisch-Tempel – **Don Juan RestoBar:** Rua das Pedras 178 (Centro), Tel. 022 26 33 94 00, @don_juan_restobar, tgl. 17–24 Uhr. Seit 1994 beliebtestes Fleischrestaurant des Ortes, ganz im Stil eines argentinischen Tangohauses dekoriert. Sehr aufmerksamer Service, gehobene Preise. Regelmäßig werden abends Tango-Shows geboten. €€–€€€

Spitzen Self-Service – **Buzin:** Rua Manoel Turíbio de Farias 273, Tel. 022 992 47 01 20, www.buzinbuzios.com, tgl. 12–24 Uhr. Exzellentes Selbstbedienungslokal (nach Gewicht) mit großer Bandbreite an frischen Speisen und Salaten. €€

Leckeres beim Porto da Barra – Beim **Pier des Fischerhafens in Manguinhos** haben sich zahlreiche Lokale angesiedelt, alle am Strand oder in der Nähe davon. An einem Abend sollte man mal hierherkommen, um die fantastische Stimmung zum Sonnenuntergang in einem der Bar-Restaurants zu genießen. Wer früh erscheint, ergattert noch einen der begehrten Lounge-Sitze in erster Reihe, von denen man wie im Kino auf das herrliche Meerespanorama blickt. Besonders gut ist **Casablanca** (Mo, Di, Do–Sa 11–22, So 11–18 Uhr): Hervorragende Cocktails und köstliches Filet Mignon mit Kartoffelecken und Champignonsoße. Am Wochenende oft Livemusik zum Sonnenuntergang ab 16 Uhr. Weitere nette Bars an der Strandpromenade sind **Anexo Praia, Donna Jô** und **Belli Belli Gastrobar.**

Abends & Nachts

Das Nachtleben konzentriert sich in und um die Rua das Pedras und an der Orla Bardot, in der Nebensaison sind jedoch manche Lokale geschlossen. Ständig entstehen neue Klubs und andere verschwinden.

Perfekter Start in die Nacht – **Anexo Bar:** Orla Bardot 392, www.anexobarbuzios.com.br, Mo–Sa 12–1, So 12–22 Uhr. Bei Loungemusik, einem exotischen Drink (die Caipis werden nach eigenem Wunsch gemixt) und Meerblick genießt man das Schaulaufen auf der Orla und die lockere Atmosphäre. Das Menü bietet auch exzellentes Essen, z. B. das *risotto de shitake*. Der ideale Einstieg für eine lange Nacht. Mit wunderschönem Ableger an der Strandpromenade Manguinhos.

Top-Klub – **Privilege:** Orla Bardot 550, Tel. 022 988 19 04 65, www.privilegebrasil.com, je nach Event 70–160 R$. Absolutes Highlight, der Klub gehört zu Brasiliens Top Ten. Riesige Räume, Veranda und Freibereich, gute Shows und Performance, verschiedene Musikstile, attraktives Publikum.

Tropical-Bar – **Crêperie Chez Michou:** Rua das Pedras 90, www.chezmichou.com.br, So–Di, Do 13–1, Mi 17–1, Fr, Sa 13–2 Uhr (Jan./Febr. bis 5 Uhr). Open-Air-Musikbar, beliebtester traditioneller Treffpunkt im Tropical-Stil.

Touristen-Shows – **Pátio Michou:** Rua das Pedras 101, tgl. 16–1 Uhr. Traditionsreiches großes Esslokal mit Spezialität Pizza und Hamburger, im hinteren Bereich schöner Blick aufs Meer, im oberen Stockwerk stehen Billardtische.

Aktiv

Bootsausflüge – Mit einem Schoner geht es zu verschiedenen Stränden mit ausgedehnten Bade- und Schnorchelstopps. Tickets und Start am Kai zwischen der Rua das Pedras und der Orla Bardot (2,5 Std., 70–80 R$, inkl. Wasser). Aufpassen: Neben den stimmungsvollen alten Holzbooten *(escunas)* werden die Touren auch auf recht seelenlosen Groß-Katamaranen für bis zu 250 Personen angeboten. Diverse Anbieter. Weniger voll ist es auf den kleineren Katamaranen von **Tour Shop** (Orla Bardot 550, Tel. 022 988 18 03 97, www.tourshop.com.br, tgl. 8–23 Uhr, 2,5 Std., um 130 R$, inkl. Wasser).

Tauchen – Búzios gehört zu einem der besten Tauchreviere Brasiliens. Die interessantesten Stellen liegen bei den Inseln **Gravatás** und **Filhote** (18 m Tiefe, viele Fischschwärme, starke Strömungen, ideal für Fortgeschrittene, Anfahrt 30 Min.) sowie um die Insel **Âncora** (kaum Strömungen, Anfahrt 50 Min.). Die Südseite der Insel ist am interessantesten (Sichtweite 12–25 m, Tiefe bis zu 41 m). Einige Reisebüros bieten auch Kurse an.

Touren – **Tour Shop:** s. S. 151. Katamarantörns und Touren im seitlich offenen Lkw (Trolley) vorbei an 12 Stränden und 2 Aussichtspunkten (2 Std., Start mehrmals tgl., 80 R$).

Termine

Búzios Sailing Week: April. Segelwoche.
Búzios Cine Festival: Juni, @buzioscinefestival. Internationales Filmfestival.

Verkehr

Bus: Busstation in Búzios an der Estrada da Usina Velha 444, Tickets gegenüber im Büro der Busgesellschaft **Auto Viação 1001** (www.autoviacao1001.com.br), die 9 x tgl. zum

Busbahnhof Rodoviária in Rio fährt (4 Std., 64–100 R$). **Dieselbe Busgesellschaft** bietet auch eine **Direktverbindung** von Búzios zum internationalen Flughafen Galeão in Rio (tgl. 3, 10, 14 Uhr) und umgekehrt (tgl. 9.20, 11.20, 15 Uhr), Abfahrtszeiten zeitnah prüfen, 4 Std., je Strecke 95 R$. Die Agentur **In Búzios** (Tel. 022 997 98 44 97, www.inbuzios.com) bietet sehr empfehlenswerte, reservierungspflichtige **Direkttransfers** zwischen Búzios und Rio (ca. 4 Std., 120 R$), ab Búzios mehrmals tgl. zum internationalen Flughafen Galeão, zum Flughafen Santos Dumont wie zu den Hotels der Südzone Rios; ab Rio Flughafen Galeão und Flughafen Santos Dumont 5 x tgl.
Nahverkehr: Taxiboote *(táxis marítimos)* pendeln zu zwölf Stränden (20–40 R$/Pers.). **Autotaxis** stehen an der Praça Santos Dumont (Tel. 022 26 23 21 60). Auch der Fahrservice von Uber funktioniert in Búzios tadellos (günstiger als Taxi). Entlang der Hauptstraße fahren günstige **Vans** zu den Stränden und nach Porto da Barra.

Costa Verde ▶ P–R 9

Karte: S. 149
Die **Costa Verde** zwischen Rio de Janeiro und Paraty (265 km) wird zu Recht als *caribe brasileira* gerühmt. Eine Fahrt auf der Küstenstraße BR 101 führt meist dicht an üppigem Atlantischem Regenwald entlang. Nirgendwo sonst in Brasilien, wo bereits 92 % der Küstenwälder vernichtet sind, ist er noch so intakt. An der Strecke liegen viele idyllische Buchten, reizvolle Ortschaften und zahlreiche vorgelagerte Inseln. Am meisten besucht werden die Ilha Grande und das Kolonialstädtchen Paraty.

Nach einer Reihe weniger attraktiver Vorstädte Rios erreicht man nach etwa 90 Min. **Itacuruçá** 3 (82 km) mit der gleichnamigen vorgelagerten Insel in der Sepetiba-Bucht, kurz danach folgt **Mangaratiba** 4 (105 km). **Angra dos Reis** 5 (151 km) gilt als Mini-Monaco Brasiliens. In dem schon früher wohlhabenden Ort (Bananen-, Zuckerrohr- und Kaffeeplantagen sowie *cachaça*-Brennereien) finden sich heute Prachtvillen, Jachthäfen und luxuriöse 5-Sterne-Hotels. Dennoch ist die Stadt weder in architektonischer noch in landschaftlicher Hinsicht besonders reizvoll, und an den Hügeln fressen sich die Armensiedlungen in den Wald hinein. In der Nähe befinden sich zudem die einzigen Atomkraftwerke Brasiliens, die 50 bis 65 % der im Bundesstaat Rio benötigten Energie produzieren. Wenn die Brasilianer von Angra dos Reis schwärmen, ist damit eher die ganze Region mit den vorgelagerten Inseln gemeint, vom Hafen Angras dos Reis ist man in ca. 80 Min. auf der Ilha Grande.

Verkehr

Bus: Komfortable Reisebusse der Gesellschaft **Costa Verde** (www.costaverdetransportes.com.br) fahren in kurzen Abständen von Rios Busbahnhof, der **Rodoviária Novo Rio** (s. S. 143), entlang der Küste bis Paraty. Wer auf die Ilha Grande möchte, nimmt aber am besten bereits vorher in Conceição de Jacareí die Fähre (s. S. 157). Am besten sind jedoch die Direkttransfers von Tür zu Tür ab Hotel in Rio, z. B. mit **Paraty Tours** (www.paratytours.com.br, s. S. 163) oder **Resa Mundi Eco Tours** (www.resamundi.com.br, s. S. 155).

Ilha Grande ▶ Q 9

Karte: S. 149, 154
Von den vielen Inseln in der Bucht von Angra dos Reis wird die **Ilha Grande** (Große Insel) am meisten besucht. Sie ist mit ungefähr 10 000 Einwohnern, etwa 150 km Küstenlinie und 113 Stränden die größte Insel der Region und zugleich die touristisch erschlossenste. Dennoch hat sie in mehrfacher Hinsicht ihren ursprünglichen Charakter bewahren können, was strengen Naturschutzbestimmungen (auch Autoverbot) sowie einer ungewöhnlichen Geschichte zu verdanken ist.

Jahrhundertelang lebten hier die Tupinambá, deren Pfade heute noch bei Wanderungen benutzt werden. Obwohl die Portugiesen die Insel schon 1502 entdeckten, begann die eigentliche Kolonisierung erst 1725. Bis dahin kamen nur Piratenschiffe aus Frankreich, England, Holland, Spanien, Portugal und Argenti-

Kurs auf die Ilha Grande

nien. Von 1903 bis 1994 diente die Insel fast ausschließlich als Gefängnissitz. Die berüchtigte Strafkolonie Cândido Mendes gelangte vor allem unter der Militärdiktatur zu grausiger Berühmtheit.

Infolge ihrer Abgeschiedenheit blieb die Insel bis heute relativ dünn besiedelt. Ihre üppige Vegetation geht auf die speziellen klimatischen Bedingungen zurück, vor allem die sintflutartigen Regengüsse begünstigen den Wuchs des Atlantischen Regenwaldes. Schon von der Fähre aus sieht man einen einzigen grünen Teppich, ein Stück ›Amazonien‹ mitten im Ozean.

Vila do Abraão

Der Hauptort (3500 Einw.) der Ilha Grande liegt zwischen Hügeln umgeben von üppiger Natur, besteht aber fast ausschließlich aus Pousadas und Restaurants. Mit einigen Ausnahmen sind die meisten Unterkünfte eher rustikal, besonderen Luxus darf man nicht erwarten. Auch gibt es noch keine Bankautomaten. Das Zahlen mit Kreditkarte ist jedoch fast überall möglich. Das Publikum besteht zu einem großen Teil aus internationalen Backpackern. Es empfiehlt sich, die Insel an verlängerten Ferienwochenenden zu meiden, vor allem im brasilianischen Sommer. Zu der Zeit gibt es auch häufiger Probleme bei der Infrastruktur (Wasser, Strom, Müllabfuhr), die man jedoch allmählich in den Griff bekommt.

Strandausflüge

Eine erste kurze Wanderung führt an den kleinen **Stränden von Júlia, Bica, Comprida** und **Crena** vorbei auf einem holprigen Pfad ein Stück durch den Regenwald bis zum malerischen **Strand von Abraãozinho** (ca. 45–60 Min. zu Fuß, Taxiboot 5 Min., 20–30 R$/Pers.).

Der andere kurze Ausflug führt in entgegengesetzter Richtung bis zur **Praia Preta** (ca. 15 Min. zu Fuß, Taxiboot 5 Min., 10 R$/Pers.) mit dem charakteristischen schwarzen Heilsand und den Ruinen eines Lazaretts für Leprakranke aus dem Jahr 1800. Auf dem Weg lohnt es sich, noch ein paar Schritte hinaufzugehen, um einen Wasserfall *(cachoeira)* und einen alten Aquädukt zu sehen.

Inseltörns

Die meisten Attraktionen der Ilha Grande erschließen sich nur per Boot, zahlreiche Touren stehen zur Auswahl. Am beliebtesten sind eintägige Ausflüge im Schoner oder Schnellboot, die mehrere Buchten ansteuern und dort jeweils Zeit und Gelegenheit zum Baden, Schnorcheln oder Tauchen geben.

An der **Nordseite** der Insel sind besonders die Ziele **Lagoa Azul** (geschützte Bucht mit ruhigem Meer) und **Lagoa Verde** (Bucht mit smaragdgrünem Wasser und vielen Korallen) zu empfehlen.

An der **Südseite** werden am meisten besucht die **Praia de Lopes Mendes,** mit 3 km Länge der größte Strand der Insel, sowie die **Praia Dois Rios** mit zwei Süßwasserflussmündungen und einigen Trümmerruinen des ehemaligen Zuchthauses. Das Gefängnis wurde erst 1994 stillgelegt, früher saßen hier Schwerkriminelle und Drogenbosse ein, aber auch politische Gefangene. Es ist vielleicht der unheimlichste Abschnitt der Insel. Seit 2009 befindet sich dort das **Ecomuseu Ilha Grande,** das Auskünfte zur Umwelt und der Gefängnisgeschichte gibt und auch einen Botanischen Garten beherbergt (Rua Amapá, Vila Dois Rios, Di–So 10–16 Uhr, Eintritt frei).

Am schönsten ist die ganztägige Schnellboottour ›Volta à Ilha‹, also die komplette Umrundung der Ilha Grande. Unterwegs werden diverse fantastische Strände besucht, an denen Gelegenheit zum Baden und zu Erkundungsspaziergängen besteht. Highlight ist die ansonsten nur schwer erreichbare **Praia do Aventureiro,** die durch eine krumm gewachsene Palme an einem Traumstrand im Internet Berühmtheit erlangt hat. Trinkwasser steht an Bord unbegrenzt zur Verfügung (tgl. 9.30–17 Uhr, 170 R$/p. Pers.).

Wanderungen

Mindestens 16 Wanderpfade überziehen die Ilha Grande, der längste führt in einer Woche um die ganze Insel herum; die Ausschilderung der meisten Pfade ist relativ gut, dennoch empfiehlt es sich, bei schwierigeren Strecken einen Guide mitzunehmen; die besten Monate für Wanderungen sind wegen der milderen Temperaturen und geringeren Niederschläge Mai/Juli und Oktober/November

Von Vila do Abraão gelangt man in jeweils 2,5 Std. (nur Hinweg) entweder zur **Praia Lopes Mendes** (Weg mit Steigungen) oder zur **Praia Dois Rios** (Sandstraße).

Andere, steilere Pfade erklimmen den 982 m hohen **Pico do Papagaio,** eher etwas für Bergsteiger und auf jeden Fall nur mit Guide! Bis zur 50 m breiten Spitze sind es knapp 4 Std., erst auf einer Sandstraße, dann auf schmalen, gestrüppumsäumten Pfaden mit starker Steigung, auch sind einige Flüsse zu durchqueren. Vom Gipfel lassen sich bei gutem Wetter die Grenzen von São Paulo, der Gávea-Felsen in Rio und die Serra dos Orgãos bei Petrópolis/Teresópolis in der Ferne erkennen.

Tauchtrips

Die Insel zählt zu den besten Tauchgebieten Brasiliens. Das klare Wasser der Region und der außergewöhnliche Reichtum an Fischarten *(badejo, peixe agulha, carapau, parati, robalo* etc.), Korallen, Schwämmen, Seesternen, Seeigeln, Quallen und Tintenfischen machen das Tauchen zu einem faszinierenden Erlebnis.

Die bevorzugten Tauchgebiete sind die Insel **Jorge Grego** und die Landspitze **Ponta da Parnaioca,** vor der ein gesunkenes Schiff liegt. Tauchanfänger besuchen vor allem die **Ponta do Bananal** und die **Lagoa Azul.**

Ein besonderer Anziehungspunkt ist die berühmte **Gruta do Acaiá.** Erfahrene Taucher können die Grotte durch einen 15 m langen Unterwasserkorridor erreichen.

Eine Herausforderung sind auch die vielen Schiffswracks auf dem Meeresgrund, 16 sind bereits entdeckt. Vor allem die Überreste des 1966 gesunkenen **Pingüino** vor der Bucht von Sítio Forte ziehen Besucher an, das Wrack liegt 19 m tief, die Sichtweite beträgt 9–12 m. Ein ungewöhnlicher Tauchgang führt zum 8 m tief gelegenen Wrack eines **Helikopters**.

Infos

Resa Mundi Eco Tours: Rua Francino I. do Nascimento 127/A, Tel. 024 998 24 40 81, www.resamundi.com.br (Website auch auf Englisch). Umweltfreundlich operierende Agentur, Vermittlung von Unterkünften, Schoner- und Schnellboottouren, Wanderungen, Transfers (auch von/nach Rio) etc. Mehrsprachige Guides. Die Besitzerin Deise Correia spricht Englisch, Französisch und Spanisch.

Übernachten

In der Hauptsaison rechtzeitige Reservierung unbedingt zu empfehlen.

Paradiesisch – **Bonito Paraíso:** Praia do Abraãozinho, Tel. 021 982 89 29 77, www.bonitoilhagrande.com. Der Name ist Programm: In dieser Pousada am Strand von Abraãozinho kommt man dem Paradies sehr nahe. Die Zimmer des Haupthauses blicken auf das vor der Tür liegende Meer, weitere schöne Suiten liegen dahinter auf einem Urwaldhügel – Dschungelfeeling mit eigenem Strand! Exzellent sind auch die beliebte Strandbar und das Restaurant. An- und Abreise nach Vereinbarung, man wird mit Boot in Vila do Abraão abgeholt. Auch Taxiboote pendeln regelmäßig zum Hauptort. €€€

Am Meer – **Pousada Caiçara:** Rua da Praia 133 (Praia do Canto, Vila do Abraão), Tel. 024 998 78 85 08, www.caicarapousada.com.br. Rustikale Strandpousada mit hübsch gestalteten Zimmern, einige mit tollem Meerblick und Balkon. Holzdeck und Liegestühle im Garten, gutes Frühstück. €€€

Sehr strandnah – **Pousada Ancoradouro:** Rua da Praia 121 (Vila do Abraão), Tel. 021 999 09 19 03, www.pousadancoradouro.com.br. Auch hier ist die Lage Trumpf, denn hinter der Gartentür liegt schon der Strand. Einige der schlichten, aber gepflegten Zimmer haben Meerblick. €€

Beim Pier – **Pousada Água Viva:** Rua da Praia 26 (Vila do Abraão), Tel. 024 33 61 51 66, @pousada.aguaviva. Das familiäre Traditionshaus (1992) war eines der ersten auf der Insel. Dank der Lage beim Schiffsanleger ist nach der Ankunft, anders als bei den meisten Unterkünften, kein langer Fußweg mehr nötig. Funktionale, praktische Einrichtung, gemütlicher Frühstücksraum. €€

Backpacker – **Pousada e Hostel Holandês:** Rua da Assembléia (Vila do Abraão), Tel. 021 38 33 79 79, www.holandeshostel.com.br. Gut geführte Herberge mit fünf kleinen Chalets, drei größeren Familienapartments (bis 6 Pers.) und Gruppenzimmern mit Schlafsaalbetten. Küchenbenutzung und Veranda mit Hängematten. Ruhige Waldlage oberhalb des Ortes, etwas mühsamer Treppenaufstieg. €–€€

Essen & Trinken

Wellenrauschen – **Lua & Mar:** Rua da Praia 297 (Praia do Canto), Tel. 024 981 36 18 96, Do–Di 11–23 Uhr. Rustikales, wunderbar am Strand gelegenes Restaurant mit Tischen im Sand. Man speist abends bei Kerzenlicht unter einem Mandelbaum. Die Hausspezialität *peixe com banana* (Fisch mit Banane, 2–3 Pers.) wird in einem dampfenden Tontopf serviert. Oft Livemusik (Couvert optional); dazu sehr leckere Caipis. €€

Schön am Meer – **Café do Mar:** Rua da Praia (Praia do Canto), nahe Lua & Mar, Tel. 024 998 41 93 66, tgl. 10–24, Küche bis 22 Uhr. Auch hier sitzt man romantisch unter einem Mandelbaum, gute Weine und Cocktails, mehrmals wöchentlich beliebtes Barbecue, sonst à la carte. €€

Romantisch – **Pé na Areia:** Rua da Praia (Vila do Abraão), Tel. 024 992 98 83 90, tgl. 14–23 Uhr. Rustikal-charmantes Lokal mit Recyclingmöbeln aus eigener Anfertigung und Tischen am Strand. Spezialitäten: Krabben- und Fischgerichte, auch als *moquecas* (2–3 Pers.), außerdem gibt's Pizza und Hamburger sowie gute Weine. Ab 19 Uhr oft Livemusik. €€

Abseits des Trubels – **Dom Mário:** Village Buganville (Vila do Abraão), Tel. 024 33 61 53 49, Di–Sa 18–22 Uhr. Eines der besten Restaurants der Insel, am Ende der Galeriestraße gelegen. Die großzügigen Portionen reichen auch für 2 Pers. €€–€€€

Aktiv

Bootstouren – Auskünfte im **Centro de Visitantes** (250 m rechts vom Pier) oder bei **Resa Mundi Eco Tours** (s. S. 155). Bootsausflüge sind überall im Angebot, entweder in Motorbooten *(lanchas)* oder in großen Schonern *(escunas)*, die vormittags vom Pier aus starten. Die Tickets sollte man in der Hauptsaison schon am Vortag erwerben (60–250 R$/Pers.). Wer mehr Ruhe und Idylle sucht, kann sich ein kleines Privatboot chartern (ab ca. 1000 R$).

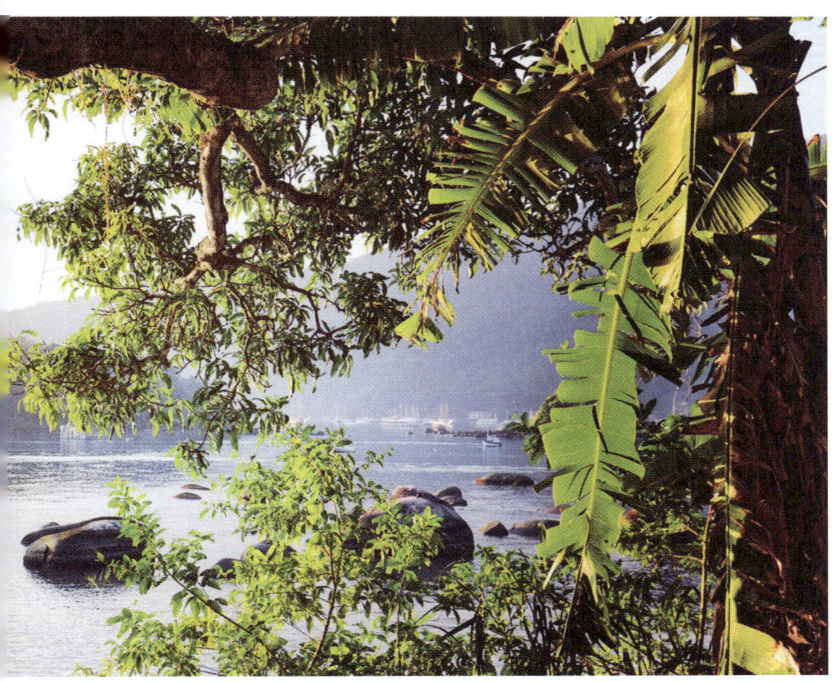

Eine Landschaft zum Verlieben: Regenwaldidyll auf der Ilha Grande

Tauchen – **Dive & Cia:** Rua Santana, Tel. 024 981 40 77 84, @dive.cia. Gut ausgestattete Tauchschule.
Wandern & Trekking – Der Privatguide **Waldeck Tenorio** (Tel. 024 993 23 01 91, ilhawaldeck@uol.com.br) begleitet auf Wanderungen quer über die Insel. Infos auch bei **Resa Mundi Eco Tours** (s. Infos S. 155).

Termine

São Sebastião: 20. Jan. Kirchenfest zu Ehren, des hl. Sebastian.
São Pedro: 29. Juni. Großes Fischerfest.

Verkehr

Bus und Fähre: Ab Rio, **Rodoviária Novo Rio** (s. S. 143), Richtung Angra dos Reis mit **Costa Verde** (www.costaverdetransportes.com.br, 13 x tgl., 2,5–3,5 Std., 70 R$) bis Conceição de Jacareí (Fahrer informieren), dann 5 Min. Fußweg zum Hafen, wo Speedboote stdl. bis 18 Uhr zur Insel ablegen (15 Min., 160 R$ hin und zurück).
Direkttransfer von/nach Rio: Resa Mundi Eco Tours (s. Infos S. 155) bietet All-inclusive-Sammeltransfer mit Abholung vom Hotel (3–4 Std., ab 2 Pers.), ab Rio 7.30, 11.30, 14.30 Uhr, zurück 9, 12, 17.30 Uhr. Ein weiterer Anbieter ist **Easy Transfer**, (Tel. 024 993 86 39 19, www.easytransferbrazil.com). Abholung vom Hotel in Rio mit Van, ab Conceição de Jacareí geht's mit dem öffentlichen Speedboat bis auf die Insel. Aktuelle Preise auf Anfrage bei den Agenturen.

Paraty ▶ P 9

Karte: S. 149, **Cityplan:** S. 158
Paraty (31 000 Einw.) liegt am südlichen Ende des Bundesstaats Rio de Janeiro. Das seit 1966 unter Denkmalschutz stehende Kolonialstädtchen ist neben Ouro Preto in Minas

Gerais und Olinda in Pernambuco einer der wenigen gut erhaltenen Schauplätze historischer Architektur. Schon bei Ankunft fühlt man sich in die Vergangenheit versetzt. Nicht umsonst dient die Altstadt immer wieder als Kulisse für Filme, Telenovelas und Videoclips. Zurück in die Gegenwart geworfen wird man jedoch an manchen Ferienwochenenden, wenn ein Übermaß an Besuchern die Gassen des beliebten Ortes zum Überquellen bringt.

In erster Linie kommt man nach Paraty wegen seiner alten Villen, Gassen und Plätze, seiner Kirchen und der verträumt-romantischen Altstadtatmosphäre (470 neue Laternen im *old style*). In den verkehrsberuhigten Straßen mit den großen Steinquadern locken neben Folklore- und Andenkenläden viele interessante Bars und Restaurants. Die Einwohner leben fast ausschließlich vom Tourismus, es gibt viele schöne Pousadas, ein reiches Ange-

Paraty

Sehenswert
1 Casa da Cultura
2 Rua do Fogo
3 Igreja de Santa Rita/ Museu de Arte Sacra
4 Igreja de N. S. das Dores
5 Praça da Matriz
6 Igreja Matriz de N. S. dos Remédios
7 Igreja de Nossa Senhora do Rosário e São Benedito

Übernachten
1 Casa Turquesa
2 Pousada do Ouro
3 Pousada da Marquesa
4 Pousada Morro do Forte
5 Pousada Villas de Paraty
6 Pousada Casa do Rio Hostel

Essen & Trinken
1 Margarida Café
2 Caminho do Ouro
3 Punto di Vino

Einkaufen
1 Empório da Cachaça

Abends & Nachts
1 Casa Coupê
2 Sarau Bar
3 Cinema da Praça

Aktiv
1 Paraty Tours
2 Paraty Adventure
3 Cachoeira do Tobogão

---

bot an Bootsfahrten zu einigen der 65 vorgelagerten Inseln und Ökotouren durch den nahen Atlantischen Regenwald.

Geschichte

»Aquilo é para ti« (Das da ist für dich), beschreibt die Legende die Namensgebung des Ortes. Bei der Aufteilung der Erde zwischen Gott und dem Teufel überließ Ersterer diesen Landstreifen geringschätzig seinem Widersacher. Doch dies erwies sich als großer Fehler. Anfangs lebten hier die Guaianá noch ganz bescheiden vom Fischfang – Paraty war in ihrer Sprache der Name eines Fisches –, doch dann verbreitete sich die Nachricht vom gesunden Heilklima der Region, ein kranker Indigener brauchte sich nur dorthin zu begeben, um schnell zu genesen. Bald folgten die Reichen aus São Paulo und ganz Brasilien, um hier Gesundung zu suchen. 1646 kam es schließlich zur Ortsgründung, später erwies sich der günstig gelegene Hafen als weiterer Vorteil. Über ihn wurde das neu entdeckte Gold aus Minas Gerais nach Rio de Janeiro und Lissabon verschifft.

Der spätere Bau einer Verbindungsstraße zwischen den beiden brasilianischen Bundesstaaten im Jahr 1725 ließ den ›Goldhafen‹ von Paraty jedoch plötzlich unbedeutend werden und leitete vorübergehend eine Phase des Niedergangs ein, bis im 19. Jh. eine erneute Blüteperiode einsetzte. Es begann die Ära des Kaffees aus dem Vale do Paraíba und des Zuckerrohrs bzw. des aus ihm destillierten *cachaça* mit bereits 150 Schnapsbrennereien im Jahr 1863. In einer von ihnen, der 8 km entfernten **Engenho da Boa Vista,** wohnten damals die Großeltern von Heinrich und Thomas Mann sowie bis zum siebten Lebensjahr die Mutter. Das Haus (Casa Mann) ist nur von außen zu besichtigen und macht einen recht verkommenen Eindruck; der Plan, dort ein Museum zu errichten, scheiterte an ungeklärten Eigentumsverhältnissen.

Das Paraty des 19. Jh. wurde zu einem belebten Umschlagplatz. Im Jahr der Unabhängigkeit Brasiliens (1822) passierten hier nach einer alten Chronik *»160 914 cabeças de homens e animais«,* wörtlich übersetzt 160 914 Menschen- und Tierköpfe. Heute sind es nur noch Touristen, fast eine halbe Million im Jahr. 1820 konnte man sich – eine Rarität zu dieser Zeit – bereits Straßenpflasterung leisten und der Ort besaß 400 meist einstöckige Kolonialhäuser mit Ornamenten und Ziergittern sowie den charakteristischen bunten Fenstern und Fassaden. 1844 wurde Paraty zur Stadt erklärt, die Zahl der Häuser und Kirchen nahm weiter zu, bis um die Wende vom 19. zum 20. Jh. eine neuerliche Phase des Niedergangs einsetzte, wieder bedingt durch den Verlust der strategischen Bedeutung des Hafens. Bis auf 600 Seelen, meist ältere Leute, verließen die Menschen den ehemals so prosperierenden Ort. Paraty drohte in der Bedeutungslosigkeit zu versinken, bis man in den 1950er-Jahren endlich den historischen und touristischen Wert entdeckte. 1966 wurde es sogar zum historischen Nationalerbe erhoben. Gewachsene wirtschaftliche Aktivitäten gibt es heute keine mehr, was dem Ort einen recht künstlich-musealen Charakter verleiht.

Stadtrundgang

Bei einem Gang durch das Zentrum wird man immer wieder einzelne Häuser sehen, die durch ihre besonders stilvollen Fassaden herausragen, z. B. die Sobrados dos Bonecos, dos Abacaxis und do Príncipe. Für Eingeweihte sind die Fassaden der Altstadt zudem voller Symbole der ›Königlichen Kunst‹ – aus der Alten Welt geflüchtete Freimaurer waren im 18. Jh. maßgeblich an der Entstehung von Paraty beteiligt. Achtung: Wer versucht, sich in den Gassen nach Hausnummern zu orientieren, wird fast zwangsläufig in die Irre geführt, denn die folgen meist keinem erkennbaren Muster.

Casa da Cultura 1

Rua Dona Geralda 194, www.casadaculturaparaty.org, Di–Sa 11–19 Uhr, Eintritt frei

Ganz interessant ist die **Casa da Cultura.** Bis Ende des 19. Jh. diente das Kolonialgebäude als Wohnsitz, Schule, Lager und Klub, bis es zu einem Kulturzentrum umgestaltet wurde. Seitdem sind dort wechselnde kleine Kunstausstellungen zu besichtigen.

Rua do Fogo 2

Eine viel fotografierte Gasse ist die pittoreske **Straße des Feuers,** auch Rua do Pecado (Straße der Sünde) genannt. Hier befand sich früher ein Straßenstrich, der Rauch von Feuerstellen sollte das frivole Treiben in dichten Nebel hüllen.

Igreja de Santa Rita/ Museu de Arte Sacra 3

Largo da Santa Rita, Di–So 9–12, 14–17 Uhr, 4 R$, dienstags frei

Den reizvollsten Blick auf den Ort mit der Igreja de Santa Rita genießt man vom **Hafen** *(porto)* aus. Die 1722 von ›freien‹ Sklaven errichtete **Kirche** mit Barock- und Rokoko-Stilelementen im Innern ist die älteste und prunkvollste des Ortes. In den Katakomben der Jesuitenkirche befindet sich das **Museum für Sakrale Kunst**.

Über die Igreja de N. S. das Dores zur Igreja do Rosário

Paraty besitzt noch weitere Kirchen, so etwa die **Igreja de N. S. das Dores 4 ,** im Jahr 1800 für die Frauen der damaligen Aristokratie errichtet.

Vorbei am architektonisch schönsten Platz Paratys, der **Praça da Matriz 5 ,** gelangt man zur neoklassizistischen **Igreja Matriz de N. S. dos Remédios 6 .** Sie war die Kirche des weißen Bürgertums und steht hier heute in ihrer dritten Neukonstruktion von 1873.

Ab 1725 wurde die **Igreja de Nossa Senhora do Rosário e São Benedito 7** für die den afrobrasilianischen Mischkulten zugewandten Sklaven errichtet, die auch an ihrem Bau beteiligt waren. Trotz ihrer vergoldeten Altäre wirkt sie recht schlicht.

Ausflüge

Auf das Meer

Die **Bucht von Angra dos Reis,** zu der auch Paraty und die Ilha Grande gehören, bildet mit ihren ca. 165 Inseln eines der schönsten Küstengebiete Brasiliens. Auch große Festlandabschnitte sind nur zu Fuß oder über das Wasser zu erreichen. Deshalb gehört ein **Bootsausflug** praktisch zum Pflichtprogramm in Paraty. Bei den örtlichen Agenturen (s. S. 163.) hat man die Wahl zwischen Touren auf großen Schonern und eher spezielleren Törns zu Tauchrevieren etc.

In die Berge

Ein Ausflug führt in die von **Atlantischem Regenwald** überzogenen Berge rund 12 km westlich von Paraty. Neben Urwald und Wasserfällen findet man hier historische Fazendas und *cachaça*-Destillerien. Entlang der Estra-

Köstlicher Cachaça – Paraty ist bekannt für seine exzellenten Zuckerrohrschnäpse und Liköre

da da Pedra Branca im Ortsteil Ponte Branca (Straße Paraty-Cunha) laden gleich zwei lokale Brennereien zum Besuch ein, der **Alambique Pedra Branca** (KM 1, www.cachacapedrabranca.com) und **Alambique Paratiana,** (KM 1, www.cachacaparatiana.com.br, beide tgl. 9.30–17 Uhr, Eintritt frei). Ein Stück weiter wird auf der **Fazenda Bananal** heute zwar kein Schnaps mehr gebrannt, aber hier wurde ein orginales Farmhaus aus dem 17 Jh. minutiös restauriert und mit seinen kolonialen Arbeitsprozessen erfahrbar gemacht. Ein feines Restaurant vor Ort kann mit Bio-Lebensmitteln den Besuch geschmacklich abrunden (www.fazendabananal.com.br, tgl. 10–17 Uhr, Eintritt variabel je nach Veranstaltung).

An den Strand von Vila de Trindade ▶ P 10

Karte: S. 149

Busse tgl. stdl. 5–22 Uhr ab Rodoviária (Rua Manoel S. Pádua), an der Praia de Fora aussteigen

Wer bei Paraty schöne Strände auf dem Festland sucht, muss ein Stück aus dem Ort herausfahren. Das reizvollste Ziel ist **Vila de Trindade** 6, 25 km südlich von Paraty. In den 1970er-Jahren war das Dorf ein Hippietreffpunkt und Geheimtipp, heute gibt es schon mehr als zwei Dutzend Pousadas sowie einige Restaurants und Bars. Die inzwischen asphaltierten Straßen ziehen immer mehr Besucher an, trotzdem finden sich unter den fünf Stränden zumindest in der Nebensaison noch Oasen der Ruhe und Abgeschiedenheit.

Zuerst gelangt man an den bei Surfern beliebten **Strand von Cepilho.** Danach folgt die **Praia do Rancho** mit malerisch über den Strand verstreuten Felsen und mit der besten touristischen Infrastruktur. Hier kann sich in einem **Strandlokal** stärken. Danach ist man in wenigen Minuten zu Fuß bei der landschaftlich sehr reizvollen **Praia do Meio.** Von dort geht es per **Boot** (30 R$) zu dem von Felsen geschützten Naturbecken **Piscina Natural do Cachadaço.**

Infos

Informação turística: Av. Roberto Silveira 1 (am Eingang zur Altstadt), Tel. 024 33 71 12 22, tgl. 9–20 Uhr.

Übernachten

Exklusiv – **Casa Turquesa 1 :** Rua Doutor Pereira 50 (Centro Histórico), Tel. 024 998 52 91 89, www.casaturquesa.com.br. Die exklusive Pousada wurde schon zur besten Brasiliens gewählt. 9 geschmackvolle Suiten mit Kingsize-Betten, im Hof kleiner Pool mit Jacuzzi und Loungebereich, ruhige Lage, alles wird durch einen sehr aufmerksamen Service abgerundet. Mindestaufenthalt 2 Nächte. €€€

Simply the Best – **Pousada do Ouro 2 :** Rua Dr. Pereira 298 (Centro Histórico), Tel. 024 33 71 20 33, www.pousadaouro.com.br. Die von Deutschen geführte Pousada zählt zu den schönsten des Ortes. In einem Haus aus dem 18. Jh. befinden sich 27 komfortable Zimmer, ein Innenhof mit Tropengarten und Pool, alles in sehr romantischer Atmosphäre. Hier wohnten schon Mick Jagger, Tom Cruise und andere Größen. €€€

Grüne Oase – **Pousada da Marquesa 3 :** Rua Dona Geralda 292 (Centro Histórico), Tel. 024 33 71 12 63, www.pousadamarquesa.com.br. Die Pousada befindet sich in einem gepflegten Kolonialhaus mit antikem Mobiliar, drum herum einem schattigen Garten mit alten Bäumen und Pool. Zentrale, dennoch ruhige Lage am Platz vor der Hauptkirche. €€€

Panorama – **Pousada Morro do Forte 4 :** Rua Orlando Carpinelli 413 (Pontal), Tel. 024 998 13 31 87, www.pousadamorrodoforte.com.br. Das rustikale Haus liegt traumhaft auf dem Festungshügel (Morro do Forte) mit Blick auf Altstadt und Bucht. Helle Zimmer mit Veranda, Pool und Garten, 10 Gehminuten ins Zentrum. €€–€€€

Grüner Garten – **Pousada Villas de Paraty 5 :** Rua Otávio Gama 676 (Caborê), Tel. 024 999 30 74 50, www.villas-de-paraty.com.br. In einem großen Garten befinden sich geschmackvoll gestaltete Wohnblöcke mit jeweils mehreren Zimmern, dazu ein schöner Pool. Lage etwas außerhalb des Ortskerns, zum Zentrum sind es aber nur ein paar Minuten zu Fuß am Flussufer entlang. €€€

Backpacker – **Pousada Casa do Rio Hostel 6 :** Rua Antonio de Oliveira Vidal 144 (Chácara), Tel. 024 33 71 22 23, www.pousadacasadorio.com.br. Gutes Hostel mit Schlafsaalbetten und DZ, direkt am Fluss gelegen, Gemeinschaftsküche, Wäschereiservice, Frühstück. Jeeps und Boote für Ausflüge. 5 Min. zu Fuß ab Busbahnhof. €

Essen & Trinken

Stimmungsvoll – **Margarida Café 1 :** Pça. do Chafariz, Tel. 024 993 19 57 24, www.margaridacafe.com.br, tgl. 12–24 Uhr. Belebtes Restaurant, abends oft Livemusik und ausgelassene Stimmung, hervorragend ist *peixe Amir Klink,* ein gegrilltes Fischfilet an Weißweinsoße mit frischen Weintrauben, dazu gibt es cremiges Palmherzenrisotto. €€–€€€.

Gold wert – **Caminho do Ouro 2 :** Rua Dr. Samuel Costa 236, Tel. 024 988 76 18 99, Mo–Sa 16–23 Uhr. Der Mensch lebt nicht nur vom Fisch allein: Das Filet-Mignon an *jabuticaba*-Soße und *aipim-mousseline* verleitet zum Schwärmen. €€€

Mamma mia – **Punto di Vino 3 :** Rua Marechal Deodoro 129 (bei der Praça Matriz), Tel. 024 974 00 76 13, tgl. 12–24 Uhr. Der traditionelle Italiener am Ort. Allerhand aus dem Meer an Nudeln und auf Pizzas zu mittleren Preisen, sehr beliebt ist *spaghetti com frutos do mar*. Gute Weinkarte. €€

Einkaufen

Zuckerrohrschnaps – Paraty ist bekannt für *cachaça,* im Angebot sind neben den fünf vor Ort hergestellten Marken weitere 300 aus ganz Brasilien. **Empório da Cachaça 1 :** Rua Dr. Samuel Costa 22 (Centro Histórico), tgl. 9.30–22 Uhr.

Abends & Nachts

Am Platz – **Casa Coupê 1 :** Praça da Matriz, Tel. 024 993 23 52 75, tgl. 12–24 Uhr. Die Gastro-Kneipe an der belebtesten Ecke von Paraty: Drinnen spielt die Musik und draußen spaziert die halbe Welt vorbei.

Kubanisch – **Sarau Bar 2 :** Rua Marechal Deodoro 241, tgl. 12–24 Uhr. Urige bunte Bar mit Hippie-Touch, Latinoklängen und oft auch Livemusik. Gute karibische Drinks.

Siebte Kunst – **Cinema da Praça 3 :** Praça da Matriz, Tel. 024 33 71 74 12. Wenn's mal regnet – auf ins Kino! Das vor einigen Jahren wiedereröffnete Lichtspielhaus bietet ein bunt gemischtes Programm mit vielen Superhelden. Kostenlos, Das Programm muss man vor Ort erfragen.

Aktiv

Bootstouren – **Paraty Tours 1:** Av. Roberto Silveira 479, Tel. 024 999 74 27 34, www.paratytours.com.br. Traditionellster Veranstalter vor Ort, spezialisiert auf Ausflüge im Schoner mit Schnorcheln. Beliebt ist die 5-stündige Tour ›Ilhas Paradisíacas‹ zu der Insel Algodão inklusive der Lagoa Azul und der Strände Lula und Saco da Velha. Bietet auch Transfers in der Region an.

Öko- und Abenteuertouren – **Paraty Adventure 2:** Rua Amauri dos Santos Pádua 323, Tel. 024 999 13 78 75, www.paratyadventure.com. Neben Bootsausflügen auch Tauchen, Rafting, Jeeptouren etc. Kompetente, englischsprachige Guides.

Stadtrundgang & mehr – **Annette Runge:** Tel. 021 996 409 248, annette.riotours@gmail.com. Die Berlinerin bietet informative historische Stadtrundgänge an, außerdem tolle Tagesausflüge, z. B. zum abgelegenen Traumstrand Praia do Sono, zum tropischen Fjord Saco de Mamanguá oder zu den verschiedenen Wasserfällen der Region. Auch Fahrdienste, private Bootstouren sowie Hilfe beim Transfer zur Ilha Grande und nach Rio/São Paulo.

Wasserrutsche im Wald – **Cachoeira do Tobogão 3:** 30 m breiter Felsen mit 10 m Höhenunterschied, über dessen ›Buckel‹ das Wasser in einem dünnen Film fließt. Der Fels ist leicht mit Moos und Algen bewachsen, sodass man sanft hinabrutschen kann. Etwa 200 m von der Straße Paraty–Penha. Anfahrt von Paraty per Uber/Taxi (30–60 R$). Die meisten lokalen Veranstalter fahren mit ihren Landrovern dorthin.

Termine

Paraty bietet die meisten Feste im ganzen Südosten Brasiliens.

Bourbon Festival: an einem Wochenende im April/Mai, @bourbon.festival.paraty. Musikfestival mit Soul, Blues, R & B und Jazz in einem Zelt bei der Praça da Matriz.

Festa do Divino: 2. Maihälfte bzw. 50 Tage nach Ostern. Religiöses Fest mit portugiesischem Ursprung. Typische Tänze und Prozession, Feier in der Igreja Matriz de N. S. dos Remédios.

Procissão Marítima de São Pedro: So nach dem 29. Juni. Meeresprozession von São Pedro zur Ilha do Araújo.

Festa Literária Internacional de Paraty (FLIP): 5 Tage an wechselnden Daten (zuletzt Nov.), www.flip.org.br. Internationales Literaturfestival mit Lesungen, Diskussionen, Musikshows und einem Flip+ genannten Alternativ-Event mit weiteren Ausstellungen, Kino usw.

Festival da Cachaça, Cultura e Sabores de Paraty: 2. oder 3. Aug.-Wochenende. Volksfest (Festival da Pinga) rund um den Zuckerrohrschnaps.

Festa de N. S. dos Remédios: Ende Aug./Anfang Sept. Fest zu Ehren der Schutzheiligen des Ortes.

Paraty em Foco: Mitte/Ende Sept., www.pefparatyemfoco.com.br. Internationales Fotografiefestival.

Festa de São Benedito: 2. Nov.-Woche. Volksfest zu Ehren des Schutzheiligen der Sklaven, verschiedene Prozessionen und Kirchenfeiern.

Verkehr

Bus: Die **Rodoviária** liegt ca. 10 Gehminuten vor dem historischen Zentrum in der Rua Manoel S. Pádua. Verbindungen bestehen unter anderem nach Rio de Janeiro **(Costa Verde,** www.costaverdetransportes.com.br, 8 x tgl., 4,5–5,5 Std., 92 R$) und nach São Paulo **(Reunidas Paulista,** www.reunidaspaulista.com.br, 5 x tgl., 6–6,5 Std., 90–142 R$).

Direkttransfer von und nach Rio: Die einfachste An- und Abreise bietet sich mit den Kleinbussen von Paraty Tours (s. S. 163). Mehrmals täglich Transfer von Hotel zu Hotel für 290 R$/Pers., unterwegs wird ein Stopp in Angra dos Reis eingelegt, wo Fähranschluss zur Ilha Grande besteht. Reservierung über Website.

São Paulo

▶N 10

São Paulo ist eine ungeduldige, chaotische und manchmal unansehnliche, aber zugleich spannende, aufregende und überraschende Stadt. Strände und grüne Berge wie in Rio gibt es nicht, dafür aber das reichhaltigste Angebot an Kunst, Architektur, Gastronomie und Nachtleben von ganz Lateinamerika.

In Brasiliens Metropolis brodelt es rund um die Uhr. Der Bevölkerungsriese steht angeblich ständig vor dem Kollaps. Knapp 12 Mio. Menschen leben hier, im Großraum gar fast 22 Mio. Knapp ein Viertel davon haust in Favelas und Elendsquartieren, Erblast einer seit Jahrzehnten andauernden Zuwanderung, die kaum von entsprechenden Maßnahmen im Wohnungsbau und in der Infrastruktur begleitet wird: »São Paulo kann nicht stillstehen«, sagt man. Dabei handelt es sich um die reichste Stadt in ganz Brasilien: Aus dem Wirtschaftsraum Groß-São-Paulo stammen ein Viertel der nationalen Industrieproduktion bzw. 11 % des BIP, auch die meisten deutschen Firmen sind hier ansässig (s. S. 167). Die Paulistas kompensieren die viele Arbeit mit Kultur, Konsum und Gastronomie. Es gibt 120 Theater, 350 Kinos, 111 Museen, 54 Shoppingcenter und um die 10 000 Restaurants.

Geschichte

São Paulos Anfang als Weltstadtkandidat war alles andere als ungewöhnlich. Recht spät, im Januar 1554, auf Initiative des obersten Jesuiten in Brasilien, Manuel da Nóbrega, kam eine Gruppe von Jesuiten, unter ihnen José de Anchieta, hierher, baute eine kleine Kapelle und begann mit der Christianisierung der indigenen Bevölkerung im nahe gelegenen Dorf Piratininga. Die erste Messe fand am 25. Januar statt, dem Tag der Bekehrung des Heiligen Paulus. Und so hieß das Dorf fortan São Paulo de Piratininga.

Den Jesuiten wollte jedoch nichts so recht gelingen. Während der Nordosten Brasiliens im Jahr 1600 bereits größter Zuckerrohrproduzent der Welt war, führten die ca. 2000 Paulistas (1580) ein bescheidenes Leben, basierend auf Ackerbau und Subsistenzwirtschaft. Und so unternahm schließlich eine Gruppe von Abenteurern, den sogenannten *bandeirantes,* Expeditionen ins Landesinnere, um Gold zu suchen und Indigene zu versklaven – nicht ohne dabei von anderen Indigenen tatkräftig unterstützt worden zu sein.

Die Nomadenexistenz der *bandeirantes* ließ jedoch die Stadt, ehemals Ausgangspunkt ihrer Raubzüge, noch unbedeutender werden. Als die Goldfunde in Minas gegen Ende des 18. Jh. zurückgingen, versuchten es die Paulistas mit Zuckerrohranbau. Die Ernte war dürftig, das Experiment vorübergehender Natur, doch wurden Erfahrungen gesammelt, die dem folgenden großen Kaffeejahrhundert zugute kommen sollten.

Das erste Kaffeepflänzchen wurde versuchsweise 1805 gesetzt, 1850 wurden 2250 t Kaffee exportiert, 1870 waren es 3400 t und 1893 bereits 167 400 t. Die zweite Hälfte des 19. Jh. war zugleich die Zeit der großen Immigration aus Europa mit 1 Mio. Einwanderern, die Hälfte davon – überwiegend Italiener – ging nach São Paulo. Während andere Städte wie Rio de Janeiro mit der Abschaffung der Sklavenarbeit in eine wirtschaftliche Krise gerieten, profitierten die *fazendeiros* des Bundesstaates São Paulo – mit einer Fläche von der Größe der alten BRD

Verkehrsberuhigter Puls der Altstadt – die Avenida São João im Zentrum

– vom massenhaften Zustrom arbeitswilliger und qualifizierter Lohnarbeiter aus Europa. Der Erlös aus dem ›schwarzen Gold‹ floss direkt in die Stadt und deren Gesicht veränderte sich rasant: Eisenbahnen (bis zum Hafen von Santos), Straßenbahnen, Elektrizität, Handelshäuser, Banken, die Avenida Paulista, kulturelle Stätten und vor allem Fabriken.

Die ›Kaffeebarone‹ nutzten die technischen Möglichkeiten der beginnenden industriellen Revolution und investierten in die Textilindustrie, zumal der Rohstoff Baumwolle zur Genüge vorhanden war. Immer mehr Immigranten strömten nun in diesen neuen Sektor. Es begann das Jahrhundert der Industrie, der Verfall der Kaffeepreise im Zusammenhang mit der Weltwirtschaftskrise von 1929/30 forcierte noch diesen Trend. Ab 1950 kam eine weitere große Immigrationswelle mit Lohnarbeitern aus dem brasilianischen Nordosten, Impuls zum Aufbau eines neuen Wirtschaftszweigs, der Automobilindustrie, gefördert von der Regierung Kubitschek (1956–61).

UNTERWEGS IN SÃO PAULO MIT WERNER RUDHART

Brasiliens größte Stadt ist seit über 30 Jahren die Wahlheimat von **Werner Rudhart,** dem Autor dieses Buchkapitels. In privaten Stadtführungen bietet er die Möglichkeit, in das Innenleben der vielseitigen Megacity einzutauchen. Da São Paulo für jeden etwas zu bieten hat, können die Touren auch auf individuelle Interessen ausgerichtet werden.
Details und Kontakt: www.saopaulo-insider.com, werudhart@gmx.net oder Tel. +55 12 996 19 51 20 (auch WhatsApp).

Heute ist in dem gigantischen Industriepark von Groß-São-Paulo (ABC) fast alles vertreten: Metallverarbeitung, Chemie, Elektrizität, Kommunikation, Transport u. a. Die Vorherrschaft im Kaffeegeschäft hat São Paulo an Minas Gerais abgegeben, doch die Kaffeebourgeoisie und die Arbeiter aus Italien haben die Weichen gestellt für den Aufstieg der Stadt zur größten Metropole Südamerikas.

Historisches Zentrum

Cityplan: S. 164

Edifício Itália 1

Av. Ipiranga 344, Metro República; Terrasse des Restaurants Terraço Itália: tgl. 12–24 Uhr (natürlich inklusive Terrassenbesuch), tgl. nur Terrassenbesuch 15–19 Uhr, 50 R$, nur mit Reservierung über Website (www.terracoitalia.com.br)
Einen beeindruckenden Überblick bietet das Restaurant **Terraço Itália** (Tel. 011 21 89 29 29) im 41. Stock des **Edifício Itália,** eines der höchsten Gebäude der Stadt. Wer hier zu gehobenen Preisen speist, genießt den Ausblick als Beilage. Aus 165 m Höhe sieht man ein endloses Häusermeer, schön auch am Abend in der angegliederten Bar, wegen der angehenden Lichter.

Besonders auffällig ist direkt nebenan das s-förmige **Edifício Copan,** ein 1966 unter Oscar Niemeyer errichteter 38-stöckiger Komplex, das bis heute größte Wohnhaus der Welt mit 1200 Apartments – 5000 Menschen leben auf insgesamt 116 000 m^2.

Praça da República 2

Schon vom Edifício Itália aus kann man den **Platz** sehen, einen der markantesten Orte im historischen Zentrum. Zu Beginn des 19. Jh. diente er noch als Raststätte für Vieh- und Lasttierherden, heute finden am Rande des parkartigen Geländes am Wochenende Märkte statt.

Auf der Avenida Ipiranga geht es ein Stück am Platz entlang und dann rechts in die **Fußgängerzone** der Rua Barão de Itapetininga.

Deutschlands größte Industriestadt

São Paulo ist nicht nur die größte Industriestadt Lateinamerikas, sondern auch die größte ›deutsche‹ Industriestadt im Ausland, und das nicht nur aufgrund der in deutschem Besitz befindlichen Aktien an brasilianischen Gesellschaften, sondern auch wegen der zahlreichen deutschen Tochterfirmen wie Siemens do Brasil, Volkswagen do Brasil, Mercedes do Brasil, Hoechst do Brasil …

In Lateinamerika liegt Brasilien hinsichtlich des Umfangs deutscher Direktinvestitionen an erster Stelle. Trotz langanhaltender wirtschaftlicher Krisen in Brasilien machen die ungefähr 1600 deutschen Unternehmen (davon allein ca. 800 in São Paulo) fast 10 % der industriellen Wertschöpfung des Landes aus. Von allen EU-Ländern investiert Deutschland am stärksten in Brasilien. Allein im Bundesstaat São Paulo sind etwa 250 000 Mitarbeitende in deutschen Unternehmen beschäftigt.

Begonnen hatte diese Entwicklung bereits in den 1920er-Jahren, doch der wesentliche Impuls ging von der Ausweitung der brasilianischen Kraftfahrzeugproduktion in den 1950er-Jahren aus. VW do Brasil war über Jahrzehnte das umsatzstärkste Privatunternehmen Brasiliens. Insgesamt wurden in dem VW-Werk in São Bernardo do Campo bei São Paulo bis 1986 über 3 Mio. ›Käfer‹ *(fuscas)* produziert. 1980 brachte VW den noch erfolgreicheren Gol (ohne f) auf den Markt, er war in den letzten Jahrzehnten das meistverkaufte Auto des Landes. Heute liegt VW bei den Marktanteilen hinter Fiat und General Motors auf Platz drei. Ein anderer deutscher Gigant, Siemens do Brasil, beschäftigt in zwölf Werken und sieben Entwicklungszentren ca. 5000 Arbeiter und Angestellte und war am Bau großer Wasserkraftwerke wie Itaipu sowie am Bau des Atomreaktors Angra II beteiligt und plant, seine Präsenz im Land bis zum Jahr 2027 zu verdoppeln.

Die meisten deutschen Firmen in Brasilien sind sehr erfolgreich. Das liegt zum einen an der langen Tradition und Erfahrung, zum anderen an den Besonderheiten des Arbeitsmarktes. Hubertus von Mohr, ehemaliger deutscher Generalkonsul in São Paulo, erklärte, dass ihm große deutsche Unternehmen etwa aus dem Chemie- oder Automobilsektor bestätigten, die Brasilianer seien fleißig, gut ausgebildet und motiviert. Zu ergänzen wäre nur, dass hier viel (und vielleicht auch gern) gearbeitet wird für einen immer noch vergleichsweise geringen Lohn, wobei man allerdings berücksichtigen muss, dass die einheimischen Firmen noch schlechter zahlen. Nicht zu leugnen ist auch, dass viele Unternehmensführungen deutscher Niederlassungen sich auch um das Soziale kümmern. Die pharmazeutische Hexal-Niederlassung z. B. bringt massiv die auch für Ärmere erschwinglichen Generika auf den Markt. Und die Allianz-Versicherung finanzierte gleichzeitig einen Kindergarten am Rand einer Favela und half beim beim Bau des modernsten Fußballstadions der Stadt, dem Allianz Parque. Allgemein schätzen die deutschen Firmen das Multikulturelle von São Paulo. Oft arbeiten in einer Firma leitende deutsche Angestellte mit brasilianischen Kollegen verschiedenster ethnischer Wurzeln zusammen, und das auf eine sehr positive Art.

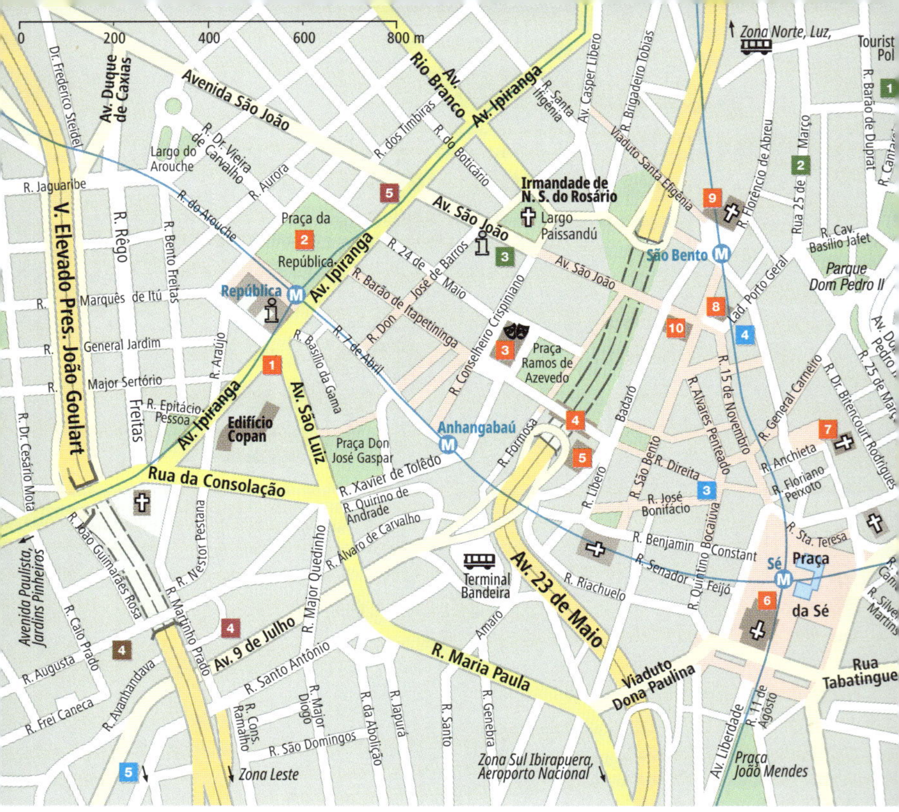

Theatro Municipal 3

Pça. Ramos de Azevedo, https://theatromunicipal.org.br, kostenlose geführte Besichtigung (engl.) Mi–Fr 13, Sa 11 Uhr, Theaterkasse Mo–Fr 10–19, Sa, So 10–17 Uhr

Am Ende dieses wuseligen Parcours steht links das prunkvolle, eklektische **Stadttheater.** Ab 1896 erbaut, 1911 eingeweiht, enthält es außer pompösen Vergoldungen sowie Freskenmalereien an den Decken und Wänden noch Skulpturen von italienischen Meistern des 19. Jh. sowie kostbares Mobiliar und große Kronleuchter aus Europa.

Viaduto do Chá und Palácio do Anhangabaú

Weiter geradeaus führt der Weg über den **Viaduto do Chá** 4. Der Name (*chá* = Tee) rührt von früheren Versuchen (1820) her, an den Hängen der darunterliegenden Talsenke von Anhangabaú Tee zu kultivieren. Rechts sieht man den wuchtigen **Palácio do Anhangabaú** 5 (Viaduto do Chá 15), auch bekannt als Edifício Matarazzo. Der in den 1940er-Jahren errichtete Bau eines italienischen Großindustriellen dient heute als Amtssitz des Bürgermeisters und fällt auch durch seinen üppigen tropischen Dachgarten auf.

Catedral da Sé 6

Pça. da Sé, tgl. 8–18 Uhr, Eintritt frei

Auf der an den Viadukt anschließenden Rua Direita gelangt man bald zur Praça da Sé. Zwischen Palmen nähert man sich dem Eingang der neogotischen **Kathedrale** (1913–54) mit ihrer mächtigen Renaissance-Kuppel, in der 8000 Menschen Platz finden. Während zu Baubeginn 1913 die Mittel für den markanten Kirchenpalast noch aus der Kaffeewirtschaft gefiltert waren, boomte São Paulo bei seiner Fertigstellung 1954 schon als industrielles Zentrum Brasiliens.

São Paulo, historisches Zentrum

Sehenswert

1 Edifício Itália
2 Praça da República
3 Theatro Municipal
4 Viaduto do Chá
5 Palácio do Anhangabaú
6 Catedral da Sé
7 Pátio do Colégio
8 Edifício Altino Arantes
9 Basílica de São Bento
10 Edifício Martinelli
11 – 25 s. Cityplan S. 172

Übernachten

1 – 3 s. Cityplan S. 172
4 Hotel Ca'd'Oro
5 – 10 s Cityplan S. 172

Essen & Trinken

1 – 3 s. Cityplan S. 172
4 Famíglia Mancini
5 Bar Brahma

Einkaufen

1 Mercado Municipal
2 Rua 25 de Março
3 Galeria do Rock

Abends & Nachts

1, 2 s. Cityplan S. 172
3 Casa de Francisca
4 Subastor Bar do Cofre
5 Café Piu Piu
6 s. Cityplan S. 172

Pátio do Colégio 7

Am rechten unteren Ende des Platzes führt die kleine Travessa Pátio do Colégio zum gleichnamigen Platz mit der Kirche **São José de Anchieta** und dem historischen **Museu Anchieta** (Patío do Colégio 2, www.pateodocollegio.com.br, Di–Sa 9–16 Uhr, 20 R$). Hier nahm die Geschichte der Stadt ihren Ausgang, als der Jesuitenmönch José de Anchieta 1554 mithilfe von Indigenen eine Kapelle errichtete. Die später an ihrer Stelle errichtete Jesuitenschule fiel 1896 zusammen und wurde schließlich durch eine originalgetreue Replik ersetzt. Im frei zugänglichen, von einer über 200 Jahre alten Würgefeige beschatteten Innenhof ist ein originales Teilstück der Grundmauer zu sehen.

Edifício Altino Arantes 8

Rua João Brícola 24, Di–So 9–20 Uhr (letzter Zutritt 18 Uhr), www.farolsantander. com.br, Eintritt 35 R$

Der Rundgang führt nun über die Fußgängerstraße Rua 15 de Novembro durch den ehemaligen Finanzdistrikt der Stadt vorbei an den früheren Palästen der Banken und der heutigen beiden Börsen bis zur Praça Antônio Prado. Dort ragt mächtig der Turm des **Edifício Altino Arantes** in die Höhe. Der dem Empire State Building nachempfundene und im Volksmund als Banespão (nach der früher dort residierenden Landesbank) bekannte Wolkenkratzer ist zwar nur der fünfthöchste der Stadt, wegen seiner exponierten Lage aber am besten sichtbar und somit eine Art Hauptmarkierungspunkt des Zentrums. Der heutige Besitzer, die Bank Santander, hat das denkmalgeschützte Gebäude unter dem Namen **Farol Santander** zu einer Art Kulturzentrum umgewandelt. Über mehrere Stockwerke verteilt erwarten den Besucher ein Bankenmuseum, Kunstausstellungen, eine Skate-Piste, Restaurants und ein Café mit Aussichtsbalkonen.

Basílica de São Bento 9

Largo de São Bento, www.mosteirodesaobentosp.com.br, Di–Fr 6–19, Sa, So 6–12, 16–18 Uhr; Mo–Fr 7, Sa 6, So 10 Uhr Messe, mit gregorianischen Gesängen

Ein kleines Stück weiter durch die Rua São Bento und man gelangt zum gleichnamigen Largo mit der **Abteibasilika des Benediktinerklosters** (1650 errichtet, später abgerissen und 1910–14 wieder aufgebaut). Ein besonderes Detail der neoromanischen Kirchenfassade ist die älteste Uhr der Stadt von 1921. Der unter Einfluss der Beuroner Kunstschule geschaffene Innenraum wirkt wegen der warmen Braun- und Ockertöne besonders harmonisch. Die Deckenmalereien stellen Szenen aus der Geschichte der Kirche und aus dem Klosterleben des hl. Benedikt dar. Die 1954 eingeweihte Orgel mit 6000 Pfeifen stammt wie das Fensterglas aus Deutschland.

Edifício Martinelli 10

Rua São Bento 405

Ein Stück die Rua São Bento bis zur Avenida São João zurückgehend fällt rechts die rosafarbene Fassade des eklektischen **Edifício Martinelli** ins Auge. Dieser an den Zuckerbäckerstil grenzende, 130 m hohe ›Wolkenkratzer‹ mit 30 Stockwerken war bei seiner Fertigstellung im Jahr 1925 das höchste Gebäude Brasiliens. Es beherbergte Spielkasino, Luxushotel, Ballhaus und Kino, verkam jedoch ab den 1950er-Jahren und war bei seiner Zwangsräumung 1975 eine Art ›senkrechte‹ Favela. Seit einer Restaurierung 1979 beherbergt das Martinelli städtische Bürokratie.

Zum Abschluss des Rundgangs kann man noch an der Kreuzung der Avenida São João mit der Avenida Ipiranga die traditionsreiche **Bar Brahma** 5 (s. S. 177) aufsuchen.

Zwei wichtige Museen

Cityplan: S. 172

Pinacoteca do Estado 11

Pça. da Luz 2, http://pinacoteca.org.br, Metro Luz, Mi–Mo 10–18, letzter Einlass 17 Uhr, 32 R$, Sa Eintritt frei

Die **Pinakothek** beim Bahnhof Luz im nördlichen Zentrum ist das älteste Kunstmuseum (1900) der Stadt und beherbergt eine der größten und bedeutendsten Sammlungen brasilianischer Kunst mit Werken u. a. von Cândido Portinari und Di Cavalcanti sowie wechselnde Ausstellungen auch internationaler Künstler. Das Museum ist Teil des Parque da Luz, São Paulos erstem Stadtpark von 1825. Vorbei an in den Park ausgelagerten Skulpturen führt ein Weg vom Haupthaus (Pina Luz) zu einem neuen, 2023 eröffneten Museumskomplex (Pina Contemporânia), der ganz der Gegenwartskunst gewidmet ist.

Museu de Futebol 12

Estádio do Pacaembu, Pça. Charles Miller, Pacaembu, www.museudofutebol.org.br, Anfahrt am besten per Taxi, Di–Fr 9–18 Uhr, 20 R$

Westlich des alten Zentrums, unter den Rängen des schönen Pacaembu-Stadions, erklärt das **Fußballmuseum** die Liebe der Brasilianer zum runden Leder interaktiv und voller technischer Raffinessen.

Avenida Paulista

Cityplan: S. 172

In dieser bekanntesten, in vielem an New York erinnernden Straße ganz Brasiliens konzentriert sich viel vom Reichtum der Stadt. In den ersten Jahrzehnten nach der Einweihung 1891 verlief die Entwicklung zunächst gemächlicher. Die Kaffeebarone und das aufkommende Bürgertum bauten inmitten von Bananenhainen ihre eklektizistischen Palästchen. Doch mit der rasanten wirtschaftlichen Entwicklung der 1950er-Jahre kam alles, was Geld hatte, vom alten Zentrum in die neue, prestigereiche Nobelstraße. Alle wichtigen Unternehmen und Banken haben hier nun eine Vertretung, auf knapp 3 km reiht sich ein Bürohaus ans andere.

In den letzten Jahren hat die Stadt **Radwege** angelegt und an den Sonntagen ist die Avenida von 10 bis 16 Uhr in voller Länge für Autos gesperrt. Radler, Skater, Musiker und Tausende von Flaneuren machen die Paulista zu einer Art **Straßenpark** und verdeutlichen so eine seit Jahren andauernde Entwicklung: Während früher allein das Business den Takt vorgab, wandelt sich die Straße immer mehr zu einem sozialen und kulturellen Brennpunkt São Paulos. Eine Demo ist keine Demo, wenn sie nicht mindestes für eine Stunde die Avenida Paulista lahmgelegt hat. Viele wichtige **Events** finden hier statt, so der Marathonlauf, das Silvesterfest und die Parada Gay.

Museen an der Av. Paulista

Museumsfans können einen ganzen Tag damit zubringen, entlang der Straße von einer hochkarätigen Ausstellung zur nächsten zu pilgern. Hier eine Auswahl: Das **Japan House** 13 (Nr. 52, Di–Fr 10–18, Sa, So 9–18 Uhr), ein Zentrum zur Verbreitung japanischer Kunst, Kultur und Technologie, die schön in einem Rosengarten (mit Café) gelegene **Casa das Rosas** 14 (Nr. 37), ein Relikt aus der Zeit der Kaffeebarone, das Kulturinstitut **Itaú Cultural** 15 (Nr. 149, Di–Sa 11–20, So 11–19 Uhr), welches in

New York oder São Paulo? – Spiegelungen in der Glasfassade des Torre Matarazzo an der Avenida Paulista

der Ausstellung Brasiliana die Entstehungsgeschichte des Landes erzählt, das **Kulturzentrum im Gebäude der Fiesp** 16 (Nr. 1313, Di–So 10–20 Uhr), dem Industrieverband São Paulos, mit ständig wechselnden Kunstausstellungen, und das **Instituto Moreira Salles** 17 (Nr. 2424, Di–So 10–20 Uhr) mit Schauen zum Thema Fotografie auf mehreren Etagen.

Museu de Arte (MASP) 18

Av. Paulista 1578, Tel. 011 31 49 59 59, https://masp.org.br, Metro Trianon-MASP, Di 10–20, Mi–So 10–18 Uhr, 60 R$, Di Eintritt frei

Königin der Paulista ist und bleibt jedoch das **Museu de Arte de São Paulo,** das bedeutendste Kunstmuseums Lateinamerikas. Steigt man an der U-Bahn-Station aus, wird man schon unterirdisch durch Skulpturen auf den oberirdischen Kunstgenuss eingestimmt. Das Museum besteht seit 1947, wurde aber erst 1968 in die Avenida Paulista verlegt, in einen frei, auf vier Pfeilern ruhenden Bau der Architektin Lina Bo Bardi. Geleitet wurde es von 1947 bis 1987 vom renommierten italienischen Kunstkritiker Pietro Maria Bardi, der nach Kriegsende unermüdlich Telegramme um den ganzen Globus jagte, um schnell und preisgünstig mehr als 5000 Kunstwerke zu ersteigern. Am bedeutendsten ist die Dauerausstellung im 2. Stock mit ca. 100 Gemälden von der Renaissance bis zum Impressionismus, u. a. von Rafael, Tizian, Rembrandt, Goya, Monet, Renoir, Cézanne, Van Gogh und Gauguin. Sehenswert sind auch die brasilianischen Landschaften von Debret, Di Cavalcanti, Eckhout, Portinari, Post, Segall und Taunay.

Interessante Viertel

Cityplan: S. 172

São Paulo besteht aus 96 Distrikten. Es fällt nicht leicht, die besuchenswertesten Viertel herauszustellen. Lohnenswert ist auf jeden Fall das japanische Viertel Liberdade. Das schicke bis alternative Vila Madalena ist berühmt für seine Street Art und bietet viele Galerien, Bars, Restaurants und Cafés. In den Jardins befinden sich die edelsten Geschäfte und Restaurants, besonders im ›Luxusviereck‹ um die Rua Oscar Freire.

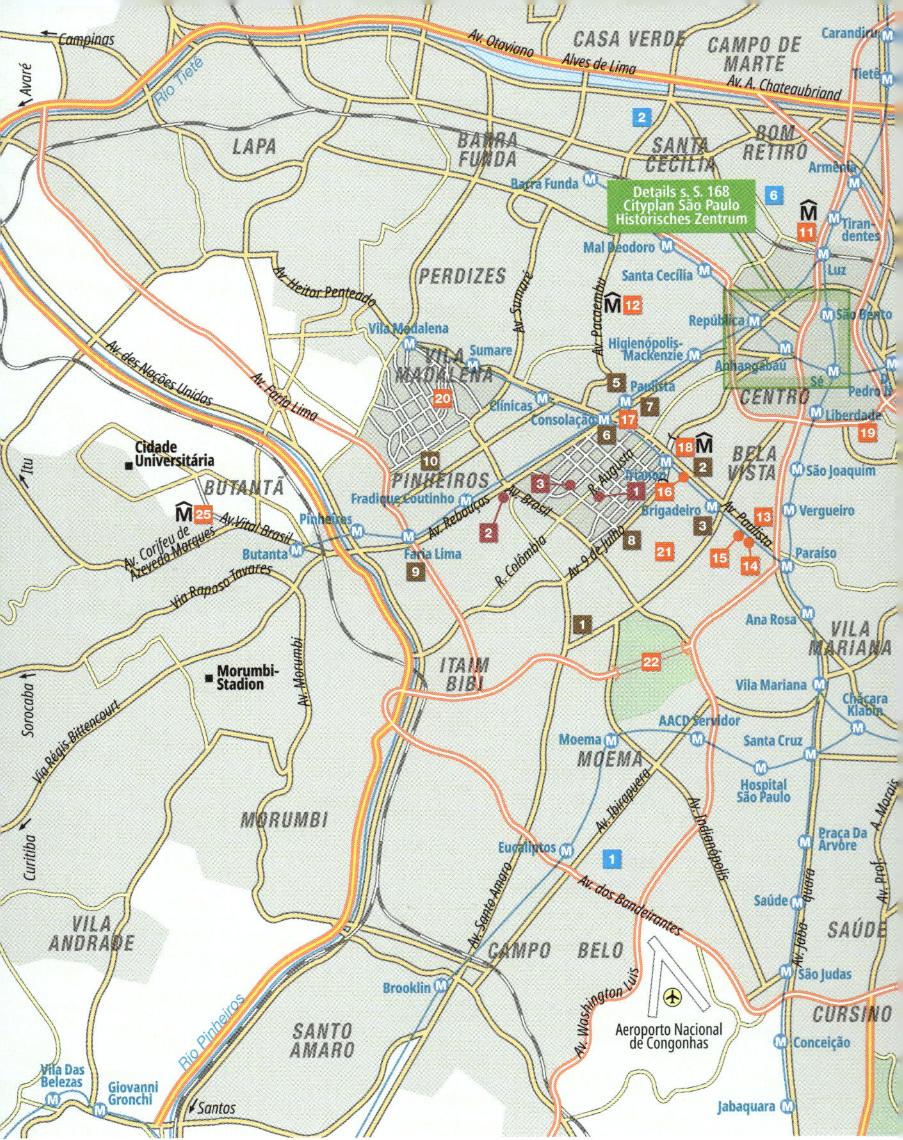

Liberdade 19

Metro Liberdade

In São Paulo leben 300 000 Menschen japanischer und über 40 000 Menschen koreanischer Abstammung, fast die Hälfte davon in **Liberdade,** der größten japanischen Gemeinde außerhalb Japans. Das **Museu Histórico da Imigração Japonesa** (Rua São Joaquim 381, www.museubunkyo.org.br, Di–So 10–17 Uhr, 16 R$, 5–11 Jahre 8 R$) dokumentiert mit zahlreichen Fotos und Gegenständen die Geschichte dieses in den 1940er-Jahren entstandenen Viertels. Vor allem die an Tokio erinnernde Laternenstraße **Rua Galvão Bueno** ist eine einzige rote Farben- und Lichterpracht. Die ganze Woche herrscht hier ein reges wirtschaftliches Treiben. In vielen kleinen Läden werden asiatische Produkte aller Art,

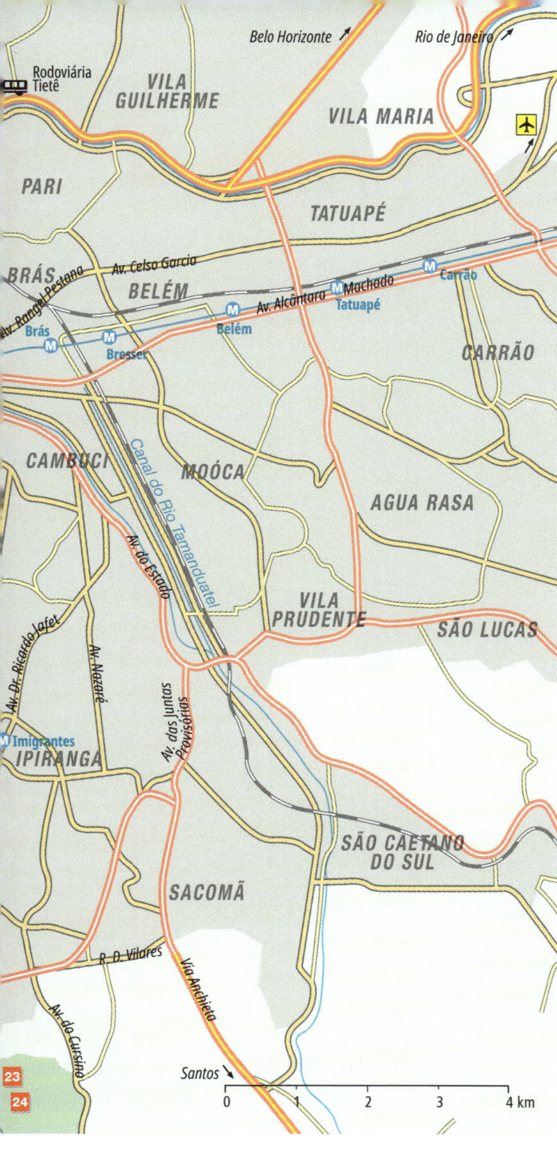

22 Parque do Ibirapuera
23 Jardim Botânico
24 Jardim Zoológico
25 Schlangenmuseum/ Instituto Butantan

Übernachten

1 Hotel Unique
2 L'Hotel Porto Bay São Paulo
3 Canopy by Hilton SP Jardins
4 s. Cityplan S. 164
5 Pousada Dona Zilah
6 Ibis Paulista
7 Ibis Budget Paulista
8 Ibis Budget Jardins
9 Ibis Styles Faria Lima
10 Ô de Casa Hostel

Essen & Trinken

1 D.O.M.
2 Maní
3 A Figueira Rubaiyat
4 – 5 s. Cityplan S. 164

Einkaufen

1 – 3 s. Cityplan S. 164

Abends & Nachts

1 Bourbon Street Music Club
2 D-Edge
3 – 5 s. Cityplan S. 164
6 Sala São Paulo

São Paulo, Großraum

Sehenswert

1 – 10 s. Cityplan S. 164
11 Pinacoteca do Estado
12 Museu de Futebol
13 Japan House
14 Casa das Rosas
15 Itaú Cultural
16 Kulturzentrum im Gebäude der Fiesp
17 Instituto Moreira Salles
18 Museu de Arte (MASP)
19 Liberdade
20 Vila Madalena
21 Jardins

besonders Elektro- und Bekleidungsartikel sowie kunstvoll bemalte Porzellanwaren angeboten. An den Wochenenden findet auf der **Praça da Liberdade** ein großer Kunsthandwerksmarkt statt (Sa, So 10–18 Uhr).

Auch gibt es viele Massage-, Akupunktur-, Karate- und Judo-Studios. Und dann kann man in Liberdade natürlich gut Sushi und Sashimi oder feine Ramen-Nudelsuppen essen, z. B. im **Aska Lamen** (Rua Galvão Bueno 466, Di–So 11–14, 18–21 Uhr, nur Bargeld, €).

Vila Madalena 20

Anfahrt mit der Metro über die Stationen Faria Lima, Fradique Coutinho oder Vila Madalena

Schon in den 1960er- und 1970er-Jahren war das wegen der Nähe zur Universität von São Paulo von vielen Studenten bewohnte Viertel für seine Bohème bekannt. Ab den 1990er-Jahren wurde die **Vila Madalena** zu São Paulos Ausgehviertel schlechthin, gleichzeitig begann aber auch die Gentrifizierung. Einiges ist von der früheren Kunst- und Alternativszene jedoch erhalten geblieben. Es gibt zahlreiche Ateliers, Designläden, Galerien, Buchläden, Cafés, Bars, Kneipen und Restaurants.

Die ›Vila Madá‹ gehört zum Bezirk Pinheiros, der mit seiner anregenden Mischung aus Business, Kommerz und Kultur momentan dem am nächsten kommt, was man in Deutschland unter Szeneviertel versteht. Auch tagsüber gibt es hier viel zu sehen, die **Graffitikunst** ist allgegenwärtig. Zum Teil sind ganze Quartiere wie etwa die **Beco do Batman** (Rua Gonçalo Afonso) von vorn bis hinten bunt bemalt – und nachts sogar für die vielen Touristen und Fotografen beleuchtet, die hier eine Kulisse für ihre Shootings finden. Die **Galerie Choque Cultural** (Rua Medeiros de Albuquerque 250, www.choquecultural. com.br, Di–Sa 11–18 Uhr) ist der Straßenkunst gewidmet.

Auch gibt es viele Läden mit ausgefallener Mode und Design, etwa die tropisch bunte Welt der **Oficina de Agosto** (Rua Harmonia 243, www.oficinadeagosto.com.br, Mo–Fr 10–19, Sa 10–18 Uhr). Oder man bummelt durch die **Beco do Batman** (Batman-Gasse) und bewundert die unzähligen Graffitis und das Treiben in diesem bunten Kiez (Rua Medeiros de Albuquerque 82–154 und Umgebung). Überall laden Kneipen zum Verweilen ein, z. B. die Bar **Pai do Beco** (Rua Harmonia 40, Mo–Do 8–18, Fr, Sa 8–24, So 10–21 Uhr) oder **Posto 6** (Rua Aspicuelta 644, Tel. 011 38 12 43 42, www.barposto6.com.br, Di–Fr 16–2, Sa, So 12–2 Uhr).

Samstags kann man noch den Antiquitäten- und Trödelmarkt auf der nahen **Praça Benedito Calixto** (9–19 Uhr) besuchen, einen traditionellen Treffpunkt vieler Gays.

Jardins 21

Anfahrt mit Metro über die Stationen Oscar Freire oder Consolação, Trianon-MASP und Brigadeiro

Südlich der Avenida Paulista den Hang hinunter lagen früher die Gärten, heute bilden die **Jardins** die schickste Stadtregion von São Paulo mit den meisten Luxusgeschäften, Nobelrestaurants und den höchsten Quadratmeterpreisen. Die **Rua Oscar Freire** lässt sich mit der Madison Avenue in New York vergleichen. Wenn der Geldbeutel es erlaubt, empfiehlt sich die Einkehr in eines der berühmtesten Lokale der Stadt, sei es das stilvoll moderne **D. O. M.** 1 oder das **Figueira Rubaiyat** 3 mit der ins Ambiente integrierten, 300-jährigen Würgefeige. Sonst lasse man sich einfach nieder bei Hähnchentorte mit Salat im Retroambiente des **Ritz** (Alameda Franca 1088, Tel. 011 30 62 58 30, https://restauranteritz.com.br, Mo–Fr 12–15.30, 19–23, Sa 12–24, So 12–22 Uhr, €€).

Ibirapuera-Park und Botanischer Garten

Cityplan: S. 172

Parque do Ibirapuera 22

Av. Pedro Álvares Cabral, Vila Mariana, verkehrsgünstigster Eingang Portão 3, hier auch die einzige Parkmöglichkeit für Autos, nächste Metrostation ist Aacd-Servidor (Linie 5) und 15 Min. zu Fuß bis zum Portão 5, tgl. 5–24 Uhr, Eintritt frei

Der 1954 eingeweihte **Ibirapuera-Park** ist mit 150 ha São Paulos größte zentrale Parkanlage, sozusagen ein Strandersatz für die Paulistanos. Sehenswert sind die von Oscar Niemeyer entworfenen acht (Kunst-)Pavillons. Die meisten davon sind durch eine gigantische Marquise (27 000 m²) in der für Niemeyer typischen organisch geschwungenen Form verbunden – ein beliebter Treff für Skater und Roller (wegen Restaurierungsarbeiten noch bis 2026 gesperrt).

An allen wichtigen Eingängen zum Park können ohne großen App-Firlefanz Fahrräder gemietet werden (ab 12 R$/Std.). Für das leibliche Wohl im Park sorgen u. a. zwei Restaurants, das im Museu de Arte Moderna untergebrachte **Prêt** (Di–Fr 12–16, Sa, So 12–17 Uhr, €€) und das mit reichlich Grün garnierte **Selvagem** (Di–So 12–16, 19–23 Uhr, €€€).

Museu de Arte Moderna (MAM)

Tel. 011 50 85 13 00, http://mam.org.br, Di–So 10–18 Uhr, 25 R$, So Eintritt frei

Bedeutsamster der ›Pavillons‹ ist das **Museu de Arte Moderna,** Lateinamerikas erstes Museum moderner und zeitgenössischer Kunst (1948, erst 1968 in den Park transferiert) mit Werken europäischer und lateinamerikanischer Künstler.

Oca

Di–Fr 9–17 Uhr, Eintritt ausstellungsabhängig, wenn keine Ausstellung stattfindet Eintritt frei

Ein architektonisches Meisterwerk ist die 1951 eingeweihte **Oca.** Diesen Namen trägt der Pavillon wegen seiner kreisrunden Form, die den gleichnamigen Gemeinschaftshäusern der indigenen Bevölkerung nachempfunden ist. Der sehenswerte Innenraum ist voller Kurven und Rampen mit natürlichem Lichteinfall durch zahlreiche Bullaugen und wird gelegentlich für Ausstellungen genutzt.

Museu Afro Brasil

http://museuafrobrasil.org.br, Di–So 10–17 Uhr, 15 R$, Mi Eintritt frei

Lohnenswert ist auch ein Besuch dieses Museums, das den Ursprüngen sowie der Geschichte und Kultur der afrobrasilianischen Bevölkerung gewidmet ist.

Pavilhão da Bienal

Im **Biennalepavillon** (1962) finden die Kunst- (s. S. 179) und Architekturbiennalen statt sowie die Fashion Week.

Jardim Botânico 23

Av. Miguel Estéfno 3687, Água Funda, http://jardimbotanico.sp.gov.br, Di–So 9–16 Uhr, 25 R$

Wer eher ruhige Natur, alte Bäume und Vogelgezwitscher sucht, begebe sich in den sehr schönen **Jardim Botânico.**

Jardim Zoológico, Schlangenmuseum

24 – 25 s. Tipp S. 176

Infos

www.cidadedesaopaulo.com: offizielle Tourismus-Website der Stadt São Paulo.

Central de Informações Turísticas (CIT): Pça. da República, nahe dem Metroeingang sowie an der Av. Paulista 853, im Parque Prefeito Mario Covas, beide tgl. 9–18 Uhr; weitere Büros an den Flughäfen Guarulhos und Congonhas, tgl. 7–22 Uhr, und am Busbahnhof Tietê, tgl. 6–22 Uhr.

Programm: Gute Veranstaltungstipps finden sich in der Onlineversion der Tageszeitung Folha de São Paulo (https://guia.folha.uol.com.br).

Übernachten

Star der Stadt – **Hotel Unique 1:** Av. Brigadeiro Luís Antônio 4700 (Jardim Paulista), Tel. 011 30 55 47 00, www.hotelunique.com. Architektonisch hoch interessantes (Schiffsform mit Bullaugen) Designhotel von 2003 mit 95 Hightech-Zimmern. Die Dachterrasse der Skye-Bar mit Pool und Restaurant bietet einen fantastischen Blick über die Jardins auf die Skyline der Avenida Paulista. Großzügiger Fitnessbereich mit Personal Trainer. €€€

Exquisit – **L'Hotel Porto Bay São Paulo 2:** Campinas 266 (Bela Vista), Tel. 011 21 83 05 00, www.portobay.com/pt/hoteis/hoteis-sao-paulo. Das elegant eingerichtete und kunstvoll ausgestattete Haus bietet besten Service

JARDIM ZOOLÓGICO UND SCHLANGENMUSEUM

São Paulos **Zoo** ist der fünftgrößte weltweit. Er liegt in einem schönen, 824 000 m2 großen Park mit viel Atlantischem Regenwald. Dort leben ca. 3200 Tiere bzw. mehr als 400 Arten, u. a. Schlangen, Krokodile, Raubtiere, Affen *(mico-leão-dourado)*, Papageien *(arara azul)*, Elefanten und Giraffen.

Gerne besucht wird auch das **Schlangenmuseum** im Park der Wissenschaften des Butantan-Instituts, in dem man hinter Glas wie im Freien viele der giftigsten Schlangen der Welt besichtigen kann. Gleichzeitig veranschaulicht eine weitere Ausstellung die Prozesse zur Herstellung von Gegengiften, welche vom Institutsgründer Dr. Vital Brazil einst entwickelt wurden. Heute werden in den modernen Anlagen des Instituto Butantan außer Schlangenseren auch Impfstoffe (Corona!) und Medikamente hergestellt.

Jardim Zoológico 24**:** Av. Miguel Stéfano 4241, Água Funda, Tel. 011 50 73 08 11, https://zoologico.com.br, nächste Metrostation Jabaquara, am dort auf der Plattform A installierten Schalter bekommt man die Eintrittskarte in Kombination mit einem Ticket für die Shuttlebusse der Ponte Orca, die einem zum Zoo und später wieder zurück bringen, Di–So 9–17 Uhr, 84 R$ inkl. Transport, letzte Rückfahrt 17.30 Uhr.

Schlangenmuseum 25**:** Instituto Butantan, Av. Vital Brasil 1500, Butantan, Tel. 011 26 27 94 52, https://parquedaciencia.butantan.gov.br, Metro Butantâ u. 15 Min. zu Fuß, Di–So 9–17 Uhr, 7 R$.

und eine ebensolche Lage nur ein paar Schritte von der Avenida Paulista entfernt. €€€

Stylisch – **Canopy by Hilton SP Jardins** 3**:** Rua Saint Hilaire 40, Tel. 011 35 09 96 10, www.canopybyhiltonjardins.com.br. Die von einem bekannten Graffteiro bemalte Fassade passt zu dem jungen, mit Stil ausgestatteten Haus mit Rooftop-Bar und Fahrradverleih. Gute und ruhige Lage auf halben Weg zwischen Av. Paulista und Ibirapuera-Park. €€€

Zentral – **Hotel Ca'd'Oro** 4**:** Rua Augusta 129 (Consolação), Tel. 011 32 36 43 00, https://cadoro.com.br. Traditionelles Haus, einst São Paulos erstes 5-Sterne-Hotel, 2016 neu aufgebaut. Beste Komfort-Option direkt im Zentrum, mit hervorragendem Restaurant und Rooftop-Bar, in direkter Umgebung vom grünen Parque Augusta und dem Nightlife-Viertel Baixo Augusta. €€

Charmant – **Pousada Dona Zilah** 5**:** Rua Minas Gerais 112 (Higienópolis), Tel. 011 962 11 47 57 (WhatsApp), www.zilah.com. Das liebevoll renovierte Privathaus wird familiär geführt, 7 freundlich eingerichtete Zimmer; mit kleinem Frühstücksgarten in einer ruhigen Wohnstraße nahe der Avenida Paulista. €€

Business – **Ibis Paulista** 6**:** Av. Paulista 2355, Metro Consolação u. Paulista, Tel. 011 35 23 30 00, https://ibis.accor.com/brasil/index.pt-br.shtml. Hotel der Accor-Kette. Kleine (18 m^2), aber annehmbare Zimmer (€€). In der Nähe liegen zwei weitere Ibis-Hotels der Budgetkategorie, sind also etwas günstiger: **Ibis Budget Paulista** 7 (Rua da Consolação 2303, Tel. 011 31 23 77 55) und **Ibis Budget Jardins** 8 (Av. 9 de Julho 3597, Tel. 011 38 86 46 00). In Pinheiros, dem derzeit beliebtesten Viertel der Stadt, befindet sich das **Ibis Styles**

Faria Lima 9 (Rua Tavares Cabral 61, Tel. 011 30 93 72 00). Es gibt noch 14 weitere Hotels der praktischen Kette in der Stadt, die teils mit günstigeren Preisen aufwarten. €€

Backpacker – **Ô de Casa Hostel** 10: Rua Inácio Pereira da Rocha 385, Vila Madalena, Metro Faria Lima, dann 15 Min. zu Fuß, Tel. 011 30 63 52 16, https://odecasahostel.com. Beliebte Adresse am Rande der umtriebigen Vila Madalena. Bunter, bepflanzter Innenbereich mit Bar und Sonnenterrasse. Dorms und angenehme DZ. €

Essen & Trinken

Autorenküche – **D. O. M.** 1: Rua Barão de Capanema 549 (Cerqueira César), Tel. 011 30 88 07 61 (reservieren!), http://domrestaurante.com.br, Mo–Fr 12–15, 19–23, Sa 19–24 Uhr. Mehrfach, auch international prämierter Gourmettempel des Ex-DJs und heutigen Spitzenkochs Alex Atala, zeitgemäß interpretierte und kreativ variierte brasilianische Küche, die auch Vegetarier auf ihre Kosten kommen lässt, z. B. schon bei einem Salat mit gefrorener Mango, Limonengelatine und gerösteten, amazonischen Ameisen. €€€

Top – **Maní** 2: Rua Joaquim Antunes 210 (Jardim Paulistano), Tel. 011 30 85 41 48, https:/manimanioca.com.br, Di–Sa 12–15, 20–23, So 13–16 Uhr. Die exzellenten Gerichte von Helena Rizzo sind eine Art weibliche Ergänzung zum oben erwähnten D.O.M.: Preisgekrönte zeitgenössiche brasilianische Küche mit erlesenen Bio-Zutaten, deren Variationen man auch in wechselnden elfgängigen(!) Degustationsmenüs auskosten kann. €€€

Filmreif – **A Figueira Rubaiyat** 3: Rua Haddock Lobo 1738 (Jardim Paulista), Tel. 011 30 87 13 99, www.gruporu baiyat.com, Mo–Sa 12–24, So 12–23 Uhr. Brasilianische Küche mit mediterranem Einschlag, feine Schnitte vom Rind und frischer Fisch. Man sitzt unter einem weiten Glasdach rund um einen 14 m hohen und 300 Jahre alten Feigenbaum *(figueira)*. €€€

Bela Itália – **Famiglia Mancini** 4: Rua Avanhandava 81 (Bela Vista), Tel. 011 32 56 43 20, www.famigliamancini.com.br, So–Mi 11.30–23, Do–Sa bis 24 Uhr. Traditionelles Lokal mit guter süditalienischer Küche und der buntesten Dekoration der Stadt, am Wochenende Warteschlangen. Die Portionen sind riesig und reichen für zwei (oder auch drei). Zwei weitere Restaurants, eine Pizzeria und ein Imbiss der Familie machen die kleine, verkehrsberuhigte Straße im Zentrum zu einer Art Little Italy. €€€

Nostalgische Kneipe – **Bar Brahma** 5: Av. São João 677 (Centro), Tel. 011 47 45 81 86, Mo–Mi 11–1, Do–Sa bis 2, So bis 24 Uhr. Eines der traditionsreichsten und beliebtesten Lokale der Stadt, teilweise noch im Stil der 1960er-Jahre, ansonsten modern renoviert, ist sowohl Kneipe als auch Restaurant. Abends Livemusik in drei verschiedenen Umgebungen (man zahlt Couvert für die Bands), idealer Abschluss des sicherlich anstrengenden Rundgangs durchs Stadtzentrum. Man kann auch schön im Freien sitzen, direkt an Sampas viel besungener Straßenkreuzung Ipiranga com a Avenida São João. Übrigens, da Hindus kein Bier trinken, muss der Name der Bar einen anderen Ursprung haben, nämlich diesen: Brahma kommt von Brauhaus Maschke. €€

Einkaufen

Markthalle – **Mercado Municipal** 1: Rua da Cantareira 306 (Parque D. Pedro II), Tel. 011 33 13 33 65, www.oportaldomercadao.com.br, Mo–Sa 6–18, So 6–16 Uhr. Allein das 1933 eingeweihte Gebäude mit seinen 55 farbigen Bleiglasfenstern ist eine Attraktion. Zwischen den 250 Boxen voller Viktualien im ›Mercadão‹ können an Wochenenden pro Tag schon mal um die 20 000 Besucher wuseln. Die meisten davon kommen aber wegen der allgegenwärtigen Imbisse oder wegen der Restaurants auf einer langen Empore.

Populär – **Rua 25 de Março** 2: Auf dieser beliebtesten Einkaufsmeile des Landes shoppt der Bär.

Rock the Cashba – **Galeria do Rock** 3: Av. São João 439 (Largo Paissandú), Metro República, Mo–Sa 10–19.30 Uhr. Von Allstars über Skateboards bis Zappa gibt es auf 4 Etagen alles, was auch nur im Entferntesten mit Rockkultur zu tun hat.

Mode und Möbel – Im Stadtteil **Vila Madalena** 20 gibt es interessante Shops und Boutiquen, s. S. 174.

Abends & Nachts

São Paulo besitzt das reichhaltigste Nachtleben Brasiliens. Die Klubs verteilen sich über die ganze Stadt. Konzentrationen gibt es in den Vierteln **Bela Vista, Vila Olímpia, Barra Funda** und **Vila Madalena,** überwiegend jüngere Gäste der Mittel- und Oberschicht. Die Publikumsauslese erfolgt über die oft gesalzenen Eintrittspreise. Ein wiederbelebtes Nightlife-Viertel nennt sich **Baixo Augusta,** entlang des zentrumsnahen Abschnitts der Rua Augusta.

Mardi Blues – **Bourbon Street Music Club** 1 : Rua dos Chanés 127 (Moema), Tel. 011 50 95 61 00, https://bourbonstreet.com. br, Di–So ab 19.30 Uhr (Einlass) Livemusik. Bestes Jazz-, Soul- und Blueslokal der Stadt mit Platz für 400 Gäste, inspiriert von New Orleans und eingeweiht durch B. B. King. Sehr schönes Ambiente.

Dance, Dance, Dance – **D-Edge** 2 : Av. Mário de Andrade 141, Metro Barra Funda, Tel. 011 36 65 95 00, http://d-edge. com.br, Mi–Sa ab 23.59 Uhr. Einer der besten Danceclubs der Stadt (House, Hip-Hop und Techno) mit Top-DJs und super Soundsystem.

Exquisit – **Casa de Francisca** 3 : Palacete Teresa, Rua Quintino Bocaiúva 22, Metro Sé, Tel. 011 30 52 05 47, Di–Sa 11.30–15, 20–1 Uhr, Sa, So 12 u. 15 Uhr zu Mittag mit Musik. Perfekte Mischung aus Showroom, Bar und Restaurant: Untergebracht im denkmalgeschützten Palacete Teresa, wo sich schon 1912 São Paulos erstes Geschäft für Musikinstrumente befunden hatte. In einem liebevoll restaurierten Saal kann man an Wochenenden musikalisch begleitete Mittagsmenüs kosten, während abends (auch wochentags) Konzerte und Shows mit Samba, MPB und südamerikanischen Rhythmen den Ton angeben.

Stay safe – **Subastor Bar do Cofre** 4 : Rua João Brícola 24 (Zentrum), Tel. 011 55 55 05 78, www.subastor.com.br, Mi–Fr 16–24, Sa bis 1, So bis 20 Uhr. Im Tresorraum einer ehemaligen Bank (siehe Edifício Altino Arantes, S. 169). James Bond hätte hier seine helle Freude am Ambiente und den vorzüglichen Cocktails. Mit seinen exquisiten Drinks zählt Subastor seit Jahren zu den besten Bars Südamerikas und hat noch zwei weitere Adressen in der Stadt (Vila Madalena und Avenida Paulista).

Still Alive and Well – **Café Piu Piu** 5 : Rua Treze de Maio 134 (Bela Vista, nahe Centro), Tel. 011 32 58 80 66, www.cafepiupiu.com.br, Mi 20–24, Do bis 1.30, Sa, So ab 21 Uhr. Traditionelle Musikbar, seit über 40 Jahren der Zufluchtsort für alle, die da rufen »it's only rock 'n' roll, but ...«.

Klassische Konzerte – **Sala São Paulo** 6 : Pça. Júlio Prestes (Bom Retiro), Tel. 011 37 77 97 21 (Tickets), Programm www.osesp.art.br, www.salasaopaulo.art.br, Kartenschalter Mo–Sa 10 Uhr bis Konzertbeginn, So ab 2 Std. vor Konzertbeginn. Einer der modernsten Konzertsäle der Welt für 1501 Gäste, bekannt für seine perfekte Akustik, im ehemaligen Wintergarten des alten Eisenbahnhofs Júlio Prestes (1938). Die Sala ist Sitz des Orquestra Sinfônica do Estado de São Paulo. Den öffentlichen Orchesterproben, die jeden Do um 10 Uhr stattfinden, kann man umsonst beiwohnen. Auch wer Kunstmusik nicht genießt, sollte sich diesen Musiktempel ansehen. Führungen Mo–Fr 13, 16.30 (5 R$), Sa 13.30, So 13 Uhr (gratis).

Stadttheater – **Theatro Municipal** 3 : s. S. 168.

Aktiv

Fahrrad – **Leihräder:** Die an der orangenen Signalfarbe erkennbaren Räder (auch E-Bikes) von Tembici/Bike Itaú sind gut über die Stadt verteilt. Leider ist das Leihsystem (App runterladen, mit persönlichen Daten füttern, Plan auswählen etc.) umständlich. Wer schon die Uber-App benutzt, hat es einfacher – sie funktioniert auch mit den Rädern!

Private Citytouren – **São Paulo Insider:** s. Tipp S. 166

Termine

Geburtstag der Stadt: 25. Jan. Festlichkeiten an diversen Orten.

Karneval: Febr./März Fr und Sa nachts Umzüge der Grupo Especial im Sambódromo, fast so prachtvoll wie in Rio. Während der ganzen Karnevalszeit Straßenumzüge hunderter von *blocos* in den Stadtvierteln.

Restaurant Week: Ende März bis Ende April bieten an die 200 Restaurants in der Stadt mittags und abends Menüs zu günstigen Fixpreisen an (http://restaurantweek.com.br).

SP Arte: Anfang/Mitte April. Pavilhão da Bienal, Av. Pedro Álvares Cabral, Portão 3, Parque do Ibirapuera, www.sp-arte.com. Größte Kunstmesse Brasiliens.
Virada Cultural: an einem Mai-Wochenende, www.viradacultural.prefeitura.sp.gov.br. 24 Std. nonstop Kulturfestival mit Veranstaltungen an fast 100 verschiedenen Orten in der Stadt. Vieles findet im Freien statt.
Parada do Orgulho GLBT: Anfang Juni. Av. Paulista (Höhe MASP) bis Rua da Consalação, http://paradasp.org.br. Seit 2004 größter Gay- und Lesben-Umzug der Welt mit bis zu 3 Mio. Teilnehmern und vielen *trios elétricos.*
Bienal de São Paulo: Sept.–Dez. in ungeraden Jahren. Pavilhão da Bienal, Av. Pedro Álvares Cabral, Portão 3, Parque do Ibirapuera, www.bienal.org.br. Größte Ausstellung bildender Kunst in Lateinamerika.
The Town: Sept. https://thetown.com.br. São Paulos Antwort auf Rock in Rio, jedes zweite Jahr mit internationalen und nationalen Acts an zwei Wochenenden auf dem Gelände der Rennstrecke von Interlagos.
Mostra Internacional de Cinema: Okt. www.mostra.org. Internationales Filmfestival mit vielen Independentproduktionen in wechselnden Programmkinos.
Großer Preis von Brasilien: Nov. https://f1saopaulo.com.br. Die Formel 1 röhrt über den Parkour von Interlagos.
Corrida de São Silvestre: 31. Dez. Traditioneller 15-km-Lauf, Start und Ziel sind an der Avenida Paulista. (Teilnahmetickets über https://www.ticketsports.com.br)

Verkehr

Flugzeug: Der **Aeroporto Internacional de São Paulo (GRU Airport),** Tel. 011 24 45 29 45, www.gru.com.br) liegt in Guarulhos, 30 km nordöstlich des Zentrums. Transfer in die City per Flughafenbus (www.airportbusservice.com.br), ca. 1 Std. 49 R$ (Linien zur Praça da República, zum Busbahnhof Tietê, zu den großen Hotels der Region Avenida Paulista/Jardins und zum Flughafen von Congonhas) oder per Taxi (ab 180 R$). Die Airlines Azul, LATAM und GOL bieten den Transfer zum Flughafen von Congonhas gratis. Die schnellste (35 Min.) und günstigste Verbindung in die City ist der Airport Express, eine exklusive S-Bahnverbindung mit Halt in Brás (Ost), Luz (Zentrum) und Barra Funda (West)., tgl. zu jeder vollen Stunde 5–24 Uhr, gleichwie zurück ab Barra Funda (Luz ca. 5 Min. später), 4,40 R$. Shuttlebusse zwischen Terminals und S-Bahnhof (ab 2025 Skytrain). Vom **Aeroporto de Congonhas** (www.aeroportodecongonhas.org) in Santo Amaro aus, 14 km vom Zentrum, werden nur Inlandsziele angeflogen: z. B Shuttleflüge nach Rio. Taxi zur Av. Paulista ca. 60 R$.
Bus: São Paulo hat drei große **Busbahnhöfe.** Info-Tel. für alle 011 38 66 11 00. Die meisten Städtelinien gehen über die **Rodoviária Tietê** (Vila Guilherme, www.terminalrodoviariodotiete.com.br, Metro Portuguesa-Tietê); tgl. in alle großen Städte, u. a. Belo Horizonte **(Cometa,** www.viacaocometa.com.br, 10 x tgl., 7 Std., ab 140 R$), Brasília **(Real Expresso,** www.realexpresso.com.br, 10 x tgl., 15 Std., ab 200 R$), Curitiba **(Cometa,** s. o., 14 x tgl., 6 Std., 70–230 R$), Florianópolis **(Catarinense,** www.catarinense.com.br, 7 x tgl., 11 Std., ab 170 R$), Porto Alegre **(Penha,** www.nspenha.com.br, 6 x tgl., 18 Std., ab 188 R$), Rio de Janeiro **(Viação 1001,** www.autovia cao1001.com.br, 30 x tgl., 6 Std., ab 70 R$), Foz do Iguaçu **(Pluma,** www.pluma.com.br, tgl. 14.30, 15.30, 18, 19.30 Uhr, 18 Std., ab 190 R$). Busse nach Foz do Iguaçu starten auch von der **Rodoviária Barra Funda** (Av. Auro Soares de Moura Andrade 664, Barra Funda, Metro Palmeiras-Barra Funda, www.terminalbarrafunda.com.br; **Pluma,** s. o., tgl. 15, 16, 18.30, 20 Uhr, 18 Std., ab 170 R$), ebenfalls die Linien nach Mato Grosso. Von der **Rodoviária Intermunicipal Jabaquara** (Rua dos Jequitibás, www.terminaljabaquara.com.br, Metro Jabaquara), Busse zum südlichen Küstenabschnitt von São Paulo, beginnend bei Guarujá/Santos.
Mietwagen: Nationale u. internationale Verleihfirmen mit Niederlassungen an Flughäfen und Busbahnhöfen, darunter Localiza, Movida und Unidas.
U-Bahn: Das Netz der sicheren und sauberen **Metro** (www.metro.sp.gov.br) ist im Verhältnis zur Größe der Stadt noch schwach ausgebaut, im zentrumsnahen Bereich jedoch lückenlo-

Die Qual der Wahl – Ilhabela besitzt über 40 solcher Strände

ser und die beste Alternative zum überlasteten Straßenverkehr, tgl. 4.40–24, Sa bis 1 Uhr (Fahrkartenschalter 6–22 Uhr, 4,40 R$).

Stadtbusse und Vans: 1200 Linien werden von 12 000 Fahrzeugen bedient, spätnachts jedoch nicht mehr, daher – auch aus Sicherheitsgründen – ein Taxi/Uber nehmen.

São Paulos Küsten

São Paulos Küste ist zweigeteilt: Der **Litoral Sul,** von Santos gen Süden, ist entweder überlaufen (Praia Grande) oder eher umständlich zu erreichen (Cananéia). Er ist insgesamt eher weniger reizvoll als der **Litoral Norte,** der zusammen mit der Costa Verde von Rio de Janeiro einen landschaftlich wunderbaren Küstenabschnitt bildet. Für Autofahrer zählt die Fahrt auf der Küstenstraße Rio–Santos (Costa Verde und Litoral Norte), über zahlreiche Buchten entlang der mit Atlantischem Regenwald bedeckten Serra do Mar, zu einer der schönsten Reisestrecken des Landes. Für zusätzlichen Charme sorgt die Tatsache, dass in weiten Teilen der Region nicht höher als drei Stockwerke gebaut werden darf. Reisebusse haben generell keine Zufahrt zum ›exklusiven‹ Litoral Norte. Trotzdem sind zu Ferienzeiten die beliebten Bade- und Surfziele der Paulistas, darunter **Maresias, Camburí** (beide: ▶ O 10) und **Ubatuba** (▶ P 10), mit sonnenhungrigen Familien und Jugendlichen überfüllt.

Ilhabela ▶ O/P 10

Karte: S. 182

Ein zu empfehlendes Highlight ist die grüne **Schöne Insel** ca. 190 km nordöstlich von São Paulo. Die Ilhabela trägt ihren Namen zu Recht. Sie besitzt um die 40 bezaubernde Strände, wird aber nicht nur von Badegästen, sondern auch gern von Seglern, Surfern und Tauchern sowie Kletterern und Wanderern besucht. Mit 332 km² und 180 km Umfang ist sie die zweitgrößte Meeresinsel Brasiliens, 85 % der Fläche sind mit Atlantischem Regenwald überzogen und stehen unter Naturschutz. In der Saison kann es recht voll werden, wenn sich zu den 36 000 Insulanern noch ein Mehrfaches an Besuchern hinzugesellt, was sich dann leider auch zu Ungunsten der Wasserqualität an den Stränden auswirken kann. Das und die besonders im Sommer überaus lästigen *borrachudos* (Kriebelmücken, *Simuliidae*) veranlasst manche dazu, die Insel zur Hochsaison zu meiden. Ihr richtiger Name lautet **Ilha de São Sebastião,** eingebürgert hat sich jedoch die Bezeichnung Ilhabela nach ihrem Hauptort Vila Ilhabela, der im Volksmund wiederum einfach Vila genannt wird.

Vila Ilhabela (Vila)

Im wichtigsten Ort der Insel finden sich einige Kolonialgebäude wie die **Prefeitura** (Stadtverwaltung), der **Fórum** (Gericht), die **Cadeia Pública** (Gefängnis) und die barocke **Igreja N. S. d'Ajuda** mit Deckenmalereien von Santini (›do Italiano‹). Die beliebteste Straße ist die pittoreske **Rua do Meio** mit bunt bemalten Häuschen, vielen Bars, Restaurants, Läden und dem Kulturzentrum Casa de Cultura mit wechselnden Ausstellungen. Am **Pier,** wo auch die Passagiere von Kreuzfahrtschiffen anlanden, liegen zwei nette Restaurants und ein Azulejo-Kunstwerk zeigt alte Ansichten der Stadt.

Die Strände

Will man die ganze Insel kennenlernen, empfiehlt sich eine zweitägige Umrundung per Boot. Die touristisch am besten erschlossenen Strände liegen an der dem Festland zugewandten **Westseite.** Am südlichsten Punkt, zugleich Ende der Asphaltstraße, liegt die **Praia dos Frades.** Weiter nordwestlich folgen die reizvollen Buchten der **Praia Veloso** und der **Praia do Curral.** Letztere ist eine der meistbesuchten Buchten der Insel – mit vielen Musikbars. Besonders beliebt ist **DPNY Beach,** der Hippie Chic Klub eines Deutschen (Av. José Pacheco do Nascimento 7668, Tel. 012 38 94 30 00, www.dpny.com.br). Hier zahlt man für einen der begehrten Liegestühle am Strand 300 R$ (9–18 Uhr), inklusive Spa, Sauna, Dampfbad und Pools etc. Nachts sorgen im Klub internationale DJs für den Sound. Näher zur Vila hin wird es immer urbaner, wie an den **Stränden von Ponta do Pequeá** mit Sportplätzen und **Engenho d'Água** mit Fahrradweg.

Ganz im **Norden** liegen die berühmten **Strände von Pinto und Armação,** an denen man ein wenig die Welt mit ihren Problemen vergessen kann. Zur **Praia da Fome** und zum **Saco do Poço** sind Bootsfahrten sehr beliebt.

Zu vielen Stränden kann man wandern oder mit dem Fahrrad fahren, ansonsten gibt es fast überallhin Bus-, Jeep- und Bootsverbindungen, außer zu den entfernteren Stränden der dem offenen Atlantik zugewandten **Ostseite,** die ganz unter Naturschutz steht. Von besonderem Reiz sind **Bucht** und **Praia dos Castelhanos** mit ihrer wilden Brandung, ideal zum **Surfen.** Nur dorthin führt eine Straße (22 km), die aber nur per Jeep zu meistern ist (1 Std.). Von dort gelangt man noch zu Fuß (4 km, ca. 1 Std.) zur **Cachoeira do Gato,** dem bekanntesten Wasserfall von insgesamt 300 auf der Insel (gut ausgeschildert).

Aktivurlaub

Doch auch darüber hinaus eignet sich die Ilhabela für einen **Aktivurlaub: Wanderer** kommen ebenso wie **Bergsteiger, Segler, Schnorchler** oder **Taucher** hier auf ihre Kosten (s. S. 183), Radfahrer nicht unbedingt.

Infos

Secretaria de Turismo: Pça. Ver. José L. dos Passos (am Kreisverkehr nach dem Fähranleger), Barra Velha, Tel. 012 38 95 72 20, sowie Rua Doutor Carvalho 80 (im Ortskern), Tel. 012 38 96 37 77, www.ilhabela.sp.gov.br, tgl. 8–18 Uhr.

Übernachten

Traumhaft – **Mercedes:** Av. Leonardo Reale 2222 (Praia do Viana), Tel. 012 38 96 10 71, www.hotelmercedes.com.br. Parkähnliche Anlage am Meer nahe dem Hauptort; 49 komfortable Zimmer; 2 Pools, gutes Restaurant und Bootsanleger. €€€

Relaxed – **Porto Pacuíba:** Av. Leonardo Reale 2392 (Praia do Viana), Tel. 012 991 75 91 59 (Whatsapp), https://portopacuiba.com.br. Vom Liebespaar bis zur Familie mit Kindern, unter den 30 Apartments seines charmanten Hotels bietet der deutsche Mitbesitzer Werner Benz für jeden Gast genau das Richtige. Traumhafter Pool mit Meeresblick, sehr gutes Restaurant. €€€

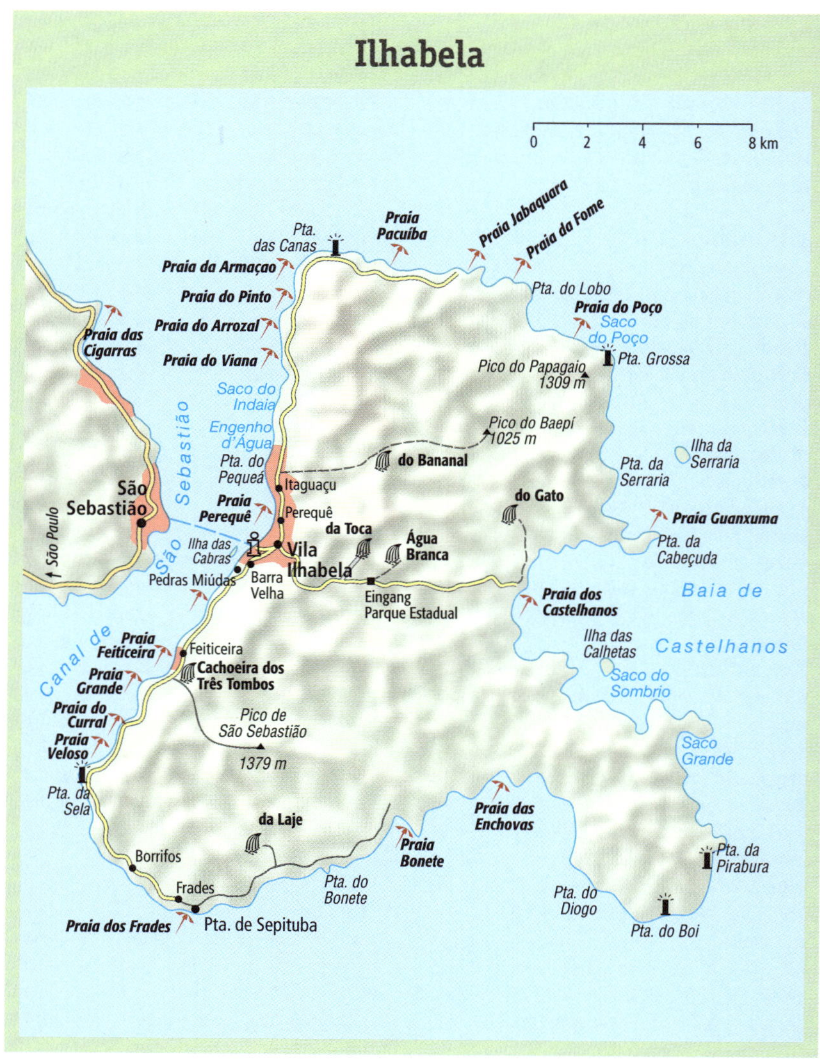

Ökologisch – **Ecoilha:** Rua Benedito Garcêz 164 (Itaguaçu), Tel. 012 997 86 79 31, https://ecoilha.com.br. Nahe dem Parque Estadual, inmitten üppigster Vegetation. 12 Zimmer mit Veranda bzw. Balkon, Pool. €€

Camping – **Pedras do Sino:** Av. Leonardo Reale 3872, Tel. 012 38 96 12 66, www.campingpedradosino.com.br. Gepflegte und gut ausgerüstete Anlage mit viel Platz für Zelte (70 R$/Pers.), Pool, in Strandnähe. Auch Unterkunft in Suiten und Chalets. €€

Essen & Trinken

Fisch und Meeresfrüchte – **Viana:** Avenida Leonardo Reale 2301 (Praia do Viana), 012 991 01 54 73, http://viana.com.br, So–Do 11–17, Fr, Sa bis 18 Uhr. Eines der beliebtesten Restaurants der Insel mit von der Küche des brasilianischen Nordostens inspirierten Gerichten, seit über 60 Jahren geführt von der deutschen Familie Schoof. €€€

Sundowner – **Nova Iorqui:** Av. Gov. Mario Covas Junior 18 322 (Frades), Tel. 012 38 94 18 33, Mo, Mi, Do 12–18, Fr–So bis 20 Uhr. Sehr beliebtes Ausflugslokal (Fisch und Meeresfrüchte) mit dem schönsten Sundowner am Ende der Straße im äußersten Süden der Insel. €€

Gut und Günstig – **Pimenta de Cheiro:** Avenida São João 84 (Praia do Perequê), Tel. 012 38 96 37 83, www.pimentadecheiroilhabela.com.br, tgl. 11.30–22 Uhr. Gutes Essen à la carte und Tagesmenüs, direkt am Wasser. €

Aktiv

Ausflüge und Boottrips – **Caiçara Turismo:** Av. Princesa Isabel 423 (Perequê), Tel. 012 991 47 04 43, https://caicarailhabela.com.br. Geführte Touren zu Wasser und zu Lande zu Zielen in diversen Regionen der Insel.

Bergsteigen – Bergsteiger locken 14 größere Erhebungen, vor allem der **Pico de São Sebastião** (1379 m), der **Pico do Papagaio** (1309 m) und der **Pico do Baepí** (1025 m). Will man einen dieser Gipfel stürmen, muss jedoch trockenes Wetter herrschen, man braucht einen erfahrenen Guide (z. B. https://phofftrips.wixsite.com/ecoturismo) und zum Teil Bergsteigerausrüstung.

Radfahren – **Juninho Bike Shop:** Av. Princesa Isabel 245 (Perequê), Tel. 021 38 96 31 31. Verleih von Stadt-, Touren- und Geländerädern (50 R$/Tag). Es gibt keine Anbieter von Radtouren auf der Insel, aber Juninho gibt Routentipps.

Wandern – Populärster Wanderpfad auf der Ilhabela ist die nur 2100 m lange und gut ausgeschilderte **Trilha da Água Branca,** unterwegs kann man sich unter Wasserfällen erfrischen (Start am Eingang des Parque Estadual, Estr. dos Castelhanos). Mühsamer dagegen ist die 13 km lange, waldreiche **Trilha do Bonete** ab Ponta de Sepituba, hin 3–4 Std., eventuell übernachten oder per Boot zurückfahren (abhängig vom Seegang).

Wassersport 1 – **Segler** finden um die Insel idealste Bedingungen, nicht umsonst trägt sie den Beinamen Capital da Vela. Im Juli findet die **Semana Internacional da Vela** statt. Die besten Stellen sind **Ponta das Canas** im Norden und das Meer vor den Stränden von **Pinto, Armação** und **Feiticeira.** Segelkurse buchen, kann man bei **BL3:** Praia da Armaçao, Tel. 012 38 96 12 71, www.bl3.com.br. Vielfältiges Angebot an Segelkursen mit versch. Bootstypen, Windsurf, Kitesurf etc.

Wassersport 2 – Natürlich kann man rund um die Ilhabela auch **schnorcheln** und **tauchen.** Mit Schnorchel lassen sich vor den **Stränden da Fome, Jabaquara** und **do Poço** gut zahlreiche Fischschwärme beobachten. Professionellere **Taucher** suchen vor allem die **Ilha das Cabras** westlich von Ilhabela auf. Auch kann man sich auf die Suche nach den **Wracks** von mehr als 50 hier gesunkenen Schiffen machen, ein wahres Tauch-Eldorado. Am dramatischsten war das Unglück des spanischen Überseekreuzers Príncipe de Astúrias, der in der Karnevalsnacht des Jahres 1916 in der Mitte zerbrach und 455 Passagiere mit in die Tiefe riss, zusammen mit den Goldreserven zahlreicher jüdischer Flüchtlingsfamilien aus Europa. Schnorchel- und Tauchausflüge/-kurse bietet die Tauchschule *(escola de mergulho)* **Colonial Diver** an: Av. Brasil 1751, Pedras Miúdas, Tel. 012 997 24 94 59, https://colonialdiver.com.br.

Verkehr

Bus: Die Anreise auf dem Festland führt zunächst bis zu dem Küstenort São Sebastião. Dorthin verkehren 13 x tgl. Busse von São Paulo. Dort steigt man nicht am Busbahnhof aus sondern ein Stück weiter direkt beim Fähranleger **(Pássaro Marron,** www.passaromarron.com.br, 4 Std., 97 R$); auch 2 x tgl. (8.30, 23 Uhr) Busse von Rio de Janeiro über Paraty **(Útil,** https://util. com.br, 7 Std., 130 R$).

Fähren: Von São Sebastião auf die Insel fahren alle 30 Min. bzw. ab 24 bis 5 Uhr jede Stunde Autofähren, Fahrtdauer 20 Min., Auto hin und zurück 28,50 R$, Fußgänger gratis.

Inselverkehr: Von der Busstation Ilhabela, Rua Pref. Mariano Carvalho 86, Tel. 012 38 95 87 09, bestehen gute Verbindungen zu den verschiedenen Inselorten. Nur muss man zu den Zielen südlich von Barra Velha oft 30–60 Min. warten. Taxis fahren ohne Taxameter, daher Festpreis aushandeln.

Minas Gerais

Gold, Silber, Diamanten und Smaragde – das war der Stoff, aus dem die Träume der *bandeirantes* des 17. und 18. Jh. waren, das war auch der Stoff, aus dem ganz neue Reichtümer entstanden, die in Brasilien noch immer ihresgleichen suchen. Minas Gerais bedeutet ›allgemeine Minen‹. Die barocken Kolonialstädtchen, die in dieser Region entstanden, sind an architektonischer Pracht kaum zu überbieten.

Belo Horizonte ▶ Q 5/6

Karte: S. 185
Cityplan: S. 186
Belo Horizonte 1 (2,4 Mio. Einw.) wurde erst 1897 gegründet und auf dem Reißbrett entworfen. Die modern wirkende Hauptstadt besitzt eine hohe Lebensqualität und beeindruckt durch einige imposante Bauten, 27 öffentliche Parks, zahlreiche Museen und viel Nightlife. Bis vor wenigen Jahren noch eher verkehrstechnischer Startpunkt für den Sprung in die Kolonialstädte der Umgebung, ist BH (gesprochen Be-Aga) heute ein kulturelles Zentrum, das immer mehr Besucher anzieht.

Praça da Liberdade

Palácio da Liberdade: Besuche Mi–Fr 12–17, Sa, So ab 10 Uhr; man meldet sich an bei der Pforte und wird dann einer der Gruppen zugeteilt, die im halbstd. Abstand eine Führung antreten, Dauer ca. 1 Std., Eintritt frei

Auf dem im 19. Jh. nach französischem Vorbild angelegten, parkartigen **Praça da Liberdade** treffen sich die Einheimischen, joggen, veranstalten Demonstrationen, halten Märkte ab oder versammeln sich zu Livekonzerten (oft So). Eine lange Palmenallee führt direkt auf den neoklassizistischen **Palácio da Liberdade** zu, in dem heute aber keine Staatsbesucher mehr empfangen werden, dafür aber interessierte Bewunderer des opulenten Inventars. Zu beiden Seiten des Palasts bilden die von Oscar Niemeyer entworfene **Biblioteca Pública** (Stadtbibliothek) und das ebenfalls von ihm stammende **Edifício Niemeyer** aus den 1950er-Jahren einen modernen Kontrast.

Seit dem 2010 erfolgten Umzug der Landesregierung in ein neues, ebenfalls von Niemeyer konzipiertes Regierungsviertel vor den Toren der Stadt, haben in den um den Platz verteilten, imposanten Gebäuden ehemaliger Landesministerien eine ganze Reihe interessanter Museen und Kulturzentren Einzug gehalten: Der **Circuíto Liberdade** (www.circuitoliberdade.mg.gov.br) macht die Praça da Liberdade vom politischen zum kulturellen Zentrum der Stadt.

Espaço UFMG do Conhecimento 1

Pça. da Liberdade 700, www.ufmg.br/espacodoconhecimento, Di–So 10–17 Uhr, Ausstellungen und Astronomische Terrasse Eintritt frei, Planetarium 10 R$

Die Publikumsmagnete des **Espaço UFMG do Conhecimento,** dem Wissen und der Wissenschaft gewidmet, sind ein Planetarium und eine astronomische Terrasse zur Sternenbeobachtung. UFMG steht für die Universidade Federal de Minas Gerais.

Museu das Minas e do Metal (MM Gerdau) 2

Pça. da Liberdade, Prédio Rosa, www.mmgerdau.org.br, Di, Mi, Fr–So 10–17, Do 10–22 Uhr, Eintritt frei

Eine moderne interaktive Sammlung verdeutlicht zwischen kolossalen Säulen im **Minen- und Metallmuseum** die enge Verbindung zwischen dem Land und seinem Reichtum an Mineralien.

Memorial Minas Gerais-Vale 3

Pça. da Liberdade, Ecke Rua Gonçalves Dias, https://memorialvale.com.br, Di, Mi, Fr, Sa 10–17.30, Do 10–21.30, So 10–15.30 Uhr, Eintritt frei

Das **Museum** erzählt anhand von Installationen die Geschichte des Bundesstaats Minas Gerais und einiger seiner herausragenen Künstler, u. a. Sebastião Salgado, Milton Nascimento und Lygia Clark.

Centro Cultural Banco do Brasil (CCBB) 4

Pça. da Liberdade 450, www.ccbb.com.br/belo-horizonte, Mi–Mo 10–22 Uhr, Eintritt frei

Das **Kulturzentrum** im imposanten Bau des früheren Justizministeriums birgt seinem großen überdachten Innenhof für zwei charmante Cafés und zeigt in seinen vielen Räumen teils hochkarätige Kunstausstellungen.

Centro de Arte Popular CEMIG 5

Rua Gonçalves Dias 1668, www.centrodeartepopular.mg.gov.br, Di–Fr 10–19, Sa, So 11–17 Uhr, Eintritt frei

Ein Stück vom Platz entfernt bezeugt das **Centro de Arte Popular CEMIG** die Vielfalt und den Einfallsreichtum mineirischer Volkskunst.

Estação Ferroviária/Museu de Artes e Ofícios 6

Pça. Rui Barbosa, Tel. 031 32 48 86 00, https://mao.org.br, Mi–Fr 11–16.30, Sa 9–16.30 Uhr, Eintritt frei

Das Gebäude des früheren, teils noch aktiven **Hauptbahnhofs** von 1922 in seiner neoklassizistischen Pracht ist eine Sehenswürdigkeit für sich. Mit über 1800 kunsthandwerklichen Erzeugnissen aus vier Jahrhunderten zeigt das hier untergebrachte exzellente **Kunst- und Handwerksmuseum** den Reichtum der mineirischen Handwerkstradition. Während man das Geschick von Goldschmieden, Diamantschürfern oder Weberinnen aller Epochen bestaunt, rollen im Hintergrund die Metro und endlose, mit Eisenerz beladene Güterzüge.

Minas Gerais

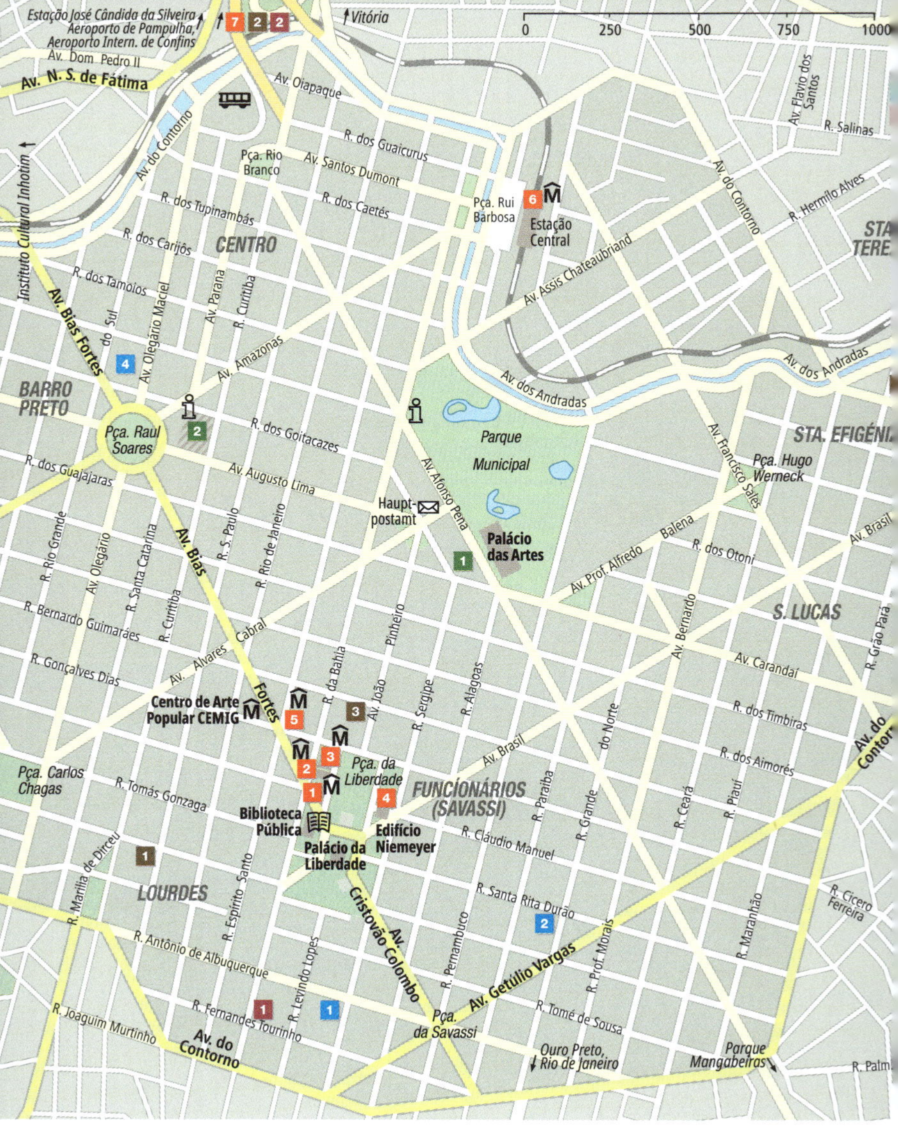

Pampulha 7

Vom Zentrum aus kommt man am besten mit einem Uber/Taxi zu dem abgelegenen Stadtbezirk, vor Ort verbindet ein Rundbus (Linie 512) die um den See gelegenen Attraktionen, ist aber wegen der langen Intervalle (1,5 Std.) und einem fehlenden Hop-on-Hop-off-System nicht wirklich eine Option (4,50 R$ pro Abschnitt), Fahrräder können über div. Anbieter (z. B. Villa Bike, Av. Otacílio Negrão de Lima 3850) geliehen werden; Mo viele Sehenswürdigkeiten geschlossen

Weitere Hauptattraktion von Belo Horizonte sind die Sehenswürdigkeiten im 8 km nordwestlich des Zentrums gelegenen **Pampulha.** In den 1940er-Jahren beauftragte der damalige Bürgermeister und spätere Präsident Juscelino Kubitschek den noch ziem-

Belo Horizonte

Sehenswert

1 Espaco UFMG do Conhecimento
2 Museu das Minas e do Metal (MM Gerdau)
3 Memorial Minas Gerais-Vale
4 Centro Cultural Banco do Brasil
5 Centro de Arte Popular CEMIG
6 Estação Ferroviária/ Museu de Artes e Ofícios
7 Pampulha

Übernachten

1 Fasano BH
2 Ouro Minas Palace
3 Ibis Liberdade
4 Chalé Mineiro Hostel

Essen & Trinken

1 La Macelleria
2 Xapuri
3 Bolão

Einkaufen

1 Feira de Arte e Artesanato
2 Mercado Central

Abends & Nachts

1 Café com Letras
2 A Obra
3 Bar do Museu Clube da Esquina
4 Mercado Novo

---

lich unbekannten Oscar Niemeyer mit der architektonischen Gestaltung eines Wohnparks. Für die Landschaftsplanung um den künstlichen See, die **Lagoa da Pampulha,** zeichnete Burle Marx verantwortlich. An der 18 km langen **Uferpromenade,** der **Avenida Otacílio Negrão de Lima,** entstanden mehrere Bauwerke, die ihren Schöpfer bald über Brasilien hinaus berühmt werden ließen. 2016 wurde die Anlage in die Liste des Weltkulturerbes der UNESCO aufgenommen.

Casa do Baile

Av. Otacílio Negrão de Lima 751, Tel. 031 32 77 74 43, Mi–So 10–18 Uhr, Eintritt frei

Kurvenförmig der Lagoa angepasst wurde das **Ballhaus.** Einst eine Tanzdiele, fungiert es heute als Kulturzentrum mit Architektur-, Urbanistik- und Designausstellungen.

Museu de Arte da Pampulha

Av. Otacílio Negrão de Lima 16585, wg. Renovierung geschlossen

Im **Kunstmuseum von Pampulha** (auch Palácio de Cristal/Kristallpalast genannt), früher ein Spielkasino, finden wechselnde Kunstausstellungen statt.

Igreja de São Francisco de Assis

Av. Otacílio Negrão de Lima 3000, tgl. 8–18 Uhr, Eintritt 6 R$

Architektonisch am beeindruckendsten ist die futuristisch anmutende, nach einem Entwurf von Oscar Niemeyer erbaute **Igreja de São Francisco de Assis.** Nach ihrer Einweihung 1943 blieb die Kirche, deren parabolische Form spätere Projekte in Brasília vorwegnahm, zunächst 14 Jahre lang geschlossen. Die Kirchenobrigen sahen in dem Bau ein Symbol des Kommunismus, denn die Linien von Glockenturm und Fassade ließen angeblich Assoziationen mit Hammer und Sichel aufkommen. Heute kann man in und an der Kirche die kunstvollen Bilder aus bemalten Keramikfliesen *(azulejos)* von Cândido Portinari bewundern, die das Leben des Heiligen und die Kreuzwegstationen abbilden.

Estádio Mineirão

Av. Antônio Abrahão Caram 1001, www.mineirao.com.br, Besichtigung der Anlage inkl. Fußballmuseum außer an Spieltagen Mi–So 10–16 Uhr jeweils zur vollen Std., 50 R$

Fußballfans kennen das Pampulha-Viertel vor allem wegen des mächtigen, sehr schönen **Mineirão-Stadions** und natürlich wegen des historischen 7:1 der deutschen Elf bei der WM 2014 gegen Brasilien, das in seinem Oval stattfand. Vollständig umgebaut und modernisiert – Solaranlage, Esplanade mit Bars etc. – bietet es seit 2013 Platz für 62 160 Zuschauer.

Infos

www.guiabh.com.br, www.belohorizonte.mg.gov.br: Websites mit Infos zu Sehenswürdigkeiten, Restaurants etc.

Infostellen: im **Mercado Central** 2 **,** Tel. 031 32 74 94 34, Mo–Sa 8–18, So 8–13 Uhr und nach abgeschlossener Renovierung ab 2024 im **Mercado das Flores** am Stadtpark, Av. Afonso Pena 1055. Prospekte und Karten.

Übernachten

Erlesen – **Fasano BH** 1 **:** Rua São Paulo 2320 (Lourdes), Tel. 031 35 00 89 00, www.fasano.com.br. Die Hotels der Gruppe Fasano gehören mit zum Besten, was Brasilien auf diesem Gebiet zu bieten hat – modernen Luxus, mit Restaurant, Bar und Spa. €€€

Gediegen – **Ouro Minas (Dolce by Wyndham)** 2 **:** Av. Cristiano Machado 4001 (Cidade Nova, bei Metrostation Minas Shopping auf halbem Weg zum Flughafen), Tel. 031 34 29 40 00, www.ourominas.com.br. Ein eleganter Hotelklassiker auf der Höhe der Zeit, komfortable und geräumige Zimmer, gutes Restaurant, Bar und Pool. €€€

Bequem und preiswert – **Ibis Liberdade** 3 **:** Av. João Pinheiro 602 (Lourdes), Tel. 031 21 11 15 00, www.ibis.com. 130 kleine, aber angenehme Zimmer, günstige Lage bei der Praça da Libertade. €€

Backpacker – **Chalé Mineiro Hostel** 4 **:** Rua Santa Luzia 288 (Santa Efigênia), Tel. 031 34 67 15 76, www.chalemineirohostel.com.br. Ordentliches HI-Hostel mit 54 Betten (EZ und Dorms), Pool, Grill, TV-Raum, Gemeinschaftsküche. 2 km östlich vom zentralen Parque Municipal, nahe dem belebten Savassi. Kein Check-in nach 22 Uhr. €

Essen & Trinken

Guter Schnitt – **La Macelleria** 1 **:** Rua Fernandes Tourinho 801 (Lourdes), Tel. 031 35 66 72 91, https://lamacelleria.com.br, Di, Mi 12–16, Do, Fr auch 18–23, Sa 12–23, So 12–17 Uhr. Feinste Schnitte vom Rind spielen die Hauptrolle auf den Tellern in einem der besten Fleischrestaurants Belo Horizontes. An die Ursprünge des Lokals – eine Metzgerei – erinnern noch die mit allerlei Gefrorenem gefüllten Kühlschränke im Ambiente. Saftig sind hier nur die Steaks, nicht aber die Preise. €

Regionale Spezialitäten – **Xapuri** 2 **:** Rua Mandacaru 260 (Pampulha), Tel. 031 34 96 61 98, www.restaurantexapuri.com.br (am Wochenende reservieren!), Di–Sa 12–23, So 12–18 Uhr. Sehr großes Lokal mit Fazenda-Atmosphäre, lange Holztische im Grünen unter Palmdächern. Zählt zu den besten Lokalen der Stadt für die spezielle Küche von Minas Gerais, z. B. *costelinha da sinhá* (gekochte, dann gebratene knusprige Schweinerippchen). €€

Spaghetti-König – **Bolão** 3 **:** Pça. Duque de Caxias 296 (Santa Tereza), Mo–Do 11–2, Fr, Sa bis 4, So bis 17 Uhr. Zwanglose Atmosphäre; einfach, aber originell, viele Tische auf dem Bürgersteig, wegen der großzügigen Öffnungszeiten traditioneller Absackertreff vieler Nachtschwärmer. €

Einkaufen

Kunsthandwerk – **Feira de Arte e Artesanato (Feira Hippie)** 1 **:** Av. Afonso Pena (Centro), So 8–14 Uhr. Größter Straßen-Kunsthandwerksmarkt Lateinamerikas, 2300 Verkaufsbuden auf 1 km Länge mit 60 000 Besuchern pro Sonntag.

Markthalle – **Mercado Central** 2 **:** Av. Augusto de Lima 744 (Centro), http://mercadocentral.com.br, Mo–Sa 7–18, So 7–13 Uhr. An 400 Verkaufsständen gibt es fast alles, von Obst und Gemüse über Blumen und medizinische Pflanzen bis zu Kunsthandwerk und lebendem Federvieh. Auch gute und preiswerte *cachaças,* die man auch probieren kann, am besten bei Ronaldo (Nr. 141). Bars mit Küche servieren preiswerte Mahlzeiten.

Abends & Nachts

Das rege Nachtleben konzentriert sich an der **Praça Diogo de Vasconcelos** sowie in der **Rua Pernambuco/Rua Tomé de Souza** im Stadtteil **Savassi.** Das Viertel trägt seinen Namen offiziell erst seit 2006 zu Ehren einer früher hier ansässigen Konditorei. Kontrastierend zum eher schicken Savassi findet man in der Rua Sapucaí im höher gelegenen Stadtteil **Floresta** vor allem alternative Bars, in denen es an Wochenenden hoch hergeht. Vom

DER FLUCH DES GOLDES

Wie der Name Minas Gerais (allgemeine Minen) schon sagt, ist die Geschichte des zweitbevölkerungsreichsten Bundesstaats von Brasilien gezeichnet von der Ausbeutung seiner reichen Bodenschätze. Im Laufe der Jahrhunderte wandelte sich die Provinz vom sprichwörtlichen Eldorado zum heute bedeutenden Lieferanten von Eisenerz und anderen Mineralien. Zu deren Ausbeutung wühlen sich Minengesellschaften und Konzerne seit über hundert Jahren durch Täler und tragen ganze Berge ab. Was dabei übrigbleibt, wird durch 357(!) Abraumdämme angestaut – abertausende Tonnen teils belasteter Mineralienschlacke. In jüngster Zeit sind zwei dieser Dämme gebrochen und haben Brasilien seine bisher größten Umweltkatastrophen beschert. Die Schlammlawinen von **Mariana** Ende 2015 (s. S. 199) und Anfang 2019 bei **Brumadinho** haben Hunderte von Menschenleben gefordert, ganze Ortschaften weggerissen, Landschaften verwüstet und Flüsse verschlackt.

Die Katastrophen sind das Resultat von teils veralteten (aber kostengünstigen) Dammbaumethoden sowie von sanften Gesetzen und laschen Kontrollen. Der Damm von Brumadinho wurde nur Monate vor dem Unglück vom deutschen TÜV Süd trotz diverser Vorbehalte für sicher erklärt – auf massiven Druck des nationalen Rohstoffgiganten Vale hin. Inzwischen haben aufgeschreckte Betreiberfirmen und Behörden über ein Dutzend Anlagen in Minas als instabil eingestuft und acht davon zu Hochrisikodämmen erklärt. Die betroffene Bevölkerung ist evakuiert, Straßen sind gesperrt und rigide Kontrollen eingeführt worden.

Von den in diesem Buch beschriebenen **Zielen** in Minas Gerais ist **keines** direkt von **einem Risikodamm** betroffen, obwohl sich solche durchaus in der Umgebung befinden. Einzige Ausnahme ist die Stadt **Congonhas.** Die 24 Abraumdämme in der Umgebung der Stadt sind zwar mit niedrigem Risiko eingestuft, haben aber ein gewaltiges Zerstörungspotential. Im Falle eines Unglücks würde von der Stadt mit 54 000 Einwohnern wenig mehr als die weltberühmten Steinskulpturen der zwölf Propheten auf dem Kirchberg (s. S. 191) übrigbleiben.

dortigen Aussichtspunkt Mirante da Sapucaí schaut man zudem auf ein großartiges City-Panorama.

Buchladen-Café – **Café com Letras** 1 **:** Rua Antônio de Albuquerque 781 (Savassi), Tel. 031 25 55 16 10, www.cafecomletras.com.br, So–Do 12–22, Fr, Sa 12–23 Uhr. Beliebt zur Happy Hour, Künstlertouch, Livemusik, gute Snacks.

Alternativer Tanzschuppen – **A Obra** 2 **:** Rua Rio Grande do Norte 1168 (Savassi), Tel. 031 32 15 80 77, www.aobra.com.br, Mi, Do ab 20, Fr, Sa ab 22 Uhr. Beliebte Indie-Tanzbar in einem als Baustelle dekorierten Keller mit einer großen Bandbreite an Rock, Jazz, Black Music, Flashbacks und Samba, abwechselnd Disco und Livebands.

Musikalische Ecke – **Bar do Museu Clube da Esquina** 3 **:** Rua Paraisópolis 738 (Santa Tereza), Tel. 031 25 12 50 50, https://bardomuseuclubedaesquina.com.br, Di–Fr 18–24, Sa ab 12, So 12–20 Uhr. Themenbar, gewidmet Milton Nascimento, einem der populärsten brasilianischen Musiker jüngerer Zeit, der gleich hier an der Ecke mit anderen Musikern im Clube da Esquina, dem Klub an der Ecke, Musikgeschichte spielte. Leckere Drinks und Snacks, Livemusik (Jazz, Samba, Bossa Nova und Milton Nascimento-Covers).

Hipper Markt – **Mercado Novo** 4 **:** Rua Rio Grande do Sul 499, Mo, Di 8–22, Mi–Sa 8–24, So 8–18 Uhr. In das in den 1960er-Jahren erbaute Gebäude sollte eigentlich der Mercado Central umgesiedelt werden, doch da hatte die Stadt die Rechnung ohne die Händler gemacht, die den Umzug verweigerten. Viele Jahre später nisteten sich angesagte Läden und hippe Kneipen in den leer stehenden Boxen ein. Am Freitag- und Samstagabend ab 23 Uhr ist der Mercado Novo rappelvoll. Ein kreativer, szeniger Ort – Drinks, Craftbiere, Snacks und viel Musik.

Aktiv

Minas auf Deutsch, Ausflüge, Trekking – **Kopa Turismo:** Tel. 031 997 30 41 41, www.kopaturismo.com.br, www.belohorizonte-insider.com. Wer die Stadt unter deutschsprachiger Führung kennenlernen will, ist bei Severin Dahlmeier richtig. Seine Agentur ist auch Ansprechpartner für kulturelle Ausflüge in die Kolonialstädte, Trekking und Wandern in den Naturparks.

Termine

Comida di Buteco/Butecar: April/Mai, www.comidadibuteco.com.br/belo-horizonte. Während mehrerer Wochen wetteifern die Kneipen *(butecos)* der Stadt, wer die leckersten Snacks zu bieten hat.

Expocachaça: Juni/Juli, www.expocachaca.com. br. Große Schnapsmesse mit Produzenten aus dem ganzen Land (in der Serraria Souza Pinto, Av. Assis Chateaubriand, Zentrum). Minas Gerais ist berühmt für die besten *cachaças* Brasiliens.

Arraial do Belô: Juli/Aug. Folkloretanzfest im Rahmen der *Festas juninas* auf der Praça da Estação (Centro, Metro Centro).

Verkehr

Flugzeug: Der **Aeroporto Internacional Tancredo Neves** (auch: Aeroporto Internacional de Confins, BH Airport; Confins, Tel. 0800 03 71 547, www.bh-airport.com.br, www.aeroportoconfins.net), liegt 38 km nördlich des Stadtzentrums. Für den **Transfer** von Confins zur Rodoviária sorgen die Busse der Conexão Aeroporto (www.conexaoaeroporto.com.br, ca. alle 30–60 Min., 1 Std., 19 R$). Doppelt so viel (40 R$) kosten die *executivo*-Busse, die bis zur Avenida Álvares Cabral 387 im Zentrum fahren. Letzte Abfahrt der Executivo-Busse ist je nach Wochentag um 21.30, 22 oder 22.30 Uhr. Die regulären Busse verkehren immerhin bis 23.30 Uhr.

Zug: Estação Ferroviária 6 (s. S. 184, https://vale.com/en/passenger-train). Zwar beherbergt der prächtige Bahnhof heute ein Museum, doch vom Seitengebäude aus beginnt einer der letzten Fernverkehrszüge Brasiliens seine Reise nach Vitória (Espírito Santo), mit Speisewagen. Tgl. 7 Uhr, Rückfahrt ab Vitória 7 Uhr, 12,5 Std., 73 R$, 1. Klasse 105 R$. Unbedingt reservieren!

Bus: Der zentrale **Busbahnhof** von Belo Horizonte **(Rodoviária:** Pça. Rio Branco) befindet sich mitten im Zentrum, am Anfang der Hauptachse Avenida Afonso Pena. Von hier verkehren Busse nach Ouro Preto **(Pássaro Verde,** https://passaroverde.com.br, fast stdl. 6–23 Uhr, knapp 2 Std., 54 R$), São João del Rei **(Viação Sandra,** www.viacaosandra.com.br, 7 x tgl. bis 20 Uhr, 3,5 Std., 94 R$, häufige Anschlüsse nach Tiradentes), Mariana **(Pássaro Verde,** s. o., 17 x tgl. 6.30–24 Uhr, 5 Std., 61 R$), Rio de Janeiro **(Útil,** www.util.com.br, 11 x tgl., 7 Std., ab 105 R$) und São Paulo **(Cometa,** www.viacaocometa.com.br, 10 x tgl., 9 Std., ab 111 R$).

Die Umgebung von Belo Horizonte

Karte: S. 185

Instituto Cultural Inhotim bei Brumadinho 2

s. Aktiv S. 192

Sechs gute und sechs schlechte Nachrichten verkünden Aleijadinhos Zwölf Propheten

Congonhas ▶ Q 6

82 km von Belo Horizonte entfernt liegt die frühere Goldgräberstadt **Congonhas** 3. Heute ist es im Grunde eine einzige Attraktion, die Scharen von Besuchern aus aller Welt hierherzieht: ein Kirchenareal.

Basílica do Senhor Bom Jesus de Matosinhos

Di–So 8–18 Uhr

Es sind die von **Aleijadinho** und seinen Helfern (s. S. 195) geschaffenen Werke auf dem Gelände um die **Basilika Unseres Guten Herrn Jesus von Matosinhos.** Auf der Treppenbrüstung vor der Kirche sieht man gleich die berühmten **Doze Profetas** (1796–1805), die Specksteinstatuen der zwölf Propheten. Unterhalb stehen die **Capelas dos Passos,** sechs kleine Kapellen mit 66 bemalten Zedernholzskulpturen (1796–99) der Kreuzwegstationen. Die Kapellenfenster sind von 6 bis 18 Uhr geöffnet. Die Anlage auf dem Kirchberg wird abgerundet durch das Oval der **Romaria** mit ihren Eingangstürmen im maurischen Stil – hier wurden früher die Pilger des Wallfahrtsorts untergebracht.

Museu de Congonhas

Rua Bom Jesus 250, Tel. 031 37 31 67 47, www.museudecongonhas.com.br, Di–So 9–17 Uhr, Mi 13–21 Uhr, 10 R$, Mi Eintritt frei

Einen gewagten, aber gelungenen Kontrast zum kolonial-barocken Ensemble bildet die moderne Architektur des **Museums von Congonhas.** Das Haus will zwischen dem historischen Komplex und dessen Besuchern vermitteln. Die Ausstellungen erlauben u. a. einen mit 3-D-Technik digitalisierten Blick auf die Figuren der Propheten aus sonst nicht möglichen Perspektiven.

Verkehr

Bus: ab Rodoviária Belo Horizonte (s. S. 190) mit **Viação Sandra** (www.viacaosandra.com.br), Direktverbindung 10 x tgl., 90 Min., 45 R$.

Circuíto das Grutas ▶ Q 5

www.circuitodasgrutas.com.br

Von den insgesamt 3000 Grotten Brasiliens befinden sich 2000 in Minas Gerais, 500 davon in einer **Circuíto das Grutas** (Grottenkreis) genannten Region nahe Belo Horizonte, die zwölf Gemeinden umschließt. Zu den

INHOTIM – IM GARTEN DER KÜNSTE

Tour-Infos

Karte: S. 185
Start/Dauer: ab zentralem Busbahnhof in Belo Horizonte mit Sonderbus von Cia Coordenadas, Tel. 031 21 17 23 23, www.ciacoordenadas.com.br), Di–So 8.15 Uhr, direkt zum Museum bei **Brumadinho** 2 (60 km), Rückfahrt Di–Fr 16.30, Sa, So 17.30 Uhr, hin und zurück 110 R$, Busfahrt 2 Std. 1 Strecke. Ebenfalls direkt zum/vom Museum bringt einen der Shuttlebus von Belvitur. Abfahrt ist um 8 Uhr beim Hotel Holiday Inn Belo Horizonte, Rua Professor Moraes 600 (Savassi). Das Ticket (110 R$) muss bis spätestens 15 Uhr des Vortages über www.belvitur.com.br gekauft werden.

Instituto Cultural Inhotim: Rua B 20, Brumadinho, Tel. 031 35 71 97 00, www.inhotim.org.br, Di–Fr 9.30–16.30, Sa, So 9.30–17.30 Uhr, Di, Do–So 50 R$, Mi Eintritt frei nach vorheriger Reservierung über die Website.
Wichtige Hinweise: Die Fülle der in Inhotim dargebotenen Dinge ist so groß, dass sie an einem Besuchstag nicht zu meistern ist. Wer also mehr als nur ein allgemeines Interesse mitbringt, kann leicht einen zweiten Tag einplanen. Für das leibliche Wohl vor Ort sorgen mehrere Imbisse, Cafés und Restaurants, darunter das hervorragende Tamboril (€€€). Wer nicht gut zu Fuß ist, kann sich für 35 R$ mit Elektrowagen chauffieren lassen.

Das Segelboot taucht ganz unvermittelt auf, wie in der Luft gekentert, die Mastspitze versenkt in der Erde zwischen hohen Buritipalmen. Ein Stück weiter führt eine wohl für Riesen gemachte Treppe aus einer Wiese gen Himmel. Schließlich endet der gepflasterte Pfad vor einem weißen Iglu inmitten üppiger tropischer Vegetation. In seinem Inneren tanzt eine Wasserfontäne unter stroboskopischen Blitzen.

Fast so fantastisch wie der 7:1-Sieg der deutschen Elf im ganz in der Nähe gelegenen Mineirão-Stadion können einem die ersten Schritte durch eines der ungewöhnlichsten Museen Brasiliens vorkommen. Das Instituto Cultural Inhotim ist das bedeutendste Zentrum für **zeitgenössische Kunst** Brasiliens und zugleich weltweit eines der besten seiner Art. Es zeigt über 700 Werke bekannter Vertreter der internationalen Szene, wie Olafur Eliasson, Victor Grippo und Doug Aitken, mit den wichtigsten Namen brasilianischer Künstler, darunter Cildo Meirelles, Adriana Varejão und Tunga (Abb. links: Tungas Installation »True Rouge«). Um deren Arbeiten kennenzulernen, spazieren die Besucher von Inhotim durch Parks oder wandeln auf schattigen Alleen. Unterwegs begegnen sie der Kunst in 23 Galerien oder ganz einfach unter freiem Himmel.

Ein gemeinsames Merkmal der meisten in Inhotim ausgestellten Werke ist ihre schiere Größe – die vielen großzügig gestalteten Installationen würden die räumlichen Möglichkeiten herkömmlicher Museen einfach sprengen. An Platz mangelt es nicht. Auf dem Gelände einer ehemaligen Großfarm verteilt sich die Kunst über 140 ha. Um zu den geodätischen Glaskuppeln des Werkes **»De Lama Lâmina«** des Amerikaners Matthew Barney zu gelangen, durchqueren die Besucher den Wald an Bord eines elektrischen Wagens und pirschen anschließend auf einem Pfad durch einen Eukalyptushain.

Ähnlich wie Barney kreieren immer mehr Schaffende an Ort und Stelle Meisterwerke, die nur hier so zu realisieren sind. »Wenn es eine durchgehenden Linie gibt«, sagt der Deutsche Jochen Volz, ehemaliger Kurator der Institution, »dann ist es die Beziehung zwischen Künstler und Natur, die hier ermöglicht wird.«

In der Tat zeigt sich die Kunst in Inhotim in einem geradezu überschwellenden Rahmen, umgeben von 40 ha opulenter Gärten voller Gewächse aus allen tropischen Regionen des Planeten. 2010 wurden die Anlagen von Inhotim offiziell als **Botanischer Garten** anerkannt.

Bernardo Paz, der Mann hinter Inhotim, regierte in den 1980er-Jahren über ein Firmenimperium, als ihn die Gesundheit dazu zwang, sein Leben zu ändern. Zurückgezogen auf seiner Fazenda Inhotim, kam er schon bald zu dem Schluss, dass die Gärten, die er auf dem Anwesen kultivierte, sich hervorragend dafür eigneten, seine ebenfalls ständig wachsende Kunstsammlung aufzunehmen. »Mal ehrlich: ich verstehe nichts von Kunst, ich verstehe was von Gärten«, scherzte Paz, als er 2006 Inhotim schließlich der breiten Öffentlichkeit zugänglich machte. Seine Vision, eine einzigartige Mischung aus Kunst und Botanischem Garten, trifft den Geschmack des Publikums. Das belegt die ständig wachsende Besucherzahl, von bisher über 3 Millionen. Bei der Anfang 2019 von einem verheerenden Dammbruch betroffenen Stadt Brumadinho gelegen, kommt der Einrichtung auch eine wichtige Funktion bei der Aufarbeitung der Katastrophe zu.

Auf die höchste Erhebung des Geländes von Inhotim gesetzt, hat der **»Sonic Pavilion«** etwas von einer fliegenden Untertasse, die auf einem Hügel der Serra do Espinhaço gelandet ist. Im Inneren des rundum verglasten Ovals reicht ein Loch 200 m tief in die Erde und über eine Reihe von dort angebrachten Mikrofonen und Verstärkern erreicht eine seltsame unterirdische Sinfonie den Saal. »Das sind unvorhersehbare Noten«, sagt dazu der Künstler, »der Klang ist live und hört nie auf.«

Das Projekt des für seine Multimedia-Installationen bekannten Amerikaners Doug Aitken und das ganze Unternehmen Inhotim gleichen sich in diesem Punkt – beides sind Werke in einem fortwährenden Verwandlungsprozess.

Am späten Nachmittag genießen es zwei letzte Besucher, in Aitkens Soundtempel allein zu sein. Jetzt, im satten Abendlicht, verstärkt der Panoramablick auf die aus dem Dschungel die Berge hinaufziehenden Nebel ganz offenbar noch den von Aitken beabsichtigten »halluzinogenen Effekt«. Die Reise zum Mittelpunkt der Erde wird erst gebremst durch die höfliche Intervention eines Wärters, der die Schließzeit der Anlage in Erinnerung bringt.

meistbesuchten (Tropfstein-)Höhlen gehören die **Gruta da Lapinha** 4 (50 km von Belo Horizonte, Estr. Campinho/Lapinha Km 6, Lagoa Santa, Di–So 8–16 Uhr, 25 R$), die **Gruta Rei do Mato** 5 (76 km, BR-040 Km 472, Sete Lagoas, tgl. 8–16 Uhr, 25 R$) und die sehr schöne **Gruta de Maquiné** 6 (126 km, Via Alberto Ramos (MG-231 Km 7, Cordisburgo, tgl. 8–16 Uhr, 25 R$) mit sieben Kammern, die man in Gruppen besichtigen kann.

Verkehr

Bus: Zwar sind ab Belo Horizonte alle Ziele mit Bussen erreichbar, jedoch nicht direkt, was die Anreise umständlich gestalten kann. Reisebüros in Belo Horizonte organisieren Ausflüge, z. B. **Pampulha Turismo,** Tel. 031 30 57 11 11, http://pampulhaturismo.com.br.

Ouro Preto ▶R 6

Karte: S. 185, **Cityplan:** S. 196

Auch wer nur wenig Zeit hat und nicht übermäßig an historischer Architektur interessiert ist, sollte sich wenigstens von **Ouro Preto** (Schwarzes Gold) bezaubern lassen. Die 75 000-Einwohner-Stadt liegt 1179 m hoch in einem Tal und gehört zu den kunsthistorisch interessantesten Reisezielen des Landes, noch vor Paraty und Olinda. Hier findet sich das homogenste und kompletteste Arsenal barocker Kunst und kolonialer Architektur Brasiliens. Seit 1933 unter Denkmalschutz stehend und 1980 zum UNESCO-Weltkulturerbe erklärt, ist Ouro Preto ein historisches Freilichtmuseum.

Die steile kulturelle Karriere begann mit dem ersten Goldfund 1699, zwölf Jahre vor der Gründung der damaligen Vila Rica (Reiches Dorf) durch den Bandeiranten Antônio Dias, und endete kaum 100 Jahre später mit der Erschöpfung der Goldvorkommen. Heute lebt die Stadt neben Bergbau und Metallverarbeitung vom Tourismus. In diesem einzigen Jahrhundert entstand jedoch eine Fülle barocker Kultur, Architektur und Kunst. Auf kleinem Raum zusammengedrängt finden sich historische Gassen mit dem typisch abgerundeten Kopfsteinpflaster, reihenweise gut erhaltene Herrenhäuser mit schmiedeeisernen Balkongeländern und weißen Fassaden sowie eine Vielzahl prächtiger Kirchen und Museen. Insgesamt sind ca. 2000 Gebäude von historischem Wert. Viele davon werden als Studenten-WGs, den *repúblicas*, genutzt. Eine Universität und eine Hochschule für Bergbau bringen viele junge Menschen und damit frischen Wind in die Stadt: Ouro Preto ist pure Geschichte und trotzdem lebendig. Am Abend fasziniert es durch die romantische Laternenbeleuchtung, das studentisch-alternativ geprägte Nachtleben in der Rua Conde de Bobadella und die vielen Restaurants.

Praça Tiradentes

Fast jede Stadtbesichtigung beginnt am malerischen **Praça Tiradentes,** in deren Mitte ein **Denkmal** 1 an den Namensursprung der *praça* erinnert. 1792 wurde in Rio de Janeiro auf grausige Weise einer der größten Nationalhelden Brasiliens hingerichtet, der für die Unabhängigkeit von Portugal kämpfende Tiradentes (Zahnzieher), eigentlich Joaquim José da Silva Xavier. Sein abgeschlagenes Haupt wurde öffentlich auf dem Hauptplatz von Ouro Preto zur Schau gestellt.

Museu da Inconfidência 2

Pça. Tiradentes 139, https://museudainconfidencia.gov.br, Di–So 10–18 Uhr, Eintritt frei

Spärliche Zeugnisse von diesem großen Unabhängigkeitskampf birgt das **Museum** im früheren Rathaus, dem Palácio Municipal. Das nachts wunderschön beleuchtete Gebäude beherbergt Graburnen von zwölf erhängten Freiheitskämpfern, Möbel, Porzellan, Silberobjekte, aber auch Skulpturen von Aleijadinho.

Museu de Ciência e Técnica 3

Pça. Tiradentes 20, wegen ›verwaltungstechnischer Probleme‹ derzeit geschlossen

An der anderen Seite des Platzes, im alten Gouverneurspalasts, zeigt das interessante **Museum für Wissenschaft und Technik** die größte Edelstein- und Kristallsammlung Brasiliens und viele alte Fördermaschinen.

Ein kolonialer Traum – das UNESCO-Weltkulturerbe Ouro Preto mit seinen prachtvollen historischen Gebäuden

Auf den Spuren Aleijadinhos

Die Hauptattraktion von Ouro Preto sind die **Kirchen,** die fast alle mit dem Namen eines einzigen Künstlers verbunden sind: Antônio Francisco Lisboa, zärtlich **»o Aleijadinho«** (der kleine Krüppel) genannt. Brasiliens bedeutendster Bildhauer, Holzschnitzer und Architekt des Barockzeitalters wurde vermutlich am 29. August 1730 als Kind des portugiesischen Baumeisters Manuel Francisco da Costa Lisbôa und der afrikanischen Sklavin Isabel geboren und verbrachte sein ganzes Leben bis zu seinem Tod 1814 in einem unermüdlichen Schaffensprozess.

Trotz seiner infolge einer lepraähnlichen Erkrankung verkrüppelten Hände entstanden unzählige, zumeist in Holz oder Speckstein gehauene Meisterwerke. Ihre ungewöhnliche Vielzahl veranlasste diverse Historiker, die Urheberschaft mehreren Künstlern zuzuschreiben, darunter auch Gehilfen und Schüler des Meisters. Trotz dieser Kontroversen gilt Aleijadinho als wichtigster Vertreter der brasilianischen Kolonialkunst und bei nicht wenigen Experten sogar als der bedeutendste Exponent des Barock auf dem gesamten amerikanischen Kontinent. Die drei folgenden Kirchen vereinigen eine besondere Präsenz seiner Werke und bilden so zusammen eine Art Rundgang **Museu de Aleijadinho.**

Igreja de São Francisco de Assis 4

Largo de Coimbra, Di–So 8.30–12, 13.30–17 Uhr, 10 R$, der Eintritt berechtigt zum Besuch aller drei Kirchen, die den Museumsrundgang bilden

Etwas unterhalb der Praça Tiradentes stößt man auf die **Igreja de São Francisco de Assis** (1776–1812). Mit dieser Kirche, für den französischen Kunstgelehrten Germain Bazin »eines der vollkommensten Kunstdenkmäler der westlichen Welt«, beweist sich Aleijadinho als Allroundmeister des brasilianischen Ba-

Ouro Preto

Sehenswert

1 Tiradentes-Denkmal
2 Museu da Inconfidência
3 Museu de Ciência e Técnica
4 Igreja de São Francisco de Assis
5 Igreja de N. S. das Mercês e dos Perdões
6 Igreja Matriz de N. S. da Conceição de Antônio Dias
7 Igreja Matriz de N. S. do Pilar
8 Casa dos Contos
9 Mina do Chico Rei
10 Igreja de Santa Efigênia

Übernachten

1 Hotel Solar do Rosário
2 Teatro Hotel Boutique
3 Casa do Chá Ouro Preto
4 É Hostel

Essen & Trinken

1 Chafariz
2 O Passo

Einkaufen

1 Kunsthandwerksmarkt

Abends & Nachts

1 Satélite
2 Café Geraes, Escadabaixo
3 Chopp Real

rock. Sowohl die Pläne mit dem achteckigen Grundriss, als auch die Skulpturen am Fassadenportal sowie die Holzschnitzereien der Chorkapelle und der sechs übrigen Altäre der Hauptkapelle werden hauptsächlich ihm zugeschrieben. Das prachtvolle, etwas verblasste Deckengemälde stammt von Manoel da Costa Athayde.

Igreja de N. S. das Mercês e dos Perdões 5

Rua da Mercês, Di–So 8.30–12, 13.30–17 Uhr, Eintritt frei

Hinter der Kirche gelangt man über die Rua das Mercês zur **Kirche Unserer Lieben Frau der Gnade und Vergebung** (1740–73). Die Gestaltung und Ausstattung des Innenraums wird ebenfalls Aleijadinho zugeschrieben.

Igreja Matriz de N. S. da Conceição de Antônio Dias 6

Pça. Antônio Dias, Di–So 8.30–12, 13.30–17 Uhr, Eintritt frei

Weiter talwärts birgt diese **Kirche** (1727–60) die Grabstätten Aleijadinhos und seines Vaters. Nach zehnjährigen Restaurierungsarbeiten kann das Gotteshaus wieder in alter Pracht bewundert werden.

Westlich der Praça Tiradentes

Igreja Matriz de N. S. do Pilar 7

Rua Antônio Albuquerque 18, Museum: Di–So 9–10.45, 12–16.45 Uhr, 10 R$

Die **Hauptkirche N. S. do Pilar** (1730–41) mit zehneckigem Grundriss gilt als eine der am reichsten bestückten Brasiliens. 434 kg reines Gold, 400 kg Silber und 472 Engelskulpturen wurden bei ihrer Ausstattung verwendet. Die meisten Werke, besonders die Holzschnitzereien der Chorkapelle, stammen von Francisco Xavier de Brito, einem Lehrer Aleijadinhos. Im Untergeschoss befindet sich das **Museu de Arte Sacra,** das Museum für Sakralkunst.

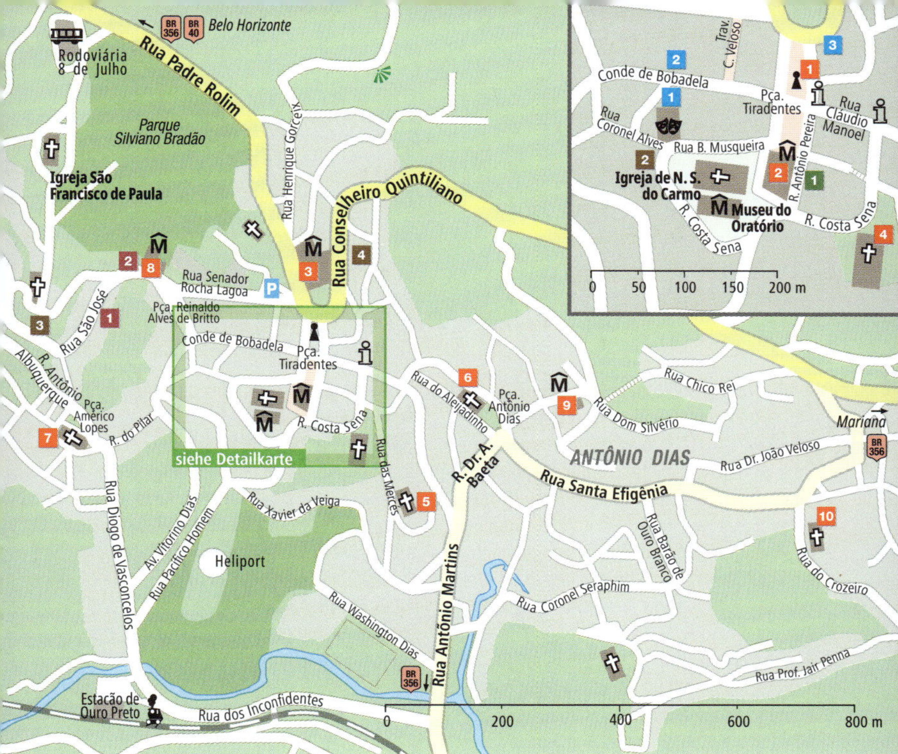

Casa dos Contos 8

Rua São José 12, Di–Sa 10–16, So 10–14 Uhr, Eintritt frei

Steil bergauf geht es nun in die Rua São José bis zu deren Anfang an der Praça Reinaldo Alves de Britto. Dort steht der schöne Profanbau der **Casa dos Contos.** Wo früher die Goldfunde eingeschmolzen, gewogen und versteuert wurden, sieht man heute Münzen, Noten, Arbeits- und Strafwerkzeuge, Säbel und Pistolen.

Östlich der Praça Tiradentes

Mina do Chico Rei 9

Rua Dom Silvério 108 (Antônio Dias), tgl. 8–17 Uhr, 35 R$

In der **Mina do Chico Rei,** einer 1888 stillgelegten Goldmine, kann man sich einen noch besseren Eindruck von den schwierigen Arbeits- und Lebensbedingungen der Goldgräberzeiten verschaffen.

Igreja de Santa Efigênia 10

Ladeira de Santa Efigênia, mit etwas Glück ist die Kirche sogar geöffnet

Der 20-minütige Spaziergang über die Rua Santa Efigênia hinauf zu der am Berg gelegenen Kirche lohnt sich wegen des privilegierten Ausblicks auf die Stadt.

Ausflüge in die Umgebung

Parque Estadual do Itacolomi

Die Agentur Ouro Branco Ecoturismo, Tel. 037 984 16 69 54 (Whatsapp), unternimmt geführte Wanderungen und Ausflüge in den bei der Stadt gelegenen Itacolomi-Naturpark

Wer vom permanenten Auf und Ab in Ouro Pretos Gassen noch nicht geschlaucht ist, der kann sich auf Trekkingtouren und Wanderungen in der Natur des **Itacolomi-Gebirges** umsehen, sich dabei immerhin in Wasserfällen erfrischen oder bis zum Gipfel des gleichnamigen Berges kraxeln, von wo sich aus 1772 m Höhe ein fantastischer 360-Grad-Panoramablick bietet.

MARIANA

Die historische Kleinstadt **Mariana** 8 mit ca. 55 000 Einwohnern ist der älteste Ort von Minas Gerais (ab 1711 Dorf, später Hauptstadt). Geradezu von Geschichte dominiert wird die **Praça Minas Gerais,** einer der eindrucksvollsten Plätze der Stadt. Seine Mitte bildet ein Pranger aus der Sklavenzeit, davor residiert die **Casa da Câmara e Cadeia.** Das historische Rathaus und Gefängnis aus dem Jahr 1784 ist Brasiliens einziges Gebäude aus der Kolonialzeit, das seine ursprüngliche Bestimmung bis heute beibehalten hat – das Gefängnis ausgenommen. Liebevoll renoviert, kann es während der Amtssprechzeiten besichtigt werden. Ihm gegenüber, im rechten Winkel zueinander, thronen gleich zwei prachtvolle Barockkirchen: die **Igreja São Francisco de Assis** (1763–94) mit schönen Portalreliefs von Aleijadinho ist nach umfassenden Restaurierungsarbeiten seit Ende 2023 wieder zugänglich, ihre ›Schwesterkirche‹, die **Igreja Nossa Senhora do Carmo,** ist etwas jünger und verkündet mit runden Glockentürmen schon von Weitem ihren Hang zur Rokoko-Schwärmerei.

Geht man hinter der Franziskuskirche bergab, gelangt man im direkten Anschluss zum gleichfalls renovierten Haus des Conde de Assumar, dem früheren Herrscher über die Provinzen Minas Gerais und São Paulo, wo jetzt ein kleines **Museum** die Stadtgeschichte von Mariana erzählt. Etwas weniger geschichtsträchtig, dafür umso charmanter geht es am Fuße des Hügels auf der grünen **Praça do Jardim** zu, wo man auf Sitzbänken zwischen Palmen, Springbrunnen und Musikpavillon die Seele baumeln lassen kann. Die einzige moderne Blüte im Kranz kolonialer Bauten um den Platz herum bildet die rosarote Fassade eines Filmtheaters aus den 1930er-Jahren.

Obwohl das historische Mariana klein und übersichtlich ist und sich im Vergleich zu Ouro Preto ohne große Anstrengung erkunden lässt, mag man hier am Platz vielleicht doch auch ganz gerne einkehren zu leckerer Minas-Küche im **Rancho da Praça** (So, Mo 11–15, Di–Sa 11–15, 18–24 Uhr).

Gut gestärkt lassen sich so noch andere Sehenswürdigkeiten der Stadt erkunden, etwa die prachtvolle und frisch renovierte **Catedral Basílica da Sé** (1711–60). Sie wird vor allem wegen der deutschen Arp-Schnitger-Orgel aus dem Jahr 1701 besucht, eines Geschenks des portugiesischen Königs Joao V. Die beliebten Orgelkonzerte, die sonst freitags um 11.30 und sonntags um 12.15 Uhr stattfanden, fallen derzeit leider aus, weil Termiten sich am Gebläse zu schaffen machten.

Igreja São Francisco de Assis/ Igreja Nossa Senhora do Carmo: Di–So 9–12, 13–17 Uhr, Eintritt 3 R$

Catedral Basílica da Sé: Di–Sa 8–11.30, 13.30–17 Uhr, Eintritt frei

Anfahrt: Von Ouro Preto nach **Mariana** fuhr früher an den Wochenenden ein nostalgischer Zug – bis auf Weiteres aber leider nicht mehr. Dafür geht es alle 40 Min. mit dem Transcota-Bus ab Rodoviária oder Haltestelle am kleinen Busterminal hinter dem Museu de Ciência e Técnica (Fahrzeit ca. 20 Min.).

Infos: Centro de Atenção ao Turismo (CAT), Rua Direita 93, Tel. 031 35 58 23 15, Mo–Fr 8–18, Sa, Do 9–15 Uhr, www.turismo.mariana.mg.gov.br

Mina de Ouro da Passagem

Tel. 031 35 57 50 00, https://mariana.minasdapassagem.com.br, Bus nach Mariana (s. S. 198), dem Busfahrer sagen, dass man bei der Mine aussteigen will, Mo–Fr 9–16, Sa, So 9–17 Uhr, 210 R$, zur Nebensaison oft Ermäßigungen

Die **Mina de Ouro da Passagem** (5 km von Ouro Preto, 4 km von Mariana entfernt) ist eine der größten zur Besichtigung freigegebenen Minen der Welt. Seit der Stilllegung im Jahr 1985 kann man das 120 m tief unter der Erde liegende und 315 m lange Bergwerk besichtigen.

Mariana 8

s. Tipp S. 198

Infos

Secretaria de Turismo: Rua Cláudio Manoel 61/Largo de Coimbra, Tel. 031 35 59 32 87, tgl. 8–17 Uhr.

Fiemeg-Infostelle: Centro Turístico e de Informações, Pça. Tiradentes 4, Tel. 031 35 51 36 37, tgl. 9–17 Uhr. Effiziente Infostelle des regionalen Wirtschaftsverbands.

Übernachten

Über Ostern, Karneval und während des Winterfestivals (1.–31. Juli) sollte man seine Unterkunft unbedingt vorher reservieren!

Luxus – **Hotel Solar do Rosário 1:** Rua Getúlio Vargas 270, Tel. 031 35 51 52 00, www.hotelsolardorosario.com. Exquisite Unterkunft, herrlicher und liebevoll restaurierter neokolonialer Hotelbau aus dem 19. Jh. mit 41 Zimmern, zum Teil mit Blick auf die Igreja do Rosário. Sehr ruhig gelegen, mit Gourmetrestaurant. €€€

Bühnenreif – **Teatro Hotel Boutique 2:** Rua Costa Sena 307, Tel. 031 33 50 39 20, www.teatrohotelboutique.com.br. Das Giebelhaus aus dem 18. Jh. ist mit Möbeln und Lüstern der Epoche ausgestattet, die komfortablen Zimmer bieten logenhafte Ausblicke auf die Casa da Ópera, Amerikas ältestes Theater, vor der Rokokokulisse der Igreja do Carmo. €€€

Tea Time – **Casa do Chá Ouro Preto 3:** Rua Getulio Vargas Casa 66/80, Tel. 031 991 69 37 73. Einfache, aber charmant und komfortabel ausgestattete Zimmer mit Ausblick in ruhiger Lage. Wie es sich für ein Haus, das den Tee *(chá)* im Namen führt, schickt, ist das Frühstück köstlich. Als wäre das nicht genug, versüßt im Erdgeschoss das Konditorei-Café **Chocolates Ouro Preto** mit feinen Kuchen, Snacks und Cappuccinos den Rest des Tages. €€

Backpacker – **É Hostel 4:** Rua Camilo de Brito 50, Tel. 031 997 62 46 83. Nur wenige Schritte von der Praça Tiradentes, sowohl DZ als auch Schlafsaalbetten. Sauberes Haus mit nettem Personal. Von der Dachterrasse bietet sich ein schöner Blick auf die Altstadt. €

Essen & Trinken

Lebendige Minas-Tradition – **Chafariz 1:** Rua São José 167, Tel. 031 989 48 99 76, Mo, Do–Sa 11.30–23.30, So bis 18.30 Uhr. Im ältesten Speiselokal der Stadt könnte man sich allein schon an der opulenten Dekoration sattsehen, wäre da nicht nicht das feine Essen nach kreativer Minas-Tradition. Dass diese vor der Haustür platzierte Verheißung durchaus kein Paradox sein muss, belegen Gerichte wie die *moqueca de frango caipira* – ein Hühncheneintopf mit Kokosmilch und Okra zu Polenta aus grünem Mais und Canastra-Käse – in der Minas, Afro-Bahia und Asien perfekt auf der Zunge zergehen. €€€

Pizza Bossa Nova – **O Passo 2:** Rua São José 56, Tel. 031 35 52 50 89, www.opassopizzajazz.com.br, Di–So 12–24 Uhr. Guter Italiener, à la carte, abends bekannt für die feinen Pizzas. Auf der schönen Terrasse mit Blick auf die Brücke und die Casa dos Contos oft Jazz und Bossa Nova live. Auch guter Mittagstisch. €€

Einkaufen

Markt – **Kunsthandwerksmarkt 1:** unter freiem Himmel am Largo de Coimbra, tgl. 9–18 Uhr. Vor allem Steinmetzarbeiten.

Abends & Nachts

Kneipentour – In Ouro Preto leben viele Studenten, daher findet man auch viele einfache Kneipen, etwa der zwanglose Treff **Satélite 1** (Rua Conde de Bobadela 97, Mo–Mi 11–24, Do, Fr bis 3, Sa, So bis 1 Uhr) mit gu-

Das schmucke Tiradentes ist ein beliebter Drehort für Telenovelas – im Hintergrund die innen dem Goldrausch verfallene Igreja Matriz de Santo Antônio

ten und preiswerten Pizzas. Etwas schicker präsentiert sich schräg gegenüber die Treppe runter das **Escadabaixo** 2 (Mo, Fr, Sa 12–24, Di, Do 18–24, So 12–18 Uhr) als Gastro-Bar mit beachtlicher Auswahl feiner Biere. Der große Vorzug des **Chopp Real** 3 (Rua Barão de Camargos 8, Tel. 031 35 51 15 84, Mo–Do 14–24, Fr–So 11–1 Uhr) hingegen sind die Tische im Freien, von wo sich ein guter Blick auf das städtische Treiben bietet.

Aktiv

Stadtführungen – Die deutschsprachige Stadtführerin **Sueli Rutkowski** bietet für kleine und mittlere Gruppen historische Walking-Touren durch Ouro Preto (oder auch Mariana). Anfragen über www.suelitourguide.com/de.

Termine

Carnaval: Febr./März, www.carnavalop.com.br. Einer der beliebtesten Straßenkarnevals im Land.

Procissão dos Passos: Ostern. Prozessionen, Messen und Blumenteppiche mit 30 000 Gästen aus Brasilien und aller Welt.

Festival de Inverno: Juli, http://festivaldeinverno.feop.com.br. Winterfestival, Studententreff von Minas Gerais mit 40 000 Gästen.

Tudo é Jazz: Aug. Renommiertes internationales Jazzfestival mit Konzerten (teils gratis), Workshops etc.

Semana do Aleijadinho: 14.–18. Nov. Festwoche zu Ehren des Barockkünstlers.

Verkehr

Bus: Ab **Rodoviária 8 de Julho** (Rua Padre Rolim 661, ca. 400 m vor der Pça. Tiradentes) Busse u. a. nach Belo Horizonte **(Pássaro Verde,** www.passaroverde.com.br, 5–19.30 Uhr stdl., 2 Std., 49 R$), Rio de Janeiro **(Útil,** www.util.com.br, tgl. 10, 21.30 Uhr, 8 Std., ab 199 R$) und São Paulo **(Útil,** s. o., tgl. 19 Uhr, 11 Std., 151 R$).

Tiradentes ▶ Q 7

Karte: s. S. 185

Das charmante **Tiradentes** 7 mit nur ca. 8000 Einwohnern gilt als das besterhaltene Städtchen von ganz Minas, sodass man sich wie in einem kolonialbarocken Museum fühlt. Es entstand in kürzester Zeit während des Goldrauschs und hat sich seitdem kaum verändert. So bildet Tiradentes die ideale Kulisse für viele Telenovelas mit historischen Themen aus der Sklavenzeit. Alles ist liebreizend, aufgeräumt, getüncht und sorgfältig restauriert. Der stark museale Charakter mag manchen abschrecken, die meisten Besucher kommen jedoch gerade deswegen. In den Gassen der Altstadt reihen sich Läden für Kunsthandwerk und exquisite Antiquitäten. Zudem hat sich die Stadt in den letzten Jahren als kulinarisches Zentrum einen Namen gemacht.

Im Hinterland liegen die Hügel und Wälder der **Serra de São José,** die seit 1990 unter Naturschutz stehen und anders als bei Ouro Preto nicht bebaut werden dürfen. Die Bergregion lädt zu sportlichen Aktivitäten wie Wandern, Reiten und Radfahren ein.

Sehenswürdigkeiten

Am Largo das Forras im Zentrum warten Kutschen (40 Min.-Tour zu den Attraktionen, 25 R$/pro Pers.). Empfehlenswerter ist es aber, den verkehrsberuhigten Ort bei einem Spaziergang zu erkunden. Start ist am **Largo das Forras,** wo die Rua Direita abzweigt.

Cadeia/Museu de Sant'Ana

Rua Direita 93, Eingang Rua da Cadeia, Mi–Mo 10–17 Uhr, 5 R$

Das alte **Gefängnis** *(cadeia)* birgt heute das **Sant'Ana-Museum** mit einer Sammlung von Holzfiguren der beliebten Heiligen aus verschiedenen Jahrhunderten.

Igreja N. S. do Rosário dos Pretos

Rua Direita, Mi–Sa 9–17, So bis14 Uhr, 3 R$

Etwas zurückgesetzt liegt gegenüber der Cadeia die **Kirche Unserer Lieben Frau vom Rosenkranz der Schwarzen,** die 1708 von und für Sklaven erbaute, älteste Kirche der Stadt. In den beiden Seitenaltären sind Bilder schwarzer Heiliger zu sehen.

Museu de Padre Toledo

Rua Padre Toledo 190, Di–So 9–17 Uhr, 12 R$

Hinter der Kirche geht es bergan zum **Museum Padre Toledo,** wo 1788 die erste Untergrundversammlung der mineirischen Unabhängigkeitskämpfer stattfand. Zu sehen sind das Inventar und schöne Deckenmalereien.

Igreja Matriz de Santo Antônio

Rua Padre Toledo, So, Mo 9–14, Di bis 13, Mi–Sa bis 17 Uhr, 5 R$, Fr, Sa 20 Uhr Lightshow und Orgelkonzert, 160 R$, Tickets im Vorverkauf (https://concerto.paroquiatiradentes.com.br) kosten die Hälfte

Die Rua Padre Toledo hinauf kommt man zum sehr sehenswerten Kleinod des Ortes, der **Kirche des hl. Antonius** aus dem Jahr 1710. Ihre vergoldeten Altäre machen sie zu einer der reichsten Kirchen des Landes. Eine halbe Tonne Gold wurde hier verarbeitet. Herausragend ist die bunt bemalte, portugiesische Orgel von 1788. Die Fassade und das Portal zählen zu den letzten Werken Aleijadinhos.

Museu da Liturgia

Rua Jogo de Bola 15, Mi–Sa 10–17, So bis 14 Uhr, 10 R$

Ein Stück unterhalb links beschäftigt sich das **Liturgiemuseum** anhand von 400 modern präsentierten Exponaten aus vier Jahrhunderten mit dem Thema ›katholische Messe‹.

Chafariz de São José

Bergab durch die Rua da Câmara gelangt man zum Bach **Córrego Santo Antônio.** Eine Brücke führt hinüber zum malerischen Brunnen **Chafariz de São José** (Rua Francisco Cândido Barbosa).

Ausflug nach São João del Rei

Dampflok Maria Fumaça, www.vli-logistica.com.br, Fr/Sa 11, 14.30, So 11 Uhr, zurück Fr/Sa 13.30, 15.30, So 10 Uhr, 140 R$ hin und zurück, Extrafahrten an Feiertagen und bei großer Nachfrage (Fahrkarten im Voraus am Bahnhof oder über Website besorgen)

Mit der noch aus Kaiserzeiten stammenden und ältesten in Betrieb befindlichen Dampflok der Welt geht es 12 km (30 Min.) entlang der Serra de São José bis nach **São João del Rei.** Der Ort (90 000 Einw.) gehörte seinerzeit nicht zu den reichsten und vornehmsten, nur im historischen Zentrum finden sich noch einige Straßen mit Kopfsteinpflaster, Herrschaftsvillen, Kirchen und Brücken aus dem 18. Jh. Bei diesem Ausflug ist mehr der Weg das Ziel.

Eisenbahnfans lockt im Bahnhof zusätzlich das **Museu Ferroviário** (Mi–So 9–11, 13–17 Uhr, Eintritt frei) mit 7 Dampflokomotiven, einer Rotunde mit Drehscheibe und diversen Waggons, darunter ein seltener Bestattungswagen.

Infos

Centro de Atendimento ao Turista (CAT): Rua Resende Costa 71, am Largo das Forras, Tel. 032 33 55 12 12, www.tiradentes.mg.gov.br, tgl. 9–17 Uhr.

Übernachten

Fürstlich – **Solar da Ponte:** Pça. das Mercês, Tel. 032 33 55 12 55, http://solardaponte.com.br. Schöne koloniale Anlage im historischen Zentrum mit diskreter Eleganz, antik dekoriert, 18 geräumige Zimmer, ruhig, Garten, Pool. €€€

Verspielter Charme – **Pousada Três Portas:** Rua Direita 280, Tel. 032 33 55 14 44, http://pousadatresportas.com.br. Stilvolle Zimmer in geräumigem Kolonialhaus, Pool, Sauna. Frühstück mit Spezialitäten aus eigener Produktion und Sa abends von den Eigentümern betriebenes Puppentheater. €€

Günstig-adrett – **Pousada da Bia:** Rua Frederico Ozanan 330, Tel. 032 33 55 11 73, www.pousadadabia.com.br. 14 gemütliche Zimmer, zentral, schöne Gartenanlage mit Gemeinschaftsbereich und Pool. €€

Essen & Trinken

Speisen mit Stil – **Tragaluz:** Rua Direita 52, Tel. 032 33 55 14 24, www.tragaluztiradentes.com.br, Mi–Mo ab 19 Uhr. Eines der besten Lokale der Stadt in restauriertem Kolonialhaus; großer, schön dekorierter Speisesaal; vielseitige und kreative Speisekarte. €€€

Italienische Taverne – **Spaghetti Cantina Italiana:** Rua Direita 7, Tel. 032 33 55 16 11, www.cantinaitalia.com.br, Mi–Sa 13–17, 19–23, So 12–22 Uhr. Sympathischer Familienbetrieb mit guter und traditioneller süditalienischer Küche in buntem Ambiente. €€

Einkaufen

Kunsthandwerksdorf – **Vitoriano Veloso** (populär Bichinho): Bus ab Tiradentes Mo–Fr 6.30, 17.30 Uhr, 3 R$, Taxi 50 R$. Das 6 km von Tiradentes entfernte Dorf ist ein Zentrum für fantasievolles Kunsthandwerk. Am Ortseingang stößt man auf die Ausstellungsräume der originellsten Werkstätte, der **Oficina de Agosto** (www.oficinadeagosto.com.br, Mo–Sa 10–17, So 10–15 Uhr. Hier zünden Religion und Recycling, tropische Opulenz und freche Symbolik ein kreatives Feuerwerk.

Aktiv

Trekking, Reiten, Radfahren – **Uai Trip:** Rua Martins Paollucci 90, Tel. 032 999 90 01 27, www.uaitrip.com.br. Trekking durch die Serra de São José zu Aussichtspunkten und Wasserfällen, 5 Std., 125 R$. Auch Rafting, Rad- u. Reitausflüge.

Termine

Aniversário da Cidade: 19. Jan. Geburtstagsfest der Stadt.

Mostra de Cinema: Jan., www.mostratiradentes.com.br. Filmfestival.

Descendimento da Cruz/Festa da Ressureição: Karfreitagabend, Ostersonntag. Religiöse Schauspiele und Prozessionen.

BikeFest: letztes Juni-Wochenende. Treffen von Motorrdfans. Das alte Pflaster vibriert von schwersten Harley-Maschinen.

Festival Cultura e Gastronomia: 10 Tage Aug. (Aug./Anfang Sept.), www.farturagastronomia.com.br. Küchenchefs aus ganz Brasilien zeigen ihre Künste.

Verkehr

Bus: Die **Fernbuslinien** beginnen fast alle nicht in Tiradentes, sondern im benachbarten São João del Rei. Dorthin gelangt man mit Bussen der Gesellschaften **Viação Presiden te** (www.presidentesjdr.com.br) und **Porto Real** (Tel. 032 34 40 02 02). Von 6–23 Uhr bedienen viele Busse diese Strecke (40 Min., 6 R$).

Die Küste von Espírito Santo

Das kleine Espírito Santo führte lange ein touristisches Schattendasein, holt aber in letzter Zeit kräftig auf. An der 400 km langen Küste finden sich viele Dünen, Lagunen, Flussmündungen, Atlantischer Regenwald, grüne Hügel- und Berglandschaften sowie mehrere Nationalparks. Die interessantesten Orte sind die Hauptstadt Vitória, die Nachbarstadt Vila Velha und das Strand- und Ökoparadies Itaúnas.

Vitória ▶U 6

Die Hauptstadt des Bundesstaats Espírito Santo ähnelt in manchem dem 521 km südlich gelegenen Rio de Janeiro. Bei einem Panoramablick z. B. von der Ilha do Boi drängt sich dieser Vergleich schnell auf. Die Miniaturausgabe der großen Schwesterstadt mit 323 000 Einwohnern, Capixabas genannt, liegt ebenfalls eingebettet zwischen Küste und Bergen (ist jedoch – kaum merklich – eine von 34 Inseln eines Archipels) und besitzt wie Rio viele Parks (Parque Moscoso, da Fonte Grande, dos Olhos) und Wälder (Horto de Maruípe), einen an den Zuckerhut erinnernden 296 m hohen Felsen (Pedra dos Olhos), eine große Brücke zur Nachbarstadt (Terceira Ponte nach Vila Velha) und eine lange Strandpromenade mit Joggern und Radfahrern à la Copacabana. Nur ist das Leben in Vitória ruhiger, geregelter, niemand fährt z. B. bei Rot über die Ampel. Vitória ist eine relativ wohlhabende Stadt.

Geschichte

Die Besiedlung der Insel durch die Portugiesen begann im Jahr 1551, blieb jedoch fast 100 Jahre lang gefährdet aufgrund von zahlreichen Überfällen sowohl durch die indigene Bevölkerung als auch durch Engländer, Franzosen und Holländer. 1823 zur Stadt erklärt, zählte Vitória immer noch nicht mehr als 5000 Einwohner. Die ökonomische Wende kam erst mit der Expansion des Kaffeeanbaus, der sich ab 1830 von Rio aus in den Nachbarstaat ausbreitete, später 95 % der regionalen Wirtschaft ausmachte und schließlich Vitórias Hafen während des Ersten Weltkrieges zum zweitwichtigsten Kaffee-Exporthafen Brasiliens werden ließ. Aus dieser Zeit stammt ein Großteil der Urbanisierungsprojekte wie Straßenpflasterung und -beleuchtung, Viadukte und vor allem die 3,3 km lange und 70 m hohe Brücke zum Festland, deren Bau ganze elf Jahre in Anspruch nahm. Ab 1942, mit dem Ausbau der alten Eisenhandelsstraße nach Minas, wurde Vitória dann auch noch Hauptexporthafen von Eisenerz. Von der wirtschaftlichen Blüte zeugt heute einer der modernsten Häfen der Welt (Porto de Tubarão), im Norden der Stadt bei der Tubarão-Brücke. Ein exzessiver Bauboom folgte der ökonomischen Expansion: Bei einem Skyline-Ranking lag Vitória mit einem Wolkenkratzer je 1146 Einwohner auf Platz zehn in der Welt.

Historisches Zentrum

Um einen Eindruck vom historischen Teil der Stadt zu gewinnen, empfiehlt sich ein Spaziergang durch die **Oberstadt** *(Cidade alta)*. Der Ortskern erschließt sich leicht zu Fuß, alle touristischen Sehenswürdigkeiten sind – für brasilianische Verhältnisse recht ungewöhnlich – durch Hinweisschilder angezeigt. Ausgangspunkt ist der monumentale **Palácio Anchieta** (Pça. João Clímaco), seit 1551 Jesuitenkolleg und seit dem 18. Jh. Regierungspalast. Zu

Tropische Landschaften und Strand an Strand rund um Vitória

seinen Füßen liegt die Treppe **Escadaria Bárbara Lindemberg,** die zum alten Hafen in der Unterstadt *(Cidade Baixa)* führt.

Über die Rua São Gonçalo gelangt man zur **Igreja de São Gonçalo** (1707–15) und danach über die Rua Muniz Freire zur **Capela de Santa Luzia** (Rua José Marcelino, Eintritt frei), einer im Kolonialstil mit Barockelementen konstruierten Kapelle aus dem Gründungsjahr des Ortes (1551). Von mehreren Punkten der Altstadt eröffnet sich ein schöner Blick über die Bucht von Vitória.

Gegenüber der Kapelle beginnt die Rua José Marcelino, die zur **Catedral Metropolitana** (1918–70; Pça. Dom Luiz Scortegagna, tgl. 8–18 Uhr) führt, einem mächtigen Kirchenbau im neugotisch-byzantinischen Stil mit sehr kunstvollen Fenstergläsern.

Um den Platz herumgehend und die älteste Treppe der Stadt, die **Escadaria São Diogo,** hinabsteigend, gelangt man schließlich zur schönen **Praça Costa Pereira,** einem in den 1920er-Jahren geschaffenen Platz, umsäumt von gewaltigen, mehr als 100-jährigen Palmen. An der Praça befindet sich das älteste Schauspielhaus von Espírito Santo, das mit 500 Sitzen ausgestattete **Teatro Carlos Gomes** von 1927, eine Replik der Mailänder Scala, mit Stilelementen der Neoklassik des Jugendstils. Im Innern beeindrucken Lüster aus Kristall und prachtvolle französische Spiegel.

Strände

An der schönen, 6 km langen **Praia de Camburi,** dem wichtigsten Stadtstrand, versammeln sich sonntags gern die Capixabas, hier liegen die meisten Hotels, viele Restaurants sowie zahlreiche Strandbars.

Weiter südlich, an der **Praia do Canto,** bestehen günstige Bedingungen für den Wassersport, auch wegen des dortigen Jachthafens, und an der **Praia Curva da Jurema,** herrscht feiertags und an Wochenenden gelöste Stimmung in den Strandbars. Weitere schöne, langgestreckte Badestrände finden sich in Vila Velha (s. u.) und – kleiner und etwas versteckt – auf den vorgelagerten Inseln **Ilha do Boi** und **Ilha do Frade** (beide zu Fuß erreichbar).

Ausflug nach Vila Velha

▶ U 6

Eine Fahrt mit Uber oder Taxi von Vitória nach Vila Velha ist preiswert und dauert etwa 15 bis 20 Minuten

10 km südlich von Vitória, zu erreichen über drei verschiedene Brücken zum Festland, liegt das 1535 gegründete und heute 468 000 Einwohner zählende Vila Velha. Die 23 km lange Küste von Vila Velha säumen schöne und saubere Strände, darunter die stark frequentierte **Praia da Costa,** die zu den besten von Espírito Santo gehört. Im Sommer kommen viele Gäste aus dem Hinterland. Ähnlich beliebt und belebt ist der gleichfalls urbane **Strand von Itapuã**, wo auch reges Nachtleben herrscht. Vergleichsweise ruhig sind dagegen die südlich gelegenen und sehr weitläufigen Strände von **Barra do Jucu** und **Ponta da Fruta.**

Convento da Penha

Rua Vasco Coutinho (Prainha), Tel. 027 33 29 04 20, http://.conventodapenha.org.br, Mo–Sa 6–16.45, So 4–16.45 Uhr, Anfahrt mit Uber/Taxi, Eintritt frei

Das **Eremitenkloster** von 1558 ist das bedeutsamste religiöse Monument von Vila Velha. Zwischen den Jahren 1639 und 1643 wurde die alte Kapelle erneuert und vergrößert, im 18. Jh. kamen weitere Gebäude hinzu, und 1945 wurde der ganze Komplex restauriert. Im Innern befinden sich viele portugiesische Heiligenfiguren und wertvolle Malereien, darunter die älteste Lateinamerikas, ein Bildnis der N. S. da Penha. Das nachts angestrahlte Kloster liegt idyllisch auf einem 154 m hohen Felsen mit einem grandiosen Blick auf Vila Velha und die ganze Bucht von Vitória.

Museu Vale

Antiga Estação Ferroviária, Argolas (10 km), Vila Velha, Tel. 027 33 33 24 84, www.museuvale.com, Di–Fr 8–17, Sa, So 10–18 Uhr, Eintritt frei

Im schön restaurierten Gebäude des alten Bahnhofs werden sowohl die Geschichte der Bahnlinie zwischen Vitória und Minas Gerais dokumentiert als auch viel zeitgenössische Kunst aus dem In- und Ausland geboten (Gemälde, Skulpturen und Fotos). Wegen des expandierenden Hafens ist jedoch ein Umzug in andere Räumlichkeiten in der Diskussion.

Infos

Infostand: Ein Infostand befindet sich an der Praia de Camburi, tgl. 10–17 Uhr. Die Website www.descubraoespiritosanto.es.gov.br (Engl.) bietet Infos für den ganzen Bundesstaat.

Übernachten

Ein großer Teil der Hotels ist auf Geschäftsreisende ausgerichtet, sie bieten WLAN gratis und am Wochenende meist einen günstigeren Tarif.

Komfort in bester Lage – **Sheraton Vitória Hotel:** Av. Saturnino de Brito 217, Praia do Canto (Vitória), Tel. 027 21 25 80 00, www.marriott.com. oder @sheratonvitoria. Schön renoviertes Hotel mit sehr komfortablen Zimmern, besonders die Kategorie ›Deluxe‹ in den höheren Stockwerken überzeugt durch fantastische Aussicht auf Meer und Inselwelt. Auf der Dachterrasse befindet sich ein kleiner Pool. €€€

Prima Strandhotel – **Quality Suítes Vila Velha:** Av. Antônio Gil Veloso 856, Praia da Costa (Vila Velha), Tel. 027 34 41 90 90, www.reserveatlantica.com.br. Gutes Hotel am wichtigsten Strand von Vila Velha. Einige Zimmer besitzen frontalen Meerblick, alle haben Wohnzimmer und Balkon. Pool im 20. OG. €€

Essen & Trinken

Fisch mit Aussicht – **Papaguth:** Av. N. S. dos Navegantes 700, Enseada do Suá, www.papaguth.com.br, Mo–Fr 11.30–15.30, Sa, So 11.30–16.30 Uhr. Ein top Fischrestaurant (besonders gut: *linguado à priscila),* das von der Terrasse einen weiten Blick auf die Brücke und die Bucht von Vitória bietet. Empfiehlt sich vor/nach dem Besuch des Tamar-Projektes (s. S. 206). €€

Die besten *moquecas* – **Atlântica:** Av. Antônio Gil Veloso 80, Praia da Costa (Vila Velha), Tel. 027 33 29 23 41, tgl. 11–16 Uhr. Farbenfrohes Strandrestaurant, in dem seit fünf Jahrzehnten leckere Meeresfrüchte serviert werden, darunter die berühmte *moqueca capixaba.* €€

Einkaufen

Berühmte Tonarbeiten – **Associação das Paneleiras de Goiabeiras:** Rua das Paneleiras

55, Goiabeiras Velha, Tel. 027 998 99 10 55, Mo–Sa 8–17, So 9–15 Uhr. Die berühmtesten Tongefäße des Landes kommen aus Vitória. Hier werden sie nach Techniken indigener Ureinwohner hergestellt, die Prozessetappen können besichtigt werden (auch Verkauf). Die Werkhalle liegt in einem der größten urbanen Mangrovengebiete Lateinamerikas. Anfahrt mit Uber/Taxi.
Kaufhaus – **Shopping Vitória:** Av. Américo Buaiz 200, www.shoppingvitoria.com.br, Mo–Sa 10–22, So 14–21 Uhr. Größte Mall der Stadt.

Abends & Nachts

Bars & Klubs – Die meisten Lokale liegen im sogenannten Bermudadreieck (Triângulo das Bermudas) im Viertel Praia do Canto, darunter **Bar Abertura** (Rua Joaquim Lírio 820, Do–So ab 17 Uhr) und **Bermudas Bar** (Rua Joaquim Lírio 820, Mi 17–24, Do 18–2, Fr, Sa 18–3, So 16–24 Uhr). In Vila Velha konzentriert sich das Nachtleben an der **Praia da Costa.**

Termine

Festa da Penha: 8 Tage nach Ostersonntag. Prozession bis Vila Velha.

Aktiv

Meeresschildkröten – **Projeto Tamar:** Av. N. S. dos Navegantes 700 A, Pça. do Papa, Enseada do Suá (Vitória), Tel. 027 32 25 37 87, www.tamar.org.br, Mi–So 10–17 Uhr, Eintritt 26 R$. Neben den Wasserbecken mit den geschützten Meeresschildkröten (auch Unterwasserbesichtigung in einem Tunnel) gibt es einen der schönsten Aussichtspunkte (Mirante) der Stadt: sagenhafter Blick auf das Convento da Penha.
Bootsfahrten – In die Bucht von Vitória bis Vila Velha mit **Ecobalsas,** Tel. 027 31 00 48 44, @ ecobalsases. Infos zu **Walbeobachtungsfahrten** (Juli–Okt.) auf www.queroverbaleia.com.
Touren ins Umland – Wunderbare Ausflüge z. B. ins bergige Hinterland (Serra do Caparaó) oder zum Meeresnationalpark von Abrolhos bietet die sehr gut organisierte Agentur **The Nature Guide,** Tel. 027 999 76 08 78.

Verkehr

Flugzeug: Der **Aeroporto de Vitória – Eurico de Aguiar Salles** (Tel. 027 30 83 63 00) liegt 10 km nordöstlich des Zentrums, aber nur 3 km von der Praia de Camburi. Transfer per Flughafenbus oder Uber/Taxi.
Bus: Die **Rodoviária** liegt auf der Ilha do Príncipe. Verbindungen u. a. mit **Águia Branca** (www.aguiabranca. com.br) nach Rio de Janeiro (4 x tgl., 8–9 Std., 160–300 R$), Porto Seguro (2 x tgl., 10–12 Std., 226–376 R$).

Itaúnas ▶V 4

Das 270 km nördlich von Vitória und dicht an der Grenze zu Bahia liegende Itaúnas (ca. 2000 Einw.) gilt mit seinem Umland als die schönste touristische Region des ganzen Bundesstaats und nicht wenige Besucher finden, dass es bereits ein gewisses ›Bahia-Feeling‹ ausstrahlen würde. Die ursprüngliche, über 300 Jahre alte Siedlung auf der anderen Seite des Rio Itaúnas wurde in den 1970er-Jahren von Wanderdünen begraben. Bis dahin trafen sich dort noch viele Hippies und Alternative auf der Flucht vor der Zivilisation.

Der neue Ort, der nur zwei Hauptstraßen und einen zentralen Platz mit der Igreja de São Sebastião besitzt, wirkt jedoch kaum weniger ursprünglich. In der Nebensaison ist es hier recht einsam, im Sommer fallen Tausende von jüngeren Gästen in die sogenannte Hauptstadt des Forró ein. Immer mehr Fischer streben daher nun ins aufsteigende Tourismusgeschäft. Natürliche Grenzen verhindern jedoch eine exzessive Urbanisierung von Itaúnas, denn der kleine Ort liegt eingeschlossen zwischen Dünen, einem großen Eukalyptuswald und einem weitläufigen Park.

Parque Estadual de Itaúnas

Der Park lässt sich zu Fuß, zu Pferd, per Fahrrad, im Kanu oder im Buggy durchqueren. Sämtliche Aktivitäten und Ausflüge sind über die Agentur Casinha de Aventuras (s. S. 207) organisierbar, auch Besuche entfernterer Strände

Der **Park** beheimatet diverse Ökosysteme wie die karge Restinga-Vegetation, Atlantischen Regenwald, Mangrovenwälder, Dünen und Feuchtsavannen. Die Fauna der Überschwemmungsgebiete kann man auf dem Weg zu den Dünenstränden gut von der schmalen Brücke über den Rio Itaúnas beobachten.

Strände

Die endlose **Praia de Itaúnas** mit 30 m hohen Sanddünen sowie der 16 km nordöstlich an der Grenze zu Bahia gelegene Flussmündungsstrand **Riacho Doce** zählen zu den schönsten Brasiliens. Letzteren erreicht man über eine Sandstraße mitten durch Eukalyptus-Pflanzungen oder auch am Strand entlang, besonders in Vollmondnächten ein faszinierendes Erlebnis. Überall an den weiten einsamen Stränden sieht man auf *pedras negras* (schwarze Steine), die dem Wasser oft eine dunkle Färbung verleihen. In der Sprache der Tupi heißen diese Steine *itaúnas,* von daher stammt der Name des Ortes. Von September bis März wird die Küste von vier der fünf brasilianischen **Meeresschildkrötenarten** aufgesucht.

Infos

Casinha de Aventuras: s. S. 207.

Übernachten

Geschmackvoll, ruhig & günstig – **Pousada Vila Morena:** Rua Dercílio F. da Fonseca, Tel. 027 995 04 71 24, www.pousadavilamorena.com.br. 15 gut ausgestattete Zimmer in einer gepflegten Pousada mit gutem Preis-Leistungs-Verhältnis. Sehr angenehmer Pool im Innenhof, ruhige Lage, auch im Sommer nicht zu laut. €€

Rustikaler Charme – **Pousada Casa da Praia:** Rua Dercílio F. da Fonseca, Tel. 027 999 02 05 33, www.pousadacasadapraiaitaunas.com.br. Nette Pousada mit familiärer Atmosphäre und kleinem Garten, die 11 Zimmer haben Balkon oder Veranda. Ruhige Lage mit Blick auf den Rio Itaúnas. €€

Essen & Trinken

Alteingesessen – **Dona Tereza:** Rua Denerval L. da Silva, tgl. 11–16 Uhr. Eines der ältesten Lokale des Ortes, neben Fleisch gute Fischgerichte, z. B. *moqueca* für 2–3 Pers. €€

Preiswerte Spezialitäten – **Restaurante do Cizinho:** Rua Denerval L. da Silva, Mo, Di, Do–Sa 12–22, So 12–16 Uhr. Sehr leckere regionale Fisch-, Fleisch- und Nudelgerichte; auch Spezialitäten wie *filet com queijo e banana* für 2 Pers. oder *penne shoyo*. Sehr anheimelndes rustikales Ambiente, aufmerksame Bedienung. €€

Abends & Nachts

Forró – Zahlreiche Bars und Klubs bieten Forró-Musik und Tanz. Los geht es am frühen Abend (Matinee) im ganzjährig geöffneten **Café Brasil** in der Avenida Bento Danher (klein, einfach, preiswert, populär). Danach zieht man entweder – die Lokale öffnen abwechselnd – zum **Buraco do Tatu** (Rua Ítalo Vasconcelos) oder zur etwas zur etwas schickeren **São Bastião Gastrobar** (Av. Bento Danher). Viele Lokale in Itaúnas schließen nach der Saison.

Aktiv

Touren – **Casinha de Aventuras:** nahe Parkeingang, Tel. 027 999 81 96 16, www.casinhadeaventuras.com.br, Sommer tgl. geöffnet, sonst nur über WhatsApp. Ganztägige Buggytouren über die Strände der Costa Dourada und Riacho Doce (bis 4 Pers.), Kajak- oder Kanufahrten auf dem Rio Itaúnas bis zum Rio Angelim (2 Std.), Mountainbiking sowie diverse Reit- und Wanderausflüge durch den Park von Itaúnas.

Termine

Festival Nacional de Forró (FENFIT): 2. Julihälfte, www.forrodeitaunas.com. Großes einwöchiges Forró-Festival, bei dem bekannte Bands aus ganz Brasilien auftreten. Besucher kommen aus aller Welt angereist.

Verkehr

Bus: Die **Fernbusse** nach Vitória starten am Bahnhof des 30 km entfernten Conceição da Barra. Dorthin fahren je nach Saison 4–7 x tgl. **Busse** der Gesellschaft **Viação Mar Aberto** (Tel. 027 37 62 16 66, 45 Min., 12 R$).

Salvador
Porto Seguro
Atlantischer
Ozean

Kapitel 2

Bahia

Salvador ist nach der gelungenen Restaurierung der historischen Altstadt Pelourinho das hinter Rio de Janeiro interessanteste städtische Reiseziel Brasiliens. Die frühere Hauptstadt bietet eine reiche historische Architektur, eine sehr kreative afrobrasilianische Musikszene und Lebensfreude pur, z. B. bei seinen zahlreichen Festen, insbesondere zu Karneval.

In der näheren Umgebung gibt es mehrere Optionen für ein ruhigeres Kontrastprogramm. Die südlich von Salvador gelegene Insel Morro de São Paulo bietet intakte Natur, einsame Strände und abendliche Feste. Noch ruhiger geht es auf der ursprünglichen Nachbarinsel Boipeba zu. Nicht weit nördlich von Salvador liegen die idyllischen Küstenorte Praia do Forte, berühmt durch ein Projekt zur Rettung der Meeresschildkröten, und Imbassaí. Im Hinterland befinden sich die alten Tabakstädtchen Cachoeira und São Felix.

Im Inland von Bahia liegt der an Canyons und Höhlen reiche Nationalpark Chapada Diamantina, ein ideales Gebiet zum Wandern. Ein anderer Nationalpark, der Archipel von Abrolhos, gilt als zweitbestes Tauchrevier Brasiliens. Hier an der Walküste lassen sich zudem zwischen Juli und Oktober besonders viele Buckelwale beobachten, die in dieser Jahreszeit an der gesamten Küste Bahias entlangziehen.

Für einen Strandurlaub bietet Bahia besonders an der Südküste alles, was das Herz begehrt. Am lebendigsten ist es im kleinen Porto Seguro. Ein wenig ruhiger und landschaftlich reizvoller sind die angrenzenden Orte Arraial d'Ajuda und Trancoso. Ein weiteres lohnendes Ziel ist die noch nicht so überlaufene Küstenstadt Ilhéus, in Brasilien bekannt durch die Romane Jorge Amados und als Zentrum des Kakaoanbaus. Nördlich davon hat sich Itacaré zu einem beliebten Revier für Surfer entwickelt.

Wer schön sein will, muss leiden (oder zumindest geduldig sein) – eine Friseurin bemüht sich um den richtigen Afrolook, hier im Pelourinho, dem Altstadtviertel von Salvador

Auf einen Blick: Bahia

Sehenswert

Salvador: Bahias Hauptstadt mit lebendigem, historischem Zentrum, reicher afrobrasilianischer Kultur, tropischen Stränden und dem heißesten Karneval der Welt (s. S. 212).

Morro de São Paulo und Boipeba: Auf den beiden wunderschönen Inseln, Tinharé und Boipeba, nahe Salvador vergisst man schnell die Hektik der Großstadt (s. S. 232).

Chapada Diamantina: Im wichtigsten Nationalpark von Bahia locken Canyons, Höhlen und Wasserfälle – ein ideales Gebiet zum Wandern (s. S. 241).

Arraial d'Ajuda: Im vielleicht buntesten Badeort Brasiliens tummeln sich Rucksacktouristen neben berühmten Musikgrößen oder weltbekannten Schauspielern – abends ist hier immer etwas los (s. S. 251).

Schöne Routen

Estrada de Coco: Die Straße der Kokospalmen führt von Salvador an der Küste entlang zum rund 60 km entfernten, anheimelnden Ort Praia do Forte, vorbei an den Bilderbuchstränden Praia de Guarajuba und Praia de Itacimirim und weiter bis Imbassaí (s. S. 235).

Wandern an Traumstränden: Eine herrliche Strandwanderung führt von Arraial d'Ajuda vorbei an einsamen Stränden und rosa-violetten Felswänden bis Trancoso (s. S. 253).

Von Trancoso nach Caraíva: Südlich von Trancoso liegt eingebettet zwischen Atlantik und einem von Mangroven umwucherten Fluss das archaische Dorf Caraíva – schon der Weg dorthin ist ein Abenteuer (s. S. 255).

Unsere Tipps

Praia do Forte: Der idyllische Küstenort ist zugleich Hauptsitz eines Projekts zum Schutz von Meeresschildkröten (s. S. 236).

Lençóis: Das frühere Diamantensucherstädtchen ist eine wahre Idylle – halb verfallene Monumente, schöne Lage im Grünen und Ausgangsort für Exkursionen durch die Chapada Diamantina (s. S. 241).

Porto Seguro: In der historischen Oberstadt gewinnt man einen Eindruck von der frühesten Besiedlung Brasiliens, in der Unterstadt ist der Cocktail *Capeta* in der Passarela do Álcool ein unbedingtes Muss (s. S. 248).

Bootsausflug zur Ilha de Itaparica: Die Überfahrt auf der einfachen Holzfähre bietet einen schönen Blick auf Salvadors Hochhaus-Skyline, anschließend besucht man das historische Zentrum der Insel oder legt sich an den Strand (s. S. 230).

Von Lençóis zum Ribeirão do Meio: Der Spaziergang zu dem idyllisch gelegenen Flussbecken ist eine der wenigen Touren in der Chapada Diamantina, die man vollkommen selbständig durchführen kann (s. S. 242).

Strände bei Itacaré: Die von dichtem Regenwald umgebenen Badebuchten bei Itacaré gehören zu den spektakulärsten Stränden in Bahia und Brasilien – eine traumhafte Wanderung führt nach Engenhoca, Havaizinho und Itacarezinho (s. S. 262).

Salvador und Umgebung

▶ 3, D/E 7

Bahias Hauptstadt (2,4 Mio. Einw.) bietet nicht nur tropische Strände wie die meisten anderen Küstenorte des Nordostens, sondern auch die reichste Kolonialarchitektur, Kirchenmalerei und Goldschmiedekunst Brasiliens. Hinzu kommen lebendige afrobrasilianische Traditionen mit vielen Festen, Ritualen, Tänzen und der rhythmischsten Musik des ganzen Landes. Wer die dynamischen Menschen Salvadors erlebt, wird bald glauben, dass es nirgendwo auf der Welt lebendiger und temperamentvoller zugeht als hier.

Salvador

Stadt der Schwarzen

Die Mehrheit der Bevölkerung von Salvador ist schwarz, im übrigen Land sind es dagegen nur 7 %. Ihre Vorfahren wurden zwischen dem 16. und 19. Jh. mit den Sklavenschiffen aus Afrika nach Brasilien verfrachtet, wo sie als Sklaven auf den Plantagen arbeiten mussten. Es war Schwerstarbeit, für welche die indigene Bevölkerung als untauglich galt und die die afrikanischen Sklaven im Durchschnitt auch nur zehn Jahre durchhielten. Die benachteiligte soziale Position der Schwarzen hat sich trotz der Sklavenbefreiung von 1888 bis heute nicht grundsätzlich verändert.

Die kulturelle und religiöse Identität ist ebenfalls ungebrochen. In den mehr als 1000 Kultstätten *(terreiros)* werden afrobrasilianische Rituale wie der **Candomblé** gepflegt, Höhepunkte sind die Feste zu Ehren der Meeresgöttin Iemanjá oder des Hauptgottes Oxalá. Charakteristisch ist der aus der Zwangschristianisierung herrührende Synkretismus dieser Religionen. Aktive Candomblé-Anhänger besuchen auch katholische Messen. Ihre Sklavenvorfahren hatten einerseits die Religion ihrer Herren übernommen, parallel jedoch ihre eigenen Kulte gepflegt und zur Tarnung jedem ihrer Götter, den 15 *orixás,* den Namen eines katholischen Heiligen gegeben.

Bei den Tänzen und der Musik sind die afrikanischen Traditionen ebenfalls bis heute lebendig. Die damaligen Sklaventänze wie *caxambú, congada, cambaquerê, alujá, jongo, samba* und *lundú* haben mit der Zeit jedoch manche Modifizierungen erfahren. In den letzten Jahren sind im Sinne der Internationalisierung schwarzer Kulturidentität verstärkt Einflüsse aus der Karibik integriert worden. So entstanden viele Mischrhythmen wie *samba-reggae, afoxé, fricote, deboche, levada* u. v. m. Jedes Jahr entstehen neue Stile und Tänze. Auch politische Ausdrucksformen schwarzer Identität haben sich verstärkt bemerkbar gemacht, angeführt von der Gruppe Olodum, Salvadors populärstem *bloco afro.*

Auch der Kampftanz **Capoeira** stammt aus der Tradition der Sklavenzeit. Sein Ursprung geht zurück auf ein Pubertätsritual der Macupe im Süden Angolas, bei dem die männlichen Jugendlichen den *n'golo*-Tanz aufführten. Das damals verwendete Begleitinstrument *m'bolumbumba* weist Ähnlichkeiten mit dem später in Brasilien verwendeten *berimbau* auf, bestehend aus einem hölzernen Bogen, einer Drahtsaite und einem Klangkörper.

Geschichte

São Salvador da Bahia de Todos os Santos (Heiliger Erlöser an der Allerheiligenbucht) wurde am 1. November 1501 von Amerigo

Vespucci entdeckt und 1549 von Tomé de Souza, dem ersten portugiesischen Generalgouverneur, zur Hauptstadt der Kolonie bestimmt. Begleitet von etwa 1000 Personen landete seine Flotte am 29. März 1549 im heutigen Hafen von Barra. Wider Erwarten gab es kaum Widerstand, die Franzosen waren schon wieder abgezogen, und die Tupinambá halfen sogar bei der Errichtung des ersten Forts. Vier Jahre später, als Tomé de Souza nach Portugal zurückkehrte, war Salvador schon eine kleine Stadt, mit einem Platz, zwei Regierungsgebäuden und sechs Straßen.

Zucker, Gold und Diamanten

Wirtschaftlich war das erste Jahrhundert vom Zuckerrohranbau geprägt, der sich an den Flüssen entwickelte, die in die Bucht von Todos os Santos mündeten. Der günstig gelegene Exporthafen vergrößerte sich und die wirtschaftliche Blüte der Region fand Ende des 17. Jh. ihren Niederschlag im Bau von Palästen, Kirchen und Klöstern. Nachdem 1763 Rio de Janeiro neue Hauptstadt geworden war, verringerte sich zwar das wirtschaftliche Wachstum Bahias bzw. Salvadors, aber noch im 18. Jh. wurden im Hinterland Chapada Diamantina Gold und Diamanten entdeckt und dann über Salvador exportiert. Neben den traditionellen Produkten Zucker, Tabak und Leder war der Hafen Anfang des 19. Jh. auch Umschlagplatz für Edelsteine.

Industrie, Migration und soziale Probleme

Eine stärkere Industrialisierung fand jedoch erst ab 1960 statt und zog schon bald mehr Arbeitssuchende an, als die Stadt verkraften konnte. Unter den zehn größten Städten Brasiliens ist nur Fortaleza noch schneller gewachsen. Ein neuer Trend in der Binnenwanderung verschärfte das Problem zusätzlich. Früher, bis zum Ende der 1970er-Jahre, bewegte sich der Migrantenstrom aus dem armen Nordosten in die beiden großen Metropolen São Paulo und Rio de Janeiro. Seit die dortigen Armenviertel ›überfüllt‹ sind, sucht man Arbeit in der Hauptstadt des jeweiligen Bundeslands.

UNTERWEGS IN SALVADOR MIT NICOLAS STOCKMANN

Nicolas Stockmann, der Autor dieses DuMont-Kapitels, hat Salvador zu seiner zweiten Heimat gemacht. Er bietet hier zusammen mit seinem deutschsprachigen Team ganz persönlich geführte Citytouren an. Sie sollen ein authentisches Bild der Stadt vermitteln, indem sowohl die touristischen Highlights als auch populäre Orte und Treffpunkte gezeigt werden. Auch erfährt man im Gespräch viel über die Besonderheiten dieser afrikanischsten Region Brasiliens. Das genaue Tourprogramm und andere Details: **www. salvador-insider.com.**

Die sozialen Probleme sind trotz steigender Wirtschaftsleistung nach wie vor groß, die Löhne liegen deutlich unter dem Niveau von São Paulo, viele Haushalte verfügen weder über Wasser noch Kanalisation und die Analphabetenrate liegt weit über dem brasilianischen Durchschnitt. Hervorgerufen wird dies, wie auch andernorts in Brasiliens, von einer in weiten Teilen durch Inkompetenz, Desinteresse und Korruption geprägten Verwaltung.

Die Altstadt

Cityplan: S. 214

Salvadors Zentrum gliedert sich in eine Ober- und eine Unterstadt (*Cidade alta, Cidade baixa*). In der Oberstadt liegt das historische Zentrum Salvadors: die Altstadt **Pelourinho,** sowie die angrenzenden Viertel Carmo und Santo Antônio.

0
50
100
150
200 m
Boa Viagem, Bonfim
COMÉRCIO
Baía de Todos os Santos
Hafen
R. da Holanda
R. da Polônia
R. da Argentina
Hauptpost
Calmon
Dantas
R. Pedro A. Cabral
R. dos Ourives
Cons.
Av. da França
Av. Estados Unidos
Pça. da Inglaterra
R. Pinto Martins
R. Miguel
R. Grécia
R. Cons.
R. Algibebes
R. G. Padres
7
Terminal Náutico da Bahia
R. Bélgica
R. Portugal
Dumont
R. S.
12
Lad. da Montanha
R. Corpo Santo
13
Praça Visconde de Cayru
P
Lad. da Misericórdia
Paço Arquiepiscopal
9
Praça da Sé
Igreja da Misericórdia
5
Monumento à Cidade de Salvador
11
Prefeitura
Fundação Pierre Verger
Comando do 2° Distrito Naval
Praça Tomé de Souza
R. Saldanha da Gama
R. Guedes Brito
Paço Municipal
Lad. da Praça
R. do Tijolo
Av. das Naus
Av. Contorno (Av. Lafayete Coutinho)
Rua Conceição da Praia
Palácio Rio Branco
R. da Oração
14
Lad. da Montanha
R. Tira Chapéu
Gama
Praça da Sé
Lad. Conceição
R. da Ajuda
R. Saldanha da
R. Chile
1
15 (2 km), Vitória, Barra
R. do Tesouro
R. Rui Barbosa
Praça Castro Alves
16 (500 m)

Salvador, Zentrum

Sehenswert

1 Largo do Pelourinho
2 Igreja N. S. do Rosário dos Pretos
3 Igreja da Ordem Terceiro do Carmo
4 Igreja do Carmo
5 Casa de Jorge Amado
6 Largo Quincas Berro d'Água
7 Terreiro de Jesus
8 Museu Afro-Brasileiro
9 Catedral Basílica
10 Igreja e Convento de São Francisco
11 Elevador Lacerda
12 Plano Inclinado Gonçalves
13 Mercado Modelo
14 Igreja N. S. da Conceição da Praia
15 Museu de Arte Moderna im Solar do Unhão
16 Museu de Arte Sacra
17 – 21 s. Cityplan S. 224

Übernachten

1 Fera Palace Hotel
2 Hotel Villa Bahia
3 Hotel Casa do Amarelindo
4 Pousada Solar dos Deuses
5 Bahiacafé Hotel
6 Laranjeiras Hostel
7 – 8 s. Cityplan S. 224

Essen & Trinken

1 Maria Mata Mouro
2 O Coliseu
3 Jardim das Delícias
4 Boteco do Pelourinho
5 Le Glacier Laporte
6 – 8 s. Cityplan S. 224

Fortsetzung: S. 216

Abends & Nachts
1 Praça Tereza Batista
2 Largo da Tieta
3 Praça Pedro Archanjo
4 Teatro Miguel Santana
5 – 6 s. Cityplan S. 224

Aktiv
1 – 6 s. Cityplan S. 224
7 Terminal Náutico da Bahia
8 s. Cityplan S. 224
9 Tours Bahia
10 s. Cityplan S. 224
11 s. Cityplan S. 224

Anfang der 1990er-Jahre war Salvadors kulturgeschichtlich bedeutendstes Viertel **Pelourinho** zugleich das gefährlichste und heruntergekommenste. Selbst eine kurze Sightseeingtour mit dem Taxi am hellichten Nachmittag führte bei den Fahrern sichtlich zu Schweißausbrüchen. Aber seit Bahia sich verstärkt um den Tourismus bemühte, hat sich auch das Gesicht des Pelourinho spürbar verändert.

Seit August 1992 wurden viele der 3000 historischen Gebäude aus dem 17.–19. Jh. farbenfreudig restauriert, dunkle Gassen und Plätze beleuchtet und ständige Polizeiposten aufgestellt. Erst jetzt kann man ohne größere Sicherheitsrisiken den historischen Reichtum dieses ehemaligen Aristokratenviertels, 1985 von der UNESCO zum Kulturerbe der Menschheit erklärt, angemessen würdigen.

Leider ist die rund 30 Mio. US-$ teure Restaurierung, die von der UNESCO, der Weltbank und auch durch Mittel aus Deutschland mitfinanziert wurde, auf recht dilettantische Weise ausgeführt worden. Was hässlich war, wurde meist nicht fachgemäß restauriert sondern einfach überstrichen, und manche Kritiker sehen in dem neuen Pelourinho kaum mehr als eine Hollywood-Attrappenstadt. Die Farben halten gerade ein Jahr und bis zum nächsten Anstrich ›restauriert‹ sich wieder das alte, dekadente Erscheinungsbild dieses Viertels, so als wollte es sich nicht der touristischen Vermarktung ergeben.

Largo do Pelourinho 1

Wir beginnen unseren Rundgang an dem berühmten Hauptplatz, **Largo do Pelourinho,** im Herzen des Viertels. Pelourinho bedeutet Pranger, bis 1834 stand hier eine Säule, an der Sklaven ausgepeitscht wurden. Es ist ein ungewöhnlicher Platz, schon von seiner Struktur her, dreieckig und abschüssig.

Igreja N. S. do Rosário dos Pretos 2

Largo do Pelourinho, Mo–Fr 8–17, Sa 8–12 Uhr, Messen Mo 9, Di 18, So 10 Uhr, 10 R$

Unterhalb des Platzes fällt eine blau bemalte und abends stimmungsvoll angestrahlte **Kirche** ins Auge. Sie wurde zwischen 1704 und 1781 von Sklaven und Freigelassenen bzw. der Bruderschaft der Schwarzen aus Kongo und Angola in zusätzlicher Nachtarbeit erbaut und ermöglichte ihnen die Pflege ihrer heimischen religiösen Traditionen (Candomblé). Heiligenstatuen schwarzer Hautfarbe in den Seitenaltären dokumentieren diesen Hintergrund. Noch heute wird hier jeden Dienstag um 18 Uhr eine afrobrasilianische Messe abgehalten. Die perspektivischen Malereien an der Decke stammen von dem Maler José Joaquim da Rocha, der sich auf die Seite der Unterdrückten stellte und seinen Standpunkt in manchen Motiven durchschimmern ließ.

Igreja da Ordem Terceira do Carmo 3

Ladeira do Carmo 41, Mo–Fr 8–12, 13.30–17, 19–20.30, Sa 8–12, 19–20.30, So 7–9.30 Uhr, 10 R$

Die unweit des Platzes steil ansteigende Ladeira do Carmo führt zu einer 1636 errichteten und nach einem Brand 1789–1806 wieder aufgebauten **Karmeliterkirche,** der Igreja da Ordem Terceira do Carmo (Abb. S. 55). Am interessantesten sind hier, außer einem großen Deckengemälde im Stil Michelan-

Das ans Pelourinho grenzende Karmeliterviertel (Carmo) besitzt eine ähnliche Atmosphäre, ist aber deutlich ruhiger

POUSADA
VILLA
CARMO

Olodum – Rhythmus und Rebellion der Schwarzen

Ursprünglich nur eine Karnevalsgruppe im damals heruntergekommenen Viertel Pelourinho, wurde der Bloco Afro von Olodum bald zu einer gewichtigen Kulturinstitution, die heute wesentlich zur Verbreitung und Kommerzialisierung schwarzer kultureller Identität und Tradition beiträgt. Kaum jemand hätte bei der Gründung am 25. April 1979 an eine solche Zukunft geglaubt.

Die organisatorischen Anfangsschwierigkeiten waren so groß, dass schon vier Jahre später der Bloco wieder aus dem Karneval verschwand und die Auflösung der ganzen Gruppe bevorstand. Doch die große Krise wurde zur großen Wende. Militante Vertreter der Schwarzenbewegung machten 1983 aus der Karnevalsgruppe eine Kulturinstitution mit dem Ziel der Wiedereroberung, Anerkennung und Verbreitung afrikanischer Traditionen in Brasilien. Die neue Ideologie basierte vor allem auf drei Prinzipien: Kampf gegen Rassismus, gegen Gewalt und für die soziale Reintegrierung des Pelourinho. Jedes Jahr wählte der Bloco ein wechselndes Leitthema aus der Geschichte der Schwarzen aus.

1987 kam der Durchbruch mit dem Thema Ägypten bzw. dem schnell stadtbekannten Faraó-Lied von Luciano Gomes. Die weiße Mittelschicht und die Medien horchten auf, als die Pharaonen und selbst die Pyramiden der schwarzen Kulturgeschichte einverleibt wurden. Sogar der Sprung in die Weltöffentlichkeit gelang, als Olodum begann, an internationalen Kongressen regierungsunabhängiger Organisationen teilzunehmen.

Der für politische Kontakte und soziale Projekte zuständige Teil der Gruppe machte von sich reden durch den Einsatz für die Menschenrechte der Schwarzen und der Frauen sowie durch die Arbeit mit Straßenkindern (Escola Olodum, Banda Mirim). Der andere, kommerziell ausgerichtete Teil der Gruppe schafft die notwendige ökonomische Basis für die politisch-sozialen Aktivitäten der ersten Gruppe. Die 2000 Mitglieder des Bloco zahlen jährlich einen Tribut für die Beteiligung am Umzug und für die Bereitstellung der Kostüme. Die 10–15 Mitglieder starke Banda Show produziert CDs und ist häufig auf Tournee im Ausland. Erklärtes Ziel der Gruppe ist die Verbreitung des Samba-Reggae zusammen mit der Bewusstmachung der afrikanischen Tradition dieser Musik.

Der Weltruhm der Banda Olodum beruht weitgehend auf einem höchst effektiven Deal mit dem nordamerikanischen Popstar Paul Simon. Olodum verzichtete auf das Honorar für die Percussion-Begleitung auf einer seiner Platten und erbat sich im Gegenzug einen Auftritt von ihm in Bahia mit der Überlassung der Einnahmen an Olodum. Der Sänger kam 1991 und gab später mehrere Konzerte mit Olodum in den USA, einmal sogar vor 750 000 Besuchern im Central Park von New York. Das 1995 zusammen mit Michael Jackson in den Gassen des Pelourinho aufgenommene und weltberühmt gewordene Musikvideo zu »They don't care about us« tat ein Übriges. Ein besseres Marketing konnte sich die Gruppe überhaupt nicht wünschen.

gelos und einigen arabischen Einflüssen in der Architektur, die Werke des dunkelhäutigen Bildhauers Francisco das Chagas, eines ehemaligen Sklaven. Sein Lepraleiden findet künstlerischen Ausdruck in den Gesichtern der Statuen mehrerer Heiligenaltäre. Auch die Patronin der Kirche in einer Nische auf dem Hochaltar wurde von ihm geschnitzt. Während der Jesusknabe nach einem lebendigen Modell gearbeitet wurde, musste der Künstler die Muttergottes nach einer Bildvorlage erstellen – kein weißes Mädchen hätte damals einem Schwarzen Modell gestanden. Sein Hauptwerk ist jedoch die geschnitzte Christusfigur (1758) in einem Raum neben der Sakristei. Hier legte er größten Wert auf Realitätsnähe. Die Figur ist lebensgroß, die Wunden wirken erstaunlich echt und die Blutstropfen bestehen aus Hunderten von Rubinsplittern.

Nebenan liegt die Konventskirche **Igreja do Carmo** 4 . Im angrenzenden ehemaligen Kloster befand sich viele Jahre ein Luxushotel, das während der Corona-Pandemie seine Pforten schließen musste.

Casa de Jorge Amado 5

Largo do Pelourinho 51, www.jorgeamado.org.br, mit Infos auf Englisch, Mo–Fr 10–18, Sa 10–16 Uhr, 10 R$

Durch die Ladeira do Passo geht man nun zurück und passiert den Largo do Pelourinho aufwärts. Oberhalb des Platzes steht die dem bekanntesten brasilianischen Schriftsteller gewidmete **Casa de Jorge Amado.** Er verbrachte sein Leben überwiegend in seinem geliebten Salvador und war stets ein glühender Verehrer seiner Heimat. Er war seiner Stadt dankbar und äußerte einmal, dass er (fast) alles, was er wisse, von der Bevölkerung Salvadors gelernt habe.

Sehenswert ist vor allem die große Fotosammlung, die den Dichter mit bekannten Künstlern und Persönlichkeiten aus aller Welt zeigt, u. a. mit Jean Paul Sartre, Simone de Beauvoir, Gabriel García Marquez, Fidel Castro, Pierre Verger, Harry Belafonte, Yves Montand, Marcelo Mastroianni, Sophia Loren und Lina Wertmüller.

Schräg gegenüber der Casa, am Anfang der Rua Portas do Carmo, befindet sich bei Nr. 20 das einfache **Hotel Pelourinho,** in dem der Dichter eine Zeit lang wohnte und das Schauplatz war für seinen Roman »Suor«.

Largo Quincas Berro d'Água 6

Auf halber Höhe der Rua Portas do Carmo machen wir einen Abstecher zum **Largo Quincas Berro d'Água.** Der sorgfältig restaurierte Platz besticht durch seine architektonische Struktur, viele urige Bars laden zum Verweilen ein und auf einer Bühne finden regelmäßig Live-Veranstaltungen statt (s. S. 227). Anschließend setzen wir unseren Weg auf der Rua Portas do Carmo fort.

Terreiro de Jesus 7

Unübersehbar ist der große **Terreiro de Jesus** mit einem alten französischen Brunnen in der Mitte, dessen Figuren die vier großen Flüsse Bahias symbolisieren.

Museu Afro-Brasileiro 8

Largo Terreiro de Jesus, Tel. 071 32 83 55 40, Mo–Fr 10–17 Uhr, 10 R$

Das **Afrobrasilianische Museum** ist sehenswert, obwohl die Erwartung, mehr über die sozialgeschichtlichen Aspekte der Sklaverei zu erfahren, leider enttäuscht wird. Dafür sind umso reicher religionsgeschichtliche Exponate zum Candomblé und zur Götterwelt vertreten. Besondere Beachtung verdienen die 27 großen Zedernholztafeln des bahianischen Künstlers Carybé mit der Darstellung der afrobrasilianischen Gottheiten (»Mural dos orixás«).

Catedral Basílica 9

Terreiro de Jesus, Mo–Sa 9–17, So 11.40–17 Uhr, 10 R$

Neben dem Museum befindet sich Salvadors **Hauptkathedrale.** Nach der Vertreibung der Jesuiten aus Brasilien 1759 wurde die Kirche zum Sitz (Sé) des Erzbischofs und damit ihre Stellung innerhalb der katholischen Kirche nachhaltig aufgewertet. Eine erste Jesuitenkirche wurde bereits 1549 eingeweiht. Als die Mönche 1657 mit dem jetzigen vierten

Zwiegespräch in der Igreja São Francisco, der Goldenen Kirche

Bau begannen, mangelte es vor allem an einem großen Architekten. Schon am Missverhältnis der Proportionen zwischen der ominösen Vorderfront und den winzigen Türmen lässt sich dies erkennen. Doch man verfügte über enorme finanzielle Ressourcen. So konnte man sich 1701 den bis dahin undenkbaren Luxus erlauben, die ganze Front mit weißem italienischem Marmor zu verkleiden – ebenso die Kanzel und die Innenwände des Schiffes. 1746 wurden über den drei Außenportalen noch die Statuen der drei Ordensheiligen Francisco Borja, Ignatius von Loyola und Francisco Xavier angebracht.

Insgesamt wirkt die Kirche jedoch vergleichsweise streng. Im Innern bestechen nur der goldene Hauptaltar, die kunstvollen Seitenaltäre und die ungewöhnlichen Malereien des französischen Jesuitenbruders Carlos Belleville. Man merkt, dass er einige Jahre in China verbrachte. Die himmelblaue Farbe muss er von dort bezogen haben, denn sie war zur damaligen Zeit in Europa noch nicht bekannt. Auch die Bildmotive unterscheiden sich deutlich von Althergebrachtem.

Igreja e Convento de São Francisco 10

Largo Cruzeiro de São Francisco, Mo, Mi–Sa 9–17, Di 9–16.30, So 10–16 Uhr, 10 R$

Jenseits des Terreiro-de-Jesus-Platzes erhebt sich am Ende des Cruzeiro de São Francisco die wuchtige Fassade der **Kirche des Franziskanerklosters,** errichtet 1708–13. Durch den rechten Seiteneingang gelangt man in die **Portaria** (Pförtnerei), an deren Decke eine Perspektivmalerei von José Joaquim da Rocha zu sehen ist. Die Kirche trägt den Beinamen **Goldene Kirche,** wie keine andere in Brasilien ist sie beladen – oder besser überladen – mit vergoldetem Schnitzwerk, Putten und Heiligenfiguren. Und an der Kanzel hängen vollbrüstige nackte Engel; schwer vorzustellen, wie die Franziskanermönche – zum großen Teil auch heute noch Deutsche – hier in Frieden beten können.

Comércio

Cityplan: S. 214
Die **Unterstadt** *(Cidade baixa)*, früher und teilweise auch heute noch das kommerzielle Zentrum (Comércio) von Salvador, wurde allmählich dem Meer abgerungen und zieht sich daher ein Stück die Küste entlang.

Elevador Lacerda und Plano Inclinado Gonçalves

Ober- und Unterstadt von Salvador sind – eine Erleichterung für Fußgänger – durch einen Aufzug und mehrere Standseilbahnen miteinander verbunden. Der berühmte, 1872 erbaute und 1930 erneuerte **Elevador Lacerda** 11 (Pça. Tomé de Souza–Av. Contorno, tgl. 6–22 Uhr, Fahrzeit 20 Sek., 0,15 R$) ist eines der Wahrzeichen und Postkartenmotive der Stadt. Von der oberhalb gelegenen **Praça Tomé de Souza** (auch Praça Municipal) bietet sich ein herrlicher Blick auf den Hafen, die Bucht und die Insel Itaparica. Die Standseilbahn **Plano Inclinado Gonçalves** 12 (Mo–Fr 7–19, Sa 7–13 Uhr, 0,15 R$), die von der Praça da Sé nach unten führt und wegen der schöneren Aussicht zu bevorzugen ist, ist leider immer wieder mal geschlossen.

Mercado Modelo 13

Pça. Visconde de Cayru, www.mercadomodelo salvador.com, Mo–Sa 9–18, So 9–14 Uhr
Im ehemaligen Zollamt aus dem Jahr 1861 ist seit 1912 Bahias größter und leider auch sehr touristischer **Markt für Kunsthandwerk** mit seinen über 300 Ständen untergebracht. Hier ist hartnäckiges Verhandeln gefragt. Dahinter finden auf einer kleinen Bühne häufig Capoeira-Darbietungen statt, die Restaurants im 2. Stock empfehlen sich wegen des schönen Blicks auf die Bucht und den alten Hafen.

Igreja N. S. da Conceição da Praia 14

Rua Conceição da Praia, Mo–Fr 7–17, Sa, So 7–12 Uhr
Ganz in der Nähe, ca. 200 m westlich des Elevador Lacerda, befindet sich eine weitere sehenswerte Kirche. Sie wurde zwischen 1739 und 1870 errichtet und nach der Schutzheiligen der Stadt **Kirche der (Unbefleckten) Empfängnis** genannt. Die Statue der Maria Immaculata, geschaffen 1855 von Domingos Pereira Baião, gehört ebenso zu den Sehenswürdigkeiten der Kirche wie die Deckengemälde des portugiesischen Malers José Joaquim da Rocha aus dem Jahr 1773, vielleicht die beste brasilianische Perspektivmalerei überhaupt. Die Architektur und sparsame Dekoration des Innenraums weisen chinesische Stilelemente sowie solche des Spätbarock und Rokoko auf. Die Außenfassade hingegen fiel wegen des für Statuen wenig geeigneten portugiesischen Marmors dürftiger aus. Der Baumeister Manoel Cardozo Saldanha, Schüler des deutschen Architekten Johann Friedrich Ludwig aus Schwäbisch-Hall, half sich darüber hinweg, indem er in Anlehnung an deutsche Barockarchitektur die Kirchtürme etwas verdreht zueinander ausrichtete.

Museu de Arte Moderna im Solar do Unhão 15

Av. do Contorno, Di–So 10–18 Uhr, Anfahrt per Uber oder Taxi
Etwa 1 km weiter, an der Küstenstraße in Richtung Barra, ist das **Museum für Moderne Kunst** (Wechselausstellungen), im sehenswerten **Solar do Unhão** untergebracht. Das historische Anwesen bestand aus einer *casa grande* (Herrenhaus) und vier *galpões* (Schuppen) sowie *senzalas* (Sklavenhütten). Es war eine der ersten Anlagen dieser Art in Brasilien, seit der ersten Hälfte des 16. Jh. von dem portugiesischen Kaufmann Gabriel Soares de Souza als Zuckersiederei genutzt. Später diente sie als Umschlagplatz für den Handel mit Portugal, 1816 entstand hier die erste Schnupftabakmanufaktur Amerikas, ab 1926 diente der Komplex nur als Lagerschuppen, seit dem Ende der 1940er-Jahre als Kakaofabrik. Heute finden hier samstags einmal im Monat stimmungsvolle Open-Air-Jazzkonzerte statt (s. S. 228).

Museu de Arte Sacra 16

Rua do Sodré 276, Centro, www.mas.ufba.br, Anfahrt per Taxi, Mo–Fr 10–18 Uhr, 10 R$

Das **Museum** in der Igreja de Santa Teresa birgt die größte bzw. bedeutendste Sammlung kirchlicher Kunst Brasiliens.

Boa Viagem und Bonfim

Cityplan: S. 224

Boa Viagem und Bonfim erreicht man per Uber/ Taxi oder Bus (Abfahrt unten am Elevador Lacerda)

Forte de Monte Serrat 17

Erstes Ziel ist die etwas erhöht an der Praia de Boa Viagem liegende **Festung Monte Serrat.** Sie zählt zu den schönsten Festungen von Salvador und wurde zwischen 1583 und 1587 errichtet. Ihr militärischer Ruhm ist jedoch bescheiden, zweimal, 1624 und 1638, fiel sie in die Hände der holländischen Invasoren.

Beeindruckender als die Festung selbst ist aber die wohl beste **Panoramaaussicht** Salvadors, die sich von dem Hügel aus bietet. Man blickt auf den unterhalb liegenden Strand von Boa Viagem, den Hafen, die Hochhaus-Skyline des Stadtteils Vitória im Süden, die Insel Itaparica und natürlich auf das in der Sonne funkelnde, blaue Wasser der Allerheiligenbucht. Am besten lässt sich dieser Blick mit einer frisch aufgeschlagenen Kokosnuss genießen, die in einer kleinen Holzbaracke unter schattigen Bäumen angeboten werden.

Basílica Senhor do Bonfim 18

Largo do Bonfim (Bonfim), Mo–Do, Sa 7–18, Fr, So 5.30–18 Uhr, Eintritt frei

Nicht weit entfernt, eine halbe Stunde zu Fuß, erreichen wir die berühmteste Wallfahrtskirche von Salvador, die **Kirche von Bonfim** (1745–54). Von außen hat sie außer der prachtvollen Abendbeleuchtung wenig zu bieten. Im **Innern** sind bemerkenswert die Malereien von José Teófilo de Jesus in der Sakristei und in den Seitengängen sowie das Deckengemälde von Antônio Joaquim Franco Velasco. In einem Bild porträtierte er 1818 seine Ehefrau mit einem Jungen auf dem Schoß, was Anlass zu einem riesigen Skandal gab, galt es doch als höchst ungebührlich, lebende Modelle zu verwenden.

Die eigentliche Bedeutung der Kirche liegt in ihrem **Synkretismus,** hier – so heißt es – vermählte sich Brasilien mit Afrika. Das herausragende Ereignis ist die jährlich nach dem Dreikönigsfest am zweiten Sonntag im Januar stattfindende ***Lavagem do Bonfim,*** die symbolische Waschung der Freitreppe, bzw. die am Donnerstag davor durchgeführte **Prozession** von der Igreja da Conceição da Praia bis zur Igreja do Bonfim (12 km), bei der in Weiß gekleidete Candomblé-Anhängerinnen das Bild beherrschen. Überall rund um die Kirche bekommt man die verschiedenfarbigen Bändchen *(fitinhas)* des Senhor do Bonfim angeboten. Während sie um das Handgelenk geknüpft und mit drei Knoten verschlossen werden, darf man sich drei Dinge wünschen, die jedoch, so heißt es, nur dann in Erfüllung gehen, wenn man die Bänder so lange trägt, bis sie von selbst abfallen.

Strände

Salvador ist auch berühmt für seine Strände. In der Baía de Todos os Santos sind zu empfehlen die populäre **Praia da Ribeira** 1 nahe der Bonfim-Kirche sowie die **Praia da Boa Viagem** 2 beim Forte de Monte Serrat, die einen schönen Blick auf die Stadtsilhouette bietet.

Vitória

Cityplan: S. 224

Museu de Arte da Bahia 19

Av. Sete de Setembro 2340, Bus (zahlreiche Linien, am besten: Aeroporto/Praça da Sé), Taxi oder Uber, Di–So 10–18 Uhr, Eintritt frei

Das interessante **Kunstmuseum von Bahia** ist eines der ältesten Brasiliens (1918). Hier finden sich Mobiliar, Porzellan, Keramik und Gemälde aus dem 17.–20. Jh.

Museu Carlos Costa Pinto 20

Av. Sete de Setembro 2490, Anfahrt s. Museu de Arte da Bahia, Mo, Mi–Fr 14.30–18 Uhr, 20 R$

Der umtriebige Sammler Carlos Costa Pinto erwarb in einem Zeitraum von 25 Jahren mehr als 3000 Dekorationsgegenstände aus Porzellan, Silber, Bronze, Gold, Kristall und Elfenbein sowie Gemälde, Juwelen, Mobiliar etc., um damit den Lebensstil der wohlhabenden bahianischen Oberschicht über die Jahrhunderte hinweg zu dokumentieren. Bei vielen Exponaten gibt es Informationstafeln in englischer Sprache.

Barra und die Atlantikstrände

Die **attraktivsten Atlantikstrände** liegen – von Barra abgesehen – alle recht weit entfernt im Nordosten der Stadt.

Barra 21

Barra ist das touristische Nobelviertel von Salvador mit vielen Hotels, Restaurants, Bars, Ausgehmöglichkeiten und den besten zentralen Stränden der Stadt. Zur Fußballweltmeisterschaft 2014 wurden die Plätze und Fußgängerzonen am Porto da Barra und rund um den Leuchtturm deutlich aufgewertet.

Die **Praia Porto da Barra** 3 ist stets gut besucht, sowohl von Einheimischen als auch von brasilianischen und ausländischen Gästen, die sich hier auf einem recht schmalen Sandstreifen zusammendrängen. Das Wasser ist trotz der Nähe zum Zentrum erstaunlich sauber. Der Strand liegt unterhalb einer Festung nicht weit vom berühmten **Leuchtturm** *(farol)*, der den Eingang zur Allerheiligenbucht markiert und früher den Schiffen aus Portugal zur Orientierung diente. Am **Neujahrstag** treten hier stets lokale Stars beim sogenannten Sonnenuntergangskonzert (gratis) auf. Zudem starten von hier die Umzugswagen bei einem der größten Karnevalsfeste der Welt.

Rio Vermelho und Pituba

Der nordöstlich an Barra angrenzende Küstenabschnitt bis Piatã besitzt keine empfehlenswerten Badestrände, dafür aber ein reges Nachtleben, beliebt sind insbesondere **Rio Vermelho** 5 und **Pituba.** Auch weite Teile der Küstenstraße zwischen Barra und Itapuã wurden vollständig restauriert und modernisiert.

Itapuã, Stella Maris, Flamengo

Anfahrt mit Uber oder Taxi ca. 30 Min.

Abgesehen von stellenweise gefährlichen Strömungen sind diese drei Strände alle empfehlenswert. Bis auf einen recht verschmutzten Abschnitt der **Praia de Itapuã** 4 beim dortigen Leuchtturm ist das Wasser relativ sauber, am Ufer sieht man immer mehr Palmen. Insbesondere an der **Praia Stella Maris** 5 und der **Praia do Flamengo** 6 kann man einen schönen Badetag einlegen und auch etwas am Meer entlangwandern.

Ipitanga, Vilas do Atlântico und Buraquinho

Stadtbus Vilas do Atlântico

Diese etwas weiter nördlich bereits zu Lauro de Freitas gehörenden Strände sind ebenfalls sehr sehenswert. Im vornehmen Vorort **Vilas do Atlântico** gibt es Pousadas, Restaurants und Ausgehmöglichkeiten.

Infos

Setur: Tourismusamt des Bundesstaats, www.bahia.com.br, Büros im Pelourinho (Largo Terreiro de Jesus 1), im Flughafen und am Busbahnhof, alle Mo-Fr 8.30–18, Sa, So 9–17 Uhr.

Übernachten

... im Pelourinho

Glamourös – **Fera Palace Hotel** 1 **:** Rua Chile 20, Tel. 071 30 36 92 02, www.ferahoteis.com. In dem dreieckigen Art-Déco-Gebäude von 1934, das dem Flatiron Building in New York nachempfunden ist, haben u. a. Orson Welles, Pablo Neruda und Carmen Miranda genächtigt. Nach jahrelanger Renovierung wurde es nun neu eröffnet. Historische Fassade und der Charakter des Interieurs sind fast vollständig erhalten. Eine Rooftop-Bar auf der Dachterrasse (mit Pool) bietet eine spektakuläre Sicht auf die Allerheiligenbucht. Die 71 Zimmer und 10 Suiten bieten besten Komfort, in den höheren Etagen teilweise auch Buchtblick. €€€

Salvador, Großraum

Sehenswert

1 – 16 s. Cityplan S. 214
17 Forte de Monte Serrat
18 Igreja de N. S. do Bonfim
19 Museu de Arte da Bahia
20 Museu Carlos Costa Pinto
21 Barra

Übernachten

1 – 6 s. Cityplan S. 214
7 Pousada do Boqueirão
8 Pousada Estrela do Mar

Essen & Trinken

1 – 5 s. Cityplan S. 214
6 Caranguejo do Farol
7 Tudo Azul
8 Ramma

Abends & Nachts

1 – 4 s. Cityplan S. 214
5 Ausgehviertel Rio Vermelho

Aktiv

1 Praia da Ribeira
2 Praia da Boa Viagem
3 Praia Porto da Barra
4 Praia de Itapuã
5 Praia Stella Maris
6 Praia do Flamengo
7 s. Cityplan S. 214
8 Terminal de São Joaquim
9 s. Cityplan S. 214
10 Cook in Salvador
11 Salvador Bus

Koloniales Kleinod mit Stil – **Hotel Villa Bahia** 2 : Cruzeiro de São Francisco 16/18, Tel. 071 33 22 42 71, www.lavillabahia.com. Das erstklassige Hotel liegt gleich neben der Igreja de São Francisco in einem geschmackvoll restaurierten Kolonialgebäude. 17 mit Antiquitäten bestückte und liebevoll eingerichtete Zimmer, kleiner Pool, exzellentes Restaurant. €€€

Frühstück für Langschläfer – **Hotel Casa do Amarelindo** 3 : Rua Portas do Carmo 6, Tel. 071 32 66 85 50, www.casadoamarelindo.com. Das Hotel in einem renovierten fünfstöckigen Kolonialhaus hat zehn sehr hübsch dekorierte, moderne Zimmer, mit schalldichten Fenstern, außerdem Fahrstuhl, Pool, Restaurant sowie eine Bar auf der Dachterrasse mit fantastischem Blick über die Allerheiligenbucht. €€€

Kolonialstil am Hauptplatz – **Pousada Solar dos Deuses** 4 : Largo do Cruzeiro de São Francisco 12 (1. Etage), Tel. 071 33 22 19 11, www.solardosdeuses.com.br. Eine weitere sehr charmante Pousada in einem Kolonialhaus mit 6 hübschen, nach Candomblé-Göttern benannten und farbenfroh gestalteten Zimmern, in denen auch das Frühstück serviert wird. €€€

Zentrale Lage – **Bahiacafé Hotel** 5 : Pça. da Sé 22, Tel. 071 31 05 12 66, www.bahiacafehotel.com. In einem Altbau im Zentrum hat der belgische Besitzer ein Hotel eröffnet. Recht kleine, aber nett dekorierte Zimmer mit AC. Vom Preis-Leistungs-Verhältnis eine der besten Optionen im historischen Zentrum. €€–€€€

Internationales Flair – **Laranjeiras Hostel** 6 **:** Rua da Ordem Terceira 13, Tel. 071 33 21 13 66, www.laranjeirashostel.com.br. Gepflegtes HI-Hostel in zentraler Lage, gutes Frühstück; englischsprachig. €

... in Santo Antônio

Liebevoll gestaltet – **Pousada do Boqueirão** 7 **:** Rua Direita do Santo Antônio 48 (Santo Antônio), Tel. 071 32 41 22 62, @pousadaboqueirao. Von einem italienischen Geschwisterpaar liebevoll restaurierter Altbau, mit viel lokalem Kunsthandwerk (auch Verkauf). Hübsch dekorierte, unterschiedlich geschnittene Zimmer, gemütliche Frühstücksterrasse mit Blick auf Bucht und Hafen. €€

... in Barra

Gute Lage beim Leuchtturm – **Pousada Estrela do Mar** 8 **:** Rua Afonso Celso 119, Tel. 071 35 11 38 81, www.estreladomarsalvador.com. Ansprechende Pousada mit kleinem, hübsch gefliesten Innenhof. Die Zimmer haben z. T. schöne Holzfußböden, alle sind mit Klimaanlage/Ventilator ausgestattet. €–€€

Essen & Trinken

... im Pelourinho

Für den besonderen Moment – **Maria Mata Mouro** 1 **:** Rua da Ordem Terceira 8, Tel. 071 991 60 61 02, www.mariamatamouro.com.br, Mo–Do 11.30–21, Fr–So 11.30–22 Uhr. Hinsichtlich Charme und Atmosphäre ist dieses kleine Restaurant kaum zu schlagen. Sehr gute moderne Küche. Reservierung abends empfohlen. €€

Vatapá & Capoeira – **O Coliseu** 2 **:**1. Stock, Largo do Cruzeiro de São Francisco 9/13, Tel. 071 988 76 10 11, www.ocoliseu.com.br, Mo–Sa 11.30–16, Di, Do, Sa 19–21.30 Uhr. Mittags bietet das bahianische Spezialitätenrestaurant ein fantastisches All-you-can-eat-Büfett an, abends (nur mit Reservierung und bei ausreichender Nachfrage) gibt es zum Büfett die ca. 50- bis 60-minütige Tanz- und Folkloreshow »Bahia Night« mit der renommierten Tanzgruppe Topázio. €€

Wie im Garten Eden – **Jardim das Delícias** 3 **:** Rua João de Deus 12, Tel. 071 33 21 76 14, Mo–Sa 12–16, tgl. 18–23.30 Uhr. Hier stimmen sowohl Ambiente (abends stimmungsvoll beleuchteter Garten) als auch die Qualität der Fischgerichte *(Filé de Peixe da Tiêta)* auf angenehme Weise überein. €€

Fast ein Geheimtipp – **Pelô Bistrô** 3 **:** im Hotel Casa do Amarelindo (s. S. 225), Tel. 071 32 66 85 50, Do–Mo 11–15, 18–21 Uhr. Eins der besten Restaurants der Altstadt, was von außen kaum zu sehen ist. Moderne internationale Küche – mit einem Fuß in Bahia, sonst französisch und asiatisch geprägt. Nettes, ruhiges Ambiente. Klasse sind die Rindermedaillons in Açaí-Soße. €€

Schlemmerstopp beim Sightseeing – **Boteco do Pelourinho** 4 **:** Largo do Cruzeiro de São Francisco 5, Tel. 071 999 89 13 94, Mo–Fr 10–22, Sa, So 11–22 Uhr. Gutes Restaurant am Platz vor der ›Goldenen Kirche‹, auf dem abends meistens Livemusik gespielt wird. Serviert werden verschiedene Gerichte der bahianischen Küche, aber auch Filet Mignon mit Madeira-Sauce, gegrillter Lachs und mehr. Zudem diverse Cachaças, Whiskys und Weine. €€

Eis und heiß – **Le Glacier Laporte** 5 **:** Largo do Cruzeiro de São Francisco 21, Tel. 071 32 66 36 49, tgl. 10–19 Uhr. Nette Eisdiele mit Tischen auf dem Francisco-Platz, das Fruchteis wird hier ohne Konservierungsstoffe hergestellt, auch gute Crêpes. €

... in Barra

Bar-Restaurant mit Meerblick – **Caranguejo do Farol** 6 **:** Av. Oceânica 235, Tel. 071 32 64 64 22, Mo–Sa 10–24, So 11–22 Uhr. Ausgelassene Atmosphäre, beliebt beim jüngeren Publikum, gute *moquecas* (reicht für 2 Pers.) €€

Alles im blauen Bereich – **Tudo Azul** 7 **:** Av. 7 de Setembro 3701, Tel. 071 992 20 76 52, tgl. 12–21 Uhr. Der schweizstämmige Kurt Albert und seine Frau Dora mit Tochter Elane betreiben eines der nettesten Lokale an der Uferpromenade von Barra. Neben original Schweizer Spezialitäten (besonders gut: Rösti Salvador mit Garnelen, Cream Cheese und Oliven, 38 R$) stehen auch schmackhafte bahianische

Abends in der Altstadt – pralle Lebensfreude im Pelourinho

Gerichte auf der Karte. Großzügige Portionen mit sehr gutem Preis-Leistungs-Verhältnis. Die Tische im Freien sind am Abend auch ein prima Anlaufpunkt für ein Glas Wein. €€

Vegetarier-Traum – **Ramma Cozinha Natural** 8 **:** Rua Lord Cochrane 76, Tel. 071 32 64 00 44, www.rammacozinhanatural.com.br, Mo–Sa 11.30–15, So 7.30–10.30, 11.30–15 Uhr. Das sehr gute vegetarische Restaurant hat ein täglich wechselndes Mittagsbüfett mit Anleihen aus der indischen und arabischen Küche sowie viel Rohkost. €€

Einkaufen

Handeln erwünscht – **Mercado Modelo** 13 **:** s. S. 221. Das meiste, was hier angeboten wird, gibt es jedoch auch oft günstiger in den Läden und Boutiquen der Oberstadt (z. B. der in koffergerechten Kleinformaten erhältliche *berimbau*, das Begleitinstrument zur Capoeira). Interessant ist ein Besuch eher, um einmal das lebendige Markttreiben auf sich wirken zu lassen. Zum Ausruhen gibt es im 2. Stock zwei Restaurants, von deren Veranda sich ein schöner Blick auf den Jachthafen bietet.

Abends & Nachts

Musik- und Tanzshows im Pelourinho – Seit der Restaurierung der Altstadt hat das Nachtleben deutlich zugelegt. An mehreren Tagen in der Woche, besonders dienstags und in den Sommermonaten, locken Open-Air-Konzerte das Publikum ins Pelourinho. Zu den Highlights zählen die Olodum-Konzerte, die zwischen November und Karneval gelegentlich auf der **Praça Tereza Batista** 1 oder auf dem neuen großen Veranstaltungsplatz **Largo da Tieta** 2 stattfinden. Aktuelle Informationen über die nächsten Auftritte gibt es u. a. in der **Casa do Olodum** (Rua Maciel de Baixo 22, Pelourinho, Mo–Sa 8–18, So 10–17 Uhr). Viele weitere, oft kostenlose Shows unter freiem Himmel gibt es auf dem **Largo do Pelourinho** 1 **,** dem **Largo Quincas Berro d'Água** 6 **,** der **Praça Pedro Archanjo** 3 und dem **Terreiro de Jesus** 7 **.** Informationen zum Programm auf www.centrodeculturas.ba.gov.br. Eine für Touristen konzipierte, sehr ansprechende Tanzshow bietet das international renommierte **Balé Folclórico da Bahia**, u. a. mit traditionellen afrobrasilianischen Tänzen, Capoeira und Gesang, im **Teatro Miguel Santana** 4 (Rua Maciel de Baixo 49, www.balefolcloricodabahia.com.br, Mo, Mi, Fr 19–20 Uhr, 90 R$). Eine ebenso gute Variante ist an den anderen Wochentagen im **O Coliseu** 2 (s. S. 226) zu sehen.

Jazz in der Unterstadt – Das charmanteste Fest mit dem außergewöhnlichsten Ambiente ist **Jam no MAM** (www.jamnomam.com. br, 1 x monatl. Sa 18–21.30 Uhr, 40 R$). Auf dem Areal des **Solar do Unhão** 15 (s. S. 221) vor den Mauerresten der 16.-Jh.-Zuckersiederei jammen auf einer Open-Air-Bühne am Ufer Jazzmusiker vor überwiegend studentischem Publikum. Ein idealer Auftakt für den Samstagabend.

Bars und mehr in Barra – Am Wochenende füllen sich die Straßenbars und Lokale auf der renovierten **Strandpromenade,** besonders rings um den Leuchtturm sowie in der dann verkehrsberuhigten Zone am Porto da Barra. Bei schönem Wetter lässt sich dort abends nett draußen sitzen.

Beliebtestes Ausgehviertel der Einheimischen – **Rio Vermelho** 5 kennen nur wenige Touristen. Man trifft sich auf einem der großen und renovierten Plätze **(Largo de Santana, Largo da Mariquita** oder **Mercado do Peixe),** isst ein *acarajé* – hier gibt es die besten der Stadt – und zieht dann weiter in eine der vielen Bars und Discos des Viertels wie z. B. **Lálá, Casa Rosa, Casa da Mãe, 30 Segundos** oder **A Borracharia.**

Aktiv

Baden/Strände – **Praia da Ribeira** 1 (s. S. 222), **Praia da Boa Viagem** 2 (s. S. 222), **Praia Porto da Barra, Atlantikstrände** 3 – 6 (s. S. 223).

Bootstouren & mehr – Zur **Ilha de Itaparica** (s. Aktiv s. S. 230) ab **Terminal Náutico da Bahia** 7 bis Mar Grande (Linienboot 40–45 Min., 10–12 R$) oder ab **Terminal de São Joaquim** 8 (Av. Jequitaia) bis Bom Despacho (Autofähre 50–60 Min., 7–9 R$). **Tours Bahia** 9 **:** Rua das Laranjeiras 5, 1. Stock, (Pelourinho), Tel. 071 33 20 32 80, www.toursbahia.com.br. Deutschsprachiger Anbieter, viele Spezialtouren, Kurse (Capoeira, Percussion usw.) und mehrtägige Ausflüge in ganz Bahia.

Private Citytouren – **Salvador Insider:** s. Tipp S. 213.

Brasilianischer Kochkurs – **Cook in Salvador** 10 **:** R. Eng. Adozindo Magalhães 255 (Praia do Flamengo), Tel. 021 988 94 98 57, www.cookinsalvador.com. Die Idee stammt von den Machern des erfolgreichen Pendants »Cook in Rio«. Die ausländischen Gäste lernen unter Anleitung einer erfahrenen Köchin 6 verschiedene brasilianische Rezepte, darunter Bananen-Farofa, *moqueca-* oder *picanha*-Steak und das einzigartige Dessert *brigadeiro.* Im Anschluss an die Zubereitung genießt man alles zusammen und trinkt derweil Caipirinhas, so viel man mag. Der Spaß kommt bei diesem lebendigen Kochkurs nicht zu kurz. Ein Tipp: Der Ausflug nach Flamengo kann mit einem Besuch am schönsten Stadtstrand von Salvador kombiniert werden.

Stadtrundfahrt – **Salvador Bus** 11 **:** www.salvadorbus.com.br, Einstieg z. B. am Farol da Barra, 4–6 Std., längerer Stopp am Mercado Modelo, 90 R$. Der doppelstöckige Panoramabus fährt durch mehrere Stadtteile (u. a. Rio Vermelho, Barra, Bonfim), Aus- und Wiedereinstieg möglich.

Termine

Festa de N. S. dos Navegantes: 1. Jan. Meeresprozession zu Ehren des Schutzheiligen der Seefahrer, ab Kai bei der Igreja N. S. da Conceição da Praia 14 (Unterstadt) bis zur Igreja da Boa Viagem in Itapagipe.

Festival de Verão: Jan., www.fvssa.com.br. Zweitägiges Sommerfest mit Musikshows, große Bühne i. d. R. im Parque de Exposições (Av. Luís Viana Filho 1590, Itapuã, Uber/Taxi), Spitzenbands aus Salvador und Brasilien, Zehntausende Besucher kommen an beiden Abenden.

Festa de Iemanjá: 2. Febr. Fest zu Ehren der Meeresgöttin Iemanjá, auch Schiffsprozession

VIELSEITIGSTE MUSIKSZENE BRASILIENS

Das schwarze, afrikanisch geprägte Salvador ist das musikalische Herz Brasiliens. Wer hierherreist, kommt nicht allein wegen der Strände, sondern auch wegen der vielen Feste und Konzerte. Dass hier einer der größten **Straßenkarnevals** der Welt stattfindet, stand bereits im Guinnessbuch der Rekorde. Zu dieser Zeit treten auf den *trios elétricos* genannten Lautsprecherwagen die besten Bands des Landes auf, die meisten davon stammen aus Salvador. Vorherrschend ist die sehr rhythmische Axé-Musik, kreiert von Carlinhos Brown und Daniela Mercury, die neben Ivete Sangalo immer noch zu den größten Gesangsstars des Landes zählt.

Wer außerhalb des Karnevals hier ist, sollte online (z. B. auf @rodaculturaloficial) die **Konzertprogramme** verfolgen, ein Besuch wird ein unvergessliches Erlebnis sein. Eines der vielen Highlights sind die zwischen November und Karneval im Pelourinho unregelmäßig stattfindenden Auftritte der weltbekannten Rhythmus-Gruppe Olodum (s. Thema S. 218).

Doch Bahia und Salvador stehen nicht nur für Axé und heiße Percussionrhythmen, in der Stadt der 365 Kirchen hat auch die sakrale Musik bis heute überlebt und sogar Terrain zurückgewonnen. Letzteres ist dem deutschen Pater Hans Bönisch aus dem Bistum Mainz zu verdanken, der in Salvador den Kulturverein **Barroco na Bahia** gegründet hat (Rua Jogo do Carneiro 314, Saúde, Tel. 071 983 27 87 58) sowie im Nachbarhaus eine gleichnamige **Pousada** (www.pousadabarroco.com), deren Angebot sich besonders an kulturinteressierte Reisende richtet. In der **Catedral Basílica** 9 veranstaltet der Kulturverein von Pater Hans Bönisch gelegentlich Sonntagskonzerte (So 11 Uhr, Eintritt frei).

Trommeln gehört zum Handwerk, hier die Frauengruppe Didá

BOOTSAUSFLUG ZUR ILHA DE ITAPARICA

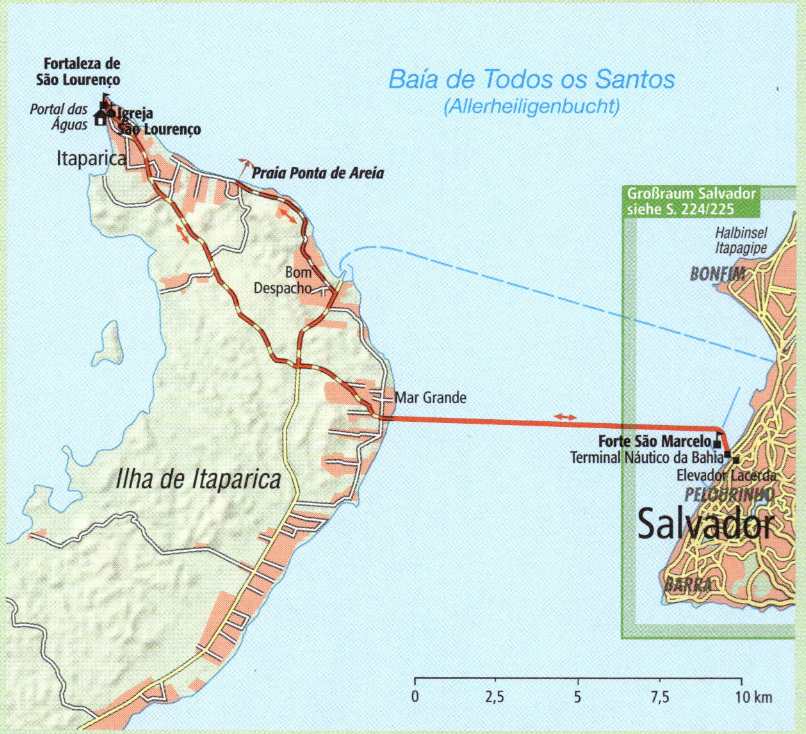

Fortaleza de São Lourenço
Portal das Águas
Igreja São Lourenço
Itaparica
Baía de Todos os Santos
(Allerheiligenbucht)
Praia Ponta de Areia
Großraum Salvador siehe S. 224/225
Halbinsel Itapagipe
BONFIM
Bom Despacho
Mar Grande
Forte São Marcelo
Terminal Náutico da Bahia
Elevador Lacerda
PELOURINHO
Salvador
BARRA
Ilha de Itaparica
0 2,5 5 7,5 10 km

Tour-Infos

Karte: ▶ 3, D 7, **Cityplan:** S. 214
Start: Terminal Náutico da Bahia 7
Personenfähre: bis 19 Uhr alle 30 Min. nach Mar Grande, 40–45 Min., 10–12 R$, Tickets am rechten Eingang (Schalter 9/10). Rückfahrt bis 18.30, Sommer bis 19 Uhr
Dauer: 2–8 Std.

Essen & Trinken: Neptuno, Av. 25 de Outubro, Itaparica, Di–So 11–22 Uhr, €€. Gutes Fischrestaurant mit schönem Ausblick auf die Bucht.
Übernachten: Pousada Tropicália, Av. Beira Mar 2048, Praia Ponta de Areia, Tel. 071 991 97 15 12, www.pousadatropicalia.com.br, €€.

Ein leicht auf eigene Faust durchzuführender Ausflug führt mit der Personenfähre von Salvador zur **Ilha de Itaparica,** der drittgrößten Meeresinsel Brasiliens (239 km²). Vom historischen Zentrum (Pelourinho) fährt man mit dem Elevador Lacerda hinab in die Unterstadt, wo sich gleich hinter dem Mercado Modelo der **Fähranleger** befindet. Der Reiz der Tour besteht vor allem darin, das Hochhauspanorama Salvadors einmal vom Wasser aus auf sich wirken zu lassen. Wer mehr Zeit zur Verfügung hat, kann von dem Hafenort Mar Grande aus noch ein wenig die Ilha de Itaparica erkunden.

Die Fahrt in dem einfachen Holzboot führt zunächst durch die riesige **Baía de Todos os Santos** (Allerheiligenbucht), die mit 1050 km² größte Bucht Brasiliens und drittgrößte der Welt. Sie wurde am 1. November 1501 von einer portugiesischen Expedition unter Amerigo Vespucci entdeckt und nach dem an diesem Tag begangenen kirchlichen Feiertag benannt. Mehr als 50 Inseln liegen hier verstreut, von denen knapp die Hälfte bewohnt ist. Die am meisten besuchte ist die **Ilha de Itaparica,** auf der zahlreiche Einwohner Salvadors Wochenendhäuser besitzen. Trotz der Nähe zur Stadt stellt sie noch ein wahres ökologisches Reservat dar, mit reicher Flora und Fauna, einigen noch ursprünglichen Stränden und etwas Fischereiwirtschaft. Wie das Inselleben früher war, beschreibt der hier aufgewachsene Schriftsteller João Ubaldo Ribeiro in seinem brillanten Epochenroman »Brasilien, Brasilien« (s. S. 61).

Auf der knapp 40-minütigen Überfahrt passiert man zunächst die 1650 auf einer Sandbank vor der Unterstadt errichtete Befestigungsanlage **Forte São Marcelo,** die Jorge Amado wegen Form und Lage einmal als den *umbigo* – Bauchnabel – von Bahia bezeichnete. Schon hier eröffnet sich ein weiter Blick auf die Bucht und die vielen Hochhäuser, die aufgereiht auf den hohen Klippen imposant über dem Wasser thronen.

Vorbei an etlichen vor dem Hafen liegenden Frachtschiffen endet die Fahrt am Steg des kleinen Ortes **Mar Grande,** wo man sich bereits wie in einer anderen Welt fühlt. Außer ein paar Geschäften und einfachen Strandbars gibt es hier nicht viel zu sehen oder tun. Man könnte hier nun einen Saft trinken und dann mit der nächsten Fähre zurückfahren.

Wer noch etwas Zeit zur Verfügung hat, sollte auch noch den im Nordwesten gelegenen historischen Hauptort der Insel mit gleichem Namen besuchen: **Itaparica.** Der Ort ist mit Kleinbussen, sogenannten *coletivos* (ca. 10 R$) oder etwas schneller mit *mototaxis* (10–15 R$) oder Privattaxis (30–40 R$) zu erreichen. Die Haltestelle der Kleinbusse befindet sich gleich rechts vom Bootsanleger in Mar Grande, die Fahrtziele werden ausgerufen. Itaparica wurde im 17. Jh. von den Holländern gegründet, das älteste erhaltene Bauwerk ist die **Igreja São Lourenço** von 1610. Die Kirche liegt an der schattigen Praça Tenente Botas, dem Hauptplatz in der Altstadt, wo sich auch einige Bars und Restaurants befinden. Sehenswert sind neben hübschen Kolonialhäusern aus dem 18. und 19. Jh. auch die Uferpromenade sowie die beeindruckende, 1711 errichtete **Fortaleza de São Lourenço,** die von den Portugiesen auf den Ruinen einer holländischen Festung (1647) errichtet wurde. Entlang der Strandpromenade erreicht man recht bald auch den **Jachthafen** (Marina), wo man in dem guten Fischrestaurant **Neptuno** bei schönem Buchtblick einkehren und die Szenerie sowie leckeres Essen genießen kann. Sollte das Restaurant geschlossen haben, gibt es u. a. mehrere urige Lokale auf dem Marktgelände des Mercado Municipal.

Die beste Bademöglichkeit besteht am schönsten und auch meistbesuchten Strand des Nordteils der Insel, an der **Praia Ponta de Areia** (sonntags sehr voll). Die Zufahrt zum Strand ist ein paar Kilometer hinter Mar Grande Richtung **Bom Despacho,** dem Hauptverkehrsort der Insel (Autofähren nach Salvador und Busse Richtung Süden). Die Uferpromenade an der Praia Ponta de Areia ist wesentlich lebendiger als in Itaparica, das Meer spiegelglatt und Strandbars sorgen für Churrasco, Bier, Musik und gute Laune. Hier gibt es auch Pousadas für längere Aufenthalte, z. B. die **Pousada Tropicália.**

und Straßenparty mit Spitzenbands (Praia Rio Vermelho).

Karneval: Febr. Aktuelle Infos bei der Tourist Info oder www.centraldocarnaval.com.br (Engl., auch Infos zu Ticketverkauf). Laut Guinness-Buch der Rekorde lange Zeit größter Straßenkarneval der Welt. Riesige Umzüge vom Campo Grande bis zur Praça Castro Alves (Centro) und zurück (7 km) und vom Farol da Barra bis Ondina (4 km). Gespielt wird überwiegend die afrobrasilianische temporeiche Axé-Musik (kein Samba!). In den geschmückten Gassen des Pelourinho geht es etwas ruhiger zu (Bühnen und umherziehende Kapellen). In den Monaten davor finden überall in der Stadt sehenswerte öffentliche Proben *(ensaios)* statt.

Independência da Bahia: 2. Juli. Umzug durch die Stadt mit *blocos* anlässlich des Unabhängigkeitstags von Bahia (von Lapinha durch Pelourinho bis Campo Grande).

Festival da Primavera: Sept. Das 10-tägige große Festival rund um den Frühlingsbeginn am 23.9. bringt viele kostenlose Konzerte und andere kulturelle Veranstaltungen ins Pelourinho und in andere Stadtteile.

N. S. da Conceição da Praia: 8. Dez. Farbenfrohe Prozession in der Unterstadt.

Verkehr

Flugzeug: Der **Aeroporto Internacional Luís Eduardo Mahalhães** (São Cristóvão, www.salvador-airport.com.br) liegt 30 km nordöstlich des Zentrums. Verbindungen innerhalb von Bahia nach Porto Seguro und Ilhéus, Direktflüge von Europa u. a. mit TAP ab Lissabon. **Transfer** im oft quälend langsamen Flughafenbus (Aufschrift »Praça da Sé«) in die Altstadt (Pelourinho) über Rio Vermelho, Barra und Vitória ca. alle 40 Min., Fahrtzeit 1–1,5 Std., 5,20 R$) oder mit Uber/Taxi (ca. 60–120 R$).

Bus: Von der **Rodoviária** (Av. António Carlos Magalhães 4362, Pernambués, www.ntrs.com.br) bestehen landesweite Verbindungen. Auskunft am Eingang bei der **Central de Informações** (tgl. 6–22 Uhr), über dieser Auskunftsstelle Tafel mit Nummern der im 1. Stock befindlichen Verkaufsschalter.

Busverbindungen innerhalb Bahias: Ilhéus (**Águia Branca,** www.aguiabranca.com.br, 3 x tgl., 8–9 Std., 190–352 R$); Itacaré (u. a. **Águia Branca,** s. o., Direktbusse ab Bom Despacho auf der Ilha de Itaparica, 7 x tgl., 5–6 Std., 69–78 R$; sonst über Ilhéus); Lençóis (**Rápido Federal,** www.rapidofederal.com.br, tgl. 8, 13, 23 Uhr, 6–7 Std., 128–220 R$); Porto Seguro (**Águia Branca,** s. o., tgl. 19.15, 21.30 Uhr, 13 Std., 338–440 R$); Praia do Forte (1,5–2 Std., ca. 15–20 R$, wenige Direktbusse ins Zentrum, vor Ort erkundigen. Die meisten Busse fahren nur bis zum Ortseingang Entrada Praia do Forte 2 km vom Zentrum, Anschluss mit Kleinbussen). Alternative: direkter Transferservice, z. B. über www.salvador-insider.com (65 € bis 3 Pers.).

Busverbindungen brasilienweit: Maceió (**Rota,** www.rotatransportes.com.br, 4 x tgl., 10–11 Std., 200–290 R$); Recife (**Kaissara** und **Guanabara,** www.expressoguanabara.com.br, 4 x tgl., 13–19 Std., 105–208 R$).

Boote: Nach Morro de São Paulo (s. S. 235).

Öffentlicher Nahverkehr: Es gibt ein weitflächiges, aber unübersichtliches Netz von **Linien-** und klimatisierten **Sonderbussen** (5 R$). Die für Touristen **wichtigen Linien** verkehren ab Pelourinho/Praça da Sé (Linie Aeroporto zum Flughafen, 60–90 Min. sowie ab Mercado Modelo gegenüber dem Lacerda-Aufzug in der Cidade baixa (nach Ribeira und Bonfim). **Boots- und Fährverbindungen** zur Insel Itaparica: s. S. 228.

Morro de São Paulo und Boipeba ▶ 3, D 7/8

Wer sich nach einigen Tagen Großstadt von den vielen Eindrücken erholen will, findet in der Nähe von Salvador viele Möglichkeiten. Da sind einmal die noch recht ursprünglichen Inselorte Morro de São Paulo und Boipeba, in der anderen Richtung das kleine Naturparadies Praia do Forte und im Hinterland, dem Recôncavo, die alten Tabakstädtchen Cachoeira und São Felix.

Morro de São Paulo

Tourismussteuer, einmalig 30 R$/Pers., bei Ankunft auf Tinharé zu entrichten

Der kleine Hauptort der Ilha de Tinharé, **Morro de São Paulo,** ist eines der ältesten Fischerdörfer Bahias. Heute leben die ca. 3500 Einwohner hauptsächlich vom Tourismus, der seit den 1980er-Jahren rasant angestiegen ist. Es gibt viele Pousadas und Restaurants und im brasilianischen Sommer kann es ziemlich voll werden. Dennoch bieten die noch recht ursprüngliche Natur der fast autofreien Insel sowie mehrere abgeschiedene Strände selbst in der Hochsaison genügend Raum für Ruhe- und Erholungsbedürftige. In den 1970er-Jahren war Morro de São Paulo noch ein Geheimtipp für Hippies und Aussteiger aus aller Welt. Heute ist das Touristenprofil nicht mehr ganz so einheitlich, sondern ähnelt in seiner Mischung aus Woodstock und Jetset anderen internationalen Küstenorten Bahias wie z. B. Arraial d'Ajuda. Man könnte die Insel auch mit Ibiza vor 25–30 Jahren vergleichen. Ihre Geschichte begann mit der Entdeckung durch den Portugiesen Martim Afonso de Souza 1531, später kamen holländische und französische Piraten und im 16. Jh. die Jesuiten.

Strände und Attraktionen

Die Strände sind zum Teil durchnummeriert, beginnen am Hauptort und werden dann zum Atlantik hin immer einsamer. Die **Primeira Praia** hat 500 m weißen Sand und ruhiges Wasser, ist jedoch recht zugebaut. Von dem dortigen Hügel mit dem Leuchtturm **Farol do Morro** (1835) kann man sich über ein Seil ins Meer gleiten lassen (*tirolesa*, 80 R$). Ganz in der Nähe des Leuchtturms liegen die Festungsruinen der **Fortaleza de São Paulo** (1630). Am Nachmittag lassen sich von dort aus Delfine beobachten, abends bietet sich ein grandioses Sonnenuntergangsszenarium. Beim Hafen steht noch die kleine **Igreja da N. S. da Luz** (1845).

Felsstrand und Farol bei Morro de São Paulo

Ein Stück weiter folgt die **Segunda Praia,** sie ist im hinteren Bereich auch schon von baulichem Wildwuchs gezeichnet, aber beliebt als Partystrand mit vielen Musikbars. Die durch Felsen geschützten Naturpools verwandeln sich bei Niedrigwasser in ein einziges Aquarium.

An der gern von Tauchern aufgesuchten **Terceira Praia** wird es schon deutlich ruhiger, noch mehr an der **Quarta Praia** mit ihren fischreichen Naturpools. Die **Quinta Praia** (Praia do Encanto), ein weltabgeschiedener, langer Palmenstrand, ist eine Idylle, während die angrenzende **Praia Garapuá** zwischen den Korallenriffen von Schnorcheltouristen überfüllt ist.

Auf der Nordseite der Insel liegen die sehr schönen naturbelassenen Strände **Praia do Porto de Cima** und **Ponta da Pedra,** sowie das Fischerdorf **Gamboa.**

Ausflug zur Ilha de Cairu

Bootstour ab Morro de São Paulo, s. Inovatur S. 235

Lohnend ist auch ein Besuch von **Cairu,** der dritten bewohnten von insgesamt 26 Inseln des Archipels vor der Mündung des Rio Una. Ihr Hauptort ist der zweitälteste Bahias und wird meist im Rahmen einer *Volta-à-Ilha-*(Rund-um-die-Insel-)Bootsfahrt besucht.

Ilha de Boipeba

Noch ruhiger als an den Stränden 3–5 (Terceira–Quinta) der Insel Tinharé ist es auf der benachbarten **Insel Boipeba.** Eine schöne Freizeitbeschäftigung sind dort Wanderungen an den herrlichen Stränden, so gelangt man vom Hauptort **Velha Boipeba** aus ziemlich schnell zur einsamen und wunderschönen **Praia Tassimirim.** Der Weg zum weiter entfernten **Strand von Moreré** ist ein lohnender Tagesausflug (dabei jedoch unbedingt die Gezeiten beachten).

Übernachten

... in Morro de São Paulo

Strand vor der Haustür – **Villa dos Corais:** am Ende der Terceira Praia, Tel. 075 998 65 07 14, www.villadoscorais.com.br. Eine der schönsten Strandpousadas der Insel. Man badet in den direkt vorgelagerten Meeresschwimmbecken oder legt sich mit einer Caipirinha an den herrlichen Pool. Restaurant, abends kostenloser Shuttleservice zum/vom Zentrum. €€€

Traumhafte Lage in tropischem Garten – **Portaló Hotel:** Ladeira da Igreja (direkt am Pier), Tel. 075 998 27 86 95, @hotelportalomsp. Direkt am Fähranleger, vom Pool und den meisten der 24 Suiten und Bungalows bietet sich ein spektakulärer Meerblick. Nett dekorierte Zimmer mit AC. Abends kann man in der hauseigenen Portaló Music Bar bei Cocktail und Blick aufs Meer loungen. €€–€€€

Fantastischer Meerblick – **Pousada Colibri:** Rua de Porto de Cima 5, Tel. 075 36 52 10 56 (WhatsApp), www.pousada-colibri.com. Hübsche Bungalows mit Veranda sowie Apartments in Hügellage, Trumpf ist der wunderbare Pool mit Meerblick von hoch oben. Bar, sehr gastfreundliche deutsche Besitzer. Ticketservice für Katamaran und Lufttaxi. €€

Romantisch – **Hotel Pousada Natureza:** Praça da Amendoeira, Tel. 075 36 52 10 44, www.hotelnatureza.com. Eine weitere schöne Pousada unter deutscher Leitung, fast unmittelbar am Hafen gelegen, wenige Meter vom Zentrum und dennoch ruhig. Die hübschen Zimmer verteilen sich über einen Hang und bieten teilweise großartige Aussicht. Besonders nett sind die Panoramasuiten mit Sonnenuntergangsblick. Wunderschöner Pool. Das exzellente Restaurant **Anis Bistrô** (Do–Di 12–21 Uhr) steht auch Nichtgästen offen. €€

... auf der Ilha de Boipeba

Einmalige Aussicht – **Pousada Mangabeiras:** am Ende der Praia Boca da Barra (ca. 20 Min. vom Zentrum), Tel. 075 36 53 61 53, www.pousadamangabeiras.com.br. Die Pousada liegt auf einem Hügel und bietet in alle Richtungen einen sensationellen Panoramablick. Geschmackvolle, komfortable Bungalows, herrlicher Pool. Gepäcktragehilfe ab Hafen. €€€

Frühstück am Meer – **Pousada Tassimirim:** Praia Boca da Barra (15 Min. vom Zentrum),

Tel. 075 998 49 04 53, www.tassimirim.com.br. Wunderhübsche Anlage am Strandweg, einige Zimmer mit Meerblick, besonders schön ist die Chalê-Suíte. Deutsche Besitzer, sehr gutes Restaurant. €€

Essen & Trinken

... in Morro de São Paulo

Beach Lounge – **Sambass:** Segunda Praia, Tel. 075 36 52 13 13, tgl. 9–24 Uhr oder länger. Klasse Mix aus Lounge und gutem Restaurant. Hier fließt die Daiquiri zu guter Livemusik, im Strandsessel lässt man sich unter Mandelbäumen ein Fischfilet schmecken. Zum Haus gehört eine Pousada mit komfortablen Zimmern und Rooftop-Pool. €€

Tropenparadies – **Piscina:** Quarta Praia, tgl. 8–18 Uhr. Fantastische Strandbar in wunderbarer Lage bei den Naturpools. Dona Maria und ihre Tochter Letícia bereiten den Fisch in Krabbensoße noch nach alter Tradition und nur mit frischen Zutaten frühmorgens vor. Dazu passt eine leckere Caipirinha oder der herrlich cremige Mangosaft. Tipp: Möglichst früh kommen, denn ab ca. 16 Uhr liegt der Strand im Schatten. Mittags entspannte Livemusik. €€

Chic am Strand – **Minha Louca Paixão:** Terceira Praia, Tel. 075 36 52 10 89, tgl. 12–18, 19–23 Uhr. Sehr hübsches großes Restaurant am Strandweg mit einer Bühne für abendliche Livemusik. Besonders gut sind die Fischgerichte und die Cocktails. Das Restaurant gehört zu einer beliebten Pousada, die u. a. Zimmer mit Meerblick bietet. €€

Ein Ort zum Wohlfühlen – **Café das Artes:** am Hauptplatz (Zentrum), Tel. 075 991 62 36 68, Mo 15–23, Di–So 8–23 Uhr. Von der gemütlichen Terrasse aus lassen sich die vorbeischlendernden Leute beobachten, dazu wählt man aus einer großen Palette von Hauptgerichten, Sandwiches, Säften und Kuchen. Top ist zum Beispiel der Tapioca-Kuchen. €€

Aktiv

Touren – **Inovatur:** Pça. Aureliano Lima (Zentrum), Tel. 075 991 47 06 11, www.agenciainovatur.com.br, tgl. 8.30–21 Uhr. Bootstouren (u. a. *Volta à Ilha* 250 R$/Pers.), Inselwanderungen, Boots- und Flugtickets etc. Freundliche Beratung.

Verkehr

Anfahrt Morro de São Paulo: Vom **Terminal Náutico da Bahia** (Salvador) erreicht man die Insel am besten mit dem **Schnellboot** *(lancha)* oder dem **Katamaran** (4 x tgl., 2–2,5 Std., 152 R$; ggf. Mittel gegen Seekrankheit mitnehmen). Eine Alternative für empfindliche Mägen bietet **Cassi Turismo** (Tel. 071 991 21 11 11, www.cassiturismo.com.br, Büros u. a. in Salvador gegenüber dem Terminal Náutico und in Barra): Der Transport geht über Land, mit zwei kürzeren Fährfahrten (auch öffentlich, 3–3,5 Std., 125 R$ ab Terminal, 140 R$ inkl. Abholung vom Hotel, 5 x tgl. ab Flughafen, 160 R$). Alternativ fliegt man – nur bei ausreichender Nachfrage – per **Lufttaxi** (Propellermaschinen) von/nach Salvador **(Abaeté,** Tel. 40 20 98 88, www.voeabaete.com.br; 30 Min., ab 690 R$).

Ilha de Boipeba: Von der **Terceira Praia auf Tinharé** starten ab 9.30 Uhr Tagesausflüge per Boot, die nach vorheriger Absprache mit dem Touranbieter ggf. auch als Transfermöglichkeit nach Boipeba genutzt werden können. Ab **Valença** (▶ 3, D 7) fahren 5–9 x tgl. Schnellboote (1 Std., 63 R$).

Nördlich von Salvador

▶ 3, E 7

60 km nordöstlich von Salvador kann man sich in dem kleinen Ort Praia do Forte – ähnlich wie in Morro de São Paulo – gut von der Großstadt erholen und einige Tage richtig entspannen. Am Wochenende und während der Hauptsaison ist es hier jedoch recht belebt. Der Weg dorthin führt über die neuere **Estrada de Coco** (Straße der Kokospalmen) parallel zur Küste. Wer mag, kann auf dem Weg bereits einen Stopp an den herrlichen Stränden von Itacimirim und/oder Guarajuba einlegen, die sich aber auch als Ausflugsziel von Praia do Forte anbieten.

Praia do Forte

Praia do Forte ist bekannt für eine gelungene Verbindung von Ökologie und Tourismus. Der kleine ehemalige Fischerort zählt nur etwa 8000 Einwohner, empfängt im Sommer jedoch ein Mehrfaches an Touristen. Besuchern stehen zahlreiche komfortable Unterkünfte zur Verfügung, aber auch einfache Pousadas für den Alternativtourismus.

Der 14 km lange, von Kokospalmen gesäumte Hauptstrand mit dem ruhigen Meer und Korallenriffen sowie die Lagunen gehören zu einer **geschützten Landschaft,** dank einer 1981 gegründeten privaten Stiftung, die mit zahlreichen Auflagen den Ort vor hässlichen Anlagen und Bauspekulation bewahrt hat. So müssen Hotels und Pensionen der örtlichen Architektur und Landschaft angepasst sein und dürfen nicht höher reichen als eine ausgewachsene Palme, im Fall notwendiger Abforstungsmaßnahmen sollen für jeden gefällten Baum vier neue gepflanzt werden. Die Einheimischen wiederum durften lange Zeit ihre Häuser nur innerhalb der Familie weitervererben. So blieb das Alte erhalten, daneben entstehen aber stets neue und immer noblere Komplexe mit Ferienwohnungen und Wochenendresidenzen.

Castelo Garcia D'Ávila

Mi, Do 10–17, Fr–So 10–18 Uhr, 36 R$

Neben einer zauberhaften Landschaft kann Praia do Forte mit dem einzigen feudalen Schloss Amerikas aufwarten, dem **Castelo Garcia D'Ávila** aus dem Jahr 1551, Hauptsitz des damaligen königlichen Verwalters. Die restaurierten und abends schön beleuchteten Ruinen der ehemals imposanten Anlage liegen auf einer Anhöhe über dem Meer. Ein interaktives Museum führt in die Geschichte des Ortes ein. Am Wochenende gibt es sehenswerte Videomapping-Projektionen auf den Mauerresten des Anwesens.

Benachbarte Strandorte

Schöne Tagesausflüge führen zu idyllischen Stränden und Dörfern der näheren Umgebung. Wer nach Ruhe und Abgeschiedenheit sucht, kann sich auch hier in einer Pousada einmieten.

Nur 5 km südlich von Praia do Forte liegt an einer Lagune der ruhige Ort **Itacimirim.** Neben vielen Ferienhäusern sind auch einige Strandpousadas vorhanden. Man erreicht das Dorf per Uber/Taxi oder auf einer Strandwanderung (2 Std., nur bei Ebbe). Weiter südlich am Strand entlang, gelangt man nach ca. 40 Min. zur Ortschaft **Guarajuba,** wo man sich in einer der vielen Strandbars erfrischen kann.

In der anderen Richtung liegt 10 km nördlich von Praia do Forte die charmante Ortschaft **Imbassaí** (per Uber/Taxi erreichbar). Sie verfügt über gut 30 Pousadas sowie etliche Restaurants und Strandbars. Der besondere Reiz ist ein kleiner Fluss, der hinter einer Düne parallel zum Meer verläuft. Da die Meereswellen hier etwas höher anbranden, bietet der ruhige Rio Barroso eine willkommene Süßwasserabkühlung. Nach dem Strandbesuch sollte man noch ein wenig durch den hübschen Ort schlendern und die üppige tropische Vegetation bewundern.

Übernachten

... in Praia do Forte

Traumhotel – **Tivoli Ecoresort:** Av. do Farol, 700 m vom Dorfzentrum, Tel. 071 36 76 40 00, www.tivolihotels.com. Eines der besten Ferienresorts in Brasilien, das schon für die ZDF-Spielfilmreihen »Das Traumhotel« und »Das Traumschiff« Pate stand. 287 komfortable Zimmer in einem 300 ha großen Gartenparadies, 7 wunderbare Pools, direkter Strandzugang nah am Zentrum, diverse Restaurants (Halbpension), breites Sportangebot, sehr ökologisch orientiert. €€€

Entspannen unter Bananenbäumen – **Hotel-Pousada Tatuapara:** Pça. dos Artistas 149, Tel. 071 999 94 48 63, www.tatuapara.com. br. 29 gemütliche Zimmer in sehr guter Lage, nur ein paar Schritte zum Strand sowie zum Dorfzentrum. Hübscher Innenhof mit Pool. Für Praia do Forte gutes Preis-Leistungs-Verhältnis, Preisnachlass bei längeren Aufenthalten während der Nebensaison. €€–€€€

Erste Hostel-Liga – **Praia do Forte Hostel:** Rua da Aurora 155, Tel. 071 996 33 09 93, www.praiadofortehostel.com.br. Sehr gutes HI-Hostel mit Dorms und DZ, Hilfe bei der Planung von Ausflügen, diverse Extras, u. a. halber Eintritt im Castelo Garcia d'Ávila und beim Tamar-Projekt (s. Tipp S. 237). €–€€

... in Itacimirim

Ideal zum Abschalten – **Pousada Jambo:** Praia da Espera, Tel. 071 993 74 79 32, www.pousadajambo.com.br. Schöne Pousada mit tollem Swimmingpool direkt am Strand. Gutes Restaurant, Ausflüge in die Umgebung, auch ganzjährig Sichtung von Meeresschildkröten. Deutsch-brasilianisches Besitzerpaar. €€€

... in Imbassaí

Auf der Düne – **Pousada Entre as Águas:** Tel. 071 988 01 05 11, www.entreasaguas.com.br. Sehr reizvoll zwischen Fluss und Meer liegt die charmante Pousada des Deutschen Rolf Schäfer. Besonders schön sind die Chalets am Strand mit direktem Meerblick. Außerdem gibt es kleinere Apartments im Hauptgebäude sowie weitere *Cabanas* in einem Palmengarten am Fluss. Sehr gutes Frühstück auf der Strandterrasse, prima Restaurant. Pool. €€

VON SCHILDKRÖTEN UND BUCKELWALEN

Etwa 600 000 Besucher kommen jährlich nach **Praia do Forte,** um die Meeresschildkröten zu sehen. **Tamar,** die staatliche Organisation zu deren Schutz und Rettung, hat hier ihren Hauptsitz. Ingesamt gibt es an der brasilianischen Küste 22 solcher Projekte in acht Bundesstaaten (auch im nahen Arembepe). Brasiliens Küste wird von fünf der sieben weltweit bekannten Schildkrötenarten aufgesucht, häufig jedoch nur zur Zeit der Fortpflanzung (Sept.–März). Im April schlüpfen die Kleinen und eilen in Scharen zum Meer. Auf dem Weg dorthin werden jedoch viele von Feinden wie Raubvögeln und Krebsen gefressen. Auch im Wasser lauern Gefahren – von 1000 Stück erreicht nur ein Tier das Erwachsenenalter. Dieses kehrt dann nach 25 Jahren wieder genau an seinen Geburtsort zur Brutpflege zurück.
Meeresbiologen erteilen interessierten Besuchern fachkundige Auskünfte vor Ort. Außerhalb der Brutzeit wird das Tamar-Projekt fortgeführt, im **Besucherzentrum** befinden sich mehrere Aquarien und Tanks mit Schildkröten, Fischen, Rochen und sogar Haien.
Zudem gibt es in Praia do Forte eine Filiale des **Instituto Baleia Jubarte** (Institut für Buckelwale). Zwischen Juli und Oktober kann man von Booten aus die nah an der Küste vorbeiziehenden Tiere beobachten. Die Giganten der Meere sind bis zu 16 m lang und wiegen 35–40 t, es ist ein fantastisches Naturschauspiel (Touren buchbar bei Portomar).

Projeto Tamar, Centro de Visitantes: Av. do Farol, Tel. 071 981 27 20 10, www.tamar.org.br, Mi–So 11–17 Uhr, 38 R$ (über 60 und unter 18 J. die Hälfte).

Instituto Baleia Jubarte: Av. do Farol 2907, Tel. 071 36 76 14 63, www.baleiajubarte.org.br, Di–So 9–17.30 Uhr, 12 R$.

Portomar: Rua da Aurora 1, Tel. 071 999 26 61 11, www.portomar.com.br, 12 R$. 3-stündige Walbeobachtungstour 320 R$/Pers.

›Mama Afrika‹ in Bahia

Bahia (564 723 km², 14,1 Mio. Einw.) ist vielleicht der touristisch interessanteste Bundesstaat Brasiliens. Es locken zahlreiche tropische Strände und Badeorte, die Feste von Salvador und vor allem ein Menschentyp, der noch am ehesten dem entspricht, was der europäische Mentalitätstourist auf der Suche nach dem Anderen von Brasilien erwartet.

Frau in traditioneller Baiana-Tracht

Das sprichwörtliche Temperament der Brasilianer ist hier besonders stark ausgeprägt, historisch wahrscheinlich bedingt durch den jahrhundertelangen Einfluss der Sklaven aus Afrika. Bahia hat die meisten Mischlinge Brasiliens mit einer relativ dunklen Hautfarbe. Mit den Sklaven wurden auch die reichen kulturellen und religiösen Traditionen der afrikanischen Herkunftsländer importiert, in vielfältigen afrobrasilianischen Mischformen bis heute gegenwärtig. Dazu gehören z. B. der Kampftanz Capoeira, die verschiedenen Candomblé-Kulte und zahllose Tanz- und Musikstile mit ausgeprägtem Percussion-Anteil. Der Karneval Bahias bzw. Salvadors ist zweifellos der lebendigste und musikalisch anspruchsvollste des ganzen Landes.

Im Gegensatz dazu gewinnt man jedoch gleichzeitig überall den Eindruck, dass die ›Entdeckung der Langsamkeit‹ in Bahia kein Problem zu sein scheint. Die Atmosphäre ist schlichtweg gelöst, und Gemächlichkeit ist oberstes Lebensprinzip, sei es im Restaurant, im Straßenverkehr oder bei der Arbeit. Wer hier rennt, so witzelt der Volksmund, ist entweder ein Taschendieb oder ihm ist gerade etwas abhanden gekommen. Tatsächlich kommt das bahianische bzw. afrobrasilianische Temperament am ehesten in der Freizeit und vor allem bei Musikveranstaltungen zum Ausdruck.

Eine der Ursachen liegt in der bahianischen Geschichte. Notwendige Reformen wurden über Jahrhunderte verschlafen bzw. von den alten, konservativen Oligarchien verhindert. Dabei hatte das zu den armen und zurückgebliebenen Ländern des Nordostens gehörende Bahia die privilegiertesten Startbedingungen. Es wurde als Erstes entdeckt, war schon 1549 mit der Hauptstadt Salvador Herrschaftszentrum der portugiesischen Kolonialmacht in Brasilien und hatte schon bald eine florierende Zucker- und Viehwirtschaft. Die vertriebene indigene Bevölkerung wurde durch Millionen von Sklaven aus Afrika ersetzt. Die Wirtschaft verharrte jedoch im monokulturellen Latifundiensystem, fast ausschließlich kontrolliert von zwei großen Familien (D'Ávila, Guedes de Brito), die an der Modernisierung ihrer Betriebe nicht interessiert waren. Im 19. Jh. entwickelte sich dann eine bescheidene Tabak- und Wollwirtschaft, der erhoffte Goldsegen beschränkte sich aber auf die Chapada Diamantina und die Region um Cachoeira. Auch der Kakaoboom des 20. Jh. verhalf nur der Region um Itabuna und Ilhéus zu einigem Wohlstand. Erst seit den 1970er-Jahren macht sich Bahia mehr oder weniger erfolgreich daran, die verschlafenen Jahrhunderte stagnierender Feudalwirtschaft wieder wettzumachen. Ca. 40 % des Bruttosozialprodukts werden heute von der Industrie erwirtschaftet, vor allem durch das Petrochemiewerk im Recôncavo, der größten Industrieanlage des Nordostens. Der ›plötzliche Reichtum der kleinen Leute‹ hat sich jedoch noch nicht eingestellt und viele verdienen immer noch nicht mehr als den Mindestlohn.

Beste Strandlage – **Pousada Luar da Praia:** Tel. 071 36 77 10 30, @pousada_luardapraia. Wunderbar auf einer Düne gelegene Pousada mit herrlichem Garten, Pool und einem sensationellem Meerblick. Einige der Zimmer haben Balkon/Veranda und Aussicht. Bar, Restaurant. Der Schweizer Besitzer spricht Deutsch. €€
Romantisch rustikal – **Vilangelim Eco-Pousada:** Alameda dos Angelins, Tel. 071 36 77 11 44, www.vilangelim.com.br. Sehr schöne Pousada mit 20 gemütlichen Zimmern und einem traumhaften Pool in tropischem Garten. Exzellentes Restaurant, sehr gutes Frühstück. Keine Kinder unter 8 Jahren. Deutsch. €€

Essen & Trinken

Alle im Folgenden genannten Restaurants liegen in **Praia do Forte** in der zentralen Fußgängerzone (Av. ACM).
Meeresfrüchte – **Terra Brasil:** Tel. 071 36 76 17 05, tgl. 12–23 Uhr. Ehemals ein Restaurant unter deutscher Leitung servieren hier Reco und Vânia vor allem gutes Seafood. €€€
Open-Air-Pizza – **7 Pizzas:** Tel. 071 36 76 06 55, tgl. 16–23.30 Uhr. Erstklassige Pizzeria von Leuten, die ihr Handwerk in São Paulo gelernt haben, der unbestrittenen Hochburg für hervorragende Pizza in Brasilien. Sehr nettes Ambiente. €€
Authentische Bahia-Küche – **Sabor da Vila:** Tel. 071 36 76 11 56, www.sabordavila.com, Do–Di 11.30–22 Uhr. Wer noch nie Bahias Nationalgericht *moqueca* probiert hat, sollte es hier tun: mit Krabben *(camarão)* €€€
Argentinische Torten – **Tango Café:** Tel. 071 992 06 76 14, Di, Mi 15–22, Do–Mo 8–22 Uhr. Bereits ein Markenzeichen von Praia do Forte – ohne eine der köstlichen Torten probiert zu haben, fährt kein Besucher wieder weg. Auch kleine Snacks und Imbisse, der perfekte Ort für einen Stopp nach dem Strand. €–€€

Verkehr

Bus: Von Salvador aus ins Zentrum von Praia do Forte, 1,5–2 Std., 18 R$; die meisten Busse fahren nur bis zum Ortseingang Entrada Praia do Forte (2 km vom Zentrum, Anschluss für die Weiterfahrt ins Zentrum mit Kleinbussen), vor Ort nach Uhrzeiten der Direktbusse erkundigen.
Transfer: Einfacher und bequemer ist ein Chauffeurservice von Tür zu Tür (65 €/bis 3 Pers.) über www.salvador-insider.com.

Im Recôncavo

Cachoeira ▶ 3, D 7

116 km hinter Salvador, im Gebiet des fruchtbaren Recôncavo, liegt das kleine **Cachoeira** (29 000 Einw.), vom architektonischen Reichtum her eine der bedeutendsten Kleinstädte Lateinamerikas. In diesem musealen Ort, nach Salvador die zweitälteste Siedlung Bahias, ist alles Geschichte, Zeugnis einer blühenden Vergangenheit, als die Zucker- und Tabak-, vor allem aber Gold- und Diamantenstadt jahrhundertelang eine der reichsten Städte Brasiliens war. Der lange Zeit spürbare Stillstand in diesem Örtchen am Ufer des Rio Paraguaçu, umgeben von lieblicher Hügellandschaft, hat eine archaisch-idyllische Seite hervorgebracht.

Die vielerorts immer noch bröckelnden Barockfassaden werden jedoch nach und nach mit großen Anstrengungen instand gesetzt und restauriert. Nur die Mönchszellen des **Convento N. S. do Carmo,** des ersten Karmeliterklosters Brasiliens (17. Jh.), an der Praça da Aclamação wurden schon früher renoviert und dienen nun als Unterkunft (Pousada do Convento). Die benachbarte **Capela da Ordem Terceira do Carmo** (So 10–13 Uhr) aus den Jahren 1695–1745 war und ist das Prunkvollste, was Cachoeira an barocker Architektur zu bieten hat. Es gibt noch weitere Kirchen, unter den Profanbauten ragt die 1698–1712 erbaute **Casa de Câmara e Cadeia** (tgl. 8–12, 14–17 Uhr) heraus, ein repräsentativer Barockbau und heutiges Stadtparlament.

São Felix ▶ 3, D 7

Auf der anderen Uferseite liegt die Schwesterstadt **São Felix** (11 000 Einw.), mit Cachoeira verbunden durch eine prekäre, 365 m lange

Brücke aus Holz und Stahl. Die **Ponte Dom Pedro II** ist die älteste Eisenbahnbrücke Brasiliens, sie wurde 1885 von Kaiser Pedro II. eingeweiht. Auch Autos und Fußgänger dürfen sie (noch) überqueren.

São Felix hat eine besondere deutsche Geschichte. Der erste Bürgermeister der Stadt war 1889 **Gerhard** (Geraldo) **Dannemann,** ein ausgewanderter Zigarrenunternehmer aus Bremen. Das 1873 in São Felix erbaute erste Handelshaus wurde 1989 nach historischen Plänen wiederhergestellt. In der zugehörigen Zigarrenfabrik kann man dabei zuschauen, wie handgedrehte Zigarren in Einzelanfertigung hergestellt werden (Av. Salvador Pinto 29, Tel. 075 34 38 25 00, www.terradannemann.com, Mo–Fr 8–12, 13–17 Uhr).

Eine Besonderheit ist die auf einem Hügel gelegene **Fazenda Hansen Bahia – Museu e Memorial** (Ladeira do Milagre, Tel. 075 34 38 34 42, Mo–Fr 9–17, Sa 9–13 Uhr, Eintritt frei). Gezeigt werden viele expressionistische Holzschnitte (oft mit Hafenmotiven) des Hamburger Künstlers Karl Heinz ›Hansen Bahia‹, der lange in São Félix lebte.

Essen & Trinken

Geheimtipp mit Aussicht – **Fazenda Santa Cruz:** Rua Dannemann, Muritiba (2 km von São Felix, Anfahrt mit Van 5 R$), Tel. 075 987 51 56 51, Do–So 11.30–17 Uhr, nur mit Anmeldung. Das Mittagessen auf der Veranda einer Fazenda mit Blick auf das Flusstal lohnt fast alleine den Ausflug. Regionales Menü. €€€

Verkehr

Bus: Bus ab Rodoviária in Salvador bis **Rodoviária São Felix** mit **Cidade Sol** (www.cidadesol.com.br), 15 x tgl., 2,5 Std., 38 R$. Die Busse halten auch bei der Brücke in **Cachoeira.** Die beiden Orte lassen sich gut in einem Tagesausflug erkunden.

Bahias legendäre Capoeira – eine Mischung aus Tanz und Selbstverteidigung

Bahias Nationalparks

Ein Besuch des wichtigsten Nationalparks von Bahia ist ein Muss: In der Chapada Diamantina locken gewaltige Canyons, Höhlen und Wasserfälle – sie ist ein ideales Gebiet zum Wandern. Unterwassersportler zieht es außerdem in das Archipel des Parque Nacional Marinho dos Abrolhos, wo sich zwischen Juli und Oktober Buckelwale beobachten lassen. Daher ist dieser Küstenabschnitt auch als Walküste bekannt.

Chapada Diamantina ▶ 3, C 7

Man kann von Salvador aus an mehrtägigen organisierten Touren in die Chapada Diamantina teilnehmen, doch die eingesetzten Guides sind nicht immer ausreichend mit der Gegend vertraut. Empfehlenswerter (und auch günstiger) ist es, sich einem der zahlreichen Exkursionsangebote ab Lençóis anzuschließen

Der **Nationalpark Chapada Diamantina** ist Teil einer ausgedehnten canyonartigen Gebirgslandschaft, die ein Drittel Bahias einnimmt. Vor mehr als 600 Mio. Jahren war hier noch das Meer. Sand und Ablagerungen bildeten Sandsteine, aus denen später durch Erosion große zerklüftete Felsformationen entstanden.

Schon im 17. Jh. entdeckten die *bandeirantes* aus São Paulo hier Gold, und ab 1820, forciert durch die Berichte des deutschen Expeditionsteams Spix und Martius, begann die Zeit der Diamantensuche, die ihren Höhepunkt 1844–70 erreichte. Diese wirtschaftliche und kulturelle Blütezeit ist zwar längst vorbei, die Landschaft berauscht jedoch weiterhin durch ihre unbändige Natur. Kahle Hochebenen, tiefe Canyons, felsige Steilhänge und finstere Höhlen wechseln sich ab mit fruchtbaren Tälern und den vielen Bachläufen und Wasserfällen. Die meisten Besucher kommen hierher, um zu wandern und sich ein wenig wie im ›Wilden Westen‹ zu fühlen. Im Januar und Februar kann es zu starken lokalen Sommergewittern kommen, wodurch die Wasserfälle noch spektakulärer wirken.

Lençóis

Unser Ausgangsort, ein altes, seit 1973 unter Denkmalschutz stehendes Diamantensucherstädtchen mit 11 000 Einwohnern, hat viel von seinem früheren Flair bewahrt, auch wenn der Diamantenabbau aus Umweltschutzgründen inzwischen stark eingeschränkt ist. **Lençóis** liegt 425 km von Salvador entfernt an der Ostseite der Chapada und bietet noch manche Zeugnisse der Vergangenheit, so die **Ponte dos Arcos Romanos** (1860), die **Igreja Senhor dos Passos** (19. Jh.), den **Mercado Municipal** (ab Ende 19. Jh. erbaute Markthalle), den **Antigo Prédio da Prefeitura** (altes Rathaus aus dem 19. Jh, restauriert) und die **Casa de Cultura Afrânio Peixoto** aus dem 19. Jh., Geburtshaus des bekannten brasilianischen Schriftstellers und Dichters mit kleinem Museum.

Morro do Pai Inácio

Von Lençóis aus wird kaum jemand versäumen, diesen nur 25 km entfernten **Tafelberg,** das Wahrzeichen der Chapada Diamantina, zu besuchen. Er liegt nahe der Hauptstraße, von wo aus ein Weg hinaufführt. Aus der Höhe von 1170 m genießt man einen überwältigenden Panoramablick.

VON LENÇÓIS ZUM RIBEIRÃO DO MEIO

Tour-Infos

Start: Pça. Aureliano Sé beim Mercado Municipal im Zentrum von Lençóis
Länge: 4 km
Dauer: ca. 1 Std.
Schwierigkeitsgrad: leichte Wanderung mit wenigen Steigungen, geeignet für Leute jeden Alters und Fitnessgrades
Verpflegung und mehr: Unterwegs besteht bei einer kleinen Holzbaracke die Möglichkeit, Getränke zu kaufen, auch der eine oder andere frisch geschürfte Diamant befindet sich im Sortiment. Am Flussbecken stehen meistens ambulante Händler, die (natürlich etwas teurer) Wasser, Cola und Bier anbieten. Von den Fleischspießen sollte man sicherheitshalber lieber Abstand nehmen und sich stattdessen ein Lunchpaket aus seiner Unterkunft mitnehmen! Viele Pousadas stellen ihren Gästen zu einem fairen Preis ein Päckchen aus Sandwich, Obst, Wasser und Müsliriegel zusammen.
Wichtige Hinweise: Man sollte vor 14 Uhr losgehen und rechtzeitig vor Einsetzen der Dunkelheit den Rückweg antreten. Der Weg ist nicht beschildert, führt jedoch auf seiner Hauptstrecke nur geradeaus, sodass ein Verlaufen praktisch ausgeschlossen ist. Lediglich auf dem letzten Teilstück muss man sich ein wenig nach Gehör orientieren.

Der Spaziergang von Lençóis zum Ribeirão do Meio ist ein wunderbarer Halbtagesausflug, den man problemlos ohne Agentur und Guide durchführen kann. Er bietet sich zum Beispiel am Ankunfts- oder Abreisetag an, wenn keine Zeit mehr für komplette Tagestouren vorhanden ist – oder einfach, wenn man es einmal etwas gemächlicher angehen lassen möchte.
Als **Ribeirão do Meio** wird der Mittellauf des Baches Ribeirão bezeichnet, der an einer idyllisch gelegenen Stelle unter Bäumen ein kleines natürliches Schwimmbecken bildet – herrliche Panoramasicht inklusive. Auf den umliegenden Felsen aalen sich sonnenbadende Touristen und Einheimische. Das über einen steilen Felsen herabfließende Wasser bildet eine Art Naturrutsche, auf der Jugendliche in atemberaubender Manier stehend herunterrasen, weniger Mutige bevorzugen die – empfehlenswertere – sitzende Variante.
Der Weg zu diesem kleinen Idyll ist von Lençóis aus kaum zu verfehlen. Vom **Mercado Cultural** gehen wir zunächst die **Rua das Pedras** hinauf und biegen dann links in die **Rua da Baderna** ab. Vorbei an der **Praça do Rosário** zweigen wir am Ende der Straße bei der **Igreja N. S. do Rosário** rechts in die **Rua São Benedito** ein. Diese von einfachen Behausungen flankierte Straße führt uns aus der Stadt heraus.
Nachdem wir eine kleine **Brücke** überquert haben endet das Kopfsteinpflaster und geht in eine **Piste** über. Am Ende eines etwa 200 m langen Anstiegs halten wir uns rechts entlang der Hauptpiste und folgen von da an den Schildern zur **Pousada Canto no Bosque** (ca. 10 Min.). Rechts von der Pousada führt ein kleiner **Pfad** leicht abwärts in den Wald hinein – in etwa 30 Minuten gelangen wir auf diesem Wanderweg direkt zum **Ribeirão do Meio.**

Nachdem der Wanderpfad fast durchgängig schnurgerade durch bewaldetes Gebiet führt, verliert er sich gegen Ende auf einer felsigen Lichtung. Hier muss man dem Stimmengewirr der Badenden folgen. Es gilt die grobe Richtung: nach unten und tendenziell links. Auch wenn die Beschreibung eher dürftig wirkt, so hat sich doch noch niemand an dieser Stelle ernsthaft verlaufen. Rechtzeitig vor Einbruch der Dunkelheit geht es zurück.

Höhlen

Nur mit zugelassenen Führern erlaubt
Unbedingt zu empfehlen ist ein Besuch der verschiedenen Höhlen. Die **Gruta do Lapão** nahe Lençóis ist eine der größten Quarzsteinhöhlen Brasiliens, man kann sie auf 1 km Länge durchwandern.

Die meisten Höhlen finden sich jedoch beim 82 km nordwestlich gelegenen **Iraquara,** auch Cidade das Grutas genannt, vor allem **da Torrinha** (seltene Formationen), **Lapa Doce** (40 m hoher Tunnel und viele Labyrinthe), **Lapa do Sol** (frühzeitliche Felsmalereien) und **da Pratinha** (mit einem schwimmend zu erkundenden Fluss).

Bei Andaraí (ungefähr 100 km auf Hauptstraßen von Lençóis entfernt) befindet sich in der Region Itaetê der 42 m tiefe Höhlensee **Poço Encantado.** Von April bis September zwischen 9 und 13 Uhr erleuchtet ein mächtiger Sonnenlichteinfall den Grund des Sees und bewirkt zauberhafte Reflexionen, von Dezember bis Februar zwischen 22 und 2 Uhr ereignet sich ein vergleichbares Schauspiel durch das Licht des Mondes.

Östlich von Andaraí (über Hauptstraßen 67 km) findet sich ein ähnlicher, nur kleinerer und flacherer Höhlensee, der **Poço Azul**, dessen verschiedene Felskorridore man schwimmend erkunden kann. Die beste Zeit für einen Besuch ist Febr.–Okt. 12–15 Uhr, Guide und Ausrüstung sind vor Ort erhältlich.

Cachoeira da Fumaça

Ebenso berühmt wie die Höhlen sind die zahlreichen Wasserfälle *(cachoeiras)*. Am beeindruckendsten ist der **Fumaça-Wasserfall** im **Vale do Capão** (von dort in 2 Std. zu erreichen) im westlichen Teil des Nationalparks. Mit einer Fallhöhe von 340 m ist der Katarakt einer der höchsten Wasserfälle Brasiliens (nach längeren Trockenperioden führt er kaum Wasser, aber ein Besuch lohnt sich wegen der Aussicht immer). Es entsteht ein dermaßen starker Sprühdunst, dass sich alles in Rauch aufzulösen scheint, woraus sich der Name *fumaça* erklärt. Oben robbt man sich bis dicht an den Abgrund heran und genießt einen herrlichen Weitblick auf den Canyon und das Sumpfgebiet im nördlichen Teil der Chapada.

Wanderpfade

Von Lençóis aus kann man verschiedene **Kurztouren** mit lokalen Guides unternehmen.

Körperlich recht fordernd ist der 6 Std. über Wanderpfade und Flussfelsen führende Weg zu der in einen kleinen Canyon eingeschnittenen **Cachoeira do Sossego** mit ihren rosafarbenen Felswänden. Auf dem Weg dorthin vergnügt man sich auf der natürlichen Rutschbahn von **Ribeirão do Meio** (s. Aktiv S. 381).

Etwas leichter ist eine 2–3-stündige Tour, die zu den kleinen Wasserfällen **Cachoeirinha** und **Cachoeira da Primavera** führt. Unterwegs macht man einen Badestopp am **Poço Halley,** bevor man schließlich zum **Salão das Areias Coloridas** mit seinem farbigen Sand gelangt.

Die vielleicht faszinierendste Tour führt entlang der **Trilha do Vale do Paty** (Infos zu Führungen und Übernachtung in den Reisebüros). Der 50 km lange Pfad verbindet das **Vale do Capão** (Aussteigerenklave im Westen der Chapada) mit dem kleinen Ort **Andaraí** und gibt einen schönen Eindruck von den landschaftlichen Reizen des Gebiets.

Die Tafelberge und Canyons der Chapada Diamantina

13 km von Andaraí entfernt befindet sich die geheimnisvolle, halb verfallene frühere Diamantensucherkolonie **Igatu.** Viele der 400 verbliebenen Einwohner dieser Geisterstadt erinnern sich noch an abenteuerliche Geschichten aus der guten alten Zeit. Heute ist fast alles verlassen und verfallen, dennoch gibt es hier einige einfache Übernachtungsmöglichkeiten.

Übernachten

... in Lençóis

Am rauschenden Bach – **Hotel Canto das Águas:** Av. Senhor dos Passos 1 (Centro), Tel. 075 33 34 11 54, www.lencois.com.br. Charmante Luxusunterkunft in absolut herrlicher Lage am Fluss, 43 Zimmer mit mehreren Preiskategorien, sehr schön ist der Typ Canto do Rio mit Flussblick. Traumhafter Pool mit großem Garten und Liegebereichen, auch das exzellente Restaurant Azul ist einen Besuch wert. Das Hotel wurde im Jahr 2009 als erstes nachhaltiges Hotel Brasiliens zertifiziert. €€€

Persönliche Betreuung – **Pousada Vila Serrano:** Rua Alto do Bonfim 8 (Centro), Tel. 075 988 48 95 02, www.vilaserrano.com. Wunderschöne Ökoanlage mit viel Grün, einem fantastischen Pool, hübschen Häuschen im Kolonialstil und geschmackvoll dekorierten

Zimmern, unter schweizerisch-brasilianischer Führung. Im Haus befindet sich ein kompetenter Touranbieter (s. unten), der hilfreiche Tipps auf Englisch zu Ausflügen in den Nationalpark gibt (deutschsprachige Guides können vermittelt werden). €€–€€€

Aktiv

Ausflüge – **Chapada Mar:** Rua Alto do Bonfim 8 (Vila Serrano), Tel. 075 999 96 28 63, www.chapadamar.com, tgl. 8–20 Uhr. Ein- und mehrtägige Touren zu allen Attraktionen, zu Fuß oder in Geländefahrzeugen, englisch- oder deutschsprachige Guides auf Anfrage, sehr freundlich und hilfsbereit.

Verkehr

Flugzeug: Der **Aeroporto de Lençóis** wird Mi, So ab Salvador von Latam/Voepass (www.latamairlines.com) und Do, So ab Belo Horizonte von **Azul** (www.voeazul.com.br) angeflogen.
Bus: Von Salvador 3 x tgl. (8, 13, 23 Uhr), nach Salvador 3 x tgl. (7.30, 13.15, 23.30 Uhr) mit **Rápido Federal** (www.rapidofederal.com.br, 6–7 Std., 128–220 R$). Wer von Cachoeira oder von Bahias Südküste aus anreisen will, muss in Feira de Santana umsteigen; der aus Salvador kommende Bus trifft dort ca. 2 Std. nach Abfahrt ein (ca. 10, 15, 1 Uhr).

P. N. Marinho dos Abrolhos ▶ 3, D 7

__Erkundungstouren__ ab Caravelas mit kleinen Booten (Hauptsaison tgl., Nebensaison nur bei genügend Anmeldungen) als Tagesausflug oder Tour mit Übernachtung, eine Lizenz der Umweltschutzbehörde ICMBio ist obligatorisch. Individualtouren ohne Anwesenheit von staatlich anerkannten Guides sind strengstens untersagt. Geankert und getaucht wird meist vor der Insel Siriba, die auch als einzige betreten werden darf (1,6 km Inselpfad). __Touren zur Walbeobachtung__ werden außer in Caravelas auch in Prado (54 km), Cumuruxatiba (87 km) sowie an weiteren Orten entlang der Küste bis nach Praia do Forte angeboten

Der 913 km² große und seit 1983 geschützte **Meeresnationalpark von Abrolhos** umfasst ein Gebiet mit fünf Inseln und liegt 70 km bzw. 38 Seemeilen vor dem bahianischen Küstenort **Caravelas,** dem besten Ausgangspunkt für die Erkundung des Nationalparks.

Die Entstehung der Inselgruppe geht zurück auf Vulkanausbrüche vor etwa 50 Mio. Jahren, von denen bizarre Felsformationen, Steilküsten und Höhlen bis heute Zeugnis ablegen. Die portugiesischen Entdecker, allen voran Amerigo Vespucci, fürchteten die gefährlichen Riffs und warnten vor den Gefahren des Schiffbruchs mit dem Ausspruch *abre os olhos* (halte die Augen auf), woraus sich später der Name Abrolhos entwickelt haben soll.

Vegetation und **Fauna** auf den Inseln sind recht spärlich. Hauptsächlich wachsen hier niedrige Gräser *(gramíneas)* und einigen Palmen. Die Hauptattraktion oberhalb des Wassers sind neben einigen wild lebenden Bergziegen *(cabras)* die zahlreichen Meeresvögel, vor allem die krummbeinigen *atobás,* Fregattvögel *(fregatas)* und Rotschnabel-Tropikvögel (*rabos de palha,* auch *grazina* genannt).

Die beste **Reisezeit** ist wegen der größeren Sichtweite unter Wasser (6–15 m) der Sommer (Dez.–Febr.). Will man auch die Wale antreffen, empfehlen sich August bis Dezember als beste Besuchsmonate.

Unterwasserwelt

Das Interesse der meisten Besucher gilt dem Abenteuer unter Wasser. Studien belegen, dass es nirgendwo im südlichen Atlantik einen so großen Artenreichtum – mehr als 1300 Arten – in der **Fauna** gibt. Man muss nicht einmal Tauchprofi sein, um diese bewundern zu können. Die in Inselnähe nur 2–6 m tiefen Gewässer lassen sich leicht mit Schnorchel erkunden. Etwas schwieriger gestaltet sich ein Besuch der **Rosalinda,** ein 1955 ca. 2 km vor den Inseln gesunkenes und noch gut erhaltenes italienisches Frachtschiff.

Korallen

Eine andere Attraktion sind die gewaltigen **Korallenriffe,** geprägt von einer Korallenart (*Mussismilia braziliensis),* auch bekannt als **Coral-cérebro de Abrolhos** (ihr Aussehen erinnert an ein Gehirn, *cérebro*), die es einzig hier gibt. Da sie sich pilzförmig erheben, werden sie auch *chapeirões* genannt. Bei einem Wachstum von 6 cm pro Jahrhundert können sie eine Höhe von 25 m und einen Durchmesser von 50 m erreichen. Einfachere Unterwasserkorallen findet man in **Recifes das Timbebas,** einem idealen Gebiet für Taucher, nur 11 km vor dem Küstenort Alcobaça gelegen. Insgesamt 18 verschiedene farbige Korallenarten wurden gezählt, was einen brasilianischen Rekord bedeutet. Am häufigsten findet man aber die *Mussismilia braziliensis.* Von den Farben her am faszinierendsten ist die Feuerkoralle *(coral-de-fogo).* Man muss jedoch nicht unbedingt tauchen, um diese Meeresbewohner bewundern zu können, vielfach sieht man sie auch so.

Fische und Wale

Am beeindruckendsten ist der **Fischreichtum**. Man begegnet Sardinenschwärmen *(sardinhas),* Silberbarschen *(meros),* Dorschen *(badejos-quadrados),* Papageienfischen *(peixes-papagaio),* Engelsfischen *(peixes-anjo),* Muränen *(moréias)* sowie gelegentlich Grünen Meeresschildkröten. Leider werden die Naturschutzbestimmungen nicht konsequent eingehalten, sodass durch illegalen Fischfang ein Rückgang besonders der Großfische zu beobachten ist.

Eine Besonderheit der Region, die aus diesem Grund auch als **Costa das Baleias** (Walküste) bekannt ist, sind die Hundertschaften von seltenen **Buckelwalen,** die zwischen Juli und Ende Oktober aus der Antarktis in die wärmeren Gewässer von Bahia kommen, um sich dort zu paaren. Jedes Jahr sind es mehr als im Vorjahr. Die Boote haben Anweisung, einen gewissen Abstand (150 m) nicht zu unterschreiten, um die Tiere nicht zu stören. Dennoch ist es auch aus etwas größerer Distanz beeindruckend, diese 16 m langen und bis zu 35 t schweren Kolosse zu beobachten.

Infos

Setur: Rua Barão do Rio Branco 27, Caravelas, Tel. 073 32 97 14 04, Mo–Fr 7.30–13.30 Uhr.

Instituto Baleia Jubarte: Rua Barão do Rio Branco 125, Caravelas, Tel. 073 32 97 13 20, www.baleiajubarte.org.br, Mo–Fr 8–12, 14–18 Uhr. Infos zu den Buckelwalen.

Übernachten

Mit Garten – **Pousada Liberdade:** Av. Adalício Nogueira 1551, Caravelas, Tel. 073 32 97 24 15, www.pousadaliberdade.com.br. Etwas außerhalb des Dorfes gelegen, mit Garten und Pool, nette Pavillons (AC). €–€€

Sehr hübsch mit Aussicht – **Pousada Canto do Rio:** Rua Alfredo Horcades 73, Prado,

Tel. 073 32 98 14 02, www.pousadacantodo riobahia.com.br. Romantische Lage mit Blick auf den Rio Jucuruçu, schöne De-luxe-Zimmer, Pool, Sauna, Bar. €€
Strandidyll – **Pousada Rio do Peixe:** Praia do Rio do Peixe Grande, Cumuruxatiba, Tel. 073 35 73 12 13, www.pousadariodopeixe.com.br. Wunderbare Ferienoase in schattiger Lage direkt am Strand. Mit Pool und mehreren Decks/ Loungebereichen. €€€

Essen & Trinken

Die **Beco das Garrafas** ist eine hübsche Open-Air-Gastronomiezeile in Prado, auf der sich ein gutes Dutzend sehr guter Restaurants befinden, die besten sind:
Haute Cuisine auf bahianisch – **Jubiabá:** Tel. 073 32 98 21 80, tgl. 11–23 Uhr. Exzellentes bahianisch-iberisches Restaurant, Besitzer Luís kredenzt einen fantastischen gegrillten *Budião* (Rifffisch) auf Maniokpüree mit Pitanga-Soße und Mangoscheiben (›Delícia Tropical‹). €€
Kreativ und einladend – **Banana da Terra:** Tel. 073 30 21 17 21, Mo–Fr 18–23, Sa, So 12–23.30 Uhr. Besitzerin Márcia liebt es, ihre Fisch- und Meeresfrüchteteller kreativ mit tropischen Früchten zu verfeinern, wie das Fischfilet in Bechamelsoße mit Ananaswürfeln und thailändischem Reis. Sehr hübsches Ambiente. €€

Aktiv

Bootstouren & mehr – **Horizonte Aberto:** Av. das Palmeiras 313 (Centro), Caravelas, Tel. 073 32 97 14 74, www.horizonteaberto.com.br, Mo–Fr 8.30–18, Sa 9–12 Uhr. Tagestour und mehrtägige Touren mit Übernachtung auf dem Boot (Live aboard) zu den Abrolhos-Inseln, auch spezielle Angebote für Taucher. **Prado Tour:** Prado, Tel. 073 999 17 29 20, www.pradotour.com.br. Alle Touren in und um Prado bis Cumuruxatiba und Caraíva, Schnorchel- und Walbeobachtungstouren, Hotelreservierung und Transfers. Kontakt auf Englisch. **Cumuru Magical Tour:** Cumuruxatiba, Tel. 073 988 15 02 40, www.cumu rumagicaltour.com.br. Alle Touren zwischen Caraíva und Caravelas, z. B. Tagesausflug zur wunderschönen Praia Barra do Cahy (›Litoral Norte‹) oder Richtung Süden (›Litoral Sul‹) zu den ebenso schönen Stränden Japara Grande und Japara Mirim mit Mittagessen im Restaurant Catamarã. Transfers nach Prado, Caravelas oder Porto Seguro/Trancoso. **Barco Libra:** Cumuruxatiba, Tel. 073 988 11 27 48. Tolle Bootstouren mit Kapitän Senhor Antônio Carlos, auch zu den Walen.

SCHÖNE STRANDORTE IN DER NÄHE

Wer nicht hauptsächlich zum Tauchen kommt, der findet in **Prado** (ca. 35 000 Einw.) einen netten Badeort mit einer deutlich besseren Infrastruktur und schöneren Stränden. **Cumuruxatiba** (6000 Einw.) bietet wunderbare und vom Tourismus kaum berührte Landschaften und ist außerhalb der Hochsaison ein Refugium für Ruhesuchende. Insgesamt ist die Walküste ein noch recht wenig besuchtes Gebiet und entfaltet gerade dadurch ihren besonderen Reiz. Auch die Preise sind hier niedriger als in vielen anderen Urlaubsregionen.

Verkehr

Bus: Anfahrt zur Walküste von Süden über Teixeira de Freitas, von Norden über Itamaraju. Von Teixeira de Freitas Anschluss nach Caravelas mit **Brasileiro** (www.expressobrasileiro.com, 4 x tgl., 2,5 Std., 27 R$). Von Teixeira de Freitas gen Norden nach Ilhéus, Porto Seguro u. a. sowie nach Prado und Cumuruxatiba fährt ebenfalls Brasileiro. Von und zu den südlich liegenden Städten São Paulo, Belo Horizonte und Rio de Janeiro fährt **Gontijo** (www.gontijo.com.br).

Porto Seguro, Arraial d'Ajuda und Trancoso

In der Nähe von Porto Seguro, Arraial d'Ajuda und Trancoso haben die portugiesischen Entdecker unter Pedro Álvares Cabral am 22. April 1500 erstmals brasilianischen Boden betreten. Der gesamte Küstenstreifen wurde am 22. April 1996 zu einem ›Museum‹ erklärt. Die heutigen Besucher kommen aber eher wegen der schönen Strände und nicht zuletzt der vielen Partys hierher.

Porto Seguro ▶ 3, D 9

Dieser Ort hat sich in den letzten 25 Jahren zu *der* Touristenhochburg Bahias entwickelt. Nur gut zwei Flugstunden von São Paulo entfernt, fallen hier im Sommer scharenweise per Charter überwiegend jugendliche Paulistas und Mineiros sowie zahlreiche Besucher aus dem gesamten Süden Brasiliens ein. Entsprechend ausgebildet ist die Infrastruktur. Der florierende Ort besteht eigentlich nur aus Pousadas, die ständig neu am Meer entlang aus dem Boden schießen. Immer mehr Zugezogene machen hier irgendetwas auf. Hatte der Ort 1980 erst 5000 Einwohner, sind es heute schon 168 000. Der Großteil des Tourismus spielt sich vor allem an den etwas außerhalb gelegenen Stränden und in der Unterstadt *(Cidade baixa)* ab, nur wenige interessieren sich für die Oberstadt *(Cidade alta)* mit einem äußerst sehenswerten alten Stadtkern.

Historisches Zentrum

Von der Kreuzung Trevo do Cabral in der Unterstadt (mit dem Cabral-Denkmal) ist man recht schnell zu Fuß über mehrere Treppen in der Oberstadt. Als Erstes entdecken wir neben den **Ruinen der ersten Jesuitenschule** der portugiesischen Ex-Kolonie die kleine, gut erhaltene **Capela de São Benedito** (1549–63).

Ein Stück weiter, an einem Platz, erhebt sich die **Igreja N. S. da Pena** (1535, 1730–73 rekonstruiert, Fr–Mi 8–12, 14–16 Uhr, So oft geschlossen).

Gleich neben der Kirche steht der 1772 erbaute Paço Municipal, der ehemals auch als Gefängnis diente und heute das **Museu de Porto Seguro** beherbergt. Das Museum dokumentiert die Geschichte der Entdeckung Brasiliens, insbesondere das Aufeinandertreffen indigener und portugiesischer Kultur und Bräuche.

Am Rand des Platzes befindet sich das bedeutendste historische Denkmal der Stadt, der sogenannte **Marco do Descobrimento** (Markstein der Entdeckung). Die Marmorsäule wurde entweder 1503 von Gonçalo Coelho oder 1526 von Cristóvão Jacques nach Brasilien gebracht.

Geht man ein Stückchen weiter, trifft man auf eine der ältesten noch erhaltenen Kirchen Brasiliens, die **Igreja N. S. da Misericórdia** von 1524, später jedoch im barocken Stil modifiziert. Im hier befindlichen **Museu de Arte Sacra**. sieht man die älteste in Brasilien existierende Heiligenstatue des Franz von Assisi, 1503 von Gonçalo Coelho aus Portugal mitgebracht.

Ein Stück davor hat man von dem erhobenen Standpunkt des *Centro histórico* aus einen weiten Blick über das Meer und den Küstenabschnitt, an dem alles begann …

Unterstadt

Hier ist im Sommer *festa* rund um die Uhr, wie man es sonst nur noch in Salvador findet – tagsüber an den Stränden und abends vor allem in der **Passarela do Álcool** bzw. offiziell **Passarela do Descobrimento,** die nur aus Bars, Cocktailständen und Kunsthandwerksläden besteht. Hier kommt niemand um eine *capeta* herum, einen ebenso kräftigen wie schmackhaften Cocktail aus Guaraná, Kondensmilch, Zimt, Ananas, Wodka und Eis. Nach einigen Gläsern meinen viele Gäste, dass sich in dieser Kleinstadt gar das animierteste Nachtleben der ganzen Küste Brasiliens abspielt. Für jeden Abend gibt es eine andere angesagte Adresse, um nach Axé-Rhythmen zu tanzen und zu feiern.

Strände

Am Tage zieht alles zu den riesigen *cabanas* an den *praias* nördlich der Stadt, besonders zur 7 km entfernten **Praia de Taperapuã,** wo die Jugend in Reihen Lambaeróbica oder andere Modetänze zelebriert, angefeuert von professionellen Vortänzern auf speziellen Bühnenpodesten. Ruhiger ist es an den schönen Stränden **Ponta Grande** (11 km) oder **do Mutá** (14 km). Als schönster und ursprünglichster Strand gilt die zu Santa Cruz Cabrália gehörende, jenseits des Rio João de Tiba (Fähre) gelegene **Praia Santo André** (ca. 27 km), die durch den Aufenthalt der deutschen Fußballnationalmannschaft während der WM 2014 nationale Bekanntheit erlangt hat.

Reizvoller jedoch sind die südlichen Strände der Nachbarorte **Arraial d'Ajuda** und **Trancoso** (Fähre, dann 4 bzw. 47 km auf einer Asphaltstraße).

Infos

Touristeninformation: Av. Portugal 350, www.portosegurotur.com, Mo–Fr 9–19 Uhr, Flughafen tgl. 8–17 Uhr.

Übernachten

In der Hochsaison (23. Dez.– Ende Febr.) ist eine Reservierung unbedingt angeraten.

Beste Lage – **Portobello Praia Resort:** Av. Beira Mar 6111, Praia de Taperapuã (7 km), Tel. 073 21 05 60 00, www.portobellohoteis.com.br. Nettes Ferienresort in schöner Lage am belebtesten Strand von Porto Seguro, zur Bar Axé Moi muss man bloß die Straße überqueren. Sehr schöner großer Pool, Restaurant, Sauna, Garten, Sport- und Freizeitmöglichkeiten. Alle Zimmer haben Veranda und Hängematte. €€

Am Fluss – **Hotel Estalagem:** Rua Marechal Deodoro 66 (Flussufer), Tel. 073 999 85 45 00, www.hotelestalagem.com.br. Rustikales und farbenfrohes Hotel in schöner, ruhiger Lage am Fluss. Einige Zimmer mit Veranda. €

All Inclusive – **Porto Seguro Praia Resort:** Av. Beira Mar 1500, Praia de Curuípe (3 km), Tel. 073 32 88 93 30, www.pspresort.com.br. All-Inclusive-Familienresort, Essen und alle Getränke sind inbegriffen, auch am Strand werden Gäste kulinarisch versorgt. Die 172 Zimmer in 4 Kategorien wurden gut renoviert. 4 Pools, 2 Jacuzzis, Sport- und Showprogramm sowie ein Abenteuerpark mit Kletterwand und Hängebrücken in den Baumwipfeln. €€€

Essen & Trinken

Churrasco am Strand – **Barraca do Gaúcho:** Praia de Taperapuã (vom Axé Moi 15–20 Min. nach Norden, vom Barramares 10 Min. nach Süden), Tel. 073 36 79 20 43, tgl. 9–22 Uhr. Großes Lokal in der Nähe der Mega-*barracas*. Wem die quirligen Tanzshows zu laut und lebhaft sind, der findet hier ein deutlich entspannteres Ambiente mit Meerblick und gutem *churrasco* (*all you can eat*) oder Beilagenbüfett. €€

Stadt und Strand – **Colher de Pau:** mehrere Standorte, u. a. Trav. Augusto Borges 52 (Centro), Tel. 073 982 27 69 60, tgl. 11–23.30 Uhr, und Praia de Taperapuã (6 km), tgl. 8–23.30 Uhr. An der Passarela liegt dieses schöne bahianische Lokal mit wunderbarer Open-Air-Terrasse (auch im 1. Stock) und Livemusik. In der ruhigen, idyllisch gelegenen Strand-*cabana,* fast gegenüber vom Portobello Resort, bekommt man die gleichen Gerichte bei Meerblick serviert. €€

Im Herzen der Stadt – **Esquina do Mundo:** Passarela do Descobrimento 292, Tel. 073 988 57 00 54, tgl. 11.30–24 Uhr. Ein sehr familienfreundliches Restaurant. Serviert wird bahianische Küche (*moqueca* für 2 Pers.), nettes Ambiente, abends Livemusik ab 19.30 Uhr. €€

Einkaufen

Souvenirs – Nirgendwo in Brasilien gibt es so viele Läden mit bedruckten **T-Shirts.** Ein besonders originelles Souvenir ist ein Fläschchen mit dem Cocktail der Region, *capeta*, erhältlich in der nächtlichen Vergnügungsmeile Passarela do Descobrimento.

Abends & Nachts

Bars & Klubs – Die Hauptanziehungspunkte am Abend sind außer der **Passarela do Descobrimento** (Passarela do Álcool) im Zentrum folgende große (Strand-)Bars oder Vergnügungskomplexe, wo man sich im Sommer besonders an bestimmten Abenden trifft. Entlang der Praia de Taperapuã sind das: **Axé Moi**, **Tôa-Tôa**, **Barramares**. Beliebt ist auch die **Ilha dos Aquários,** ein Nightlifekomplex mit Diskotheken auf einer Insel im Rio Buranhém, der jeden Freitag um 20 Uhr seine Pforten öffnet (Eintritt inkl. Überfahrt 75 R$). Wo an welchem Wochentag etwas los ist, erfragt man am besten an der Hotelrezeption.

Aktiv

Bootsausflüge – Schöne und inzwischen umweltgerecht durchgeführte Bootsausflüge zu den Sandbänken und Korallenriffen von Recife de Fora mit Aufenthalt zum Baden und Schnorcheln, Dauer 4 Std., 170 R$, zahlreiche Anbieter, Abfahrt Pier Municipal, Av. 22 de Abril/Av. Portugal.

Touren – **Costa Bahia:** Av. 22 de Abril 264, Tel. 073 981 33 90 74, www.costabahia.com.br, tgl. 7–22 Uhr. Umfangreiches Ausflugsprogramm, darunter Flusstouren auf einem Schoner, Tagestrips nach Arraial d'Ajuda und Trancoso oder auch Tauchtrips zu Korallen und Schiffswracks, die meist in 10–12 m Tiefe liegen.

Verkehr

Flugzeug: Der **Aeroporto de Porto Seguro** (www.aeroportoportoseguro.com.br) liegt 3 km nordwestlich des Ortszentrums. Verbindungen bestehen in alle größeren Städte Brasiliens, der Transfer mit Uber oder Taxi zu den Stadtstränden kostet ca. 20–50 R$.

Bus: Die **Rodoviária** liegt 2 km außerhalb des Zentrums. Verbindungen u. a. nach Ilhéus **(Rota,** www.rotatransportes.com.br, 3 x tgl., 6 Std., 125 R$), Itacaré **(Rota,** s. o.,

Palmen und Traumstrände laden bei Porto Seguro zu Muße und Genuss ein

1 x tgl., 8 Std., 140 R$), Rio de Janeiro **(Gontijo,** www.gontijo.com.br, 1 x tgl., 20 Std., 374 R$), Salvador **(Águia Branca,** www.aguiabranca.com.br, tgl. 17.40, 18.45 Uhr, 12,5 Std., 337–440 R$), Vitória **(Águia Branca,** s. o., 2 x tgl., 11–13 Std., 290–440 R$).

Fähre nach Arraial d'Ajuda: ab Fähranleger (Pça. dos Pataxós), Auto- und Personenfähren *(balsa)* alle 15 Min., nach 19 Uhr alle 30 Min., ab 1 Uhr stdl., 10 Min., hin gratis. Vom Anleger in Arraial fahren **Busse und private Kleinbusse** rund um die Uhr ins Ortszentrum (10 Min., 5 R$) und stdl. bis ca. 18 Uhr nach Trancoso (1 Std., 12 R$). Vom Zentrum in Arraial d'Ajuda fahren stdl. Busse nach Trancoso **(Águia Azul,** Tel. 073 35 75 11 70, 1 Std., 15 R$).

Arraial d'Ajuda ▸ 3, D 9

Wer heute nach Porto Seguro kommt, besucht fast immer auch das wenige Kilometer südlich gelegene **Arraial d'Ajuda.** Nur der Rio Buranhém (Fähre) trennt die beiden Ortschaften. Der Name Arraial d'Ajuda geht zurück auf die Schutzpatronin des Ortes, Nossa Senhora d'Ajuda, nach der auch die kleine **Jesuitenkirche** (1549–51) benannt ist. Das bei deren Bau benötigte Wasser schoss plötzlich aus einer nahe gelegenen Quelle, der **Fonte Sagrada,** an einem Abhang unterhalb der Kirche hervor, seitdem ist sie Ziel einer jedes Jahr im August veranstalteten großen Wallfahrt. Wer von dieser Quelle trinkt, so besagt die Legende, komme immer wieder nach Arraial zurück.

Der noch vor nicht langer Zeit recht verschlafen wirkende Ort hat schnell aufgeholt und macht Porto Seguro auf jedem Sektor schärfste Konkurrenz. Er hat nur 12 000 Einwohner, doch kommt jedes Jahr schon ein Mehrfaches dieser Zahl an Touristen. Im vielleicht buntesten Badeort Brasiliens überleben noch Hippiekulturen aus den 1970er-Jahren, drängen sich Rucksacktouristen in Bars, tummeln sich Sonnenanbeter und Ökos. Aber auch berühmte Musikgrößen wie Gal Costa, Caetano Veloso, Gilberto Gil oder weltbekannte Schauspieler wie Sophia Loren, Richard Gere und Robert de Niro gaben sich ihr Stelldichein in den schicken Pousadas mit Sauna und Pool, den französischen und japanischen Gourmetrestaurants oder der belebten **Praia de Mucugê.** Der Trend geht auch hier hin zum Exklusiveren und Schickeren.

Arraial d'Ajuda besteht fast nur aus Fremden, die aus anderen Teilen Brasiliens oder aus Europa hierher kamen und Pousadas, Bars, Restaurants oder Kunsthandwerksläden eröffneten. Besonders an der **Estrada do Mucugê,** dem Weg zum Hauptstrand (daher auch *caminho do mar* genannt), reiht sich ein Etablissement ans andere, so auch in der hübschen Gasse **Beco d'as Cores,** wo man sich in netten und geselligen Bars trifft und bei abendlicher Livemusik (meist ab 21 Uhr) ein Bier trinkt.

Nach wie vor belebt ist auch der **Broadway** zwischen der Igreja de N. S. d'Ajuda auf der einen und der brodelnden Praça São Brás auf der anderen Seite. Über die 200 m lange Flaniermeile bewegt sich jeder jeden Abend mehrere Male, unschlüssig, ob er seine Caipirinha stehend oder sitzend und vor einem Lautsprecher mit Blues-, Jazz- oder Reggaemusik einnehmen soll. Da man jedoch überall alles gleichzeitig hört, macht es keinen Unterschied, wo man sich niederlässt. Die einzige Devise lautet: sehen und gesehen werden.

Übernachten

Freundlich und informell – **Maitei Hotel:** Estr. do Mucugê 475, Tel. 073 35 75 37 99, www.maitei.com.br. Sehr hübsches, modern designtes Hotel. Von der Veranda und aus den meisten der 17 geräumigen, komfortablen Suiten (mit Jacuzzi) bietet sich ein traumhafter Meerblick. Zwei Pools. €€€

Für Familien – **Mar Paraíso Hotel:** Estr. do Mucugê 476, Tel. 073 35 75 44 00, www.marparaisohotel.com.br. Eines der wenigen Hotels direkt am Strand. Große Anlage mit Apartments sowie 55 Bungalows (bis 6 Pers.), rustikal und gemütlich, mit Küche und Terrasse. Toller Pool, Restaurant. €€€

Zentral auf der Meile – **Pousada Erva Doce:** Estr. do Mucugê 200, Tel. 073 35 75 11 13, www.ervadoce.com.br. Sehr grüne, ruhige und doch zentral gelegene Pousada. 15 charmant gestaltete Apartments, zum Teil mit Balkon. €€

Sympathisch – **Pousada Varanda do Sol:** Rua Amendoeiras 94, Tel. 073 35 75 10 51, www.varandadosol.com.br. Prima Pousada des netten Besitzers Ricardo aus Minas Gerais, der hier vor vielen Jahren gestrandet ist, als Arraial noch ein kleines Fischerdorf war. Zentrale, und doch sehr ruhige Lage, 17 Zimmer und 2 Familien-Chalets, kleiner Pool. €€

Familiär – **Pousada Bemvirá:** Alam. dos Flamboyants 54, Tel. 073 35 75 11 84, www.bemvira.com.br. Freundliche, persönlich geführte Pousada mit kleinem Pool und 20 rustikalen, aber komfortablen Zimmern. €€

Hostel der Extraklasse – **Na Casa 11 Hostel:** Rua Manoel C. Santiago 595, Tel. 073 999 34 17 41, www.nacasa11.com.br. Freundliches Hostel mit nett gestalteten DZ und Dorms. Viele

Extras, u. a. Pool, Yoga- und Meditationsraum. €–€€

Essen & Trinken

Apfelstrudel zum Dessert – **Rosa dos Ventos:** Alam. dos Flamboyants 24, Tel. 073 998 02 14 45, Di–Sa 16–23.30, So 13–22 Uhr. Gemütliches, romantisches Restaurant mit schönem Garten, unter österreichisch-brasilianischer Leitung, exzellente Küche, z. B. *filé de dourado ao molho de creme de abóbora e espinafre* (Fisch in Kürbis- und Spinatsoße). €€

Traditionell – **Manguti:** Estr. do Mucugê 99, Tel. 073 35 75 22 70, www.manguti.com.br, tgl. 12–23.30 Uhr. Größeres Lokal mit regionaler Küche, sehr gern bestellt wird *nhoque com filé*. €–€€

Authentisch – **Churrascaria do Joildo:** Estrada do Mucugê 1, Tel. 073 991 18 17 65, Mo 11–22, Di–Do, Sa, So 11–15, Fr 11–21 Uhr. Joildo und Silvana bieten ein üppiges und wirklich gutes Kilo-Buffet, u. a. mit frischem Grillfleisch, Fisch, *moquecas* und einer großen Auswahl an Nudeln, Salaten und Nachtischen. Abends Straßenverkauf von leckeren Torten. €–€€

Aktiv

Wellness-Spaßbad – **Arraial d'Ajuda Eco Parque:** Estr. da Balsa, Km 4,5, Tel. 073 35 75 86 00, www.arraialecoparque.com.br, 10–17 Uhr (meist Do–Sa), 130 R$, Kinder bis 11 J. 95 R$, unter 4 J. frei. Riesiges Bad mit Wellenbecken, künstlichem Fluss, Riesenrutschen und Hochseilgarten.

Tagesausflüge – Am beliebtesten sind die Trips zu den wunderschönen Stränden **Curuípe** und **Praia do Espelho** (120 R$), organisiert werden sie von den Reisebüros an der Estrada do Mucugê, sehr gut ist **Arraial Trip Tur,** Tel. 073 999 87 73 16, www.arraialtriptur.com.br. Man kann die Umgebung auch im Mietwagen erkunden, Autos gibt es bei **Robertinho Locadora** (Estr. do Mucugê 150, Tel. 073 35 75 16 93, tgl. 8–22 Uhr).

Strandwandern – Von Arraial d'Ajuda über Pitinga und den Strand von Rio da Barra bis Trancoso geht es bei Ebbe vorbei an einsamen Traumstränden mit Kokospalmen und rosa-violettfarbenen Felswänden, 2–3 Std. (nur bei Niedrigwasser).

Termine

Festa de Iemanjá: 2. Febr. Farbenprächtiger Umzug zu Ehren der Meeresgöttin des Candomblé, fast so opulent wie in Salvador.

N. S. d'Ajuda: 15. Aug. Religiöses Fest zu Ehren der Schutzheiligen des Ortes mit Wallfahrt.

Verkehr

Fähre: s. S. 251

Trancoso ▶ 3, D 9

Hier geht es bereits viel ruhiger zu, der 7000-Einwohner-Ort besteht in seinem Zentrum eigentlich nur aus einem Rasenviereck, gesäumt von zwei Reihen bunt bemalter alter Häuschen mit zahlreichen Bars, Kunsthandwerksläden, Restaurants und Pousadas, davor die kleine **Jesuitenkirche São João Batista** von 1656. Dennoch ist dieser Platz, **Quadrado** genannt, ein ganz besonderer Touristenmagnet und einer der schönsten Orte an Bahias Küste.

Bei den Urlaubern ist der hohe Anteil von Szenegruppen auffällig, seien es homosexuelle Männer und Frauen, Freunde von Punk und Piercing, Nudisten u. a. Das Touristenprofil bestimmt sich auch durch die große Anzahl ausländischer Besucher, von denen nicht wenige den Ort so attraktiv fanden, dass sie geblieben sind und eine Pousada, ein Restaurant oder eine Bar aufgemacht haben.

Auf internationales Flair und einen gewissen Luxus auf der mit Jackfruchtbäumen *(jaqueiras)* bewaldeten Anhöhe von Trancoso braucht man also nicht zu verzichten, wenn auch der ursprüngliche Charakter des früheren Fischerdörfchens bzw. der Hippiekolonie der 1970er-Jahre bis in die Gegenwart erhalten geblieben ist. Vielleicht liegt in dieser Verbindung von weltabgewandtem Mythos der 1970er-Jahre und kosmopolitischem Geist des 21. Jh. das Geheimnis der erstaunlichen Anziehungskraft des magischen Plätzchens, auf dem sich jeden Abend in den Bars Fremde, Einheimische und Zugezogene unterschiedlichster Couleur und unterschiedlichsten Geldbeutels dicht zusammendrängen, jede Anonymität schnell über Bord werfend.

Spätestens hier muss man feststellen, dass auch die außergewöhnlich schönen **Strände** dieser Region große Anziehungspunkte für Touristen von nah und fern sind. Der Ortsstrand, die **Praia dos Nativos,** ist recht belebt und voller Bars, inzwischen auch schon die etwas südlich gelegene **Praia dos Coqueiros.** Bedeutend ruhiger sind die südlichen Strände, wie **Ponta de Itapororoca** oder **Ponta de Itaquena.** Ein Erlebnis sind die **Wattwanderungen** (nur bei Ebbe) nach Arraial d'Ajuda (3 Std.) und Praia do Espelho (4 Std.).

Übernachten

Traumhafte Lage – **Pousada Mundo Verde:** Rua do Telégrafo 43, Tel. 073 988 34 01 65, www.pousadamundoverde.com.br. Exzellente Pousada mit wunderschönen, bis zu 80 m^2 großen Suiten auf einer Anhöhe in einem Tropengarten, vom Loungebereich am Pool fantastischer Blick aufs Meer. Sehr romantisch für Paare, aber auch größere *family units* (bis 5 Pers.) gibt es. Sehr ruhig, doch nur 300 m bis zum Quadrado. Die Besitzerin Juliana spricht Englisch. €€€

Tolle Bungalows – **Pousada Quarto Crescente:** Av. Itabela 458, Tel. 073 36 68 13 98, www.quartocrescente.net. Freundliche, familiär geführte Pousada mit Pools und Garten. Ein Tipp sind die schönen Bungalowzimmer *(apartamentos temáticos)* mit Balkon und Hängematte sowie insbesondere die Mastersuiten. Die vielen Auszeichnungen und Preise sind voll gerechtfertigt, der holländische Besitzer Pedro spricht Deutsch. €€€

Essen & Trinken

Mit Ambiente – **Capim Santo:** Pça. São João (Quadrado), Tel. 073 999 90 58 17, www.capimsanto.com.br, Mo–Sa 19–23 Uhr. Eines der besten und schönsten (Fisch-)Restaurants am Ort. Rustikal, gelegen im Garten einer schönen Pousada. €€–€€€

Unterm Mandelbaum – **Rabanete:** Pça. São João (Quadrado), Tel. 073 999 49 86 45, tgl. 12–16.30 Uhr (im Sommer länger). Restaurant mit exzellentem Selbstbedienungsbüfett zur Mittagszeit, abends à la carte. Man sitzt unter einem Mandelbaum und schaut dem Treiben auf dem Quadrado zu. Unbedingt die Nachspeisen probieren. €€–€€€

Traditionslokal – **Silvana & Cia:** Pça. São João (Quadrado), Tel. 073 999 31 48 84, Mo–Sa 13–23.30 Uhr. Dona Silvana serviert seit 1977 ihre göttlichen Fischteller, ihr landesweit berühmtes Aushängeschild ist der *badejo* (Merlan) in Bananenblättern. €€€

Gemütlich – **Ali na Janete:** Pça. São João (Quadrado), Tel. 073 999 10 36 56, tgl. 12–24 Uhr. Ein weiteres der vielen charmanten Restaurants mit Tischen und Liegeecken am Quadrado. Besitzerin Janete macht gute Meeresfrüchte, z. B. Krabben in der Kürbisschale *(›camarão na moranga‹)*. Auch günstigere Einzelteller sind verfügbar. €€

Abends & Nachts

Bars – Das Nachtleben von Trancoso reißt Besucher nur im Sommer von den Sitzen. Dann strömt alles zu den Szenebars am Quadrado wie **Jacaré do Brasil** oder diversen Forró-Lokalen. Tagsüber erholt man sich von der durchtanzten Nacht in den Strandbars **Fly Club** oder **Uxua Praia Bar.** In der Nebensaison schließen allerdings viele Bars.

Verkehr

Bus: Ca. stdl. bis 18.20 Uhr nach Arraial d'Ajuda (Zentrum/Fähre)/Porto Seguro, 1 Std., 14–16 R$.

Caraíva ▶ 3, D 9

Rund 70 km südlich von Arraial d'Ajuda bzw. 42 km von Trancoso liegt auf einer Halbinsel **Caraíva,** ein archaisches 5000-Seelen-Nest, in dem es weder Straßen noch Autos gibt, aber schon eine ganze Reihe Pousadas und einige Restaurants.

Der **Hauptplatz** mit einer kleinen weißen Kirche, in der früher einmal jährlich zum Geburtstag des Dorfheiligen alle Hochzeiten und Taufen gleichzeitig abgewickelt wurden, ist umgeben von Lehmhütten. Reizvoll sind die üppige Mangrovenvegetation sowie ein schöner, einsamer Strand.

Südlich grenzt der **Parque Nacional de Monte Pascoal** mit dem gleichnamigen Berg (536 m) an Caraíva an. Am dortigen Strandabschnitt **Barra do Caí** haben die offiziellen Entdecker unter Cabral am 22. April 1500 um 10 Uhr zum ersten Mal brasilianischen Boden betreten und wurden dabei von den Pataxós in einer brüderlichen Zeremonie begrüßt.

Übernachten & Essen

Am besten übernachtet man in der **Pousada Lagoa,** die zwischen Strand und Fluss liegt, (Tel. 073 999 85 68 62, www.lagoacaraiva.com.br, €€€), einer sehr netten Pousada mit großem Garten.

Leckere Pizza bei toller Flusslage gibt es in der **Bar do Porto** (Av. dos Navegantes, Mo–Sa 18–24 Uhr).

Verkehr

Die Anfahrt nach Caraíva gestaltet sich recht beschwerlich. Man kann eine organisierte **Jeep- oder Buggytour** buchen, es verkehren aber auch normale **Linienbusse** ab Arraial d'Ajuda **(Águia Azul,** Tel. 073 35 75 11 70, 3 x tgl., 2,5 Std., 32 R$) und Trancoso (3 x tgl., 2 Std., 23 R$). Kurz vor dem Ziel muss man allerdings sein Gefährt verlassen, mit einem Boot oder Kanu noch den Rio Caraíva überqueren, um dann endlich in den Ort zu gelangen.

Die fruchtbare Landschaft in der Umgebung des Monte Pascoal

Die Kakaoküste

Etwa in der Mitte zwischen Porto Seguro und Salvador liegt das nette Städtchen Ilhéus (179 000 Einw.) und 39 km weiter nördlich der bekannte Badeort Itacaré. Die an Traumstränden reiche Region war einst berühmt durch den Kakao und recht wohlhabend, heute setzt man immer mehr auf den Tourismus.

Ilhéus ▸ 3, D 8

1746 wurden die ersten Kakaopflanzen aus dem Amazonasgebiet eingeführt, gediehen über Jahrhunderte prächtig und bescherten dem Ort einen gewissen Reichtum. Eine kleine Fotoausstellung im neoklassizistischen **Palácio do Paranaguá** (1898–1907) an der Praça J. J. Seabra dokumentiert dies.

1989 jedoch befiel ein sehr resistenter Pilz *(vassoura-de-bruxa)* fast die gesamte Ernte und verursachte eine schwere Krise. Mehr als 30 000 Familien wurden arbeitslos, die sozialen Probleme der einst so wohlhabenden Stadt nahmen gravierende Formen an, bis die Stadtväter zögerlich den Tourismus entdeckten und nun alles vermarkten, was sich um den Kakao und den Dichter Jorge Amado rankt, der in Ilhéus einen großen Teil seiner Jugend verbrachte (1926–37).

Quarteirão Jorge Amado

Seit 2002 heißt die ganze **Altstadt** Quarteirão Jorge Amado. Das 1920 errichtete Wohnhaus der Familie Amado nennt sich heute **Casa de Cultura Jorge Amado** (Rua Jorge Amado 21, @casajorgeamadoofc, Mo–Fr 9–12.30, 14–18, Sa 9–13 Uhr, 5 R$) und birgt ein kleines Museum mit Fotos, Dokumenten und seinen Büchern.

Bar Vesúvio

Pça. Dom Eduardo 190, Tel. 073 988 61 21 28, Mo–Sa 10–23 Uhr (Sommer auch So)

Viel besucht wird auch Amados damaliges Stammlokal, die **Bar Vesúvio.** Sie wurde nach einem Besitzerwechsel renoviert, besitzt aber nach wie vor ihren alten Charme. Fast jeder Ilhéus-Neuankömmling trinkt hier seine erste Caipirinha. Die frühere Konditorei von 1856 wurde ab 1919 zu einem Treffpunkt der Kakaobarone und fungierte als Schauplatz des berühmten Amado-Romans »Gabriela wie Zimt und Nelken« (auf Deutsch erhältlich), ein Porträt des Kakaobooms der 1920er-Jahre, vor allem aber eine mitreißende Liebesgeschichte zwischen dem Chef und der Köchin der Bar. Im Vesúvio, so bekannte der Dichter, habe alles für ihn angefangen. Eine lebensgroße Plastik des Autors auf einer Bank im Freien illustriert noch heute seine Verbundenheit mit diesem Lokal.

Drei Kirchen

Von der Vesúvio-Bar blickt man auf die mächtige, 1931–67 erbaute **Catedral de São Sebastião** (Mo–Sa 9–17 Uhr, Messen So 8.30, 17 und 19 Uhr, Eintritt frei). Jedes Jahr im Januar findet hier am Tag des São Sebastião die *Lavagem da Igreja* statt, ein afrobrasilianisches religiöses Ritual, bei dem heute Feuerwehrmänner sowohl die Kirche als auch die tanzende Volksmenge bespritzen.

Die älteste Kirche von Ilhéus ist die im Jahr 1556 vollendete und später mehrfach restaurierte **Igreja de São Jorge** (Pça. Rui Barbosa, tgl. 8–17 Uhr). Sie beherbergt ein kleines Museum für sakrale Kunst.

Die dritte bedeutende Kirche ist die neogotische **Igreja N. S. da Piedade** (Rua Madre

Thaís, Mo–Fr 8–17, Sa 8–12 Uhr, Eintritt frei) aus dem Jahr 1916, die abends stimmungsvoll angeleuchtet wird. Von hier oben, dem Alto do Ceará, genießt man einen sehr schönen Blick auf die Stadt, den Hafen und die Küste.

Strände und Naturquellen

Die stadtnahen Strände von Ilhéus, die **Praia da Avenida** und die **Praia do Cristo** sind alle recht verschmutzt. An der nördlichen Küste gibt es zwar einen wunderschönen, 44 km langen Strand, die **Praia do Norte,** doch diese ist schwer zugänglich und wenig erschlossen. In Richtung Süden führt dagegen eine moderne Asphaltstraße dicht am Meer entlang. Dort finden sich kilometerlange, saubere Strände, an denen Kokospalmen wachsen und Musikbars betrieben werden.

Am belebtesten (zum Teil auch abends) sind die **Praia dos Milionários,** die angrenzende **Praia Cururupe** sowie die Strände von **Batuba** und **Cai n'Água** beim 19 km entfernten **Olivença.** Eine Attraktion dieses Nachbarorts ist das **Balneário Tororomba** (Direktbusse von Ilhéus, Di–So 9–18 Uhr, 8 R$), ein durch eine Naturquelle gespeistes Frei- oder Spaßbad mit mineralhaltigem Wasser, dem heilende Eigenschaften nachgesagt werden.

Infos

Infokiosk: neben der Kathedrale, Mo–Fr 8–17 Uhr.

Übernachten

Der Strand grüßt – **La Dolce Vita Hotel:** Praia do Sul, Km 2 (6,5 km vom Zentrum), Tel. 073 32 34 12 12, www.ladolcevita.com.br. Eine nette Hotelanlage direkt an der schönen Praia do Sul, vom Pool und Restaurant Blick aufs Meer. Einige der größeren Zimmer verfügen über Balkon und Hängematte. Längere Aufenthalte möglich. Sehr gutes Restaurant. Eigene Schokoladenherstellung mit Verkauf. Gutes Preis-Leistungs-Verhältnis. €€

Sehr gefragt – **Hotel Praia do Sol:** Praia do Sul, Km 0 (4,5 km vom Zentrum), Tel. 073 32 34 70 00, www.praiadosol.com.br. Ordentliche Hotelanlage direkt an der Praia do Sul mit 98 Zimmern, großem Garten und Pool. In der Hauptsaison reservieren! €€

Essen & Trinken

Auf Jorge Amados Spuren – **Bar Vesúvio:** s. S. 256

Treff Nr. 1 – **Barrakítika:** Rua Dom Pedro II 39, Tel. 073 32 31 83 00, Mo–Sa 11–1 Uhr. Uriges Straßenrestaurant mit Tischen auf dem Vorplatz (stets mit Livemusik). Sehr gute Fischpfanne *(Escabeche)* zu anständigen Preisen), Mittagstisch. Zum Haus gehört ein Kulturzentrum mit Theaterbühne. €–€€

Einkaufen

Auch Kakaoliköre – **Mercado de Artesanato:** Rua Eustáquio Bastos 2, Mo–Sa 8–18, So 8–13 Uhr. Die Markthalle mit ca. 80 Verkaufständen ist der beste Ort in Ilhéus, um günstig regionale Handwerkskunst und Lebensmittel zu kaufen, z. B. Kakaomarmelade *(geleia de cacau),* Schokolade mit hohem Kakaoanteil und verschiedene Kakaoliköre (kostenlose Proben bei **Delícias da Terra,** Loja 80).

Süße Obszönitäten – Die ›Kakaostadt‹ wirbt mit kleinen, allerdings recht obszönen Mitbringseln, die in ganz Brasilien bekannt und beliebt sind – man lasse sich überraschen. **Verkaufskiosk:** Pça. Dom Eduardo, www.chocolatecaseiroilheus.com.br, Mo–Fr 9–18, Sa 9–14 Uhr.

Aktiv

Ausflugs- & Abenteuertouren – **Ecosul Turismo:** Tel. 073 999 77 64 37, www.ecosulturismo.com. Von Biologen geleitete Agentur, u. a. Bootstouren zum Sonnenuntergang, Walbeobachtung und auf dem Fluss Rio do Engenho.

Verkehr

Flugzeug: Der **Aeroporto de Ilhéus** (Pontal, Tel. 073 32 34 40 00) liegt 3,5 km südlich in Richtung Olivença. Er wird u. a. angeflogen von **Latam** (www.latamairlines.com) und **Gol** (www.voegol.com.br). Viele Direktflüge nach São Paulo/Rio de Janeiro und Salvador.

Bus: Die **Rodoviária** (Av. Roberto Santos 15) liegt 4 km westlich des Zentrums in Richtung

Surfer finden in Itacaré nicht nur Traumstrände vor, sondern auch ideale Bedingungen zum Wellenreiten

Itabuna. U. a. gibt es von dort Verbindungen nach Itacaré **(Rota,** www.rotatransportes.com. br, ca. stdl. bis 19.40 Uhr, 1,5–2 Std., 30 R$), Porto Seguro **(Rota,** s. o., 3 x tgl., 6 Std., 131 R$) und Salvador **(Águia Branca,** www.aguiabranca.com.br, 3 x tgl., 8–9 Std., 110–290 R$).

Itacaré ▶ 3, D 8

Der kleine Badeort Itacaré (28 000 Einw.) ist erst Ende der 1990er-Jahre ›entdeckt‹ worden, in der Saison ist er voll mit jüngerem Surf-, Promi- und Ökopublikum, selbst tot geglaubte Hippiekulturen leben in diesem Schmelztiegel der Szenen wieder auf. Der Ansturm wuchs so stark, dass rechtzeitig die Notbremse gezogen wurde, um das ökologische Potenzial der Region nicht durch Hotelneubauten zu zerstören. Es bleibt zu hoffen, dass die lokalen Ämter und Agenturen auch weiter überwiegend auf den naturnahen Tourismus setzen, auch wenn dieser meistens nicht der einträglichste ist.

Strände

Karte: S. 262
Itacaré gilt mittlerweile bei vielen als Bahias bestes **Surfgebiet,** aber auch Liebhaber von **Strandwanderungen** kommen hier voll auf ihre Kosten. Die Einheimischen unterteilen die 15 Strände der Region in drei Gruppen.

Zentral an der *orla* liegen die **Praias do Pontal, Coroinha** und **da Concha** (sehr belebt). Dort mündet auch der Rio de Contas, den man vom Kai aus mit Fischerbooten ein Stück flussaufwärts fahren sollte, auch Rafting ist möglich (Rafting-Anbieter: s. S. 263).

Leicht über kurze Wege zu erreichen sind die urbanen Strände von **Resende** (Surfen), **Tiririca** (beliebtester Surfspot), **Costa** (Surfen) und **Ribeira** (Riffe und Süßwasserlagune).

Entfernter und ruhiger sind die restlichen bis zur Grenze nach Ilhéus reichenden Strände **Prainha, São José, Jeribucaçu, Engenhoca, Havaizinho, Camboinha** und **Itacarezinho,** die teilweise mit, teilweise ohne Guide zu erreichen sind (s. Aktiv S. 262). Wunderschön ist die Urwaldstrecke von Ribeira bis Prainha (60–90 Min. mit Guide), der Zielstrand gilt zudem als einer der reizvollsten des Bundesstaats. Wer diese Paradiese aufsucht, wird sich oft wie Robinson noch vorab selbst mit Wasser und Proviant versorgen müssen, denn Bars und Restaurants sind an diesen Stränden Itacarés bislang kaum vorhanden.

Übernachten

Tropischer Garten Eden – **Pousada Burundanga:** Rua Bromélia, Tel. 073 999 77 88 99, www.burundanga.com.br. Der wunderschöne tropische Garten mit Atlantischem Regenwald ist das Plus dieser charmanten Pousada. 10 hübsche und großzügige Zimmer mit Moskitonetz sowie Balkon oder Veranda. Kleiner Pool für die Abkühlung nach der Strandwanderung. Keine Kinder unter 14 Jahren. €€
Heimelig – **Pousada Abaré:** Rua Helicônia, Tel. 073 999 06 37 25, www.pousadaabare.com.br. Sympathische, familiär geführte Pousada mit Wohlfühlklima. Die geräumigen Zimmer haben Balkon/Veranda und Hängematte, außen wartet ein netter Poolbereich. Gutes Preis-Leistungs-Verhältnis. €€
Elegant – **A Casa de Gabriella:** Rua Hibisco, Tel. 073 998 28 76 59, www.acasadegabriella.com.br. Geschmackvoll designte Pousada mit tollem, großem Pool in einem grünen Garten. Attraktive Loungebereiche, gutes Frühstück. Die Zimmer im Obergeschoss haben eine eigene Sonnenterrasse. Keine Kinder unter 12 Jahren. €€€

Essen & Trinken

Beine hoch – **Cabana Ariramba:** Praia da Concha, Tel. 073 999 86 79 79, Di–So 10–17 Uhr. Wunderbar entspanntes Strandrestaurant, wo man unter Palmen und beim Anblick des tiefblauen Meeres guten Fisch, ein Hühnerfilet oder frischen Salat essen kann. Tipp: *camarão bailandês,* das sind Krabben in Honig-Ingwer-Soße mit Bananenpüree und Kokosmilch, dazu ein leckerer *cupuaçu*-Saft. €€
Leichte Sportlerkost – **Tio Gu Creperia:** Rua Pedro Longo 488, Tel. 073 999 11 38 42, Di–

Hier sieht es noch ganz harmlos aus – Rafting auf dem Rio de Contas

So 17–23 Uhr. Hier gibt es wirklich großartige Crêpes (süß oder herzhaft), z. B. *itacoatiara* mit Putenbrust, Büffelmozzarella, getrockneter Tomate und Rucola, und hervorragende frische Fruchtsäfte. Etliche Zutaten kommen aus dem eigenen Biogarten. €

Moqueca-Varianten – **Tia Deth:** Av. Castro Alves, Tel. 073 998 15 46 02, Mo–Sa 12–22 Uhr. Die Einheimische ›Tante Deth‹ und ihr Sohn Tiquinho machen eine Spitzen-Moqueca. Sehr lecker ist die selten zu findende Variante mit Bananen statt Fisch, auch vegetarische *Moquecas* gibt es. €–€€

Top Hausmannskost – **Restaurante do Zé:** Av. Castro Alves 360, Tel. 073 999 75 11 63, Mo–Sa 12–22, So 12–16 Uhr. Sehr gutes bahianisches Self-Service-Lokal mit prima Preis-Leistungs-Verhältnis. Schön am Hafen gelegen. Großartiger *cupuaçu*-Saft mit 35 Prozent Fruchtanteil aus eigener Herstellung (ohne Konservierungsstoffe). Zum Abschluss ein leckerer Nachtisch oder Schokolade aus der Region. €–€€

Loungen am Strand – **Itacarezinho:** s. Aktiv S. 262

Abends & Nachts

Itacaré ist landesweit bekannt für sein reges Nachtleben, das vor allem in den Sommermonaten die richtige Betriebstemperatur erreicht. Einer der wichtigsten Anziehungspunkte ist die Hafenpromenade, ansonsten trifft man sich in den Bars entlang der Hauptstraße oder zu gelegentlichen Strandpartys.

Aktiv

Tolle Touren – **Brazil Trip Tour:** Tel. 073 999 96 33 31, www.braziltriptour.com. Tolle Onlineagentur mit einer ganzen Palette an Tagestouren, u. a. geführte Strandwanderung ›4 Praias‹ (9–16 Uhr, 110–130 R$ mit Abholung von der Pousada), Rafting oder gemächliche Bootstour auf dem Rio de Contas in Taboquinhas, vorbei an Mangroven und Kakaoplantagen (9–14 oder 13–18 Uhr), außerdem Surfunterricht, Transfers u. v. m.

STRÄNDE BEI ITACARÉ

Tour-Infos

Anfahrt zur Praia Engenhoca: Mit eigenem Wagen, Bus (ab Rodoviária in Itacaré, ca. stdl. Rota-Bus, 8 R$, vor der Fahrt dem Fahrer zu verstehen geben, dass man am Haltepunkt der Praia Engenhoca aussteigen möchte) oder individueller Transfer zu bei Buchung am Vortag fest vereinbarten Uhrzeiten (z. B. über Brazil Trip Tour, s. S. 261, ca. 200 R$ hin und zurück bis 4 Pers.).

Start: Bushaltestelle an der BA-001, Zugang zur Praia Engenhoca.

Dauer: Je nach Aufenthalt an den einzelnen Stränden 3–6 Std.

Schwierigkeitsgrad: leichte Tour über Sandwege, Steine und Strand, am Ende bei Rückfahrt mit dem Bus eine längere Steigung.

Restaurant Itacarezinho: Praia Itacarezinho, @itacarezinhorestaurante, Di–So 10–16 Uhr, Mindestverzehr 250 R$/Pers. plus 50 R$ für Benutzung der Anlage mit Duschen, Handtüchern usw., Kinder unter 15 J. 100 R$, unter 10 J. gratis.

Wichtige Hinweise: Wasser, Snacks, Strandsandalen *(havaianas)* und feste Schuhe mitnehmen, dazu Sonnencreme und Hut.

Die von dichtem Regenwald umgebenen Badebuchten im südlichen Umland von Itacaré zählen zu den spektakulärsten Stränden Bahias, wenn nicht ganz Brasiliens. Es lohnt sich, diese Naturparadiese im Rahmen eines Tagesausflugs aufzusuchen. Während einige Traumstrände wie Prainha oder Jeribucaçu nur mit einem lokalen Guide erreichbar sind, können andere auch recht einfach selbststän-

dig gefunden werden. Die vorgeschlagene Tour führt zu den Stränden **Engenhoca, Havaizinho, Camboinha** und **Itacarezinho.**
Von der Bushaltestelle an der Hauptstraße sind es 20 Minuten durch Atlantischen Regenwald (nach ca. 5 Minuten an der Gabelung links halten) bis zur bilderbuchschönen **Praia Engenhoca.** Am Anfang des Strandes mündet der kleine Rio Borundanga ins Meer, daneben stehen **Baracken,** in der Getränke und Tapiocas verkauft werden. Aufgrund der kleinen Wellen ist der Strand besonders bei Surfanfängern beliebt, ansonsten kann man die grandiose Szenerie weitgehend für sich alleine genießen und ein erfrischendes Bad im Meer nehmen (dabei eher links halten, auf der rechten Strandseite oft Strömungen).
Entweder läuft man denselben Pfad ein kurzes Stück zurück und biegt bei der großen Gabelung links (›Trilha de Dentro‹) ab oder man gelangt über einen zugewuchterten, etwas abenteuerlichen Regenwaldhang (›Trilha de Fora‹, sensationelle Ausblicke!) in etwa 25 Minuten zu einem traumhaften Aussichtspunkt (›Mirante‹) auf die **Praia Havaizinho:** Der Panoramablick auf die schmale, rechts unterhalb des Weges gelegene Bucht ist alleine schon den Ausflug wert. Vom Mirante führt ein Weg hinunter zur Praia Havaizinho (besser als über die Felsen), wo sich in Strandbars mit Strohhütten entspannen lässt. Der von zwei weit ins Meer ragenden Felsen geschützte Strand bietet meist ruhiges Wasser, doch man sollte auch hier auf gelegentliche Strömungen achten.
Man folgt dem Weg weiter in südliche Richtung und kommt über die **Praia da Camboinha** (gefährliche Strömungen!), verschlungene Pfade sowie abermalige spektakuläre Ausblicke in gut 25 Min. schließlich zur **Praia Itacarezinho.** Den traumhaften Blick von dem vorgelagerten Hügel auf den 5 km langen Strand wird man so schnell nicht vergessen. Am Anfang des Strandes befindet sich das fantastische **Restaurant Itacarezinho,** das mit Palmengarten, Loungeliegen, Meerblick und köstlichen Fisch- und Krabbentellern einen würdigen Abschluss der Tour darstellt und vor allem am Wochenende ein beliebtes Ausflugsziel ist. Der geforderte Mindestverzehr kann in Spitzenzeiten allerdings sehr saftig ausfallen. Trotzdem ist es aufgrund der schönen Lage und der Qualität der Speisen fast immer voll, eine vorherige Reservierung ist auf jeden Fall ratsam. Wer es einsamer bevorzugt, läuft einfach den von Palmen gesäumten Strand noch etwas weiter nach Süden.
Rückweg: Vom Restaurant Itacarezinho zur Hauptstraße muss eine ungemütlich steile Straße bezwungen werden (ca. 15 Min.). Oben befindet sich eine Bushaltestelle, die Busse nach Itacaré kommen allerdings nur ca. stündlich vorbei. Besser ist es, bereits im Vorweg einen Abholservice vom Restaurant vereinbart zu haben.

Authentische Erlebnisse – **Ativa Aventuras:** Tel. 073 999 28 13 72, www.ativaaventura.com.br. Mehrtägige Touren entlang der Kakaoküste.
Strandwanderungen – Einige der entfernteren Strände sollten nur mit Guide oder als ein über eine Agentur gebuchter Ausflug besucht werden. Recht einfach ist noch in knapp 1,5 Std. die Prainha zu erreichen, lokale Führer warten an der Praia da Ribeira (Hin- und Rückweg 60 R$, Guide am besten über Agentur buchen, z. B. bei Brazil Trip Tour). Siehe auch Aktiv S. 262).

Verkehr

Bus: Es gibt regelmäßige Verbindungen nach Ilhéus **(Rota,** www.rotatransportes.com.br, ca. stdl. bis 18.40 Uhr, 2 Std., 29 R$). Nach Salvador gibt es 7 x tgl. Verbindungen mit **Cidade Sol** oder **Águia Branca.** Die Fahrt geht erst nach Bom Despacho/Itaparica (5,5 Std., 42–78 R$), von wo aus man dann mit der Fähre übersetzt.
Transfer vom/zum Flughafen Ilhéus: am einfachsten z. B. mit **Brazil Trip Tour** (Tel. 073 999 96 33 31, www.braziltriptour.com, 280 R$/bis 3 Pers.)

Atlantischer
Ozean
São Luís
Fortaleza
Natal
Recife

Kapitel 3

Der Nordosten

Die Küstenreiseziele des Nordostens sind beliebt. Hier gibt es sieben der zehn laut Reisemagazin »Viagem« schönsten Strände Brasiliens und all das, was die meisten von Brasilien erwarten: Palmen, Strand, Dauersonnenschein, sympathische Menschen und Folklorefeste.

Es ist zwar die ärmste Region des Landes, dennoch herrscht ein positives Lebensgefühl. Die touristische Infrastruktur ist gut entwickelt und ermöglicht einen Luxusurlaub in Resorts ebenso wie naturnahen Abenteuer-, Sport- und Öko-Tourismus.

Eine der beliebtesten Städte ist Fortaleza mit guter Infrastruktur und riesigen Strandbars. Ausflüge nach Canoa Quebrada und Jericoacoara führen in herrliche Dünenlandschaften. Auch Natal wird von vielen wegen seiner Dünen sowie des lebendigen Strand- und Nightlife-Viertels Ponta Negra geschätzt.

Die Metropole Recife bietet neben dem urbanen Strand von Boa Viagem auch eine interessante Altstadt sowie viel Geschichte und Kultur, vor allem in Verbindung mit der 6 km entfernten Nachbarstadt Olinda mit ihren historischen Gassen und alten Kirchen. 70 km südlich liegt das Ferienparadies Porto de Galinhas, eine Flugstunde entfernt die unter Naturschutz stehende Insel Fernando de Noronha.

João Pessoa und Maceió waren bislang eher bei brasilianischen Urlaubern bekannt, ihre Attraktivität spricht sich aber allmählich auch bei ausländischen Reisenden herum. Beide Städte samt ihrem Umland lohnen einen Besuch wegen der schönen Palmenstrände und des fast karibisch türkisblau schimmernden Meeres.

Ebenfalls zu empfehlen ist ein Besuch des noch wenig touristischen São Luís mit seiner restaurierten Altstadt. Von hier aus gelangt man zum Nationalpark Lençóis Maranhenses, einer weitläufigen Dünen- und Lagunenlandschaft.

Rustikales Windrad für den Betrieb einer Wasserpumpe bei Canoa Quebrada

Auf einen Blick: Der Nordosten

Sehenswert

 **Olinda:** Barockes Schmuckstück aus dem 16. Jh. mit vielen Kirchen, Museen und populären Festen (s. S. 280).

 **Natal:** Endlose Dünenlandschaften, die man im heulenden Buggy durchstreift (s. S. 293).

Fernando de Noronha: Smaragd des Atlantiks, eine unter Naturschutz stehende Insel mit Delfinen, Meeresschildkröten und reicher Unterwasserwelt (s. S. 300).

Fortaleza: Weitläufige Strände, riesige Tanzbars am Meer und faszinierende Ziele in der Umgebung (s. S. 306).

 **São Luís:** Die architektonisch und atmosphärisch reizvolle Altstadt säumen gut erhaltene Kolonialhäuser mit kunstvoll verzierten Azulejo-Fassaden (s. S. 317).

Schöne Routen

Zur Rota Ecológica: Nördlich von Maceió gelangt man über einfache Fischerdörfer zur herrlichen Praia do Toque und weiter über einen Fluss bis nach Japaratinga (s. S. 270).

Der Dünenenpark Lençóis Maranhenses: Bootstouren und Wanderungen durch Brasiliens ausgedehnteste Dünenlandschaft am Meer, den Nationalpark Lençóis Maranhenses, mit vielen Lagunen und zahlreichen Seevögeln (s. S. 320).

Unsere Tipps

Stadtstrände von Maceió: In Ponta Verde und Jatiúca liegen zwei der schönsten Stadtstrände des Nordostens, rund herum Bars und ein lebendiges Nachtleben (s. S. 268).

Altstadt von Recife: Das historische Zentrum lässt sich am besten zu Fuß erkunden.Besuchen Sie den quirligen Mercado São José, den pittoresken Pátio de São Pedro und die geschichtsträchtige Rua Bom Jesus mit ihren kunterbunten Häuserfassaden (s. S. 275).

Mit Delfinen schwimmen in Praia da Pipa: In dem charmanten Badeort bei Natal kann man in einsamen Badebuchten (mit etwas Glück) mit Delfinen schwimmen. Schöne Touren per Buggy, Schoner oder Kajak zeigen die grandiose Natur der Gegend (s. S. 296).

Historisches Alcântara und Umgebung
Parque Nacional Lençóis Maranhenses
São Luís
Der Dünenpark Lençóis Maranhenses
Jericoacoara
Atlantischer Ozean
Fortaleza
Strandwanderung auf Fernando de Noronha
Fernando de Noronha
Teresina
Canoa Quebrada
Natal
Praia da Pipa
Mit Delfinen schwimmen in Praia da Pipa
João Pessoa
Olinda
Altstadt von Recife
Recife
Porto de Galinhas
Japaratinga
Zur Rota Ecológica
Juazeiro
Maceió
Stadtstrände von Maceió
Barra de São Miguel

Gasse in Olinda

Strandwanderung auf Fernando de Noronha: Die ›Perle des Atlantiks‹ besitzt die schönsten Strände Brasiliens – neun von ihnen lernt man auf einem einzigen Strandspaziergang kennen (s. S. 304).

Historisches Alcântara und Umgebung: Eine eindrucksvolle Zeitreise in die Vergangenheit führt per Tagesausflug nach Alcântara. Der langsam verfallende Ort hat nur zehn Straßen und drei Plätze, aber 300 historische Gebäude aus dem 17. und 18. Jh. (s. S. 322).

Maceió und Umgebung

Maceió liegt auf einem schmalen Landstreifen zwischen dem Atlantik und mehreren Lagunen, an traumhaften Palmenstränden vor türkisblauem Meer mangelt es nicht. Die Hauptstadt des kleinen Bundesstaates Alagoas wird auch bei ausländischen Reisenden immer beliebter. Der besondere Reiz der Region erschließt sich auf Fahrten durch endlos scheinende Palmenplantagen zu umliegenden Strandorten, wie die Praia do Francês im Süden oder die Fischerdörfer an der Rota Ecológica im Norden.

Maceió ▶3, E/F 6

Maceió (958 000 Einw.), die Hauptstadt des kleinen Bundesstaates Alagoas, entwickelte sich seit Errichtung der ersten Zuckersiederei im Jahr 1815. Die bis heute wichtige Zuckerwirtschaft (50 % des Bruttoinlandsprodukts von Alagoas) und der Export über den eigenen Hafen bewirkten einigen Wohlstand. Leider bietet das recht reizlose Zentrum nur noch wenige historische Bauten aus dieser Zeit.

Im Stadtzentrum

Die älteste Kirche ist die **Igreja de N. S. do Rosário** (1829), die größte die **Catedral Metropolitana** (1859). Sehenswert ist jedoch lediglich die **Igreja Bom Jesus dos Martírios** (1881) am gleichnamigen Platz, vor allem wegen ihrer Fassade aus portugiesischen Azulejos. Auch das dem Kunsthandwerk und der Volkskultur verschiedener Regionen von Alagoas gewidmete **Museu Théo Brandão** (Av. da Paz 1490) verdient einen Besuch.

Stadtstrände

Hauptattraktion des tropischen Maceió mit seiner durchschnittlichen Jahrestemperatur von 25 °C sind palmengesäumte Strände und Seen. Der vom Zentrum aus gesehen nächste Strand ist die zum Baden ungeeignete **Praia da Avenida,** in den 1950er-Jahren noch ein Modestrand, bis die zunehmende Verschmutzung durch den Hafen und die Einleitung von Abwässern dem ein Ende bereiteten.

Die heute bevorzugt besuchten Stadtstrände liegen nördlich davon in der nobleren Nordzone. Der Erste ist die **Praia de Pajuçara,** von der aus man bei Ebbe mit einer Jangada (Floßboot; s. Tipp S. 270) zu der 2 km vorgelagerten Korallen- und Sandbank fahren und in den flachen Naturpools baden kann. Am Ende der Pajuçara-Bucht schließt sich die kleinere **Praia de Sete Coqueiros** an. Die nächsten Strände, **Ponta Verde** und **Jatiúca,** sind besonders attraktiv und zählen aus diesem Grund zu den beliebtesten der Stadt. Von dem früheren großen Palmenwald sind nur noch Reste übrig, dafür gibt es jetzt mehr Bars, Restaurants und Hotels.

Infos

Secretaria de Turismo (SEMTUR): www.experimentemaceio.com.br, mehrere Infostände, u. a. an der Strandpromenade in Ponta Verde, am Flughafen und Busbahnhof.

Übernachten

Nobel mit Folklore-Touch – **Hotel Ritz Lagoa da Anta:** Av. Brig. Eduardo Gomes 546

(Jatiúca), Tel. 082 21 21 40 00, www.ritzlagoadaanta.com.br. Bestes Hotel der Stadt mit 196 sehr stilvoll eingerichteten Zimmern und ebensolchem Ambiente. Restaurant, Pool und Spa. €€€

Bei den Jangadas – **Hotel Praia Bonita:** Av. João Davino 66 (Jatiúca), Tel. 082 21 23 48 21, www.praiajatiuca.com.br. Budgethotel mittlerer Größe am nördlichen Ende der Strandstraße (€€). Zur selben Kette gehören weitere Hotels im Strandviertel, z. B. das zentral gelegene **Hotel Brisa Suítes,** Av. Dr. Antônio Gouveia 953, Tel. 082 21 23 48 20, www.brisasuites.com.br, das zu den moderneren Häusern der Stadt zählt. Die 144 Zimmer sind ganz in Weiß gehalten, einige besitzen frontalen Meerblick. €€

... an der Rota Ecológica

Top in Brasilien – **Pousada do Toque:** Praia do Toque (Porto da Rua), Tel. 082 32 95 11 27, www.pousadadotoque.com.br. Der Pionier im Umweltschutz in der Region gilt auch als eine der besten Pousadas Brasiliens. 17 Chalets in tropischem Garten, herrlicher Pool, direkter Strandzugang. Nur mit Reservierung. €€€

Traumhafter Garten – **Casa Acayu:** Praia do Toque (Porto da Rua), Tel. 082 32 95 11 03, www.casaacayu.com.br. Fantastisch gelegene Pousada in einem Palmenhain, 150 m vom Strand, schickes Design, wunderschöner Garten und Pool. €€€

Entspannt – **Pousada Origami:** Praia do Toque (Porto da Rua), Tel. 082 999 632 223, www.pousadaorigami.com.br. 5 schöne Chalets mit japanischem Einschlag, alles in einem gepflegten Garten am Strand in ruhiger Atmosphäre. Restaurant. €€€

... in Praia do Francês

Beste Strandlage – **Hotel Ponta Verde Praia do Francês:** Rua das Algas 300, Tel. 082 32 63 61 00, www.hotelpontaverde.com.br. Sehr schönes Strandhotel mit regionaltypischer

So schön lebt man in Maceió – Strände, so weit das Auge reicht

JANGADA-FAHRT

Unverzichtbar ist ein kleiner Ausflug in einer **Jangada** – diese archaischen Floßboote sind schon eine Attraktion für sich. In der Regel führen die Touren von der Praia de Pajuçara zu einer Sandbank im Meer, dies jedoch nur bei Ebbe (30 Min., 50 R$).

Dekoration in bester Lage direkt an der verkehrsbefreiten Promenade. Viele Zimmer mit traumhaften Meerblick (›Frente Mar‹). Besonderer Pluspunkt ist der Pool auf der Dachterrasse, wo das Bar-Restaurant **Rabeca** u. a. leckere Cocktails serviert – toll zum Sonnenuntergang. €€

Freundlich – **Pousada Capitães de Areia:** Rua Vermelha 13, Tel. 082 32 60 14 77, www.capitaesdeareia.com.br. Sehr gut geführte, saubere Pousada mit 21 Zimmern und Pool. €€

Essen & Trinken

Für den besonderen Anlass – **Maria Antonieta:** Av. Dr. Antônio Gomes de Barros 150 (Jatiúca), Tel. 082 32 02 88 28, www.mariaantonieta-al.com.br, tgl. 12–24 Uhr. Wunderschönes Restaurant mit romantischem Ambiente. Bei gedimmter Beleuchtung wird gehobene italienische Küche serviert, in der Mitte des Saales thront ein ›Lebensbaum‹, der Mutter Natur und der Mutter des Besitzers Breno Gama gewidmet ist: Maria Antonieta. Die Weinkarte des Hauses wird zu den zehn besten Brasiliens gezählt (mehr als 400 Weine im Angebot)! €€–€€€

Angesagter Treff – **Divina Gula:** Rua Eng. Paulo B. Nogueira 85 (Jatiúca), Tel. 082 32 35 10 16, @divinagulabr, Di–Do 11.30–24, Fr, Sa 11.30–2, So 11–24 Uhr. Sehr gutes Lokal im rustikalen Fazenda-Stil, abends auch Bar. Viele Gerichte werden mit Bio-Zutaten zubereitet. €€

Meerblick – **Lopana:** Av. Sílvio C. Viana 27 (Ponta Verde), Tel. 082 32 31 74 84, www.lopana.com.br, tgl. 9–24 Uhr. Herrliche Strandbar unter Palmen, gute Fischteller und viel Musik vom DJ. €€

Abends & Nachts

Das Nachtleben konzentriert sich in Jatiúca. Sehr beliebt ist die Traditionsbar **Maikai** (Av. Eng. Paulo B. Nogueira 540, @maikaimaceio, Mo ab 18, Di–So ab 17 Uhr). In der dazugehörigen **Show Bar** treten regelmäßig Live-Bands auf, Programm s. Instagram.

Verkehr

Flugzeug: Der **Aeroporto Zumbi dos Palmares** (BR 104, KM 91, Rio Largo, Tel. 082 30 36 52 00) liegt 25 km westlich. Der Transfer nach Maceió erfolgt mit dem etwa halbstdl. verkehrenden **Flughafenbus** der Gesellschaft Veleiro oder besser per Uber (ca. 45 R$) oder **Taxi** (ca. 80–100 R$ bis Jatiúca oder Ponta Verde).

Bus: Die **Rodoviária João Paulo II** liegt im Stadtteil Feitosa 4 km westlich des Zentrums. Verbindungen u. a. nach João Pessoa **(Gontijo,** www.gontijo.com.br, tgl. 22, Do 6.15 Uhr, 7–8 Std., 70–129 R$), Natal **(Gontijo,** s. o., tgl. 22, Do 6.15 Uhr, 10–12 Std., 102–187 R$), Recife **(Real Alagoas,** www.realalagoas.com.br, 7 x tgl., 4,5 Std., 91–126 R$) und Salvador **(Rota,** www.rotatransportes.com.br, und **Catedral,** www.viacaocatedral.com.br, 10 x tgl., 9,5–12 Std., 181–290 R$).

Umgebung von Maceió

Nördlich von Maceió

▶ 3, F 6

Zur Rota Ecológica

Für ein ruhigeres Kontrastprogramm muss man weiter in die Umgebung ausweichen. Sehr lohnend ist die Fahrt in den 106 km nördlich von Maceió gelegenen Bezirk **São Miguel dos Milagres,** eine Region, die auch als **Ökologische Route** (Rota Ecológica) bekannt geworden ist. Hier finden sich einige unberührte, noch fast wilde Strände und einfache Fischerdörfer. Bis auf einzelne, oft sehr hochwertige und dem Umweltschutz zugewandte Pousadas ist die Gegend touristisch kaum entwickelt.

Besonders in der Nähe der Dörfer **Porto da Rua, Porto de Pedras** und **Japaratinga** laden ruhige, weit geschwungene **Palmenstrände** und durch Korallenbänke entstehende natürliche Schwimmbecken zu gemächlichen Strandspaziergängen ein. Am sehenswertesten sind die **Praia Tatuamunha, Praia do Riacho, Praia do Toque** und **Praia Patacho.**

Durch das Gebiet fließt der **Rio Tatuamunha,** auf dem sich bei Bootsausflügen noch einige der vom Aussterben bedrohten, bis zu 4,5 m großen und 600 kg schweren Seekühe antreffen lassen.

Südlich von Maceió

▶ 3, E 6/7

Praia do Francês

Knapp 24 km südlich vom Zentrum erfreut sich die schöne **Praia do Francês** anhaltender Beliebtheit. Die von Palmenwäldern gesäumte Strecke dorthin über die Ilha de Santa Rita ist landschaftlich reizvoll und voller Lagunen und Flüsse. Am Straßenrand sieht man kleine Siedlungen mit den für diese Region typischen Lehmhütten im Baustil früherer Sklavenunterkünfte. Der herrliche Strand besteht aus einem von Riffen geschützten belebteren Abschnitt mit Pousadas und Bars und einem ruhigeren, einsameren Teil, der wegen der hohen Wellen gerne von Surfern genutzt wird. Früher wurde hier von Franzosen der Schmuggel mit dem Brasilholz abgewickelt, woher der Name Praia do Francês rührt.

Praia do Gunga

Sowohl von Maceió als auch von Praia do Francês aus werden Tagesausflüge zur beliebten **Praia do Gunga** angeboten, dem bekanntesten und wohl auch landschaftlich schönsten Strand in Alagoas (keine Übernachtungsmöglichkeit). Zahlreiche Ausflügler tummeln sich auf einer palmenreichen Landzunge, die gleich an zwei Stränden Bademöglichkeiten bietet: auf der von einem Korallenriff geschützten Meerseite sowie wenige Schritte weiter in den seichten Gewässern der **Lagoa do Roteiro.** Der Strand zählt zu einem größeren Naturschutzgebiet, da in dieser Region Eiablageplätze von Meeresschildkröten liegen. Schöne Buggy-Ausflüge führen über sehenswerte geologische Gesteinsformationen, in denen Sandarten in mehr als 100 Farbtönen vorkommen, bis zur **Lagoa Doce,** einer weiteren Lagune, wo ein erfrischendes Bad im Süßwasser möglich ist. Außerdem werden etwa einstündige Bootsausflüge zu den Korallenriffen angeboten. Obwohl der Hauptstrand durch die hohe Besucherzahl sehr belebt ist, kann man Richtung Süden schon nach wenigen Hundert Metern an fast menschenleeren Stränden spazierengehen.

Marechal Deodoro

Ein historisch interessanter Ausflug führt in die 7 km entfernte erste Hauptstadt des Bundesstaates Alagoas, nach **Marechal Deodoro.** Der kleine Ort, der ein sehenswertes historisches Zentrum besitzt, ist benannt nach dem ersten Präsidenten der Republik Brasilien, Manoel Deodoro da Fonseca (1827–92). Zu besichtigen sind hier unter anderem ein kleines **Museum** im Geburtshaus des Namensgebers, sowie ein bedeutendes Franziskanerkonvent mit der **Igreja de Santa Maria Madalena** und einem **Museum für Sakralkunst.**

Übernachten

Praia do Francês wird von vielen Reisenden nur als Tagesausflug angesteuert, es lohnt sich aber, in dem charmanten Ort mehrere Tage zu logieren. Als Unterkunft stehen viele nette **Pousadas** sowie das in bester Strandlage entstandene **Hotel Ponta Verde Praia do Francês** (s. S. 269) zur Verfügung.

Recife und Umgebung

Recife (1,5 Mio. Einw.) liegt über drei, nur wenige Meter vom Festland entfernte Inseln verteilt inmitten der Flüsse Beberibe und Capibaribe. Die Stadt der 39 Brücken und 50 Kanäle möchte gern mit Venedig verglichen werden, allenthalben wird geworben mit dem Beinamen Veneza Brasileira. Lange Zeit war sie die von Ausländern meistbesuchte Stadt des Nordostens, bis Salvador und Fortaleza ihr diesen Rang streitig machten.

Recife ▶ 3, F 6

Das einstige Image als Mekka der Sextouristen konnte Recife durch Anstrengungen der besorgten Stadtverwaltung ablegen. Nach einer Revitalisierung der Altstadt wird nun ein eher kunsthistorisch und kulturell interessiertes Publikum angezogen. Und tatsächlich: Die Kunst- und Musikszene der Stadt ist hochentwickelt. Ein weiterer Gewinn sind die vielen restaurierten Plätze und Gebäude.

Holländer und Portugiesen

Die früheste Notiz von der Existenz eines Fischerdorfs namens Ribeira do Mar dos Arrecifes (später Recife, also Riff) stammt vom 12. März 1537. Die Kolonisierung begann jedoch erst im Jahr 1630 mit dem Bau eines Forts durch die Holländer, die hier ähnliche geografische Bedingungen vorfanden wie in der Heimat und zudem einen Hafen an der Stelle Südamerikas hatten, die Europa am nächsten lag. Der neue Hauptstützpunkt der Holländer in Brasilien nannte sich nun Maurcéia, nach ihrem Gründer Prinz Maurício (Moritz) de Nassau und entwickelte sich in den 24 Jahren holländischer Herrschaft schnell von einem Dorf zu einer Kleinstadt mit 2000 Häusern und 8000 Einwohnern. Zahlreiche Brücken, Kanäle, Forts, öffentliche Gebäude und Regierungspaläste zeugen noch heute von dieser bewegten Epoche. Mit dem Verfall der Zuckerpreise auf dem Weltmarkt versuchten die Kolonialherren jedoch, ihre Verluste durch höhere Steuertribute auszugleichen, und bezahlten diese Provokation mit ihrer vollständigen Vertreibung aus Brasilien im Jahr 1654.

Fortan waren die Portugiesen auch hier wieder die Herren im Hause. Die Expansion der Hafenstadt setzte sich fort, bis Recife 1823 offiziell zur Stadt erklärt wurde. Vor allem während der Regierungszeit von Francisco de Rego Barros (1837–40) entstanden zahlreiche neue Brücken, Straßen, Hafenanlagen, der Palácio do Governo und später das neoklassizistische Teatro Santa Isabel (1850). Im 19. und 20. Jh. schließlich war das alte Zentrum von Recife, besonders das Viertel São José, wichtige Bühne intellektueller und politischer Bewegungen.

Sehenswertes

Cityplan: S. 274

Forte das Cinco Pontas/ Museu da Cidade 1

Largo das Cinco Pontas (São José), Mi–Fr 10–17, Sa, So 10–16 Uhr, Eintritt frei

Zum Ausgangspunkt einer Besichtigung wählt manam besten Recifes wichtigste Festung, das **Forte das Cinco Pontas** (von den Holländern Forte Frederik genannt), schließlich begann hier 1630 die Kolonialgeschichte der Stadt. Bemerkenswert ist seine ursprünglich sternförmige Konstruktion und die Größe, bis zu 1000 Soldaten fanden in ihm Platz. Im ersten Stock befindet sich das **Stadtmuseum** (Museu da Cidade) mit Fotografien und Karten zur Geschichte Recifes.

Mercado São José 2

Pça. Dom Vital, Mo–Sa 6–18, So 6–12 Uhr

Über die quirlige Geschäftsstraße Rua das Calçadas erreicht man einen ca. 1000 m² großen Platz, unter dessen Schatten spendenden Bäumen reges Leben herrscht. Gleich daneben erhebt sich der Prachtbau des **Mercado São José,** eine der ersten und perfektesten Metallkonstruktionen Brasiliens aus dem Jahr 1875, heute Nationaldenkmal.

Inspiriert von der Markthalle von Grenelle und den Zentralhallen von Paris, wurden seine einzelnen Bauelemente fast vollständig aus Frankreich importiert. Trotz der Zerstörung durch einen Brand sind die dreiteilige Struktur und das aus Marseille stammende Dach noch im Original erhalten. Im Innern befinden sich ein **Fisch- und ein Fleischmarkt** sowie zahlreiche Verkaufsstände für **Kunsthandwerk,** welches hier günstiger zu erstehen ist als an den touristischen Verkaufsstellen.

Pátio de São Pedro 3

Alle Kulturzentren: Di–Fr 9–16, So 13–16 Uhr

Auf der anderen Seite der Praça Dom Vital geht es in die kleine Travessa do Mercado, dann rechts in die Rua Direita und gleich wieder links in die Rua São Pedro bis zum **Pátio de São Pedro,** einem sehr populären und schönen, von Kolonialbauten gesäumten Platz mit der **Catedral de São Pedro dos Clérigos** in seiner Mitte und rundherum einer ganzen Reihe von Straßenlokalen sowie drei kleinen **Kulturzentren.** Zwei davon befassen sich mit den legendärsten Musikern Pernambucos, Luiz Gonzaga und Chico Science, das dritte mit dem traditionellen Frevo-Karneval. Gelegentlich sorgen Livebands auf Bühnen für Stimmung.

In der Oficina Brennand haben fast 2000 Keramikfiguren ihre Heimat gefunden

R. dos Coelhos
R. São Gonçalo
R. da Sta. Cruz
Igreja Santa Cruz
R. Gervásio Pires
R. Rosário da Boa Vista
R. Corredor do Bispo
Av. Oliveira
R. Bispo
C. Ayres
R. do Príncipe
R. Rego Melo
R. Sapiranga
COELHOS
R. Dr. José Mariano
R. Prof. C. Duarte
R. da Glória
R. da Alegria
R. C. de Abreu
R. Aragão
R. Conceição
R. do Veras
R. Velha
R. da Matriz
Igreja do Santíssimo Sacramento
R. da Imperatriz
R. do Hospício
R. Martins Jr.
Av. Conde da Boa Vista
BOA VISTA
R. Riachuelo
Juristische Fakultät
Parque 13 de Maio
R. 7 de Setembro
R. da Saudade
R. da União
R. Princesa Isabel
R. Mamede Simões
R. João Lira
Rio Capibaribe
Bahnhof
Busbahnhof
Pte. Velha
R. Floriano Peixoto
R. Lambari
R. São João
R. da Pátria
R. Barão da Vitória
Ponte da Boa Vista
Ponte Duarte Coelho
R. da Aurora
Ponte Princ. Isabel
SANTO ANTÔNIO
R. Tobias Barreto
R. Mq. do Herval
R. da Concórdia
R. da Palma
R. Frei Caneca
R. das Flores
R. Nova
R. M. de Albuquerque
R. Siqueira Campos
R. Uthôa Cintra
R. do Sol
Teatro Santa Isabel
Cor. de Ônibus
Av. Dantas Barreto
R. Frei Henrique
R. das Águas Verdes
Passo da Pátria
R. 24 de Maio
Basílica de Nossa Senhora do Carmo
R. João S. Major
Igreja de Sto. Antônio
Av. Guararapes
Pça. da República
Palácio do Campo das Princesas
Palácio da Justiça
R. do Forte
R. do Jardim
R. Pe. Floriano
R. Felipe Camarão
R. Direita
Igreja N.S. do Rosário d. Pretos
R. Primeiro de Março
R. do Fogo
R. Duque de Caxias
R. Imp. Dom Pedro II
Av. Martins de Barros
R. das Calçadas
Rua do Penha
Praça Dom Vital
R. do Livramento
Av. N. S. do Carmo
R. Estreita do Rosário
Ponte Buarque de Macedo
R. Coração de Maria
R. de Sta. Rita
R. Padre Munis
R. Antônio Henrique
Tr. do Macedo
R. do Porão
R. Bc. do Barroquim
R. da Praia
R. Cais de Santa Rita
Av. Sul
Ponte 12 de Setembro
RECIFE ANTIGO
Cais da Alfândega
R. Mq. de Olinda
R. Álvares Cabral
Av. Rio Branco
R. Madre Deus
R. da Moeda
Vlr. G. Barros
R. Mariz
R. Dona Maria César
R. do Apolo
R. da Guia
Av. Barbosa Lima
Tr. Bom Jesus
R. do Observatório
R. do Brum
Tr. Tiradentes
Av. Alfredo Lisboa
Praça do Marco Zero
Riff
Atlantischer Ozean
0
200
400
600
800
Olinda
Vasco da Gama
Cajueiro
Tamarineira
Iputinga
Recife
Prado
San Martin
Details s. S. 280 Cityplan Olinda
Details s. Hauptkarte
Atlantischer Ozean
Pina
Caçote
Boa Viagem
Aeroporto Internacional do Recife Guararapes
Details s. S 277 Cityplan Recife, Boa Viagem
BR 101
BR 232
0
2
4 km

Recife

Sehenswert

1 Forte das Cinco Pontas/ Museu da Cidade
2 Mercado São José
3 Pátio de São Pedro
4 Casa da Cultura
5 Capela Dourada/Museu Franciscano de Arte Sacra
6 Ponte Maurício de Nassau
7 Rua Bom Jesus
8 Sinagoga Kahal Zur Israel
9 Torre Malakoff
10 Forte do Brum
11 Oficina Cerâmica Francisco Brennand
12 Museu do Homem do Nordeste
13 Boa Viagem

Übernachten

1 – 3 s. Cityplan S. 277

Essen & Trinken

1 – 3 s. Cityplan S. 277
4 Entre Amigos Praia

Abends & Nachts

1 Galeria Joana d'Arc
2 Rua da Moeda
3 Downtown Pub
4 s. Cityplan S. 277

Aktiv

1 Catamaran Tours

Casa da Cultura 4

Rua Floriano Peixoto (Santo Antônio), Mo–Sa 9–17, So 9–14 Uhr, Eintritt frei

Der Weg führt nun durch eine kleine Gasse bis zur Hauptstraße Avenida Dantas Barreto, wo man sich ein Stück nach links hält und an der ersten Ampel rechts in die Rua Tobias Barreto einbiegt. An ihrem Ende gelangt man zur **Casa da Cultura** am Rio Capibaribe. Es ist ein imposantes Gebäude in Form eines Kreuzes, das 1855–67 erbaut wurde und fast ein Jahrhundert lang als Gefängnis diente. Seit 1975, nach einer Totalrestauration, befinden sich hier in den ehemaligen Zellen über drei Ebenen verteilt zahlreiche **Läden** mit Kunsthandwerk und Halbedelsteinen. Ganz besonders beliebte Mitbringsel sind die bunten Tonfiguren des Keramikers Baé und der Fruchtlikör *jenipapo.*

Capela Dourada/Museu Franciscano de Arte Sacra 5

Rua Imperador Pedro II 206, Di–Fr 10–17, Sa, So 14–17 Uhr, 10 R$

Man tritt auf der anderen Seite des Gebäudes wieder heraus, geht dann weiter nach rechts immer am Flussufer entlang, hält sich danach auf der Höhe der schönen blauen Brücke da Boa Vista nach rechts, geht durch die Rua Nova, überquert die große Avenida Dantas Barreto, geht weiter geradeaus über die Praça da Independência bis zur Rua Imperador Pedro II und läuft dort nach links etwa 200 m bis zur **Goldenen Kapelle**. Die Capela Dourada wurde zwischen 1696 und 1724 errichtet und gehört zum Ordem Terceira de São Francisco do Recife. Die Holzvertäfelung im Innern ist fast vollständig mit Blattgold überzogen, nur in Salvador und Ouro Preto gibt es Vergleichbares. Angrenzend an die Kapelle befindet sich das **Franziskanermuseum für Sakralkunst.**

Altstadt (Recife Antigo)

Nun geht man die Rua Imperador wieder 200 m zurück, biegen links in die Rua 1° de Março ein, überquert die älteste Brücke der Stadt, die **Ponte Maurício de Nassau** 6 (1643), und gelangt in ihrer Verlängerung direkt in die **Altstadt.** Hier wurden viele Gebäude und insbesondere die alten Hafenschuppen rund um die Praça do Marco Zero sehenswert restauriert und mit Bars und Restaurants revitalisiert.

Da ist zunächst die Avenida Marquês de Olinda. Fast am Ende dieser Straße, etwas schräg nach links, geht es in die noch traditionsreichere **Rua Bom Jesus** 7 mit ihren im Zuge des Restaurationsprojekts Cores da Cidade (Farben der Stadt) kunterbunt bemalten Häusern. Ihre Entstehungsgeschichte reicht bis ins 17. Jh. zurück. Während der Zeit der holländischen Okkupation (1630–34) hieß sie Rua dos Judeus, von der

Iberischen Halbinsel vertriebene Juden hatten hier die erste jüdische Gemeinde Brasiliens gegründet. Die **Sinagoga Kahal Zur Israel** 8 (Nr. 197, Di–Fr 9–17, So 14–18 Uhr) war die erste Synagoge Amerikas. Ein paar Hundert Meter weiter, auf der gegenüberliegenden Straßenseite, trifft man auf die **Torre Malakoff** 9 (Pça. do Arsenal da Marinha, Di–Fr 10–17, So 15.30–19.30 Uhr, Eintritt frei), eine alte Sternwarte aus dem 19. Jh., in der heute gelegentlich Kunstausstellungen stattfinden. Um den Altstadtspaziergang abzuschließen, geht man noch bis ans Ende der Insel, wo man das älteste Bauwerk der Stadt aus dem Jahr 1629 besichtigen kann, das **Forte do Brum** 10 (Pça. Comunidade Luso-Brasileira, Di–Fr 9–17, Sa, So 14–17 Uhr, 5 R$).

Oficina Cerâmica Francisco Brennand 11

Av. Caxangá (Várzea), 16 km westlich des Zentrums, www.oficinafranciscobrennand.org.br, Anfahrt mit Uber (45–55 R$) oder Taxi (mit dem Fahrer Preis für Hin- und Rückfahrt vereinbaren), Di–So 10–18 Uhr, 50 R$

1993 standen sie in der Kunsthalle von Berlin und machten den Künstler, der ein Jahr später den Internationalen Gabriela-Mistral-Preis gewann, schließlich auch in Deutschland bekannt. Wer diese Ausstellung verpasst hatte, kann dies nun in Recife nachholen. Dort hat Francisco Brennand (1927–2019), einer der bedeutendsten zeitgenössischen Bildhauer Brasiliens, sein Atelier und seine Heimstatt.

Die erste Aufmerksamkeit gilt einem großen, gepflegten **Garten,** in dem Hunderte von Keramikarbeiten zwischen Brunnen und tropischen Pflanzen ausgestellt sind. Daneben steht die ehemalige Ziegelfabrik der Familie Brennand mit weiteren Werken.

Die Motive lassen schnell Vergleiche mit Brennands großem Vorbild Antonio Gaudí aufkommen – Thema ist fast immer die Erotik des weiblichen wie männlichen Körpers. Der Künstler wehrt sich gegen die Etikettierung seiner Kunst als ›pornografisch‹ und verweist auf archaische Typen und Formen, auf die er zurückgreift. Erotisch hingegen darf man seine mehr als 2000 Tonarbeiten aber gerne nennen.

Seine Philosophie hat Francisco Brennand selbst in wenigen knappen Sätzen zusammengefasst: »Ton ist ein ursprüngliches Material. Wer es bearbeitet, ist sofort in der Welt der Archetypen, mit allen ihren Mythen und Symbolen.«

Museu do Homem do Nordeste 12

Av. 17 de Agosto 2187 (Casa Forte), 10 km nordwestlich der Altstadt, Tel. 081 30 73 63 40, Di–Fr 10–16, Sa, So 13–17 Uhr, 6 R$

Dieses **Museum** gehört mit zum Interessantesten, was Recife zu bieten hat. Die Dauerausstellung umfasst verschiedene Bereiche der Geschichte des **Zuckerrohranbaus** sowie der **Folklore und Religion** des brasilianischen Nordostens. So wurde Wert darauf gelegt, neben dem Produktionsprozess auch die früheren Produzenten, nämlich die Sklavenarbeiter, nicht zu vergessen. Neben ihren Arbeitswerkzeugen sind auch die Strafinstrumente zu sehen, unter denen sie zu leiden hatten. Ein weiterer Trakt ist den Bereichen Folklore und Religion gewidmet, man sieht farbenprächtige Festwagen, Statuen und Kostüme afrikanischer Gottheiten (Orixás), populäre Spielzeuge, Keramikfiguren etc. Neben Schulklassen ziehen hier Touristen aus aller Welt hindurch.

Boa Viagem 13

Cityplan: S. 274, 277

Dieser Stadtteil ist so etwas wie Recifes Neustadt. Außerdem konzentriert sich hier die touristische Infrastruktur mit den meisten Hotels, Restaurants, Bars und Nachtklubs. Der gleichnamige 8 km lange Strand wird häufig mit der Copacabana verglichen. Die Häuserfront, die bogenförmig geführte Avenida und der breite Sandstrand sind wirklich ähnlich, nur gibt es hier weniger Bars und Restaurants als in Rio.

Beim Bad im Meer ist unbedingt darauf zu achten, nicht hinter den Riffen zu schwimmen, da es dort schon häufiger zu Haiangriffen gekommen ist. So lange man sich vor den Riffen aufhält, besteht an den meisten Stellen keine Gefahr (jedoch Schilder beachten!).

Recife, Boa Viagem

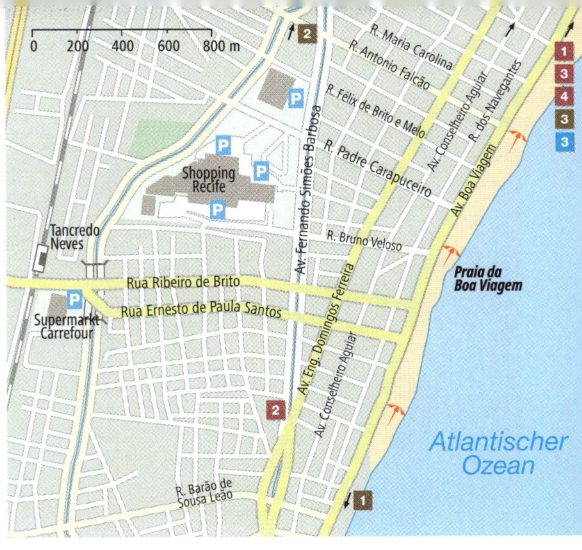

Sehenswert

1 – 13 s. Cityplan S. 274

Übernachten

1 Hotel Recife Atlante Plaza
2 Hotel Luzeiros Recife
3 Transamerica Prestige Beach Class International

Essen & Trinken

1 Mingus Zé Maria
2 Parraxaxá
3 Ça Va Bistrô Moderne
4 s. Cityplan S. 274

Abends & Nachts

1 – 3 s. Cityplan S. 274
4 Bodega de Véio

Aktiv

1 s. Cityplan S. 274

Infos

Tourist-Infos: Es gibt in der Stadt mehrere Infobüros, u. a. am **Flughafen** (tgl. 6–23 Uhr), am **Busbahnhof** (Mo–Fr 7–17, Sa So 10–16 Uhr), in der **Altstadt/Rua da Guia** (tgl. 9–18 Uhr) sowie an der **Praça de Boa Viagem** (tgl. 8–20 Uhr).

Übernachten

Cityplan: oben

Erste Strandreihe – **Hotel Recife Atlante Plaza 1:** Av. Boa Viagem 5426, Tel. 081 33 02 44 46, www.atlanteplaza.com.br. Direkt in erster Strandreihe nahe dem zentralen Platz von Boa Viagem. Aus vielen der 241 modernen Zimmer sowie aus dem gläsernen Fahrstuhl bietet sich ein wunderbarer Meerblick. Auf dem Dach hübscher Pool mit Spa und Fitnessraum. €€€

Eine gute Wahl – **Hotel Luzeiros Recife 2:** Rua Barão de Santo Ângelo 100 (Pina), Tel. 081 31 39 88 00, www.luzeirosrecife.com.br. Das Hotel bietet elegant dekorierte und modern ausgestattete Zimmer sowie ein top Frühstücksbuffet für einen gelungenen Wohlfühlaufenthalt in Recife. Es liegt zwar nicht am Strand, aber auf halber Strecke im Stadtteil Pina gelegen, so sind es per Uber/Taxi jeweils nur wenige Minuten bis zur Strandpromenade von Boa Viagem sowie bis zur Altstadt von Recife Antigo. €€–€€€

Rundherum viel los – **Transamerica Prestige Beach Class International 3:** Av. Boa Viagem 420, Tel. 081 30 39 90 00, www.reserveatlantica.com.br. Der Vorteil des riesigen Hotels älteren Jahrgangs ist die nahezu ideale Lage an der nördlichen Strandpromenade von Boa Viagem. Aus den höheren Stockwerken fantastische Aussichten. €€–€€€

Essen & Trinken

Cityplan: S. 277

Für den besonderen Anlass – **Mingus Zé Maria 1:** Rua do Atlântico 102 (Pina), Tel. 081 992 32 56 56, www.mingus.com.br, Di–Sa 12–16, 19–24, So 12–17 Uhr. Eine der kulinarischen Topadressen der Stadt – in elegantem Ambiente genießt man solch kreative Gerichte wie Shrimps mit Ingwerkruste und Shitake-Risotto in Thaisoße. €€

Die Küche des Sertão – **Parraxaxá 2:** Av. Fernando S. Barbosa 1200 (Boa Viagem), Tel.

Die meisten Hotels und viele Ausgehmöglichkeiten liegen im Stadtteil Boa Viagem

081 34 63 78 74, www.parraxaxa.com.br, tgl. 11.30–22 Uhr. Recifes Vorzeigerestaurant für die typische Sertanejo-Küche des Nordostens. Auch wenn das üppige Büfett wirklich verlockend ist, sollte man noch Platz für den Nachtisch lassen. €€

Hier stimmt alles – **Ça Va Bistrô Moderne** 3: Rua Capitão Rebelinho 519 (Pina), Tel. 081 981 55 05 19, Mo–Fr 12–15, 19–23, Sa 19–24, So 12.30–16 Uhr. Erstklassiges und stimmungsvolles Restaurant mit exzellentem Service. Zu den leckeren Hauptgerichten gehört z. B. gegrillter Lachs in Kräuterbutter mit Süßkartoffelpüree. Der Petit Gâteau zum Nachtisch ist fantastisch! Auch sehr gute Weine. €€

Feucht-fröhlich – **Entre Amigos Praia** 4: Av. Boa Viagem 760, Tel. 081 31 27 25 10, tgl. 11.30–24 Uhr. Ungezwungenes Restaurant mit Bar an der Strandpromenade, von der Terrasse schöner Meerblick. €€

Abends & Nachts

Cityplan: S. 274, 277

Recife hat ein abwechslungsreiches Nachtleben. Viele interessante Klubs und Diskotheken befinden sich in Boa Viagem, einige auch in Recife Antigo. Abendliche Anziehungspunkte sind die **Galeria Joana d'Arc** 1 im Stadtteil Pina (Av. Herculano Bandeira 513), wo sich diverse nette Bars und Lokale befinden, der **Pátio São Pedro** 3 in Santo

Antônio und die **Rua da Moeda** 2 in Recife Antigo.

Tanz-Klassiker – **Downtown Pub** 3: Av. Boa Viagem 618 (Boa Viagem), Tel. 081 998 21 85 81, @downtownpubbv, Do–Sa 20–4 Uhr, um 40 R$. Ein wahrer Klassiker in Recife, nun unter neuer Adresse, in dem sich ein vorwiegend jüngeres Publikum gerne zu Live-Rock trifft.

Nette Straßenbar – **Bodega de Véio** 4: Rua Mariz e Barros 328, Tel. 081 999 75 21 89, Di–Sa 10–23, So 10–20 Uhr. Hier sitzt man in der Fußgängerzone der Altstadt unter Bäumen und lauscht bei einem Drink den am Wochenende oft spielenden Livebands. Auch gutes Essen. €€

Aktiv

Cityplan: S. 274

Private Stadtführung – **Recife Insider:** Tel. +55 81 985 412 636 (Whatsapp), www.recife-insider.com. Wolfgang Besche, deutscher Fotograf und Guide, lebt seit bald drei Jahrzehnten in Brasilien und bietet private City-Touren in Recife & Olinda, Favela-Touren sowie Ausflüge in die Umgebung Pernambucos an.

Bootstour – **Catamaran Tours** 1: Tel. 081 999 73 40 77, www.catamarantours.com.br, Abfahrt am Cais de Santa Rita beim Restaurante Catamaran (São José), tgl. 11, 16, 20, Sa, So auch 14, 17.30 Uhr, ca. 80 Min., 80 R$/Pers., Reservierung empfohlen. Fahrt auf dem Rio Capibaribe vorbei an vielen Sehenswürdigkeiten der Stadt.

Termine

Karneval: Febr. In Recife findet der längste Karneval südlich des Äquators statt – er dauert bis zum Ende des Monats. 5-km-Umzug (Sa) des Bloco Galo da Madrugada mit vielen *trios elétricos* und einer Gefolgschaft von 1 Mio. Menschen. Die anderen Feste finden an ca. 50 Punkten statt, vor allem in Recife Antigo. Zeitgleich tobt ein großer Straßenkarneval in der schnell zu erreichenden Nachbarstadt Olinda.

Festa do Aniversário da Cidade: 12. März. Straßenfest zum Geburtstag der Stadt.

Verkehr

Flugzeug: Der **Aeroporto Internacional do Recife Guararapes** (www.aeroportorecife.net) liegt nahe der Hotelzone von Boa Viagem. Transfer per Uber (15–20 R$) oder Taxi (ca. 30–40 R$), nach Olinda Uber 45–50 R$, Taxi ca. 90–100 R$.

Bus: Der **Busbahnhof TIP** (Várzea) liegt 15 km westlich des Zentrums. Wer aus nördlicher Richtung mit dem Bus in Recife ankommt, kann schon an der Haltestelle Caxangá aussteigen und von dort günstiger mit Uber/Taxi zum Flughafen und nach Boa Viagem (ca. 25–50 R$) oder nach Olinda (ca. 30–55 R$) fahren als vom TIP. **Verbindungen** bestehen u. a. nach Fortaleza **(Guanabara,**

www.expressoguanabara.com.br, und **Catedral,** www.viacaocatedral.com.br, 8 x tgl., 13–14 Std., 100–150 R$), João Pessoa **(Progresso,** www.progressoonline.com.br, **Catedral** oder **Total,** www.viajetotal.com.br, ca. stdl. bis 21 Uhr, 2,5 Std., 55 R$), Maceió **(Real Alagoas,** www.realalagoas.com.br, 7 x tgl., 4,5 Std., 90–125 R$), Natal **(Progresso,** s. o., 6 x tgl., 6–7 Std., 105–137 R$) und Salvador **(Catedral,** s. o., und **Guanabara,** s. o. 10 x tgl., 15–19 Std., 76–199 R$)

Metro: Verbindung zwischen Recife Antigo und Busbahnhof sowie Flughafen (dort liegt die Haltestelle ca. 400 m außerhalb, über Fußgängerbrücke erreichbar), tgl. 5–23 Uhr.

Olinda ▶ 3 F 6

Cityplan: S. 280

Olinda (350 000 Einw.), nur 6 km von Recife entfernt, besitzt 22 gut erhaltene Kirchen, elf Kapellen und zahlreiche alte, meist zweigeschossige herrschaftliche Villen mit maurischen Balkonen und portugiesischen Azulejos. Es ist ein einziges Museum unter freiem

Olinda

Sehenswert
1 Convento de São Francisco und Igreja N. S. das Neves
2 Igreja N. S. da Graça
3 Igreja da Sé
4 Museu de Arte Sacra
5 Igreja N. S. da Misericórdia
6 Igreja de São Sebastião
7 Rua 15 de Novembro
8 Basílica e Mosteiro de São Bento
9 Igreja de Santo Antônio do Carmo

Übernachten
1 Pousada do Amparo
2 Pousada dos Quatro Cantos
3 Hotel 7 Colinas

Essen & Trinken
1 Oficina do Sabor
2 Trattoria Don Francesco
3 Olinda Art & Grill
4 Tapioca-Stände

Einkaufen
1 Rua do Amparo
2 Mercado de Artesanato Silvia Pontual

Abends & Nachts
1 Bodega de Véio
2 Bar do Amparo
3 Barrio Bar

Himmel, das im Jahr 1982 von der UNESCO zum Welterbe erklärt wurde sowie 2006 den Titel Kulturhauptstadt Brasiliens erhielt. Nur in Salvadors Pelourinho (s. S. 213) sowie in Ouro Preto (Minas Gerais, s. S. 194) findet man Vergleichbares. Darüber hinaus bietet das bereits mit dem Pariser Bohèmevertel verglichene ›Montmartre Brasiliens‹ noch eine Reihe von Kunstateliers, Galerien und Märkten sowie eine Vielzahl folkloristischer Ereignisse, besonders während des Frevo-Karnevals, der als der einer der farbigsten und kreativsten Straßenkarnevals im ganzen Land gilt.

Geschichte

Die erste Hauptstadt Pernambucos wurde 1537 von dem Portugiesen Duarte de Coelho gegründet, 1551 kamen die Jesuiten, 1577 die Franziskaner und 1580 die Karmeliter. Während der Zeit der holländischen Okkupation (1630–54) wurden viele Bauwerke niedergebrannt, später jedoch in teils erweiterter Form wiederhergestellt.

Im Jahr 1710 kam es zu einem bewaffneten Konflikt (Guerra dos Mascates) mit der benachbarten Hafenstadt Recife, bei dem die Zuckerbarone von Olinda den politischen Aufstieg der bürgerlichen Handelskaufleute *(mascates)* mit aller Macht vereiteln wollten. Doch Olinda, ohne einen eigenen Zugang zum Meer wirtschaftlich benachteiligt, musste bald auch seine Hauptstadtrolle an das konkurrierende Recife abtreten und war fortan nur noch ein Denkmal vergangenen Glanzes.

Kleiner Rundgang

Am besten begibt man sich per Uber/Taxi oder zu Fuß zu einem höher gelegenen Punkt der Stadt, um während des Rundgangs nur noch wenig bergan gehen zu müssen. Deutschsprachige Stadtführungen in Olinda können auch über www.recife-insider.com (s. S. 279) vereinbart werden.

Convento de São Francisco und Igreja N. S. das Neves 1

Rua de São Francisco 280 (Carmo), Mo–Sa 8–11.30, 14–17 Uhr, 5 R$

Die **Franziskaneranlage** aus dem Jahr 1585 ist eines der ältesten und auch bedeutendsten Klöster des Ordens in Brasilien. Herausragend sind die Azulejos an den Kirchenwänden und im Innenhof des Konvents sowie zahlreiche Deckengemälde im Kirchenschiff.

Alto da Sé

An der Rua Bispo Coutinho treffen wir vom Konvent kommend, zunächst auf die schlichte Jesuitenkirche **N. S. da Graça** (1552) 2. Die

Kontraste – koloniale Gasse in Olinda und die Hochhäuser von Recife

Pläne für das schön auf einer Anhöhe gelegene Gotteshaus entwarf Francisco Dias. Kurz darauf liegt linker Hand die Hauptkirche des Ortes, die alte **Igreja da Sé** 3 (Mo–Fr 9–16, So 9–12 Uhr, 2 R$). Die 1537 erbaute und 1656 restaurierte Kirche mutet sehr schlicht an, ist jedoch Sitz des Erzbischofs von Recife und Olinda.

Von hier oben, dem **Alto da Sé,** genießt man den privilegiertesten Blick auf die Nachbarstadt Recife, kaum jemand wird hier nicht das obligatorische Foto schießen. Der Alto da Sé ist der zentralste Platz der Cidade alta, Austragungsort für die zahlreichen Feste und Feierlichkeiten, u. a. auch an jedem Sonntagabend.

Ein paar Schritte weiter erhebt sich an der rechten Straßenseite der alte Bischofspalast mit dem **Museu de Arte Sacra** 4 (Nr. 726, Di–Fr 10–17, Sa, So 14–17 Uhr, 10 R$).

Nach einer Linkskurve folgt die **Igreja N. S. da Misericórdia** 5 (nur während der Gebetsstunden zugänglich, Eintritt frei). 1540 erbaut, 1631 zerstört und ab 1654 restauriert besitzt sie eine schöne Kanzel, Azulejos, vergoldete Holzschnitzereien und farbenfrohe Deckengemälde in spätbarockem Stil. Von hier oben genießt man ebenfalls einen sehr schönen Blick auf Olinda und Recife.

Zum Benediktinerkloster

Ein Stück geht man nun zurück und dann rechts in die Rua Henrique Dias, bis am Ende links der Turm der **Igreja de São Sebastião** 6 (Rua 15 de Novembro) zu sehen ist. Sie selbst ist von außen wenig interessant,

Ob er so besser sehen kann? Blick durch die Brille eines Caboclo de Lança, Symbolfigur der Volkskultur Pernambucos, Altstadt von Olinda

umso schöner sind jedoch die bunten Häuschen der **Rua 15 de Novembro** 7 . Sie führt hinauf zur Rua de São Bento.

Basílica e Mosteiro de São Bento 8

Rua de São Bento, Kirche tgl. 9–12, 14–17 Uhr, Messe So 10 Uhr mit gregorianischen Gesängen, Eintritt frei; das Kloster ist nicht zu besichtigen

Der prächtige **Mosteiro de São Bento,** das Benediktinerkloster aus dem Jahr 1582, ist die Hauptattraktion Olindas. Es wurde nach der Inbrandsetzung durch die Holländer (1631) in der zweiten Hälfte des 17. Jh. neu aufgebaut, die jetzige Innenausstattung datiert aus der Zeit ab 1750.

Die **Basílica de São Bento,** die Klosterkirche von 1761, zählt wegen ihrer Gemälde und Verzierungen im Innern zu den wichtigsten Beispielen des Spätbarock im Nordosten Brasiliens. Ihre **Chorkapelle** gilt als eine der schönsten Brasiliens. Vom Eingang aus sehen wir beiderseits an den Wänden mehrere Heiligenbilder, die erst im Jahr 1908 aus München hierher kamen.

Igreja de Santo Antônio do Carmo 9

Pça. do Carmo, Messen Di, Do, Sa 17 Uhr, So 11–19 Uhr, Eintritt frei

Unser Rundgang nähert sich dem Ende. Über die Rua 27 de Janeiro, die Praça João Alfredo und die Avenida da Liberdade erreichen wir rechts auf einer Anhöhe die älteste **Karmeliterkirche** Brasiliens. Sie stammt aus dem Jahr 1580, fiel ebenfalls dem von den Holländern verursachten großen Brand zum Opfer und wurde 1720 neu aufgebaut. Lediglich der Altar aus dem 16. Jh. und das Renaissanceportal der Fassade zeugen noch von der ursprünglichen Konzeption. Nach einer Komplettrestaurierung wurde die Kirche im Jahr 2012 wiedereröffnet.

Infos

Casa do Turista: Rua Prudente de Morais 472, Tel. 081 33 05 10 60, Mo–Fr 8–18, Sa, So 9–18 Uhr.

Übernachten

Kolonialer Charme – **Pousada do Amparo** 1 : Rua do Amparo 199 und 148 (Amparo), Tel. 081 986 94 28 39, www.pousadadoamparo.com.br. Zwei schmucke Kolonialvillen aus dem 18. Jh. mit 17 gepflegten, anheimelnden Zimmern, einige mit Panoramablick; reich dekoriert mit Gemälden und anderen Kunstwerken, schöner tropischer Garten, Restaurant. €€–€€€

Reizende Altstadtvilla – **Pousada dos Quatro Cantos** 2 : Rua Prudente de Morais 441 (Carmo), Tel. 081 999 69 01 41, www.pousada4cantos.com.br. Hübscher Altstadt-Villenkomplex aus dem 19. Jh. mit künstlerischer Dekoration, 19 gemütlichen Zimmern in unterschiedlicher Größe und Ausstattung (empfehlenswert ist die Kategorie Luxo Superior), Pool, Bäumen, Panoramablick, familiärer Atmosphäre und gutem, englischsprachigem Service. Im Haus gegenüber führen die Besitzer ein schönes Innenhofcafé mit Galerie. €€

Schön grün – **Hotel 7 Colinas** 3 : Rua de São Francisco 307 (Carmo), Tel. 081 999 90 01 53, www.hotel7colinas.com.br. Das Parkhotel befindet sich in zentraler, aber trotzdem ruhiger Lage und besitzt einen tropischen Garten sowie einen großen und sehr schönen Pool, dazu Restaurant und Bar. Geräumige Zimmer mit Balkon. €€–€€€

Essen & Trinken

Tropisch kreativ – **Oficina do Sabor** 1 : Rua do Amparo 335 (Amparo), Tel. 081 992 07 35 24, www.oficinadosabor.com, Di–Do 11.30–22, Fr, Sa 11.30–23, So 11.30–17 Uhr. Das beste Restaurant Olindas überzeugt mit kreativen regionalen Gerichten wie gefülltem Kürbis mit Krabben in Mangocreme (*jerimum recheado*) sowie einer Terrasse mit Aussicht auf das Stadtpanorama von Recife. Reservierung empfohlen.

Italienisch urig – **Trattoria Don Francesco** 2 : Rua Prudente de Morais 358, Di, Mi, So 11–15, Do–Sa 11–15, 18–22 Uhr. Besitzer Francesco Carretta serviert Gerichte nach alten Rezepten aus Padua. Soßen und Nudeln werden nach traditioneller norditalienischer

Art handgemacht, viele Zutaten kommen aus dem eigenen Gemüsegarten. Das Tiramisu ist ein Gedicht. Gemütliche, stimmungsvolle Gartenterrasse. €€

Stimmungsvoll – **Olinda Art & Grill** 3 **:** Rua Bispo Coutinho 35 (Alto da Sé), Tel. 081 996 31 65 06, Mo–Do 11–18, Fr, Sa 11–22, So 11–20 Uhr. Etwas versteckt gelegen, eine Treppe unterhalb der Straße, befindet sich dieser Klassiker, der günstige regionale Gerichte bei herrlicher Aussicht serviert. Fr–So zusätzliche Untermalung durch stimmungsvolle Livemusik (MPB). Couvert 10 R$. €–€€

Tapiocas – Die süß oder herzhaft gefüllten Pfannkuchen aus Maniokmehl gehören zu Olinda wie seine Kirchen. Jeden Tag ab etwa 15 Uhr werden sie an kleinen **Ständen** 4 am Alto da Sé frisch zubereitet.

Einkaufen

Einfach entlangschlendern – **Rua do Amparo** 1 **:** Kunstgalerienstraße im historischen Zentrum, u. a. Galerien für Gemälde, Keramik und Stoffmalereien.

Galerie mit Aussicht – **Mercado de Artesanato Silvia Pontual** 2 **:** an/unterhalb der Rua Bispo Coutinho (Alto da Sé), tgl. 9–19 Uhr. Kleine Ladengalerie, verkauft werden z. B. CDs mit regionaler Musik, Musikinstrumente, Kleidung, Strandtücher *(cangas)* und eine *lanchonete* (Snackbar) mit tollem Blick. Außerdem gibt es weiter hinten eine Terrasse mit *lanchonete* (Snackbar), von der aus sich ein fantastischer Blick bietet (Geheimtipp!).

Abends & Nachts

Für jeden etwas – Einheimische Künstler versammeln sich gern in der **Bodega de Véio** 1 (Rua do Amparo 212, Mo–Sa 11–23, Do ab 19.30 Uhr Livemusik. Ein weiterer beliebter Anlaufpunkt ist die entspannte **Bar do Amparo** 2 (Rua do Amparo 3, Mo 17–23, Mi–Fr 17–24, Sa 12–24, So 12–21 Uhr). Die **Barrio Bar** 3 ist eine skurrile Kneipe, in der oft guter 1980er-Rock/-Pop aufgelegt wird (Av. Joaquim Nabuco 5, Mo–Sa 11–21 Uhr).

Musikalische Umzüge – Ein Erlebnis sind die jeden Freitag stattfindenden **Serenadenumzüge** (*serestas,* gegen 22 Uhr) durch die Altstadtgassen, Sammelpunkt der Teilnehmer ist die Praça João Alfredo.

Termine

Karneval: Febr. Der eigenartigste Karneval in Brasilien mit Frevo- und Maracatu-Rhythmen, Blasorchester und einem Umzug mit riesigen Pappfiguren. Man geht eher tagsüber hin, abends trifft man sich meist in Recife.

Verkehr

Bus: Die **Bushaltestelle** liegt an der Praça do Carmo, häufige Verbindungen nach Recife.

Porto de Galinhas

▶ 3, F 6

Porto de Galinhas gehört zu den beliebtesten Badeorten Brasiliens: Wegen seines Meeres in Südseefarben und wegen des weißen Sandstrands, wegen der hervorragenden Restaurants und wegen der guten Stimmung. Der Strandort liegt ca. 70 km südlich von Recife und ist in der Hauptsaison reichlich überfüllt. Auch in der Nebensaison ist frühzeitiges Reservieren angeraten. Hier treffen sich junge Geschäftsleute, der Nachwuchs aus Recifes besserer Gesellschaft und Touristen aus aller Welt.

Früher war Porto de Galinhas offizielles und ab 1850 illegales Eintrittstor für den Import afrikanischer Sklaven in den Nordosten Brasiliens. Die Ankunft einer neuen Ladung wurde mit der Chiffre *galinha-d'angola* signalisiert, was nur Perlhühner heißt, verdeckt aber auf die verbotene schwarze Fracht aus Angola verwies.

Museu das Tartarugas

Rua Caraúna 100 (Ecoassociados), Tel. 081 999 44 14 65, tgl. 9–12, 14–17 Uhr, Eintritt 20 R$

Auf dem 12 km langen Strandabschnitt zwischen Muro Alto und Maracaípe kommen vier der fünf weltweit existierenden Meeresschildkrötenarten einmal im Jahr zur Eiabla-

Anstrengender Alltag – Fischer ziehen eines der traditionellen Boote an den Strand

ge. Etwa 80 % dieser Landbesuche stattet die Echte Karettschildkröte (Tartaruga-de-pente) ab. Das kleine **Museu das Tartarugas** ist ein sympathisches Projekt einer lokalen NGO, die sich um kranke oder verletzte Tiere kümmert und diese hier pflegt. Freiwillige informieren über die Meeresschildkröten anhand von Schautafeln, im Garten schwimmen in kleinen Becken die in Obhut genommenen Tiere.

Atelier Gilberto Carcará

Rua Carcará 8, tgl. 9–17 Uhr
Fast alle auffälligen Hühner im Ort stammen von dem Künstler Gilberto Carcará oder einem seiner Schüler, die im Rahmen eines Straßenkinderprojekts ausgebildet wurden. Das Atelier kann besichtigt werden (mit Verkauf). Bei der Produktion achtet Carcará auf Nachhaltigkeit, so verwendet er zum Beispiel die Stümpfe abgestorbener Palmen als Rohmaterial.

Der Hauptstrand

Der 4 km lange Hauptstrand gilt als einer der schönsten von ganz Brasilien. Er besteht aus feinstem weißem Sand und liegt an einem Meeresabschnitt, dessen von Riffen durchzogenes Wasser ruhig, sauber und warm ist, ideal zum Baden und Tauchen. Etwas abseits vom Strand säumen Tausende von Palmen das Ufer, ein Bild, das schon zum Erkennungszeichen des Ortes geworden ist. Dazwischen verbirgt sich, wegen architektonischer Zurückhaltung kaum merklich, eine komplette Infrastruktur mit niedriggeschossigen Hotels und Restaurants gehobenen Stils. Alles ist hier jedoch weitläufig, und nicht wenige mieten gleich bei Ankunft einen Buggy (mit Fahrer), um auch zu anderen Stränden zu gelangen.

Weitere Strände und Inseln

Südlich von Porto de Galinhas, zu Fuß in 40 Min. am Strand entlang erreichbar, liegt die **Praia de Maracaípe,** der sehr reizvolle Haupt-Surferstrand von Pernambuco.

Von einem kleinen Flussstrand in den Mangroven führen **Jangada-Ausflüge** zu einem Ort mit Seepferdchen und weiter bis zur wunderschönen Flussmündung **Pontal de Maracaípe,** wo der Rio Maracaípe aufs Meer trifft.

In nördlicher Richtung gelangt man zu den **Stränden von Pontal do Cupe, Muro Alto** und **Gamboa.**

Sehr beliebt sind Buggyfahrten von der **Praia de Muro Alto** bis **Maracaípe** (4 Std., 350 R$/bis 4 Pers.). Früher war dieser Strandabschnitt sehr einsam gelegen, während sich hier heute viele Pousadas und luxuriöse Resorts aufreihen.

Ein anderer, häufig gewählter Ausflug, diesmal per Boot, führt zur **Ilha de Santo Aleixo.** Unverzichtbar ist der Ausflug mit der Jangada zum Fische beobachten und zum Schnorcheln in den **Naturschwimmbecken** (nur bei Ebbe bzw. Neumond möglich, 45 Min., 50 R$).

Übernachten

Palmenmeer – **Pousada Tabapitanga:** Praia do Cupe (5,5 km vom Zentrum), Tel. 081 35 52 50 00, www.tabapitanga.com. 65 komfortable Zimmer mit Veranda in einem tollen Palmengarten, die besten haben einen fantastischen Meerblick. 100 m eigener Strand, schöner Pool, Restaurant, Buggy- und Jangada-Ausflüge, Citytouren nach Recife und Olinda. €€€

Strandpousada – **Pousada Tabajuba:** Praia do Cupe (2 km vom Zentrum), Tel. 081 35 52 50 00, www.pousadatabajuba.com.br. Gemütliche, ruhige Pousada am Meer mit 27 Zimmern (mit/ohne Balkon/Veranda). Das sehr gute Strandrestaurant mit Meerblick lohnt auch für Nichtgäste einen Besuch: eine perfekte Einkehr auf der Strandwanderung. Keine Kinder. €€€

Idyllisch – **Pousada Porto Verde:** Praça 1 (Zentrum), Tel. 081 35 52 14 10, www.pousadaportoverde.com.br. Ruhige Oase im Dorfzentrum. Kleine, aber sehr gepflegte Zimmer, rundherum viel Grün, mit Pool. €€

Essen & Trinken

Überregional bekannt – **Beijupirá:** Rua Beijupirá 90, Tel. 081 998 57 84 96 (reservieren!), www.beijupira.com.br, tgl. 12–23 Uhr. In Porto de Galinhas sollte man Fisch essen, wie in diesem exquisiten Lokal. Ausgefallene Gerichte. €€

Fisch im Ziegel – **Peixe na Telha:** Rua das Piscinas Naturais 103, Tel. 081 988 94 04 04, www.peixenatelha.com.br, tgl. 10–22 Uhr. Der Fisch wird in einer Ziegelpfanne serviert und man genießt ihn bei herrlichem Meerblick. €€

Mal kein Fisch? – **Domingos:** Rua Beijupirá 128, Tel. 081 35 52 14 64, @domingosrestaurante, tgl. 12–24 Uhr. Sehr gute internationale Gerichte in freundlicher Atmosphäre mit toll gestalteter Dekoration. €€

Abends & Nachts

Abends wird – zumindest in der Saison – viel geboten. Am besten man erkundigt sich im Hotel nach den angesagtesten Lokalen.

Fetzig – **Brisa Pub:** Rua Jussara Mendes 103 (Nähe Tankstelle), Tel. 081 987 51 09 96, Fr, Sa ab 21 Uhr, Eintritt variabel.

Aktiv

Ausflüge – Am beliebtesten sind **Jangada-Ausflüge** und **Buggytouren** (Associação de Bugueiros, Tel. 081 35 52 19 30, registrierte Fahrzeuge sind an den roten Nummernschildern zu erkennen). Sehr gefragt ist auch ein Ausflug zur wunderschönen Praia dos Carneiros (buchbar bei lokalen Agenturen, z. B. **Luck Receptivo,** Rua Piscinas Naturais, Tel. 081 982 327 602, www.luckreceptivo.com.br, tgl. ca. 9–21 Uhr, 125 R$).

Verkehr

Bus: Die **zentrale Station** für Busse und Kleintransporter befindet sich wenige Meter hinter der großen Tankstelle. Bis 19.40 Uhr fahren Busse im Halbstundentakt nach Recife, danach bis 23.30 Uhr stdl. (2 Std., 15–20 R$). Ein Flughafentransfer mit Luck Receptivo (s. o.) kostet 110 R$ pro Person. Nach Maracaípe geht es bis 18 Uhr alle 20 Min. per Bus (5 R$), einfacher jedoch mit Mototaxi (10–15 R$) oder Taxi (ca. 30–40 R$).

João Pessoa

▶ 3, F 5

Das 1585 gegründete João Pessoa (834 000 Einw.) wirbt u. a. mit dem Ruf der drittältesten Stadt Brasiliens. Neben einem sehenswerten Kirchenkomplex und einer hübsch restaurierten Altstadt kann der Ort auf viele Traumstrände sowie einen ungewöhnlichen Reichtum an Grünflächen verweisen. Die Hauptstadt des Bundesstaats Paraíba gilt noch als Geheimtipp, erfreut sich jedoch bei Brasilianern wie Ausländern steigender Beliebtheit.

Im Stadtzentrum

Centro Cultural São Francisco

Largo São Francisco (Centro), @centrocultural saofrancisco, Di–Sa 9–16, So 9–15 Uhr, 12 R$

Der barocke Kloster- und Kirchenkomplex, **Igreja e Convento de Santo Antônio,** ist das einzige historisch-architektonische Prunkstück der Stadt und nimmt zugleich einen markanten Standort ein: Er liegt auf dem höchsten Punkt der Stadt. Die Baugeschichte des heutigen **Kulturzentrums São Francisco** begann 1589, zog sich jedoch über 190 Jahre hin, der Konvent wurde zum Teil wieder zerstört, um als Wohnsitz für den ersten Bischof von Paraíba zu dienen. Heute sind in seinen Räumen drei Ausstellungsbereiche untergebracht: **Arte Popular** (Volkskunst), **Arte Sacra** (Sakralkunst) und **Arte Contemporânea** (zeitgenössische Kunst).

Die **Kirche** beeindruckt außen durch die Fassadenarchitektur ihrer Vorderfront und im Innern durch perspektivische Deckenmalereien – aus Naturfarben, gewonnen aus Pflanzen und Früchten –, Azulejos an den Wänden und die Capela Dourada, die Goldene Kapelle, mit blattgoldüberzogenen Schnitzereien.

Die Parkanlagen

Jeweils nur einen knappen Kilometer vom Centro Cultural entfernt erstrecken sich zwei Parks. Eine der vielen grünen Postkartenansichten der Stadt liefert der von Burle Marx entworfene **Parque Sólon de Lucena** im Zentrum, mit See, künstlichen Gärten und hohen Palmen. Die Anlage wurde von Grund auf renoviert und ist nun autofrei.

Wildwüchsiger ist der nur 1 km nordöstlich gelegene **Parque Zoobotânico Arruda Câmara** (Rua Gouveia Nóbrega, www.parquedabica.com.br, Di–So 8–17, letzter Einlass 16 Uhr, 1 R$), im Volksmund Bica genannt. Hier befindet sich auch ein kleiner Zoo mit etwa 400 Tieren bzw. 98 verschiedenen Arten, darunter tropische Vögel, Affen, Kaimane und Schlangen. Eine besondere Attraktion ist die **Fonte Tambiá,** eine natürliche Quelle mit einem unter Denkmalschutz stehenden Brunnen aus dem 18. Jh.

Die Strände

Die recht sauberen Strände zählen zu den besonderen Attraktionen der Stadt. Es heißt, João Pessoa sei die einzige Küstenhauptstadt Brasiliens, die keine Abwässer ins Meer leitet. Auch sieht man keine hässlichen Hochhäuser, im Bereich der strandnächsten Straßen ist die Errichtung von Gebäuden mit mehr als drei Stockwerken untersagt.

Nördliche Stadtstrände

Selbst die **Praia Tambaú**, zentrumsnächster und belebtester Strand der Stadt mit vielen Hotels, Bars und Restaurants, wirkt trotz der Urbanisierung noch ein wenig wild- und ur-

Gleich hinter der Kurve liegt das Strandrestaurant Canyon de Coqueirinho – ein tolles Ausflugsziel

wüchsig. Das Meer hier wird – ganz besonders 11 km weiter nördlich in **Intermares** – von Wind- und Kitesurfern geschätzt.

Doch zunächst folgt von Tambaú aus nördlich die ebenfalls recht belebte **Praia Manaíra** und 3 km weiter die **Praia do Bessa,** wo man surfen oder schön in einer Strandbar sitzen kann.

Zum **Picãozinho-Riff** mit seinen Naturpools und Fischschwärmen sowie zu der 2 km² großen Sandbank von **Areia Vermelha** gelangt man per Boot.

Südliche Stadtstrände

Ein lohnender, etwa zweistündiger Strandspaziergang führt zur schönen, ruhigen **Praia do Seixas** (der Zugang ist allerdings nur bei Ebbe möglich). Die Landspitze, **Ponta do Seixas** genannt, ist der Afrika am nächsten gelegene Punkt des brasilianischen Festlands. Die Entfernung per Luftlinie beträgt 2250 km und entspricht genau der Entfernung zwischen João Pessoa und São Paulo. An dieser Stelle Brasiliens geht die Sonne am frühesten auf.

Etwa 1 km weiter folgt die **Praia da Penha,** die zu den reizvollsten Stränden João Pessoas gehört. Das Meer hier ist ruhig, es gibt einfache, relaxte Bars unter Kokospalmen und ein kleines **Fischerdorf** mit der malerischen 1763 erbauten **Igreja da Penha.**

Strände südlich von João Pessoa

Am besten als Tagesausflug mit einem Touranbieter, s. S. 292

João Pessoa wird gern von brasilianischen Touristen besucht. Eine Ausnahme stellt die **Praia Tambaba** dar (36 km, Zugang per Buggy oder Pkw). Sie wurde nicht nur wegen der Vegetation, wegen der Felsklippen und der riffgeschützten Naturschwimmbecken berühmt, sondern auch als erster offizieller Nacktbade-Strand (1989) im Nordosten Brasiliens.

Zwischen dem Ort Jacumã und Tambaba im Distrikt Conde liegen weitere traumhafte, zum Teil einsame Strände, die sich auf einer schönen Halbtageswanderung erschließen lassen: **Praia de Carapibus, Praia de Tabatinga, Praia de Coqueirinho.** Den perfekten Stopp unterwegs bietet das **Canyon de Coqueirinho** (Fazenda Praia Encantada, Tel. 083 991 57 36 36, www.restaurantecanyon.com.br, tgl. 9–17 Uhr, €€€), eines der am schönsten gelegenen und besten Strandrestaurants im gesamten Nordosten Brasiliens.

Infos

PBTUR: Av. Almirante Tamandaré 100 (Centro Turístico Tambaú), Tel. 083 988 39 11 67, www. destinoparaiba.pb.gov.br, Mo–Fr 8–17, Sa 8–13 Uhr; auch Büros am Flughafen und Busbahnhof.

Übernachten

Design und Umwelt vereint – **Verdegreen Hotel:** Av. João Maurício 255 (Manaíra), Tel. 083 30 44 00 06, www.verdegreen.com.br. Das moderne Öko-Design-Hotel am Strand von Manaíra beeindruckt durch Eleganz und Komfort sowie eine konsequent umgesetzte Umweltphilosophie. Leihräder gratis. €€–€€€

Zentral mit Meerblick – **Hotel Nord Luxxor Tambaú:** Av. Almirante Tamandaré 740, Tel. 083 30 22 39 00, www.nordhoteis.com.br. Elegantes Hotel an der Uferpromenade von Tambaú mit modern designten Suiten. Besonders nett ist der Zimmertyp »Frente Mar« mit frontalem Meerblick. Beheizter Pool auf dem Dach. €€–€€€

Familiär und freundlich – **Manaíra Hostel:** Rua Major Ciraulo 380 (Manaíra), Tel. 083 993 22 79 74, www.himanairahostel.com.br. Prima Jugendherberge in einem apart umgestalteten Wohnhaus (mit Pool). Zur Wahl stehen Schlafsäle und DZ. €

Essen & Trinken

Krabbenvariationen – **Canoa dos Camarões:** Av. João Maurício 121 (Manaíra), Tel. 083 32 47 20 55, www.canoadoscamaroes.com.br, Mo–Do 12–22, Fr, Sa 12–23, So 11–22 Uhr. Der beste Ort für frische Krabbengerichte. Besonders zu empfehlen ist das *rodízio de camarão e frutos do mar*, bei dem verschiedene Variationen wie Krabben mit Penne in Bechamelsoße frisch an den Tisch gebracht werden. €–€€

Haute Cuisine zu fairen Preisen – **Tamarindo:** Nord Hotel Luxxor Tambaú, Av. Alm. Tamandaré 740 (Tambaú), Tel. 083 35 07 20 25, tgl. 12–22 Uhr. Das Toprestaurant des Luxxor bietet neben einem stilvollen Ambiente Gaumenfreuden wie Krabben in Mangosoße mit Cashewreis, im Anschluss gibt's den himmlischen Nachtisch *churreria*. €€

Ein Klassiker – **Famiglia Muccini:** Av. N. S. dos Navegantes 140 (Tambaú), Tel. 083 988 85 07 19, @famigliamuccini, tgl. 11.30–15, 18–24 Uhr. Schickes italienisches Restaurant mit sanfter Pianomusik im Hintergrund. Alles ist frisch und aus eigener Herstellung. Abends wechselnde Angebote wie »Tag der Spaghetti« oder »Italienische Nacht«. €€

So kocht man auf dem Land – **Mangai:** Av. Gen. Edson Ramalho 696 (Manaíra), Tel. 083 32 26 16 15, @mangairestaurantes, Mo–Fr 11.30–22, Sa, So 7–22 Uhr. Eines der besten Self-Service-Lokale des Nordostens, groß, rustikal und folkloristisch dekoriert. Langes Büfett mit mehr als 80 Speisen. €€

Einkaufen

Folkore – **Mercado de Artesanato Paraibano (MAP):** Av. Sen. Rui Carneiro 241 (Tambaú), Tel. 083 32 47 31 35, Mo–Sa 9–19, So 9–18 Uhr. In mehr als 100 Läden finden sich folkloristische Stoffpuppen, Lederartikel, Hängematten, Spitzen u. a.

Abends & Nachts

Bars & mehr – Das Nachtleben konzentriert sich in **Tambaú** in der Avenida Olinda und ihren Seitenstraßen, gegenüber vom Tambaú Hotel.

Trendbar – **Empório Café:** Av. Coração de Jesus 147, Tel. 083 991 47 43 64, @emporiocafe, Di–Do 16–24, Fr 16–5, Sa 16–7, So 16–1 Uhr, Eintritt Fr, Sa ab 22 Uhr, 30–60 R$, Ticketverkauf online über Instagram-Link. Das traditionelle Zentrum der Nightlife-Meile bildet diese Trendbar mit ihrer schönen Außenterrasse, auf der bis zum frühen Morgen warme Küche serviert wird.

Freiluftbar mit Meerblick – **Bahamas:** Av. João Maurício 483, tgl. 11–23.45 Uhr. Nur ein paar Hundert Meter weiter sitzt man sehr nett im Bahamas, wo bei schönem Meerblick ein frisch gezapftes Bier und auch gute Speisen den Abend rund machen.

Aktiv

Bootsausflüge – Nach Picãozinho oder Seixas, ab Praia de Tambaú (15 Min. Fahrt, 3 Std., 80 R$); nach Areia Vermelha, ab Praia de Camboinhas (10 Min. Fahrt, 4 Std., 125 R$).

Bus- oder Buggytouren – **Cliotur:** Victory Business Flat, Av. Alm. Tamandaré 310, Tel. 083 32 47 44 60, www.cliotur.com.br, Mo–Fr 8–12, 13–17, Sa 8–12 Uhr. Seriöser und sehr freundlicher Tourenveranstalter. Angeboten werden u. a. Tagestouren entlang der südlichen Strände bis Tambaba oder nördlich bis Cabedelo sowie Ausflüge zum idyllischen Sonnenuntergang in Jacaré mit Konzert des Saxofonisten Jurandy.

Termine

São João: Ende Juni. Wie überall im Nordosten werden auch hier die *Festas juninas* überaus farbenfroh begangen. Das Hauptfest (mit viel Forró-Musik und Tanz) findet an wechselnden Orten statt, meist im historischen Zentrum.

Festa das Neves: 5. Aug. Prozession und einwöchiges Straßenfest zu Ehren der Schutzheiligen der Stadt.

Verkehr

Flugzeug: Der **Aeroporto Internacional Presidente Castro Pinto** liegt 11 km westlich, Tel. 083 30 41 42 00. Ab Strandvierteln mit Uber (ca. 50–60 R$) oder Taxi (ca. 100–120 R$).

Bus: Ab dem **Terminal Rodoviário** (Rua Francisco Londres, Varadouro) Verbindungen u. a. nach Fortaleza **(Catedral,** www.viacaocatedral.com.br, und **Guanabara,** www.expressoguanabara.com.br, 8 x tgl., 10–12 Std., 88–150 R$), Maceió **(Catedral,** s. o., und **Gontijo**, www.gontijo.com.br, 5 x tgl., 7–9 Std., 61–131 R$), Natal **(Progresso,** www.progressoonline.com.br, 7 x tgl., 3 Std., 57 R$), Recife **(Progresso,** s. o., **Catedral,** s. o., oder **Total,** www.viajetotal.com.br, etwa halbstdl. bis stdl. bis 19 Uhr, 2–2,5 Std., 55 R$).

Natal und Umgebung

▶ 3, F 5

Natal (751 000 Einw.), die Hauptstadt von Rio Grande do Norte bietet 300 Sonnentage im Jahr, angeblich das wärmste Wasser, die erfrischendste Brise und laut NASA die sauberste Luft Amerikas. Es gibt auch ein paar Sehenswürdigkeiten, viel Nachtleben, schöne Strände und vor allem die berühmte Dünenlandschaft von Genipabu.

Natal

Festungsarchitektur und Innenstadt

Forte dos Reis Magos

Av. Presidente Café Fllho 1 (Praia do Forte), tgl. 8–16 Uhr, 3 R$

Die unbestrittene Hauptsehenswürdigkeit der Stadt ist das weithin sichtbare, an der Praia do Forte gelegene **Forte dos Reis Magos** (1598, 1614 rekonstruiert). Es gilt als die architektonisch schönste Festung Brasiliens, besonders wegen seines sternförmigen Grundrisses und der fünf Bastionen, die es ermöglichten, den Feind von mindestens zwei Seiten aus zu beschießen. In seiner Kapelle wurde durch den Jesuitenmönch Gaspar de Samperes am ersten Weihnachtstag 1599 die erste Messe gelesen und die Stadt erhielt ihren Namen – Weihnachten heißt auf Portugiesisch *natal.*

Im **Innern des Forts** befindet sich das älteste Kolonialmonument Brasiliens, ein 1501 an der Praia de Touros von einer portugiesischen Expedition unter Amerigo Vespucci hinterlassener **Besitzmarkstein** (Marco de Touros). Die Legende besagt, dass das ungewöhnliche Aussehen der 1,62 m hohen Marmorsäule die indigene Bevölkerung damals dazu veranlasste, sie für wundertätig zu halten und von ihr abgekratzte Splitter medizinischen Tees beizumischen. Zudem spielte sie eine Rolle bei Hochzeits- und Scheidungszeremonien: Um einen Ehemann zu finden, stießen die Frauen dreimal mit dem Kopf gegen die Frontseite und vollzogen anschließend drei Umrundungen. Bei einer Scheidung schlugen sie dreimal mit dem Kopf an die Rückseite und machten drei Runden in entgegengesetzter Richtung. Man achte darauf, an welcher Seite die Abnutzungserscheinungen stärker sind. Derzeit wird der Markstein im Museu Câmara Cascudo der staatlichen Universität UFRN verwahrt.

Oberstadt

Wenige Sehenswürdigkeiten befinden sich in der **Oberstadt** *(Cidade alta)* von Natal, u. a. die barocke **Igreja Santo Antônio** (Rua Santo Antônio 698, Mo–Fr 8–12, 14–18, Sa 8–12 Uhr), auch als Igreja do Galo bekannt, von 1766 mit einem geschnitzten Holzaltar.

Recht häufig besucht wird das **Centro de Turismo** (Rua Aderbal Figueiredo 980, Petrópolis, Fr–Mi 8–18, Do 8–1 Uhr), früher Waisenhaus, Gefängnis und US-amerikanischer Verwaltungsstützpunkt, heute ein Besucherzentrum mit Kunsthandwerksläden, Galerie und dem sehr guten Restaurant **Marenosso** (Zeiten wie oben) mit Blick auf das Meer, die Brücke und den Rio Potengi. Jeden Donnerstag ab 19 Uhr tanzen Touristen und Einheimische hier bei der klassischen **Forró-Nacht** (www.forrocomturista.com.br).

Strände und Dünen

Praia Ponta Negra

Die eigentlichen Sehenswürdigkeiten von Natal sind die Strände. Dabei werden weni-

Jeden Tag ein wenig anders – der Wind sorgt für ständige Veränderungen der Dünenlandschaft von Genipabu

ger die **stadtnahen Praias do Forte, do Meio und dos Artistas** aufgesucht, als vielmehr die 12 km südlich gelegene **Praia Ponta Negra**. Hier schlägt das touristische Herz von Natal. Das Meer ist sauber und ruhig, im Hintergrund erhebt sich markant die 120 m hohe Düne Morro do Careca (Glatzberg). Die Infrastruktur ist mit zahlreichen Hotels, Restaurants, Läden und Strandbars hoch entwickelt, weshalb sich dieser Strand auch zu einem der beliebtesten ›Gringo‹-Treffs Brasiliens entwickelt hat. Die meisten Touristen lassen sich hier nieder, genießen den vor der Tür liegenden Strand sowie das reichhaltige gastronomische Angebot und streuen in ihren Aufenthalt einige Tagesausflüge in die Umgebung ein.

Tagesausflüge im Buggy

Es gibt zahlreiche Anbieter, besonders gut ist ***Anauê*** *(s. S. 296)*

Sie sind bei einem Urlaub in Natal genauso obligatorisch wie ein Besuch des Zuckerhuts in Rio de Janeiro – Buggytouren. Sie führen wahlweise gen Süden oder Norden und werden u. a. als Ganztagesausflug angeboten.

Nach Süden

Auf dem eintägigen Südausflug gelangt man bis zur belebten **Praia da Pipa,** einem der schönsten Strandorte Brasiliens. Dieses Tagesziel lohnt auch einen längeren Besuch (s. S. 296). Bei einigen Touren zu diesem Strand wird neben der Raketenabschussbasis **Barreira do Inferno** noch **Pirangi do Norte** mit dem zeitweilig größten Kajubaum *(cajueiro)* der Welt besucht. Seine 8500 m^2 einnehmende Krone bedeckt eine Fläche, auf der normalerweise etwa 70 dieser Bäume Platz finden.

Zu den Dünen von Genipabu

Abenteuerlicher sind jedoch die Buggytouren in nördlicher Richtung zu und in den weltbekannten **Dünen von Genipabu.** Die Frage des Fahrers, ob man *com ou sem emoção* (mit oder ohne Emotion) kutschiert werden möchte, bezieht sich ganz und gar nicht auf romantische Gefühle, sondern einzig und allein auf die persönliche Risiko- und Abenteuerbereitschaft bzw. die gewünschte Umdrehungszahl des Motors. Nach Überquerung des **Rio Potengi** über die 1900 m lange und bis zu 76 m hohe Brücke **Ponte Newton Navarro** geht es zunächst noch recht behäbig an der **Praia da Redinha** vorbei, bis man vor Genipabu die ersten großen **Dünen** auftauchen sieht. Da man sich nicht immer anschnallen kann, kralle man sich nur gut fest und vertraue auf die Fahrkünste des Einheimischen, der einen wie in der Achterbahn mal 30 m hinauf- und mal 30 m hinunterreißt. Nach Überquerung des **Rio Ceará-Mirim** auf einem Floß wird es bei **Pitangui** wieder etwas ruhiger, es sei denn, man setzt sich oberhalb des **Jacumã-Sees** auf ein schmales Holzbrett und stürzt sich 30 m tief die Düne hinab *(ski-bunda).* Danach geht es zum Mittagessen an den **Strand von Porto Mirim,** Endstation und letzter Halt vor der Rückfahrt.

Übernachten

Klassisch-modern – **Majestic Ponta Negra Beach:** Av. Eng. Roberto Freire 3800 (Ponta Negra), Tel. 084 36 42 70 00, www.majesticnatal.com.br. Das einzige klassisch-moderne Hotel des Nordostens besticht mit hübschen Zimmern, die sich nur in der Aussicht unterschieden (umwerfende Fernsicht aus den oberen Etagen). Exquisites Gourmetrestaurant. €€€

Am Meer – **Vogal Luxury Beach Hotel & Spa:** Rua Cel. Inácio Valê 8861 (Ponta Negra), Tel. 084 32 27 10 00, www.vogalhotel.com.br. Die direkt an einem der schönsten Strandabschnitte gelegene Anlage bietet ausgezeichneten Komfort. Ausstattung und Service sind makellos, das Spa lädt zum Entspannen an Regentagen ein. €€€

Elegant – **Rifóles Praia Hotel & Resort:** Rua Cel. Inácio Valê 8847 (Ponta Negra), Tel. 084 36 46 50 00, www.rifoles.com.br. Gleich nebenan liegt das zur selben Hotelgruppe zählende Rifóles, das sich über sieben Stockwerke mit allem erdenklichen Komfort bis zum Strand hinunterzieht. Tolle Poollandschaft, großzügige Zimmer, sehr gutes Frühstück. €€–€€€

Essen & Trinken

Typisch Natal – **Camarões:** Av. Eng. Roberto Freire 3980 (Ponta Negra), Tel. 084 32 09 24 24, www.camaroes.com.br, Mi–Mo 11.30–15.30, 18.30–23 Uhr. Der Ort, um einmal die für Natal typischen und landesweit bekannten Shrimpsgerichte zu probieren. Große Portionen für 2–3 Personen. €€

Fleischpalast – **Sal e Brasa:** Av. Eng. Roberto Freire 1426 (Capim Macio), Tel. 084 988 26 16 07, www.salebrasa.com.br, tgl.11.30–23.30 Uhr. Hervorragende und für die gebotene Qualität günstige Churrascaria *(all you can eat).* Das Rindfleisch kommt an Spießen an den Tisch, dazu ein großes, auch vegetarisches, Büfett. Tischreservierung empfohlen. €€

Einkaufen

Kunsthandwerk – **Centro de Turismo:** Rua Aderbal Figueiredo 980 (Petrópolis), Tel. 084 32 11 61 49, Fr–Mi 8–18, Do 8–1 Uhr. Produkte aus Leder und Keramik, auch mit verschiedenfarbigem Sand gefüllte Flaschen. **Shopping do Artesanato Potiguar:** Av. Eng. Roberto Freire 8000 (Ponta Negra), neben dem Einkaufszentrum Praia Shopping, Tel. 084 32 15 97 81, tgl. 9–21 Uhr. Viele Läden über mehrere Stockwerke, weniger touristisch.

Abends & Nachts

Abtanzen – Das Nachtleben von Natal konzentrierte sich lange Zeit vor allem in **Alto de Ponta Negra** in den Straßen rings um die Rua Dr. Manoel A. B. de Araújo. Zuletzt ist es dort deutlich ruhiger geworden, ein guter Anlaufpunkt zum Forró-Tanzen und zum Eintauchen in die Nordost-Kultur ist aber nach wie vor **Rastapé** (Rua Aristides P. Filho 2198, Mi, Fr, Sa und vor Feiertagen 22–4.30 Uhr, 30–50 R$). Hier gibt es Livemusik von mehreren Bands und in klimatisierten Sälen wird heiß getanzt, vor allem mittwochs.

Aktiv

Ausflüge, Buggytouren & mehr – **Anauê:** Tel. 084 981 67 45 79, www.anauereceptivo.com.br, und **Natal Vans,** www.natalvans.com.br. Diese sehr zu empfehlenden Reiseveranstalter bieten bietet alle Buggy-, Van- oder Bustouren an, z. B. Genipabu/Litoral Norte per Buggy (8.30–15.30 Uhr, ab 560 R$/4 Pers., Fähren 65 R$), Pipa/Litoral Sul per Bus/Kleinbus (7–18.30 Uhr, ca. 70 R$), oder Schnorcheln in Maracajaú (ca. 215 R$). Auch Transfers. Auf Sicherheit wird wert gelegt, alle Fahrer und Wagen sind zertifiziert.

Termine

Carnatal: 2. Dez.-Wochenende, @carnatal. Laut Eigenwerbung größter außerordentlicher Karneval der Welt, mit Umzugswagen bzw. *trios elétricos* (ähnlich wie in Salvador) rund um die Arena das Dunas.

Verkehr

Flugzeug: Der neue Flughafen, **Aeroporto de Natal** (Tel. 084 33 43 60 60, www.natal.aero), liegt ungünstig und schwer erreichbar in São Gonçalo do Amarante (45 km). Transfer zum Hotel am besten mit **Uber** (70–80 R$) oder Taxi (ca. 150 R$). Vom Flughafen auch **Direktverbindung** nach Praia da Pipa mit Pipa Transfer (180 R$, Tel. 084 998 18 56 49, www.pipatransfer.com.br). Reservierung jeweils mind. 1 Tag vorher.
Bus: Die **Rodoviária** (Nossa Sra. de Nazaré) liegt 6 km von Ponta Negra. U. a. Verbindungen nach Fortaleza **(Catedral,** www.viacaocatedral.com.br, und **Guanabara,** www.expressoguanabara.com.br, 10 x tgl., 8–9 Std., 82–162 R$), João Pessoa **(Progresso,** www.progressoonline.com.br, 7 x tgl., 3 Std., 59 R$), Recife **(Progresso,** 6 x tgl., 6 Std., 107–139 R$).

Praia da Pipa

Der beliebteste Badeort bei Natal ist das 85 km südlich gelegene **Praia da Pipa** 1 (5000 Einw.). Mit zahlreichen Hotels und Pousadas, Restaurants, Bars, Boutiquen und Kunstateliers sowie den von majestätischen roten Klippen umrahmten Stränden ist er auch bei internationalen Touristen ein gerne besuchtes Ausflugsziel. Es empfiehlt sich ein mehrtägiger Aufenthalt mit Übernachtung in einer der vielen charmanten Pousadas. Abends bezaubert der Ort mit seinen in Kerzenlicht getauchten Restaurants, die sich entlang der kopfsteingepflasterten Hauptstraße aneinanderreihen. Dank vieler Bars und Discos kommt auch der Partyspaß hier nicht zu kurz.

Die Hauptattraktion ist jedoch die spektakuläre **Landschaft,** geprägt von einsamen Badebuchten, hohen Klippen, Regenwaldresten sowie einer großen Lagune. Einiges von dem lässt sich auf eigene Faust kennenlernen, in den meisten Fällen empfehlen sich aber organisierte Touren ortsansässiger Anbieter.

Strände

Recht einfach gelangt man zu Fuß zu den ortsnahen Stränden – allerdings nur bei Ebbe. Am schönsten ist sicherlich der eine halbe Stunde nördlich des Zentrums gelegene Strand **Baía dos Golfinhos** bzw. **Praia do Curral** 2 **,** der oft (meist am Nachmittag) von **Delfinen** besucht wird, die mit etwas Glück sogar recht nah herankommen.

Lagoa de Guaraíras 3

Bootstouren

Kapitän Galego *(Schoner Maria Maria), Tel. 084 999 06 78 64;* ***Aude Barbosa*** *(Barco Solemio), Tel. 084 988 24 00 23, jeweils 6–7 Std., etwa 11–17.30 Uhr, 325–350 R$ pro Pers. inkl. Transfer*
Eine der schönsten Bootstouren führt mit dem Schoner Maria Maria vom Hauptstrand von Pipa an der Küste entlang bis nach **Tibau do Sul** 4 und dort hinein in die **Lagoa de Guaraíras.** Die 7 km lange und bis zu 2 km breite, einstmals reine Süßwasserlagune ist von Mangrovenvegetation gesäumt und bietet vielen Vogelarten Lebensraum, außerdem befinden sich hier einige Shrimp-Farmen. Unterwegs besteht die Möglichkeit zu einem erfrischenden Bad. Mittags serviert Kapitän Galego ein höchstpersönlich zubereitetes Mittagessen

Touren rund um Praia da Pipa

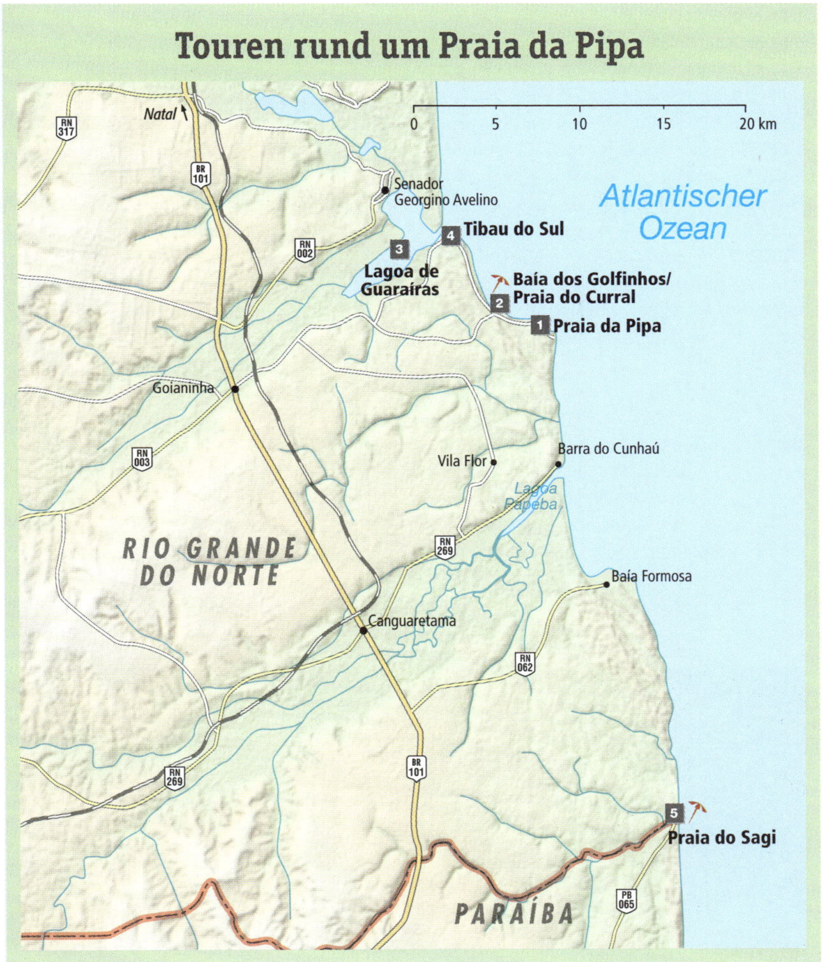

(Austern, gegrillter Fisch, Krabben, tropischer Fruchtsalat u. a.). Caipirinha, Fruchtsäfte und Wasser sind unbegrenzt gratis.

Eine ähnliche, ebenso eindrückliche Tour bietet die Französin Aude Barbosa mit ihrem Boot Solemio an. Abfahrtsort ist der Hafen von **Tibau do Sul.** Man schippert durch die Bucht, macht 4 bis 6 Badestopps und wird unterwegs mit kulinarischen Köstlichkeiten (Früchte, Spießchen, Fisch, Krabben, Meeresfrüchte) verwöhnt. Auch bei Aude sind alle Getränke inbegriffen: Säfte, Bier, Caipirinha und Wasser.

Bei beiden Ausflügen lassen sich auf dem Rückweg durch die Lagune zu späterer Stunde in den Mangroven blaue Reiher und weitere Vogelarten beobachten.

Per Buggy zur Praia do Sagi

Buggytour, 6–7 Std., um 800 R$/bis 4 Pers., bei der Reservierung darauf achten, dass das offizielle Zertifikat Permissão SETUR am Wagen angebracht ist. Es ist günstiger, direkt bei den Fahrern zu buchen

Die für Natal so typischen Buggytouren werden auch in Pipa angeboten. Hierbei geht es in erster Linie um schöne Ausblicke von Klippen und das Kennenlernen abgelegener Strandorte. Die attraktivste Route nennt sich **Litoral Sul da Pipa** und führt über **Barra do Cunhaú** und **Baía Formosa** bis zur **Praia do Sagi** 5 an der Grenze zum Bundesstaat Paraíba. An der Praia do Sagi kann man eine Pause in der **Cachaçaria Nativos** einlegen und dort am Strand einen leckeren *pastel de camarão* (Shrimppastete) und einen frisch gepressten Fruchtsaft probieren (inkl. gratis *cachaça*-Probe).

Übernachten

Volles Verwöhnprogramm – **Pousada Toca da Coruja:** Tel. 084 32 46 22 26, www.tocadacoruja.com.br. Die Pousada gehört zu den besten des Landes. Im Angebot sind sagenhafte Bungalows sowie edle Apartments in einem tropischen Garten, außerdem gibt es zwei Pools und ein Restaurant. In der Nebensaison März–Mai sind Ermäßigungen möglich. Keine Kinder unter 10 Jahren. €€€

Ruhige Oase – **Hotel Pousada Oka da Mata:** Estr. Tibau do Sul, KM 1, Tel. 084 32 46 23 26, www.okadamata.com.br. Das schöne und ruhig gelegene Hotel überzeugt mit einem traumhaften Pool und 18 geräumigen, sehr komfortablen Suiten, die meisten mit Meerblick. Für die Fahrt ins Zentrum und zu den Stränden steht ein kostenloser Shuttle zur Verfügung. €€€

Essen & Trinken

Umweltbewusst und regional – **Macoco Cozinha Artesanal:** Rua Bem-Te-Vis 34, Tel. 084 991 59 46 02, Mo–Sa 13–23 Uhr. Alles in diesem rustikalen Lokal wird mit viel Liebe hausgemacht. Dabei verwenden die engagierten Besitzer besonders gerne Zutaten aus Bio- und/oder regionalem Anbau. Hervorzuheben

Auf ausgedehnten Buggyfahrten lassen sich die schönsten Strände von Rio Grande do Norte erkunden

ist der vegane Falafel mit eingelegten Auberginen und Joghurtsoße oder Chutney, daneben stehen noch viele weitere vegetarische und vegane Gerichte zur Auswahl. Aber auch Pizza, Fleisch und leckere Fischgerichte wie der Thunfisch *atum teriyaki* sind im Angebot. Ein kühles Craftbier oder ein frischer Fruchtsaft runden den Besuch ab. €€

Spanisch-brasilianisch – **Tapas:** Rua Bem-Te-Vis 8, Tel. 084 994 65 44 68, Di–Sa 18.30–24 Uhr (Juni geschl.). Hervorragende spanische Tapas, die mit brasilianischer Kreativität verfeinert werden. €€

Verkehr

Bus: Bus ab **Rodoviária** in Natal **(Riograndense,** Tel. 084 32 05 43 88), hin 12 x tgl. bis 18.10, zurück 12 x tgl. bis 18.30 Uhr, 2 Std., 22 R$. Alternativ Direkttransfer mit **Pipa Aventura,** www.pipaaventura.com.br, **Anauê, Natal Vans** oder **Pipa Transfer** (s. S. 296).

Maracajaú und São Miguel do Gostoso

Nördlich von Natal liegen zwei beschauliche und vom Tourismus bisher kaum behelligte Orte.

Maracajaú

Ins etwa 60 km entfernte **Maracajaú** (2000 Einw.) fährt man vor allem, um in den vorgelagerten Korallenriffen zu schnorcheln. Ansonsten lassen sich dort schöne Tagesausflüge unternehmen, beispielsweise durch die Dünen, zu einer Lagune oder zur Flussmündung Barra do Punaú, wo ein Hotel eine wunderbare Day-use-Anlage errichtet hat (www.punaupraiahotel.com.br).

São Miguel do Gostoso

Das noch sehr ursprüngliche Fischerdorf **São Miguel do Gostoso** (10 200 Einw.), 102 km nördlich von Natal, mit seinen wilden, von Palmen und Dünen umgebenen Stränden wird besonders von Wind- und Kitesurfern aufgesucht, entwickelt jedoch auch für Nichtwassersportler eine immer größere Anziehungskraft.

Übernachten

... in Maracajaú

Oase zum Ausspannen – **Hotel Enseada Maracajaú:** Rua Francisco A. Cavalcante 44, Tel. 084 999 53 04 09, www.enseadamaracajau.com.br. Charmante und persönlich geführte Pousada am Ortseingang. Die netten Besitzer helfen gerne bei der Organisation von Ausflügen. Gepflegte Zimmer in Doppel-Chalets, hübscher Garten und ein schöner Pool mit Bar. Gutes Preis-Leistungs-Verhältnis. €€

... in São Miguel do Gostoso

In den Dünen – **Pousada Só Alegria:** Rua Cavalo Marinho 52, Tel. 084 32 63 42 93, www.pousadasoalegria.com.br. Die hübsche Pousada verfügt über gut ausgestattete, große Zimmer sowie Familien-Chalets. Nahe am Zentrum und bei den wichtigsten Bars und Restaurants gelegen. €€

Essen & Trinken

... in Maracajaú

Traumblick – **Portal de Maracajaú:** am Strand von Maracajaú, Tel. 084 999 81 93 20, www.portaldemaracajau.com.br, 8–18 Uhr, nur an Tagen mit Tauchausflügen. Herrliche Terrasse mit Traumblick auf die Landzunge Ponta dos Anéis! Fisch- und Krabbengerichte. €€

... in São Miguel do Gostoso

Tolles Ambiente – **Hibiscus:** Rua das Ostras 289, Tel. 084 994 52 64 11, tgl. 16–23.30 Uhr, Juni geschlossen. Schönes Restaurant mit bahianisch-internationaler Küche, sehr gute Fischteller, klasse Fruchtsäfte. €€

Verkehr

Bus: Cabral, @expressocabral1, hat leider nur seltene Direktbusse nach Maracajaú und São Miguel do Gostoso. Man organisiert besser einen Transfer mit Anauê (s. S. 296). Mit Uber kostet die Fahrt nach Maracajaú 90–100 R$.

Fernando de Noronha

▶ 3, F 4

Die ökologisch interessanteste Naturschutzinsel Brasiliens stellt die Spitze eines 12 Mio. Jahre alten Vulkanfelsens dar, der unter Wasser noch 4000 m in die Tiefe reicht. Das vor allem wegen seiner Delfine bekannt gewordene Taucherparadies ist ein Archipel von 21 Inseln, dessen größte, Fernando de Noronha (17 km²), die einzig bewohnte ist.

Naturschutzinsel und Taucherparadies

Karte: S. 304

Tourismus und Ökologie

Noch vor 30 Jahren lebten die Insulaner hier überwiegend vom Fischfang, mittlerweile sind fast alle Bewohner im Tourismusgeschäft tätig. Es dürfte mehr als 150 Pousadas geben sowie Dutzende von Restaurants, Bars und Läden für Strandmode. Auch bei Autovermietern und Tauchschulen haben Urlauber die Wahl. Bis zu 110 000 Fremde besuchen die Insel pro Jahr und zu den rund 3000 festen Bewohnern kommen mindestens genauso viele Arbeitskräfte und deren Familien von außerhalb, die sich jedoch nicht fest auf der Insel ansiedeln dürfen, um das fragile Ökosystem nicht zum Kollaps zu bringen. Trotz einer neuen Entsalzungsanlage wird das Nutzwasser weiterhin rationiert, die Stromversorgung und der Internetzugang sind dagegen in letzter Zeit recht stabil, zu Stromausfällen kommt es nur noch selten. Die als gerade noch verträglich geltende Zahl Menschen, die sich gleichzeitig auf Noronha aufhalten können, wurde in den vergangenen Jahren stetig angehoben, dennoch wirkt die Insel nie überfüllt, da sich die Besucher auf 16 Strände, diverse Ausflugsangebote und Wanderwege verteilen. So ist das Leben, ganz besonders in der Nebensaison, auf Noronha immer noch recht beschaulich, was auch in dem Spitznamen *neuronha* (Kombination aus Neurose und Noronha) zum Ausdruck kommt. Wegen der Euphorie mancher Neuankömmlinge hat sich jedoch ebenfalls der Begriff *euforonha* eingebürgert.

Um die Insel kennenzulernen, ist es am einfachsten, an einigen der vielen organisierten Tagestouren teilzunehmen, was durchaus zu empfehlen ist. Wer individuelles Reisen bevorzugt, kann vor Ort u. a. Buggytouren um die Insel oder ökologische Wanderungen unternehmen (s. S. 303, Aktiv S. 304). Insgesamt ist ein Besuch wegen der Flüge und hohen Ökogebühren ein kostspieliges Unterfangen. Da alles vom Festland hertransportiert werden muss, auch das Trinkwasser, sind die Preise für Unterkunft sowie Essen und Trinken nicht gerade niedrig.

Die Erlaubnis zum Tourismus gab es paradoxerweise erst, als 1988 ein Teil der Insel geschützter Meeresnationalpark wurde. Vorher diente sie ganz unökologischen Zwecken, die eher mit ihrer strategischen Lage 360 km vor der Küste zusammenhingen.

Spannende Geschichte

Entdeckt wurde das Eiland am 10. August 1503 von einer Expedition unter Amerigo Vespucci, gesponsert von dem portugiesischen Kaufmann Fernando de Noronha, der jedoch nie hier war. Ab 1556 kamen englische, holländische und französische Invasoren, ab 1737 dominierten die Portugiesen und errichteten zehn Festungen, von denen heute fast nur noch Ruinen übrig sind. Immer wieder versteckten auch Piraten ihre Schätze auf der Insel, etwa im Jahr

1577 der gefürchtete Engländer Francis Drake. Von 1737 bis 1938 befand sich hier eine Strafkolonie und von 1938 bis 1942 ein politisches Gefängnis. Im Zweiten Weltkrieg wurde der Archipel dem Kriegsministerium unterstellt und diente als alliierter Luftwaffenstützpunkt, von 1957 bis 1965 als Beobachtungsstation der US-Amerikaner von Mittelstreckenraketen im Kalten Krieg. 1988 wurde die Insel zum Naturschutzgebiet und 2001 von der UNESCO sogar zum Weltnaturerbe erklärt.

Vila dos Remédios

Im Hauptdorf der Insel sollte man sich die gut erhaltene, barocke **Igreja dos Remédios** (1772) ansehen, dann den imposanten Regierungssitz **Palácio de São Miguel** sowie das komplett renovierte **Forte dos Remédios** (1737) mit den alten Kanonen und einem Restaurant. Der Ort bietet die beste Infrastruktur der Insel und hier starten auch viele Erkundungstouren.

Delfine

1 km weiter erreicht man die größte Strandattraktion des ganzen Archipels, die **Enseada do Carreiro de Pedra,** im Volksmund auch **Baía dos Golfinhos (Delfinbucht)** genannt. Hier kann man fast jeden Morgen ein Schauspiel erleben, das keine andere Bucht auf der Welt in dieser Regelmäßigkeit bietet. Die beste Besuchszeit ist zwischen 6.30 und 7.30 Uhr morgens, da man sich dann von den anwesenden Forschern Auskünfte über die Meeressäuger geben lassen und ein Fernglas ausleihen kann.

Der erste Bericht darüber datiert aus dem Jahr 1506, als die dritte portugiesische Expedition vor Ort das haufenweise Erscheinen von *porcos do mar* (Meeresschweinen) vermerkte. 1736, unter französischer Vorherrschaft, erhielt die Insel den Beinamen Isle Delphine. Knapp 350 Delfine kommen hier tagtäglich in der Frühe an, um sich auszuruhen oder den Nachwuchs zu betreuen.

Der vom Projeto Golfinho Rotador gezählte ›Besucher‹-Rekord waren 2700 Delfine an einem Tag. Am Nachmittag schwimmen die Tiere dann zwecks Nahrungssuche zurück auf die andere Seite der Insel bzw. hinaus in das offene Meer. Von einem **Aussichtspunkt** *(mirante)* auf der Anhöhe nahe der Bucht kann man mit einem Fernglas die im Wasser schwimmende und teilweise springende Delfingruppe beobachten.

Meeresschildkröten

Projeto Tamar, Alam. do Boldró (Boldró), Tel. 081 36 19 11 45, www.projeto tamar.org.br; Besucherzentrum Mo–Sa 9–20 Uhr (ganzjährig), kostenlose Videovorführungen/Vorträge Mo–Fr 19.30 Uhr

Vom **Projeto Tamar** (Hauptsitz in Praia do Forte, Bahia) werden sowohl auf Fernando de Noronha als auch an der ganzen Landesküste große Anstrengungen unternommen, um die schon seit 150 Mio. Jahren existierenden **Meeresschildkröten** *(tartarugas marinhas)* vor dem Aussterben zu retten.

Von 1000 geschlüpften Schildkröten erreicht nur eine das Erwachsenenalter und kommt dann immer wieder zum Brüten an den Geburtsstrand zurück, hier auf der Insel ist es vor allem die **Praia do Leão.** In den Monaten März und Juli den kleinen Schildkröten beim Schlüpfen zuzusehen, ist derzeit nicht mehr möglich. Dafür werden im Tamar-Besucherzentrum Videos und Vorträge zu Natur- und Umweltthemen präsentiert.

Eldorado für Taucher und Schnorchler

Waren wir bisher eher über Wasser, geht es nun hinein in die überaus reiche Unterwasserwelt, wegen des recht konstant 26 °C warmen Wassers und einer Sichtweite bis 50 m Brasiliens Taucherparadies Nr. 1 und eines der besten Reviere der Welt. Um Fernando de Noronha finden sich ungefähr 300 Fisch-, über 100 Algen- und 15 der 18 in Brasilien existierenden Korallenarten. Viele tauchen nicht nur wegen der Flora und Fauna: Um die Insel herum sind mehr als 20 Schiffe gesunken, zwei davon werden von den Tauchschulen angesteuert.

Mar de Dentro

Die zum brasilianischen Kontinent gerichtete Küste, das sogenannte **Innere Meer,** bietet ruhigeres Wasser und ideale Tauchbedingungen zwischen April und November.

Besonders beliebt zum Schnorcheln auf dieser Seite der Insel ist die **Baía do Sancho,** der wohl berühmteste Strand von Fernando de Noronha. Hier einmal zu schnorcheln gehört zum Schönsten, was die Insel überhaupt zu bieten hat. Geübte Taucher suchen das in 65 m Tiefe liegende Wrack der **Corveta Ipiranga** auf.

Mar de Fora

Vor dem anderen, zum afrikanischen Kontinent gerichteten Inselteil, dem **Äußeren Meer,** ist das Wasser unruhiger, am leichtesten ist die Navigation von November bis Juli und vor allem im Februar und März. Dort, bei **Pedras Secas,** liegt das Mekka der professionellen Taucher.

Beliebt zum Schnorcheln ist die **Praia da Atalaia** (Zugang nur bei Niedrigwasser in geführten Gruppen und mit Guide. Besucherlimit, Aufenthaltsdauer 30 Min.). Ein weiterer geeigneter Ort ist die ruhige Bucht **Baía do Sueste,** wo sich oft Meeresschildkröten beobachten lassen. Dieser Strand ist aktuell jedoch zum Schnorcheln und Baden gesperrt.

Infos

Superintendência de Turismo: Palácio São Miguel (1. Stock), Vila dos Remédios, Tel. 081 36 19 08 12, www.noronha.pe.gov.br, Mo–Fr 8–12, 14–17 Uhr; auch Infostände am Flughafen (bei Ankunft der Flüge) und am Hafen (Mo–Sa 8–18 Uhr).

Übernachten

Fernando de Noronha ist das teuerste Reiseziel in Brasilien, das spiegelt sich auch in den Hotelpreisen wider. Für einen Besuch in den brasilianischen Hauptreisemonaten Juli, Dezember und Januar sollte man zeitig reservieren.

Wenn schon, denn schon – **Ecopousada Teju-Açu:** Estr. da Alamoa (Boldró), Tel. 081 996 35 71 48, www.pousadateju.com.br. Wunderschöne, persönlich geführte Pousada in tropischem Garten. Die 12 Bungalows wurden umweltfreundlich ohne Bodenversiegelung errichtet. Schöner Pool, exzellentes Restaurant. Preis inkl. Flughafentransfer. €€€

Neu und sehr gefragt – **Pousada Tesouro de Noronha:** Rua Nice Cordeiro (Floresta Velha), Tel. 081 998 95 35 35, www.tesouro denoronha. com.br. Moderne Pousada mit 10 hübsch dekorierten Zimmern, die sich nur in der Aussicht unterscheiden. Im Hof wartet ein gemütlicher Pool mit Wasserfall. Umweltbewusste Besitzer. Buchung von Ausflügen auf Englisch (nicht teurer). €€€

Gut und günstig – **Casa Swell Hostel:** Rua Major Costa 248 (Vila do Trinta), Tel. 081 999 62 05 87, www.casaswell.com. Das vor allem bei jüngeren Backpackern beliebte Hostel liegt zentral in Vila do Trinta ganz in der Nähe von Läden, Bäckerei und Bushaltestelle. Es gibt ein Bett im Schlafsaal ebenso wie gemütliche Doppelzimmer. Der einladende Außenbereich ist ideal, um Leute kennenzulernen. €€€

Essen & Trinken

Unaufdringlich charmant – **O Pico:** Pça. dos Remédios (bei Atlantis Divers), Do–Di 12–15, 18–22 Uhr. Luftiges Lounge-Restaurant mit herrlicher Terrasse und weitem Blick. Nach der köstlichen Ceviche zur Vorspeise servieren Marina und Théo einen exzellenten Fisch mit *macaxeira*-Püree in Maracuja-Weißwein-Soße. Sehr gute Weine und Cocktails runden den Abend ab. €€–€€€

Wie im Kino – **Morena:** Rua Nice Cordeiro 2600 (Floresta Nova), Tel. 081 30 38 50 08, tgl. 7–22 Uhr. Das spektakuläre Pousada-Restaurant lohnt sich auch für Nichtgäste. Neben einer exzellenten Bewirtung (großartiger *peixe na castanha*) darf man sich an einer der besten Traumaussichten von Noronha erfreuen: auf den Morro do Pico, das Meer und einen unverschämt schönen Infinity-Pool. €€–€€€

Abends & Nachts

Forró – **Bar do Cachorro:** Vila dos Remédios, Tel. 081 981 94 93 35, www.bardocachorro.com.br, Mo, Di, Do 12–23, Mi 12–2, Fr, Sa 12–4 Uhr. Zu vorgerückter Stunde trifft man sich in dieser Bar nahe der Praia do Cachorro, wo zu Forró und Sa Sertanejo getanzt wird. Auch sehr gutes Restaurant.

Die vor Noronha vorkommenden Spinnerdelfine vollführen kunstvolle Sprünge und Drehungen

Aktiv

Bootsfahrten – **Atalaia:** Alam. do Boldró, Tel. 081 999 79 72 32, www.atalaianoronha.com.br, Mo–Sa 7–20, So 7–19 Uhr. Exzellente englischsprachige Agentur, die alle Ausflüge anbietet.

Ausflüge & mehr – Die auf der Insel lebende deutsche Wanderführerin **Sabina Varga** begleitet auf allen Wanderungen innerhalb und außerhalb des Nationalparks (4–5 Std., 200 R$/Pers.). Daneben bietet sie Buggytouren (9–19 Uhr, 1400 R$/2 Pers.) und Schnorchelausflüge (2–3 Std., 150 R$/Pers.) an. Kontakt: Tel. 081 997 05 05 84, sabina_varga@hotmail.com.

Surfen – Von Dez. bis März erreichen die Wellen eine durchschnittliche Höhe von 2 m (max. 4 m) und ziehen viele Surfer an. Austragungsort internationaler Wettkämpfe ist im Februar die Praia da Cacimba do Padre.

Tauchen – **Atlantis Divers:** Praça dos Remédios, Tel. 081 996 84 00 19, www.atlantisdivers.com.br, Mo–Sa 10–20 Uhr. Infos, Kurse und Ausflüge. Halbtg. Ausflug (sogenannter *batismo*) inkl. Ausrüstung und ca. 30 Min. Tauchen mit Lehrer 870 R$. Weitere Tauchschulen sind **Águas Claras** (www.aguasclaras-fn.com.br) und **Noronha Diver** (www.noronhadiver.com.br).

Wandern – Neben den inoffiziellen Pfaden gibt es auf Fernando de Noronha mehrere ausgewiesene **Wanderwege,** von denen einige jedoch nur mit Guide betreten werden dürfen und online reserviert werden müssen. Bei der Reservierung kann die Wanderführerin Sabina Varga behilflich sein (s. links). Weitere Infos neben dem Tamar-Besucherzentrum (s. S. 301). Am allerschönsten und leicht selbständig zu laufen ist der **Höhenrundwanderweg** über den Aussichtspunkt **Mirante dos Golfinhos** zur **Baía do Sancho** (von dort zurück zum Besucherzentrum PIC, 2 km, 50–70 Min.), der an mehreren spektakulären Aussichtspunkten *(Mirantes)* vorbeiführt, u. a. mit Abstecher zum **Mirante Dois Irmãos** (Traumaussicht auf die Baía dos Porcos und die Dois Irmãos). Längere Strandwanderungen (s. Aktiv S. 304) sind nur bei Ebbe möglich (Mineralwasser/Proviant).

Verkehr

Flugzeug: Zum **Aeroporto de Fernando de Noronha** tgl. Flüge von Recife und Natal, zeitw. auch von Fortaleza mit **Azul** (www.voeazul.com.br), **Voepass** (www.voepass.com.br) und und **GOL** (www.voegol.com.br). Dez.–Febr., Juli früh reservieren!

STRANDWANDERUNG AUF FERNANDO DE NORONHA

0 0,5 1 1,5 2 km
Praia do Meio
Bar do Meio
Praia do Cachorro
Praia da Conceição
Start
Bar Duda Rei
Vila dos Remédios
Praia do Boldró
Praia do Americano
Praia do Bode
Praia da Quixaba
Praia Cacimba do Padre
Morro do Pico 323 m
São Pedro do Boldró
Floresta Velha
Floresta Nova
Ilha Dois Irmãos
Morro dos Dois Irmãos
Baía dos Porcos
Projeto Tamar (Centro de Visitantes)
Baía do Sancho
Ziel
Ilha do Lucena
Ilha da Rata
Ilha do Meio
Ilha de São José
Ilha Sela Ginete
Ilha Rasa
Ilha da Viuvinha
Praia Air France
Praia de Santo Antônio
Praia da Biboca
Praia Buraco da Raquel
Enseada da Caieira
Mar de Dentro
siehe Detailkarte
Vila dos Remédios
Morro do Francês
Vila do Trinta
Pontinha
Morro do Pico 323 m
Floresta Nova
Morro do Espinhaço
Praia da Atalaia
Ilha do Frade
Vila da Quixaba
Enseada do Carreiro de Pedra (Baía dos Golfinhos)
Morro da Madeira
Ilha dos Ovos
Morro Branco
Baía do Sueste
Ilha Cabeluda
Mar de Fora
Praia do Leão
Morro da Quixabinha
Ilha do Morro da Viuvinha
Ilha do Morro do Leão
Praia Ponta das Caracas
Ponta da Sapata
Ponta Cupim Açu
0 1 2 3 4 km

Tour-Infos

Start: Kirche am Hauptplatz in Vila dos Remédios
Dauer: 2–3 Std. (ohne Pausen)
Schwierigkeitsgrad: Überwiegend einfache Strandwanderung mit längerer Passage über steiniges Geläuf sowie kurzem Kletterabschnitt
Bar do Meio: tgl. 12–21 Uhr
Bar Duda Rei: tgl. 10–22 Uhr
Wichtige Hinweise: Die Wanderung ist nur bei Ebbe möglich (vorher nach Uhrzeiten erkundigen). Nicht versuchen über Steine zu klettern, wenn bereits Wellen dort anbranden! Sonnencreme und Wasser mitnehmen,

dazu Schirmmütze, Sonnenbrille, Mückenschutz und Turnschuhe. An den Stränden do Boldró und do Bode sollte wegen oft starker Strömungen nicht gebadet werden. Auch an den anderen Stränden der Nordküste immer Vorsicht walten lassen, auch bei kleinen Wellen. Im Sommer erreicht die Brandung an manchen Stellen bis zu 4 m Höhe.

Von dem Hauptort **Vila dos Remédios** aus kann man auf einer leichten Wanderung – nur bei Ebbe – gleich neun der schönsten Inselstrände der **Nordküste (Mar de Dentro)** besuchen. Startpunkt der Tour ist die Kirche am Hauptplatz. Gleich gegenüber führt neben der Bar do Cachorro ein kleiner Weg hinunter zur **Praia do Cachorro,** dem ersten einer Reihe von immer schöner werdenden Traumstränden.

Die Praia do Cachorro und die sich anschließende **Praia do Meio** sind wegen der Nähe zum Zentrum noch recht gut besucht. Dennoch wird man wahrscheinlich schon hier das erste Mal Lust verspüren, ins kristallklare Wasser zu springen und sich zu erfrischen. Am Ende der Praia do Meio stößt man auf einem kleinen Felsen auf die zauberhaft gelegene **Bar do Meio.** Hier kann man je nach Tageszeit bereits die erste Pause einlegen und etwas trinken. Die Rast lohnt sich alleine schon wegen der fantastischen Aussicht: zur Rechten auf die Praia do Meio, zur Linken auf die lang gezogene **Praia da Conceição,** einen der berühmtesten Surfstrände der Welt.

Hat man sich von diesem Blick wieder losgerissen, kommt man schon nach wenigen Metern zu einem weiteren Einkehrpunkt, der **Bar Duda Rei.** In der Strandbar läuft entspannte Musik und bei tollem Meerblick und einer Caipi in den Händen würde man eigentlich auch hier gerne noch etwas länger verweilen – zumal der nächste Streckenabschnitt etwas steinig ist und einen guten Gleichgewichtssinn und festes Schuhwerk erfordert. Am Ende der Praia da Conceição geht es nämlich um den 323 m hohen **Morro do Pico** herum, das Wahrzeichen der Insel, zur **Praia do Boldró.**

Von dort führt ein kurzes Kletterstück weiter zur **Praia do Americano,** dem kleinsten und intimsten Strand der Insel, anschließend über dunkles Felsgestein vulkanischen Ursprungs zur **Praia do Bode** und dann über die winzige **Praia da Quixaba** weiter zum wichtigsten Surfstrand der Insel, der im Sommer Austragungsort von internationalen Surfmeisterschaften ist: die **Praia Cacimba do Padre** (von Nov.–März atemberaubend hohe Wellen bis 4 m und mehr). Der Strand liegt unmittelbar bei den Zwillingsfelsen **Morro dos Dois Irmãos,** einem der klassischen Postkartenmotive Noronhas. Unterwegs treffen wir an mehreren Stränden auf schattige Strandkioske, an denen Getränke und/oder Snacks bzw. Fischgerichte erhältlich sind. Den besten Blick auf die Zwillingsfelsen hat man übrigens von den Ruinen der **Festung São Pedro do Boldró** oberhalb vom Strand von Boldró, zugleich lässt sich von hier aus der Sonnenuntergang am besten genießen.

Als Nächstes erreichen wir über einen leichten Felspfad eine der schönsten Buchten der ganzen Insel, die nur 100 m breite **Baía dos Porcos** (Schweinebucht). Geschützt durch einen großen und zahlreiche kleinere Vulkanfelsen sowie durch vorgelagerte Korallenriffe tummeln sich in dem klaren Wasser dieser Bucht Hunderte von bunt gescheckten Fischschwärmen sowie Meeresschildkröten und Rochen. Vom ersten Felsen *(Mirante)* aus lassen sich spektakuläre Erinnerungsfotos schießen.

Die als nächstes folgende **Baía do Sancho** gilt als die schönste Bucht Brasiliens. Sie ist jedoch zu Fuß nur schwer erreichbar (Abseilen bzw. per Leiter durch ein enges Felsloch, Zugang über den Höhenrundwanderweg s. S. 303), eher nähert man sich ihr per Boot im Rahmen einer Inseltour. Tag und Nacht versammeln sich dort auf den Bäumen Tausende von Vögeln, und unter Wasser begegnen Taucher endlosen Fischschwärmen (bei stark aufgewühltem Meer weniger). Für viele ist es *das* Highlight von Fernando de Noronha!

Fortaleza und Umgebung

▶ 3, E 4

Fortaleza gehört zu den meistbesuchten Städten Brasiliens. Hierher kommt man wegen der weiten Strände mit riesigen Strandbars und des tropischen Klimas mit steten Temperaturen zwischen 25 und 31 °C. Zudem bietet Fortaleza ein reges Nachtleben und viele Feste.

Fortaleza

Cityplan: S. 308

Meireles

Die meisten Besucher quartieren sich an der **Praia de Meireles** 1 ein, hier befinden sich die meisten Hotels und Restaurants. Dieser Teil der 2,43 Mio. Einwohner zählenden Hauptstadt des Bundesstaats Ceará besteht aus modernen Hochhäusern, die in den letzten Jahren wie Pilze aus dem Boden geschossen sind. Dank architektonischer Fantasie und harmonischer Farbgestaltung ist der Anblick jedoch nicht hässlich. Meireles ist der touristisch erschlossenste Teil der Stadt, an dessen Strandpromenade es nicht gerade ruhig zugeht (weite Teile der Küstenstraße sind zudem nochmals modernisiert und verschönert worden). Dennoch sitzt man hier angenehm in komfortablen Holzstühlen unter großen, schattenspendenden Bäumen. Auch gibt es einige Strandbars, in denen man mit ein bisschen Geduld sogar bedient wird. Nur das Wasser ist hier zum Baden kaum geeignet, auch wenn die Einheimischen damit weniger Probleme haben.

Porto do Mucuripe 2

Ein erster kleiner Strandspaziergang führt von Meireles aus die lebendige Avenida Beira Mar entlang bis zum **Hafen von Mucuripe.** Unterwegs trifft man am Strand auf einen großen **Kunsthandwerksmarkt** (tgl. 18–23 Uhr). Kurz vor dem Hafen sind die berühmten **Jangadas** zu sehen, mit Segeln versehene urtümliche Fischerboote, welche die nahen Restaurants mit frischer Ware beliefern. Beim dortigen **Fischmarkt** *(mercado de peixe)* lassen sich die Einheimischen für ein paar Reais ein Pfund Krabben abwiegen und gleich daneben frittieren, spätnachmittags sind alle Tischchen voll. Von hier starten nachmittags auch **Bootsausflüge.** Ein Stück weiter sieht man das moderne **Terminal für Kreuzfahrtschiffe.**

In der entgegengesetzten Richtung gelangt man ebenfalls am Strand entlang bis zum benachbarten Stadtteil Iracema mit seinem gänzlich anderen Gesicht.

Iracema

Iracema ist einer der ältesten Stadtteile Fortalezas. Vor etwa 100 Jahren wohnten hier nur einfache Fischer, bis die Reichen der Stadt in den 1920er-Jahren an diesem Ort ihre Villen für die Sommerfrische bauten. Vieles aus der Zeit ist noch erhalten bzw. wurde in letzter Zeit restauriert, heute steht das ganze Viertel unter Denkmalschutz. Die Einwohner beklagten jedoch lange den Niedergang dieses Stadtteils, in dem sich zwielichtige Spelunken und Kontakthöfe, sogenannte kleine Höllen *(inferninhos)* breit machten. Dort liegt auch die berühmte **Pirata-Bar** 2, ein nur am Montag- und Freitagabend geöffnetes Forró-Lokal.

Atmosphäre hat das Viertel aber auf jeden Fall. Man schlendere einfach einmal durch einige der engen Straßen und lasse sich ein wenig treiben. Ihre Namen sind eine Remi-

In der näheren und weiteren Umgebung von Fortaleza findet man viele Orte wie Jericoacoara mit beschaulichem Strandleben

niszenz an die indigenen Völker, z. B. die Guanacés, die Tabajaras oder die Pacajus. Auch Iracema ist ein indigener Name und erinnert an die romantische Liebesgeschichte zwischen der Tabajara Iracema und dem portugiesischen Kolonisator Martim Soares Moreno. Berühmt wurde sie jedoch erst 1865 durch den gleichnamigen Roman des Schriftstellers und Politikers José de Alencar, ein bedeutendes Werk der brasilianischen Romantik. Eine Statue der Heldin befindet sich am Strand von Iracema, eine weitere in Mucuripe nahe dem Hafen.

An der Ponte dos Ingleses

Die Hauptattraktion von Iracema könnte die **Ponte dos Ingleses** 3 sein, eine lange Brücke, die zuletzt 2012 restauriert wurde, und nun aber leider schon wieder zur Renovierung geschlossen ist. Über den alten rostigen Eisenträgern wurde 130 m ins Meer hinein ein Holzsteg gebaut. Darauf befinden sich mehrere Kioske sowie Plakate und Fotos zur Geschichte der Brücke, die 1925 von einer englischen Firma als Anleger konstruiert wurde und von daher den offiziellen Namen Brücke der Engländer erhielt. Zum Sonnenauf- bzw. -untergang ist die geöffnete Brücke ein bevorzugter Treffpunkt von Liebespaaren. Am Tag hingegen gewinnt man hier einen weiten Panoramablick auf die Bucht von Fortaleza und die Praia de Iracema.

Vor der Brücke sollte eigentlich ein neues Wahrzeichen entstehen: das gewaltige **Acquario Ceará,** das mit 21 500 m^2 Fläche und 15 Mio. l Beckenvolumen einmal das größte Meerwasseraquarium Lateinamerikas werden sollte. Die eigentlich für 2014 geplante Eröffnung wurde jedoch auf unbestimmte Zeit verschoben. Die seitdem wie ein Schandfleck im Raum stehende Bauruine ist ein peinliches Mahnmal für Größenwahn, Inkompetenz und/oder Korruption.

Dragão do Mar – Centro de Arte e Cultura 4

Rua Dragão do Mar 81, Tel. 085 34 88 86 00, www.dragaodomar.org.br

CENTRO
PRAIA DE IRACEMA
Atlantischer
Ozean
Pça. José de Alencar
Pça. Coração de Jesus
Pça. da Bandeira
Pça. Cel. Carvalho
Av. Presidente Castelo Branco
Av. Alberto Nepomuceno
Av. Dom Manuel
Av. Mons. Tabosa
Av. Almirante Barroso
Av. Alm. Tamandaré
Av. Historiador Raimundo Girão
Av. Duque de Caxias
Av. Visconde do Rio Branco
Av. Barão de Studart
Av. Rui Barbosa
Av. Dom Manuel
R. 24 de Maio
R. General Sampaio
R. Senador Pompeu
R. Barão do Rio Branco
R. Major Facundo
R. Floriano Peixoto
R. Guilherme Rocha
R. Liberato Barroso
R. Senador Alencar
R. São Paulo
R. Castro e Silva
R. João Moreira
R. Sen. Jaguaribe
R. Dr. João Moreira
R. da Assunção
R. Pinheiro
R. E. Borges
R. P. e Silva
R. Dr. Melvin
R. Visconde de Sabóia
R. Pinto Madeira
R. Gen. Bezerril
R. Visconde d'Eu
R. Sobral
R. Gov. Sampaio
R. São José
R. Cel. Ferraz
R. Almir Pinto
R. Dep. João Lopes
R. Afonso Viseu
R. Pedro Ângelo
R. Rufino de Alencar
R. Bacurité
R. José Avelino
R. Adolfo Caminha
R. Marangupe
R. Gerson Gradvol
Beco do Estaleiro
R. Boris
Tr. Vd. Moreira da Rocha
Ponte Metálica
R. 25 de Março
R. Rodrigues Junior
R. Franklin Távora
R. Dona Leopoldina
R. Pereira Figueiras
R. Tenente Benévolo
R. Aracoiaba
R. Alm. Jaceguai
R. Sen. Almino
R. Dragão do Mar
R. Alm. Barroso
R. dos Cariris
R. dos Tabajaras
R. dos Potiguaras
R. Tripoli
Acquario Ceará (Baustopp)
Touristen-polizei
R. J. da Penha
R. Padre Luís Figueira
R. Pentecoste
R. Nogueira Acioli
R. Dom Joaquim
R. Gonçalves Ledo
R. Alfredo Prudente
R. Climério
R. Historiador Guarino Alves
R. S. Longuinho
R. Padre Justino
R. Gonçalves Ledo
R. X. Castro
R. Pacajús
R. João Cordeiro
R. Antônio Augusto
R. Pe. Pita
R. Acaraí
R. Mombaça
R. Idelfonso Albano
R. Isaac Meyer
R. Barão de Aracati
R. José Agostinho
R. Padre
R. Joaquim Alves
R. Atualpa Lima
R. Deputada Moreira da Rocha
R. Tenente
Av. Santos Dumont
R. Carlos Vasconcelos
R. Costa Barros
R. Pereira Filgueiras
R. Melquíade Pinto
R. Dr. José Lourenço
R. Dr. Medeirinhos
R. Ten. Pio Amaun
R. Dr. Tomás Pompeu Sobrinho
R. Antonele Bezerra
0 50 100 150 200 m

Fortaleza

Sehenswert

1 Praia de Meireles
2 Porto do Mucuripe
3 Ponte dos Ingleses
4 Centro Dragão do Mar de Arte e Cultura
5 Fortaleza da N. S. da Assunção
6 Catedral da Sé
7 Centro de Turismo
8 Pinacoteca do Ceará und Estação das Artes
9 Theatro José de Alencar
10 Praça do Ferreira
11 Praia do Futuro

Übernachten

1 Hotel Gran Marquise
2 Hotel Sonata de Iracema
3 Hotel Luzeiros
4 Hotel Casa de Praia
5 Pauli Boutique Hotel
6 Refúgio Hostel und Pousada Fortaleza
7 Kite Dream Cumbuco Apartments

Essen & Trinken

1 L'Ô
2 Assis, o Rei da Picanha II
3 Cervejaria Turatti

Einkaufen

1 Mercado Central
2 Feira de Artesanato

Abends & Nachts

1 Tatu Bola Bar
2 Pirata

Aktiv

1 Planetatur
2 Beach Park

Von Iracema aus sind es nur 5 Min. zu Fuß zu einem großen Kultur- und Freizeitkomplex, dem **Centro Cultural Dragão do Mar,** gern von einem etwas gehobeneren, einheimischen Publikum aufgesucht. Der Name rührt von einem in Canoa Quebrada geborenen Fischersohn, der ehemals die Kämpfe um die Befreiung der Sklaven in Ceará anführte. Viele Besucher kommen wegen der Bars und Restaurants. Zu empfehlen ist das etwas versteckte **Santa Clara Cafeteria** (auf der über die Rua José Avelino führenden Fußgängerbrücke).

Doch es gibt hier auch **Kinos,** ein **Amphitheater,** ein **Planetarium** sowie zwei Museen: Das **Museo da Cultura Cearense** hat seinen Schwerpunkt bei völkerkundlichen Exponaten, das **Museu de Arte Contemporâneo** widmet sich in erster Linie der zeitgenössischen Regionalkunst (beide Museen Di–Fr 9–18, Sa, So 13–18 Uhr, Eintritt frei).

Im Zentrum (Centro)

Vom Centro Dragão do Mar ist es nicht weit zu den ersten Sehenswürdigkeiten im Zentrum. Von außerhalb fährt man per Uber/Taxi oder mit dem Bus mit der Aufschrift »Circular« ins Zentrum

Fortaleza de N. S. da Assunção 5

Mo, Di, Do 9–11.30, Fr 9–11.30, 13–16 Uhr, Mi ganztägig, Besichtigung nur, falls ein Guide anwesend ist, Eintritt frei

Man könnte einen Rundgang gut bei dieser **Festung** beginnen. Vorläufer war das holländische Fort Schoonenborch (1649), das die Portugiesen im Jahr 1654 einnahmen und mit dem heutigen Namen versahen. Um das Fort entwickelte sich später die Besiedlung der Stadt. Bis heute fungiert es als Militäranlage.

Catedral da Sé 6

Pça. da Sé, Di–Fr 8–17, Sa 8–12, So 8–13, 16–20 Uhr

Schräg gegenüber der Festung erhebt sich die mächtige **Kathedrale.** Sie entstand ab 1930 im neugotischen Stil nach den Plänen des Architekten Francis George Maunier, wurde jedoch erst 1978 eingeweiht. Vorbilder sollen Notre Dame und der Kölner Dom gewesen sein. Die Türme sind 75 m hoch, das Innere bietet Platz für 5000 Menschen.

Mercado Central 1

Av. Alberto Nepomuceno 199, Mo–Fr 8–18, Sa 8–17, So 8–13 Uhr

Historisch und modern, hip und traditionell – bunter Mix in Iracema

Gleich neben der Kathedrale erhebt sich der große **Mercado Central.** In ihm werden auf vier Ebenen günstige Produkte aus Leder und Ton, Klöppelarbeiten, Stickereien, Flechtarbeiten aus Stroh und Lianen sowie die berühmten Hängematten ebenso wie regionale Lebensmittel, Fruchtliköre usw. verkauft. Es gibt auch preiswerte Bekleidung; ein Ort für Schnäppchenjäger.

Centro de Turismo 7

Rua Senador Pompeu 350, Mo–Fr 8–17, Sa 8–15, So 8–12 Uhr

Man geht nun weiter durch den schönen Park **Passeio Público** bis zum sogenannten **Tourismuszentrum.** Der historische Bau, eine ehemalige Haftanstalt, birgt viele kleine, etwas teurere **Kunsthandwerksläden,** in denen vor allem Produkte aus Ton, Keramik, Leder und Leinen angeboten werden. Im schattigen Innenhof befindet sich ein **Restaurant.**

Pinacoteca do Ceará und Estação das Artes 8

Rua 24 de Maio, Praça da Estação, www.pinacotecadoceara.org.br, Do–Sa 12–20, So 10–18 Uhr, Eintritt frei

Vom Centro de Turismo sind es nur wenige Schritte bis zu einem großen, asphaltierten Platz, wo die gewaltige neue **Pinakothek von Ceará** entstanden ist. In drei Sälen sind

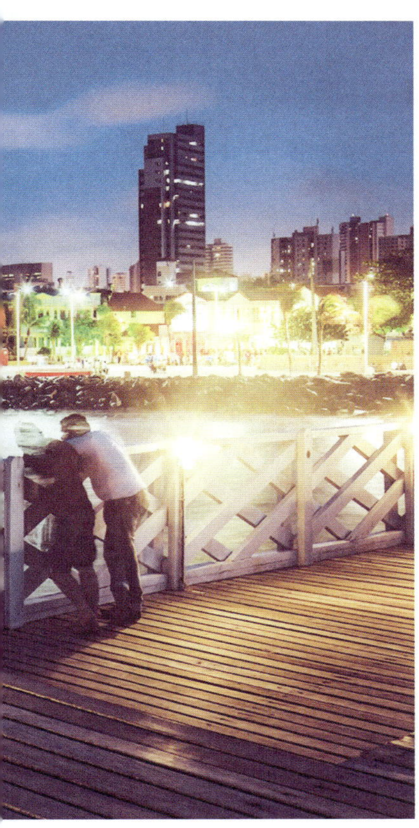

hier wechselnde Ausstellungen mit Schwerpunkt auf den regionalen Künsten zu sehen. An der Nordseite des Platzes werden auf dem alten Bahnhofsgelände in der **Estação das Artes** weitere kulturelle Events veranstaltet (Mi, Do 13–21, Fr 17–22, Sa 9–22, So 9–15 Uhr).

Theatro José de Alencar 9

Pça. José de Alencar, Führungen Di–Fr 9, 10, 11, 14, 15, 16 Uhr, Sa, So 14, 15, 16 Uhr, 50 Min., 10 R$

Von der Pinakothek geht es weiter die belebte Geschäftsstraße Rua General Sampaio entlang bis zum **Stadttheater.** Es stellt die bedeutendste kulturelle Sehenswürdigkeit von Fortaleza dar. Im Jahr 1910 eingeweiht und 1991 nach einer Restaurierung neu eröffnet, besteht es aus einer prächtigen, aus Schottland importierten Eisenkonstruktion im Jugendstil mit farbigen Glasfenstern. An einen offenen, zwischen Foyer und Theatersaal angelegten Innenhof schließt sich eine von Burle Marx gestaltete Gartenanlage an.

Geschäftszentrum

In der Nähe des Theaters liegt das lebhafte Geschäftszentrum. An der **Praça do Ferreira 10 ,** auf die die Einheimischen besonders stolz sind, findet man einige der ältesten Gebäude der Stadt. Der Reiz eines Besuchs besteht vor allem darin, in den quadratisch angelegten, engen Straßen einmal auf und ab zu gehen und das rege Geschäftstreiben zu beobachten. Hauptwirtschaftszweig sind Textil- und Lederwaren.

Praia do Futuro 11

Dieser etwas außerhalb gelegene Strand mit seinem sauberen, klaren Wasser ist der beliebteste und schönste der Stadt. Sein Markenzeichen sind die vielen riesigen **Strandbars,** in denen sich am Wochenende halb Fortaleza trifft. Unter der Woche kommt man vor allem am Donnerstagabend hierher, um zu feiern und Krebse zu essen. Das Besondere der *barracas* von **Praia do Futuro** sind ihre gewaltigen Dimensionen. Zu den beliebtesten zählen **Crocobeach** (Av. Clóvis A. Maia 3125, Tel. 085 37 71 05 05, www.crocobeach. com. br, Fr–Mi 9-18, Do 9–23 Uhr) und **Órbita Blue** (Av. Clóvis A. Maia 3879, Tel. 085 999 850 257, www.orbitablue.com.br, Mo–Do 9–18.30, Fr 9–20, Sa, So 9–19.30 Uhr).

Infos

Setfor: u. a. im Mercado Central 1 (Mo–Fr 8–17, Sa 9–13 Uhr), in der Casa do Turista (Av. Beira Mar, Meireles, tgl. 8–20 Uhr) und am Flughafen.

Übernachten

Spitzenreiter – **Hotel Gran Marquise 1 :** Av. Beira Mar 3980 (Mucuripe), Tel. 085 40 06 50

HIER SCHMECKT ES NICHT NUR EINHEIMISCHEN

Viele Restaurants liegen an den Stränden von Meireles, Mucuripe und Iracema. Doch gehen Sie auch einmal dorthin, wo die Einheimischen essen, nämlich abseits der Küste im Viertel Varjota, 5 Uberminuten von der Avenida Beira Mar. Dort ist es billiger, oft besser und voller Leben. Rund um die Kreuzung der Straßen Frederico Borges und Ana Bilhar finden sich einige der beliebtesten Bar-Restaurants der Stadt, darunter das Fleischlokal **Assis, o Rei da Picanha II** oder die **Cervejaria Turatti.** Die Mengen sind reichlich und man isst gut und preiswert. In der Cervejaria Turatti gibt es eine große Freiluftterrasse mit Bühne und tgl. Livemusik ab 17 Uhr.

Assis, o Rei da Picanha II 2 : Rua Ana Bilhar 1356 (Varjota), So–Do 11–24, Fr, Sa 11–2 Uhr. Uhr.

Cervejaria Turatti 3 : Rua Ana Bilhar 1178, Tel. 085 981 17 28 29, www.cervejariaturatti.com.br, So–Do 11–24, Fr, Sa 11–1 Uhr.

00, www.granmarquise.com.br. Bestes Hotel der Stadt mit 230 modernen Zimmern, etwa 50 davon haben frontalen Meerblick (Typ Luxo). Im 19. Stock bietet die Dachterrasse einen Pool mit Spa und fabelhafte Aussicht auf die Bucht. Zum Haus gehören zwei ausgezeichnete Restaurants. €€€

Hell und freundlich – **Hotel Sonata de Iracema 2 :** Av. Beira Mar 848 (Iracema), Tel. 085 40 06 16 00, www.hotelsonata.com.br. Hübsches Hotel an der Strandpromenade von Iracema mit Pool und 117 Zimmern, von denen alle Meerblick haben. €€

Mittendrin – **Hotel Luzeiros 3 :** Av. Beira Mar 2600 (Meireles), Tel. 085 40 06 85 85, www.luzeirosfortaleza.com.br. Elegantes und geschmackvoll designtes Hotel an der Strandpromenade, gleich gegenüber vom abendlichen Kunsthandwerksmarkt. €€€

Persönlich – **Hotel Casa de Praia 4 :** Rua Joaquim Alves 169, Tel. 085 32 19 10 22, www.hotelcasadepraia.com.br. Prima Mittelklassehotel in einer ruhigen Straße nicht weit vom Strand in Iracema. 40 Zimmer, auf dem Dach befindet sich ein Whirlpool. €

Erfrischend modern – **Pauli Boutique Hotel 5 :** Av. da Abolição 3806 (Mucuripe), Tel. 085 991 53 37 35, www.pauliboutiquehotel.com.br. Sehr nettes Hotel nur zwei Blocks vom Strand mit 94 Zimmern, Garten, Pool und Jacuzzi. €€

Prima Zufluchtsort – **Refúgio Hostel Fortaleza 6 :** Rua Dep. João Lopes 31, Tel. 085 999 12 54 97, www.refugiohostelfortaleza.com. Nettes Hostel in einem renovierten Einzelhaus mit Garten, in ruhiger Wohngegend nahe dem Centro Dragão do Mar. Der deutsche Besitzer veranstaltet ab und zu auf der Terrasse Grillfeste. Neben den Dorms gibt es auch drei DZ sowie gegenüber eine eigene **Pousada** mit 22 Zimmern, zudem Küche und Wäscheservice. €

... außerhalb

Oase nicht nur für Kitesurfer – **Kite Dream Cumbuco Apartments 7 :** Rua Olívia Feitosa Costa 223, ca. 35 km von Fortaleza, Anfahrt mit Uber 50–80 R$, Tel. 085 982 08 08 02, www.cumbuco-internacional.de. Das Dorf Cumbuco ist v. a. bei Kitesurfern, aber auch bei Badeurlaubern beliebt. Die von deutschen Besitzern geführte Anlage bietet 8 geschmackvoll gestaltete DZ mit Balkon/Terrasse und Hängematte sowie eine tolle Suite (bis 4 Pers.), alle mit eigener Küche, ideal für Selbstversorger. Sehr gute Lage nur wenige Meter zum Strand und Dorfzentrum. Schöner Pool mit Tropengarten. Längere Aufenthalte sind auf Anfrage möglich. €€

Essen & Trinken

Ausgehen mit Stil – **L'Ô 1 :** Av. Pessoa Anta 217 (Centro), Tel. 085 996 34 75 19, www.lo

res taurante.com.br, Mo–Fr 12–15, 19–23, Sa 19–24 Uhr. Wunderbar stilvoll designtes Restaurant, klimatisiert und mit wechselnden Kunstaustellungen. Auf der schönen Außenterrasse kann man sich im Schein der Lampions gegrillte Meeresfrüchte mit Maracujasoße schmecken lassen oder einen Gin Tonic Tanqueray schlürfen. Gute Lage, fast gegenüber vom Centro Dragão do Mar. Der beste Ort für den besonderen Anlass. €€–€€€

Hier schmeckt es nicht nur Einheimischen – **Assis, o Rei da Picanha II** 2 und **Cervejaria Turatti** 3: s. Tipp S. 312.

Einkaufen

Schnäppchen – **Mercado Central** 1: s. S. 306.

Kunsthandwerk und Souvenirs – **Centro de Turismo** 7: s. S. 310. **Feira de Artesanato** 2: Av. Beira Mar (Praia de Meireles), tgl. 18–23 Uhr. Offener Kunsthandwerksmarkt am Strand.

Abends & Nachts

Bars & mehr – Viele der großen Strandbars an der **Praia do Futuro** bieten am Do auch abends Livemusik. Ansonsten finden sich die meisten Bars und Klubs im Stadtteil **Meireles,** z. B. die **Tatu Bola Bar** 1 (Rua República do Líbano 1084, Di–Do 17–24, Fr 17–1, Sa 12–1, So 12–23 Uhr) sowie im **Centro Dragão do Mar** 4. Bereits seit Jahren unbestrittenes Highlight in Iracema ist das Forró-Tanzlokal **Pirata** 2 (Rua dos Tabajaras 325, Tel. 085 40 11 61 61, www.pirata.com.br, Mo 19.30–2.30 Uhr, 60 R$, Mi–Sa 16–1 Uhr, Eintritt bis 19 Uhr frei, danach 30 R$).

Aktiv

Ausflüge – **Planetatur** 1: Av. Beira-Mar 2500 (Meireles), Tel. 085 999 02 92 20, www.planeta turviagens.com.br, tgl. 8–23 Uhr. Tagestouren u. a. nach Cumbuco, Lagoinha, Morro Branco und Canoa Quebrada. Vor Buchung sollte geklärt werden, ob ggf. ›optionale‹ Elemente (wie Buggytouren) oder lokale Guides noch zum Preis hinzukommen.

Private Stadtführungen – **Fortaleza Insider:** www.fortaleza-insider.com, Kontakt/Buchung unter fortaleza-insider@gmail.com. Der Autor dieses Kapitels, Nicolas Stockmann, bietet mit seinem deutschsprachigen Insiderteam eine abwechslungsreiche Citytour in Fortaleza sowie Transfers zu den wunderschönen Strandorten der näheren Umgebung an.

Gigantisches Erlebnisbad – **Beach Park** 2: Rua Porto das Dunas 2734 (29 km südöstlich des Zentrums), Tel. 085 40 12 30 00, www.be achpark.com.br, Fr–Di 11–17 Uhr (Hauptsaison tgl.), 270 R$/Pers.

Termine

Festas juninas: Juni/Juli. Großes Folklorefest des Nordostens.

Fortal: letztes Juli-Wochenende, www.fortal.com.br. Extra-Karneval, einer der lebendigsten im Nordosten.

Verkehr

Flugzeug: Der **Aeroporto Internacional Pinto Martins** (Av. Senador Carlos Jereissati 3000, Serrinha, www.aeroportofortaleza.net) liegt 6 km südlich des Zentrums, Transfer per Uber/Taxi (30–80 R$).

Bus: Von der **Rodoviária** (Av. Borges de Melo 1630, Fátima) bestehen Busverbindungen u. a. nach João Pessoa **(Guanabara,** www.ex pressoguanabara.com.br, 5 x tgl., 11–12 Std., 89–150 R$), Natal **(Guanabara,** s. o., **Catedral,** www.viacaocatedral.com.br, 9 x tgl., 9 Std., 88–160 R$).

Strandorte in der Umgebung

Canoa Quebrada ▶ 3, E 4

Ca. 160 km südöstlich von Fortaleza liegt an der Küste **Canoa Quebrada**. Der Strandort besitzt eine ganz eigene Magie und ein nostalgisches Flair. In den 1970er-Jahren tummelten sich hier Hippies, Freaks und Rucksacktouristen aus aller Welt, die hier noch eines der letzten Paradiese ausgemacht hatten, wo man zudem unbehelligt Haschisch rauchen konnte. Es gab nämlich noch keine

Zufahrtsstraße und somit auch keine Polizei. Als 1982 die neue Straße kam, wurde Canoa Quebrada auch zum Anziehungspunkt für andere Touristen. Zudem half die Weltbank bei der Reurbanisierung, alles ist nun sauber und durchorganisiert. Infolgedessen hat sich das Besucherprofil stark diversifiziert, ein Prozess, der ähnlich auch in Arraial d'Ajuda, Jericoacoara oder Morro de São Paulo zu beobachten ist, jedoch sind die Preise in Canoa Quebrada im Vergleich zu diesen Orten noch deutlich gemäßigter. Für einen Abstecher hierher ab Fortaleza sollte man mehrere Tage einplanen.

Trotz der entwickelten Infrastruktur mit gepflasterten Promenaden, einem um das **Zentrum** herum angelegten Aussichtssteg, vielen besseren Pousadas, Bars und Restaurants sowie der beginnenden Immobilienspekulation ist der ursprüngliche Charakter dieses kleinen, auf einer 40 m hohen, rötlich schimmernden Felsformation gelegenen Küstenorts noch nicht ganz verschwunden. Alles Leben konzentriert sich in fast einer einzigen Straße, dem sogenannten **Broadway,** mit Verkaufsläden, Internetcafé und vielen Restaurants. Abends öffnen diverse Discos und Forró-Lokale. Am Tage dagegen geht es im Ort ruhiger zu.

Strand

Die Hauptattraktion von Canoa Quebrada ist ein gut 13 km langer **Strand** mit roten Klippen und hohen Dünen, feinem weißen Sand und dem grünlich schimmernden Meer. Er wird oft zu den zehn schönsten Stränden Brasiliens gezählt. Am ausgelassensten ist das Treiben in den Bars unter dem großen Halbmond mit Stern, dem von Künstlern in den Felsen gehauenen Symbol der Flower-Power-Zeit.

Buggytour zur Ponta Grossa

Nur bei Ebbe, Buggyfahrer lassen sich über die Pousadas buchen oder direkt bei der Vereinigung der Buggyfahrer, Tel. 088 999 65 71 92, ca. 450 R$/bis 4 Pers., 3–3,5 Std.

Ein unvergessliches Naturerlebnis ist eine Buggytour bis zum 30 km entfernten Küstenvorsprung von **Ponta Grossa.** Selten finden sich an einem einzigen Ort so viele verschiedenfarbige Sand- und Gesteinsschichten, von Gelb bis Violett. Zwölf Farbtöne sollen es sein, doch je nach Tageszeit, Licht- und Reflexionsverhältnissen wechselt das Szenarium und hat schon einige unheimliche Legenden hervorgebracht.

Übernachten

Komfortabel und ruhig – **Hotel & Pousada Tatajuba:** Rua Nascer do Sol 104, Tel. 088 992 09 56 69, @tatajubacanoaquebrada. Schönes Hotel im Pousada-Stil unter österreichischer Leitung. Einige der 23 Zimmer besitzen einen privaten Balkon und herrlichen Fernblick aufs Meer. Komfortabel ausgestattete Zimmer (auch familiengeeignet). Großer Pool, beste

Die Strandlandschaft bei Canoa Quebrada, einst Paradies der Hippies

zentrale Lage nah beim Broadway (dennoch ruhig) und Strand. €€

Essen und Trinken

Hübsches Gartenlokal – **Pizzaria Evolução:** Rua Francisco Eliziário 1060, Di–So 18–23 Uhr. Die original italienische Holzofen-Pizza wird in einem verwunschenen Garten mit Holztischen und Lampen in den Bäumen serviert. Etwas abseits vom Broadway gelegen. Sehr gut ist Pizza Camarão mit Krabben und Tomaten. €€

Kult – **Freedom Bar:** am Strand, tgl. 9–17 Uhr, bei Events länger. Ein Canoa-Besuch wäre unvollständig, ohne einmal diese legendäre Strandbar aufgesucht zu haben. Die Hippie-Stimmung früherer Tage ist in dieser Bretterbude immer noch greifbar. Feste am Lagerfeuer *(Luaus)* und mit DJ finden oft am Wochenende statt. Am Tage relaxter Einkehrpunkt mit Reggaemusik, Snacks, Bier und Säften.

Tanz und Pizza – **Regart:** Rua Dragão do Mar, tgl. 16–2, Do–Sa länger. Lebhafte Bar mit internationaler Musik und Tanz, die abends auch eine preiswerte und gar nicht so üble Pizza anbietet. €

Verkehr

Bus: Mit **São Benedito** (www.sbautovia.com.br, 7 x tgl., 3,5 Std., 46 R$) oder im Rahmen eines organisierten Tagesausflugs, den man nach Absprache auch als One-way-Transfer nutzen kann (110 R$ inkl. Abholung vom Hotel und Besuch der Strände Morro Branco und das Fontes).

Jericoacoara ▶ 3, D 3

312 km nördlich von Fortaleza, etwa auf halber Strecke nach São Luís, treffen wir auf ein Dünengebiet und einen Ort mit dem indigenen Namen Jericoacoara (wo die Krokodile schlafen). 2002 wurde die Region zum **Nationalpark** erklärt (Eintritt 42 R$ bis 10 Tage Aufenthalt, Personen über 60 und Kinder unter 12 Jahren frei, zahlbar bei Ankunft im Ort), insbesondere aufgrund der weitläufigen Dünenlandschaft. Diese ist zwar abgelegen und schwer zugänglich, aber dennoch inzwischen leicht auf eigene Faust per Bus zu erreichen.

In dem noch recht authentischen **Fischerdorf** angelangt, wird man bald die beiden Hauptattraktionen sehen wollen, allerdings ist die einstmals 60 m hohe Düne gleich neben dem Ortsstrand, die **Duna do Pôr do Sol,** in den letzten Jahren dramatisch geschrumpft und erinnert jetzt mehr an eine flache Sandbank. Es bleiben als Highlights die diversen angebotenen Buggytouren in die Dünen- und Lagunenregion der Umgebung. Beliebt ist der sog. Ausflug ›Leste‹, also die am Strand nach Osten entlang führende Tour, auf der in der Regel die 90 m hohe Wanderdüne **Duna do Parque,** die beiden Lagunen **Paraíso** und **Azul** sowie die **Pedra Furada** besucht werden: ein bizarrer Felsen im Meer mit einer Öffnung, hinter dem im Juli reizvoll die untergehende Sonne erscheint.

Abends geht man vorzugsweise in ein gutes Fischrestaurant und danach zur **Rua do Forró,** dem ›Broadway‹ der Einheimischen mit populären Bars und Forró-Lokalen. Hier und auf der Sandstraße wird immer noch viel Staub aufgewirbelt, doch auch Jeri wird Jahr für Jahr spürbar schicker.

Übernachten

Geschmackvoll und persönlich – **Hotel Villa Terra Viva** und **Hotel Villa Beija Flor:** beide Rua do Forró, Tel. 85/999 678 739 bzw. 88/999 150 059, www.hotelterraviva.com.br, www.villabeijaflor.com.br. Zwei sehr schöne Häuser im Kolonialstil, jeweils mit zauberhaftem Garten/Innenhof, tollem Pool, gutem Restaurant und modernen Zimmern mit Balkon/Veranda und Hängematte. Persönliche Atmosphäre. Die schweiz.-bras. Besitzerfamilie ist oft vor Ort und gibt auf Deutsch Auskünfte. Beide Hotels liegen in zentraler, trotzdem ruhiger Lage. €€€

Entspannung im Garten – **Espaço Nova Era Pousada:** Rua do Forró 455, Tel. 088 999 61 13 96, www.novaerapousada.com.br. Zu den Trümpfen dieser Unterkunft zählen vor allem der große Garten mit einem attraktiven Pool sowie die großzügig geschnittenen Suiten. Auch Bungalows und Chalets stehen zur Auswahl. €€

Essen & Trinken

Stimmungsvoll – **Na Casa Dela:** Beco do Forró, tgl. 18.30–23 Uhr. Das bekannte Gartenrestaurant auf Sandboden serviert exzellente regionale Gerichte, aber auch Mediterranes und gute vegetarische Gerichte stehen auf der Karte. Charmantes Freiluftambiente mit Kerzenschein. €€

Aktiv

Tages- und Offroadtouren – **Jeri Férias:** Beco do Forró, Tel. 088 996 896 232, www.jeriferias.com, Mo–Sa 9–22 Uhr, So über WhatsApp (Engl.). Sehr gut strukturierte Agentur mit vollständigem Angebot von schönen Tagesausflügen (›Litoral Leste‹, 6 Std., ab 500 R$ bis 4 Pers.), bis zu komfortablen Transfers im Geländewagen. Alles bequem über die Website zu buchen.

Verkehr

Bus: Guanabara (www.expressoguanabara.com.br, 3 x tgl., 6–7 Std., 108–144 R$) fährt von Fortaleza bis Jijoca, der Anschluss mit dem Shuttle (ca. 1 Std.) ist im Preis enthalten. Die Busse halten auch in Meireles vor dem Hotel Atlântico Oásis (Av. Beira Mar 2500). Schneller und bequemer ist ein **Direkttransfer** (Tür zu Tür) im Geländewagen mit **Jeri Férias,** s. Aktiv. Die Agentur bildet Gruppen bis 4 Pers. (4 1/2–5 Std., 250 R$ p. P., fährt auch, wenn der Wagen nicht voll ist). Abfahrt 3 x tgl.

São Luís und Umgebung

São Luís, die auf einer Insel gelegene Hauptstadt des Bundesstaats Maranhão mit ca. 1,04 Mio. Einwohnern, wird bei Brasilienreisen oft ›vergessen‹. Dabei hat sie einiges zu bieten: eine reizvolle historische Altstadt, die seit 1997 zum UNESCO-Welterbe zählt, eine reiche multikulturelle Hinterlassenschaft (portugiesisch, afrikanisch, holländisch und französisch), große Folklorefeste und viel Reggae.

São Luís ▶ 3, C 3

Schlendert man durch die autofreie Altstadt (Centro histórico) mit ihrem Kopfsteinpflaster, ihren im Schachbrettmuster angeordneten kleinen Gässchen, ihren Straßenbars und romantisch von gelb leuchtenden Laternen beleuchteten Plätzen, so glaubt man sich eher in einer weltabgeschiedenen Kleinstadt. Am beeindruckendsten sind die portugiesischen Kolonialhäuser mit ihren Balkonen, schmiedeeisernen Geländern, geschnitzten Holztüren und vor allem ihren kunstvoll gemusterten, blauen Azulejos. São Luís war einmal eine reiche Stadt.

1612 entstand hier im Auftrag von König Louis XIII. – daher auch der Name São Luís – die einzige französische Provinzhauptstadt Brasiliens. Doch schon 1615 übernahmen die Portugiesen das Fort und blieben fortan, von einem holländischen Intermezzo zwischen 1641 und 1644 abgesehen, die eigentlichen Machthaber. Eine kulturelle und wirtschaftliche Blütezeit erlebte die Stadt im 18. und 19. Jh. Zuckerexport und Wollhandel florierten und ließen um 1850 das ›Athen Brasiliens‹ nach Rio, Salvador und Recife zur viertreichsten Stadt des Landes werden.

Mit dem Verbot der Sklaverei 1888 begann jedoch eine Phase wirtschaftlichen Niedergangs, von der sich der heute fast ärmste Bundesstaat Brasiliens nie wieder erholt hat. Das architektonische Erbe vergangener Zeiten blieb jedoch weitgehend erhalten bzw. wurde seit 1989 restauriert, Hunderte von Gebäuden stehen unter Denkmalschutz.

Kleiner Rundgang

Der Rundgang beginnt nicht gerade am schönsten, dafür aber am zentralsten und belebtesten Platz der Stadt, der **Praça João Lisboa** mit der schlichten **Igreja do Carmo** (1627). Linker Hand bzw. südlich verläuft die Einkaufsstraße Rua Grande. Man geht jedoch, aus der Kirche heraustretend, nicht nach links, sondern in die zweite Straße rechts von der Kirche, in die Rua do Sol. Nun sieht man gleich am Anfang rechts das **Teatro Arthur Azevedo** (Führungen Mi 14–18 Uhr, Eintritt frei), das unter den in Betrieb befindlichen älteste (1817) und nach einer Restaurierung zugleich modernste Theater sämtlicher brasilianischer Landeshauptstädte. Die Karmelitermönche erwirkten damals, dass die Hauptfassade des Theaters zur Straße hin und nicht zur Igreja do Carmo ausgerichtet wurde, ein profanes Gebäude vor einer Kirche wäre einer Gotteslästerung gleichgekommen.

50 m weiter geht man nach links in die Rua do Ribeirão und sehen gleich nach 100 m einen kleinen Platz, erkennbar an dem blau-weißen Anstrich. Der dort befindliche Brunnen, die **Fonte do Ribeirão,** wurde 1796 errichtet, um die Stadt mit Wasser zu versorgen. Die mit Eisengittern versehenen drei Fenster markieren den Anfang unterirdischer Gänge, die zum historischen Zentrum hinführen.

Vom Platz bzw. von der Rua dos Afogados aus sieht man schon einen der Türme der mächtigen in den Jahren 1690–99 erbauten **Catedral da Sé** (tgl. 8.30–18.30 Uhr), eines der bedeutendsten Baudenkmäler der Stadt mit einem prunkvollen goldenen Hauptaltar.

Nun geht man die Avenida Pedro II ein Stück hinunter und erblickt dann links den **Palácio da Justiça,** gegenüber das Gebäude der **Prefeitura Municipal** (Rathaus) und dahinter angrenzend den großen **Palácio dos Leões,** Sitz der Regierung des Bundesstaats Maranhão. Die neoklassizistische Fassade stammt aus dem Jahr 1926. An der Stelle des Palasts befand sich früher das Fort Saint Louis, die erste und einzige von Franzosen errichtete Festung Brasiliens.

An dieser Stelle sollte man noch kurz den schönen Blick aufs Meer genießen, bevor man dann im Anschluss gegenüber dem Palast die Rua Eng. Couto Fernandes hinunter geht. Dann steigt man nach einem kleinen Stück rechts die Treppen der Beco Catarina Mina hinab und befindet sich nun mitten in der Altstadt.

Centro histórico

Die **historische Altstadt** von Praia Grande, dem früheren portugiesischen Handelszentrum nahe beim Hafen, gilt als die Hauptattraktion im Zentrum von São Luís. Nach dem Treppenabstieg biegt man gleich links in die **Rua Portugal** und sieht dort die größten und besterhaltenen Kolonialhäuser der Stadt mit den typischen Azulejos.

Der Rua Portugal in der Gegenrichtung weiter folgend, gelangt man zur **Casa do Maranhão** (Rua Trapiche, @casa_do_maranhao, Di–Sa 9–18, So 9–13 Uhr, Eintritt frei), in deren Museum man vieles über die Wurzeln und Ausprägungen der hiesigen Volksfeste erfährt. Nirgends werden die *festas juninas* so variantenreich gefeiert wie in São Luís. Vor allem der *bumba-meu-boi* (Ochsentanz) wird von den 100 Tanzgruppen der Stadt in zahlreichen Abwandlungen vorgeführt, z. B. *boi-de-matraca, boi-de-orquestra* oder *boi-de-zabumba.* Auch der afrikanische Einfluss ist hier noch sehr ausgeprägt, so etwa Trommelrhythmen aus Benin und Ghana oder Tänze wie der erotische *tambor de crioula.*

Kunst vorm Bau in der Altstadt von São Luís

Zur Rechten befindet sich ein größerer Komplex aus ca. 30 restaurierten Lagerhäusern aus der Kolonialzeit, die **Casa das Tulhas**. An der ersten Ecke nach rechts abbiegend gelangt man nach ein paar Metern an den Eingang zum Innenhof dieses Häuserkomplexes mit einem exotischen **Markt** (Feira da Praia Grande, Mo–Sa 6–20 Uhr). Man geht nun durch dieselbe Gasse wieder hinaus und stößt an der nächsten Ecke auf einen kleinen, stimmungsvollen Platz, an dem man links vorbeigeht bis zur Rua do Giz. Ziemlich weit am Ende dieser Straße geht man noch 50 m nach rechts bis zu einem kleinen blauen Haus aus dem 19. Jh, der **Cafua das Mercês** mit dem **Museu do Negro** (Rua Jacinto Maia 43, Di–Fr 14–17.30 Uhr, 5 R$). Hier harrten ehemals die aus Afrika kommenden Sklaven ihrer Versteigerung, es ist wahrscheinlich das einzige noch erhaltene Gebäude dieser Art in Brasilien. Im Innern kann man sich einige hübsche handwerkliche Erzeugnisse ansehen.

Rechts um die nächste Ecke sieht man auf der anderen Straßenseite ein früheres Kloster **(Convento das Mercês),** aus dem Jahr 1645.

Man tritt aus dem Haupteingang des Klosters wieder heraus und geht ein kurzes Stück nach links, dann gleich rechts bis zur Rua da Palma und folgt dieser rechts bis an ihr Ende. Hier kann man noch die **Igreja do Desterro** (So–Fr 8–18 Uhr, Eintritt frei), das erste Gotteshaus von Maranhão, aus dem 17. Jh. besichtigen.

Die Strände

Stadtbusse ab Praça Deodoro nach Ponta d'Areia, Praia do Calhau und Olho d'Água

Die Strände von São Luís liegen weiter außerhalb. Man erreicht sie über eine Brücke, die die Altstadt mit den Neubauvierteln von São Francisco, Renascença und der Avenida Litorânea verbindet. Charakteristisch ist, dass die Strände dieser Region sehr lang gezogen und breit sind, kleine, anheimelnde Buchten wird man vergeblich suchen. Das Wasser hat wegen zweier Flüsse eine trüb-bräunliche Färbung und ist wegen Verschmutzung leider nicht zum Baden geeignet. Nirgendwo in Brasilien ist der Gezeitenwechsel so stark wie hier, der Meeresspiegel kann sich bis zu 7 m verändern, sogar Wattwandern ist möglich.

Die *barracas* des ortsnächsten Strandes **Ponta d'Areia** (3,5 km vom Zentrum) füllen sich zur Happy Hour. Die schöneren Strände liegen weiter weg an der modernisierten Avenida Litorânea, zu empfehlen ist vor allem die **Praia do Calhau** (8 km vom Zentrum) mit ihren großen Bars und den Dünen im Hintergrund. Sonntagnachmittags kann man hier Livekonzerten beiwohnen.

Beliebt ist auch die etwas entferntere **Praia Olho d'Água** (12 km), am Sonntag ist es dort noch belebter, das Publikum ist einfacher, gleichzeitig mangelt es jedoch nicht an Autos, die hier über den befahrbaren, harten Sand jagen.

Infos

Setur: Rua da Estrela 82, Tel. 098 991 58 49 47, www.turismo.ma.gov.br, Mo–Fr 8–18, Sa, So 10–17 Uhr; im Flughafen (24 Std.).

Übernachten

Design ist Trumpf – **Hotel Luzeiros:** Rua João Damasceno 2 (Ponta do Farol), Tel. 098 984 06 74 23, www.luzeirossaoluis.com.br. Das schicke Strandhotel bietet bequeme Zimmer und eine geschmackvoll designte Lobby sowie einen Pool mit Meerblick. 20 Autominuten bis zum Zentrum. €€–€€€

Koloniales Kleinod – **Casa Lavínia:** Rua 28 de Julho (Rua do Giz) 380 (Centro), Tel. 098 991 43 37 69, www.casalavinia.com. Die freundliche, persönlich geführte Pousada befindet sich in einem restauriertem Altstadthaus und besitzt 6 hübsch dekorierte Zimmer mit AC, dazu einen netten Innenhof und angenehme Aufenthaltsbereiche. Ruhige Lage im Herzen der Altstadt. €€

Charmant – **Pousada Portas da Amazônia:** Rua 28 de Julho (Rua do Giz) 129 (Centro), Tel. 098 986 05 82 01, www.portasdaamazonia.com.br. Man logiert in liebevoll restaurierten Häusern aus dem 19. Jh., die Zimmer sind sehr unterschiedlich gestaltet und auch verschieden groß. Gute zentrale Lage. €€

Essen & Trinken

Einfach, aber gut – **Cafofinho da Tia Dica:** Trav. Marcelino de Almeida 173 (Centro), Mo–Sa 11–23, So 11–17 Uhr. Liebevoll geführtes, rustikal eingerichtetes Restaurant von Tia Dica mit gutem Essen zu angemessenen Preisen. €–€€

All you can eat – **Senac:** Rua de Nazaré 202, Tel. 098 31 98 11 05, Mo–Sa 12–15 Uhr. Gutes Mittagsbüfett *(all you can eat)* der staatlichen Restaurantfachschule. €€

Abends & Nachts

Reggae satt – São Luís ist zur brasilianischen Hauptstadt des Reggae geworden und trägt den Beinamen Jamaica brasileira. Die **Bar do Nelson** (Av. Litorânea 135, Praia do Calhau, Do, Sa ab 20 Uhr) gilt als bestes Reggaelokal der Insel.

Aktiv

Touren zwischen São Luís und Fortaleza – **Terra Nordeste:** Büro 416, Golden Tower Bldg., Av. Colares Moreira 1 (Jardim Renascença), Tel. 098 33 04 37 97, www.terra-nordeste.com. Wegen des oft nur schwer zu organisierenden Transports in diesem Winkel Brasiliens sollte man sich einer erfahrenen Agentur anvertrauen. Terra Nordeste bietet maßgeschneiderte Ausflüge an, u. a. mehrtägige Expeditionen durch die Lençóis Maranhenses und weitere Touren abseits der üblichen Routen. Auf Ökotourismus spezialisiert, sehr zuverlässig und empfehlenswert! Kontakt auf Englisch über contact@terra-nordeste.com, mehrsprachige Guides.

Termine

Festa do Boi (Juni/Juli): Nirgendwo werden die *Festas juninas* so kreativ gefeiert wie in São Luís. Tanzvorführungen an verschiedenen Orten und ständige große Festwiese.

Verkehr

Flugzeug: Der **Aeroporto Marechal Cunha Machado** (Av. dos Libaneses 3503, Tirirical, www.ccraeroportos.com.br) liegt 13 km östlich des Zentrums. Anfahrt per Uber/Taxi (ca. 30–60 R$).

Bus: Die **Rodoviária** (Av. dos Franceses 300, Santo Antônio, www.rodoviariasaoluis.com.br) liegt 10 km östlich des Zentrums. U. a. Verbindungen nach Belém **(Jamjoy,** www.jamjoy.com.br, 1 x tgl., 13 Std., 206–262 R$), Fortaleza **(Guanabara,** www.expressoguanabara.com.br, 2 x tgl., 20 Std., 162–239 R$).

Im Dünenpark Lençóis Maranhenses ▶ 3, C 3

Ein Besuch ist besonders von Juni bis Sept., also ab Ende der Regenzeit zu empfehlen

Der ausgedehnteste Nationalpark des Nordostens, der im Jahr 1981 gegründete **Parque Nacional dos Lençóis Maranhenses,** liegt 280 km östlich von São Luís, erstreckt sich ca. 70 km an der Küste entlang und reicht bis zu 50 km weit ins Landesinnere. Mit einer Fläche von 1550 km² Ausdehnung übertrifft er sogar den Großraum von São Paulo.

Das helle Weiß der Dünenlandschaft erinnert an Betttücher *(lençóis),* woraus sich auch der Name der Region herleitet. In der einzigen ›Wüste‹ Brasiliens mit heißem, halbfeuchtem Klima (bis 50 °C) regnet es jedoch 300-mal so viel wie in der Sahara. Zwischen den bis 40 m hohen Wanderdünen bilden sich in der Regenzeit (Jan.–Juni) zahlreiche Lagunen und Flüsse in fotogenen blaugrünen und gelbbraunen Farbtönen, alles blüht dann auf, viele Vögel kommen und man fühlt sich wie in einem einzigen Showroom der Natur.

In **Barreirinhas** wird man sich für ein paar Nächte einquartieren, und meist am nächsten Tag per Boot auf dem Rio das Preguiças tiefer in den Nationalpark vordringen.

Nach 3–4 Stunden wird das kleine Fischerdorf **Caburé** erreicht und 15 Minuten später die winzige Fischersiedlung **Atins** direkt an der Mündung des Rio Preguiças. Überall sieht man endlose Dünen und zahlreiche Lagunen. In der Dürrephase ab Oktober trocknen die Seen jedoch wieder aus, die ›Betttücher‹ bedecken erneut die Oasen und alles Leben wird vom Winde verweht.

In der Regenzeit von Wasser durchtränkt – die ›Betttücher‹ Maranhenses

Übernachten

Umweltfreundlich – **Pousada Convento Arcádia:** 100 m vom Strand, Atins, Tel. 098 992 193 416, www.convento-arcadia.com, www.atins.me. Von einem Deutschen sehr ökologisch betriebene, großzügige Pousada mit 8 tollen Chalets und 4 Zimmern mit Meerblick. Der Besitzer organisiert Ausflüge mit lokalen Partnern. €€€

Mit Flussanschluss – **Pousada do Rio:** Rua Cazuza Ramos 700, Barreirinhas, Tel. 098 996 06 50 38, www.pousadadorioma.com.br. Nette Häuser mit 30 Zimmern (Klimaanlage), Garten mit Badestelle, ruhige Atmosphäre. €€

Familienbetrieb – **Pousada Irmão:** Rua Principal, Atins, Tel. 098 991 91 79 24, www.pousadairmaoatins.com.br. Einfache, saubere Pousada mit 8 Apartments, 6 Chalets und Restaurant, nahe dem Bootsanleger. €€

Essen & Trinken

Charmant – **A Canoa:** Av. Beira Rio 300, Tel. 098 991 09 22 85, tgl. 11.30–23 Uhr. Das rustikal dekorierte Restaurant ist die beste Wahl im Zentrum von Barreirinhas. Schönes Ambiente am Fluss, gute Fischgerichte und leckere Krabben, aber es wird auch Fleisch, Huhn oder Pizza serviert. €€

Aktiv

Touren im Nationalpark – **Terra Nordeste:** in São Luís, s. S. 320. Anreise und sämtliche Touren im Nationalpark und bis nach Jericoacoara.

Verkehr

Bus: Die Anreise zum Dünengebiet Lençois Maranhenses erfolgt am kostengünstigsten mit dem Bus von São Luís aus bis Barreirinhas **(Cisne Branco,** www.cisnebrancoturismo.com.br, 4 x tgl., 5 Std., 60 R$). Alternativ kann man den Ausflug aber auch mit einem Kleinbus (z. B. von **Fanttur,** Tel. 098 991 48 30 03, Abholung vom Hotel gegen 7 Uhr morgens, Rückfahrt ca. 16.30 Uhr, einfache Fahrt 95 R$) fahren.

HISTORISCHES ALCÂNTARA UND UMGEBUNG

Tour-Infos

Karte: ▶ 3, C 3

Anfahrt: Fähren ab Hafen São Luís (Hidroviária, Tel. 098 32 21 88 21), je nach Wasserstand meist 7, 14 Uhr (am Vortag erkundigen, da manchmal auch größere Abweichungen!), Rückfahrt 7, 16 Uhr (plus/minus 2 Std., teilweise nur bis Ponta d'Areia und von dort Shuttlebus). Fahrtdauer 1–1,5 Std., 40 R$ (hin und zurück).

Dauer: 1–3 Tage

Wichtige Hinweise: Wer bei eventuell rauerem Seegang empfindlich ist, sollte ein Mittel gegen Seekrankheit mitnehmen.

Museu Casa Histórica: Pça. do Pelourinho, Di–So 9–13 Uhr, Eintritt frei.

Igreja N. S. do Carmo: Rua Grande, Do 18–19, So 19–20.30 Uhr.

Casa de Cultura Aeroespacial: Pça. N. S. do Rosário, Di–So 10–16 Uhr.

Übernachtung: Pousada Bela Vista, Rua Jericó 5, Tel. 098 991 43 25 03. Ruhige Pousada mit Baumhäusern und Zimmern. €

Essen: Restaurante da Josefa (Rua Direita 33, tgl. 11–22 Uhr, €). Einfache Einrichtung, ordentliches Essen.

Ausflüge nach Mamuna, Itamatatiua: buchbar über die Pousada Bela Vista, Rua Jericó 5, Tel. 098 991 43 25 03, nach Danilo fragen, oder den Touranbieter Terra Nordeste aus São Luís (s. S. 320).

Ein interessanter Ausflug führt von São Luís über die Baía de São Marcos in die frühere Hauptstadt von Maranhão, das einstmals florierende, heute jedoch immer mehr dem Verfall preisgegebene Alcântara (18 000 Einw.). Der Ort liegt etwas über eine Bootsstunde entfernt auf dem Festland und hat nur wenige Straßen und Plätze, aber 300 historische Gebäude aus dem 17. und 18. Jh.

Am besten, man flaniert einmal kreuz und quer durch das kleine Städtchen. Die meisten Attraktionen befinden sich an der **Praça da Matriz,** darunter die letzte noch im Original erhaltene **Strafsäule** *(pelourinho)* Brasiliens, dann der **Palácio Real,** Repräsentationsbau einer reichen Familie, in der man den Kaiser empfangen wollte (der jedoch nie erschien), und schließlich das **Museu Casa Histórica.** Sehenswert sind auch die Häuserreihe der doppelstöckigen *sobrados* mit ihren Azulejos in der Rua Grande und die Ruinen des alten Sklavenmarkts **Palácio Negro** (Rua da Amargura). Die **Igreja N. S. do Carmo** von 1784 ist das insgesamt noch am besten erhaltene Bauwerk.

Der kulturelle Reichtum der Stadt kommt nicht von ungefähr. Das 1648 gegründete Alcântara war als Hauptstadt von Maranhão ein wichtiger Umschlagplatz für Zucker, Wolle, Reis und Salz. Die reichsten Familien der Provinz, einige mit über 8000 Sklaven, hatten hier ihren Aristokratensitz.

Mit der Sklavenbefreiung begann auch in Alcântara der wirtschaftliche Niedergang. Viele Gebäude sind nur noch als Ruinen erhalten und zeugen neben den verfallenen Hütten von der großen Armut. Seit 1948 steht der gesamte Ort unter Denkmalschutz. Im krassen Gegensatz dazu steht im Norden der Stadt das modernste **Raumfahrtzentrum** Lateinamerikas. Über die – wenn auch eher bescheidenen – Weltraumprojekte Brasiliens informiert die **Casa de Cultura Aeroespacial.**

Wer zufällig an einem August-Vollmond in der Nähe ist, sollte sich die 3-tägige **Festa de São Benedito** in der **Igreja de Rosário dos Pretos** (Rua Dr. Silva Maia) ansehen. Fast durchgängig wird hier der Rhythmus des nur in Maranhão vorkommenden *Tambor de Crioula* getrommelt. Noch immer wird das alte Sklavenfest in originalgetreuer Form durchgeführt, bei der sich die Frauen in einen tranceähnlichen Zustand tanzen. Bekannter, aber auch schon etwas überlaufen, ist die 12-tägige **Festa do Divino** (40 Tage nach Ostern), die vor allem an den Abschlusstagen einem großen Spektakel gleicht.

Als kulinarische Besonderheit gelten übrigens die *doces de espécie,* eine Süßigkeit aus Kokosnuss, die nur in Alcântara hergestellt wird. Die besten soll es bei **Antônio** (Rua das Mercês 401) geben.

Ausflüge in die Umgebung: In der Umgebung von Alcântara gibt es noch weit über 100 ehemalige Sklavendörfer *(quilombos),* in denen mehr als 3000 Familien leben. Wer sich dazu entscheidet, einige Tage in Alcântara zu bleiben, kann einen interessanten Ausflug zu einem dieser Dörfer unternehmen, dem 28 km entfernten **Mamuna.** Hier kann man bei der traditionellen Verarbeitung von Maniok zu Maniokmehl in der alten **Casa da Farinha** oder bei der Gewinnung von Babaçu-Öl zuschauen. Im Anschluss lockt ein schöner Badestrand, während Einheimische in einfachen Hütten ein Huhn oder frischen Fisch zubereiten. Eine weitere reizvolle Tour führt ins 62 km entfernte **Itamatatiua,** wo die Bewohner Keramik und Musikinstrumente für regionale Feste herstellen.

Ein weiterer, ebenfalls sehr schöner Nachmittagsausflug führt zur **Ilha do Livramento** und anderen Inseln. Die am Hafen von Alcântara angebotene Tour sollte man möglichst mit einem Besuch der **Ilha do Cajual** oder dem **Igarapé da Tainha** verbinden, wo man die vom Aussterben bedrohten roten Ibisse *(guarás)* beobachten kann. Weitere Sehenswürdigkeiten der Region sind einige abgelegene Strände, wie die nur per Kanu erreichbare **Praia de Itatinga** (ab Praia da Baronesa).

Atlantischer
Ozean
Rio Amazonas
Manaus
Belém
Amazonasbecken

Kapitel 4

Der Norden

Dieser Georaum Brasiliens macht fast die Hälfte der Landesfläche aus, ist aber extrem dünn besiedelt. Sein Reichtum ist die Natur mit den meisten Pflanzen- und Tierarten der Welt. Von Amazonien zu berichten, erfordert den Gebrauch vieler Superlative, so soll der mächtige Amazonas nach neueren Vermessungen sogar länger als der Nil sein. Ab dem Dreiländereck mit Peru und Kolumbien heißt er zunächst Rio Solimões, nach dem Zusammentreffen mit dem Rio Negro bei Manaus Rio Amazonas.

Der Amazonas besitzt ca. 1000 Nebenflüsse. Der wasserreichste Fluss der Erde hat eine durchschnittliche Breite von 4 bis 5 km, im Mündungsgebiet bei Belém sind es gar 250 km. Dort entlässt er 85-mal so viel Süßwasser ins Meer wie der Hochwasser führende Rhein. Von der sehenswerten Metropole Belém bis Manaus sind es 1480 km, für die man mehrere Tage braucht. In der Dschungelhauptstadt Manaus ist das Treiben am Hafen ein besonderes Erlebnis, doch am meisten beeindruckt das große Opernhaus bzw. die verrückte Idee, mit der die Kautschukbarone dereinst ihre Carusos mitten in den Urwald locken wollten.

Um tief in die Natur einzutauchen, empfiehlt sich eine Bootstour oder ein Aufenthalt in einer Urwaldlodge. Auf diese Weise kommt man dem Reichtum Amazoniens und besonders seiner Flora am nächsten. Über 60 000 Pflanzenarten wachsen hier, auf 1 km² konzentrieren sich mehr Arten als in ganz Europa.

Im Amazonasgebiet leben auch etwa 80 % der indigenen Bevölkerung Brasiliens nach alten Traditionen: Die Menschen ernähren sich von der Jagd, vom Fischfang und dem Sammeln von Früchten im Wald. Verschiedene ihrer Dörfer werden im Rahmen von Amazonas-Flusstouren angesteuert.

Im wasserreichen Amazonasgebiet ist oft das Boot das sinnvollste Fortbewegungsmittel

Auf einen Blick: Der Norden

Sehenswert

Belém: Ein exotischer Markt, stimmungsvolles Hafenambiente, eine sehenswerte Altstadt, Museen, Parks, von Mangobäumen gesäumte Alleen, Kultur und Nachtleben ... Belém gilt zu Recht als schönste und spannendste Amazonasmetropole (s. S. 328).

Alter do Chão: Das idyllische Amazonasdorf betört mit herrlichen Flussbadestränden und eignet sich für wunderbare Ausflüge in nahegelegene Naturschutzgebiete (s. S. 340).

Teatro Amazonas: Die Hauptattraktion von Manaus steht zwar nicht im Dschungel. Dafür ist die Architektur des Prachtbaus von erhabener Schönheit und im Innern präsentiert sich ein gesamteuropäischer Luxustempel (s. S. 341).

Amazonastouren ab Manaus: Der Strom aller Ströme – mehrstündige oder mehrtägige Bootstouren bieten sich besonders von Manaus aus an (s. S. 347).

Schöne Routen

Zum Encontro das Águas: Das Mindeste, was man vom Amazonas gesehen haben sollte, ist das spektakuläre Nebeneinanderfließen der unterschiedlich gefärbten Rio Solimões (bräunlich) und Rio Negro (fast schwarz), die auf 20 km Länge eine klar erkennbare Trennlinie bilden (s. S. 351).

Den Rio Negro hinauf: Längere Touren führen von Manaus entweder ein Stück den Rio Negro oder den Rio Solimões hinauf, z. B. zum Arquipélago dos Anavilhanas mit 400 Eilanden in einem 90 km langen Netz von Wasserläufen, oder zum Parque Nacional do Jaú, dem größten Waldreservat Südamerikas (s. S. 351).

Unser Tipp

Porto Flutuante: Hunderte von Menschen, die Waren ein- und ausladen, umwimmeln im Hafen von Manaus alte, schrill bemalte Flussdampfer (s. S. 342).

Legendär – das Teatro Amazonas in Manaus

Die Büffelinsel Marajó: Wer erwartet schon Büffel in Brasilien? Auf Marajó gibt es Hunderttausende. Die Farmen kann man besichtigen, oft auch mit Übernachtung. Und Büffelfleisch sowie -käse sind ebenfalls nicht zu verachten. Ferner finden sich auf der Insel historische Zeugnisse der präkolumbianischen Zivilisation der Marajó sowie eine Reihe sehenswerter Strände (s. S. 334).

Belém und Umgebung

▶ 4, E 1

Das reizvolle Belém (Bethlehem), die Hauptstadt des Bundesstaats Pará und sehenswerteste Stadt der Amazonasregion, liegt nur einen Breitengrad südlich des Äquators an der Bucht von Guajará, dem Mündungstrichter der Flüsse Rio Tocantins und Rio do Pará, 130 km vom Atlantik entfernt. Diese geografisch günstige Lage am Südrand des Amazonasdeltas machte die Stadt zum wichtigsten Zwischenhandelsplatz im Norden Brasiliens, besonders zur Zeit des Kautschukbooms.

Belém ▶ 4, E 1

Um 1910 erlebte das damals mit 100 000 Einwohnern noch kleine, aber reiche Belém (heute 1,3 Mio. Einw.) seine Blütezeit. Es gab Elektrizität, Telefone, Straßenbahnen; alles wirkte recht europäisch. Viele erhalten gebliebene Belle-Époque-Bauwerke erinnern an diese glanzvolle Vergangenheit, auch entstanden schöne Prachtbauten wie das Teatro da Paz und der Palácio Antônio Lemos.

Nach der Krise des Gummihandels blieb die Stadt weiterhin das Tor zum Hinterland, alles wirtschaftliche Leben sowie die Hauptsehenswürdigkeiten sind zum Wasser bzw. zum Hafen hin ausgerichtet. Auch die Altstadt, der Markt und die wichtigsten Kirchen liegen in der Nähe der Baía do Guajará.

Altstadt und Hafenpromenade

Cityplan: S. 330

Forte do Presépio 1

Pça. Frei Caetano Brandão, Di–So 9–17 Uhr, Fort/Museum 4 R$, Di Eintritt frei

Von der **Festung,** dem Forte do Présepio, in der Altstadt genießt man den besten Blick auf den Hafen und den angrenzenden Markt. Hier gingen am 12. Januar 1616 die ersten portugiesischen Kolonisatoren unter Kapitän Francisco Caldeira Castelo Branco an Land und errichteten dieses erste Bauwerk der Stadt. Man wollte den Attacken französischer, englischer und holländischer Piraten Einhalt gebieten und sich den Zugang zum gesamten Amazonasgebiet sichern.

Casa das Onze Janelas 2

Rua Siqueira Mendes, Kulturzentrum Mi–Sa 10–22, So 9–22 Uhr, Eintritt 4 R$, Restaurant Casa do Saulo Di–So 11–23 Uhr

Der Palast aus dem 18. Jh. beherbergt ein interessantes Kulturzentrum, das in fünf Sälen wechselnde Ausstellungen moderner und zeitgenössischer Künstler zeigt, sowie eine Terrasse mit sagenhaftem Blick auf die Guajará-Bucht, besonders schön zum Sonnenuntergang. Dort befindet sich auch das gefeierte Restaurant **Casa do Saulo,** das als eines der besten im Bundesstaat Pará gilt.

Catedral da Sé, Igreja Santo Alexandre und Museu do Círio

Gegenüber dem Fort erhebt sich die gewaltige weiße Fassade der **Catedral da Sé** 3 (1748–71; Pça. Frei Caetano Brandão, Mo–Fr 8–12, 14–20, Sa, So 8–12, 16–20 Uhr, Eintritt frei), Ausgangspunkt der jährlich stattfindenden großen Prozession do Círio de Nazaré. Der stilistisch vom Barock und der Neoklassik geprägte Bau beherbergt u. a. Werke des Malers Domenico de Angelis.

Hier an der Kathedrale beginnt alljährlich am zweiten Sonntag im Oktober auch die berühmte **Prozession do Círio de Nazaré** (www.ciriodenazare.com.br). Der feierliche Umzug zu Ehren der **Hl. Muttergottes der Basílica de Nazaré** 13 (s. S. 333) ist das größte religiöse Fest Brasiliens mit einer mehr als 200-jährigen Tradition und ca. 2 Mio. Pilgern. Die Gläubigen schreiten von der Catedral da Sé über den Boulevard Castilho França, die Avenida Presidente Vargas und die Avenida Nazaré bis zur Basilika (5 km).

In der **Igreja Santo Alexandre** 4 schräg gegenüber der Kathedrale ist das **Museu de Arte Sacra** (Di–So 9–17 Uhr, 4 R$, Di Eintritt frei) mit mehr als 320 kirchlichen Objekten untergebracht.

Ein paar Schritte weiter liegt das **Museo do Círio** 5 (Rua Padre Champagnat, Di–Sa 9–17,

Amazonisches Grundnahrungsmittel – Frauen entblättern Maniokpflanzen am Fischerhafen vor dem Mercado Ver-o-Peso

So 9–13 Uhr, 4 R$, Di Eintritt frei), das die Geschichte der **Prozession do Círio de Nazaré** (s. S. 329) dokumentiert.

Museu Histórico do Estado do Pará 6

Pça. Dom Pedro II, Tel. 091 40 09 98 31, Di–Sa 9–17 Uhr, 4 R$, Di Eintritt frei

Das **Geschichtsmuseum** im 1771 gebauten Palácio Lauro Sodré war lange Sitz der Landesregierung von Pará und dokumentiert heute die Geschichte dieses Bundesstaats. Zudem ist hier das Werk »Conquista do Amazonas« von Antônio Parreiras (1907) zu bewundern. Das mit 8,75 x 4,50 m sich über die gesamte Wandbreite erstreckende Gemälde soll eines der größten Brasiliens sein. Die Details des Monumentalwerks lassen sich in einem klimatisierten Saal im 1. Stock bequem von Sesseln aus studieren.

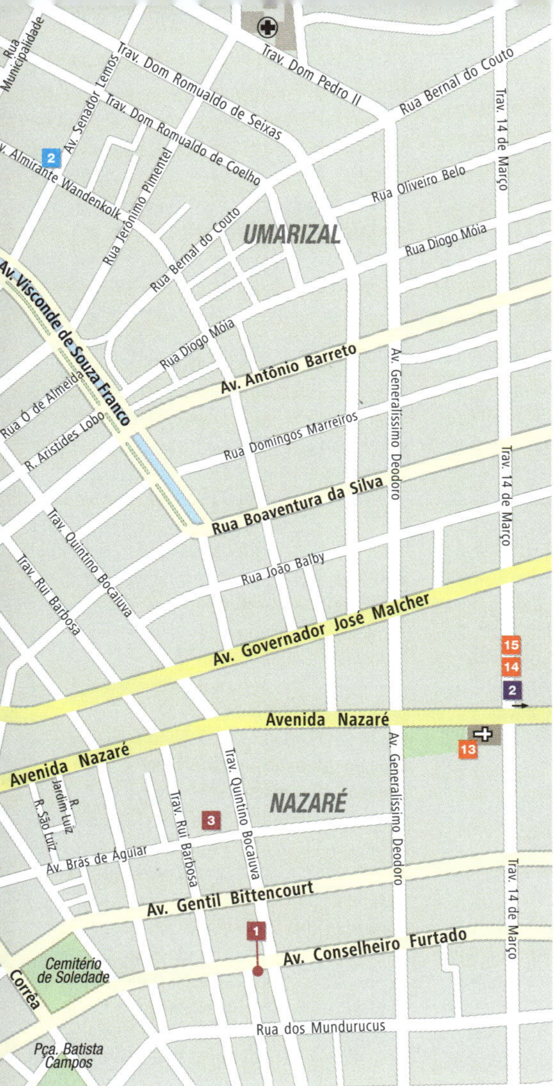

Belém

Sehenswert

1 Forte do Presépio
2 Casa das Onze Janelas
3 Catedral da Sé
4 Igreja Santo Alexandre / Museu de Arte Sacra
5 Museu do Círio
6 Museu Histórico do Estado do Pará
7 Museu de Arte de Belém
8 Mercado Ver-o-Peso
9 Mercado Municipal Francisco Bolonha
10 Estação das Docas
11 Pólo Joalheiro São José Liberto
12 Theatro da Paz
13 Basílica de Nazaré
14 Museu Paraense Emílio Goeldi
15 Parque da Residência

Übernachten

1 Hotel Princesa Louçã
2 Hotel Machado's Plaza
3 Atrium Quinta de Pedras
4 Hotel Le Massilia
5 Ecopousada Miriti

Essen & Trinken

1 Famiglia Sicilia
2 Manjar das Garças
3 Mango
4 Bêra Gastronomia
5 Point do Açaí

Einkaufen

1 Anísio Artesanato

Abends & Nachts

1 Amazon Beer, Marujos
2 Roxy Bar

Aktiv

1 Amazon Star
2 Amazon Tour
3 Valeverde

OASE DER ENTSPANNUNG

Ein Ruhepol mitten in der Stadt ist das schön renovierte Kunsthandwerkszentrum **Pólo Joalheiro São José Liberto.** Das ehemalige Kloster und Gefängnis birgt das **Museu Gemas de Pará,** ein Edelsteinmuseum (man kann bei der Schmuckherstellung zuschauen), sowie die **Casa do Artesão,** eine Halle, in der Kunsthandwerk, Kleidung und weitere Amazonassouvenirs verkauft werden. Der hübsch hergerichtete Innenhof mit Brunnen und Palmen ist eine Oase der Entspannung.
Pólo Joalheiro São José Liberto 11**:** Pça. Amazonas, Tel. 091 33 44 35 00, @e.saojose liberto, Uber/Taxi, Di–Sa 10–18, So 10–14 Uhr, Museum 6 R$, Di Eintritt frei.

Museu de Arte de Belém 7

Pça. Dom Pedro II, Tel. 091 993 97 30 33, Di–Fr 9–17 Uhr, Eintritt frei

Ebenfalls interessant ist das **Kunstmuseum von Belém** im schönen Palácio Antonio Lemos (1883), in dessen prunkvollen Sälen zahlreiche Kunstwerke und Dokumente aus der Vergangenheit Beléms aufbewahrt werden. Palast und Museum werden seit einiger Zeit renoviert.

Markthallen

Die markantesten Zeugnisse der früheren Blütezeit der Stadt sind zwei große Markthallen am Boulevard Castilho França am Hafen. Das erste Gebäude mit seinen Türmen sieht man schon vom Museum aus, es ist das ehemalige Fiskalisationshaus von 1688, der **Mercado Ver-o-Peso** 8 (*ver-o-peso* = das Gewicht sehen; Mo–Sa 5–18.30 Uhr, die umliegenden Verkaufsstände sind ständig geöffnet). Die Halle, deren schmiedeeiserne Stützkonstruktionen aus England importiert wurden, dient heute als riesiger Fischmarkt, umgeben von ca. 2000 Verkaufsständen mit Kunsthandwerk, Keramik, typischen Gerichten der Region, Früchten, Heilpflanzen, Gewürzen, Badesalzen u. v. m. Genauso exotisch wie die angebotenen Produkte ist die Atmosphäre des Marktes, geprägt vom regen Treiben der Händler und Fischer, dem Ein- und Auslaufen der vielen Boote und nicht zuletzt durch die Tatsache, dass man hier am Eingangstor zum riesigen Amazonasgebiet steht. Gegen Abend sollte man ein wenig aufpassen, da die Gegend dann nicht mehr überall sicher ist.

Im nach vierjähriger Restaurierung im Jahr 2011 wiedereröffneten Fleischmarkt gegenüber, dem **Mercado Municipal Francisco Bolonha** 9 (tgl. 6–16 Uhr), werden auch Kunsthandwerk und andere Artikel verkauft.

Estação das Docas 10

Bv. Castilho França, www.estacaodasdocas.com, So–Do 10–23, Fr, Sa 10–24 Uhr

Am Hafen führt eine 540 m lange Uferpromenade an der **Estação das Docas** vorbei – drei erst 2000 umgebaute Lagerhallen, in und vor denen sich abends in über 30 Etablissements die halbe Stadt versammelt. Es gibt einige gute **Bars** (s. S. 337) und **Restaurants** (s. S. 337), aber auch **Läden, Theater** und das **Terminal Fluvial Turístico,** einen Bootsanleger für Ausflüge in die nähere Umgebung.

Hauptattraktion sind jedoch zwei bewegliche **Bühnen** mit Livemusik, die unter dem Hallendach entlangfahren und von jedem Lokal aus gesehen werden können. Das lobenswerte Revitalisierungsprojekt wurde inspiriert von ähnlich gelungenen Aktionen in New York, San Francisco und Buenos Aires.

Pólo Joalheiro São José Liberto 11

s. Tipp links oben

In die Neustadt

Die Avenida Presidente Vargas verbindet die Altstadt bzw. den Hafenbereich mit der Neustadt (Cidade Nova). Sie gilt als die Hauptgeschäftsstraße Beléms und führt zur Praça da República, dem Zentrum der Neustadt.

Theatro da Paz 12

Rua da Paz, Tel. 091 40 09 87 69, www.theatro dapaz.com.br, 45-minütige Führungen Di–So um 9, 10, 11 und 12 Uhr, 6 R$, Mi frei; gelegentlich Vorstellungen ab 20 Uhr (im Jan./Febr. seltener), Programm s. Website, Karten an der Abendkasse

Am Ende der Praça da República steht das mächtige neoklassizistische **Theatro da Paz** von 1878 mit seinen imposanten Marmorsäulen sowie mit großen Spiegeln und Leuchtern aus venezianischem Kristall im Innern. Zur Zeit des Kautschukbooms fanden hier bedeutende Aufführungen von internationalem Rang statt, nach dem Teatro Amazonas in Manaus ist es das zweitwichtigste Prunkstück aus der Blütezeit des Kautschukbooms. Auch heute noch wird es als Theater genutzt: Aufgeführt werden Theater-, Tanzstücke, Konzerte.

Basílica de Nazaré 13

Av. Nazaré 1300 (Nazaré), Mo–Sa 6–20, So 6–12, 15–21 Uhr, Uhr, Eintritt frei

Der mächtige Bau im neoromanischen Stil (1909–23) wurde nach dem Vorbild der römischen Basilika St. Paul errichtet. Die Standortwahl geht auf eine 1700 hier gefundene Statue der hl. Muttergottes von Nazaré zurück. Ihr zu Ehren findet jedes Jahr eine große Prozession statt (s. **Catedral da Sé** 3 S. 329).

Museu Paraense Emílio Goeldi 14

Parque Zoobotânico, Av. Magalhães Barata 376, Tel. 091 32 11 17 00, www.museu-goeldi. br, Mi–So 9–15 Uhr, 3 R$

Das **Museu Paraense Emílio Goeldi,** 1866 von dem Naturforscher Domingos Soares Ferreira Pena gegründet und 1900 von Emílio Goeldi erweitert, ist in seiner Art einzigartig in Amazonien. Zum Museum gehört ein **zoologisch-botanischer Garten** mit mehr als 1000 Tieren, darunter 22 freilebenden Spezies und einigen bedrohten Arten. Im zu renovierenden **Pavilhão Rocinha** sind sehr

Ein- und Ausblicke während einer Flussfahrt auf der Ilha de Marajó im Amazonasdelta

DIE BÜFFELINSEL MARAJÓ

Tour-Infos

Aufenthaltsdauer: 2–4 Tage
Touranbieter: s. S. 337
Anreise mit Fähre: Ab dem neuen Terminal Hidroviário de Belém (Av. Mal. Hermes 901) kann man mit einem komfortablen Schnellboot von Master Motors (Tel. 091 981 668 297, Mo, Di, Do, Fr 8.15, Mi, Sa 8.40 Uhr, 2–2,5 Std., 57 R$) direkt bis Soure und Salvaterra fahren (die Tickets für die Weiterfahrt erhält man direkt bei den Van-Fahrern, die am Hafen von Camará warten). Alternativ fährt auch ein Schnellboot von Banav, Tel. 091 980 47 24 40, @banav_oficial, Mo–Sa um 7 oder 14 Uhr nach Camará (42 R$). Weiterhin gibt es langsamere Personenfähren nach Camará, Mo–Sa 14.30 Uhr, 3 1/2–4 Std., 31 R$. Rückfahrt Mo–Sa 5.30 Uhr, 2–2,5 Std., 57 R$; oder ab Camará mit Schnellboot tgl. 7.30 und 14.30 Uhr, 2–2 1/2 Std., 42 R$, oder Personenfähre tgl. 15 Uhr, 3 1/2–4 Std., 31 R$ (Transfer nach Camará vorab über Edgar Transportes buchen).
Fazenda São Jerônimo: 5 km von Soure, Tel. 091 993 47 23 64, @fazenda_saojeronimo, Touren 200–300 R$, 2–3 Std., Reservierung nötig.
Curtume Art Couro Marajó: Rua 1, Nr. 450, Bairro Novo, Soure, Mo–Sa 8–12, 15–18.30, So 8–11 Uhr.
Ateliê Arte Mangue Marajó: Trav. 23, zwischen Rua 12 und 13, Soure, Mo–Sa 8–12, 14–18 Uhr.
Übernachten: Die meisten Pousadas gibt es in Soure. Die **Pousada O Canto do Francês** (Rua 6, Ecke Trav. 8, Tel. 091 991 49 85 96, www.ocantodofrances.blogspot.com, DZ/ÜF 275 R$) befindet sich in einem hübschen Haus mit Garten und besitzt freundlich gestaltete Zimmer.

Essen & Trinken: Die Restaurants auf der Insel sind recht einfach, eine Ausnahme bildet das **Patú-Anú** (Rua 2, Ecke Trav. 14, Nähe Fähranleger, Mo–Sa 8–24, So 8–16 Uhr), ein nettes Bar-Restaurant mit Außenterrasse.
Inselverkehr: Mototaxis 7–20 R$.

Ein größeres ökologisches Ausflugsprogramm ist ein Besuch der Büffelinsel Marajó. Die Reisebüros in Belém bieten Komplettprogramme mit Transfers, Unterkunft und Besuch der Büffelfarmen. Doch spannender – manchmal auch unwägbarer – ist eine Tour auf eigene Faust.

Umgeben von den Flüssen Amazonas und Tocantins sowie vom Atlantischen Ozean, ist Marajó die größte Flussinsel der Welt mit einem Terrain von der Größe der Schweiz. Von der indigenen Bevölkerung wurde sie ihrer Lage wegen auch Meeresbrecher genannt. Hier scheint die Zeit stehen geblieben zu sein. Die noch weitgehend unberührte Inselvegetation besteht im östlichen Teil aus Grassavannen und im westlichen Teil aus tropischem Regenwald, der während der Regenzeit (Jan.–Juni) regelmäßig überflutet wird.

Berühmt ist die Insel vor allem wegen der Wasserbüffelzucht, es gibt hier mehr Büffel (600 000) als Einwohner (250 000). Ursprünglich stammen sie wahrscheinlich von einem gestrandeten Schiff, das in Richtung Französisch-Guyana unterwegs war. Der Besuch einer dieser Büffelfarmen gehört inzwischen zum touristischen Standardprogramm. Eine Mahlzeit aus Büffelfleisch (kein Geschmacksunterschied zum Normalrind) oder eine Kostprobe des Büffelkäses ist in einigen örtlichen Restaurants möglich. Außer Büffeln existieren auf der Insel noch unzählige exotische Vogelarten (Rote Ibisse, Reiher, Tukane, Greifvögel, Sittiche, Kuckucksarten u. a.) sowie Kaimane, Affen und Tapire. Die Flüsse sind außerordentlich fischreich mit riesigen Wels- und Barscharten.

Soure und Umgebung: Geeignetster Ausgangsort mit der besten Infrastruktur für Inselerkundungen ist **Soure** (24 000 Einw.). Von hier aus lassen sich – auch per Leihfahrrad – attraktive, meist feinsandige **Flussstrände** besuchen. Die 3 km von Soure entfernte **Praia Barra Velha** wird über einen Holzsteg durch Mangroven erreicht und ist einer der typischsten Strände der Region. Einige Strandhütten verkaufen Getränke und gegrillten Fisch.

Zur Linken liegt vor einem Mangrovenwald die **Praia de Araruna** (keine Bewirtschaftung). Bei Niedrigwasser kann man zusehen, wie die Roten Ibisse sich von im Schlamm auftauchenden Krustentieren ernähren. Weiter entfernt ist die von Dünen und Strandbars gesäumte **Praia do Pesqueiro** (11 km), an der es an Wochenenden und im Juli hoch hergeht. Unter der Woche ist es hier jedoch meist ruhig.

Die berühmten **Büffelfarmen** sind am besten im Rahmen eines Tagesausflugs zu besuchen – alle Pousadas der Insel können dies organisieren. Es ist schon beeindruckend, einem dieser bis zu 1200 kg schweren Wasserbüffel gegenüberzustehen. Eine Kombination aus einem Büffelritt, einer Kanufahrt und einer Wanderung zum Strand bietet die **Fazenda São Jerônimo.**

Hinsichtlich der Herstellung von Büffelleder kann man sich in der Gerberei **Curtume Art Couro Marajó** in Soure den Fertigungsprozess von der Tierhaut bis zum Endprodukt zeigen lassen. Hochwertige Taschen, Sandalen und Gürtel sind hier günstig erhältlich.

Marajó ist auch bekannt für die Pflege des kulturellen Erbes der präkolumbianischen Zivilisation der **Marajó** (5.–14. Jh.), die älteste und am weitesten entwickelte Hochkultur des Amazonasbeckens. Die meisten Überreste der alten Lehmhütten sowie kunstvoll bemalte **Marajoara-Keramiken** wurden westlich von Soure um den nur schwer zugänglichen Lago Arari gefunden. Reproduktionen werden auch heute noch angefertigt, auch die traditionellen Volkstänze wie Carimbó oder Lundú werden in jedem Ort auf Marajó praktiziert und weiterentwickelt. Wer am Prozess der Keramikherstellung interessiert ist, kann sich bei **Ateliê Arte Mangue Marajó** von Töpfer Ronaldo Guedes in Soure erklären lassen, wie die kunstvollen Werke entstehen und welche Symbolik ihnen innewohnt – empfehlenswert.

Salvaterra und Joanes: Auch andere Orte und Strände der Ostküste lassen sich auf **Tagesausflügen** erkunden. Von Soure pendeln Personenbarken sowie eine Autofähre über einen Fluss zum Nachbarort **Salvaterra** (8000 Einw.). Nahe Salvaterra liegt die vor allem im Juli sehr belebte **Praia Grande,** im Ort gibt es einige Geschäfte, Restaurants und Hotels. Noch abgeschiedener ist es 32 km südlich im Fischerdorf **Joanes** (1500 Einw.). Der Ort weist einen entzückenden Strand auf.

gut gemachte (wechselnde) Ausstellungen, u. a. zur Gefährdung des amazonischen Lebensraums, zu sehen. Das **Aquário Jacques Huber** beherbergt Aquarien mit diversen Amazonasfischen, Reptilien und Schlangen. Verschlungene Wege führen durch den **Stadturwald,** am besten lässt man sich treiben.

Parque da Residência 15

Av. Magalhães Barata 830, Park und Cafés Di–Sa 9–17, So 9–12 Uhr

Nur einen Straßenblock weiter liegt der **Parque da Residência,** ein weiteres gepflegtes parkähnliches Anwesen (ehemaliger Gouverneurssitz). Hier lässt sich der Stadtrundgang in einem der netten Cafés abschließen.

Ausflüge ▶4, E 1

Von Belém aus bieten sich Inselausflüge an. Die 78 km entfernte **Ilha de Mosqueiro** (▶ 4, E 1), das Hauptnaherholungsgebiet von Belém, wartet mit zwei Dutzend schönen Süßwasserstränden auf. Tagestouren dorthin sind buchbar bei Amazon Tour, Amazon Star oder Valeverde Turismo (s. S. 337). Die Büffelinsel, die **Ilha de Marajó** (▶ 4, E 1; s. Aktiv S. 334), ist ein anspruchsvollerer Mehrtagesausflug, den man ebenfalls über die Agenturen buchen oder auf eigene Faust unternehmen kann.

Infos

Setur: Av. Gentil Bittencourt 43, Batista Campos, Tel. 091 31 10 50 07, www.setur.pa.gov.br.

Übernachten

Der Klassiker – **Hotel Princesa Louçã 1 :** Av. Pres. Vargas 882 (Pça. da República), Tel. 091 40 06 70 00, www.princesabelem.com.br. Das ehemalige Hilton-Hotel hat einen neuen Namen bekommen, bietet aber weiterhin denselben Standard und zählt zu den besten Hotels der Stadt. 361 Zimmer, hervorragende zentrale Lage an der Praça da República, sehr gutes Self-Service-Restaurant Açaí im Erdgeschoss. €€€

Sauber & adrett – **Hotel Machado's Plaza 2 :** Rua Henrique Gurjão 200 (Reduto), Tel. 091 33 47 98 00, www.machadosplazahotel.com.br. Ordentliches Mittelklassehotel mit schönen, modernen Zimmern. Kleiner Pool. €€

Eleganter Chic – **Atrium Quinta de Pedras 3 :** Rua Dr. Assis 834 (Cidade Velha), Tel. 091 33 51 42 00, quintadepedras.atriumhoteis.com.br. Das Hotel liegt etwas weiter vom Zentrum entfernt, überzeugt aber mit einem geschmackvollen Kolonialstil und bequemen Zimmern. Pool. €€€

Französisch angehaucht – **Hotel Le Massilia 4 :** Rua Henrique Gurjão 236 (Reduto), Tel. 091 32 24 71 47. Hübsches, kleines Hotel in der Nähe der Praça República (5–10 Min.). In einem grünen Innenhof befindet sich ein Pool. €

Ökologisch – **Ecopousada Miriti 5 :** Trav. Padre Prudêncio 656 (Campina), Tel. 091 32 52 22 18, @ecopousadamiriti. Schlichte Apartments und ein hübscher Innenhof. Alles ist hell, ruhig und familiär. €

Essen & Trinken

Exzellenter Szene-Italiener – **Famiglia Sicilia 1 :** Av. Cons. Furtado 1420 (Batista Campos), Tel. 091 40 08 00 01, www.famigliasicilia.com, Mo–Sa 18.30–23, So 11–15.30 Uhr. Der beste Italiener der Stadt zaubert raffinierte Kreationen und nimmt dabei Anleihen aus der regionalen Küche von Pará. Köstlich sind die gegrillten Gnocchi mit Kirschtomaten und Basilikum. Hervorragender Service, um Mitternacht singen die Kellner ein Ständchen für Geburtstagskinder. Sehr gute Weinkarte. €€–€€€

Schön und romantisch – **Manjar das Garças 2:** im Parque Naturalístico Mangal das Garças (3 km vom Zentrum), Tel. 091 32 42 10 56, Di–Sa 12–15, 20–23, So 12–16 Uhr. Ein Stelzenhaus aus Holz und Glas inmitten von Mangroven. Romantisches Ambiente mit Flussblick. Der Park (Tagespass 15 R$) ist mit Schmetterlingshalle, Vogelhalle, Museum und Aussichtsturm auch für sich einen Ausflug wert. €€–€€€

Gesund essen – **Mango 3:** Av. Brás de Aguiar 593 (Nazaré), Tel. 091 31 99 27 31, Mo–Sa 11.30–22, So 11.30–16 Uhr. Gesunde Ernährung ist bei diesem gemütlichen Restaurant das Leitmotiv: Verwendet werden überwiegend Zutaten von ausgewählten regionalen Herstellern, die Säfte werden frisch aus der Frucht gepresst und es wird wenig Salz verwendet. Neben leckeren Salaten stehen Sandwiches, Omelettes, Suppen sowie schmackhafte Tagesgerichte auf der Karte. Ein besonderer Tipp ist der cremige Açaí-Guaraná-Saft, der im Grunde den Nachtisch ersetzt. Auch Lieferung. €

Moderne Gastronomiemeile – **Estação das Docas 10:** s. S. 332. An der neuen Vergnügungsmeile am Hafen findet sich ein Lokal neben dem anderen, besonders empfehlenswert ist **Bêra Gastronomia 4** (Halle 2), eine gute Adresse zum Probieren der Amazonasküche: Flussfische wie Pirarucu, Wels, Fischsuppen, Ente in Manioksoße etc. €€

Spezialitäten – **Point do Açaí 5:** Bv. Castilho França 744/Ecke Av. Presidente Vargas, Tel. 091 32 12 21 68, www.pointdoacai.net, Di–Sa 8–22.30, So, Mo 8–16.30 Uhr. Es gibt u. a. die cremig-frische Regionalspeise, die süß oder als Beilage zu salzigen Gerichten gegessen wird und nach der das Lokal benannt wurde.

Einkaufen

Marajoara-Keramik – **Anísio Artesanato 1:** Trav. Soledade 740 (Icoaraci, ca. 22 km vom Zentrum), www.anisioartesanato.com, Uber/Taxi oder Stadtbus, Mo–Fr 8–12, 14–18, Sa 8–12 Uhr. Die berühmten, einst von der indigenen Bevölkerung angefertigten Marajoara-Keramiken werden heute in großer Stückzahl in Icoaraci nachgebildet. In über 200 Fertigungsstätten kann man bei der Produktion zuschauen und die bunten Stücke vor Ort kaufen oder sich nach Hause schicken lassen. Auch auf der Ilha de Marajó werden diese Tonwaren hergestellt (s. Aktiv S. 335).

Abends & Nachts

Erste Anlaufstelle – **Estação das Docas 10:** s. S. 332. Der beste Ort, um in den Abend zu starten mit Happy Hour (überall günstiges Bier vom Fass von 18–21 Uhr), schöner Atmosphäre und Blick auf den Strom. Am besten setzt man sich ins **Amazon Beer 1** (Halle 1), eine Kneipe, die ihr eigenes Bier braut, oder ins **Marujos 1** (Tel. 091 32 25 57 23): gute Speisekarte und eigene Livemusik.

Im Szeneviertel – **Roxy Bar 2:** Av. Senador Lemos 231 (Umarizal), Tel. 091 32 24 48 97, tgl. 18.30–24 Uhr. Eine von vielen netten Bars in Umarizal, einem Stadtteil in Zentrumsnähe, der Abend für Abend die Nachtschwärmer anzieht.

Aktiv

Bewährt – **Amazon Star 1:** Rua Gen. Henrique Gurjão 236 (Reduto), Tel. 091 991 78 33 34, www.amazonstar.com.br, Mo–Fr 8–17, 8–12 Uhr. Touranbieter mit vielen Tagesausflügen im Programm, darunter schöne Bootstouren durch Furos und Igarapés, also die Amazonas-Kanäle und Flussarme rund um die Stadt.

Nachhaltig – **Amazon Tour 2:** Trav. 3 de Maio 1167 (São Brás), Tel. 091 40 06 17 00, www.amazontour.net, Mo–Fr 8–18, Sa 8–13 Uhr. Ausflüge und Transfers in und um Belém (auch Ilha de Marajó). Ein Schwerpunkt liegt auf nachhaltigem Tourismus.

Ausflüge und Bootstouren – **Valeverde 3:** neben Halle 1 der Estação das Docas, Tel. 091 988 72 25 06, www.valeverdeturismo.com.br, Di–So 10–19 Uhr. U. a. stimmungsvolle Flusstouren zum Sonnenuntergang (»Orla ao entardecer«) mit regionalen Tänzen und Carimbó-Rhythmen (Di–So 17.30 Fr, Sa auch 15.30 Uhr, 1,5 Std.). Ausflüge zur Ilha de Marajó.

Waldsterben auf Brasilianisch

Rund 20 % der natürlichen Waldfläche Amazoniens, ca. 1 Mio. km² oder fast die dreifache Fläche Deutschlands, sind bereits zerstört. Bis ins Jahr 2004 belasteten jährlich 200 Mio. t CO_2 aus Brandrodungen die Atmosphäre. 2005 bis 2012 wurde immerhin von Jahr zu Jahr weniger Fläche gerodet. Nach zuletzt vier Jahren ungehemmter Abholzung werden jetzt politisch die Zügel wieder strenger angezogen.

Gefährdeter Riese im Regenwald

Der Kahlschlag begann in den 1960er-Jahren, als die damalige Militärregierung Anreize für die Land- und Viehwirtschaft schuf. Wachstum um jeden Preis war die Devise, Umweltschutz fast noch ein Fremdwort. Das Ausland half kräftig mit, 1968 zahlte die deutsche Kreditanstalt für Wiederaufbau 130 Mio. Dollar für ein Erzabbau-Projekt in der Serra dos Carajás in Pará. Mit dem Geld der Weltbank wurde u. a. die Erschließung bzw. Vernichtung Rondônias finanziert, ihr damaliger Präsident James Wolfensohn entschuldigte sich später für die angerichteten Schäden. Straßenbauprojekte, die den Zugang in die noch unberührten Waldgebiete erleichterten, trugen ebenfalls zur Zerstörung bei.

Nach dem Abtreten der Militärs 1985 hatten internationale Proteste größeren Erfolg, doch ab 1995 führte die verstärkte in- und ausländische Nachfrage nach Edelholz und Fleischprodukten zu einer weiteren Verschlimmerung des oft illegalen Holzhandels. 1995 war bis heute das Rekordabholzungsjahr, gefolgt von der Periode August 2003–Juli 2004.

Eine Wende kam erst 2005. 2012 wurde gegenüber dem Vorjahr gar ein Abholzungsrückgang von 29 % registriert, großteils dank einer rigideren Umweltschutzpolitik der damaligen Lula-Regierung. Die Abholzung des Regenwalds fiel damit auf den niedrigsten Stand seit Beginn der Messungen 1988. Im Vergleich zu 2004 verringerte sich die jährlich gerodete Fläche sogar um 84 %. Dennoch sind Waldbrände nach wie vor für einen Großteil (75 %) des brasilianischen CO_2-Ausstoßes verantwortlich. Hoffnung machte ein – auch von Greenpeace begrüßtes – Gesetz von 2006, das die nicht-zerstörerische (private) Nutzung der öffentlichen Wälder regelt *(Lei de Gestão Florestal)*. Ein großes Problem stellt allerdings die eingeschränkte Überwachung dar. In Brasilien stehen insgesamt viel zu wenige Kontrollbeamte zur Verfügung. Doch selbst dort, wo kontrolliert und hart bestraft wird, begünstigen Korruption oder jahrelange Gerichtsverfahren die großen Rinderfarmen, die für den Löwenanteil an Waldrodung verantwortlich sind.

Die Hoffnungsschimmer durch Schutzmaßnahmen der Regierungen von Lula und Dilma Rousseff wichen jedoch nach der Wahl des rechtsextremen Populisten Jair Bolsonaro größter Besorgnis. Bereits vorher hatte der 2018 gewählte Präsident angekündigt, den Regenwald nicht schützen zu wollen. Die Botschaft lautet: Mehr Platz für Agrobusiness. »Bolsonaro legt die Axt an Brasiliens Regenwald«, so titelten internationale Zeitungen. Erst nach der Wahl Lulas 2022 konnte die ungehemmte Zerstörung des Amazonas-Regenwaldes wieder etwas begrenzt werden.

Verkehr

Flugzeug: Der **Aeroporto Internacional Val-de-Cans** liegt 12 km vom Zentrum. Tgl. Flüge in die großen Städte Brasiliens. Taxi ins Zentrum ca. 45–50 R$, Uber ca. 25 R$.
Bus: Die **Rodoviária** (Pça. do Operário, www.terminalrodoviariode belem.com.br) liegt 3 km westlich des Zentrums. Zahlreiche **Stadtbusse** halten hier; dazu **Fernverbindungen** nach São Luís **(Boa Esperança,** www.viajeboaesperanca.com.br, 2 x tgl., 13–16 Std., 203–261 R$).
Boote: Die Abfahrtszeiten der Schiffe nach Santarém (3 Tage, 240–1000 R$) und Manaus (5 Tage, 400–1500 R$) ändern sich recht oft, in der Regel fährt 1 Schiff pro Woche (Mi 18 Uhr) ab dem **Terminal Hidroviário de Belém.** Vor der Abfahrt aktuelle Informationen in den Reisebüros oder direkt am Anleger bei **AR Transporte** (Tel. 091 32 24 12 25, @artransporte) einholen; bei längeren Linienstrecken der meist einfachen Schiffe frühzeitig einen guten Platz sichern; zur Fahrt s. auch S. 339.

Per Schiff von Belém nach Manaus ▶4, E 2–C 2

Wer genügend Zeit hat und nicht von Belém nach Manaus fliegen will, kann in Belém das Boot nehmen, Amazoniens Verkehrsmittel Nr. 1. An einer Vielzahl privater Linien mangelt es nicht, das Angebot reicht von der Fähre *(balsa)* über den Flussdampfer *(gaiola)* zum schweren Katamaran (s. S. 339).

Wer mit dem Schiff reist, muss mit einigen Unbilden rechnen. Nicht immer wird planmäßig abgelegt und die Abfahrtszeiten ändern sich ständig. Da muss Rücksicht genommen werden auf Niedrigwasserperioden oder die zweimal im Monat bei Mondwechsel gegen das Flusswasser auflaufende Meeresflut, die eine bis zu 5 m hohe Gezeitenwelle *(pororoca)* erzeugt und kleinere Boote leicht zum Kentern bringt. In der Regenzeit (Dez.–Mai) behindern zudem weggespülte Baumstämme das Manövrieren. Mancher Passagier fällt bei deren Aufprall am Schiffsbug fast aus der Hängematte. Hinzu kommen die zu dieser Zeit überaus lästigen Moskitos, allerdings nur in Ufernähe. Alles in allem ist die Reise in den einfacheren, meist überfüllten und in sanitärer Hinsicht prekären Booten nicht gerade ein komfortables Unterfangen, zumal bei ständiger schwüler Hitze. Auch von der Natur sieht man weniger, als man denkt.

Auf dem Rio Amazonas

Nur selten ist der Rio Amazonas auf dieser Strecke unter 5 km breit. Fahren die Boote in seiner Mitte, sind die Ufer kaum zu erkennen. Interessanter ist es lediglich an den Streckenabschnitten bei **Breves,** kurz hinter Belém, wo es durch einen schmalen Gezeitenkanal geht, und bei **Óbidos,** kurz hinter Santarém, wo der Fluss nur 2,5 km breit ist. Um der Gegenströmung etwas auszuweichen, fahren viele Boote hier dichter am Ufer entlang. Da sieht man dann häufiger kleine Pfahlbausiedlungen, nicht selten nähern sich Kinder im Holzkanu und kommen zu einem Kurzbesuch an Bord. Auch Indigene im Einbaum begleiten oft ein Stück die Boote und sammeln Kleider- und Geldspenden. Kaimane tauchen auf, Papageien und bunte Riesenschmetterlinge.

Santarém ▶4, D 2

Etwa auf halber Strecke legen fast alle Boote einen Zwischenstopp in **Santarém** ein. Die 1661 von Jesuiten gegründete Stadt verdankt ihren Aufschwung dem Hafen am **Zusammenfluss des Rio Tapajós mit dem Rio Amazonas** *(encontro das águas).* Hier mischt sich das klare, blaugrüne Wasser des Tapajós mit den braungrauen Fluten des Amazonas. Manche Boote fahren auch ein Stück den Tapajós hinauf und ermöglichen ein Bad an einem der Strände.

Die heutige Industriestadt Santarém (ca. 332 000 Einw.) ist eine der ältesten Siedlungen des Amazonasbeckens, das Ortsbild prägen zahlreiche alte Kautschukbäume, Zeichen vergangenen Glanzes aus der Blütezeit des Kautschukhandels. In den 1920er-Jahren entstand 200 km südlich die erste große Gummibaumplantage Amazoniens, wegen ihres Gründers Henry Ford auch Fordlândia genannt. Heute lebt die Stadt außer von Kautschuk und Goldverarbeitung noch von Holz, Textilindustrie und Viehzucht.

Sehenswert ist vor allem das **Museu Centro Cultural João Fona** (Pça. Barão de Santarém, Mo–Fr 8–18 Uhr, Spende erbeten) mit jahrtausendealten Keramik- und Kunsthandwerkserzeugnissen der Tapajós.

Ab Santarém sind die Boote meist leerer, nachdem die immer noch zahlreichen Goldgräber an Land gegangen sind. Größtes Naturschauspiel auf dieser Strecke ist der **Zusammenfluss des schwarzblauen Rio Negro mit dem lehmgelben Rio Solimões** (s. S. 351), nur 20 km vor dem Ziel.

Die Stadt besitzt einen Flughafen und kann sowohl von Manaus als auch von Belém per Flugzeug erreicht werden.

Alter do Chão ▶ 4, D 2

Wer die Reise in Santarém unterbrechen möchte, sollte 32 km flussaufwärts (per Bus oder Taxi) bis **Alter do Chão** fahren, einem der idyllischsten Orte des gesamten Amazonasgebiets. Das türkisfarbene Klarwasser des Rio Tapajós bildet hier bei Niedrigwasser von Juli bis Februrar zahlreiche Inseln, Sandbänke und Strände und über Agenturen lassen sich spektakuläre Ausflüge in nahegelegene Naturschutzgebiete unternehmen **(Mãe Natureza Ecoturismo,** Pça. 7 de Setembro, Tel. 093 991 86 48 86, @maenaturezaecoturismobrasil). Für längere Aufenthalte stehen gute Unterkünfte zur Verfügung.

Parintins ▶ 4, D 2

Auf der Weiterfahrt Richtung Manaus erreicht man nach gut 20 Std. **Parintins.** Dieser Ort hat in Brasilien wegen eines einzigartigen Folklorefests Berühmtheit erlangt, dem **Festival Folclórico de Parintins.** Das Fest wird bereits seit einigen Jahrzehnten an drei Tagen gegen Ende Juni/Anfang Juli gefeiert, doch trotz seines ungewöhnlichen Charakters blieb es lange Zeit recht unbemerkt und wurde erst seit den 1990er-Jahren eine touristische Attraktion. Es handelt sich um eine Mischung aus Karneval, den Bumba-meu-boi-Festen des Nordostens und indigenen Ausdrucksformen und Tänzen. Jedes Jahr kommen ca. 90 000 Gäste in die Stadt (96 000 Einw.). 40 000 gehen in das moderne **Bumbódromo-Stadion,** um die farbenprächtigen Umzüge zweier konkurrierender Teilnehmerblöcke *(blocos)* zu verfolgen. Es gewinnt die Gruppe, welche die Menge mit fantasievollen Präsentationen am meisten zum Toben bringt. In je 3 Std. ziehen zweimal 4000 Menschen hindurch. Die Fangemeinden werden getrennt platziert, ein Auspfeifen des Gegners ist jedoch verboten. Der *bloco Boi Garantido* outet sich durch rote und der *bloco Boi Caprichoso* durch blaue Kostüme. Die indigenen Gruppen tragen statt farbiger Gewänder häufig auch Federn und Kopfschmuck. Es ist ein berauschendes Spektakel, das es mit jedem Karnevalsfest aufnehmen kann. Da es nur wenige Hotels gibt, schlafen die meisten Gäste auf Booten in Hängematten, unter Bäumen oder machen gleich die Nächte durch.

Übernachten

... in Alter do Chão

Blick auf die Liebesinsel – **Hotel Mirante da Ilha:** Rua Lauro Sodré 369, Tel. 093 35 27 11 10, www.hotelmirantedailha.com.br. Das beste Hotel im Ort, komfortable Zimmer (teilweise mit Flussblick), sehr freundlich und gepflegt, tolle Lage an der Uferpromenade. Mit Restaurant. €€

Familiär – **Pousada Sombra do Cajueiro:** Rua Pedro Teixeira 200, Tel. 093 991 65 03 45, sombradocajueiro.com.br. In ihrer netten, grünen Oase kümmern sich Eliana und Eduardo liebevoll um ihre Gäste. Unter Caju- und Mangobäumen wird das Frühstück serviert, auch Ausflüge mit dem eigenen Schnellboot sind möglich. €–€€

Aktiv

Boote ab Santarém – Fast alle Passagierschiffe *(gaiolas)* Richtung Manaus legen von den Docas do Pará am Hafen von Santarém ab. Tickets sind an Verkaufsboxen erhältlich, z. B. bei **Navegação Sousa** (Box 4, Tel. 093 35 22 60 61). Abfahrtszeit nach Manaus Mo–Sa 1x tgl. (möglichst einen Tag vorher bestätigen), 40–45 Std., Hängematte 230 R$, Doppelkabine 900 R$.

Manaus und der Amazonas

Manaus ist nicht mehr die blühende, exotische Dschungelstadt, als die sie lange Zeit galt. Dennoch ist es faszinierend, sich in dieser Millionenmetropole mitten im größten Regenwald der Erde aufzuhalten. Industrie und schnelles Wachstum haben ihr romantisch verklärtes Gesicht seit dem Kautschukboom stark verändert. Herausragende Sehenswürdigkeiten sind das weltberühmte Theater und der Hafen. Manaus ist der Ausgangspunkt für Touren in die ›Grüne Hölle‹ und zu den Urwaldlodges.

Manaus ▶ 4, C 2

Kautschuk, den Gummirohstoff für die nordamerikanische und europäische Autoindustrie, gab es zunächst nur im Urwald rund um Manaus, bis 1906 der Konkurrent Malaysia auf den Plan trat. Wenig später war es dann vorbei mit dem Reichtum, eine der wohlhabendsten Städte der Welt, damals das Paris der Tropen genannt, verfiel rasch in Agonie. In Manaus gingen regelrecht die elektrischen Lichter aus, an deren Stelle wieder die alten Öllampen angebracht werden mussten.

1967 kam zwar die wirtschaftliche Erholung, in die neue Freihandelszone *(Zona Franca)* zogen wegen der Steuererleichterungen zahlreiche Firmen aus aller Welt und machten aus der einstigen Kautschukmetropole eine Hightechindustriestadt mit 2 Mio. Einwohnern, doch schöner wurde sie dadurch nicht. Viele Kolonialhäuser mussten modernen Geschäftsbauten weichen, historische Gassen wurden in Einkaufs- und Fußgängerzonen umgewandelt, Elektronikläden verdrängten das gemischte Warenangebot im Zentrum und der steigende Transportverkehr verstopfte die Straßen. Zusätzlich machte sich die Bevölkerungsexplosion negativ bemerkbar. Viele Menschen wohnen in den Armenvierteln der Peripherie oder in primitiven Pfahlhaussiedlungen an den Flussufern. In letzter Zeit bemüht man sich jedoch sichtbar um eine Revitalisierung des historischen Zentrums. Die alte Bausubstanz wird nach und nach restauriert, Plätze wie die Praça Heliodoro Balbi wurden saniert und attraktiv neu gestaltet.

Rundgang im Zentrum

Cityplan: S. 344

Teatro Amazonas 1

Largo São Sebastião, Tel. 092 36 22 18 80, Führungen alle 30 Min., auch auf Englisch, Di–Sa 9–17, So 9–13 Uhr, 20 R$; s. auch S. 345

Das bedeutendste Zeugnis aus der Blütezeit des 1870 einsetzenden Kautschukbooms ist das **Teatro Amazonas.** Nach dessen Ende 1906 war auch seine große Zeit vorbei. Während des Zweiten Weltkriegs wurde es als Benzin- und Reifenlager benutzt und auf der Bühne spielte man Fußball. 1990 wurde der 1884–96 errichtete Bau – ein Stilmix aus Neobarock, -renaissance, -klassik, Jugendstil und orientalischen Einflüssen – aufwendig restauriert. Er ist reich bestückt mit italienischem Marmor, französischem Dekor, schottischer Kuppelverzierung, lothringischen Ziegeln, englischem Schmiedeeisen, brasilianischem Edelholz und 700 roten Samtsitzen.

1996 trat hier der spanische Tenor José Carreras auf und weckte Erinnerungen an glorreiche alte Zeiten. Als Luciano Pavarotti ein Jahr vorher an die Pforte des Theaters klopf-

Auf Fitzcarraldos Spuren – im Teatro Amazonas sangen schon Carreras und Pavarotti

te, wollte ihn der Portier zunächst nicht einlassen. Erst nach einer Gesangsprobe durfte der anonyme Gast hinein und schmetterte vor leeren Stühlen eine kleine Arie.

Palacete Provincial 2

Pça. Heliodoro Balbi (Pça. da Polícia), Mo, Di, Do–Sa 9–17 Uhr, Eintritt frei

Mitten im Zentrum liegt das sehenswerte Kulturzentrum **Palacete Provincial.** Der renovierte Palast (ehemaliges Polizeigebäude) beherbergt verschiedene Ausstellungsräume und Museen, eine Pinakothek und ein Café.

Museu do Índio 3

Rua Duque de Caxias 296, Tel. 092 984 62 48 39, Mo–Fr 8.30–12, 13.30–16.30, Sa 8–12 Uhr, 20 R$

Das **Museum** zeigt mehr als 3000 Ausstellungsstücke von indigenen Kulturen aus dem Gebiet Alto Rio Negro, vor allem Keramiken, Kostüme und Jagdwaffen. Im Shop kann man entsprechendes Kunsthandwerk erstehen.

Porto Flutuante 4

www.portodemanaus.com.br

Am 1313 m langen **Porto Flutuante,** dem schwimmenden, von englischen Ingenieuren erbauten Kai, liegen zahlreiche Boote vor Anker. Wer auf dem Luftweg nach Manaus gekommen ist und hier zum ersten Mal den Rio Negro bei Hochwasser sieht, wird glauben, sich an einem Meereshafen zu befinden, so weit ist das andere Ufer des Flusses entfernt.

Am Ostende des Hafens steht das alte, 1906 errichtete Zollhaus, die **Alfândega** 5.

Mercado Municipal Adolpho Lisboa 6

Rua dos Barés 46, tgl. 6–17 Uhr

Der schönste **Markt** von Manaus ist diese unter Denkmalschutz stehende Konstruktion aus dem Jahr 1882. Das Eisengerüst wurde bei Gustave Eiffel in Paris hergestellt, die bunten Glasfenster sind den Pariser Les Halles nachempfunden. Genauso sehenswert wie seine Architektur ist jedoch der Markt selbst.

In drei Hallen werden Fleisch, Gemüse, Obst und Heilkräuter zum Verkauf angeboten. Die Prachtexemplare von Flussfischen aus dem Rio Negro sind ein kleines Stück weiter in dem großen Fisch- und Fleischmarkt **Feira Manaus Moderna** (Mo–Fr 3–16, Sa, So 4–14 Uhr) zu bewundern.

Ponta Negra 7

18 km westlich des Hafens, Bus 120 ab Av. Getúlio Vargas, 30–55 Min.

In diesem Nobelstadtteil fühlt man sich fast wie am Meer. Sonntags ist der Strand der beliebteste Treffpunkt der Stadt und abends ist die für die Fußball-WM 2014 umfassend restaurierte Promenade mit ihren Bars und Imbissbuden, dem Amphitheater und den Sportanlagen mehr denn je Flaniermeile für halb Manaus.

Museu do Seringal 8

Igarapé São João (Tarumã Mirim), Tel. 092 36 31 60 47, Mo, Di 9–16, Do 9–17, Fr, Sa 9–16, So 9–13 Uhr, Eintritt frei; Anfahrt mit stdl. verkehrenden Linienbooten ab Marina do David (Nähe Tropical Hotel, dorthin per Uber/ Taxi), 25 Min., 18 R$; am besten und bequemsten ist der Besuch als Ausflug mit Amazon Gero Tours (s. S. 346)

Das an einem Flussarm gelegene **Seringal-Museum** zeigt anschaulich das harte Leben der Kautschukzapfer. In den originalgetreu nachgebauten Holzhäusern einer Filmkulisse befindet sich ein kleines Museum, auf einer Wanderung durch den Wald erfahren Besucher, unter welchen sklavenähnlichen Bedingungen die *seringueiros* arbeiten mussten. Auch der Prozess der Kautschukgewinnung wird gezeigt. Ein interessanter und landschaftlich sehr schöner Halbtagesausflug!

Infos

ManausCult: Av. Sete de Setembro 377 (Centro), Tel. 092 32 15 34 73, Mo–Fr 8–17 Uhr. Infos zu Tourismus und Kultur. Der zentralste **Infokiosk** (Rua Eduardo Ribeiro 666) liegt beim Theater.

Übernachten

Komfort im Zentrum – **Hotel Villa Amazônia 1:** Rua Dez de Julho 315 (Centro), Tel. 092 33 47 78 29, www.villaamazonia.com. Luxushotel in einer hübschen Altbauvilla, gleich bei der Oper. Die 29 höchst komfortablen Zimmer erstrecken sich über 4 Etagen in einem eleganten Anbau und bieten Blick auf den Pool und den tropischen Garten. Zum Haus gehört das hervorragende Restaurant Fitz Carraldo (s. Essen & Trinken). €€€

Vom Feinsten – **Juma Ópera 2:** Rua 10 de Julho 481 (Centro), Tel. 011 30 30 76 17, www.jumaopera.com.br. Das Juma Ópera ist das neueste Juwel unter den Boutiquehotels von Manaus. Ein besonderes Highlight ist der gläserne Frühstückspavillon mit Blick auf die Kuppel der Oper. Die Architektur verbindet Elemente aus der Amazonaskultur mit modernen Einflüssen. Sehr bequeme Zimmer, gutes Restaurant, herrlicher Rooftop-Pool. €€€

Welch eine Aussicht! – **Tropical Executive Hotel 3:** Av. Coronel Teixeira 1320 (Praia do Ponta Negra 12 km nördl. des Zentrums, 5 km vom Flughafen), Tel. 092 30 42 10 17, www.tropicalexecutive.com.br. Das Hotel mit dem vielleicht schönsten Pool des Amazonas; großartiger Blick auf den Rio Negro mitsamt Brücke. €€

Gut & günstig in Top-Lage – **Hotel Saint Paul 4:** Rua Ramos Ferreira 1115 (Centro), Tel. 092 21 01 38 00, www.hotelsaintpaul.tur.br. Das Hotel besticht durch seine exzellente Lage im Stadtzentrum – nur wenige Schritte vom Opernhaus – sowie durch die komfortablen Zimmer (AC, Kabel-TV, Safe usw.). Besonders nett sind die großen Suiten mit Balkon. Großartiges Preis-Leistungs-Verhältnis. €€–€€€

Hübscher Altbau – **Seringal Hotel 5:** Rua Monsenhor Coutinho 758 (Centro), Tel. 092 981 79 22 22, @hotelseringal. Das neue Hotel in einem hübschen Altbau nahe dem Theater bietet nette Zimmer (teils Fenster zum Flur). Im Café wird ein Snack- und Tortenbüfett serviert (tgl. 16–20 Uhr, 50 R$, offen für Nichtgäste). €€

Hafen für Backpacker – **Hostel Manaus 6:** Rua Lauro Cavalcante 231 (Centro), Tel. 092

994 33 45 45, www.hostelmanaus.com. Gepflegtes HI-Hostel in einem Kolonialhaus mit grünem Innenhof. Alle Schlafräume haben Klimaanlage und es gibt auch Doppelzimmer. Eigene Agentur für Ausflüge. €

Essen & Trinken

Delikate Amazonasküche – **Caxiri** **1**: Rua 10 de Julho 495, 1. Stock (Centro), Tel. 092 984 05 47 69, Di–Sa 11.30–15, 19–22, So 11.30–15 Uhr. Serviert wird spannende Fusionküche auf der Basis regionaler Gerichte, traditionelle Rezepte werden völlig neu interpretiert. Nach der exzellenten Vorspeise (z. B. krosse *Tambaqui*-Bällchen mit *Cupuaçu*-Chutney) sollte man den frischen *Banda de Tambaqui* bestellen (für 2–3 Pers., Zubereitung bis 40 Min.). Der Klassiker unter den Flussfischen kommt hier mit gebackener Banane, einer *Uarini-Farofa, Tucupi*-Vinaigrette, *Arubé-Pimenta* und frittierten Maniokwurzeln in Kräuterbutter auf den Tisch. Schönes Ambiente mit Blick auf die Oper. €€–€€€

Urig portugiesisch – **Calçada Alta** **2**: Rua Costa Azevedo 102, Tel. 092 994 17 32 69, Di–Sa 8–22, So, Mo 8–16 Uhr. In dem bodenständigen portugiesischen Lokal kommt *bacalhau* (Kabeljau) auf den Tisch, aber auch Amazo-

Manaus

Sehenswert

1 Teatro Amazonas
2 Palacete Provincial
3 Museu do Índio
4 Porto Flutuante
5 Alfândega
6 Mercado Municipal Adolpho Lisboa
7 Ponta Negra
8 Museu do Seringal

Übernachten

1 Hotel Villa Amazônia/ Fitz Carraldo
2 Juma Ópera
3 Tropical Executive Hotel
4 Hotel Saint Paul
5 Seringal Hotel
6 Hostel Manaus

Essen & Trinken

1 Caxiri
2 Calçada Alta
3 Ristorante Fiorentina
4 Splash Pizza

Abends & Nachts

1 Mika's Chopp
2 Porão do Alemão

Aktiv

1 Amazon Gero Tours
2 Amazon Eco Adventures

---

nasfisch ist natürlich zu haben. Von der gemütlichen erhöhten Terrasse aus lässt sich unter Mangobäumen das gemächliche Treiben auf der Straße verfolgen. Schön zum Absacker am Ende eines heißen Tages! Gelegentlich Livemusik. €–€€

Topbüfett – **Ristorante Fiorentina** 3: Rua José Paranaguá 44 (Centro), Tel. 092 988 02 06 30, @fiorentina.am, Mo 11–17, Di–Sa 11–21, So 11–16 Uhr. Das italienisch-brasilianische Traditionslokal ist die ideale Einkehr während des Sightseeing-Rundgangs im Zentrum. Am Büfett warten stets frische Gerichte, darunter natürlich die diversen Amazonasfische wie Tambaqui und Pirarucu. Büfett bis 15.30 Uhr, danach Auswahl à la carte. €€

Ein Dinner in der Villa – **Fitz Carraldo** 1: Rua Dez de Julho 315 (Centro), Tel. 092 33 47 78 29, Mo–Fr 12–15, 19–22.30, Sa, So 12–16, 19–23 Uhr. Das Restaurant der Villa Amazônia (s. Übernachten) steht auch Nichtgästen für einen stilvollen kulinarischen Abend offen. Die abwechslungsreiche Karte reicht weit über den üblichen Flussfisch hinaus. Serviert wird eine Fusion aus feinster internationaler Küche mit regionalen Einflüssen, z. B. köstliche *Pirarucu*-Ceviche, sensationeller *tambaqui* mit Bananen-Gnocchi oder geniales, leicht säuerliches *jambu*-Risotto. €€–€€€

Originelle Pizza in toller Lage – **Splash Pizza** 4: Largo São Sebastião (Centro), Tel. 092 36 33 15 45, tgl. 16–23 Uhr. Wer mal keine Lust auf Fisch hat, bekommt hier originelle Pizzavarianten, z. B. mit der Amazonas-Palmfrucht *tucumã* garniert (2 Pers.). Der Ort selbst, unter freiem Himmel mit Blick aufs Teatro Amazonas, ist ohnehin unschlagbar. €€

Abends & Nachts

Das Aushängeschild – **Teatro Amazonas** 1: Largo São Sebastião (Centro), Tel. 092 36 22 18 80. Tanz-, Konzert-, Theatervorführungen. Im April und Mai findet über mehrere Wochen das renommierte Festival de Ópera statt. Karten an der Abendkasse; s. auch S. 341.

Beliebt – **Ponta Negra** 7: Anfahrt per Uber/ Taxi. An der Promenade am Flussstrand gibt es einige nette Bars und Imbissstände. Ganz in der Nähe, an der **Estrada do Turismo,** liegen weitere Bars und (Forró-)Tanzschuppen.

Zum Vorglühen – **Mika's Chopp** 1: Rua R, Conjunto Eldorado (Parque 10 de Novembro), Tel. 092 985 33 07 49, per Uber/Taxi 10 Min. vom Zentrum, tgl. 16–3 Uhr. Der beste Ort, um in den Abend zu starten, ist die Praça do Caranguejo mit ihren zahlreichen Bars – Mika's Chopp ist eine der besten. Man sitzt unter Bäumen, hört Musik live, plaudert und berät sich, wo es danach zum Tanzen hingeht.

Im ›Keller des Deutschen‹ – **Porão do Alemão** 2: Av. São Jorge 1986 (São Jorge), Tel. 092 32 39 29 76, http://poraodoalemao.com.br, Mi–Sa 19–6 Uhr. Am Mittwoch führen alle Wege in diese alteingesessene Rockkneipe, in der bei Livebands die Post abgeht. Motto: »Alles ist erlaubt, was nicht verboten ist.« Auch wenn der Name anderes vermuten lässt, ist das Ambiente eher schick.

Aktiv

Fluss- und Dschungeltouren – In Manaus gibt es viele Touranbieter, man sollte jedoch nicht über Händler auf der Straße buchen, die registrierten Büros sind sicherer und oft auch preiswerter. Die meisten Veranstalter bieten Amazonastouren inklusive Übernachtungen, Mahlzeiten, Getränken an Bord bzw. in der Lodge sowie Ausrüstungen, Guide etc. an. Man kann zwischen unterschiedlichen Transportmitteln wählen wie dem traditionellen Flussschiff mit Hängematten bzw. Tagesbetten (Schlafmatten) und dem komfortableren und teureren Hausboot mit klimatisierten Kabinen. Bei längeren Touren ist, falls gewünscht, auch ein Aufenthalt in einer Urwaldlodge inbegriffen. Schiff und Lodge dienen dabei als Ausgangspunkte für diverse Exkursionen. Neben den Flussfahrten sind weitere in die Touren integrierte Aktivitäten möglich, z. B. Kanufahrten, Trekking, Sportfischen, Schnorcheln, Klettern, Besuch bei Indigenen, Kennenlernen von medizinischen Pflanzen etc.

Amazon Gero Tours 1 **:** Rua Tapajós 27, Tel. 092 991 98 01 11 (24 Std., engl.), www.amazongero.com. Mehrtägige Touren mit Übernachtung in der rustikalen, netten Ararinha Jungle Lodge. Abenteuerlustige können bei Einheimischen oder im Dschungelcamp schlafen. Auch mehrtägige Bootstouren und schöne Tagesausflüge sind im Programm, z. B. zum Museu Seringal oder ins Anavilhanas-Archipel. Der freundliche Besitzer Gero engagiert sich sehr für die Flussbewohner, hilft u. a. bei Schulbau und medizinischer Versorgung.

Amazon Eco Adventures 2 **:** Rua 10 de Julho 509, Tel. 092 988 31 10 11, www.amazonecoadventures.com. Alle gängigen Flusstouren, in einem schicken Schnellboot geht es z. B. auf dem Rio Negro zu einer Stelle, wo man mit rosa Flussdelfinen schwimmen kann, anschließend wird ein Dorf der indigenen Bevölkerung besucht. Auch Dschungelexpeditionen auf einem Hausboot und Besuch von Grotten/Wasserfällen im Umland (Presidente Figueiredo).

Private Tagestouren – **Manaus Insider:** www.manaus-insider.com. Nicolas Stockmann, der Autor dieses Buchkapitels, bietet mit seinem deutschsprachigen Insiderteam private Tagestouren in Manaus und Umgebung an. Auf einer Stadtführung (basic) werden alle wichtigen Sehenswürdigkeiten des Zentrums besucht (auch Encontro das Águas).

Termine

Karneval: Febr. Einer der lebendigsten Karnevals Brasiliens. Wie in Rio gibt es ein großes Stadion, Sambódromo, durch das die Sambaschulen mit ihren Umzugswagen ziehen. An den letzten Tagen sind statt Samba dann Bumba-meu-Boi-Rhythmen zu hören, mit ebenso farbenprächtigen Kostümen und viel Tanz – ein Fest für die Sinne.

Festival Amazonas de Ópera: April/Mai. Das bis zu sechswöchige Event, dessen Abschlussfeier am Largo de São Sebastião stets Tausende Gäste anzieht, ist das größte und bedeutendste Opernfestival Lateinamerikas.

Verkehr

Flugzeug: Der **Aeroporto Internacional Eduardo Gomes** (Av. Santos Dumont 1350, Tarumã) liegt 14 km nördlich des Zentrums. Die Taxis ins Zentrum und nach Ponta Negra verlangen teure Pauschalpreise, günstiger ist es mit Uber (Zentrum 30–40 R$, Ponta Negra 25–35 R$).

Bus: Fernverbindungen von der **Rodoviária** (Av. Djalma Batista 2, Flores) sind äußerst eingeschränkt.

Boot: Fast alle Passagierschiffe *(gaiolas)* legen vom **Porto Flutuante** 4 ab. Tickets kann man an den Schaltern im Terminal (Tel. 092 30 88 57 64) erwerben, dort sind auch Informationen zu den sich häufig ändernden Abfahrtszeiten erhältlich. Es gibt diverse Strecken (z. B. nach Parintins, Santarém), am wichtigsten ist die Verbindung nach Belém (Mi, Sa 11 Uhr, 3,5 Tage/Nächte, mit Hängematte 405 R$, Kabine ›Camarote‹ 1500–2000 R$/2 Pers.).

Wie verloren in den Weiten – unterwegs im Amazonasgebiet

Amazonastouren ab Manaus ▶ 4, C 2

Meistens beginnt das Amazonas-Abenteuer am Hafen der Stadt Manaus, die schon mitten im Urwald liegt. Viele Boote warten am schwimmenden Pier, um auf den beiden Hauptflüssen oder unzähligen Nebenarmen tiefer in den Dschungel vorzudringen.

Um tief in die Natur einzutauchen, empfiehlt sich eine Bootstour oder eine Urwaldlodge. Allein die bizarren Lichteinfälle und die vielen geheimnisvollen Geräusche aus dem dichten Dschungel sind schon aufregend genug, auch wenn man längst nicht so viele Tiere sieht wie im Pantanal. Die Fauna besticht eher durch die Vielfalt als die Häufigkeit der Arten. 1500 verschiedene Vogelarten wurden gezählt (ein Fünftel aller weltweit existierenden), 1500 Fischarten (Süßgewässer Europa: 60) und auf einem einzigen Baum finden sich bis zu 100 Arten von Insekten, die 80 % der gesamten tierischen Biomasse ausmachen.

Der Reichtum der ›Grünen Hölle Amazoniens‹ liegt vor allem in der Flora. Über 60 000 Pflanzenarten soll es hier geben, auf 1 km² konzentrieren sich mehr Arten, als in ganz Europa wachsen. In einer gigantischen Staffelung von bis zu sechs Stockwerken begegnet man über 2500 Baumarten, gekrönt von den bis zu 60 m langen Lianen, in den Tümpeln und Seen wachsen Wasserhyazinthen und Seerosen.

Bei Exkursionen sollte man eine Erwartung etwas herunterschrauben: in der Umgebung von Manaus einer reichen Fauna zu begegnen. Die tierreichen Gebiete Südamerikas liegen weit entfernt an den Rändern des Regenwalds, an den Hängen der Anden, in den Savannen am Orinoco und besonders im Pantanalgebiet (s. S. 367). Dort sind die Nahrungsbedingungen günstiger (wegen des höheren Niederschlags). Dass dennoch in Amazonien mehr Tiere leben als in irgend-

Die verschlungenen Wege des Rio Negro durch das Anavilhanas-Archipel in der Trockenzeit

WOHNEN IN DER URWALDLODGE

Sie werden immer beliebter, die komfortablen, oft schwimmenden oder auf Pfählen errichteten Ökolodges mitten im Urwald. Die meisten sind so großzügig ausgestattet, dass man auf Komfort nicht verzichten muss. Neben An- und Abfahrt, Unterkunft und allen Mahlzeiten sind tgl. 2–3 naturkundliche Führungen mit meist lokalen Guides und gelegentliche Vorträge im Preis enthalten. Dank der isolierten Lage finden auch gestresste Großstädter hier Ruhe: Denn WLAN- oder Mobiltelefonempfang gibt es nur selten.

Ein interessantes Preis-Leistungs-Verhältnis bietet das **Amazônia Jungle Hotel.** Die einfachen Zimmer besitzen einen Balkon mit Urwaldblick. Das Hotel ist nicht so überbucht wie die anderen Lodges und wird mehr von brasilianischem Publikum aufgesucht. Das Personal ist sehr freundlich, das Essen reichhaltig. Geboten werden Bootsexkursionen und eine Dschungelwanderung. Bei einem 4-Tage-Aufenthalt ist das Schwimmen mit rosa Flussdelfinen im Programm enthalten (bei kürzeren Besuchen zubuchbar).

Ebenfalls sehr beliebt ist die **Juma Amazon Lodge.** Die etwa 3-stündige Anfahrt führt u. a. mit dem Speedboot über den Rio Negro und den Zusammenfluss mit dem Amazonas durch ein Wald-Wasser-Labyrinth und ist ein tolles kostenloses Beiprogramm. Die 20 schön auf Stelzen gelegenen Apartments/*chalés* sind über Piers mit dem Restaurant und den übrigen Einrichtungen verbunden. Sie besitzen Minibar und Ventilator, einige auch Klimaanlage, Balkon mit Hängematte und Ausblick auf den Fluss (›Vista rio‹, zu bevorzugen) oder in den Wald (›Vista floresta‹). Um ein tieferes Verständnis für die Region zu entwickeln, ist ein Paket mit 3 Nächten empfehlenswert (Pacote Mutum). Zwischen den Exkursionen bietet sich die Möglichkeit, ein erfrischendes Bad im sauberen Fluss bzw. dem darin errichteten Pool zu nehmen. Weitere Pluspunkte sind die umweltfreundliche Einstellung der Besitzer (u. a. Solarenergie) und das geringe Moskitoaufkommen in diesem Gebiet.

Die **Anavilhanas Jungle Lodge** ist das Luxushotel unter den Amazonas-Dschungelhotels, das neben höchstem Komfort auch ein außerordentliches Umweltengagement beweist. Geboten werden dem Gast 22 charmante Chalets mit eigener Veranda, ein wunderschöner Pool mit Holzdeck und Flussblick, ein Spitzenrestaurant sowie abwechslungsreiche Exkursionen in den naturgeschützten Anavilhanas-Archipel mit seinen mehr als 400 Inseln. Amazonas mit Stil, hier ist es möglich. Im Übernachtungspackage ist der Transfer ab Manaus enthalten. Tel. 092 36 22 89 96, https://en.anavilhanaslodge.com. €€€

Amazônia Jungle Hotel: Rio Ariaú, Iranduba, 34 km mit dem Kleinbus auf der Rodovia Manoel Urbano, dann weiter mit einer kurzen Bootsfahrt; Büro Manaus: Rua Silva Ramos 861 (Centro), Tel. 092 32 31 10 21, www.amazoniajunglehotel.com.br. €€€

Juma Amazon Lodge: Lago do Rio Juma, Autazes, ca. 100 km östlich von Manaus, Tel. 011 30 30 76 17, www.jumalodge.com.br. €€€

Anavilhanas Jungle Lodge: Novo Airão, 110 km im Kleinbus (2,5 Std.), Tel. 092 36 22 89 96, www.anavilhanaslodge.com. €€€

einem anderen zusammenhängenden Naturraum der Welt, liegt an der riesigen Ausdehnung.

Die **Fauna** ist also schwerer auszumachen und oft auch durch Tarnfarben gedeckt. Die einheimischen Guides sind jedoch große Meister im Anlocken der Tiere. **Nachts** leuchten sie die Flüsse mit einem Handscheinwerfer ab, bis zahlreiche rote **Kaimanaugen** auffunkeln und viele Fische ins Boot springen. In den frühen Morgenstunden tauchen die Guides eine Hand ins Wasser, schlagen diese kräftig hin und her und schon schnappt ein langer, schmaler, mit ansehnlichen Zahnreihen versehener Schnabel eines rosafarbenen **Amazonas-Flussdelfins** (*Inia geoffrensis*, auch Boto genannt) nach der vermeintlichen Beute. Wagemutige können während einer Fütterung ins Wasser steigen und zwischen den schweren, etwas unförmig wirkenden Tieren herumschwimmen. Häufig sieht man auch den Rücken der grauen Flussdelfine elegant aus dem dunklen Wasser herausragen. Weniger vertrauenerweckend sind die **Piranhas** mit ihren messerscharfen Zähnen. Mit kundiger Unterstützung wird man noch **Schwarze Brüllaffen** sehen können (die nicht brüllen), **Riesenfaultiere,** gewaltige grüne **Baumleguane, Vögel** jeder Art (häufig die schillernd bunten Eisvögel, seltener Aras und Tukane), **Riesenschmetterlinge,** seltener **Giftschlangen** (weniger als im Mittelmeerraum), dafür aber Legionen von **Ameisen** und **Moskitos.**

Zum Encontro das Águas

Die meisten kürzeren Touren führen in drei Gebiete nahe Manaus: entweder den **Rio Negro** oder den **Rio Solimões** hinauf oder zum **Encontro das Águas** (20 km). Hier treffen sich die beiden Flüsse, ohne sich zu vermischen. Gelbbräunliches Solimões-Wasser stößt auf das fast schwarze, 4 °C wärmere Wasser des Rio Negro. Durch den Temperaturunterschied und die unterschiedlichen Fließgeschwindigkeiten fließen beide Flüsse auf einer Strecke bis 20 km haarscharf nebeneinander her und bilden eine klar erkennbare Trennlinie.

Den Rio Negro hinauf

Weiter oben im Rio Negro liegt der **Arquipélago das Anavilhanas,** eine Gruppe von 400 Eilanden in einem 90 km langen Netz von Wasserläufen und Seen. Der Wasserreichtum dieses Ökosystems zieht zahlreiche Tiere an, die man sonst sehr selten sieht. Während der Regen- bzw. Hochwasserzeit kommen **Tukane, Reiher, Kaimane** und **Schildkröten,** danach sogar **Jaguare, Pumas** und **Tapire.**

250 km (12 Bootsstd.) von Manaus entfernt liegt der **Parque Nacional do Jaú,** das größte Waldreservat Südamerikas mit einer relativ reichen Tierwelt. 750 km den Rio Negro hinauf liegt ein Bergsteigerziel: Im gleichnamigen Nationalpark erhebt sich Brasiliens höchster Berg, der **Pico da Neblina** (3014 m).

Info

Touranbieter: s. S. 346
Urwaldlodges: s. Tipp S. 350

GEHEIMNISVOLLE DUNKELHEIT

Bei einer **nächtlichen Bootsexkursion** fühlt man sich dem Dschungel noch näher. Geheimnisvolle Geräusche aus dem dunklen Wald lassen jeden erschauern. Durch Lampen angestrahlt, tauchen rote Augenpaare aus dem Wasser, sie gehören den überall lauernden Kaimanen. Auch springen vielleicht schmackhafte Süßwasserfische ins Boot, die man am nächsten Tag in seiner Lodge zubereiten lassen kann. Vor der Buchung eines Hotels sollte man sicherstellen, dass Nachtexkursionen im Angebot und einheimische Guides als Begleiter vorgesehen sind.

João Ubaldo Ribeiro: »Ein Brasilianer in Berlin«

»Ein Brasilianer in Berlin«, das sind die Innenansichten eines Außenseiters: João Ubaldo Ribeiro erzählt in 15 Kolumnen wunderbar leicht und liebevoll-ironisch von seinen Eindrücken, Beobachtungen und Erfahrungen mit den Deutschen, die er 1990/91 in Berlin machte – im ersten Jahr nach der deutschen Wende. Ribeiro hielt sich in dieser Zeit im Rahmen des Berliner Künstlerprogramms des DAAD für 15 Monate in der Stadt auf und verfasste in dieser Zeit für die Frankfurter Rundschau Kolumnen, die später zunächst in brasilianischem Portugiesisch in Buchform erschienen: »Um brasileiro em Berlim« – »Ein Brasilianer in Berlin«.

João Ubaldo Ribeiro kam am 23. Januar 1941 auf der Ilha de Itaparica im Bundesstaat Bahia zur Welt und starb am 18.Juli 2014 in Rio de Janeiro, wo er sich nach seiner Rückkehr aus Berlin niedergelassen hatte. Schon im Jahr 1957 wurde er erstmals journalistisch tätig, 1971 (1988 auf Deutsch veröffentlicht) erschien sein Roman »Sargento Getúlio«, mit dem ihm der Durchbruch als Schriftsteller gelang.

Doch nun zu seinen Berliner Erlebnissen …

»Eins habe ich während meines Aufenthaltes hier in Berlin gelernt: Ich werde erst wieder in Deutschland antreten, nachdem ich einen Kurs über Amazonien belegt und mindestens eine grundlegende Biographie über die brasilianischen Indianer gelesen habe. Es kann hier nämlich ganz schön schwierig werden für Brasilianer wie mich, die nichts von Amazonien und den Indianern verstehen. Wenn sie von meiner Unwissenheit erfahren, sind einige Deutsche derart empört, dass sie sofort jedes weitere Gespräch mit mir aufgeben. Andere, vielleicht ist das die Mehrheit, wollen mir das schlichtweg nicht abnehmen, hören nicht auf meine abschlägigen Antworten und reden einfach weiter, sodass die Unterhaltung schizophrene Züge annimmt.

›Amazonien ist bestimmt faszinierend, nicht wahr?
›Ja, bestimmt, aber sicher.‹
›Ich verstehe, was Sie sagen wollen. Für einen wie Sie, der direkt von dort kommt, ist es sicher schwer, so fasziniert davon zu sein wie ein Ausländer. Wer von außen kommt, der ist jedenfalls …‹
›Ganz so ist es eigentlich nicht, ich habe Amazonien nämlich nie gesehen.‹
›Leben Sie seit Ihrer Kindheit außerhalb Brasiliens?‹
›Nein, ich lebe in Brasilien. Aber ich habe Amazonien nie gesehen.‹
›Mein Gott, was sagen Sie denn da. Das ist ja schrecklich!‹
›Ja also … Ich …‹
›Ich wusste ja gar nicht, dass die Zerstörung schon so weit fortgeschritten ist, wie furchtbar! Und Sie haben Amazonien gar nicht gekannt. Als Sie geboren wurden, war das Gebiet schon zum großen Teil zerstört, niedergebrannt, verwüstet! Finden Sie nicht, dass das ein schreckliches Verbrechen gegen die Natur, gegen unseren Planeten ist?‹
›Natürlich. Aber das ist es gar nicht, denn ich …‹
›Würden Sie nicht auch sagen, dass man auf jeden Fall die Zerstörung von Amazonien aufhalten muss?‹
›Aber sicher.‹

›Ich hatte auch keine andere Haltung von Ihnen erwartet. Helga, komm mal her und hör dir an, was unser brasilianischer Freund mir über Amazonien erzählt, keiner kann uns besser als ein Brasilianer die Wahrheit über Amazonien zeigen, und was er gerade erzählt hat, ist wirklich grauenhaft, noch viel schlimmer, als wir gedacht haben! Stell dir vor, er ist in Brasilien aufgewachsen und hat Amazonien nie gesehen! Die Zerstörung war schon so weit fortgeschritten, dass er gar nichts mehr vorgefunden hat! Kommen Sie, mein treuer Freund, erzählen Sie der Helga hier, was Sie mir gerade erzählt haben, das ist wirklich schrecklich. Helga, er hat gesagt …‹
Bei Lesungen, Vorträgen und ähnlichen Anlässen ist es noch schlimmer, weil da ein kollektiver Druck herrscht. Ich habe gerade ausgeredet, da erhebt sich ein Herr, gibt sich erstaunt vorwurfsvoll und sagt:
›Ich habe hier in einer Zeitung gelesen, dass Sie noch nie einen Indianer gesehen haben. Stimmt das?‹
Gemurmel im Publikum. Ist das weiße Ding da in der Hand des Jungen mit der Punkfrisur ein Ei, das gleich in meine Richtung fliegt, wenn ich die falsche Antwort gebe? Ob die Frau in der ersten Reihe mit ihrem Regenschirm losstochern wird? Ob die Studenten dahinten sich gerade anschicken, sich zu erheben und in wildes Buhen auszubrechen? Bei einer internationalen Krise dieses Ausmaßes muss man einige Kreativität an den Tag legen.
›Natürlich nicht‹, sage ich zuvorkommend. ›Das ist eine Lüge der Zeitung, Zeitungen lügen viel. Ich sehe jeden Tag Indianer. Als ich klein war, kamen die Indianer immer aus dem Urwald von der anderen Straßenseite an und sprangen über die Mauer in unseren Hof, um die Hühner mit Pfeilen zu erlegen. In der letzten Zeit habe ich allerdings in Rio gelebt, wo es relativ wenig Indios gibt, aber trotzdem trifft man so auf zwei- bis dreihundert am Tag.‹
Allgemeine Erleichterung. Lächeln, man wirft sich zufriedene Blicke zu, ein Meer erhobener Hände, Fragen über Fragen.
›Und ihre Bräuche behalten sie in Rio bei?‹
›Das hängt vom Stamm ab. Einige sind mehr oder weniger assimiliert. Andere nicht, sodass es schon vorkommen kann, dass man in einem Bus sitzt und ein kleiner, nackter, ganz bemalter Indio neben einem Platz nimmt.‹
›Und der Kannibalismus?‹
›Der wird praktisch nicht mehr ausgeübt, obwohl einige Gruppen von Umweltschützern gegen die weiße Unterdrückung dieses jahrtausendealten indianischen Brauches protestiert haben. Aber hin und wieder hört man, dass sie einen verspeist haben, im Allgemeinen einen von ihren eigenen Leuten.‹
›Und wie stehen Sie zur Auslöschung der Indianer?‹
›Ich bin natürlich radikal dagegen. Weil das für mich selbst ja praktisch auch Selbstmord bedeuten würde. Wie Sie klar an meinem Äußeren erkennen können, habe ich Indianerblut in mir. Ein Viertel. Meine Großmutter mütterlicherseits war vom Stamm der Caeté, die berühmt sind, weil sie im 17. Jahrhundert einen portugiesischen Bischof verspeist haben.‹
Beifall, viele Male ein herzlicher Händedruck, großer Erfolg. Und zwar so groß, dass ich denke, ich werde diese Art von Erörterung nun in allen Lebensbereichen anwenden, solange ich noch in Berlin bin. Nein, wenn ich es recht überlege, tue ich das schon. Gestern ging meine Frau ans Telefon und bat den Anrufer am anderen Ende der Leitung nach einem kurzen Wortwechsel, er möge bitte einen Augenblick warten.
›Da ist ein sehr netter Deutscher‹, sagte sie, ›der ein Hörspiel über Amazonien produziert und Stimmen von Amazonas-Kindern braucht. Er hat erfahren, dass wir zwei kleine Kinder haben, und möchte wissen, ob die beiden diese Stimmen im Stück spielen können. Soll ich ihm erklären, dass unsere Kinder nicht aus Amazonien sind und auch nie dort waren?‹
›Nein‹, sagte ich, ›frag ihn, wie viel er bezahlt. Und sag ihm, wenn er jemanden für die Rolle des Häuptlings braucht, dann übernehme ich das.«

Brasília
Pantanal
Campo Grande

Kapitel 5

Der zentrale Westen

Der zentrale Westen setzt sich zusammen aus den drei Bundesstaaten Mato Grosso (MT), Mato Grosso do Sul (MS) und Goiás (GO) sowie dem Distrito Federal (Brasília). Landschaftlich überwiegen wellenförmige Hochplateaus, eine der wenigen Ausnahmen bildet das tiefer gelegene Pantanal.

Mitten in dieser Wildnis entstand zwischen 1958 und 1960 die neue Hauptstadt Brasília, deren Konturen der Form eines Flugzeugs gleichen. Touristen bestaunen hier vor allem den Regierungsbezirk mit dem Nationalkongress, den Ministerien und dem Präsidentenpalast. Sämtliche Bauwerke stammen von dem berühmten Architekten Oscar Niemeyer, die Landschaftsgestaltung von Burle Marx. 260 km nördlich von Brasília liegt der Nationalpark Chapada dos Veadeiros, eine felsige Hochebene mit Schluchten, Höhlen, Flüssen und Wasserfällen.

Westlich von Brasília befindet sich eine der faszinierendsten Naturlandschaften Brasiliens, der Pantanal. Er ist das größte Feuchtsavannengebiet der Erde. Wer sich für die brasilianische Fauna interessiert, sollte nicht Amazonien, sondern den Pantanal ansteuern, nirgendwo sieht man so viele Tiere wie hier.

Der Pantanal gliedert sich in einen nördlichen und südlichen Teil. Der Süden (Ausgangsorte Campo Grande oder Corumbá) ist tierreicher und besser erschlossen. Zudem liegt ganz in der Nähe das kleine Ökoparadies Bonito mit seinen kristallklaren Flüssen, das sich mit einem Pantanalbesuch bestens kombinieren lässt.

Der Norden (Ausgangsort Cuiabá) ist noch etwas ursprünglicher und bietet ebenfalls hervorragende Tourmöglichkeiten mit Übernachtung auf traditionellen Fazendas.

Im Sturzflug – Hyazinth-Aras im Pantanal

Auf einen Blick: Der zentrale Westen

Sehenswert

Brasília: Die am Reißbrett entworfene Hauptstadt ist ein einzigartiges Ensemble avantgardistischer Monumentalbauten – lebendige Kneipen und Restaurants mit Livemusik lockern die von Beton geprägte Architektur auf (s. S. 358).

Pantanal: Die größte Feuchtsavanne der Welt besitzt eine einzigartige Fauna und ist ein Paradies für Tierbeobachtung (s. S. 367).

Bonito: Das landschaftlich faszinierende Gebiet der Grotten, Flüsse und Wasserfälle südlich des Pantanal ist zu einem Mekka des Ökotourismus geworden (s. S. 373, 374).

Schöne Routen

Transpantaneira und Estrada Parque: Die beiden Straßen durch das Sumpfgebiet des Pantanal führen auf roten Lehmpisten mitten hinein in die Wildnis. Die Transpantaneira verläuft zwischen Poconé und Porto Jofre, die Estrada Parque östlich von Corumbá von Porto do Manga zum Buraco das Piranhas. Unterwegs sind unzählige kleine Brücken zu überqueren und manchmal auch einige Kaimane zu verscheuchen, die sich auf dem warmen Holz abgelegt haben – schon die Fahrt an sich ist ein Abenteuer (s. S. 370, 373).

Unsere Tipps

Aussichtspunkt Torre de Televisão: Brasília erhielt die Form eines Flugzeugs. Um einen perfekten Überblick zu bekommen, sollte man gleich zu Beginn auf die Aussichtsplattform des Fernsehturms fahren und die Stadt von oben überschauen (s. S. 360).

Das Regierungsviertel: Fast alles Sehenswürdige von Brasília konzentriert sich in diesem Bezirk. Pflichtprogramm ist die Besichtigung des Außenministeriums Itamaraty und der Catedral Metropolitana (s. S. 360).

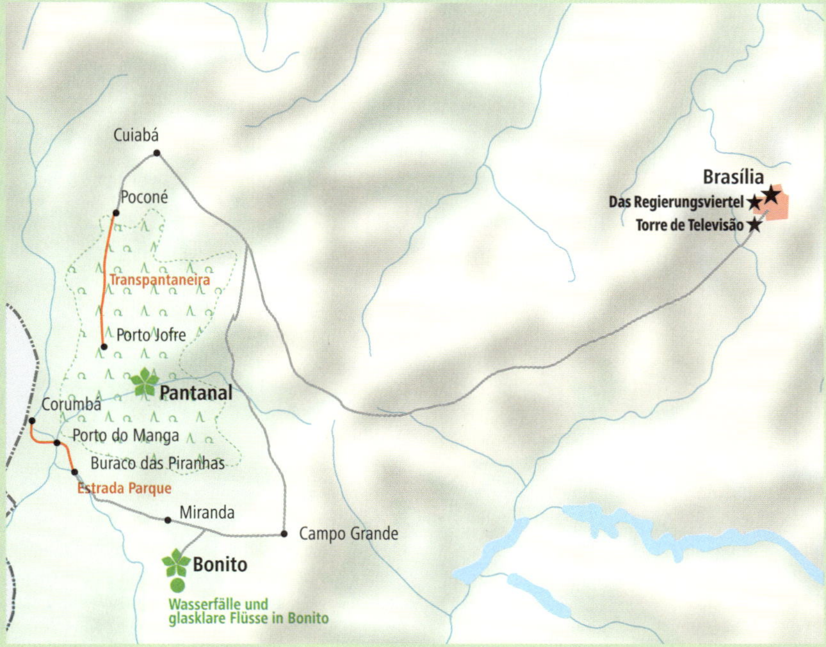

Cuiabá
Poconé
Transpantaneira
Porto Jofre
Pantanal
Corumbá
Porto do Manga
Buraco das Piranhas
Estrada Parque
Miranda
Campo Grande
Bonito
Wasserfälle und glasklare Flüsse in Bonito
Brasília
Das Regierungsviertel
Torre de Televisão

Brillenkaiman

Wasserfälle und glasklare Flüsse in Bonito: Die türkisblauen, fischreichen Flüsse rund um Bonito, erreichbar von Campo Grande oder Miranda, sind ein Paradies für Schwimmer und Schnorchler. Auf Wanderungen gelangt man zu unzähligen Wasserfällen mit Naturschwimmbecken, und unterirdische Seen in Grotten und Höhlen laden zu unvergesslichen Tauchausflügen ein (s. S. 374).

Brasília

Brasília ist unter den Retortenstädten der Welt einzigartig: künstlich, ungewöhnlich, gewagt und gewaltig. Der maßgeblich am Bau beteiligte Architekt Oscar Niemeyer schwärmte immer wieder, dass man die Paläste von Brasília mögen oder nicht mögen könne, aber nie werde man behaupten können, schon einmal etwas Ähnliches gesehen zu haben.

Als der Stadtplaner Lúcio Costa die natürlichen Gegebenheiten der noch ganz ursprünglichen Landschaft studierte und überlegte, wie in dieses Niemandsland die modernste Hauptstadt der Welt hineingesetzt werden könnte, entstand eher unbeabsichtigt ein futuristisch anmutender Grundriss, der stark an die Form eines Flugzeugs erinnert, mit zwei leicht nach hinten gekrümmten Flügeln, vorne und seitlich von einem großen künstlichen See gesäumt.

Die Stadtbebauung gliedert sich in deutlich voneinander abgegrenzte *setores* (Sektoren) bzw. Verwaltungs-, Geschäfts-, Hotel- und Wohnbereiche, die sehr großräumig angelegt und in sich wiederum in *quadras* oder *superquadras* (Quadrate) und dann in *blocos* (Blöcke) unterteilt sind. Statt Straßennamen gibt es meist verwirrende Nummern- und Buchstabenfolgen. Nirgendwo sonst auf der Welt ist so viel planerische Rationalität oder futuristische Zweckmäßigkeit anzutreffen. Das Praktische mit dem Demokratischen und Natürlichen zu verbinden war die Leitidee der vom Modernismus geprägten Stadtschöpfer.

Viel trinken!
Im höher gelegenen Brasília (1000 m) kann es im brasilianischen Winter ungemütlich kühl (um 10 °C) und sehr trocken (unter 30 % Luftfeuchtigkeit) werden – im Sommer dagegen sehr heiß. Auf jeden Fall sollte man stets sehr viel Flüssigkeit zu sich nehmen.

Geschichte

Die Militärs mochten die am 21. April 1960 eingeweihte, neue Cidade da Esperança (Stadt der Hoffnung) zunächst nicht, war sie doch wenige Jahre vor dem Putsch aus der Idee einer vernunftbestimmten und egalitären Gesellschaft erwachsen und mit dem Stempel der 1950er-Jahre versehen, einer Zeit offener Auseinandersetzungen und experimenteller architektonischer Konzepte. Dennoch veranlasste der Bau dieser modernen Retortenstadt den französischen Schriftsteller und Kulturminister André Malraux zu der Bemerkung, dass es doch höchst erstaunlich sei, wie solch ein gigantisches Werk unter einer demokratischen Regierung möglich sein konnte, ist doch Derartiges normalerweise nur unter einer Diktatur vorstellbar. In der Tat waren die Schwierigkeiten enorm, die Polemiken zahlreich, und die Vorgeschichte über 100 Jahre alt.

Die Idee, die Hauptstadt von der Küste ins Landesinnere zu verlegen und damit zugleich mit der Tradition der Kolonialzeit zu brechen, tauchte erstmals im Jahr 1789, dem Jahr der Französischen Revolution, auf. Anhänger der mineirischen Unabhängigkeitsbewegung erklärten São João del Rei in Minas Gerais zum zukünftigen Standort. 1823 kam von dem einflussreichen Politiker José Bonifácio der Vorschlag, die künftige neue Hauptstadt wirklich mehr ins geografische Zentrum zu rücken und diese Brasília zu nennen. Den fast exakten späteren Standort auf einer zentralen Hochebene in 1100 m Höhe machte schließlich der

Ein Meer aus Lichtern – Brasílias Hotelsektor bei Nacht

Historiker und Diplomat Francisco Adolfo de Varnhagen schon 1877 aus. In Artikel 3 der ersten Verfassung Brasiliens aus dem Jahr 1891 stand, dass im Planalto Central auf einer Fläche von 14 400 km² irgendwann die künftige Hauptstadt zu errichten sei, ein Jahr danach wurde das Gebiet vermessen. Fünf Jahre später hatte der italienische Pater Giovanni Bosco die ›Vision‹, dass genau dort die Terra Prometida (Das verheißene Land) entstehen würde. Doch dann geschah, bis auf eine Grundsteinlegung 1922, lange nichts.

1956 entschloss sich der neue Präsident Juscelino Kubitschek, die Stadt wirklich zu bauen und damit in die Geschichte einzugehen. Seit 1981 ist ihm auf der zentralen Achse (Eixo Monumental) ein Denkmal und Museum gewidmet, das Memorial JK. Neben ihm waren es drei große Künstler der Zeit, die der Stadt ihren kreativen Stempel aufdrückten: der Stadtplaner Lúcio Costa, der Landschaftsarchitekt Burle Marx und der Architekt Oscar Niemeyer (s. Thema S. 56). Lúcio Costa verdankt die Stadt ihren futuristischen Grundriss in Form eines Flugzeugs, Burle Marx die Gärten und Oscar Niemeyer die Gebäude.

Die Bauarbeiten, an denen bis zu 30 000 Arbeiter beteiligt waren, begannen 1957. Sämtliche Materialien wurden per Luftbrücke eingeflogen. Nach 1000 Tagen schon konnte die Stadt am 21. April 1960 eingeweiht werden. Ursprünglich war sie für höchstens 500 000 Menschen (bis zum Jahr 2000) konzipiert, heute sind es jedoch bereits knapp 2,8 Mio. Viele Einwohner kamen aus Goiás oder dem armen Nordosten und leben heute unter miserablen Bedingungen in den Ghettos der Peripherie. Obwohl Brasília fast das höchste durchschnittliche Pro-Kopf-Einkommen Lateinamerikas besitzen soll, ist die Einkommensverteilung hier extrem ungleich. Die zehn Satellitenstädte zählen gar zu den ärmsten des Landes. Auch in dieser Hinsicht und nicht nur als Hauptstadt repräsentiert Brasília das gegenwärtige Brasilien. Dennoch wurde die Stadt im Jahr 1987 zum UNESCO-Welterbe erklärt.

Das Regierungsviertel

Cityplan: S. 360

Torre de Televisão 1

Eixo Monumental, Di–So 9–18.45 Uhr, Eintritt frei

Bevor man auf Besichtigungstour geht, sollte man sich Brasília von oben nähern. Von der 75 m hohen Aussichtsplattform des **Fernsehturms** gewinnt man einen fantastischen Überblick über das ganze Regierungsviertel. Der Turm steht genau auf der zentralen Achse und ist mit 224 m die höchste Konstruktion Brasílias. Gleich dahinter befindet sich die **Feira da Torre,** Brasílias am Wochenende beliebtester Trödel-, Kunst- und Kleidermarkt.

Santuário Dom Bosco 2

W3 Sul, Quadra 702, Tel. 061 32 23 65 42, Mo–Fr 6–22, Sa 6–21, So 7–20 Uhr, Eintritt frei

Die 1970 erbaute Kirche **Santuário Dom Bosco** ist das beeindruckendste Bauwerk Brasílias, das nicht aus Niemeyers Feder

Sehenswert
1 Torre de Televisão
2 Santuário Dom Bosco
3 Museu Nacional da República
4 Catedral Metropolitana
5 Esplanada dos Ministérios
6 Palácio Itamaraty
7 Palácio da Justiça
8 Congresso Nacional
9 Praça dos Três Poderes
10 Palácio da Alvorada
11 Parque da Cidade
12 Jardim Botânico
13 Parque Nacional de Brasília

Übernachten
1 – 5 s. Cityplan S. 365

Essen & Trinken
1 s. Cityplan S. 365
2 Pontão do Lago Sul
3 Feitiço das Artes
4 Pier 21

---

stammt. Unter Leitung von Carlos Alberto Naves entstand eine würfelartige Fassade, die komplett aus blauen und malvenfarbigen Glasstücken besteht. Außen dominieren 16 m hohe, gotisch inspirierte Kolumnenbögen, innen schwebt ein 2,5 t schwerer Leuchter aus Muranoglas. Besonders schön ist die Wirkung, wenn das Tageslicht die Kirche in zwölf verschiedene Blautöne taucht. Die Kirche ist vom Shopping Pátio Brasil aus in 10 Minuten zu Fuß erreichbar.

Museu Nacional da República 3

Eixo Monumental, Di–So 9–18.30 Uhr, Eintritt frei

Auf dem Weg über die Eixo Monumental zu den Ministerien passiert man rechter Hand zunächst die Nationalbibliothek und das **Museu Nacional da República,** das jüngste Werk Niemeyers in Brasília (2006). In dem auffälligen Gebäude mit weißer Kuppel und überdimensionaler, weit geschwungener, jedoch inzwischen schon rissiger Rampe (daher ist das Betreten auch verboten) werden auf drei Ebenen wechselnde Kunst- und Fotoausstellungen gezeigt. Eigentliche Attraktion jedoch ist das Gebäude selbst. Das Ensemble aus Bibliothek und Museum ist auch als **Conjunto Cultural da República** bekannt.

Catedral Metropolitana 4

Eixo Monumental, www.catedral.org.br, Di–Sa 8–16.45, So 9–17.45 Uhr, keine Besichtigung und kein Zutritt in kurzen Hosen während der Messen (Di–Fr 12.15, Sa 17, So 8.30, 10.30 und 18 Uhr), Eintritt frei

Kurz dahinter fällt die moderne **Kathedrale** ins Auge. Von Oscar Niemeyer entworfen, wurde sie nach 12 Baujahren erst 1967 eingeweiht. Architektonisch ungewöhnlich sind der kreisförmige Grundriss des Kirchenschiffs und die Dominanz farbiger Glasfenster in der Kuppel, die viel natürliches Licht einfallen lassen. Auf die Frage nach der ungewöhnlichen Erleuchtung erklärte Niemeyer, dass er keine

STADTRUNDFAHRT

Wer nur wenig Zeit in Brasília zur Verfügung hat, kann sich einer geführten Stadtrundfahrt im Bus oder Kleinbus anschließen. Gäste werden meist am Hotel abgeholt, die Tour dauert in der Regel 3 Stunden mit kurzen Stopps an den wichtigsten Sehenswürdigkeiten, darunter Nationalkongress, Kathedrale und Palácio da Alvorada. Einige Agenturen bieten auf Anfrage auch Touren mit Start am Flughafen an (ideal bei längerem Stopover).

Brasília Tour: Tel. 061 993 13 62 82, www.brasiliatour.com.br. Rundfahrt »Tradicional« tgl. um 9 und 14 Uhr, 90 R$. Private 4-stündige Rundfahrten 165 R$ (mind. 2 Teilnehmer).

Von Wasser umgeben – der von Oscar Niemeyer entworfene Congresso Nacional

Kathedrale wie die anderen wollte, keine, die so düster ist, dass sie gleich an Sünde erinnert. Unter den Kunstwerken im Innern ragen drei schwebende Engelsfiguren hervor, geschaffen von Alfredo Ceschiatti.

Esplanada dos Ministérios 5

Hier liegen regelmäßig angeordnet 17 identische Regierungsbauten. Nur zwei Gebäude weichen in ihrer Architektur ab:

Außen- und Justizministerium

Außenministerium/Palácio de Itamaraty: Tel. 061 20 30 61 99, www.itamaraty.gov.br, visita@itamaraty.gov.br, kostenlose Führungen in Gruppen bis ca. 15–20 Pers. tgl. 9, 11, 14, 15 und 17 Uhr, Reservierung vor Ort Mo–Fr 9–17 Uhr

Das Außenministerium, der **Palácio de Itamaraty** 6, ist von einem künstlichen See und Gartenanlagen umgeben. Sein Inneres birgt einen der größten Säle der Welt ohne Stützen. Spektakuläre Lichteinfälle sorgen für eine besondere Atmosphäre. Die Räume haben die Anmutung einer Kunstgalerie, mit Werken u. a. von Pedro Américo (»O grito do Ipiranga«), Franz Weissmann und Candido Portinari.

Auf der anderen Seite der Esplanada überrascht der **Palácio de Justiça** 7 mit mehreren kleinen Wasserfällen an seiner Fassade.

Congresso Nacional 8

Pça. dos Três Poderes, www2.congressonacional.leg.br/visite, Fr–Mo 9–17 Uhr, Do nur nach mind. 24 Std. vorher erfolgter Anmeldung über www.congressonacional.leg.br, Eintritt frei,

Ausländer müssen sich mit Reisepass ausweisen, halbstdl. Führungen (50 Min.) in Gruppen zu maximal 40 Pers., Fotos erlaubt, Mo, Do, Fr kein Zutritt in kurzen Hosen, T-Shirts oder Strandsandalen

Schon von Weitem erblickt man die Konturen des **Nationalkongresses,** der die Esplanada dos Ministérios beschließt. Er besteht aus zwei Gebäuden: dem Senado Federal (Senat) und der Câmara dos Deputados (Abgeordnetenhaus). Oscar Niemeyer hält diesen Komplex für sein eigentliches Meisterwerk. Hier lässt sich sein architektonisches Konzept besonders gut nachvollziehen: Die konvexen und konkaven Linien bzw. das utopische Element der ›fliegenden Untertassen‹ verkörpern seine Gegenposition zur rigiden Bauhaus-Architektur sowie zur rationalistischen Postmoderne. Im Innern befinden sich Kunstwerke und Kostbarkeiten: Azulejos von Athos Bulcão, ein Wandgemälde von Di Cavalcanti, eine Engelsplastik und eine Frauenstatue von Alfredo Ceschiatti, Sitzmöbel von Le Corbusier, Wintergärten von Burle Marx etc.

Praça dos Três Poderes 9

An der **Praça dos Três Poderes,** dem Platz der Drei Gewalten, hat Oscar Niemeyer neben dem Nationalkongress als Sitz der Legislative zwei weitere Staatsgewalten versammelt: Als Sitz der Exekutive dient der **Palácio do Planalto** (www.presidencia.gov.br, So 9.30 –14 Uhr, Eintritt frei), der Regierungspalast. Auf der anderen Seite des Platzes befindet sich das Gebäude des Obersten Bundesgerichts, des **Supremo Tribunal Federal,** Sitz der Judikative.

In der Mitte zwischen diesen Gebäuden liegt das **Centro Cultural Três Poderes** (Di–So 9–18 Uhr, Eintritt frei). Es umfasst den **Panteão da Pátria,** eine Gedenkstätte zu Ehren des Ex-Präsidenten Tancredo Neves, ein **Stadtmuseum** mit einer Chronologie der Stadtgründung und Zitaten von Kubitschek und Niemeyer sowie den **Espaço Lúcio Costa** mit einem 170 m² großen Modell von Brasília.

Auf dem Platz stehen noch zwei 8 m hohe **Bronzeskulpturen** von Bruno Giorgi (Os Candangos), welche die früheren Bauarbeiter und ersten Bewohner der Stadt symbolisieren. Hinter dem Panteão ragt gewaltig ein 100 m hoher **Fahnenmast** in den Himmel mit der einstmals größten Staatsflagge der Welt (20 x 14,3 m = 286 m²).

Palácio da Alvorada 10

Führungen halbstdl. So 9.30–14 Uhr, Eintritt frei

Um zum **Palácio da Alvorada,** dem Präsidentenpalast mit dem viel versprechenden Namen Palast der Morgenröte, zu gelangen, sollte man ein Taxi oder Uber nehmen. Das als erstes Bauwerk Brasílias 1958 eingeweihte Gebäude dient als Privatresidenz des Bundespräsidenten. Am schönsten präsentiert es sich am Spätnachmittag, wenn die Strahlen der untergehenden Sonne sich zusammen mit den berühmten Säulen in den Glasfassaden und Wasserbecken spiegeln. Der 110 m lange und 30 m breite Palast wurde von Oscar Niemeyer den Dimensionen alter Kolonialvillen mit großen Sälen nachempfunden. Alles ist großzügig, sparsam möbliert und transparent, mit einem ständigen Blick auf die umliegenden künstlichen Gärten und Seen.

Trotzdem scheint das Urteil von André Malraux, der Palast sei das nach den griechischen Säulen bedeutendste Werk der Weltarchitektur, etwas übertrieben. Von den Präsidenten fühlten sich hier nur Fernando Henrique Cardoso sowie der Gründer Kubitschek zu Hause. Collor wohnte hier nie, ebenso wenig der Militärgeneral Figueiredo. Figueiredos Vorgänger Geisel nannte den Palast einen Schwitzkasten (erst 2006 installierte man eine Klimaanlage), seine Frau verglich ihn mit einem Aquarium. Sarney bekam allergische Anfälle, andere fühlten sich wie in einem verlassenen Luxushotel und Präsident Lula zog 2008 wieder aus, um den Bau gründlich renovieren zu lassen.

Parks

Cityplan: S. 360
Brasília ist außerordentlich reich an Grünflächen. Die zentralste Parkanlage ist der südlich vom Fernsehturm beginnende **Parque da Cidade** 11**.** Angelegt von Burle Marx umfasst er 420 ha und bietet Sport-, Freizeit- und Vergnügungsanlagen sowie einige Restaurants. Hier treffen sich gern Familien mit Kindern.

Jardim Botânico 12

Tel. 061 993 59 01 37, www.jardimbotanico.df.gov.br, Di–So 9–17 Uhr, 5 R$
Im noch recht zentral gelegenen **Botanischen Garten** kann man auf einem 800 m langen Pfad südlich des Lago Paranoá mehr als 200 **Cerrado-Pflanzenarten** (beschildert) kennenlernen. Die karge Cerrado-Vegetation ist typisch für die auf rund 1170 m gelegene Region um Brasília. Der Bewuchs dieser savannenähnlichen Landschaft ist gekennzeichnet von niedrigen, krüppeligen Baum- und Straucharten, die eine dicke Rinde, harte Blätter und einen unterirdischen Stamm besitzen und damit gut gegen die häufigen Brände geschützt sind.

Parque Nacional de Brasília 13

Estr. Parque Indústria e Abastecimento (EPIA), 10 km vom Zentrum, Taxi oder Uber, tgl. 8–17 (letzter Einlass 16) Uhr, 32 R$
Im 10 km von der Stadt entfernten, großen **Parque Nacional de Brasília** (im Volksmund besser bekannt als Parque Água Mineral) sieht man sowohl viele Cerrado-Pflanzen als auch zahlreiche der in dieser Vegetation beheimateten Tiere. Dazu gehört z. B. der **Große Ameisenbär,** der reichlich Termitenhügel vorfindet und sich mit seiner bis zu 40 cm langen Zunge mal an dieser, mal an jener Kolonie verköstigt. Viele Gürteltierarten, entfernte Verwandte des Ameisenbären, sind hier ebenfalls zu Hause. Zahlreich sind auch Vogelarten vertreten, vor allem **Greifvögel** wie der Aplomadofalke und der Savannenbussard. Auffällig sind die bis zu 70 cm großen **Seriemas,** Kranichvögel, die meist im Duo umherstolzieren und trompetenartige Signale ausstoßen. Auch den großen, flugunfähigen **Nandu** wird man antreffen können. Eine besondere Freizeitattraktion innerhalb des Parks, bei dem trocken-heißen Klima von Brasília sehr willkommen, sind zwei große, von Mineralquellen gespeiste **Freibäder.**

Infos

Centro de Atendimento ao Turista (CAT): In der Ankunftshalle am Flughafen (sporadisch geöffnet) sowie an der Praça dos Três Poderes (tgl. 8–18 Uhr).

Übernachten

Unter der Woche (Mo–Do) sind die meisten Hotels belegt und es ist schwer, günstige Zim-

Brasília, Zentrum

Sehenswert

1 Torre de Televisão
2 Santuário Dom Bosco; s. auch Cityplan S. 360
3 – 13 s. Cityplan S. 360

Übernachten

1 B Hotel
2 Kubitschek Plaza
3 Hotel Meliá Brasil 21
4 Monumental Bittar Hotel
5 Joy Hostel

Essen & Trinken

1 Fogo de Chão
2 – 4 s. Cityplan S. 360

mer zu finden. Am Wochenende (Fr–So) leert sich die Stadt und sämtliche Hotels werben mit Preisnachlässen.

Designtempel – **B Hotel** 1 **:** Setor de Hotéis e Turismo Norte, Quadra 5, Bloco J, Tel. 061 39 62 20 00, www.bhotelbrasilia.com.br. Fast alle Hotels von Brasília sind recht gleichförmige Zweckbauten. Eine rühmliche Ausnahme ist das von Isay Weinfeld designte B Hotel. Das mit modernistischen Einflüssen gespickte Hotel bietet neben höchst komfortablen Zimmern auch einen Pool und die wohl beste Rooftop-Bar der Stadt (›Bar 16‹) mit herrlicher Aussicht zum Sonnenuntergang (auch für Nichtgäste zugänglich). €€€

Stilvoll – **Kubitschek Plaza** 2 **:** Setor Hoteleiro Norte, Quadra 2, Bloco E, Tel. 061-33 29 33 33, www.plazabrasilia.com.br. Alteingesessenes Hotel in guter Lage im Hotelsektor Nord mit modernen, renovierten Zimmern. Das Thema des Hauses ist der Gründervater von Brasília Juscelino Kubitschek. €€

Fahrstuhl für Schwindelfreie – **Hotel Meliá Brasil 21** 3 **:** Setor Hoteleiro Sul, Quadra 6, Bloco D, Tel. 061 32 18 47 00, www.melia.com. Aufregend designtes Nobelhotel mit einem gläsernen Fahrstuhl, der bis in den 20. Stock fährt. Lounge mit schöner Pianobar, im 2. Stock ein gutes Restaurant mit Außenterrasse. Sauna und Pool auf dem Dach. €€€

Smart & effizient – **Monumental Bittar Hotel** 4 **:** SHN Q3, Bloco B, Tel. 61 37 04 40 00, www.hoteisbittar.com.br. Modernes und helles Businesshotel mit anständigen Zimmern. €–€€

Hell, freundlich, günstig – **Joy Hostel** 5 **:** SCRN 702/703, Bloco H, Entrada 49, Asa Norte, Tel. 061 35 42 99 09, www.vemprojoy.com.br. Gutes und neues Hostel unweit des Mané-Garrincha-Stadions und dem Einkaufszentrum Brasília Shopping. Es gibt sowohl Gruppenschlafräume mit 3–6 Betten als auch private Zimmer, die jedoch teilweise über kein eigenes Badezimmer verfügen. €

Essen & Trinken

Eigentlich sind die *quadras* Wohnblocks, die wie Trabantenstädte anmuten, doch dazwischen finden sich zahlreiche gute Lokale; in der südlichen ›Tragfläche‹ Asa Sul vor allem in den Blöcken **109** und **210.**

Fleischpalast – **Fogo de Chão 1 :** Setor Hoteleiro Sul, Quadra 5, Bloco E, Tel. 061 33 22 46 66, www.fogodechao.com.br, Mo–Sa 12–23.30, So 12–21.30 Uhr. Lokaler Ableger der landesweit vertretenen *churrascaria*-Kette, die als eine der besten Brasiliens gilt. Zum Fixpreis kann man sich unbegrenzt (Fleisch) bringen lassen und an einem großen Salat- und Beilagenbüfett zuschlagen. €€€

Schöne Lage – **Pontão do Lago Sul 2 :** www.pontao.com.br. In diesem Freizeitkomplex ganz in der Nähe der Brücke Costa e Silva sind zahlreiche Restaurants versammelt. Zu empfehlen ist das idyllisch am Seeufer gelegene **Manzuá** (SHIS-QL-10, Tel. 061 33 64 60 91, www.manzua.com.br, tgl. 12–24 Uhr), das auf Meeresfrüchte und bahianische Küche spezialisiert ist. €€

Nicht leicht, aber lecker – **Feitiço das Artes 3 :** Quadra 306, Bloco B, Asa Norte, Tel. 061 35 42 36 05, @feiticodasartesoficial, Mo–Sa 12–2, So 12–17 Uhr. Uriges Lokal mit herzhafter Küche aus Minas Gerais. Abends Kilo-Büfett, mittags *all you can eat*. Barbetrieb, Terrasse und Livemusik. €–€€

Am Seeufer – **Pier 21 4 :** Setor de Clubes Esportivos Sul (SCES), Trecho 2, Lote 32, www.pier21.com.br. Ein breites Angebot zum Essen und Ausgehen gibt es auch am Pier 21, einem Einkaufs- und Freizeitkomplex am See.

Aktiv

Nationalpark-Ausflug – **Parque Nacional da Chapada dos Veadeiros:** ca. 260 km nördlich von Brasília im Bundesstaat Goiás, über die BR 010/GO 118 von Brasília nach Alto Paraíso de Goiás, dann auf der GO 239 36 km bis São Jorge, Einlass für Spaziergänger tgl. 8–12 Uhr, Aufenthalt bis 18 Uhr, 40 R$. Der über 65 000 ha große malerische Nationalpark erstreckt sich auf einer Hochebene, die zugleich Teil der Wasserscheide zwischen den Flüssen Amazonas, Rio Paraná und Rio São Francisco ist. Hier gibt es zahlreiche Quellen und Wasserfälle, natürliche Badeteiche und ungewöhnliche Felsformationen, aber auch Relikte alter Goldminen. Seit 2001 zählt er zum Weltnaturerbe der UNESCO. Ein Besuch empfiehlt sich wegen der größeren Entfernung als Mehrtagestour, Übernachtung ist in den zahlreichen charmanten Pousadas möglich: z. B. in São Jorge **Pousada Bambu Brasil** (Tel. 061 995 54 56 86, www.bambubrasil.com.br, wunderbarer Garten mit Lounge und Café, €€€); oder in Alto Paraíso **Pousada Maya** (Tel. 062 34 46 20 62, www.pousadamaya.com.br, sehr geschmackvoll, tolles Frühstück mit Blick auf die Berge, €€€).

Termine

Aniversário da Cidade: 21. April: Fest zum Stadtgeburtstag mit Show auf der Esplanada dos Ministérios und diversen kulturellen Darbietungen.

Independência do Brasil: 7. Sept. Der Unabhängigkeitstag wird pompös zelebriert.

Verkehr

Flugzeug: Der **Aeroporto Internacional** (www.bsb.aero) liegt 11 km westlich des Stadtzentrums. In der Regel wird er als Zwischenlandung auf der Route Rio/São Paulo–Manaus angeflogen, die portugiesische TAP (www.flytap.com) bietet auch Direktflüge von/nach Lissabon. **Transfer** am einfachsten per Shuttlebus: **Ônibus Executivo Aeroporto** (Linie 113, ab Flughafen Mo–Fr 6.30–24, Sa, So bis 23 Uhr, ca. alle 30 Min., 10 R$), der über die Esplanada dos Ministérios in die Hotelzonen Nord/Süd fährt und mehrere feste Haltepunkte hat. Sonst per **Uber** (35–45 R$) oder **Taxi** (ca. 70–80 R$).

Fernbus: Der moderne Fernbusbahnhof **Rodoviária Interestadual** (SMAS, Trecho 4, Conjunto 5/6, Tel. 061 998 83 22 37) liegt ziemlich weit außerhalb. Anfahrt am einfachsten mit Uber (25–30 R$) oder Taxi (50–60 R$). Fernstrecken u. a. nach Belo Horizonte **(Itapemirim,** www.novaitapemirim.com.br, 2 x tgl., 12 Std., 150–260 R$), Rio de Janeiro **(Itapemirim,** s. o., 1 x tgl., 20 Std., 250–550 R$).

Pantanal

Der Pantanal ist das größte Feuchtsavannengebiet der Erde. Nirgendwo sonst in Brasilien lassen sich so viele Tiere beobachten wie hier. Am häufigsten tummeln sich Kaimane in den Flüssen und Tümpeln, besonders reich vertreten ist auch die Vogelwelt. Man nähert sich dem Pantanal von drei am Rande liegenden Großstädten aus. Je nach Klimaperiode, also Regen- oder Trockenzeit, geht es im Boot oder Jeep tiefer hinein, auch gibt es Fazenda- und Lodge-Unterkünfte mitten in der Wildnis.

Die Einheimischen lieben den Pantanal weniger, dieses größte Sumpfgebiet der Erde mit der größten Dichte beobachtbarer Tiere in Brasilien. Ginge es nach deren Mehrheit, könnte man die ganze *bicharada,* die ganzen ›Viecher‹, ruhig weiter aussterben lassen. Doch der in letzter Zeit stark angestiegene Ökotourismus aus aller Welt (ca. 300 000 Besucher/Jahr) lässt den Pantanal auch Brasilianern allmählich wieder wertvoller erscheinen, selbst wenn die meisten nur zum Fischen hierher kommen.

Der Pantanal erstreckt sich über ein Gebiet von etwa 230 000 km^2 (knapp die Fläche Rumäniens) in den südwestlichen Bundesstaaten Mato Grosso und Mato Grosso do Sul an der Grenze zu Paraguay. Der Name ist abgeleitet von dem portugiesischen Wort *pântano,* das Sumpf oder Morast bedeutet. Ganz exakt beschreibt er die Gegebenheiten nicht, denn überschwemmt-sumpfig ist es hier nur in der Regenzeit (Nov.–April), wenn der gefällearme Rio Paraguai bzw. Flussläufe von insgesamt 4000 km Länge das ganze Gebiet überfluten. Dann suchen viele Tiere, selbst einander feindlich gesonnene wie Reiher, Kaimane, Wasserschweine, Hirsche und Affen, gemeinsam Zuflucht auf den wenigen trockenen Landflecken *(cordilheiras).* Während der Trockenzeit (Mai–Okt.) hingegen versammeln sich die Tiere sehr zahlreich um die wenigen Wasserstellen und sind so besonders gut zu beobachten. Im Oktober können jedoch selbst die letzten Tümpel austrocknen, was Piranhas, Anakondas oder Kaimanen ein qualvolles Ende bereitet. Der Spiegel des Rio Negro kann so weit sinken, dass die Boote stellenweise geschoben werden müssen.

Der größte ›Zoo‹ Amerikas

Die Ursache für den einmaligen Artenreichtum im Pantanal liegt in einem Mosaik verschiedenster Lebensräume, bedingt durch unterschiedliche Bodentypen und regelmäßigen Überschwemmungen. An die 3500 Pflanzenarten finden sich im Pantanal, darunter Baumarten des **Cerrado** sowie Pflanzen aus dem **Chaco,** dem **Amazonas** und dem **Atlantischen Regenwald.** Savannen, Trocken- und Regenwälder, Seen, Lagunen und Flüsse prägen das Landschaftsbild. Die jährlichen Überschwemmungen lagern immense Mengen von Nährstoffen in den Ebenen des Pantanals ab, die vielen Tieren als Nahrungsgrundlage dienen.

Die Hauptattraktion im Pantanal stellen die bis zu 2,5 m langen **Brillenkaimane** *(jacarés)* dar. Trotz vieler Wilderer, die besonders in den 1970er- und 1980er-Jahren rund 1 Mio. Tiere pro Jahr abschossen, bevölkern heute noch ca. 200 Mio. Kaimane die Flüsse und Lagunen. Ebenfalls im feuchten Element tummeln sich die biberähnlichen **Wasserschweine** *(capivaras),* mit bis zu 50 kg Gewicht die größten Nagetiere der Welt. Dazwischen winden sich Respekt heischend die bis zu 6,5 m langen und vom Aussterben bedrohten **Gelben Anakondas** *(sucuris)*, bei denen es sich um riesige Würgeschlangen handelt.

Die **Piranhas** dagegen sind nicht so gefährlich wie ihr Ruf. Sie fressen vor allem Aas, manche Arten ernähren sich sogar vorwiegend von Früchten. Für die Erhaltung der Gewässergesundheit spielen sie eine wichtige Rolle. Nur dort, wo in den letzten Jahrzehnten viele Kaimane gewildert wurden (wegen ihrer Haut und zum Verzehr), haben sich Piranhas stark vermehrt und dadurch den natürlichen Fischreichtum der Region dezimiert. Aber auch die Fischer tragen zur Verringerung des Fischreichtums bei, wenn sie mit feinmaschigen Netzen arbeiten und nach Aussortieren der besseren Speisefische den Rest des Fanges einfach verenden lassen. Trotzdem überleben hier immer noch ca. 230 verschiedene **Fischarten.**

Der Tierreichtum auf dem Land steht dem im Wasser in nichts nach. Häufig zu sehen sind der **Schwarze Brüllaffe** *(bugio-preto)*, der **Sumpfhirsch** *(cervo-do-pantanal)*, **Nasenbären** *(quatis)*, recht aggressive **Nabelschweinhorden** *(pekaris)*, **Riesenotter** *(ariranhas)*, seltener **Ameisenbären** *(tamanduás)*, **Tapire** *(antas)*, **Jaguare** *(onças)* und **Pumas.**

Am meisten beeindruckt jedoch die Vogelwelt mit mehr als 400 verschiedenen Arten. Besonders auffallend ist der in Gruppen auftretende *tuiuiú* (auch *jabirú* genannt; *Jabiru mycteria*), der größte **Storch** der Welt, leicht erkennbar an seiner knallroten Halsschärpe. Anzutreffen sind auch der **Maguari-Storch** und der kleinere **Waldstorch,** ferner der **Emu,** mit 1,70 m der größte Vogel Brasiliens, dann **Mönchsittiche** und **Eisvögel** sowie im ganzen Pantanal die **Hyazinth-Aras** *(arara-azul-grande)*, mit bis zu 1,10 m Länge die größten Papageien der Welt.

Zeichen der Zerstörung

Gäbe es nicht den wachsenden Ökotourismus, wäre von den Naturreichtümern des Pantanal womöglich bald nichts mehr übrig. Verheerend wirken handfeste materielle Interessen, vor allem von **Fazenda-Besitzern** und **Wilderern.** Lange Zeit fanden trotz strengsten Verbots regelrechte Massaker an Kaimanen statt, ein einziger Wilderer brachte es bis auf 200 erlegte Echsen pro Nacht. Die wertvollen Häute gingen illegal nach Europa und Nordamerika und wurden dort als Zuchtware deklariert, um das Käufergewissen nicht allzu sehr zu belasten. Seit einiger Zeit gibt es die gesetzlich erlaubte Zucht, ein gelungener Versuch, das hemmungslose Wildern einzudämmen. Wenn man in einem Restaurant von Campo Grande oder Cuiabá Kaimanfleisch bestellt, kann man inzwischen davon ausgehen, dass es aus Zuchtbetrieb stammt.

Ebenfalls zur Ausrottung zahlreicher Tierarten trugen Zehntausende von **Gold- und Diamantensuchern** *(garimpeiros)* bei, die seit den 1970er-Jahren hier einströmten und die Flussläufe des Rio Paraguai und São Lourenço mit giftigem Quecksilber verseuchten. Die Kontamination von Fischen und Vögeln in der Region übersteigt bereits die von der Weltgesundheitsorganisation angegebene Toleranzgrenze von 0,5 mg pro Kilogramm. Zusätzlich empfangen die Flüsse giftige Abwässer aus den ***álcool*-Werken** sowie aus den umliegenden Städten und schließlich von den an ihren Ufern entstehenden großen **Touristenhotels.** *Last but not least* bewirkt – neben der Ausweitung der Viehzucht – der staatlich geförderte Anbau von **Soja,** Brasiliens drittwichtigstem Exportprodukt, eine zunehmende Zerstörung der ursprünglichen Vegetation. Satellitenaufnahmen zeigten, dass bereits knapp 20 % der Bäume im Pantanal abgeholzt sind. Wenn es in diesem beängstigenden Rhythmus weitergeht, wird schon im Jahr 2050 hier kein Baum mehr wachsen. Damit verschwinden auch die Lebensräume vieler Tiere.

Touren durch den Pantanal

Karte: S. 371

Dem Pantanal nähert man sich in der Regel von der südlich gelegenen Stadt **Campo Grande** aus oder vom nördlich gelegenen

Selten an Land, lieber im Wasser – der Brillenkaiman

Cuiabá. Beide Orte sind per Fernbus oder Flugzeug erreichbar. Im Reisegepäck sollten helle Kleidung und Moskitoschutz nicht fehlen. Busse verkehren im Pantanal zwischen allen größeren Orten, auch während der Regenzeit. Ein einheimischer lokaler Guide ist unverzichtbar, dem Slogan »No Pantanal siga o Pantaneiro« (»Folge im Pantanal dem Einheimischen«) sollte man unbedingt Rechnung tragen.

Südpantanal ...

Der **Südteil** der Feuchtsavanne bietet etwas mehr Tiere und eine entwickeltere Infrastruktur, außerdem ist er landschaftlich abwechslungsreicher als sein nördliches Pendant. Ein weiterer Bonus ist die Kombinationsmöglichkeit mit der schönen **Bonito-Region** (S. 373, 374). Im Süden empfiehlt sich der Besuch von mindestens zwei Fazendas. Auf der Fahrt von Campo Grande Richtung Westen könnten 2–3 Übernachtungen in der Umgebung von **Aquidauana** oder **Miranda** eingelegt werden, z. B. in der Pousada Aguapé (s. S. 373) oder in der Refúgio da Ilha (s. S. 376). Ein weiterer Stopp bietet sich in einer Pousada entlang der **Estrada Parque** an (s. S. 373). Wer mit einem Mietwagen unterwegs ist, kann die ganze Strecke bis **Corumbá** durchfahren, schon bei den Stopps an den zahlreichen Holzbrücken lassen sich viele Tiere beobachten. Während der Fahrt beeindruckt vor allem das abwechslungsreiche Farbenspiel der Landschaft: der Übergang der zunächst sandigen Straßen durch die Fluss- und Lagunenlandschaft des Pantanal, die dann immer weiter werdende Wasserlandschaft des **Rio Paraguai** (mit einem kurzen Stopp im Fischerdorf **Porto da Manga**), und schließlich die kräftigroten Eisenerzstraßen, die im Kontrast zur dunkelgrünen Vegetation zu stehen scheinen.

... oder Nordpantanal?

Der **Nordteil** ist dagegen noch ursprünglicher und ruhiger. Wer einen Jaguar beobachten möchte, hat im Nordpantanal größere Chancen. Die Fazendas an der Transpantaneira sind sehr gut organisiert und verfügen in aller Regel über zweisprachige Guides. Viele Pousadas bieten Touren schon in den frühen Morgenstunden an: Noch vor Sonnenaufgang klettert man auf einen Beobachtungsturm, überblickt den Pantanal und beobachtet Jabiru, Pfeifgänse, Rallenkraniche u. a.

Reisezeit

Der Pantanal hat sowohl in der Regenzeit als auch in der Trockenzeit seine Reize – je nachdem ob man sich mehr für **Pflanzen** oder für **Tiere** interessiert. In der tieferen Region des Pantanal ist der Wechsel zwischen einer kühlen Trockenzeit (Mai–Okt.) und einer heißen Regenzeit (Nov.–April) charakteristisch.

Als Reisezeit für einen Besuch des Pantanal empfiehlt sich besonders der Übergang von der Regen- zur Trockenzeit im **April/Mai.** In diesen Monaten kommen sowohl Tier- als auch Pflanzeninteressierte auf ihre Kosten.

In der **Trockenzeit** (Mai–Okt.) sieht man beim Besuch des Pantanal zwar sehr viele Tiere, dafür ist die Pflanzenwelt verdorrt. In der **Regenzeit** (Nov.–April) lassen sich weniger Tiere blicken (aber immer noch genug), dafür blüht die Flora in ihrer ganzen Pracht. Im **brasilianischen Winter** (Juni–Aug.) können die Temperaturen im Pantanal durch Kaltwinde aus Patagonien auf 10 °C sinken, meistens werden aber 20 °C nicht unterschritten. Im **brasilianischen Sommer** (Dez.–März) wird es hier schwül-heiß (bis 40 °C), es regnet jeden Tag und die Luft ist voller Moskitos.

Ausgangsort Cuiabá

Cuiabá ▶ B/C 1; 4, F 4

Cuiabá 1 (651 000 Einw.), Hauptstadt von Mato Grosso, ist das Tor zum nördlichen Pantanal. Der Ort selbst ist als Reiseziel nicht sonderlich interessant. Er liegt am Ufer des gleichnamigen Flusses und florierte zwischen 1717 und 1730 infolge des Zustroms von Goldsuchern, noch heute ist dieses Flair nicht ganz verschwunden. Einzige Sehenswürdigkeit ist die über dem Ort thronende **Igreja São Benedito.** Die touristische Infrastruktur ist bescheiden, es gibt jedoch ein paar komfortable Hotels, bessere Fischrestaurants und gute Einkaufsmöglichkeiten. Der kleine **Flughafen** im Vorort Várzea Grande (10 km) bietet Souvenirshops und Autovermietungen.

Poconé und die Transpantaneira ▶ B 1/2

Busverbindung Cuiabá–Poconé: s. S. 373

100 km südwestlich von Cuiabá gelangt man auf einer asphaltierten und gut ausgebauten Straße nach **Poconé** 2 (31 000 Einw.). In dem netten Ort leben sehr (gast-) freundliche Menschen, die gerne und häufig feiern. Bei den zahlreichen Folklorefesten gibt es reichlich regionale Köstlichkeiten, z. B. Pacu, einen Süßwasserfisch aus dem Pantanal, oder Piranhas mit Maniok und Reis. Poconé ist auch ein idealer Ausgangspunkt, um im Rio Cuiabá, im Rio Piraim oder Rio Pixaim zu fischen.

Vor allem beginnt in Poconé die weit in den Pantanal hineinführende **Transpantaneira**-›Straße‹. Nur die ersten Kilometer sind asphaltiert, danach geht es 143 km auf einer roten, gewalzten Lehmpiste bis **Porto Jofre.** Gebaut vom brasilianischen Heer, zieht sie sich schnurgerade durch den Sumpf. Während der Fahrt muss man noch einige der charakteristischen alten Holzbrücken überqueren, teilweise muss auch mit einer Fähre übergesetzt werden. Besonders die Holzbrücken am Ende der Strecke sind durchaus prekär. Oft sind auch erst einige Kaimane oder Anakondas zu verscheuchen, die es sich auf dem warmen Holz bequem gemacht haben. Auch andere Tiere wie **Wasserschweine, Reiher oder Otter** sieht man zur Genüge, zur Trockenzeit vor allem um die zurückgebliebenen Tümpel herum, zur Regenzeit auf den wenigen Landflecken oder gar der Straße selbst, die jedoch stellenweise auch überschwemmt sein kann.

Übernachten

Sehr schick – **Hotel Deville Prime Cuiabá:** Av. Isaac Póvoas 1000, Cuiabá, Tel. 065 33 19 30 00, www.deville.com.br. Eines der besten Hotels der Stadt mit geschmackvoll eingerichteten Zimmern und Swimmingpool. €€€

Zentral mit Pool – **Amazon Plaza Hotel:** Av. Getúlio Vargas 600, Cuiabá, Tel. 065 21 21 20 00, www.hoteisamazon.com.br. Eine pragmatische Wahl, wenn man im Zentrum von Cuiabá übernachten möchte. Die an Naturthemen angelehnte Dekoration stimmt auf anstehende Expeditionen ein. €€

Pantanal
0 25 50 75 100 m
Bauxi
Jangada
P. N. da Chapada dos Guimarães
Chapada dos Guimarães
893 m
Planalto do Mato Grosso
Cuiabá 1
Várzea Grande
E.E. Serra de Araras
Centro Geodésico
Campo Verde
Primavera do Leste
Cáceres
Sto. Antônio do Leverger
Poconé 2
Porto Cercado
Barão de Melgaço
Jaciara
Transpantaneira
Rondonópolis
MATO GROSSO
Pixaim
Porto Jofre
São Lourenço
Piquiri
L. Uberaba
P. N. do Pantanal Mato-Grossense
L. Gaiba
Sonora
640 m
L. Mandioré
BOLIVIEN
Taquari
Corixão
MATO GROSSO DO SUL
Coxim
Rio Verde de Mato Grosso
Pto. Suarez
6 Corumbá
Nhecolândia
Porto da Manga
Sete Quedas
4 Estrada Parque
Passo do Lontra
Buraco das Piranhas
Negro
Campuã
Capim Verde
Guaicurus
São Simão
Bandeirante
Miranda
Passo da Julia
Aquidauana
Campo Grande 3
649 m
Bodoquena
Aquidabã
708 m
Sirolândia
Baía das Garças
5 Bonito
Anhandui
606 m
Serra de Maracaju
Sa. da Bodoquena
PARAGUAY
Pto. Murtinho
Maracajú

Eins ist gewiss: Wasserschweine sind gute Schwimmer

Pousadas & Fazendas

Empfehlenswerte Unterkünfte mit eigenem Ausflugsprogramm entlang der Transpantaneira sind:

Die Seele baumeln lassen – **Pousada Piuval:** 10 km von Poconé, Tel. 065 40 42 04 60, www.pousadapiuval.com.br. Große Fazenda am Anfang der Transpantaneira, die besonderen Wert auf Umweltschutz legt. Schön zum Einstieg ins Pantanal oder als Ausklang nach der Reise (mit Pool). Aussichtsturm am Rio Bento Gomes über die Flussebenen mit vielen Vogelarten. Inkl. Vollpension, Ausflüge sind einzeln zubuchbar. €€€

Nandus vor der Tür – **Pousada UeSo Pantanal:** 38 km von Poconé, Tel. 065 999 68 60 37, www.pantanal.ch. Familiäre Pousada mit individueller Betreuung. 2 Aussichtstürme und Wanderwege zur eigenständigen Erkundung. Kleiner Pool, WLAN. Auch Camping möglich. Zur Auswahl stehen mehrtägige Pakete inkl. Vollpension, Flughafentransfer und Touren (Engl. oder Deutsch). €€€

Wo die Kaimane Namen haben – **Pousada Rio Claro:** 42 km von Poconé, Tel. 065 999 08 62 17, www.pousadarioclaro.com.br. Am gleichnamigen Fluss gelegen, mit Pool. Tolle frühmorgendliche Kanutour, die Motorboottour mit Anfütterung der Tiere ist jedoch entbehrlich. Inkl. Vollpension, Ausflüge sind einzeln zubuchbar. €€€

Zwischen Jaguar und Hyazintharas – **Pantanal Jaguar Camp:** 145 km von Poconé, Tel. 065 999 94 22 65, www.pantanaljaguarcamp.com.br. Naturnahe, ökofreundliche Lodge des exzellenten Pantanal-Kenners Ailton Lara, der alles zu Fauna und Flora der Region weiß. Sehr professionelle Guides. WLAN. Mehrtägige Pakete inkl. Flughafentransfer und Vollpension, Ausflüge auf Anfrage. €€€

Aktiv

Pantanaltouren – **Pantanal Nature:** Tel. 065 999 252 265, www.pantanalnature.com.br. Empfehlenswerter kleiner ökologischer Veranstalter von Ailton Lara, ein passionierter Naturführer und Tierkenner mit enormem Wissen, der auch sehr aktiv den Naturschutz im Pantanal unterstützt. Beste Jaguartouren in der Region, professionelle englischspr. Tourguides.

Verkehr

Flugzeug: Der **Aeroporto Internacional Marechal Rondon** (Várzea Grande, Tel.

065 36 14 25 00) liegt 10 km südl. des Zentrums. Transfer per Uber ca. 25 R$, Taxi 50–70 R$.
Bus: Das **Terminal Rodoviário Engenheiro Cássio Veiga de Sá** (Rua Jules Rimet, www.rodoviariadecuiaba.com.br) liegt 3 km nördlich des Zentrums. Citytransfer per Uber ca. 11 R$, Taxi ca. 20 R$. **Fernbuslinien** u. a. nach Brasília **(Expresso São Luiz,** www.expressosaoluiz.com. br, 5 x tgl., 20–22 Std., 365 R$), Campo Grande (u. a. **Motta,** www.motta.com.br, **Andorinha,** www.andorinha.com, 16 x tgl., 11–12 Std., 250–350 R$), Poconé **(CMT,** www.consorciometropolitano.com.br, 4 x tgl., 3,5 Std., 38 R$).

In den südlichen Pantanal und in die Bonito-Region

Campo Grande ▶ D/E 6

Campo Grande 3 (898 000 Einw.) ist eine angenehme Ausgangsstation für den Besuch des südlichen Pantanal und der Bonito-Region. Die größte Sehenswürdigkeit des Ortes ist das **Museu das Culturas Dom Bosco** (Av. Afonso Pena 7000, ca. 4 km vom Zentrum, @museudombosco, Di–Fr 8–16.30, Sa 14–17.30 Uhr, 20 R$) im Parque das Nações Indígenas. Das Museum präsentiert Objekte der Bororos, Karajá, Xavantes und Moros, in temporären Ausstellungen präparierte Vögel und Säugetiere.

Estrada Parque ▶ A/B 5

Die Erkundung des südlichen Pantanal führt oft über den kleinen Ort **Miranda** und von dort zur **Estrada Parque** 4 , einer kilometerlangen Lehmstraße, die ähnlich wie die Transpantaneira im Nordpantanal mitten durch den Pantanal hindurchführt. Die südliche Kreuzung mit der BR 262 ist als **Buraco das Piranhas** bekannt, das nordwestliche Ende ist von Corumbá aus zu erreichen.

Bonito 5

Sehr reizvoll ist das 174 km von Aquidauana bzw. 250 km südwestlich von Campo Grande gelegene **Bonito** (24 000 Einw.). Der Ort liegt schon recht weit außerhalb des Pantanal, lohnt aber einen Abstecher. Wegen der vielen kleinen Flüsse, z. B. Rio Sucuri und Rio Olho D'Água, ist die Region ein Paradies zum Schnorcheln und Tauchen (s. Aktiv s. S. 374).

Infos

Centro de Atendimento ao turista (CAT): Morada dos Baís, Av. Noroeste 5140, Campo Grande, Tel. 067 33 14 99 68, Di–Sa 8–18 Uhr. Schönes Haus mit angeschlossenem Kulturzentrum. Weitere Infobüros befinden sich am Flughafen und am Busbahnhof.

Übernachten

... in Campo Grande

Mit Pool – **Indaiá Park Hotel:** Av. Afonso Pena 354 (Amambaí), Tel. 067 21 06 10 00, www.indaiahotel.com.br. Komfortables Mittelklassehotel von 1988 mit 128 Zimmern, Restaurant und Pool. €€

Prima Frühstück – **Hotel Mohave:** Av. Afonso Pena 602 (Amambaí), Tel. 067 33 06 77 43, @hotelmohave. Modernes, sauberes und sehr freundliches Hotel. Die 70 Zimmer bieten einen angenehmen Komfort auf der Durchreise von oder in den Pantanal. Exzellentes und großzügig serviertes Frühstücksbüfett. €€

... in Bonito

Freundliche und grüne Oase – **Pousada Galeria Artes:** Rua Luiz da Costa Leite 1053, Tel. 067 32 55 48 43, www.pousadagaleriaartes. com.br. Die nette Besitzerin Maria Pires empfängt Gäste in ihrer gepflegten Pousada, die über drei Häuser verfügt (eines mit großem Gemeinschaftswohnbereich). Besonders komfortabel sind die Zimmer der Kategorie »Suíte Luxo«. Im gepflegten Garten lädt ein Pool zum Entspannen nach einem langen Tag in der Natur ein. Eine Bar serviert Snacks und kleine Gerichte. Die Buchung von Ausflügen ist in der hauseigenen Agentur möglich (s. S. 374). €€–€€€

Charmanter Garten – **Hotel Águas de Bonito:** Rua 29 de Maio 1679, 067 32 55 23 30, www.aguasdebonito.com.br. Pousada mit etwas altbacken dekorierten Zimmern, aber charmanter Garten, 2 Pools (auch Hallenbad), Kinderspielplatz, Sauna, Fitnessraum, Spielesaal und Restaurant. €€–€€€

... Fazendas im südlichen Pantanal

Fantastische Sonnenaufgänge – **Pousada Aguapé:** Fazenda São José, Aquidauana, Tel.

WASSERFÄLLE UND GLASKLARE FLÜSSE IN BONITO

Tour-Infos

An-/Abreise: Cruzeiro do Sul, www.cruzeirodosultransportes.com.br, bietet ab Campo Grande einen Tür-zu-Tür-Service an: Abfahrt tgl. 8 und 15 Uhr (am Hotel entspr. früher), 4,5–5 Std., 101 R$. Weitere Linienbusse fahren ab Miranda und Corumbá. **Vanzella,** www.vanzella transportes.com.br, fährt ab Flughafen Campo Grande nach Bonito (man wird dort am Hotel abgesetzt), 5 x tgl. zwischen 10 und 20 Uhr, 4,5 Std., 130 R$. Reservierung mind. 1 Tag im Voraus (v. a. in der Hauptsaison/Jan.)!
Aufenthaltsdauer: 3–5 Tage
Wichtige Hinweise: Aus Umweltschutzgründen beschränkte Besucherzahl, Ausflugsziele meist nur mit Guide besuchbar; Buchung – spätestens am Vortag – über Agenturen in Bonito (z. B. **Galeria Artes,** s. S. 376), die über 60 Exkursionen anbieten (Preise: Nebensaison ohne An-/Abreise, kann aber organisiert werden, Schnorchel- und Tauchausrüstung meist inkl., Dez.–Juli bis zu 30 % teurer)
Touristinfo: Centro de Atendimento ao Turista (CAT), Rodovia Bonito–Guia Lopes, KM 0, Tel. 067 32 55 46 70, Mo–Fr 7–11, 13–17, Sa 7.30–11 Uhr
Recanto Ecológico Rio da Prata: 56 km von Bonito, www.riodaprata.eco.br, ca. 4-stündige Tour 320 R$/Pers. inkl. Lunch, Reiten 120 R$
Rio Sucuri (Fazenda São Geraldo): 18 km von Bonito, www.riosucuri.com.br, Halbtagestour 259 R$/Pers., optionaler Lunch ab 40 R$
Fazenda Boca da Onça: 58 km von Bonito, www.bocadaonca.com.br, Tagestour inkl. Lunch 425 R$/Pers., Abseilen/halbe Wanderung 490 R$/Pers.

Estância Mimosa: 24 km von Bonito, www.estanciamimosa.com.br, Wanderung, Bademöglichkeit, inkl. Lunch 240 R$/Pers.
Balneário Municipal: 7 km von Bonito, Mototaxi ab Zentrum ca. 60 R$, tgl. 8–17 (Sommer 9–18) Uhr, 62 R$
Übernachten: s. S. 373

In den letzten Jahren ist **Bonito** zu einem der beliebtesten Treffpunkte von Tauchern und Schnorchlern in Brasilien aufgestiegen. Ein weit verzweigtes Netz von **Flüssen** mit kristallklarem Wasser, in dem Tausende von Fischen schwimmen, lädt dort zu kilometerlangen Schnorcheltrips, eine Vielzahl **von Grotten und Höhlen** mit unterirdischen Seen zu ausgedehnten Tauchausflügen ein. Die außerordentliche Klarheit des Wassers und die geologischen Besonderheiten der Landschaft um Bonito sind auf die verkarsteten Böden am Fuß der Serra da Bodoquena zurückführen. Darüber hinaus besitzt die Region unzählige kleinere und große Wasserfälle, die sich auf verschlungenen Urwaldpfaden zu Fuß erwandern lassen.

Die geradezu klassische Aktivität in Bonito ist die ***flutuação,*** bei der man sich mit Schnorchel, Maske und Neoprenanzug fast ohne Kraftanstrengung die kristallklaren Flüsse hinabtreiben lässt. Dabei begegnet man unzähligen Fischen wie *piraputangas (Brycon hilarii), dourados (Salminus brasiliensis)* und *curimbatás* (eine Art Rochenfisch), die einem praktisch vor der Taucherbrille herschwimmen. Am schönsten ist der Ausflug zum Gelände des **Recanto Ecológico Rio da Prata.** Nach Ankunft auf der Fazenda wandert die Gruppe zunächst knapp 40–50 Min. durch ein Waldstück, wo es unter anderem Orchideen und Bromelien zu bewundern gibt. Im Anschluss treibt man im 24–26 °C warmen Wasser den Rio Olho D'Água und den Rio da Prata mit der Strömung 2400 m flussabwärts. Zum Abschluss ist Reiten auf der Fazenda möglich.

Wer nicht ganz so weit fahren möchte, kann ein ähnliches Programm auch auf dem **Rio Sucuri** erleben, der durch das Gelände der **Fazenda São Geraldo** fließt. Nach einem kurzen Spaziergang durch den Wald gelangt man zur Quelle, von wo aus man sich 1800 m den Fluss hinabtreiben lässt (ca. 50 Min.).

Nachdem man am ersten Tag die Flüsse der Region schwimmend oder treibend kennengelernt hat, empfiehlt sich am zweiten Tag eine Wanderung. Besonders schön ist die geführte Tour **Trilha Adventure** auf dem Gelände der **Fazenda Boca da Onça.** Auf einem sehr gepflegten, von Wald umgebenen Naturwanderpfad, 4 km am **Rio Salobra** entlang, gelangt man in knapp 4 Std. zu einer ganzen Reihe wunderschöner Wasserfälle, wie die 30 m hohen **Cachoeira da Anta** oder dem 11 m hohen **Buraco do Macaco,** zu dem man durch eine flache Höhle hindurch tauchen muss (bei Hochwasser gesperrt). Auch an heißen Tagen wird die Wanderung nicht zur Tortur, denn gleich an fünf Stellen gibt es unterwegs Möglichkeit zu einem erfrischenden Bad. Den Höhepunkt bildet die 156 m hohe **Cachoeira Boca da Onça,** der höchste Wasserfall des Bundesstaats Mato Grosso do Sul. Unmittelbar davor lädt ein Sonnendeck mit Liegestühlen dazu ein, das Panorama auf sich wirken zu lassen, ein natürliches Schwimmbecken sorgt für Abkühlung. Auch halbe Touren (»Meia Trilha Adventure«) mit je 2,2 km Länge lassen sich buchen. Wer eine sportliche Herausforderung sucht, kann auch noch eine Möglichkeit zum Abseilen in die Tour integrieren.

Eine leichtere und kürzere (4 Std., 2,5 km) Wanderung auf der **Estância Mimosa** führt auf einem gut präparierten Waldpfad am **Rio Mimoso** entlang, vorbei an zehn kleineren und größeren **Wasserfällen** mit Naturpools (fast überall Bademöglichkeit). Abenteuerlustige können ihren Mut bei einem Sprung von einem 7 m hohen Turm ins glasklare Wasser unter Beweis stellen. Ein besonderes Plus dieses Ausflugs sind die hervorragenden regionalen Mahlzeiten, die vor oder nach der Tour auf der Fazenda serviert werden.

Wer noch einen dritten Tag in Bonito hat und etwas ausspannen möchte, sollte noch das schöne Naturfreibad **Balneário Municipal** besuchen. Im Zentrum des Areals befindet sich eine von Bäumen umstandene Wiese mit Volleyballfeld, rundherum laden kleine Imbisse zu einem Snack ein. Schwimmen kann man im kristallklaren Wasser des **Rio Formoso,** in dem besonders viele *piraputangas* zu sehen sind. Kleine Holzwege führen durch einen Wald zu Badestegen, von denen aus man sich flussabwärts treiben lassen kann. Vor Ort wird Schnorchelzubehör verliehen.

067 999 63 01 81, www.pousadaaguape.com.br. Sehr schöne Fazenda in der Nähe von Aquidauana, viele Hyazintharas und gute Chancen, den großen Ameisenbären zu sehen. Leckeres Essen, Pool. Inkl. Vollpension, Ausflüge sind einzeln zubuchbar. €€€

Naturschutz groß geschrieben – **Refúgio da Ilha:** 38 km von Miranda, Tel. 067 33 06 34 15, www.refugiodailha.com.br. Luxuriöses Hotel am Rio Salobra mit Naturpool, viel natürlicher Vegetation und unterschiedlichen Lebensräumen. Gute Chancen, Riesenotter zu sehen. Inkl. Vollpension, Ausflüge sind einzeln zubuchbar. €€€

Mit den Brüllaffen aufwachen – **Pantanal Jungle Lodge:** Estrada Parque KM 8, Passo do Lontra, Tel. 067 996 143 603, www.pantanaljunglelodge.com.br. Komfortable Lodge am Rio Miranda, die Zimmer besitzen eigene Veranda, zudem gibt es 3 Gruppenschlafsäle. Breites Tourenangebot. Pool, Bar, Volleyballfeld. WLAN. Inkl. Vollpension, Ausflüge sind einzeln zubuchbar. €€€

Tadellose Qualität – **Fazenda Xaraés:** Estrada Parque, ca. 29 km vom Buraco das Piranhas, Tel. 067 999 069 272, www.xaraes.com.br. Großzügige Fazenda mit ansprechend dekorierten Zimmern und Aufenthaltsräumen. Das Tourangebot umfasst Kanufahrten, Reitausflüge, Nachtsafaris, Wanderungen etc. Es gibt einen Tennisplatz und einen Pool. Inkl. Vollpension, Ausflüge sind einzeln zubuchbar. €€€

Essen & Trinken

... in Campo Grande

Top-Adresse – **Casa Colonial:** Av. Afonso Pena 3997, Tel. 067 33 83 32 07, tgl. 11–15, Di–Sa 18–23.30 Uhr. Das Traditionslokal serviert Grillfleisch in romantischem Ambiente, dazu erlesene Weine und feine Käsesorten. €€–€€€

Einkaufen

... in Campo Grande

Souvenirs – **Casa do Artesão:** Av. Calógeras 2050, Tel. 067 33 83 13 64, Mo–Fr 8–18, Sa 8–14 Uhr. Kunsthandwerksmarkt mit Keramik der indigenen Bevölkerung, Holzschnitzereien und Spirituosen der Region.

Aktiv

... in Campo Grande

Pantanaltouren – **Go Pantanal:** Rua Panambi 566 (Tiradentes), Tel. 067 999 87 11 91, www.gopantanal.com. Exzellente deutschspr. Touren des Schweizers Martin Arn, der als fundierter Kenner des Pantanals die besten Routen kennt und weiß, wo welche Tiere zu finden sind. Angeboten werden Touren von ›Budget‹ über ›Birdwatching‹ bis ›Fair Trade‹. Auch Durchquerungen des gesamten Pantanals einschließlich der nördlichen Region oder Bonito-Ausflüge (z. B. Tauchen, Wandern) sind möglich. Individuelle Wünsche werden bei der Planung berücksichtigt. In Campo Grande können Gästezimmer in einem Wohnhaus gemietet werden. Schöne grüne Anlage mit Palmen und Pool.

Besuch bei Indigenen – **Núcleo Ser Vir a Vida:** Miranda, Tel. 067 998 76 24 06, @nucleoserviravida. Die Schweizerin Mirjam Göring engagiert sich seit Jahren in Sozialprojekten in der Pantanal-/Bonito-Region und bietet individuelle Touren zu indigenen Familien, die hauptsächlich von Wildsammlungen, Fischfang und Anbau leben. Der Tagesausflug beinhaltet ein typisches Mittagessen (150 R$ pro Person ohne Transport). Wer mag, kann in einfachen Unterkünften übernachten (140 R$) und das dortige Permakulturzentrum mit einer kleinen Lebensmittelfabrik für einheimische Waldfrüchte, die in Zusammenarbeit mit den Indigenen aufgebaut wird, besichtigen. Anreise nach Miranda aus Campo Grande, Bonito oder Corumbá mit Linienbus oder Van. Detailinfos erteilt Mirjam per WhatsApp.

... in Bonito

Das volle Programm – **Galeria Artes:** Rua Luís da Costa Leite 1053, Tel. 067 999 51 00 89, www.agenciagaleriaartes.com.br, tgl. 7–13, 15–21 Uhr. Wanderungen und organisierte Ausflüge zu Höhlen, Grotten, Flüssen und Naturparks rund um Bonito. Das sympathische Team der gleichnamigen Pousada berät auch auf Englisch. Sehr nützlich: Für die Transfers zu den teilw. weit entfernten Zielen werden Gruppen gebildet (dadurch für den Einzelnen billiger).

Verkehr

... in Campo Grande

Flugzeug: Der **Aeroporto Internacional** (Av. Duque de Caxias, Serradinho, Tel. 067 33 68 60 00) liegt 9 km westlich des Zentrums. Citytransfer per Uber (ca. 20 R$) oder Taxi (ca. 40 R$).

Bus: Von der neuen **Rodoviária** (Av. Gury Marques, Bairro Universitário, Tel. 067 30 26 67 89) bestehen Verbindungen u. a. über Miranda nach Corumbá (u. a. **Andorinha,** www.andorinha.com, 8 x tgl., 6–7 Std., ca. 130–267 R$, Cuiabá (u. a. **Andorinha,** s. o., und **Motta,** www.motta.com.br, viele Busse bis kurz nach Mitternacht, 11–13 Std., 250–375 R$), Foz do Iguaçu **(Catarinense,** www.catarinense.com.br, und **Eucatur,** www.eucatur.com.br, tgl. 4.35 Uhr, 18 Std., 302–360 R$), São Paulo (u. a. **Andorinha** und **Motta,** 11x tgl. bis 23.45 Uhr, 16–20 Std., 220–420 R$).

Von Corumbá in den westlichen Pantanal ▶A 5

Die Hafenstadt **Corumbá** 6 (96 000 Einw.) liegt am Rio Paraguai und an der Grenze zu Bolivien. Um 1840 war hier der größte Flusshafen der Welt – bis die Eisenbahn kam und alles verfiel. Die Hafenpromenade ist dennoch reizvoll und von der Oberstadt aus hat man einen herrlichen Blick in die Pantanalsümpfe.

Meist nimmt man von Corumbá aus an einer organisierten Touren teil, die bis in das **Nhecolândia-Gebiet** im Herzen des Pantanal führen. Guides mit Jeep bieten sich gleich bei der Ankunft am Busbahnhof zahlreich an, aber aus Sicherheitsgründen empfiehlt sich eine Buchung über ein Reisebüro, beispielsweise OliverTur (s. u.). Die Tagestouren lohnen kaum, da man nicht weit genug in die artenreicheren zentralen Regionen vordringt. Bei mehrtägigen Touren wird meist in einfachen Fazenda-Hotels übernachtet.

Infos

Fundação de Turismo: Rua Domingos Sahib 560 (Porto Geral), Mo–Fr 7.30–13.30 Uhr.

Übernachten

Hier stimmt der Komfort – **Nacional Palace Hotel:** Rua América 936 (Centro), Tel. 067 32 34 60 00, www.hnacional.com.br. Bestes Komforthotel am Ort, 162 schön renovierte Zimmer, geräumige Suiten für Familien, zentrale Lage, Pool, Bar, Restaurant. €€€

Essen & Trinken

Traumaussicht – **Vivabella:** Rua Artur Mangabeira 1, Tel. 067 32 32 33 96, Di–Sa 17–24 Uhr. Serviert werden Fisch, Pizza und Fleisch, der Trumpf ist dabei die herrliche Aussicht auf den Pantanal von der Terrasse des Restaurants. Besonders schön ist es zum Sonnenuntergang. €

Fleisch satt – **Churrascaria Laço de Ouro:** Rua Frei Mariano 534, Tel. 067 32 32 55 55, tgl. 11–24 Uhr. Rustikale *rodízio-churrascaria,* unbegrenzt Fleisch zum günstigen Fixpreis. €

Aktiv

Pantanaltouren – **OliverTur:** Rua Firmo de Matos 275, Tel. 067 32 31 20 30, www.olivertur.com. Im Angebot dieses Reiseveranstalters sind Exkursionen durch den Pantanal, in die Bonito-Region sowie nach Bolivien und Peru.

Jaguar Spotting und mehr – **Why not South Pantanal?:** Passo do Lontra, Tel. 067 999 32 19 45, www.jaguartour.eco.br. Sehr gute Agentur mit Sitz an der Estrada Parque. Mehrtägige Pantanaltouren zu fairen Preisen, spezialisiert auf Jaguarsichtungen, aber auch viele andere Aktivitäten.

Verkehr

Flugzeug: Azul (www.voeazul.com.br) fliegt den **Aeroporto Internacional** (Rua Santos Dumont, Tel. 067 32 31 33 22), 3 km nördlich des Zentrums an, leider gibt es keine Direktflüge nach Campo Grande oder Cuiabá, dafür werden saisonale Verbindungen nach Bonito angeboten.

Bus: Die **Rodoviária** (Rua Porto Carrero) liegt 5 Automin. vom Zentrum entfernt am Südrand der Stadt. Verbindungen mit **Andorinha** (www.andorinha.com) nach Campo Grande via Miranda (6 x tgl., 6–7 Std., 130–256 R$).

Florianópolis
Porto Alegre

Kapitel 6

Der Süden

Brasiliens Süden umfasst die Bundesstaaten Rio Grande do Sul, Santa Catarina und Paraná. Die abseits der Küste vielerorts an Süddeutschland erinnernde Landschaft besteht aus Hügeln, Tälern, Flüssen, Wäldern und Wiesen, selbst das Klima ähnelt dem in der Heimat, im Winter kann in den höheren Lagen sogar Schnee fallen.

Beliebtestes Ziel ist die Stadt Foz do Iguaçu mit dem einmaligen Naturspektakel der mächtigsten Wasserfälle der Welt in einem großen, länderübergreifenden Nationalpark. Die Fluggehege eines Vogelparks und das gigantische Itaipu-Wasserkraftwerk runden den Besuch ab. Das 986 km entfernte Porto Alegre ist die größte Stadt des Südens. Viele Antiquariate, Cafés und eine bedeutende Buchmesse charakterisieren die Stadt der Literatur. Sie ist der Ausgangspunkt für Abstecher zu Weinorten, Blumenstädten oder in die Canyons der Nationalparks.

Die schönste Stadt Südbrasiliens mit Insellage, viel Grün und an die 100 Stränden ist Florianópolis. Für einen Badeurlaub eignet sie sich jedoch nur im Sommer und Herbst. In der Umgebung locken Badeorte wie Garopaba oder Balneário Camboriú, das ›Dubai Brasiliens‹, das in der Saison allerdings recht überrlaufen ist. Von Florianópolis ist es nicht weit bis nach Blumenau, neben Pomerode und Joinville die bekannteste ›deutsche‹ Stadt in Brasilien mit einem Oktoberfest nach Münchener Art.

Weiter nördlich im Landesinneren liegt Curitiba, Brasiliens ökologische Musterstadt. Sie bietet schöne Parks und ein gepflegt wirkendes Zentrum mit modernem Nahverkehrssystem. Von dort lohnt sich ein Tagesausflug mit einer Gebirgsbahn bis zum Kolonialstädtchen Morretes am Fuß der Küstenkordillere. Vom weiter östlich gelegenen Paranaguá fahren Boote zur Ilha do Mel hinüber. In der geschützten Natur des kleinen Eilands findet man reichlich Muße.

Ein Hingucker – die Ponte Hercílio Luz verbindet dekorativ das Zentrum von Florianópolis mit dem Festland

Auf einen Blick: Der Süden

Sehenswert

Foz do Iguaçu: Als Große Wasser bezeichneten die Tupi-Guarani, die einstigen Bewohner des Gebiets, die mächtigsten Wasserfälle der Welt am südlichen Dreiländereck. Auf argentinischer und brasilianischer Seite kann man 150–270 verschiedene Fälle bestaunen (s. S. 382).

Florianópolis: Das Flair der modernen, attraktiven Küstenstadt wird von um die 100 Stränden und einer Lagune inmitten von Bergen und Sanddünen verschönt. In Floripa ist im Sommer der Jetset zu Hause – es heißt also sehen und gesehen werden (s. S. 403).

Schöne Routen

Rota Romântica: Unternimmt man eine Tour über die Rota Romântica, die durch elf Städtchen führt, fühlt man sich fast wie im Schwarzwald oder auf der süddeutschen Weinstraße. Am schönsten sind Canela und Gramado (s. S. 396).

Weinstädte: Die ›Tour, die in den Kopf steigt‹ (mit Weinproben und -festen) führt durch das ca. 120 km von Porto Alegre entfernte Hauptweinbaugebiet des Landes, die Region Vale dos Vinhedos, bzw. zu den Orten Bento Gonçalves und Garibaldi (s. S. 399).

Unsere Tipps

Die besten Austern essen: ... kann man in Florianópolis! Hier verkostet man die besten in ganz Brasilien, frisch aus den Gewässern um die Insel. Diverse Restaurants sind darauf spezialisiert (s. S. 407).

Die Honiginsel: Auf der unter Naturschutz stehenden Ilha do Mel kann man inmitten üppiger Vegetation herrlich entspannen. Es gibt 27 km Strände sowie die Fortaleza de N. S. dos Prazeres, eine bedeutende alte Festung, und die Gruta Encantada, eine ›verzauberte‹ *(encantada)* Höhle (s. S. 426).

PARAGUAY
ARGENTINIEN
URUGUAY
Foz do Iguaçu
Mit der Gebirgsbahn von Curitiba nach Morretes
Curitiba
Ilha do Mel
Die Honiginsel
Morretes
Paranaguá
Joinville
Pomerode
Timbó
Blumenau
Balnéario Camboriú
Florianópolis
Die besten Austern essen
Garopaba
Canyons – Rausch der Tiefe
Laguna
Cambará do Sul
Bento Gonçalves
Garibaldi
Canela
Weinstädte
Gramado
Rota Romântica
Porto Alegre
Rio Grande
Atlantischer Ozean

Sandsurfer an der Praia da Joaquina

Canyons – Rausch der Tiefe: Ab Cambará do Sul kann man die faszinierenden Bergschluchten von Itaimbezinho und Fortaleza besuchen (s. S. 400).

Mit der Gebirgsbahn von Curitiba nach Morretes: Ein ebenso schönes wie schwindelerregendes Abenteuer mit herrlichen Ausblicken in die Landschaft (s. S. 424).

Foz do Iguaçu

▶ 2, E/F 12

Alles ist gigantisch in Foz do Iguaçu – die gewaltigsten Wasserfälle der Welt, das zweitgrößte Wasserkraftwerk und ein riesiger Nationalpark. Auch die vom Tourismus lebende 285 000-Einwohner-Stadt stellt Rekorde auf: Die Besucherzahlen des Parks von annähernd 1,5 Mio. jährlich, die Hälfte aus dem Ausland, werden nur noch von denen Rio de Janeiros übertroffen.

Rund um die Cataratas do Iguaçu

Karte: S. 384

Viele Gäste, *camelôs* genannt, kommen weder zum Übernachten noch zum Bestaunen der Naturattraktionen nach Foz do Iguaçu. Ihr einziges Interesse gilt der Durchreise und dem Kauf von Billigwaren und Imitaten in Paraguay und einer schnellstmöglichen Rückreise, immer getrieben von der Angst vor Zollkontrollen. Dabei trägt die 552 m lange Grenzbrücke zwischen Ciudad del Este in Paraguay und Foz do Iguaçu in Brasilien den so schönen Namen **Ponte da Amizade (Puente de la Amistad) 1**. Täglich wird die Brücke der Freundschaft von über 41 000 Autos und 87 000 Menschen überquert, viele davon zu Fuß, bepackt mit Taschen und Tüten voller Schnäppchen.

Nationalpark und Wasserfälle von Iguaçu

www.cataratasdoiguacu.com.br, tgl. 9–18 Uhr, 86 R$, Kinder unter 6 J. Eintritt frei. Die Fälle sind von brasilianischer wie von argentinischer Seite zugänglich. Hier geht es zunächst um die brasilianische Seite. Vom ***Centro do Visitantes*** *(Besucherzentrum) fahren in kurzen Abständen umweltschonende und mit Tiermotiven bemalte* ***Doppeldeckerbusse*** *ab, Pkws sind untersagt. Die Busse sind seitlich offen, sehr komfortabel, klimatisiert, Infos in zwei Sprachen. Die meisten Besucher unterbrechen die Fahrt beim Beginn der* ***Trilha das Cataratas*** *(vor dem Hotel das Cataratas), um von hier dem Pfad mit seinen berauschenden Ausblicken zu folgen. Er endet beim* ***Espaço Naipi*** *mit Panoramaaufzug und Aussichtsdecks. Gleich dahinter liegt der* ***Espaço Porto Canoas,*** *in dem man mit*

Blick über den Rio Iguaçu am Imbiss oder im Restaurant (s. S. 389) vom Büfett speisen kann
Der Weg zu den **Wasserfällen** führt durch den **Parque Nacional do Iguaçu** **2**, einen subtropischen Regenwald. Der Park wurde 1939 gegründet und erstreckt sich auf der brasilianischen Seite über eine Fläche von 185 000 ha (Argentinien: 55 000 ha). Außer einem üppigen **Palmen- und Araukarienwald** mit über 2000 Pflanzenarten bietet er eine reichhaltige **Fauna:** 348 Vogelarten, einige davon vom Aussterben bedroht, Riesenschmetterlinge, Affen, Nasenbären, Wasser- und Wildschweine und sogar frei lebende Jaguare. Letztere greifen, außer bei Bedrohung, keine Menschen an, während die Wildschweinrudel allgemein gefürchtet sind.

Der Nationalpark wurde nach einer Phase des Niedergangs seit dem Jahr 2000 mit großem Kostenaufwand revitalisiert. Das dafür verantwortliche private Unternehmen Cataratas do Iguaçu erhielt als Gegenleistung eine Nutzungslizenz. Der Deal hat sich gelohnt. Während früher die Touristen in Foz do Iguaçu fast nur die Wasserfälle besichtigten, nehmen heute viele von den Besuchern die anderen Angebote zur Erkundung der Parknatur war.

Dichtung und Wahrheit

Bevor die **Wasserfälle** 1542 von dem Spanier Alvarez Nuñez entdeckt wurden, rankten sich schon zahlreiche Legenden der indigenen Bevölkerung um diesen ungeheuerlichen Ort. In ihrer Sprache bedeutet Iguaçú *água grande* (großes Wasser) und wurde mit der Vorstellung von großer Gefahr verknüpft. Nach dem Glauben der Kaingang soll sich hier ein verzweifelter Gott Luft verschafft haben: Die

Wasserscheu sollten Besucher nicht sein – die größten Wasserfälle der Welt, Cataratas do Iguaçu

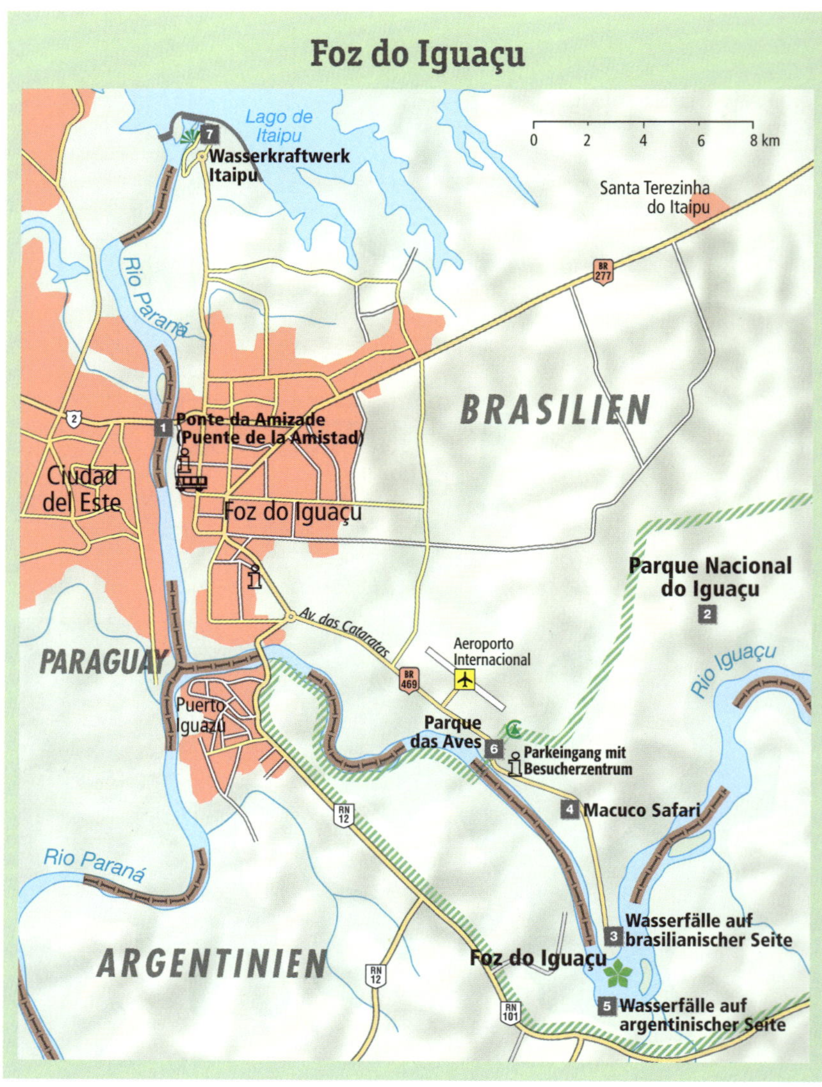

schöne Naipi war bereits M'Boy, dem Sohn des Gottes Tupã, versprochen, als der junge Krieger Tarobá am Tag der Hochzeit mit der Braut die Flucht ergriff. M'Boy, in seiner Wut und Enttäuschung, vergrub sich bis zum Kopf in die Erde und bewirkte durch bloßes Anspannen der Muskeln seines schlangenförmigen Körpers eine derartige Erdbewegung, dass sich eine gewaltige Grube öffnete, in die sich alsdann die Wasser des vorher so ruhig dahinfließenden Flusses hineinstürzten. Das Kanu des flüchtigen Liebespaars ging in den Fluten unter, Tarobá verwandelte sich in eine Palme am Ufer des Rio Iguaçu und Naipi in einen großen Felsen, auf ewig durch den Wasserfall geschützt.

Die wissenschaftliche Erklärung ist indes ernüchternd: Zur Kreidezeit bildeten Lavaströme eine bis zu 1600 m dicke Basaltschicht über dem alten Gestein. Diese neue Schicht war unterschiedlich stark zerklüftet und wurde so auch unterschiedlich schnell vom Wasser abgetragen, sodass sich in den Wasserfällen mehrere Stufen bildeten.

Touren und Guides

Obwohl sich sowohl die brasilianische als auch die argentinische Seite der Wasserfälle selbständig erkunden lassen, kann es durchaus vorteilhaft sein, sich einem privaten Guide anzuvertrauen oder bei einer organisierten Tour mitzumachen. Guide oder Agentur kümmern sich um den Transport, Eintritt, die Grenzformalitäten und den gesamten Ablauf innerhalb der Parks. Das ist vor allem auf der argentinischen Seite nützlich, wo der Grenzübertritt und die unterschiedlichen Wege und Angebote im Park auf Anhieb etwas verwirren und Zeit kosten können. Außerdem weiß ein guter Guide viele Details, die einem sonst entgehen würden.

Viele Hotels vermitteln organisierte Touren lokaler Anbieter. Einer der zuverlässigsten ist die Agentur **Loumar Turismo,** Rua Patrulheiro Venanti Otremba 772, Tel. 045 35 21 40 00, www.loumarturismo.com.br. Die Touren werden in offenen Doppeldeckerbussen mit bis zu 50 Teilnehmern durchgeführt (›Circuito Cataratas Brasil‹, 80 R$), mit Optionen auf einen Besuch des Vogelparks und Macuco Safari.

Effizienter und sehr viel informativer gestaltet sich natürlich eine Tour mit einem privaten Guide, umso mehr, wenn er oder sie dafür noch einige zusätzliche Fertigkeiten mitbringt: Zu den empfehlenswerten Guides gehört zum Beispiel die kompetente Biologin **Virgínia Hauptmann** (Kontakt über WhatsApp +55 45 98 05 89 98), die alles über die reiche Tier- und Pflanzenwelt im Iguaçu-Nationalpark weiß. Virgínia spricht Englisch und übernimmt auf Wunsch die gesamte Organisation eines Aufenthalts, einschließlich Transport, Kauf aller Tickets und argentinischer Grenzformalitäten.

Die Wasserfälle auf brasilianischer Seite 3

Zugangsinfos s. S. 382

Von den **Cataratas do Iguaçu,** den Wasserfällen, liegt nur gut ein Drittel auf **brasilianischer Seite.** Der Vorteil ist jedoch, dass man von hier aus das Gesamtszenarium besser überschauen kann. Die Brasilianer sagen, Argentinien hat die Bühne, aber wir das Privileg, das Stück zu sehen. Ein 1 km langer Weg, **Trilha das Cataratas,** mit Panoramaaussichten führt den vor kalten Duschen kaum gefeiten Besucher teilweise über Fußstege nah an das 120 Mio. Jahre alte Naturschauspiel heran. Man sieht den 2700 m breiten Canyon und zahlreiche Wasserfälle, deren größter **Garganta do Diabo** (Teufelsrachen) genannt wird. Hier stürzt das Wasser 90 m in die Tiefe (die Niagarafälle fallen nur 47 m tief und haben eine Breite von 1300 m).

Macuco Safari 4

Tel. 045 35 74 42 44, www.macucosafari.com.br, tgl. 9–17.30 Uhr, Start alle 10 Min., Tickets innerhalb des Parks bei der 2. Haltestelle des Touristenbusses oder beim Büro im Besucherzentrum des Nationalparks, auch über die Website, 386 R$/Pers., Kinder die Hälfte

Die nicht gerade preiswerte Tour von **Macuco Safari** ist wegen ihrer relativen Bequemlichkeit und Kürze (2 Std.) eine beliebte Option, um die Natur sowie die Wasserfälle mit etwas mehr Adrenalin zu erleben. Die Idee stammt von einem Amerikaner, der als Vorreiter des *turismo ecológico* eine Nutzungskonzession erhielt und nun seine Safaris durchführt.

An der zweiten Haltestelle des Pendelbusses geht es los (Mückenschutz auftragen!). Man fährt zunächst mit einem elektrisch betriebenen Wagen 2 km durch den Urwald, wobei zwecks Erläuterungen der Flora und Fauna mehrmals kurz angehalten wird. Weiter geht es dann 600 m zu Fuß über Steinstufen steil bergab bis zu einem Sammelplatz über dem Ufer des Rio Iguaçu. Dort entledigt man sich aller Dinge, die nicht nass werden dürfen, mit einer kleinen Standseilbahn gelangt man schließlich zu einem Ponton auf dem Fluss –

Das gewaltige Wasserkraftwerk von Itaipu ist das zweitgrößte weltweit

und es geht los: das Schlauchboot für 20 Personen fährt im Zickzack mit Vollgas (zwei Motoren mit je 200 PS) über den reißenden Fluss bis dicht an die Fälle heran und schließlich mitten hinein in die tosende Gischt. Total durchnässt, kann es dann auf der rasanten Rückfahrt etwas kühl werden.

Am Sammelplatz kann sich, wer will, duschen und die Klamotten wechseln. Ein Jeep sorgt für den Transport zurück an die Parkstraße. Die Safari empfiehlt sich eher als Abschluss des Parkbesuchs – wer richtig nass geworden ist, kann gleich wieder zurück zum Hotel.

Die Wasserfälle auf argentinischer Seite 5

www.iguazuargentina.com, tgl. 8–18 Uhr, derzeit Arg$10 000, das entspricht etwa 135 R$ oder 27 €. Achtung: es werden nur argentinische Pesos akzeptiert. Wer noch einmal wiederkommen möchte, kann sich seine Eintrittskarte am Ausgang abstempeln lassen und erhält damit am nächsten Tag 50 % Ermäßigung. Pass nicht vergessen; für den Besuch der argentinischen Seite sollte man sich u. a. wegen der Grenzformalitäten einer ***organisierten Tour*** *anschließen oder sich einem Privatguide anvertrauen (s. S. 385).* ***Bootstouren,*** *z. B. von* ***Iguazu Jungle Explorer*** *(www.iguazujungle.com), sind je nach Inflationsrate und aktueller politischer Lage entweder etwas günstiger oder teurer als in Brasilien, nur Bargeld*

Ein Besuch der **argentinischen Seite,** für den man einen ganzen Tag verwenden sollte, ist ein Muss. Es gibt mehr Stege (5 km) und Aussichtspunkte als auf der brasilianischen Seite, sowohl unterhalb als auch oberhalb der Fälle. Einigen der Katarakte kommt man dabei so nahe, dass man die herabstürzenden Wassermassen fast berühren kann. Der leichteste Pfad mit 650 m ohne Treppen führt oben entlang und erlaubt, den Absturz der Fälle direkt von der Kante aus zu erleben. Zu den wichtigsten Ausgangspunkten fährt eine offene Kleinbahn. Auch Bootstouren werden angeboten, die sogar preiswerter als auf der brasilianischen Seite sind. Die **Gran Aventura** enspricht dem unter Macuco Safari beschriebenen Ausflug.

Parque das Aves 6

Av. das Cataratas, Km 17,1, Tel. 045 35 29 82 82, www.parquedasaves.com.br, Di–So 8.30–18, letzter Einlass 16.30 Uhr, 80 R$, Kinder bis 8 J. frei

Sehr zu empfehlen ist ein Besuch des **Vogelparks.** Er liegt direkt gegenüber dem Besucherzentrum am brasilianischen Nationalparkeingang, lässt sich also gut mit dem Ausflugsprogramm verbinden. Etwa 1500 Vögel aus 150 Arten sind hier anzutreffen. In der großzügigen, in den Urwald integrierten Anlage, die man in zwei Stunden durchstreift, werden Fauna und Flora auf Tafeln erklärt.

Von einem asphaltierten Weg aus sieht man zunächst viele **Vögel** in großen Käfigen. Später folgen Volieren, in denen getrennt voneinander sowohl Vögel des Nationalparks von Iguaçu *(viveiros da floresta)* als auch des Pantanal und von anderen Kontinenten zu sehen sind. Einige dieser Freivolieren sind so hoch und weiträumig angelegt, dass man überhaupt nicht mehr das Gefühl hat, sich in einem Käfig zu bewegen. In besonderen Gehegen werden zudem **Kaimane, Schlangen, Schildkröten** sowie **Schmetterlinge** gehalten. Es ist also fast ein richtiger zoologischer Garten, doch mit dem ehrenwerten Anspruch, die vom **Aussterben bedrohten Arten** zu zeigen und zu schützen, z. B. Blaue Aras und Nandus.

Wasserkraftwerk und Lago de Itaipu 7

Die **Usina Hidrelétrica da Itaipu Binacional,** ein Gemeinschaftsprojekt von Brasilien und Paraguay, wird gespeist von einem gut 1400 km² großen Stausee, dem **Lago de Itaipu,** und erzeugt rund 14 000 MW. Damit ist Itaipu das leistungsstärkste Kraftwerk seiner Art weltweit, es deckt ca. 20 % des gesamten brasilianischen und 91 % des paraguayischen Energiebedarfs.

Baugeschichte

Das Kraftwerk entstand zwischen 1975 und 1984 während der Zeit der Mikitärdiktatur. Die Standortwahl rührte von besonders günstigen Bedingungen des Wasserzulaufs her. Der Rio Paraná, ein Fluss der Hochebene, kommt aus Minas Gerais und bildet bei Foz do Iguaçu die Grenze zwischen Brasilien und Paraguay.

Die Baukosten betrugen 18 Mrd. US-$, der verwendete Zement entsprach der Masse von 210 Maracanã-Stadien, der Stahl dem Gewicht von 380 Eiffeltürmen. Alles hier ist gigantisch, die Staumauer mit einer Höhe von 196 m und einer Länge von 8 km, die 390 m breite ›Schöpfkelle‹, die 62 200 m³ Wasser pro Sekunde hindurchlässt (40-mal mehr als die Cataratas do Iguaçu), sowie die etwa 120 m hohe Dunstglocke, die dieser grandiose künstliche Wasserfall zu bilden vermag. Die Menge an Bestechungsgeldern, die während des Dammbaus in dunklen Kanälen versickerten, kann man dagegen nur erahnen.

Der ökologische Preis

Solcher Gigantismus, typisch für das Denken der Militärgeneräle, forderte natürlich seine Opfer, beispielsweise den Verlust der **Sete Quedas de Guaíra** (Sieben Fälle von Guaíra), ehemals Postkartenmotiv Nr. 1 des Rio Paraná. Kritiker hatten damals den Bau kleinerer, dezentraler Kraftwerke mit weniger umweltzerstörerischen Auswirkungen gefordert.

Andererseits sollte die Relation zwischen Eingriff in die Natur und der enormen Menge an produzierter (sauberer) Energie durchaus in Betracht gezogen werden. Mit den künstlichen Stränden (Santa Terezinha oder Bairro de Três Lagoas) und den vielen Wassersportmöglichkeiten am See ist hier zudem ein neues Freizeitparadies entstanden.

Besichtigung

Besichtigung/Rundfahrt: *ab Centro de Visitantes, Av. Tancredo Neves 6072, Foz do Iguaçu (Stadt), Tel. 045 35 76 70 00, www.turismoitaipu.com.br, tgl. 8.30–16 Uhr alle 30 Min., ca.*

1,5 Std., 56 R$; ***Führung Circuito especial*** *nur wenige Touren tgl., vorher über Website reservieren, 160 R$;* ***Illumination,*** *Fr, Sa 19, im Sommer 20 Uhr, 2 Std., 30 Min. vor Beginn erscheinen, 48 R$;* ***Especial,*** *4 Std., 150 R$*
Eine Besichtigung des Stauwerks beginnt am **Centro de Visitantes** (Besucherzentrum) in Foz do Iguaçu. Zuerst wird ein 15-minütiger Dokumentarfilm gezeigt, dann fährt man per Bus zu einem Aussichtspunkt mit Blick auf die Staumauer. Anschließend geht es über die Staumauer weiter. Während der Fahrt werden Erläuterungen in Portugiesisch, Spanisch und Englisch gegeben.

Auf einer **speziellen Führung** *(circuito especial)* erhält man einen Einblick in das Innenleben des Kraftwerks und sieht beispielsweise eine Turbine in Aktion.

Freitag- und samstagabends besteht die Möglichkeit, die Anlage von 747 Reflektoren und 112 Scheinwerfern angestrahlt und mit Livemusik untermalt zu bewundern. Allerdings sieht man tagsüber mehr. Die Tour wird auch als Special mit zusätzlichem Abendessen im Restaurant der Staudammarbeiter angeboten.

Da die Wasserfälle heute eines der wichtigsten Tourismusziele des Landes bilden, bemüht sich Foz do Iguaçu zunehmend, seinen Besuchern ein über den Nationalpark hinausgehendes Angebot zu machen. So kann man heute zwischen Stadt und Park im Wachsfigurenkabinett **Dreamland Museu de Cera** den Bogen von Brad Pitt über Bob Marley und Homer Simpson bis zu Maradona und Barack Obama spannen, oder im Dinosaurierpark **Vale dos Dinossauros** den Kindern eine Freude machen, und vom 88 Meter hohen Riesenrad **Yup Star** aus auf das Treffen der beiden Flüsse Rio Iguaçu und Rio Paraná schauen, um nur ein paar Beispiele zu nennen. Gleich neben dem Riesenrad wurde am **Marco das Três Fronteiras,** dem Grenzobelisken am Dreiländereck, eine beliebte neue Eventlokalität geschaffen. Hier wird bei abendlichen **Tanzshows** (ab 18 Uhr) unter freiem Himmel die Legende der Wasserfälle tänzerisch dargestellt. Anschließend werden noch Tango-, Polka- und Sambaeinlagen dargeboten und man kann sich mit den Tanzpaaren in ihren historischen Kostümen fotografieren lassen. Ein nettes Abendprogramm.

Infos

Secretaria de Turismo: Av. das Cataratas 2330 (gegenüber dem Bourbon Resort), Tel. 045 35 21 81 28, tgl. 8–20 Uhr.

Übernachten

In **Foz do Iguaçu,** also auf der brasilianischen Seite der Fälle, gibt es ein breites Angebot an Hotels aller Preisklassen. **Backpacker** bevorzugen gern die Unterkünfte auf der argentinischen Seite, während es älteren Gästen aus Europa dort oft zu laut zugeht.

Privilegiert – **Hotel das Cataratas:** Parque Nacional do Iguaçu, Tel. 021 35 00 02 93, www.hoteldascataratas.com.br. Großes, wunderschön renoviertes Hotel von 1958 in rosarotem Kolonialstil mit 300 Zimmern, das einzige, das im Nationalpark und bei den Fällen liegt, denen man dann auch außerhalb der normalen Zeiten – frühmorgens oder in der Dämmerung – einen Besuch abstatten kann, zu hören sind sie sowieso die ganze Zeit. Überwiegend von zahlungskräftigen Gästen aus Europa besucht, oft ausgebucht, für kurzfristige Reservierungen Agenturen bemühen. €€€

Resort – **Eco Cataratas Resort:** Rodovia das Cataratas, KM 6/8173 (Remanso Grande), Tel. 045 21 05 92 00, www.ecocataratas.sanjuanhoteis.com.br. Auf halbem Weg zwischen Stadt und Park sowie nicht weit vom Flughafen gelegen. Das Resort besteht aus einem Altbau sowie einem Neubau mit 132 einladenden und komfortablen Zimmern. Eine große Gartenanlage bietet drei Pools, darunter ein Kinderbecken. €€€

Günstige Lage – **Continental Inn:** Av. Paraná 1089, Tel. 045 21 02 50 00, www.continentalinn.com.br. Besticht durch gepflegte Zimmer, zentrale Lage und gutes Preis-Leistungs-Verhältnis. €€

Preiswert – **Hotel Tarobá:** Rua Tarobá 1048, Tel. 045 21 02 77 00, www.hoteltarobafoz.com.br. Modernes, effizientes Haus im Zentrum. Dachterrasse mit Pool. Ruhige Lage in der Nähe des städt. Busterminals. €€

Backpacker Chic – **Tetris Container Hostel:** Av. das Cataratas 639 (Vila Yolanda), Tel. 045 31 32 00 19, www.tetrishostel.com.br. Das aus Containern gebaute Hostel hat viele Vorteile: modernes Konzept und Design, Pool und reges Gemeinschaftsleben, nette Crew, Nähe zu Supermarkt, Bushaltestelle und Nachtleben. Mehrbett- und DZ. €

Essen & Trinken

Restaurant- und Kneipenmeile – **Avenida Jorge Schimmelpfeng:** Hier reiht sich ein Lokal neben dem anderen, immer etwas los ist in der **Capitão Bar** (Nr. 288, tgl. 11.30–2 Uhr), oft auch schon ab 16 Uhr zur beliebten Happy Hour, am späteren Abend sorgen zusätzlich DJs für Stimmung. Ähnlich geht es zu ein paar Schritte weiter im **Rafain Chopp** (Nr. 157).

Deftig, saftig – **Búfalo Branco:** Rua Eng. Rebouças 530, Ecke Rua Tarobá, Tel. 045 35 23 97 44, www.bufalobranco.com.br, tgl. 12–21 Uhr. Traditionelle *churrascaria (rodízio)*, die beste Adresse am Ort für saftig Gegrilltes. €€€

Fleischboutique – **VF Butcher Shop & Bar Patagonia:** Rua Santos Dumont 845, Tel. 045 30 27 60 98, Mo–Sa 17.30–23.30, So 10–16 Uhr. In dieser Mischung aus Metzgerei, Bar und Restaurant wählt man seinen Happen selbst am Kühlschrank aus und kann dabei zusehen, wie er zubreitet wird. Tipp: das Filetto VF, ein mit Käse überbackenes Filé Mignon in cremiger Tomatensoße mit Pommes, Reis und Salatplatte, das locker zwei Personen satt macht. Man speist auf einer Außenterrasse in einer ruhigen Straße im Zentrum. Warme Gerichte unter der Woche ab 18.30 Uhr, sonntags zu Mittag. €€

Terrasse am Fluss – **Porto Canoas:** Ende der Av. das Cataratas im brasilianischen Nationalpark, Tel. 045 35 21 44 43, tgl. 12–16 Uhr. Ausgezeichnetes Self-Service-Büfett. Herrliche Flussuferlage kurz vor den Cataratas. €€

Hasta la vista – **Rafain Churrascaria Show:** Avenida das Cataratas 1749 (Vila Yolanda), 045 35 23 11 77, www.rafainchurrascaria.com.br, tgl. 11–15, Mo–Sa 18–23 Uhr. Während man in einem großen Restaurantsaal für bis zu 1200 Gäste ein üppiges Büfett in Angriff nimmt, bieten Tänzer und Tänzerinnen, Musiker und Komödianten auf der Bühne eine sehenswerte eineinhalbstündige Show mit Anleihen bei diversen Kulturen des Kontinents dar: von der mexikanischen Mariachi-Band bis hin zu akrobatischen Einlagen wie einem gewagten Tangotanz auf einem Restauranttisch. Das Büfett öffnet um 18 Uhr, die Show läuft ab 20.30 Uhr, auch Mittagessen (ohne Show). €€€

Aktiv

Hubschrauber-Rundflüge – **Helisul:** gegenüber Parque das Aves, Tel. 045 35 29 74 74, www.helisulfoz.com.br, tgl. 8.30–17.30 Uhr. Wegen Lärmschutz müssen die Helikopter inzwischen höher fliegen, sodass man die Fälle nicht mehr aus nächster Nähe sieht. Dennoch sind diese Flüge ein Erlebnis. Der günstigste und beliebteste Flug (Wasserfälle und Nationalpark) dauert 10 Min. und kostet 530 R$/Pers. (mind. 3 Pers.).

Bootstouren zu den Wasserfällen – **Macuco Safari** **4** **:** s. S. 385; argentinische Seite s. S. 386.

Verkehr

Flugzeug: Der **Aeroporto Internacional de Foz do Iguaçu** (Tel. 045 35 21 42 00) liegt 16 km von der Stadt entfernt auf dem Weg zur brasilianischen Seite der Wasserfälle. **City-Transfer** mit einem normalen, vom Nationalpark herkommenden Stadtbus der Linie 120 (Ziel: Centro, alle 20–30 Min., 5 R$) oder Uber/Taxi (30/70 R$).

Bus: Die **Rodoviária** (Av. Costa e Silva 1601) liegt 4 km nordöstlich des Zentrums. Für den Ticketkauf muss man sich nicht bis dorthin begeben, sondern erledigt das im Zentrum bei **Corimeira Passagens** (Rua Almirante Barroso 2037, Mo–Fr 8.30–18, Sa 9–13 Uhr). Verbindungen u. a. nach Curitiba **(Catarinense,** www.catarinense.com.br, 7 x tgl., 9 Std., ab 254 R$), Florianópolis (u. a. **Catarinense,** s. o., nur 15, 17.40, 18.45, Uhr, 14 Std., ab 200 R$), Porto Alegre **(Unesul,** www.unesul.com.br, tgl. 11.30, 18 Uhr, 16 Std., 397 R$/Leito 492 R$), Rio de Janeiro (u. a. **Catarinense,** s. o., tgl. 8, 1.45 Uhr, 22 Std., 256 R$/Leito 430 R$) und São Paulo (u. a. **Pluma,** www.pluma.com.br, tgl. 12, 15, 19 Uhr, 17 Std., 208 R$).

Porto Alegre und Umgebung

Wer hierher kommt, wird selten nur von den Sehenswürdigkeiten dieser Stadt angezogen. Sie unterscheidet sich klimatisch und kulturell zu wenig von dem, was man bereits aus Deutschland und Europa kennt, und gehört auch nicht zu den touristischen Highlights Brasiliens. Dennoch lohnt sich ein Besuch, wenn man von hier aus auch Abstecher in die nähere Umgebung plant.

Porto Alegre ▶ 2, H/I 17

Cityplan: S. 392
Die Hauptstadt von Rio Grande do Sul, **Porto Alegre** (1,33 Mio. Einw.), liegt im Herzen des *gaúcho*-Landes reizvoll am Ufer des **Rio Guaíba,** der hier in den großen Binnensee Lagoa dos Patos (Entensee), mündet. Besucher lockt vor allem das reiche kulturelle Leben der Stadt – nomen est omen: Porto Alegre bedeutet fröhlicher Hafen. Aber auch viele Geschäftsleute kommen hierher, liegt die Stadt doch nahe den wichtigsten Nachbarn im südamerikanischen Wirtschaftsverbund Mercosul. Es gibt eine für Brasilien recht große Intellektuellenszene und viele Studenten. Nirgendwo im Land wird mehr gelesen als hier, und im November findet alljährlich Brasiliens bedeutendste Buchmesse statt. Der Bevölkerung von Porto Alegre wird allgemein ein kritisches politisches Bewusstsein nachgesagt, dies erkennt man auch daran, dass die Mehrheit der Bürger zuletzt dem rechtspopulistischen Kandidaten Bolsonaro ihre Stimme versagte, im Gegensatz zum Rest des Bundesstaates.

Die ersten **Einwanderer,** 60 Ehepaare von den Azoren, kamen 1752 hier an und sorgten für die erste Namensgebung, Porto dos Casais (Hafen der Paare). Ab den 1820er-Jahren folgten ihnen dann viele Deutsche und Italiener. Heute leben hier Menschen aus über 50 Nationen.

Stadtbesichtigung

Das ***historische Zentrum*** *lässt sich gut zu Fuß erkunden. Etwas mehr (angrenzende Stadtviertel und Parks) sieht man ohne ins Schwitzen zu kommen auf den* ***Rundfahrten*** *der Linha Turismo in einem Bus mit Panoramadach, der die wichtigsten Sehenswürdigkeiten passiert. Man hat die Wahl zwischen der normalen Rundfahrt Centro Histórico (60 R$) und einer Hop-on-Hop-off-Version (80 R$), die unterwegs einen Aus- und späteren Zustieg ermöglicht.* ***Linha Turismo,*** *051 999 12 28 37, www.linhaturismo.com.br, Ticketverkauf (Vorverkauf auch über die Website) und Abfahrt der Busse ist bei der Lagerhalle B3 am Cais Mauá im Hafen, 1,5 Std., Di–So 10.30, 12.30, 14.30 u.16.30 Uhr*

Catedral Metropolitana 1

Rua Duque de Caxias 1047/Pça. Marechal Deodoro, www.catedralpoa.com.br, Mo–Fr 8.30–19, Sa, So 9–12, 14–19 Uhr

Über den schattigen Bäumen der Praça da Matriz erhebt sich die mächtige **Kathedrale,** erbaut zwischen 1929 und 1986 nach dem Vorbild italienischer Renaissancebauten. Sie beeindruckt jedoch mehr von außen als von innen. Ihre weiße Marmorkuppel hat einen Durchmesser von 18 m, die Spitze liegt 74 m über der Erde. An der Frontfassade befinden sich drei farbenfreudig gestaltete Mosaikgemälde, die in den Werkstätten des Vatikans hergestellt wurden.

Ziemlich erstaunlich: Leere Straßen in Porto Alegre, aber vielleicht sind ja in der Stadt der Bücher alle am Lesen

Palácio Piratini 2

Pça. Marechal Deodoro (Pça. da Matriz), www.palaciopiratini.rs.gov.br, Mo–Fr kann das Innere des Palasts besichtigt werden, wenn man sich vorher über die Website anmeldet

Neben der Kathedrale steht der **Piratini-Palast,** das prunkvolle **Empfangs- und Versammlungsgebäude der Regierung** des Bundesstaats Rio Grande do Sul. Der Palast, erbaut zwischen 1896 und 1921, ist innen reich mit italienischem Marmor aus Carrara, Kristallleuchtern aus der ehemaligen Tschechoslowakei, Treppengeländern aus Frankreich und kostbaren Möbeln aus Buenos Aires im Stil Ludwigs XV. ausgestattet. Der von Versailles inspirierte Hauptsaal und ein Nebensaal sind ausgeschmückt mit Gemälden des Malers Aldo Locatelli, welche u. a. die Kolonialgeschichte des Bundesstaats erzählen.

Theatro São Pedro 3

Pça. Marechal Deodoro (Pça. da Matriz), https://theatrosaopedro.rs.gov.br, Besichtigung möglich ab 2 Std. vor Vorführungsbeginn

Auf der anderen Seite der Praça Matriz liegt links das 1858 in portugiesischem Barockstil erbaute **Theatro São Pedro,** in dessen Innenraum ein 600 kg schwerer Kronleuchter zu bewundern ist. Das Gebäude wurde auf Initiative der deutschstämmigen Theaterenthusiastin Eva Sopher 1984 sorgfältig restauriert und unter Denkmalschutz gestellt.

Praça da Alfândega

Die Rua General Câmara führt zur Praça da Alfândega, Porto Alegres Museumsmeile. Dort befinden sich das Kunstmuseum des Bundesstaats – das **Museu de Arte do Rio Grande do Sul (MARGS)** 4 (www.margs.rs.gov.br, Di–So 10–19 Uhr, Eintritt frei) – mit Gemälden u. a. von Di Cavalcanti und Cândido Portinari nebst angenehmem Café sowie daneben das im Postgebäude von 1914 untergebrachte **Memorial do Rio Grande do Sul** 5 (Rua Sete de Setembro 1020/Pça. da Alfândega, Di–So 10–17 Uhr, Eintritt frei) mit 50 000 Ausstellungsstücken zur Geschichte des Landes.

Hafen

200 m weiter befindet sich der Haupteingang zum **Hafen.** Größere Frachtschiffe sieht man kaum noch, die Blütezeit des größten Binnenseehafens von Brasilien ist längst vorbei. Zwischen malerisch zerfallenden Lagerhallen und dahinrostenden Ladekränen sprießt das Unkraut. Den freien Blick stört zudem eine fast 3 km lange und 3 m hohe Mauer, die 1971 zum Schutz vor Überschwemmungen errichtet wurde. Ein in der Stadt durchaus nicht unumstrittenes Megaprojekt zur Revitalisierung der **Cais Mauá** zwischen Zentrum und Gaswerk mit Restaurants, Bars, Läden und Hotel ist bislang in der Planungsphase stecken geblieben. Bei der Lagerhalle B3 starten die Busse

Porto Alegre

Sehenswert
1 Catedral Metropolitana
2 Palácio Piratini
3 Theatro São Pedro
4 Museu de Arte do Rio Grande do Sul
5 Memorial do Rio Grande do Sul
6 Casa de Cultura Mario Quintana
7 Usina do Gasômetro
8 Morro de Santa Teresa
9 Instituto Iberê Camargo

Übernachten
1 Sheraton Hotel
2 Grande Hotel Master Express
3 Hotel Praça da Matriz

Essen & Trinken
1 Churrascaria Cultura Gaúcha
2 Koh Pee Pee
3 360° POA

Einkaufen
1 Mercado Público

Abends & Nachts
1 Food Hall Dado Bier
2 Dirty Old Man
3 Ocidente

Aktiv
1 Cisne Branco/Busse der Linha Turismo

---

der **Linha Turismo** und die Bootstouren mit dem Schiff **Cisne Branco** 1 (Zugang vom Platz hinter dem Mercado Público).

Vom Hafen zum Gaswerk

Von der Praça da Alfândega führt die belebte Rua das Andrades in westlicher Richtung vorbei am schönen Bau des einstigen **Hotel Majestic,** der heutigen **Casa de Cultura Mario Quintana** 6 (Nr. 736, www.ccmq.com.br).

Usina do Gasômetro 7

Av. Presidente João Goulart 551

Das ehemalige **Gaswerk** von 1928 mit seinem 117 m hohen Schornstein am Ufer des Rio Guaíba ist seit 1974 außer Betrieb, aber bis heute ein weithin sichtbares Warzeichen der Stadt. 1995 wurde es in ein **Kulturzentrum** *(centro cultural)* umgewandelt (wg. Renovierung geschl.). Beim Gaswerk beginnt die neu gestaltete **Uferanlage** am Lago Guariba. Die moderne Promenade verläuft teilweise auf Laufstegen über dem Wasser, bietet Radwege, Sportanlagen, Cafés sowie die Panorama-Gastrobar **360° POA** 3 (Tel. 051 999 33 24 10, tgl. 11–23 Uhr). Hierher zieht es allabendlich Scharen von Bürgern, um zu flanieren, trainieren und den Sundowner über dem Wasser zu genießen. Flutlicht gestattet einen sorglosen Aufenthalt auch darüber hinaus. Vom Schiffsanleger starten Ausflugsschiffe und ein Catamaran zur Erkundung der Wasserlandschaft.

Aussichtspunkt und Museum

An Wochenenden bietet es sich an, irgendwo an der Uferstraße ein Taxi zu nehmen und ein paar Kilometer weiter vorbei am schönen Parque Harmonia und am Gigante Beira-Rio, dem WM-Stadion von Porto Alegres Club Internacional, bis zum **Morro de Santa Teresa** 8 zu fahren. Von dort genießt man den besten Panoramablick auf die Stadt und den See. Nicht weit von hier, unten am Ufer des Guaíba, erhebt sich das architektonisch bemerkenswerte Gebäude des **Instituto Iberê Camargo** 9 (Av. Padre Cacique 2000, http://iberecamargo.org.br, Do–So 14–18 Uhr, 20 R$). Das dem berühmten Sohn der Stadt gewidmete Kunstmuseum mit Café ist ein beliebtes Ausflugsziel.

Infos

Touristeninformation: Centro de Informações Turísticas im Mercado Público, Sala 99 im Erdgeschoss, Tel. 051 32 89 67 65, Di–Sa 9–12.30, 13.30–18 Uhr. Weitere Infostellen in der Rodoviária und am Flughafen.

Übernachten

Top-Adresse – **Hilton Porto Alegre** 1 **:** Rua Olavo Barreto Viana 18 (Moinhos de Vento),

Tel. 051 21 21 60 00, www.hiltonportoalegre.com.br. Das Hotel firmiert zwar unter neuer Flagge (früher Sheraton), ist aber weiterhin eines der besten Häuser vor Ort. Geschmackvolle Dekoration, ideale Lage nahe dem Zentrum, einem Park und der Ausgehmeile Calçada da Fama. €€€

Zentral – **Master Grande Hotel 2 :** Rua Riachuelo 1070, Tel. 051 32 87 44 11, www.master-hoteis.com.br. Günstiges Businesshotel direkt bei den Museen im Zentrum, im selben Haus wie Shopping Rua da Praia. €

Charmant – **Hotel Praça da Matriz 3 :** Largo Amorim de Albuquerque 72, Tel. 051 32 24 88 72, https://pracadamatrizhotel.com.br. Liebevoll restauriertes Stadthaus aus dem Jahr 1927, mit Hinterglasfenstern, Lüstern und viel Marmor. Einige der Zimmer haben direkten Blick auf den Platz der Kathedrale. €

Essen & Trinken

Fleisch am Abend – **Churrascaria Cultura Gaúcha 1 :** s. Tipp S. 395.

Dinner for Two – **Koh Pee Pee 2 :** Rua Schiller 83 (Moinhos de Vento), Tel. 051 33 33 51 50, www.kohpeepee.com.br, Mo–Sa 19–23.30 Uhr. Die exotische Abwechslung zu *churrasco* und *mate* – das traditionsreiche Lokal zählt zu den herausragenden Vertretern thailändischer Küche in ganz Brasilien. Diverse vegetarische Optionen. €€

Panorama-Gastrobar – **360°POA 3 :** s. S. 393

Einkaufen

Markthalle – **Mercado Público 1 :** Pça. 15 de Novembro (nahe beim Hafen), Mo–Fr 7.30–19, Sa bis 18, So 10–16 Uhr. Traditioneller Einkaufsmarkt (150 Jahre) und Treff der Einheimischen mit 106 Ständen, Bars und Restaurants. Lebensmittel, Leder- und Wollprodukte, Reitausrüstungen etc. Angenehm untouristische Atmosphäre.

Abends & Nachts

Das Nachtleben konzentriert sich auf die Stadtteile **Moinhos de Vento** mit der **Calçada da Fama,** wo sich schicke Bars und Restaurants dicht aneinander reihen, sowie **Cidade baixa,** das Bohemeviertel mit lässig-ungezwungenem Flair.

Bier am Abend – **Food Hall Dado Bier 1 :** s. Tipp S. 395.

Cocktail Pub – **Dirty Old Man 2 :** Rua General Lima e Silva 956 (Cidade Baixa), Tel. 051 30 85 82 27, So–Do 18–24, Fr, Sa bis 1 Uhr. Der gute alte Charles hätte sich zu Hause gefühlt. Trotz, oder vielleicht auch gerade wegen der vielen jungen Leute. Sicher aber wegen der ausgesuchten Drinks und Biere.

Lange (Tanz)nächte – **Ocidente 3 :** Av. Osvaldo Aranha 960, am Parque Farroupilha, Tel. 051 30 12 26 75, www.barocidente.com.br, Di–Do 20–2, Fr, Sa 22–6, So 17–22 Uhr. Zwei große Tanzflächen und ellenlange Bars laden ein zu noch längeren Nächten. Von Di–Sa auch günstiger Mittagstisch (11.30–14 Uhr, €).

Aktiv

Bootsfahrt – **Cisne Branco 1 :** Av. Mauá 1050, Tel. 051 32 24 52 22, www.barcocisnebranco.com.br, Di–So 10.30 u. 15 Uhr, 1 Std., 50 R$. Mit der Cisne Branco durch den Inselarchipel des Rio Guaíba (Bordrestaurant). Abfahrt bei der Lagerhalle B3 am Hafenkai hinter dem Mercado Público. Nur der Törn um 15 Uhr ist fix, der andere findet jeweils nur ab 20 Teilnehmern statt.

Termine

Porto Verão Alegre: Jan./Febr., www.portoveraoalegre.com.br. Theaterfestival mit Gruppen aus ganz Brasilien.

Festa de Navegantes: 2. Febr. Prozession zu Ehren Marias als Schutzherrin der Seefahrer, Nossa Senhora dos Navegantes.

Semana de Porto Alegre: letzte März-Woche. Feste zum Stadtgeburtstag (26. März) mit Musik, Folklore und Marktständen.

Semana Farroupilha: 7.–20. Sept., https://acampamentofarroupilhapoa.com.br. *Gaúcho*-Folklore mit Umzügen, Musik, Tanz und regionalem Essen.

Porto Alegre em Cena: Sept., www.portoalegreemcena.com. 2-wöchiges internationales Schauspielfest in Theatern und auf der Straße mit Tanz, Musik, Theater und Workshops.

FLEISCH UND BIER AM ABEND

Porto Alegre ist berühmt für seine ausgezeichneten ***churrascarias.*** Zu verdanken ist die hiesige Fleischbegeisterung den Viehzüchtern der nahen Pampas. *Gaúchos* nennt man sie, und sie haben die charakteristische Angewohnheit, ständig bitteren Tee *(chimarrão)* mit Metallröhrchen aus kürbisförmigen Trinkgefäßen zu saugen und *churrasco* zu essen, Stiefel, osmanisch anmutende Beinkleider, ein Halstuch und einen Cowboyhut mit Kinnriemen zu tragen sowie geschickt das Lasso zu schwingen.

Die früher eher verspöttelten Viehtreiber, nicht selten auch Viehdiebe, machten sich im 19. Jh. als die eigentlichen Verteidiger brasilianischen Bodens gegen die argentinischen und uruguayischen Nachbarn verdient und werden heute landesweit geachtet. In der Stadt sieht man sie nur selten, aber die Kellnertracht der rustikalen **Churrascaria Cultura Gaúcha** vermittelt zumindest einen Eindruck von ihrer äußeren Erscheinung. Eine zweite Empfehlung bezieht sich auf das Trinken, besser gesagt auf deutsches Bier im *In*-Lokal **Food Hall Dado Bier.** Den Namen teilt es mit seinem deutschstämmigen Besitzer Eduardo Bier. »Ich bin Bier«, so stellt er sich vor und verweist stolz auf die Verwirklichung eines alten Traums: die Kombination einer Brauerei mit Restaurants und einer Bar: Um eine Brauanlage und Schanktresen herum reihen sich in einem geräumigen Saal insgesamt sieben verschiedene gastronomische Optionen – von Churrasco über Pizzeria und Burger bis zu Sushi. Die nach deutschem Reinheitsgebot gebrauten Dado-Biere waren somit schon ab Mitte der 1990er-Jahre Vorreiter des gegenwärtig in Brasilien herrschenden Booms kleiner und exquisiter Brauereien.

Churrascaria Cultura Gaúcha 1 **:** Rua Otávio Francisco Caruso da Rocha 295 (Praia de Belas), Tel. 051 994 68 75 02, http://churrascariaculturagaucha.com.br, Mo–Sa 11.30–15, 18–23, So 11.30–16 Uhr. Gute *rodízio-churrascaria,* große Tische und große Stücke gegrilltes Fleisch, abends Musik- und Folkloreprogramm (am Wochenende auch mittags), die Antwort der Gaúchos auf den Tiroler Abend. Fixpreise, am Wochenende etwas teurer. €€€

Food Hall Dado Bier 1 **:** Rua Túlio de Rose 80 (im Shopping Bourbon Country), Tel. 051 33 78 30 00, www.foodhalldadobier.com.br, Di–Fr 10–23, Sa 11.30–23, So 11.30–16 Uhr. An den Wochenenden mit DJs, reservieren. €€

Verkehr

Flugzeug: Der **Aeroporto Internacional Salgado Filho** (Tel. 051 33 58 20 00, www.portoalegre-airport.com.br) liegt 6 km nördlich des Zentrums. Transfer mit Metro oder Uber/Taxi (30/60 R$).

Bus: Die **Rodoviária** (Largo Vespasiano Júlio Veppo 70, Tel. 051 32 10 01 01, www.rodoviaria-poa.com.br) liegt eine Metrostation vom Mercado Público entfernt. Verbindungen zu Zielen in Rio Grande do Sul, z. B. Bento Gonçalves **(Bento,** www.bentotransportes.com.br, 6 x tgl., 2–3 Std., 55 R$), Canela/Gramado **(Citral,** www.citral.tur.br, stdl. bis 20 Uhr, 2 Std., 52/70 R$), Torres **(Unesul,** www.unesul.com.br, 8 x tgl. 6.30–19.30 Uhr, 3 Std., 86 R$) sowie zu Zielen außerhalb von Rio Grande do Sul, z. B. Buenos Aires **(Flecha Bus,** www.flechabus.com.ar, tgl. 17.15 Uhr, 18 Std., 352–564 R$, die teuren sind *leitos*), Curitiba

Kleiner Ort mit großer Show: Das Weihnachtsspektakel von Gramado ist ein Riesenfest

(u. a. **Catarinense,** www.catarinense.com.br, 3 x tgl., 12 Std., ab 110 R$), Florianópolis (u. a. **Eucatur,** www.eucatur. com.br, 4 x tgl., 7 Std., 101–248 R$) und Foz do Iguaçu (**Unesul,** s. o., 12.30 u. 19.30 Uhr, 21 Std., 402 R$).

Mietwagen: Für die Erkundung der Wein- und Blumenstädte ist ein Pkw zu empfehlen, die Straßen sind wesentlich besser als im restlichen Brasilien. Eine sehr gute und preisgünstige Firma ist **Localiza** (Av. Carlos Gomes 190, Auxiliadora, Tel. 0800 979 20 20, www.locali za.com/brasil/pt-br; auch Büro am Flughafen).

U-Bahn: 15 Stationen bedient Trensurb (www.trensurb.gov.br, tgl. 5–23.20 Uhr, ca. alle 10 Min.) die Metro von Porto Alegre, die bis in die nahe Umgebung fährt, Flughafen und Busbahnhof sind ideal angebunden.

Rota Romântica

Die **Serra Gaúcha** ist ein durch teils steil abfallende Schluchten gezeichnetes Hochplateau, das ein Drittel von Rio Grande do Sul einnimmt. Auf der Romantischen Route, die durch elf Städtchen führt, fühlt man sich wie im Schwarzwald oder auf der süddeutschen Weinstraße. Am schönsten ist es in Canela und Gramado, wegen ihrer Hortensienzucht auch **Blumenstädte** genannt.

Gramado ▶ 2, J 16

In diesem 40 000-Einwohner-Ort, Brasiliens Winterurlaubsziel Nr. 1 mit jährlich über 4 Mio. Gästen, hat sich deutscher Perfektionismus mit italienischer Spontaneität vereinigt, alles ist gut organisiert und dennoch verspielt.

Gramado ist nicht zuletzt bekannt für seine **Filmfestspiele,** sein großes **Weihnachtsspektakel** (s. Termine S. 399) und seine diversen Schokoladenfabriken. Das ›städtische‹ Leben spielt sich entlang der **Rua Coberta** und der **Rua Borges de Medeiros** ab, wo die meisten Läden, Cafés und Restaurants sind.

Der reizvolle **Lago Negro** vor der Kulisse seines zum Teil aus dem Schwarzwald importierten Baumbestands lädt ein zum Tretbootfahren. In der Stadt und ihrer Umgebung haben sich im Laufe der Jahre eine ganze Reihe von **Themenparks** und ähnlich ausgerichtete **Museen** angesiedelt, die einen Besuch vor allem auch für Familien mit Kindern interessant machen.

O Minimundo

Rua Horácio Cardoso 291 (Centro), Tel. 054 32 86 40 55, www.minimundo.com.br, tgl. 9–17 Uhr, 78 R$, Kinder 44 R$

Im Ortszentrum gibt es auf 3000 m² eine ganze **Welt im Miniaturformat** mit über 100 detailgenauen, 24-fach verkleinerten Miniaturrepliken von Bauwerken aus aller Welt inklusive Schloss Neuschwanstein.

Parque Knorr/Aldeia do Papai Noel

Parque Knorr, Rua Bela Vista 353 (Centro), www.papainoel.com, tgl. 9–17 Uhr, 84 R$, Kinder 26 R$)

Der 9 ha große Parque Knorr liegt nahe der Ortsmitte. Er beherbergt das **Dorf des Weihnachtsmanns,** einen ganzjährig funktionierenden Themenpark rund um Weihnachten, der als ›der offizielle Wohnort des Weihnachtsmanns in Südamerika‹ gilt. Diverse Attraktionen, darunter Aussichtsturm, Spielzeugfabrik und Schwebebahn runden den Spaß ab.

Zoo von Gramado

Rodovía RS-115, Km 35 (Várzea Grande, 7 Km vom Zentrum), www.gramadozoo.com.br, Nebensaison Mi–So 10–16 Uhr, sonst tgl., Einlass bis 1 Std. vor Schließung, 95 R$, Kinder unter 3 J. umsonst

Im **GramadoZoo** leben mehr als 1500 Vertreter der heimischen Fauna, darunter auch Jaguare und Ameisenbären.

Wasserpark AquaMotion

Estrada Municipal Linha Ávila, Rua Linha Carazal 501, 7 km vom Zentrum, https://acquamotion.com.br, Di–So 10–18, letzter Einlass 16 Uhr, ab 130 R$, Kinder ab 100 R$

Nasser Spaß in 36° C warmem Thermalwasser, mit Indoor-Wellenbad, Außenbecken, diversen Riesenrutschen, nach Alter gestaffelten Wasserspielbereichen für Kinder, Restaurant usw.

Museen auf dem Weg nach Canela ▶ 2, J 16

Autos, Motorräder und mehr

Av. das Hortênsias, Gramado, Anfahrt mit dem Stadtbus Circular oder mit der BusTour (s. S. 399). Sammelticket Combo Dreams für die folgenden Museen plus 4 weiteren und eine Stadtrundfahrt obendrauf 279 R$, Einzeltickets 99–155 R$, Kinder 65–90 R$, alle 8–18.30 Uhr

Das **Museu do Automóvel – Hollywood Dream Cars** (Nr. 4151, www.hollywooddreamcars. com.br), zeigt eine Ausstellung mit glänzenden Oldtimern aus den 1950er-Jahren. Den Ferraris, Porsches & Co. widmet sich **Super Carros** (Nr. 4635, www.supercarros. com.br), die **Harley Motor Show** (Nr. 5507, www.harleymotorshow.com.br) und am selben Ort **Dreamland – Museu de Cera** (Wachsfigurenmuseum; www.dreamland. com.br) schinden mächtig Eindruck.

Mundo a Vapor

Av. D. Luiz Guanella 1177, Gramado (São José), Tel. 054 36 99 89 79, https://mundoavapor.com.br, tgl. 9–17 Uhr, 80 R$, 4–12 Jahre 40 R$

Mit einem winzigen Zug fährt man ins **Dampfmaschinenmuseum** hinein und kann Dampfmaschinen und -fabriken in Miniaturausgabe besichtigen. Die Exponate reichen von kleinen Loks bis zu Ziegeltöpfereien. Europäische Schlösser fehlen auch hier nicht.

Canela ▶ 2, J 16

Canela (49 000 Einw.) liegt nur 8 km von Gramado entfernt. Nach einer kurzen Ortsbesichtigung einschließlich der architektonisch interessanten **Igreja Matriz de N. S. de Lourdes** (Catedral de Pedra) im Stil der englischen Gotik aus dem Jahr 1953 wird man bald zu den diversen Parks in der Umgebung eilen. Auf dem Weg dorthin kommt man an einem kleinen Museum vorbei.

Castelinho do Caracol

Estr. do Caracol Km 3, www.castelinhocaracol. com.br, tgl. 9.30–13, 14.20–17.40 Uhr, 20 R$, bis 6 Jahre Eintritt frei

1913–15 wurde der Castelhinho do Caracol, eines der ersten Häuser des Ortes ohne einen einzigen Nagel aus ineinander gesetzten Tannenholzbalken errichtet. Heute birgt er ein kleines Museum zur deutschen Kolonialisierung.

Terra Mágica Florybal

Estr. do Caracol Km 5, https://parqueterramagicaflorybal.com.br, tgl. 9–16.30 Uhr, 160 R$, Kinder 4–15 J. 80 R$

Im Wald dieses Themenparks verstecken sich Dinosaurier, Wichtel und allerlei andere ›magische‹ Figuren.

Parque do Caracol

Estr. do Caracol, 8 km vom Ort, tgl. 9–17 Uhr, 75 R$, 6–11 Jahre 35 R$, unter 5 J. frei, Panoramaaufzug 12 R$

Der **Caracol-Park** ist trotz der üblichen staatlichen Vernachlässigung ein herrlicher Naturpark mit reicher Flora und Fauna (Araukarienbäume, vielen Vogelarten, Gürteltieren und Wildschweinen). Ein einstündiger Spaziergang führt durch den ganzen Park. In seiner Mitte stürzt der 131 m hohe Wasserfall, die **Cascata do Caracol,** in die Tiefe. Über die 750 Stufen der **Escada da Perna Bamba** (Treppe des Wackligen Beines) gelangt man bis nach unten. Bequemer sind eine frei zugängliche Aussichtsplattform und ein 30 m hohes **Observatorium** mit **Panoramaaufzug,** die zu einem beeindruckenden Überblick verhelfen.

Parque da Ferradura

Estr. do Caracol, Di–So 9–17 Uhr, 12 R$, Kinder 6 R$

15 km von Canela entfernt liegt der **Ferradura-Park** in eindrucksvoller Waldlandschaft mit einem 420 m tiefen Canyon. Wanderpfade führen zu eindrucksvollen Aussichtspunkten. Etwas für Naturliebhaber.

Space Adventure

Av. Ernani Kroeff Fleck 960 (Vila Suiça), https://spaceadventure.com.br, Mo–Do 9–18, Fr–So bis 19 Uhr, 130 R$ inkl. Planetarium, 3–15 Jahre 70 R$

Eine der größten Sammlungen originaler NASA-Artefakte aus der Zeit der Gemini- und Apollo-Missionen, darunter der Kontrollraum aus Houston und die Mondkapsel von Apollo 11, zusätzlich ein Planetarium und eine Game Area mit diversen Simulatoren.

Übernachten

... in Gramado

Schloss am See – **Estalagem St. Hubertus:** Rua Carrieri 974 (Planalto), Tel. 054 32 86 12 73, https://sthubertus.com. Sehr charmante Anlage von 1990 mit 30 komfortablen Zimmern (7 davon mit Whirlpool), Sauna, Pool und herrlichem Blick auf den Lago Negro vom Frühstücksraum. €€€

Alpin – **Hotel das Hortênsias:** Rua Bela Vista 83 (Centro), Tel. 054 32 86 10 57, www.hoteldashortensias.com.br. 26 Zimmer, reizvolle Lage mit schöner Aussicht, wirkt wie ein Alpenhotel, deutsch-österreichische Eigentümer. €€

... in Canela

Sag mir wo – **Blumen Hotel Boutique:** Rua Borges de Medeiros 499, Tel. 054 32 82 29 39, www.blumenhotelboutique.com.br. Zentrale Lage, komfortable Zimmer mit blumiger Ausstattung, Spa mit eigener Thermalquelle. €€

Essen & Trinken

... in Gramado

Fondue bei Kerzenschein – **Le Petit Clos:** Rua Demétrio Pereira dos Santos 599 (nahe Lago Negro), Tel. 054 999 67 01 69, www.lepetitclos.com.br, tgl. ab 19 Uhr. Kleines, heimeliges Restaurant, Spezialität sind Fondues. €€€

Gutbürgerlich – **Gasthof Edelweiss:** Rua João Leopoldo Lied 975 (Lago Negro), Tel. 054 34 22 43 97, Do–Di 12–15, 19–23 Uhr. Gemütliches Ambiente, schöner Wintergarten, gutbürgerliche deutsche und schweizerische Küche, auch Forellen und hervorragende Fondues. €€

... in Canela

Edles Bistro – **Bistrô da Lú:** Av. José Luis Correa Pinto 235 (Centro), Tel. 054 32 82 62 12, Fr, Sa 12–15, 19.30–23, So 12–15 Uhr, nur mit Reservierung. Sympathisches, kleines Bistro mit vielseitiger, französisch angehauchter Küche. Mittags und abends ein fünfgängiges Menü des Hauses mit verschiedenen Optionen. €€€

Abends & Nachts

Heaven's Door – **Boteco do Bill:** Av. Don Luiz Guanella 578, Canela, www.botecodobill.com.br, Di–So 20–3 Uhr. Beliebter Treff im Stil American Bar, vielseitiges Musikprogramm von Pagode/Samba bis Pop/Rock, auch live.

Aktiv

Rafting – **Brasil Raft Park:** Estr. Geral de Linha Café, Três Coroas, Tel. 051 999 71 64 05, https://brasilraft.com.br. 3 Std. bzw. 8 km – oder nur die halbe Strecke – den Rio Paranhana hinab (mehrmals tgl., 90 R$ inkl. Ausrüstung und Lehrer, mit Abholung vom Hotel 175 R$).
Trekking – **JM Rafting & Expedições:** Rua Osvaldo Aranha 1038, Canela, Tel. 054 32 82 12 55, http://jmrafting.blogspot.com. Ganztägige Trekkingtouren im Cânion Fortaleza (150 R$ inkl. Transport, mindestens 4 Teilnehmer).

Termine

... in Gramado
Festival de Cinema de Gramado: 1 Woche im Aug./Sept., www.festivaldegramado.net. Das kulturelle Hauptereignis ist Brasiliens traditionsreichstes Filmfestival, das sich dem lateinamerikanischen, brasilianischen Film widmet. Hier wird der brasilianische Oscar, Kikito, verliehen. Hauptpavillon der Veranstaltung ist der **Palácio dos Festivais** (Av. Borges de Medeiros 2697, Centro).
Natal Luz: Mitte Nov.–Mitte Jan., www.natalluzdegramado.com.br. Ein großes Spektakel und die älteste Weihnachtsshow Brasiliens mit Feuerwerk, Lichter- und Klangspielen, großen Umzügen.

Verkehr

... in Gramado
Bus: ab **Bahnhof** (Av. Borges de Medeiros 2100, Tel. 054 32 86 13 02) 11 x tgl. bis 19.15 Uhr nach Porto Alegre **(Citral,** www.citral.tur.br, 2 Std., 70 R$), auch direkt zum Airport; **Nahverkehrsbusse** (Circular 6152) Gramado–Canela tgl. 6–24 Uhr, tagsüber alle 20 Min., abends seltener, 15 Min., 4,90 R$.
... in Canela:
Bus: Die **Rodoviária** wird von Bussen der Gesellschaft **Citral** (s. Gramado) bedient, z. B. nach Porto Alegre (11 x tgl. 6–19 Uhr, 75 R$). Zum Parque do Caracol fährt kein öffentlicher Bus, Transfer mit Uber/Taxi oder mit den Hop-on-Hop-off-Doppeldecker-Bussen der **Bus-Tour** (https://bustour.com.br): Anfahrt der wichtigsten Attraktionen der Region (auch Gramado), Aus- und Zustieg beliebig oft, Do–Di stdl. bis 18 Uhr (1 Tag 98 R$, 2 Tage 148 R$).

Weinstädte

Empfehlenswert ist ein Mietwagen, s. S. 399; nicht vergessen: Promillegrenze 0,0 %
Brasilianische Rotweine haben es noch schwer gegen die bestens etablierte Konkurrenz der argentinischen und chilenischen Nachbarn, das Klima der Serra Gaúcha begünstigt eher die Trauben für die Herstellung von Schaum- und Weißweinen und diese können es durchaus mit ihren europäischen Vorbildern aufnehmen. Manche Marken wie Miolo und Chandon sind beachtenswert. 1875 begannen die italienischen Einwanderer in Rio Grande do Sul mit dem Weinbau, heute werden hier 90 % aller brasilianischen Weine und Sekte hergestellt. Unsere kleine Tour, die in den Kopf steigt, führt nach Bento Gonçalves und Garibaldi in der Region **Vale dos Vinhedos,** Brasiliens erster international anerkannter Ursprungsbezeichnung (www.valedosvinhedos.com.br).

Bento Gonçalves ▶ 2, H 16

6 x tgl. Bus ab Porto Alegre, s. S. 395
Der 123 000-Einwohner-Ort liegt 130 km von Porto Alegre entfernt. **Bento Gonçalves** ist die bedeutendste Winzergemeinde Brasiliens. Neben 90 großen Kellereien gibt es viele kleine Familienbetriebe, deren Besuch zumindest atmosphärisch, oft auch qualitätsmäßig lohnender ist.

Vinícola Casa Valduga

Via Trento 2355 (6 km südlich des Zentrums), Tel. 054 21 05 31 54, www.casavalduga.com.br, Di, Sa, So 13.30, 3,5 Std., 280 R$/Pers. inkl. Proben, nur nach vorheriger Reservierung über www.wine-locals.com

CANYONS – RAUSCH DER TIEFE

Tour-Infos

Lage: ▶ 2, J 16
Infos: https://cambaradosul.tur.br
Start: Cambará do Sul
Cânion Itaimbézinho: mit Leihwagen oder Jeep (mit Fahrer), 30 Min. von Cambará, Di–So 8–17 Uhr, 97 R$ (beinhaltet drei Zutritte zu den Parks der Region innerhalb einer Woche).
Cânion Fortaleza: mit Leihwagen oder Jeep (mit Fahrer) und Guide, 1 Std. von Cambará.
Guia Aparados – Ecoturismo e Aventura: Cambará do Sul, Tel. 054 999 32 41 07, www.adventure.guiaaparadosdaserra.com.br. Erfahrene Guides für die Fahrt und Wanderungen, mehrtägiges Trekking, Reiten usw.
Wichtige Hinweise: Im Winter kann es in den Bergen sehr kalt werden, im Sommer dichter Nebel die Sicht behindern und plötzliche Regengüsse können die Täler überschwemmen.

Die Fahrt zu und durch die Canyons führt durch wunderbare subtropische Vegetation. Der **Cânion Itaimbézinho** im **Parque Nacional de Aparados da Serra** ist 720 m tief und 6 km lang. Oft eröffnen sich atemberaubende Teileinblicke. Oberhalb der Schlucht gibt es noch viele Araukarienwälder *(pinheirais)*, in denen man häufig den Curicaca *(Theristicus caudatus)*, einen sehr typischen Vogel dieser Region erspähen kann.
Eine Autotour von Cambará do Sul zum **Cânion Fortaleza** im **Parque Nacional Serra Geral** wird, wenn man erst einmal die Höhe erreicht hat, belohnt mit einem weiten Panoramablick bis zum Meer und einem absolut schwindelerregenden Blick in die 900 m tiefe Schlucht.

Als ideale Fortsetztung des Bergabenteuers empfiehlt sich ein Besuch des 75 km entfernt gelegenen Küstenorts **Torres** (Türme), wo man am Strand die müden Glieder strecken kann. In der Saison recht belebt ist es hier sonst eher zu ruhig. Der Name rührt von drei Basaltfelsen am Strand her, bekannt als **Guarita, Torre Sul** und **Torre do Meio**. Den Letzteren sollte man besteigen, er bietet eine schöne Aussicht auf die Stadt. Die Strände heißen von Norden nach Süden: **Praia dos Molhes** (beim Rio Mampituba), **Praia Grande** (Promenade mit vielen Bars und Livemusik, hier konzentriert sich das Nachtleben), **Prainha** (klein, sympathisch), **Praia da Cal** (Surfspot), **Praia da Guarita** (Naturpark) und **Itapeva** (mit Dünen).

Die ältesten Weinstöcke Brasiliens besitzt das Weingut **Casa Valduga.** Hier wird man von den Nachkommen der alten italienischen Familie persönlich herumgeführt und zum Probieren animiert. Die nötige Grundlage dazu verschafft man sich zuvor im **Restaurante Maria Valduga.** Wer am Ende des Tages zu tief ins Glas geschaut hat, kann sich in in einer der fünf in das Gut integrierten Pousadas (€€) einquartieren.

Capela N. S. das Neves

200 m vom Weingut Casa Valduga entfernt steht die größte lokale Kuriosität, die **Kapelle Maria Schnee.** Wegen akuten Wassermangels verwendete man beim Bau 1907 für die Mörtelmasse statt Wasser Hunderte Liter Wein.

Cooperativa Vinícola Aurora

Rua Olavo Bilac 500, Cidade Alta, Tel. 054 34 55 20 95/991 34 59 16 (WhatsApp), www.vinicolaaurora.com.br, Mo–Sa 8.15–16.45, So 8–12 Uhr, 1 Std., ständig Führungen, nur nach vorheriger telefonischer Anmeldung, Eintritt frei

Am einfachsten zu erreichen ist die große **Weinkooperative Aurora.** Die Produktionsprozesse werden hier audiovisuell erläutert und probiert wird natürlich auch.

In Sichtweite liegt umgeben von Rebenhängen das noble Wellnesshotel **Hotel & Spa do Vinho, Autograph Collection**, hier badet man sogar im Wein (www.marriott.com, €€€).

Übernachten

Weinstein – **Pousada Borghetto Sant'Anna:** Via Trento 868, Tel. 054 991 46 12 56, https://borghettosantanna.com.br. Die charmanten Chalets dieser Pousada sind aus Stein gebaut, bieten enorm viel Platz (70 m²) und liegen inmitten von Reben. €€€

Essen & Trinken

Heiß, heiß, Baby – **Guri Cozinha de Origem**: Estrada 15 da Graciema 676, Tel. 054 992 60 31 42, www.gurirestaurante.com.br, Mo–Sa mittags ab 12, abends ab 19.30 Uhr, nur mit Reservierung. Exquisite regionale Gaúcho-Küche. Klar, dass man hier nicht ohne Fleisch auskommt, noch wichtiger aber ist die Rolle, die Feuer und Glut dabei spielen. Das meistgefragte Menü hat acht Gänge und heißt »Vertrauen«, eine Überraschung, zusammengesetzt aus dem, was die Region und seine Landwirte an diesem Tag zu bieten haben. Ein authentisches Geschmackserlebnis! €€€

Termine

Festa Nacional do Vinho: Ende Mai/Anfang Juni. Das Nationale Weinfest im Parque da Fenavinho ist Höhepunkt der Weinseligkeit in Bento Gonçalves.

Wine South America: Zur alljährlichen internationalen Weinmesse im September kommen ca. 250 Hersteller aus Brasilien und aller Welt, um zu zeigen, was sich alles aus der Traube pressen lässt.

Garibaldi ▶ 2, H 16

In **Garibaldi** wird der meiste Sekt Brasiliens produziert und so verwundert es nicht, dass rund 70 % der lokalen Wirtschaft der *champanhe*-Herstellung dienen.

Vinícola Peterlongo

Rua Manoel Peterlongo 216, Tel. 054 34 62 13 55, www.peterlongo.com.br, Besichtigung mit Führung und Proben tgl. 9–16 Uhr, 20 R$

Mit der Niederlassung der Familie Peterlongo, begann 1913 in Garibaldi die Sektherstellung.

Vinícola Chandon

RS-470 Km 224 (5 km Richtung Bento Gonçalves), Tel. 054 33 88 44 32, www.chandon.com.br

Die zweite große und bedeutende Sektmarke Brasiliens ist **Chandon.** Bis 2020 war die Besichtigung dieses Hauses noch möglich, wurde im Laufe der Corona-Pandemie dann aber eingestellt und bisher nicht wieder aufgenommen.

EINE BAHNFAHRT, DIE IST LUSTIG …

Mit der Dampflock durch das Vale dos Vinhedos von Bento Gonçalves über Garibaldi bis zum Weinstädtchen Carlos Barbosa – dazu lädt ein die **Maria Fumaça,** eine betagte deutsche Dampflok von 1941. Die Landschaft ist bei diesem Ausflug (24 km) eher Nebensache, denn während der lustigen Fahrt ziehen Musikanten von Wagen zu Wagen und auf den Bahnhöfen werden Wein und Käse gereicht.

Maria Fumaça: Reservierung Tel. 054 34 55 27 88, https://giordaniturismo.com.br, ab Estação Ferroviária Bento Gonçalves, Mi, Sa, So (Nov.–Jan., Juli tgl.) 9 u. 14 Uhr, 3 Std., 235 R$ inkl. Proben, der Rücktransport von Carlos Barbosa erfolgt per Bus.

Aparados da Serra und Serra Geral ▶ 2, J/K 16

*Bisweilen sehr unberechenbare Wetterverhältnisse; wegen der schwierigen Anreise empfiehlt sich eine Gruppentour, von Gramado aus über die Agentur **Jardineira das Hortênsias** (Av. das Hortênsias 1710, Gramado, Tel. 054 992 43 65 05, https://jardineiradegramado.com.br)*

An der Grenze zwischen Rio Grande do Sul und Santa Catarina erstrecken sich unweit der Küste der **Parque Nacional Aparados da Serra** und der **Parque Nacional da Serra Geral,** deren Hauptattraktion große Canyons sind. Ihre Entstehung geht auf gewaltige Erd- und Lavabewegungen vor ca. 130 Mio. Jahren zurück. Der **Cânion Faxinal** ist wegen dichter Vegetation schlecht einsehbar und daher wenig besucht. Die **Cânions Três Irmãos** und **Malacara** eignen sich eher für Gäste mit bergsteigerischer Erfahrung, am interessantesten und berühmtesten sind **Itaimbézinho** und **Fortaleza** (s. Aktiv).

Cambará do Sul ▶ 2, J 16

Der kleine Ort, knapp 190 km von Porto Alegre, gilt als Tor zu den Nationalparks. Ansonsten hat das auf einer Höhe von 1031 m gelegene Städtchen nicht allzuviel zu bieten, außer, dass im Winter hier immer Brasiliens niedrigste Temperaturen gemessen werden.

Übernachten

Nette Pousada – **Pousada Encanto dos Cânions:** Rua Dona Úrsula 352 (Centro), Tel. 054 999 71 32 97, www.pousadaencantodoscanions.com.br. Eine angenehme und günstige Basis für die Ausflüge in die Canyons. €

Verkehr

Bus: Es gibt leider keine direkte Verbindung von Porto Alegre aus. Busse von **Citral,** www.citral.tur.br, fahren um 6 u. 13.30 Uhr nach São Francisco de Paula, von dort weiter um 17 Uhr, Fahrzeit insg. ca. 6 Std., 44 bzw. 29 R$. Wir empfehlen einen Mietwagen.

Florianópolis, Ilha de Santa Catarina und deutsche Kolonien

Florianópolis, die schönste Stadt Südbrasiliens, wird von den Einheimischen Floripa genannt. Trotz ihrer knapp 550 000 Einwohner wirkt die Hauptstadt von Santa Catarina eher provinziell und fasziniert durch ihre Lage auf der direkt dem Festland vorgelagerten Ilha de Santa Catarina. Sie ist eines der beliebtesten Ferienziele des Landes. In der weiteren Umgebung locken kleinere Badeorte, Städtchen und drei deutsche Kolonien.

Florianópolis

▶ 2, L 14

Karte: S. 406

Die zwischen 1922 und 1926 erbaute **Ponte Hercílio Luz** (Abb. S. 379), eines der Postkartenmotive der Stadt, ist mit 819 m Länge und zwei 75 m hohen Türmen die größte Hängebrücke Brasiliens. Bis zum Ende der 1970er-Jahre war sie die einzige Verbindung zwischen Festland und Insel. Heute wird sie nicht mehr befahren, stattdessen erreicht man die 18 km breite und 54 km lange **Ilha de Santa Catarina** über eine andere, 500 m lange Betonbrücke, auf der sich oft der Verkehr staut. Wegen ihrer grünen Hügellandschaft, die zu 40 % unter Naturschutz steht, der vielen Seen und an die 100 Strände ist sie ein wahres Paradies, in dem jegliche Industrieansiedlungen verboten sind. Im Sommer kann es jedoch etwas eng und laut werden, wenn zahlreiche Touristen aus Argentinien, Brasilien und dem Rest der Welt hier massenhaft einfallen. Dabei hält es die wenigsten im urbanen Zentrum selbst. Während Argentinier und Familien sich im umtriebigen Inselnorden am wohlsten fühlen, schätzen Surfer, Backpacker und Individualreisende die Bars und Restaurants an der Lagoa da Conceição und die ausgedehnten Strände von Campeche und Joaquina. Naturliebhaber dagegen suchen eher den etwas abgeschiedenen Süden der Insel auf. Invasionen ist die Insel gewohnt, die Geschichte ihrer Kolonisation erinnert wie kaum eine andere in Brasilien an einen Abenteuerfilm voller Action und Gräuel.

Bandeirantes, Piraten und Azoreaner

Entdeckt wurde die von den Carijó bewohnte Insel zwar schon 1503 durch den portugiesischen Seefahrer Gonçalo Coelho, doch ihre Kolonisierung begann erst um 1675 mit der Ankunft des *bandeirante* Francisco Dias Velho aus Santos (São Paulo), zusammen mit seiner Frau, drei Töchtern, zwei Söhnen, einer weiteren Familie, zwei Pastoren und 500 Indigenen. Zunächst verlief alles reibungslos. Als Erstes wurde natürlich eine kleine Kirche errichtet – heute steht dort die Catedral de Florianópolis, dann baute man Häuser und begann mit dem Ackerbau.

Doch war die Insel schon länger ein Zufluchtsort für Piraten. Als ein korsisches Piratenschiff unter dem Kommando von Robert Lewis mit reicher Silberbeute aus Peru in Canasvieiras vor Anker ging, gelang es Dias Velho noch, die unliebsamen Gäste überraschend zu schlagen und die gesamte Ladung zu erbeuten. Doch die grausame Rache ließ nicht lange auf sich warten. Ein Jahr später kam derselbe Korse zurück, ermordete Dias

Velho, vergewaltigte seine drei jungen Töchter und bemächtigte sich des ihm entwendeten Silberschatzes. Verständlich, dass der Rest der Familie Dias Velho die Insel verließ, doch in den anderen 27 Dorfbehausungen ging das Leben weiter, in Nachbarschaft zu einigen Indigenen und auf die Insel verbannten Sträflingen.

Die eigentliche Entwicklung von Florianópolis begann jedoch erst mit einer groß angelegten Umsiedlungsaktion, als zwischen 1747 und 1756 auf Anweisung der portugiesischen Krone mehr als 5000 Bewohner des überbevölkerten und von Naturkatastrophen geplagten Azorenarchipels auf die Ilha de Santa Catarina kamen. Die ersten Immigranten ließen sich in der Nähe der Kirche nieder, der heutigen Rua dos Ilhéus. Ihre Arbeit bestand ursprünglich in der Errichtung von vier noch heute zu besichtigenden Festungen (Fortaleza de Santa Cruz, de São José da Ponta Grossa, de Santana und Santo Antônio dos Ratones), um die Insel vor den Attacken spanischer, belgischer und holländischer Piraten zu schützen. Die Azoreaner drückten der Region bald unverkennbar den Stempel ihrer Kultur, Sitten und Gebräuche auf, heute noch deutlich vor allem in der Architektur der Inselörtchen Santo Antonio de Lisboa und Ribeirão da Ilha.

Ein Samstag im Zentrum

Einen Spaziergang durch **Florianópolis** kann man natürlich jederzeit unternehmen, am besten eignet sich jedoch ein Samstag. Es ist der Tag der Öffenlichkeit und der Straßenfeste, eine gute Gelegenheit, die kulturell interessantesten Punkte von Florianópolis zugleich als Treffpunkte der Bevölkerung zu erleben. Ohne dass es irgendjemand geplant oder organisiert hätte, ist seit einigen Jahren der Samstag ein Festtag, und zwar von früh bis spät. Selbst eine gewisse Reihenfolge der Treffpunkte hat sich eingebürgert.

Praça 15 de Novembro

Am Vormittag trifft sich alles um diesen Platz, mit einem gewaltigen, 1891 gepflanzten Feigenbaum in der Mitte und einem Markt für Kunsthandwerk eines der Haupttouristenziele im Zentrum. Gleich am Platz befindet sich der durch seinen rosafarbenen Anstrich auffallende **Palácio Cruz e Sousa** von 1770, er war bis 1984 Regierungssitz. Sein Name ist eine Hommage an den 1861 als Kind von Sklaven geborenen Dichter João da Cruz e Sousa, einen der bedeutendsten Symbolisten Brasiliens, der sich auch im Kampf für die Abschaffung der Sklaverei hervortat. Heute beherbergt er das **Museu Histórico de Santa Catarina** (Nr. 277, Di–Fr 10–17, Sa 10–13 Uhr, 5 R$), die Architektur des Palasts ist sein interessantestes Exponat.

Die **Catedral Metropolitana** (hinter der Kopfseite des Platzes) von 1773 ist weniger schön und wegen zahlreicher baulicher Veränderungen eher ein Beispiel für stilistischen Eklektizismus.

Man trifft sich (nicht nur samstags) in der Markthalle von Florianópolis

Markthallenfest

Gegen Mittag verlassen wir ebenso wie die Einheimischen den Hauptplatz, flanieren ein Stück durch die verkehrsberuhigte **Rua Felipe Schmidt,** die Hauptgeschäftsstraße der Stadt, zur **Igreja São Francisco** aus dem Jahr 1815, älteste Ordenskirche der Stadt, deren Ziegel noch mit Walfischtran gemauert wurden (Mo–Sa 8–17 Uhr) und dann nach links zum alten **Mercado Público** (Rua Jerônimo Coelho 60, Mo–Fr 10–22, Sa 10–17, So 11–17 Uhr), einer typischen Markthallenkonstruktion im Kolonialstil aus dem Jahr 1898. Tische und Stühle sind aufgebaut und über hundert kleine Läden, sogenannte Boxen, bieten Kunsthandwerk, Kleidung, kulinarische Happen und kühles Bier. Die Box 32 ist eine Institution auf der Insel und beliebt bei Einheimischen wie Touristen. Ansonsten setzt man sich einfach in den überdachten Innenhof.

Außer Pagode-Livemusik hört man typische Klänge der Region und kann gelegentlich dem Volkstanz *boi de mamão* beiwohnen, gewissermaßen die südbrasilianische Version des *bumba-meu-boi* aus dem Nordosten. Es versammeln sich zuweilen über 1000 Menschen, singend, tanzend und flirtend, ein Beweis dafür, dass auch die eher als reserviert geltenden Südbrasilianer besonders ausgelassen feiern können.

Ilha de Santa Catarina

▶ 2, L 14

Karte: S. 406

Die Insel, wegen ihrer landschaftlichen Reize auch Ilha da Magia genannt, ist mit 412 km^2 eine der größten Brasiliens. Von ihren fast 100 Stränden sind die folgenden vier, alle an der Nordspitze der Insel gelegen, die tou-

ristisch erschlossensten, damit jedoch nicht unbedingt die schönsten.

Canasvieiras und Jurerê

Der 3 km lange, aber schmale **Strand** von **Canasvieiras** 1 besitzt die beste Infrastruktur und ist im Sommer recht überfüllt. Er bietet flaches, ruhiges Wasser, der ideale Familienstrand.

Neben Canasvieiras liegt das kleinere **Jurerê** 2 mit seinem Promenadenlaufsteg der Eitelkeiten (2 km) und den Strandklubs für die Party der Schickeria.

Praia dos Ingleses/ Praia do Santinho 3

Etwas ruhiger geht es trotz der auch hier zahlreichen Argentinier in **Ingleses** zu, dessen Name von einem gestrandeten englischen Schiff herrührt. Hier kann man sich statt in Hotels oder Pousadas auch in privat angebotenen Bungalows und Apartments einquartieren. Der **Strand** ist breiter als der von Canasvieiras und hat eine Ausdehnung von 5,2 km mit einer großen Düne im Hintergrund. Gleich im Anschluss an Ingleses endet die Straße an der kleinen **Praia do Santinho.** Die teilt man sich mit den Gästen des herrschaftlich zwischen Sand und Hügel eingebetteten Costão do Santinho Resort Golf & Spa, einer der exklusivsten Ferienanlagen des ganzen Südens.

Inseltouren

Von den Hauptstränden des Nordens aus werden Inseltouren angeboten, bei denen vor allem die sehenswerte **Lagoa da Conceição** 4 angesteuert wird, dann die für Sandboarder und Surfer interessante **Praia da Joaquina** 5 (Joaca) und im südlichen Teil der Insel der **Morro das Pedras** 6 mit seiner ungestümen Brandung.

Dann geht die Fahrt weiter zur ehemaligen Walfängersiedlung **Armação** 7 mit ihrer eigentümlichen kleinen Kirche von 1772. Auf dem Rückweg werden schließlich noch die beiden an der kontinentalen Seite gelegenen ersten Azoreanersiedlungen **Ribeirão da Ilha** 8 (malerisch gelegene, auf Austern und Meeresfrüchte spezialisierte Restaurants) und **Santo Antônio de Lisboa** 9 mit ihren charakteristischen kleinen Reihenhäuschen und Kirchen angesteuert. Von Santo Antônio aus genießt man zugleich einen der schönsten Blicke auf die Bucht von Florianópolis mit den Silhouetten der Avenida Beira Mar und den Lichterketten der Ponte Hercílio Luz, dem Wahrzeichen der Ilha da Magia.

Der ursprünglichere Süden

Im Gegensatz zum Inselnorden bietet der Süden einen ›sanften‹ Tourismus an. Die Berge reichen mitunter bis ans Meer, versteckte Strände und Wasserfälle lassen sich nur zu Fuß erreichen, traditionelle Wanderpfade führen durch reizvolle Naturschutzgebiete. Die über 4000 Jahre alten **Höhlenzeichnungen** auf der kleinen Insel **Ilha do Campeche** 10 gehören ebenso zu den Besucherattraktionen wie die **Wale.** Sie kann man zwischen Juni und Oktober vor der Küste beobachten: besonders an den **Stränden von Campeche** 11 und **Armação** 12. Die schönsten Flecken sind das Fischerdorf **Pântano do Sul** 13, die nur zu Fuß erreichbare **Praia do Matadeiro** 14 und die unbewohnte **Lagoinha do Leste** 15.

Infos

https://guiafloripa.com.br
Infokioske: im Mercado Público, Box 79, Tel. 048 32 40 44 07, Mo–Fr 8–18, Sa 9–14 Uhr und in der Rodoviária während der Hochsaison.

Übernachten

Auf der Insel werden häufig private Apartments oder Bungalows zu günstigen Preisen angeboten, vor allem im Norden bei Ingleses und Canasvieiras.

Abseits vom Trubel – **Pousada Ilha Faceira:** Rua das Corticeiras 183 (Praia do Campeche), Tel. 048 33 64 04 21, www.ilhafaceira.com.br. Modernes Strandhaus mit komfortablen Zimmern verschiedener Größe. Großer Gemeinschaftsbereich mit Pool und Kinderspielplatz. Ruhige, privilegierte Lage und nur einen Sprung von der Praia do Campeche: Zusammen mit der Praia Joaquina sind das fast 7 km Strand! €€

Sophisticated – **LK Design Hotel:** R. Bocaiúva 1755, Zentrum, an der Av. Beira-Mar Norte, 048 31 12 22 33, https://lkdesignhotel.com.br. Floripas neuestes Cityhotel der Luxusklasse: minimalistisches Design, geräumige Zimmer mit privilegierten Ausblicken auf Stadt oder Meer, großer Rooftopbereich mit offenem Pool, Restaurant mit vorzüglicher regionaler Küche. €€€

All Exclusive – **Costão do Santinho Resort:** Estrada Vereador Onildo Lemos 2505, Praia do Santinho, Tel. 048 32 61 10 00, https://costao.com.br. Schwer zu sagen, was mehr beeindruckt, die traumhafte Lage des Resorts zwischen Meer, Sanddünen und Wald, oder das Mega-Freizeitangebot von Surfunterricht, Spa und Kino bis zu Kindergarten und Golf. €€€

Backpacker – **Floripa Hostel – Centro:** Rua Duarte Schutell 227, Tel. 048 30 30 80 74, www.floripahostel.com.br. Gepflegtes HI-Hostel, noch zentral, mit Gästeküche. Zimmer mit 2 bis 10 Betten. €

Essen & Trinken

Austern – Florianópolis ist Brasiliens größter Austern-Zuchtplatz und die Meeresspezialität stets frisch. Ungezwungen und günstig ist **Freguesia Oyster Bar** (Rua 15 de Novembro 179, Santo Antônio de Lisboa, Tel. 048 988 50 10 55, Mo–Sa 10–23, So bis 19 Uhr, €€), etwas teurer – auch wegen der idyllischen Uferlage mit Deck über dem Wasser – **Ostradamus** (Rodovia Baldicero Filomeno 7640, Ribeirão da Ilha, Tel. 048 33 37 57 11, www.ostradamus.com.br, Di–Sa 10–23, So 12–19 Uhr. €€€).

An der Lagune – **Bar do Boni:** Av. das Rendeiras 2232 (Lagoa da Conceição), Tel. 048 32 32 11 39, https://bardoboni.com.br, So–Mi 11–1, Do–Sa 11–2 Uhr. In über 60 Jahren von der rustikalen Fischerkneipe zum beliebten Point für Fisch, Meeresfrüchte und Sonnenuntergang (mit Livemusik) direkt an der Lagoa. €€

Italiener – **Macarronada Italiana:** Av. Jornalista Rubens de Arruda Ramos 2458 (Beira-Mar Norte), Tel. 048 32 23 26 66, www.macarronada.com.br, tgl. 11–23 Uhr. Einer der beliebtesten Italiener der Stadt. Pizza. €€

Sandsurfer auf den Dünen der Praia da Joaquina

Zettelbar – **Bar do Arante:** Rua Abelardo Otacílio Gomes 254 (Pântano do Sul), Tel. 048 32 37 70 22, Mo–Do 11.30–18, Fr–So bis 24 Uhr. Einfaches Strandlokal, berühmt wegen der unzähligen (geschätzt 70 000!) Zettel an Wänden und Decken. Früher war das Restaurant ein kleiner Laden und Campertreffpunkt, wo man mit Infozetteln darüber informierte, wer gerade wo auf wen wartete.

Abends & Nachts

Party rund um die Uhr – Im Sommer wird die Ilha da Magia zu einem der Partyhotspots Brasiliens. Der Jetset trifft sich vor allem am Strand von Jurerê Internacional und zwar im **P(arador) 12** oder im **Cafe de la Musique.** Normaleres Publikum begegnet sich um die **Lagoa da Conceição,** z. B. in der **Bar DeRaiz** (Avenida Prefeito Acacio Garibaldi S. Thiago 1777, auf dem Weg zur Praia Joaquina, Di, Do–So 22–4 Uhr), Forrô und Reggae live vor den Sanddünen, junges Publikum. Im **John Bull Pub** (Av. das Rendeiras 1046, https://johnbull floripa.com.br, Do–So 22–4 Uhr), tanzt man zu Rock'n'Roll, Reggae und Blues (live).

Aktiv

Sport- und Abenteuertourismus – s. Tipp S. 411

Schiffstouren – **Agência Scuna Sul:** Tel. 048 32 66 18 10, www.scunasulcom.br. Die vierstündige Fahrt in einem Schoner zur Ilha de Anhatomirim vorbei an der Baía Norte und zwei kleineren Inseln mit Halt zum Mittagessen erfreut sich großer Beliebtheit. Start am Strand von Canasvieiras (150 R$).

Stand-up Paddle – **Floripa Sup Cup:** Av. das Rendeiras 1672, Tel. 048 999 91 35 35, www.floripasupclub.com.br. Ausrüstung und kompetente Anleitung für's Paddeln auf der Lagoa da Conceição.

Surfen – **Marco Polo Surf:** Rua Cristóvão Luís Martins 230 (Campeche), Tel. 048 988 64 13 13, www.marcopolosurf.com. Surfkurse auch für Kids und Fortgeschrittene (Einzelne und Gruppen). Vor allem an der **Praia Joaquina** und der **Praia Brava** kann man gut ganzjährig wellenreiten.

Tauchen – Die besten Reviere finden sich bei den östlich gelegenen Inseln, vor allem bei Arvoredo, Deserta, Calhau de S. Pedro, Xavier, Campeche, Três Irmãs und Moleques. Die Tauchschule **Acquanauta** (Tel. 048 999 33 00 62, www.acquanautafloripa.com.br) bietet Kurse und Tauchausflüge an, Ausrüstungsverleih.

Termine

Festa da Tainha: Juni/Juli. Volksfest rund um Meeräsche als Basis der regionalen Fischerei und Küche, mit Tanz (*boi-de-mamão* u. a.) und Musikshows im Mercado Público.
Fenaostra: Aug. Ebenfalls ein gastronomisches Volksfest, bei dem es jedoch um Austern geht. Um die Insel herum werden ganze 60 Austernfarmen betrieben.

Verkehr

Flugzeug: Der **Aeroporto Internacional Hercílio Luz** (Av. Dep. Diomício Freitas 3393, Carianos, www.floripa-airport.com) liegt 11 km südlich des Zentrums auf der Insel. Transfer ins Zentrum mit Flughafenbussen Executivo (Linie 4131) oder Conventional (Linie 431) bis 24 Uhr, Aufschrift »Corredor Sudoeste/TICEN «, oder per Uber/Taxi.
Bus: Die **Rodoviária Rita Maria** (Av. Paulo Fontes 1101, Centro, www.rodoviariadeflorianopolis.com) liegt in der Innenstadt. **Verbindungen** u. a. nach Blumenau **(Catarinense,** www.catarinense.net, 12 x tgl. bis 22 Uhr, 2,5 Std., 66 R$), Joinville **(Catarinense,** s. o., 8 x tgl. bis 20.30 Uhr, 3 Std., 79 R$), Curitiba **(Catarinense,** s. o., 13 x tgl. bis 24 Uhr, 4,5 Std., 82–162 R$), Foz do Iguaçu **(Catarinense,** s. o., 3 x tgl., 16 Std., 195–372 R$), Porto Alegre **(Eucatur,** www.eucatur.com.br, 4 x tgl. bis 23.55 Uhr, 6,5 Std., 96–159 R$), São Paulo **(Catarinense,** s. o., 7 x tgl. bis 22.15 Uhr, 11 Std., 153–390 R$).
Zu den Küstenorten von Santa Catarina: nach Balneário Camboriú **(Catarinense,** s. o., stdl. 6.45 bis 22 Uhr, 1,5 Std., 32 R$), Garopaba **(Santo Anjo,** www.santoanjo.com.br, 4 x tgl 6.30, 12, 13.30 u. 17.40 Uhr, 2 Std., 36 R$)
Stadtbusse: Die Busse verkehren zwischen dem **Hauptterminal TICEN** im Zentrum neben der Rodoviária und fünf weiteren Umsteigeterminals auf der Insel. Von dort aus geht es weiter in die kleineren Orte. Zur Lagoa da Conceição fährt man bis Terminal TILAG, in den Inselsüden gelangt man durch Umsteigen im Terminal Rio Tavares (TIRIO, bei Campeche). Man spart mit der Mehrfahrkarte ***Passe Rápido Turista,*** erhältlich am TICEN. Neben den normalen Stadtbussen (6 R$) verkehren komfortable gelbe Executivo-Busse, die direkt zu den Stränden oder zur Lagoa da Conceição fahren (15 R$). Zustieg im Zentrum Rua Tenente Silveira 162.
Mietwagen: Wegen der Größe der Insel sind Leihwagen zu empfehlen, Niederlassungen am Flughafen von Florianópolis unterhalten u. a. **Movida** (24-Std.-Tel. 0800 606 86 86, www.movida.com.br) und **Localiza** (Tel. 0800 979 20 20, www.localiza.com/brasil/pt-br).

Garopaba ▶ 2, L 15

69 km nördlich von Laguna bzw. 100 km südlich von Florianópolis (von dort zwei Busstunden) liegt der je nach Saison mehr oder weniger kleine Ort **Garopaba.** Der Name geht zurück auf den zusammengesetzten Begriff *Y-Gara-Paba* aus der Sprache der Carijó und bedeutet wörtlich Viel Wasser, viel Fisch, viele Berge. Im 17. Jh. ursprünglich eine Azoreanersiedlung, dann ein Fischerdorf, nahm der touristische Aufschwung in Garopaba mit den Hippies und Rucksacktouristen der 1970er-Jahre seinen Anfang und hörte fortan nicht mehr auf.

Von der einstigen Idylle ist heute – zumindest in der Saison – allerdings nicht mehr viel übrig geblieben, wenn der 21 000-Einwohner-Ort vorübergehend um ein Vielfaches anwächst. Allein der alte **Dorfkern** mit der kleinen Kolonialkirche besitzt wohl noch etwas Ursprüngliches, doch um ihn herum machen zahllose Restaurants und Bars den Ort zu einem belebten Vergnügungszentrum.

Strände

Garopaba besitzt viele schöne Strände. Von Norden nach Süden sind es die entferntere **Praia da Gamboa** (einsam wegen des schwierigen Zugangs, allerdings mit gefährlichen Untiefen und Strömungen), **Praia do Siriú** (5 km lang mit hohen Sanddünen beim Rio Siriú, fischreich), **Praia de Garopaba** (städtisch und belebt, viele Bars, Restaurants und Pousadas), **Praia da Vigia/Prainha** (100 m lang, ruhiger), **Praia do Silveira** (wegen des guten Swell einer der beliebtesten Surferstrände Santa Catarinas), **Praia da Ferrugem** (Surfer- und Jugendtreff), **Praia da Barra** (mit denkmalgeschützter ehemaliger Grabstätte der Carijó), **Praia do Ouvidor** (1 km lang, starke Wellen, gefährliche Untiefen) und die **Praia Vermelha** (sehr reizvoll). 18 km von Garopaba entfernt liegt die **Praia do Rosa.** Der nur 2 km lange Strand zählt zu den schönsten Südbrasiliens. Reizvoll erstreckt er sich zwischen grünen Hügeln und blauen Lagunen.

Übernachten

Aussichtsreich – **Pousada Vida Sol e Mar:** Zufahrt über die Estrada Geral do Rosa, Tel. 048 33 55 61 11, www.vidasolemar.com.br. Die argentinischen Betreiber bieten komfortable Zimmer, Apartments und ganze Häuser mit herrlichem Ausblick. Von Juni bis November, wenn der Küstenabschnitt zur Kinderstube mächtiger Glattwale *(baleia franca)* wird, die hier ihre Neugeborenen säugen, werden in Zusammenarbeit mit der Schutz- und Forschungsorganisation Instituto Baleia Franca Ausflüge zu den besten Spots zur Walbeobachtung unternommen. €€

Balneário Camboriú

▶ 2, L 14

84 km nördlich von Florianópolis (1,5 Busstunden) liegt das sommerliche Strandeldorado vermögender brasilianischer Urlauber aus dem südlichen Landesinnern und vieler Badegäste aus dem benachbarten Argentinien.

Der erst 1964 gegründete Badeort expandiert exzessiv und zählt heute 110 000 Einwohner. Die Skyline am Stadtstrand, beherrscht von Brasiliens höchsten Wolkenkratzern und gesegnet mit den teuersten Quadratmeterpreisen des Landes, erweckt den Eindruck einer Millionenstadt.

Im ganzen Baueifer nicht einkalkuliert hatte man indes die Schatten, welche die Betontürme auf den Strand warfen. Kein Problem! In einer 15 Mio. € teuren Operation wurde der Strand 2021 mit aufgeschüttetem Sand einfach verbreitert.

Inbegriff einer Boomtown, wird Camboriú heute als ›brasilianisches Dubai‹ bezeichnet. Während der Hochsaison drängen sich hier ca. 2 Mio. Gäste, um Ferien à la Mallorca zu verbringen. Selbst Rio will man Konkurrenz machen, denn auch hier gibt es eine Christusstatue.

Cristo Luz

Rua Indonésia 800 (Bairro das Nações), Tel. 047 33 67 40 42, www.cristoluz.com.br, kostenloser Transfer von Haltestellen in der Av. Brasil im Zentrum, Mi–Sa 16–24, So 10–24, Sommer tgl. 10–24 Uhr, 55 R$

Die **Christusstatue** ist 33 m hoch und wird abends beleuchtet. Vom Panoramarestaurant (Pizzaria) aus hat man einen schönen Blick auf die Stadt.

Avenida Atlântica und Praia Central

Busse der Linie 110 fahren kostenlos jede halbe Std. (tgl. 7–24 Uhr) entlang der Av. Atlântica vom Riesenrad (Nord) bis zur Seilbahnstation an der Barra Sul (Süd), und zurück über die Av. Brasil

Fast alles Leben konzentriert sich an der **Avenida Atlântica** bzw. **Beira-Mar,** der 6 km langen Hauptstraße mit modernen Apartment-Hochhäusern, Hotelketten, Bars, Restaurants, Geschäften und Boutiquen. Vieles erinnert an die Copacabana, es ist nur moderner, voller und belebter. Im Sommer ist richtig etwas los. Wer Rummel, Kontakte und Nightlife sucht, kommt hier bestimmt auf seine Kosten.

Dort liegt auch der während der Saison stets überfüllte Hauptstrand, die **Praia Cen-**

tral. Ihr nördliches Ende wird markiert durch ein weithin sichtbares **Riesenrad** (Mi–Mo 9–21 Uhr, 56 R$), am südlichen Ende schwingt sich eine **Seilbahn** in die Höhe zum Parque Unipraias. Trotz Verbreiterung werfen die Hochhäuser nachmittags hier schnell ihre Schatten und das Meerwasser besitzt eine bisweilen verdächtig trübe Farbe.

Parque Unipraias

Av. Atlântica 6006, Tel. 047 34 04 76 00, www. unipraias.com.br, tgl. 9.30–17.30 Uhr, 60 R$, Kinder u. Senioren 30 R$ inkl. Seilbahn (teleférico), letzte Auffahrt 17 Uhr, Parque de Aventuras Sommer tgl. 9–20 Uhr

Sehr beliebt ist die 3,2 km lange Fahrt mit der **Kabinen-Drahtseilbahn** ab der Barra Sul am Ende der Avenida Atlântica. Einen Halt gibt es auf einem Bergrücken bei der **Estação Mata Atlântica** mit kleinen Spazierwegen, Aussichtspunkten und dem Märchenpark **Fantástica Floresta** (40 R$). Zu den weiteren angebotenen Aktivitäten gehört u. a. der **Ziprider,** eine Seilrutsche, die bis hinunter zum Strand auf der anderen Bergseite führt (68 R$).

Sehr viel gemächlicher gondelt die Seilbahn weiter bis zur **Praia das Laranjeiras** an einer bezaubernden Bucht, umringt von Atlantischem Regenwald. Das ruhige Meer mit sauberem, grün schimmerndem Wasser ist ideal zum ungefährlichen Baden, Fischen und Tauchen. Neben einigen Bars und Restaurants gibt es auch einen Campingplatz.

Weitere Strände

Die nächsten Strände, **Taquaras** und **Taquarinhas,** sind ebenfalls landschaftlich reizvoll,

SPORT- UND ABENTEUERTOURISMUS

Der südliche Bundesstaat Santa Catarina bietet mit die besten Optionen für den naturnahen, sportlich-radikal ausgerichteten Ökotourismus. An der 500 km langen **Küste** mit vielen ruhigeren Buchten finden sich gute Bedingungen für **Segler** und **Surfer.**

Taucherparadiese sind die **Reserva Biológica Marinha do Arvoredo** und die **Ilha de Porto Belo** nördlich von Florianópolis.

An vielen Stellen gibt es Möglichkeiten zum **Drachenfliegen, Paragliding** und **Mountainbiking.**

Von Juni bis November kann man an den südlichen Küstenabschnitten **Glattwale** *(baleias franca)* beobachten, besonders an der **Praia do Rosa.**

Im **Hinterland,** einer Region mit vielen Tälern, Flüssen und Wasserfällen in reicher Natur, sind neben **Wanderungen** und **Radtouren** auch extremere Sportarten wie **Abseilen** *(rapel),* **Canyoning, Cascading** und **Rafting** möglich. Der **Rio Itajaí-Açu** ist einer der besten Flüsse Brasiliens für Kanu-Wildwasserfahrten. Hügellandschaften mit Erhebungen bis zu 2000 m locken Kletterer, Wanderer und Reiter.

Aventura do Brasil: Av. Rio Branco 404, Florianópolis (Centro), Tel. 048 32 06 23 35, www. aventuradobrasil.de. Ein guter Ansprechpartner für die genannten und weitere Aktivitäten auf der Ilha de Santa Catarina ist diese deutschsprachige Agentur.

jedoch wegen der hohen Wellen zum Baden weniger geeignet.

Dahinter liegt die **Praia do Pinho,** der erste offiziell anerkannte brasilianische FKK-Strand mit ruhigem und sehr sauberem Wasser, einem Restaurant und zwei Campingplätzen.

Schön liegen auch die Strände **do Estaleiro** und **Estaleirinho,** nur behindert hier starker Wellengang oft das Badevergnügen. In nördlicher Richtung, kurz vor der Grenze zu Itajaí, ist die einsamere **Praia dos Amores** am reizvollsten.

Blumenau ► 2, K 14

Cityplan: S. 413
In 2,5 Busstunden ist man in der deutschesten Kolonie ganz Brasiliens, um die 40 % der 361 000 Einwohner halten sich für deutschstämmig. Ohne Übertreibung kann man sagen, dass nirgendwo auf der Welt – Deutschland mit eingeschlossen – germanische Traditionen so kultiviert werden wie hier, besonders das berühmte Oktoberfest.

Dabei begann alles sehr beschwerlich. Am 2. September 1850 kam eine Gruppe von 17 Pionieren, um das Land zu besiedeln, das die Kolonialregierung dem deutschen Pharmazeuten Hermann Bruno Otto Blumenau aus Hasselfelde zugebilligt hatte. Die deutschen Pioniere waren so anständig, dass sie von Anfang an auf den damals noch üblichen Einsatz von Sklaven verzichteten. Ein Reisender mit Sklaven durfte höchstens 24 Stunden in Blumenau verweilen. 30 Jahre später erhielt der Ort schon das Stadtrecht und zugleich den ersten, jedoch vorerst einzigen Webstuhl.

Heute befindet sich in Blumenau der zweitgrößte Textilpark Brasiliens. Einen Namen gemacht hat sich dabei vor allem die Firma Hering, deren Läden heute in allen Einkaufsstraßen und Shoppingmalls des Landes zu finden sind. Ein wichtiger Wirtschaftszweig sind auch die hiesigen Kristallerzeugnisse, die man u. a. bei einem Gang durch die Hauptgeschäftsstraße Rua 15 de Novembro immer wieder sieht. Auch die Werksverkäufe sowohl der Textil- als auch der Glasfabriken haben großen Zulauf.

Die Stadt weist einen der höchsten Lebensstandards in Brasilien auf. Es existiert praktisch keine Arbeitslosigkeit. Auch auf kulturellem und wissenschaftlichem Gebiet kann man glänzen: Die Stadt hat eine Universität, eine große Stadtbibliothek, sieben Museen, und in seinem Theater (Carlos Gomes) spielt eines der besten Kammerorchester Brasiliens.

Deutsche Traditionen

Blumenau wirbt mit der alten Heimat. Alte Fachwerkhäuser gibt es kaum noch im Stadtbild, dafür um so mehr Zierleisten, die Fachwerk vortäuschen sollen. Die **Prefeitura Municipal** (Rathaus) 1 sieht man auf jeder Postkarte, auch das Kaufhaus **Castelinho** 2 , ein Nachbau des mittelalterlichen Rathauses von Michelstadt, darf nicht fehlen. Die Lokale bieten typische deutsche Kost wie Eisbein mit Sauerkraut und zum Oktoberfest spielen die Kapellen von über 30 Schützenvereinen zum Tanz auf, während Gerstensaft in Strömen fließt. Nicht selten hört man noch deutsche Sprachbrocken, und sei es auch nur ein »Prosit!«. Die Bierrechnung der cleveren Stadtregierung ging jedenfalls auf.

Museu da Família Colonial 3

Alam. Duque de Caxias 78 (Rua das Palmeiras, Centro), Tel. 047 33 81 75 16, Di–So 10–16 Uhr, 10 R$, Kinder u. Senioren 5 R$
Einen Eindruck aus den frühen Tagen der Siedlung vermittelt dieses **Museum.** Der kleine Museumskomplex besteht aus drei Fachwerkhäusern aus dem 19. Jh. samt damaligem Mobiliar und persönlichen Utensilien des Stadtgründers sowie einem Garten mit künstlerischen Katzenskulpturen und dem gepflegten Katzenfriedhof einer ehemaligen Bewohnerin, einer Großnichte von Dr. Blumenau.

Oktoberfest – Um, dois, g'suffa!

https://oktoberfestblumenau.com.br, 17 Tage im Okt.
Die geschäftstüchtigen Blumenauer haben jedoch erst richtig von sich reden gemacht

Blumenau

Sehenswert

1 Prefeitura Municipal
2 Castelinho
3 Museu da Família Colonial
4 Parque Vila Germânica
5 Museu da Cerveja
6 Museu Ecológico Fritz Müller

Übernachten

1 Hotel Plaza
2 Hotel Ibis

Essen & Trinken

1 Thapyoka
2 Sushi Yuzu
3 Abendbrothaus

durch ihr großes **Oktoberfest,** heute eines der größten Volksfeste Brasiliens. Die gigantische Vermarktung deutscher Trachten-, Hymnen- und Humpenkultur bedurfte allerdings erst zweier großer Überschwemmungen (1983, 1984), welche sowohl die Stadt als vor allem auch die Stadtkasse so gut wie ruiniert hatten. Rettung bringen sollte die Etablierung eines riesigen Bierfests nach der bewährten Art des Münchner Oktoberfests: Im ersten Jahr flossen gleich 103 000 l Bier, heute sind es schon fast 700 000 l. Dazu werden 28 000 Teller Eisbein mit Sauerkraut verspeist. Beim größten Deutschstämmigen-Fest Lateinamerikas haben schon im ersten Jahr nach der Pandemie wieder 700 000 Besucher alles in allem 4,6 Mio. € umgesetzt, bei zivilen Preisen im Vergleich mit München – 1 Schoppen Helles (400 ml) kostet 3 €. Man setzt dabei verstärkt auf Münchner Know-how, Delegationen besuchen und beraten sich gegenseitig.

So werden mehrere **Blaskapellen** eigens aus Deutschland eingeflogen, um zusammen mit weiteren 30 Musikgruppen die Stadt 19 Tage lang jeden Morgen an allen strategisch wichtigen Punkten aus dem Schlaf zu reißen. Mehrmals die Woche finden in der Stadt große **Umzüge** statt. Der traditionelle **Bierwagen** verteilt Freibier zum Frühstück und zum Feierabend. Ansonsten geht es zum **Parque Vila Germânica** 4, wo sich die Feierlichkeiten konzentrieren. Das große Messegelände, 15 Gehminuten westlich des Zentrums, umfasst die in Beton gegossene Nachbildung eines mittelalterlichen deutschen Kleinstädtchens mit Türmen, Erkern und Fake-Fachwerk als Kulisse für Souvenirläden, Kneipen und drei moderne Messehallen. Der erstaunliche Anteil an jungen Festbesuchern in Dirndln oder kurzen Sepplhosen hat indes wieder einen eher berechnenden Hintergrund: Wer in Tracht erscheint, zahlt nur den halben Eintritt. Die Wasser des Rio Itajaí-Açu beeinflussen das Fest jedoch bis heute – zuletzt musste im Oktober 2023 der Festbeginn wegen bedrohlichen Hochwassers um eine Woche verschoben werden.

Wem es nicht vergönnt war, zur rechten Zeit hier zu sein, der konnte in der Brauereigaststätte ›Eisenbahn‹ zuschauen – und kosten! – wie eines der besten lokalen und im ganzen Land bekannten Biere gebraut wurde. Heute jedoch ›dampft‹ die **Eisenbahn** im Zug der Heineken-Gruppe, wird im großen Stil in São Paulo abgefüllt, und in Blumenau schaute man in leere Gläser, wären da nicht vor Ort noch genügend weitere gute Brauereien. Interessierte können sich auch während der Biermesse **Festival Brasileiro da Cerveja** (im Parque Vila Germânica), bei der alljährlich im März um die 400 Hersteller aus dem ganzen Land ihr Gebräu vorstellen, gut in die Materie vertiefen. Für viele, was Bier anbelangt, sowohl theoretisch als auch praktisch eher erfahrenen Besucher ist das **Museu da Cerveja** 5 (Rua 15 de Novembro 160/Pça. Hercílio Luz, Tel. 047 33 26 77 14, Mo–Sa 9–19, So bis 17 Uhr, Eintritt frei) eher enttäuschend. Weitaus interessanter ist da der **Biergarten** des Restaurants **Thapyoka** 1 gleich nebenan mit schönem Blick auf Fluss und Stadt.

Museu Ecológico Fritz Müller 6

Rua Itajaí 2195 (Vorstadt), Tel. 047 33 81 63 74, zu Zeitpunkt der Recherche wegen Renovierung geschlossen

Umweltbewusstsein wird groß geschrieben im grünen Tal von Blumenau, was angeblich einem der ersten Einwanderer (und Mitarbeiter Charles Darwins), Fritz Müller, zu verdanken ist. In seinem früheren Wohnhaus befindet sich heute das **Ökologische Museum Fritz Müller,** das u. a. eine der größten Insektensammlungen der Welt beherbergt. Das Museum wurde im Jahr 1936 gegründet.

Infos

Touristeninformation: CAT, Rua 15 de Novembro 161, im Erdgeschoss des Gebäudes der Fundação Cultural (ehemaliges Rathaus), vis-à-vis vom Biermuseum, Tel. 47 33 81 70 63, www.blumenau.com.br, und im Parque Vila Germânia, Rua Alberto Stein 199 (Velha),Tel. 047 33 81 77 00, Mo–Fr 8–12, 13.30–17.30 Uhr.

Übernachten

Die Nr. 1 – **Hotel Plaza** 1: Rua 7 de Setembro 818, Tel. 047 32 31 70 00, www.plazahoteis. com.br. Die beste Unterkunft vor Ort in einem Gebäude aus dem Jahr 1976, sehr zentral gelegen. €€

Gute Preisleistung – **Hotel Ibis** 2: Rua Paul Hering 67, Tel. 047 32 21 47 00, www.ibis.com. Weiteres Haus der Kette, ebenfalls sehr zentral, mit Frühstück. €€

Essen & Trinken

Gut bürgerlich – **Thapyoka** 1: Rua 15 de Novembro 160, Tel. 047 33 40 20 32, www.thapyoka.com.br, Mo–Fr 11–14, 17–24, Sa, So 11–24 Uhr. Mittags reichhaltiges deutsch-brasilianisches Buffet, abends à la carte, einladender Biergarten über der Flussbiegung. €€

Big in Blumenau – **Sushi Yuzu** 2: Rua Curt Hering 33, Tel. 047 30 41 25 90, www.sushiyuzu.com.br, Mo–Fr 11–14, 18–24, Sa 12–24. Die Blumenauer stehen auf japanische Küche, oder wie uns ein zufriedener Gast versicherte: »Man glaubt gar nicht, dass man in Blumenau ist.« €€

Deutsch, deutscher, ... Schützenfest in Blumenau – nicht nur das Oktoberfest wird hier gefeiert

Sonntagsvergnügen – **Abendbrothaus** 3 : Rua Henrique Conrad 1194, Vila Itoupava, 26 km von Blumenau, Tel. 047 33 78 11 57, So ab 11.30 Uhr (reservieren). Die mit Abstand beste deutsche Küche in Blumenau hat zwei Nachteile, die aber, genau betrachtet, keine sind. Das kleine Lokal ist nur an Sonntagen geöffnet – ein prima Anlass für einen Sonntagsausflug in die ländliche Umgebung der Stadt – und die Speisekarte kennt nur ein Gericht: gefüllte Bratente mit Kartoffelsalat, Bohnen, Rotkraut und Apfelmus. Einwände? €€

Pomerode und Joinville ▶ 2, K 14

32 km von Blumenau liegt in reizvoller Hügellandschaft **Pomerode** (34 700 Einw.), ab 1861 von Pommern besiedelt. Die Konkurrenz zu Blumenau ist groß, auch hier wird ein **Bierfest** organisiert *(Festa Pomerana)*. Es gibt mehr richtige Fachwerkhäuser und prozentual mehr Deutsch sprechende, blondschöpfige und blauäugige Bewohner als in Blumenau, ›Deutsch‹ ist hier sogar Schulfach. Überzeugen davon kann man sich auf der **Fachwerkroute** (Rota do Enxaminel), einem 10 km langen Wanderweg durch Stadt und Umgebung.

Als letzte der drei wichtigsten deutschen Kolonien bleibt noch das mit 617 000 Einwohnern wesentlich größere **Joinville** zu erwähnen, geprägt von Einwanderern aus Norddeutschland und der Schweiz. Auch hier darf natürlich ein deutsches **Bierfest** (Bierville, Okt.) nicht fehlen. Von einer **Windmühlenreplik** am Stadttor, einem **Einwandererfriedhof** und einem **BMW-Werk** in der Nachbarstadt Araquari abgesehen, erinnert sonst jedoch wenig an die fremden Vorfahren. In der letzten Zeit hat sich Russland mit dem einzigen ausländischen Sitz einer **Schule des Bolschoi-Balletts** (Escola do Teatro Bolshoi, www.escolabolshoi.com. br) in Joinville einen Namen gemacht.

Immigranten aus Deutschland, Österreich und der Schweiz

Brasilien hat die meisten deutschstämmigen Einwohner Südamerikas, mehrere Millionen sollen es sein. Das südliche Santa Catarina beheimatet die meisten davon – zirka 40 % der Bevölkerung des Bundesstaates hat deutsche Wurzeln. Obwohl die meisten Einwanderer schon vor 150 Jahren hierher kamen, sind die kulturellen und ethnischen Auswirkungen bis heute unverkennbar.

Im Süden Brasiliens sieht man noch viele blonde und blauäugige Kinder, die jedoch immer seltener ein deutsches Wort verstehen. Dafür besteht die teutonische Tradition ungebrochen fort in Architektur und Folklore, das bekannteste Beispiel ist Blumenau mit seinem berühmten Oktoberfest (s. S. 412).

Am Anfang stand ein Dekret von João VI. aus dem Jahr 1808, welches Ausländern den Besitz von Land erlaubte. Brasilien musste sich modernisieren, viel unkultiviertes Land harrte der Erschließung und europäisches Know-how sollte dabei helfen. Neben diesem ökonomischen Interesse war die neue Besiedlungspolitik auch militärstrategisch (Grenzsicherung durch ›wehrhafte Bauern‹ im unsicheren Mittelgebirge Südbrasiliens) sowie rassenpolitisch motiviert (Erhöhung des Weißenanteils an der Bevölkerung).

Der entscheidende Impuls kam jedoch mit einer Hochzeit. Am 13. Mai 1817 verheiratete sich der spätere brasilianische Kaiser Pedro I. mit Maria Leopoldina von Habsburg, Tochter des österreichischen Kaisers Franz I. Diese Ehe sowie die Freundschaft zwischen den beiden Männern beschleunigten den Öffnungsprozess Brasiliens für die deutschsprachigen Länder. Am 21. August 1822 wurde der deutsche Generalleutnant in brasilianischen Diensten, Johann Heinrich Böhm, damit beauftragt, im großdeutschen Raum für eine verstärkte Einwanderung nach Brasilien zu werben. In Übereinstimmung mit der preußischen Regierung sollte der Immigrantenstrom künftig ausschließlich in den Süden Brasiliens dirigiert werden, nachdem 1816 deutsche Pioniere in Bahia schlechte Erfahrungen sowohl mit dem ungewohnten Klima als auch mit tropischen Krankheiten wie dem Gelbfieber gemacht hatten.

Und so kamen im Jahr 1824 die ersten Deutschen ins heutige São Leopoldo im Bundesstaat Rio Grande do Sul, diesen 1261 Einwanderern folgten weitere Gruppen, die sich auf der Suche nach besseren Lebens- und Arbeitsbedingungen in Santa Catarina & Co. ansiedelten. 1825 kam auch eine Gruppe von Schweizern, die im Hinterland von Rio die Kolonie Nova Friburgo (Neu-Freiburg) gründeten. In Europa war das Leben noch geprägt von den Folgen der Napoleonischen Kriege; Verwüstung, Hunger und Elend, Arbeitslosigkeit und Überbevölkerung ließen viele nach einer Alternative in ›Amerika‹ suchen.

Eine weitere Auswanderungswelle um 1846 stand im Zusammenhang mit dem sich abzeichnenden Umbruch von der Feudalordnung zum Kapitalismus. Insgesamt kamen statt der erwarteten erfahrenen und ›wehrhaften‹ Bauern eher arme Köhler und Saisonarbeiter, u. a. aus Westfalen und dem Hunsrück, die von einem besseren Leben in Übersee träumten. Kurzfristig waren erst einmal zahlreiche Hemmnisse zu überwinden, die nicht wenige in den Selbstmord trieben. Die Siedler etwa, die 1846/47 aus dem Hunsrück nach Santa Isabel im Bundesstaat Espírito Santo kamen, wären beinahe über Dünkirchen in Frankreich nicht hinausgekommen. Erst mit Einsatz aller finanziellen Reserven ließ sich noch in letzter Minute ein Segelschiff auftreiben, das die 39 Familien 70 Tage später schließlich in Rio absetzte. Zunächst orientierungslos und ohne offizielle Unterstützung, wurden sie nach einigem Hin und Her auf den Weg nach Vitória geschickt, wo im bergigen Hinterland ein dem Süden Brasiliens ähnliches Klima herrscht. Von Vitória ging es dann zu Fuß weiter durch unerschlossenes Waldgebiet, nur Frauen und Kinder wurden auf dem Flussweg befördert. Am Ziel angelangt, waren Bohnen mit Maniokmehl die einzige Nahrung, 54 Menschen starben in den ersten Jahren an Typhus, Malaria und Gelbfieber.

Die Schwierigkeiten der deutschen Siedler in Santa Catarina, wo die Überschwemmungen des Rio Itajaí-Açu immer wieder alles vernichteten, waren kaum geringerer Natur. Vielfach wurden Anwerbeversprechen der brasilianischen Behörden nicht eingelöst und bürokratische Schikanen behinderten den Neuanfang. Viele Einwanderer zogen sich in die Einsamkeit der Berge zurück, gründeten kleine Familienbetriebe und mieden alle Kontakte zu Brasilianern. Um die Identität der Gruppe zu schützen, entstanden bald Schützenvereine, Kirchengemeinden und deutsche Schulen, insgesamt also das klassische, in Brasilien bis dahin unbekannte und eher belächelte typisch deutsche Dorf. Schon bald jedoch drückten die Immigranten aus Deutschland und Italien den unterentwickelten Bundesstaaten Rio Grande do Sul, Santa Catarina und Paraná deutlich ihren Stempel auf, nicht nur in der Landwirtschaft, sondern auch im Bereich des Kunsthandwerks und der Industrie: Eisenerzeugung und die Produktion von Textilien, Möbel und Leder wurden die neuen blühenden Wirtschaftszweige.

Der Immigrantenstrom aus Deutschland ging jedoch ab 1870 infolge der neuen Prosperität der Gründerjahre im Deutschen Reich deutlich zurück. Erst nachdem 1888 in Brasilien die Sklaverei abgeschafft wurde und daher Bedarf an Arbeitskräften entstand, führte eine neuerliche soziale Krise in Deutschland zu einer weiteren Auswanderungswelle. 1934 jedoch wurde die Einwanderung von der brasilianischen Seite aus erschwert. Die autoritäre Regierung Vargas legte trotz der politischen Willfährigkeit der häufig NSDAP-nahen deutschen Siedler und Immigranten ein jährliches Limit zur Begrenzung der Einwandererzahlen fest. Ein Jahr zuvor allerdings, am 13. Oktober 1933, konnte sich 500 km von der Küste entfernt in Santa Catarina die bedeutendste österreichische Kolonie etablieren, das *o Tirol brasileiro* genannte Treze Tílias (Dreizehn Linden). Andreas Thaler, damaliger Landwirtschaftsminister Österreichs, hatte die Idee, einige durch die Weltwirtschaftskrise ruinierte Landwirte ihr Glück in Südamerika suchen zu lassen. So kam eine erste Gruppe von 84 Bauern aus Tirol, gefolgt von zwei weiteren Schiffen aus anderen Regionen, bis dann 1938 die Nazis die österreichischen Grenzen dicht machten. Doch weder die isolierte Lage noch der Mangel an Geräten vermochte die rührigen Tiroler zu entmutigen. Seit 1963 ist Treze Tílias ein wohlhabendes Städtchen, ganz ohne Analphabeten und ohne Arbeitslose. Alles ist fast so wie in der Heimat, vom Tiroler Haus mit Gockel auf dem Turm bis hin zum Schuhplattler und dem unverzichtbaren Wacholderschnaps. Gefeiert wird nicht wenig, ob beim Winter-Bier-Fest oder im Oktober auf dem Tirolerfest. Die Gastfreundlichkeit der Bewohner ist auf dem Ortseingangsportal festgehalten: »Komm bald wieder« (www.trezetilias.com.br). Mit Beginn des Zweiten Weltkriegs wurde den Siedlern ihre Sprache und ihre Schulen von der brasilianischen Regierung verboten. Fließend gesprochenes Deutsch ist so heute in Südbrasilien kaum mehr zu hören. Auch das Pommernplatt und das Hunsrücker Platt, das die Söhne und Enkel der ersten Immigranten kurios und durchaus sympathisch mit immer mehr portugiesischen Brocken verwoben, ist selten geworden. Vorbei sind die Zeiten, als das Festhalten an der Sprache die Kolonisten gegen Heimweh und Isolation im Regenwald zusammenschwor.

Curitiba und Umgebung

Curitiba galt lange als eine Art fortschrittliche Musterstadt, ein Stück ›Erste Welt‹ im sonst zurückgebliebenen Brasilien. Und so kommen viele Besucher aus dem Ausland, sei es aus Neugier oder auch aus ›Heimweh‹. Manche sind entzückt, andere enttäuscht. Aber man muss ja nicht in der Stadt bleiben. Eine Gebirgsbahn führt über Schluchten und Steilhänge hinunter ans Meer und dort findet man Ruhe auf der bezaubernden Ilha do Mel.

Curitiba ▶ 1, K 12

Cityplan: S. 420

Hier gibt es keinen Strand, nur ganz wenige Palmen und keinen Dauersonnenschein. Die Hauptstadt von Paraná (1,8 Mio. Einw.) lockt immer noch durch den Ruf einer ökologischen Modellstadt. Internationale Auszeichnungen scheinen dies zu bestätigen, doch, wie überall, ist auch hier nicht alles Gold, was glänzt.

Das 1693 von Goldsuchern gegründete Curitiba empfing im 18. Jh. noch viele Viehzüchter und ab 1867 die Immigranten aus Italien, Polen, Deutschland und der Ukraine. Doch bis 1940 lebten hier nicht mehr als 140 000 Einwohner. Erst die nachfolgende beschleunigte Industrialisierung (Eisen, Chemie, Möbel und Nahrungsmittel) ließ die Bevölkerung in nicht mehr als 50 Jahren um ein Zehnfaches anwachsen – ein brasilianischer Rekord. Als die Stadtentwicklung somit in eine kritische Phase eintrat, begann man in der Planung und Gestaltung des städtischen Raums damals neue Wege zu gehen, zumindest für brasilianische Verhältnisse. Symbolischer Auftakt war im Jahr 1972 die Einrichtung der ersten Fußgängerzone des Landes in der Rua das Flores.

Die Ökostadt

Der erste Eindruck erinnert an eine gepflegte Stadt in Deutschland. Es gibt Fußgängerzonen, Fahrradwege, ein modernes Nahverkehrssystem, viele Grüngürtel und Parks und ein Recyclingsystem, das 1991 sogar einen Preis der Vereinten Nationen gewann. Im brasilianischen Vergleich wird man solch Fortschrittlichkeit suchen müssen.

Sicherlich sind in Curitiba nicht alle ökologischen Probleme gelöst, das ist in einem Land von der Größe und Dynamik Brasiliens praktisch so gut wie unmöglich. Doch wenn heute brasilianische Städte zunehmend ökologisches Denken in ihre Planung mit einfließen lassen, ist dies oft genug dem Beispiel und der Vorreiterposition der Hauptstadt Paranás zu verdanken.

Das von Curitiba entwickelte Nahverkehrssystem Bus-Rapid-Transit (BRT) etwa, mit Sonderspuren, die die Stadt inklusive der peripheren Armenviertel in ein dichtes Netz mit hoher Nutzungsrate einbinden, dient heute anderen Städten als Modell (z. B. Rio de Janeiro) und wurde sogar in Kolumbiens Hauptstadt Bogotá, erfolgreich kopiert.

Als Kehrseite der Medaille gab es für Curitiba, neben dem schon sprichwörtlich unangenehmen Wetter, das Streberimage des Klassenprimus unter den brasilianischen Kapitalen. »Ich will das wahre Leben«, amüsierte sich die Rocksängerin Rita Lee in einem bekannten Song »Ich will normal sein in Curitiba«.

›República de Curitiba‹

Was in dem Song von 1997 schon spöttisch anklang, hat sich über das letzte Jahrzehnt in ein Faktum verwandelt: Curitiba ist von einer fortschrittlichen, modernen Modellstadt zur Hochburg der brasilianischen Rechten mutiert. Von allen wichtigen Hauptstädten Brasiliens hat Curitiba proportional die meisten Stimmen für den Rechtspopulisten Bolsonaro registriert. Schon immer sah man sich hier gern abgehoben vom Rest des Landes als ›europäische Stadt‹, gegründet auf der ›Ethik der Arbeit‹ europäischer Immigranten. Konservatives Denken hat eine lange Tradition in Curitiba. Hauptmotor war aber die Operation Lava Jato (s. S. 34), die in Curitiba die Basis ihres Wirkens hatte und die Stadt zu einem Epizentrum des Kampfes gegen Korruption werden ließ: eine Gruppe von Staatsanwälten und ein Richter waren angetreten, um dem notorischen Filz aus Wirtschaft und Politik mit allen Mitteln den Kampf anzusagen. Die Mittel entpuppten sich später allerdings als teilweise illegal und als Teil eines abgekarteten Spiels rechter Kräfte. Die Taskforce um den Richter Sergio Moro führte die Bewegung an, die Dilma Rousseff aus dem Amt warf, sie verhinderte Lulas Kandidatur, inhaftierte ihn in der Stadt und ebnete den Weg, der zu Bolsonaro führte. Kurz vor seiner Festnahme äußerte sich Lula »erschrocken über die Republik Curitiba« und prägte damit einen Titel, den sich die Stadt seither stolz an Brust heftet – es ist einen Anleihe bei der »República do Galeão«, einem so benannten Verhörzentrum auf einem Luftwaffenstützpunkt in Rio de Janeiro, wo 1945 der Sturz von Getúlio Vargas vorbereitet worden war.

CITYTOUR PER BUS

Schon seit Jahren bietet Curitibas Stadtverwaltung die ***Linha turismo*** an, eine Stadtrundfahrt in grünen Doppeldeckerbussen. Ihr Startpunkt ist die **Rua 24 Horas** 7 **.** Auf einer Strecke von 46 km geht es in 3 Std. vorbei an 25 Sehenswürdigkeiten. Während der Fahrt erhält man Informationen per Lautsprecher.
Wer im Dezember hier ist, kann zusätzlich die ***Linha natal*** nutzen; ein weihnachtlich geschmückter Bus fährt nachts durch die am schönsten beleuchteten Straßen und Parks der Stadt, die sich mit Gramado in einem harten Wettstreit um den Titel der Weihnachtshauptstadt Brasiliens befindet.
Linha turismo: www.urbs.curitiba.pr.gov.br, Start: Rua 24 Horas (an allen Haltepunkten kann beliebig oft zu- und ausgestiegen werden), Di–So 8.30–17.30 Uhr, alle 30 Min., 50 R$ (im Bus zahlbar).

Traditionspflege

Das Erbe der europäischen Einwanderergruppen wird sorgsam gepflegt in Curitiba und ist deutlich spürbar in Architektur, Folklore, Kunstgewerbe und Gastronomie.

Der italienische Einfluss zeigt sich am deutlichsten in den Küchen des quirligen Stadtteils **Santa Felicidade.** Häufig findet man auch deutsche, polnische, japanische und portugiesische Restaurants. Eine jahrhundertealte regionale Spezialität ist der *barreado,* ein deftiges Gericht aus Rindfleisch, Tomaten, Knoblauch und Zwiebeln, das Stunden im Tontopf (*barro*, Tonerde) köcheln muss und dann vermischt mit Maniokmehl zu Reis und Kochbananen genossen wird. Einzigartig in Brasilien im Sinne der Traditionspflege ist das **Folklorefestival** der Stadt (s. S. 425).

Sehenswertes

Abgesehen von der Altstadt und den von dort schnell zu erreichenden Fußgängerzonen und wenigen weiteren Sehenswürdigkeiten verteilen sich die im Folgenden genannten Sights recht weiträumig über das Stadtgebiet, werden aber alle von der ***Linha turismo*** (s. Tipp S. 419) angesteuert. Diese Orte fassen wir thematisch und nach Relevanz zusammen, da der Ablauf der Citybustour ab und an modifiziert wird.

Altstadt und engeres Stadtzentrum

Die **Praça Tiradentes** 1 ist ein Platz von historischer Bedeutung. Hier wurde am 29. März 1693 Curitiba gegründet. Heute befinden sich hier ein kleiner **Park** mit restaurierten alten Laternen und dahinter die mächtige **Catedral Basílica Menor de N. S. da Luz** 2 **.**

Nordwestlich liegt der kleine **Altstadtbereich** *(Setor histórico)*, in dem die meisten Bauwerke aus dem 19. Jh. stammen und überwiegend deutscher Provenienz sind. Insbesondere am **Largo da Ordem** 1 **,** unterhalb der gleichnamigen Kirche, konzentriert sich mit zahlreichen Bars, Restaurants und Biergärten das Nachtleben Curitibas.

Am Rand der Altstadt stehen die **Ruínas de São Francisco** 3 (Pça. João Cândido), wo es unterirdische, von Piraten genutzte Gänge gegeben haben soll. Gegenüber zeigt das **Museu Paranaense** 4 (Rua Kellers 289, www.museuparanaense.pr.gov.br, Di–So 10–17.30 Uhr, Eintritt frei) archäologische und ethnologische Exponate, u. a. der Guarani und Kaingang.

Zwischen Altstadt und Fußgängerzone stößt man an der belebten Praça Generoso Marques auf das historische Rathaus **Paço da Liberdade** 5 (Nr. 189, Di–Fr 10–21, Sa 10–

Curitiba

Sehenswert

1 Praça Tiradentes
2 Catedral Basílica Menor de N. S. da Luz
3 Ruínas de São Francisco
4 Museu Paranaense
5 Paço da Liberdade
6 Rua das Flores
7 Rua 24 Horas
8 Teatro Guaíra
9 Passeio Público
10 Santa Felicidade
11 Museu Oscar Niemeyer
12 Parque das Pedreiras, Ópera de Arame, Pedreira Paulo Leminski
13 Jardim Botânico
14 Parque Barigui
15 Bosque do Papa
16 Bosque Alemão
17 Parque Tanguá
18 Torre Panorâmica

Übernachten

1 Hotel Deville Curitiba Batel
2 Bourbon Curitiba Hotel
3 Ibis Styles Centro Cívico
4 Hostel Matilda

Essen & Trinken

1 Manu
2 Jardins Grill
3 Schwarzwald (Bar do Alemão)
4 Ópera Arte

Einkaufen

1 Feira de Artesanato

Abends & Nachts

1 Largo da Ordem

18, So 11–17 Uhr), dessen Inneres heute zu Ausstellungen und zum Ausruhen ins schöne Jugendstilambiente des **Café do Paço** einlädt.

In der Nähe verläuft die interessanteste Fußgängerzone und Einkaufsstraße der Stadt, die **Rua das Flores** 6 (auch: Rua 15 de Novembro). An Beliebtheit verloren hat mittlerweile die **Rua 24 Horas** 7 . Der frühere Rund-um-die-Uhr-Treffpunkt, eine 116 m lange und 12 m hohe Galerie aus Glas und Stahl mit Läden, Bars und Schnellrestaurants, ist jetzt trotz des Namens nur noch von 9 bis 23 Uhr geöffnet. Vor dem Haupteingang starten die Busse der Linha turismo.

Teatro Guaíra 8

Rua Conselheiro Laurindo, am Ende der Rua das Flores, www.teatroguaira.pr.gov.br

Das **Teatro Guaíra** ist eines der größten Theater Lateinamerikas und Wiege der gleichnamigen Ballettkompanie, die zu den besten Brasiliens zählt. Das Programm bietet auch viele kostenlose Veranstaltungen und Konzerte.

Passeio Público 9

Rua Carlos Cavalcanti, Di–So 6–20 Uhr, Eintritt frei

Der Park Passeio Público ist der **alte Botanische Garten** aus dem 19. Jh. Er hat einen kleinen Zoo, einen See zum Tretbootfahren und ein Restaurant, das früher ein Treff von Schriftstellern und Journalisten gewesen sein soll.

Santa Felicidade 10

8 km vom Zentrum entfernt markiert das **Portal Italiano** den Eingang von Santa Felicidade. Das 1878 entstandene **italienische Viertel** zeichnet sich durch seine Architektur und seine reiche Gastronomie aus. Vor allem an den Wochenenden ist es das klassische Ausflugsziel von Scharen hungriger Familien.

Weitere Theater und Museen

Das **Museu Oscar Niemeyer** 11 (Rua Marechal Hermes 999, Centro Cívico, www.museuoscarniemeyer.org.br, Di–So 10–18, letzter Einlass 17.30 Uhr, 30 R$, Mi und Kinder bis 12 Jahre Eintritt frei, 1. Do im Monat bis 20 Uhr), erst 2003 eröffnet und von dem berühmten Architekten selbst entworfen, ist eine der beliebtesten Attraktionen der Stadt. Es besteht aus zwei Komplexen, der ältere von 1960 war vorher ein öffentliches Verwaltungsgebäude, der andere Teil wurde neu errichtet und in Form eines Auges konstruiert. Dieses *olho* ist auch von der inneren Gestaltung her

Glasauge sei wachsam – der 2003 eröffnete Teil des Oscar-Niemeyer-Museums

sehr sehenswert. Neben laufend wechselnden Ausstellungen beherbergt es auch eine kleine Schau zu Niemeyer.

Der **Parque das Pedreiras** 12 vereint die Ópera de Arame und die Pedreira Paulo Leminski, zwei Theater mitten in einem 108 000 m^2 großen Park. Die 1992 eingeweihte **Ópera de Arame** (Rua João Gava 874, Abranches, Di–So 10–18 Uhr) ist wegen ihrer transparenten Kunststoff- und Stahlröhrenarchitektur und ihrer idyllisch in die Natur eingebetteten Lage oberhalb eines kleinen Sees eine der faszinierendsten Sehenswürdigkeiten der Stadt. Sie bietet 2400 Plätze und fungiert im April als eine der Bühnen des Theaterfestivals von Curitiba (sonst nur wenige Aufführungen). Die Akustik lässt allerdings zu wünschen übrig. Das am Wasser gelegene Restaurant **Ópera Arte** 4 (Tel. 041 999 99 20 91, www.operaarte.com.br, Mo–So 10–18 Uhr, €€) dagegen überhaupt nicht.

Die **Pedreira Paulo Leminski** (Rua João Gava 970, Abranches) mit dem Namen des bedeutendsten Poeten Curitibas dient als großes Freilichttheater und Konzertbühne für bis zu 70 000 Gäste.

Parks und Gärten

Der **Jardim Botânico** 13 (Rua Engo. Ostoja Roguski, tgl. 6–20 Uhr, Eintritt frei) wurde 1991 nach französischem Muster angelegt und beeindruckt durch sein prachtvolles **Gewächshaus** aus Glas und Stahl, eine Replik des Londoner Kristallpalasts. Ein Anbau beherbergt die eindrucksvolle Ausstellung **A Revolta** des polnischstämmigen Künstlers Frans Krajcberg, der mit den Überresten von durch Brandrodung zerstörten Bäumen arbeitet.

Erholung verspricht auch der **Parque Barigui** 14 (Av. Cândido Hartmann, immer geöffnet, Eintritt frei), von den insgesamt 16 Parks der Stadt ist er der größte und an Wochenenden auch der belebteste. Der **Bosque do Papa** 15 (Bosque João Paulo II, Rua Euclides Bandeira 507, Bom Retiro, tgl. 6–20 Uhr, Eintritt frei) der Wald des Papstes, wurde berühmt durch einen Besuch von Papst Johannes Paul II. anlässlich der Einweihungszeremonien 1980. Der kleinste und anheimelndste Park der Stadt ist zugleich Gedenkstätte der polnischen Einwanderer und liegt direkt hinter dem Museu Oscar Niemeyer.

Im **Bosque Alemão** 16 (Rua Francisco Schaffer, Vista Alegre, tgl. 8–18 Uhr, Eintritt frei), der an die deutsche Einwanderung ab 1833 erinnert, gibt es einen Gebrüder-Grimm-Pfad, ein Bach-Oratorium und einen Philosophenturm mit schöner Aussicht auf die Stadt.

Einen Besuch lohnt zudem der **Parque Tanguá** 17 (Rua Oswaldo Maciel, Pilarzinho, tgl. 6–20 Uhr, Eintritt frei), ein Freizeitpark auf dem Gelände ehemaliger Steinbrüche mit Aussichtsturm, Gärten und Seen.

Torre Panorâmica 18

Rua Professor Lycio Grein Castro Vellozo 191, Mercês, tgl. 10–18 Uhr, 10 R$

Will man sich einen guten Blick über die Stadt verschaffen, besteige man den **Panoramaturm,** den mit 109 m höchsten Punkt des in einer Ebene liegenden Curitiba. 1991 eingeweiht, dient er als Sender und Empfänger für das in Brasilien so geliebte *celular* (Handy) und entwickelte sich zugleich zu einer vielbesuchten Touristenattraktion (mit Aufzug).

Infos

Postos de Informação Turística: Tel. 156 für Anrufe aus Curitiba, sonst 041 30 74 64 56 (24 Std.), www.turismo.curitiba.pr.gov.br. Infostellen am Flughafen (Mo–Fr 8–16, Sa, So 9–15 Uhr), Rodoferroviária (tgl. 9–18 Uhr), im Palacete Wolf an der Praça Garibaldi im Zentrum, Mo–Fr 9–18, Sa, So 9–14 Uhr.

Übernachten

Zentral – **Hotel Deville Curitiba Batel** 1: Rua Comendador Araújo 99, Tel. 041 38 83 47 77, www.deville.com.br. Strategisch günstige Lage zwischen Zentrum und dem Viertel Batel, um die Ecke von der Rua 24 Horas, mit großen Zimmern. €€

Traditionell – **Bourbon Curitiba Hotel** 2: Rua Cândido Lopes 102, Tel. 041 32 21 46 00, www.bourbon.com.br. Traditionelles Hotel in hervorragend günstiger Lage nur einen Sprung von der Praça Tiradentes. 170 komfortable Zimmer (mit Heizung!). €€

Günstig – **Ibis Styles Centro Cívico** 3: Rua Mateus Leme 358, Tel. 041 33 24 04 69, www.ibis.com. Weiteres Hotel der erfolgreichen Budgetkette. Kleine Zimmer, aber modern und günstig, neben einem großen Shoppingcenter. €€

Hostel – **Hostel Matilda** 4: Rua Mateus Leme 120, São Francisco (Zentrum), Tel. 041 999 18 99 27, www.brazilian.hostelworld.com. Top Lage in der Altstadt beim Largo da Ordem, auch Einzelzimmer, junge Atmosphäre und Bar. €

Essen & Trinken

Top – **Manu** 1: Alam. Dom Pedro II 317 (Batel), Tel. 041 30 44 43 95, Mi–Sa 18–22.30 Uhr. Feine zeitgenössische und preisgekrönte Küche, die unter den Top 50 Restaurants in Lateinamerika fungiert. Tgl. zwei Verkostungsmenüs, eines davon vegetarisch. €€€

Churrascaria – **Jardins Grill** 2: Rua Lamenha Lins 712 (Rebouças), Tel. 041 32 32 47 17, Mo–Sa 11.30–14.30, 19–23, So 11.30–16 Uhr. Traditionelles Fleisch-*rodízio* und opulente Beilagen aus teilweise japanischer Küche, da ist für jeden was dabei. €€€

Heimatgefühle – **Schwarzwald (Bar do Alemão)** 3: Largo da Ordem 63 (Altstadt), Tel. 041 32 23 25 85, tgl. 11–2 Uhr. Rustikal mit Biergarten, viele deutschstämmige Gäste, eine Institution in der Altstadt, gute deutsche Küche. €€

Am Wasser gebaut – **Ópera Arte** 4: im Parque das Pedreiras, s. S. 422

Einkaufen

Kunsthandwerk – **Feira de Artesanato** 1: Kunsthandwerksmarkt am Largo da Ordem/Praça Garibaldi (Setor Histórico), So 9–14 Uhr.

Abends & Nachts

Das Nachtleben von Curitiba spielt sich rund um den **Largo da Ordem** 1 und die angrenzende **Praça Garibaldi** ab sowie auch im südwestlich an das Zentrum angrenzenden Viertel **Batel** mit seinen vielen eleganten Restaurants und Bars (darunter auch das größte Hard Rock Cafe Brasiliens).

Termine

Festival de Teatro: Ende März/Anfang April, https://festivaldecuritiba.com.br. An 11 Tagen

MIT DER GEBIRGSBAHN VON CURITIBA NACH MORRETES

Tour-Infos

Start: Curitiba

Länge und Dauer: insgesamt 110 km, 4–5 Std.

Infos: Estação Rodoferroviária, Tel. 041 38 88 34 88, www.serraverdeexpress.com.br, Mo–Mi 9–17.30, Do–Sa 7–17.30, So 7–10 Uhr. Es gibt zwei Arten von Zügen: Der **Trem/Litorino** besteht aus normalen Wagen der Tourismusklasse und weiteren Wagen mit großen Panoramafenstern und differenzierter Ausstattung: Dez.–Febr. und Juli tgl., sonst nur Fr–So 8.30 Uhr, 175 R$ inkl. Getränk, Snack und Zugbegleitung auf Portugiesisch (Trem), 395 R$ inkl. Welcome Drink, kleiner Mahlzeit, Getränke und mehrsprachiger Zugbegleitung (Litorino). Der **Litorino de Luxo** dagegen setzt sich zusammen nur aus diversen historischen und luxuriös restaurierten Wagons – darunter ein Wagen mit offener Aussichtsplattform – und macht unterwegs einen Halt bei einem Aussichtspunkt in den Bergen: Dez.–Febr. Mo–Fr, sonst Fr–So (mit Unregelmäßigkeiten), 9.30 Uhr, ab 395 R$.

Hinweis: Zurück nach Curitiba nimmt man besser den schnelleren und preiswerteren Bus mit **Viação Graciosa** (www.viacaograciosa.com.br) ab Rodoviária Morretes (mehrm. tgl. bis 17 Uhr, um 16.10 Uhr geht die Fahrt jeweils über die landschaftlich sehr schöne Landstraße Estrada da Graciosa, 1,5 Std., 30 R$). Weitaus bequemer gestaltet sich das Ganze mit den Rundum-Sorglos Paketen (Completo), die auch von diversen Reiseagenturen angeboten werden zusätzlich zum Fahrschein mit Abhohlung vom Hotel, Mittagessen und geführter Tour in Morretes, Abstecher zum Küstenstädtchen Antonina und Rückfahrt im Minibus (379/509 R$).

Das 73 km von Curitiba entfernte Morretes ist ein hübsches Kolonialstädtchen, das eine Stippvisite lohnt – die eigentliche Attraktion ist jedoch die ebenso schöne wie schwindelerregende Fahrt mit einer Gebirgsbahn, dem **Serra Verde Express.** Die ursprünglich bis nach Paranaguá (110 km) angelegte Pionierstrecke, eingeweiht von Kaiser Pedro II., gilt als ein mit Blut bezahltes Meisterwerk. Bei ihrem Bau (1880–85) ließen etwa 5000 Männer durch Unfälle, Schlangenbisse und Tropenkrankheiten ihr Leben. Die meisten Arbeiter, durch Höchstlöhne angelockt, gaben schon nach kurzer Zeit wieder auf. 420 Streckenabschnitte mussten gebaut, 13 Tunnel gegraben und 41 Brücken und Viadukte konstruiert werden. Der Zug, mit 22 Wagen für je 50 Personen, wirkt nicht weniger abenteuerlich als die Strecke selbst.

Nach 20 Min. Fahrt wird das urbane Umfeld durch die **Serra do Mar** abgelöst. Die Fahrt an Steilhängen entlang dicht über dem Abgrund verschlägt einem nicht selten den Atem, doch die fantastischen Ausblicke in die Natur lassen bald jedes Gefühl der Beklommenheit vergessen. Ein üppiger Waldteppich, reich an tropischen Baumarten und farbenprächtigen Blütenpflanzen, bedeckt die Hügellandschaft, durch die Täler schlängeln sich Bäche, von den Felshängen rauschen Wasserfälle und in der Ferne ragen bis zu 1539 m hohe Berge auf, die **Montanhas do Marumbi.** Der Zug hält an mehreren Punkten, die eine besonders schöne Aussicht gewähren, u. a. beim **Garganta do Inferno** (700 m) oder am **Santuário de N. S. do Cadeado.** Das einzige ›Unglück‹, das häufiger vorkommt, ist die Beeinträchtigung der Sicht durch den tief hängenden Nebel, besonders auf dem höchsten Punkt der Strecke (955 m). Zuweilen steigen auch Dunstwolken aus den Niederungen auf, z. B. unterhalb des 58 m hohen **Viadukts von São João.** Am Fuß des Massivs kündigt sich bald die Ankunft in **Morretes** an. Hier sollte man ein wenig herumbummeln, die bunt bemalten Häuschen anschauen und dann irgendwo *barreado* probieren, die traditionelle, lokale Fleischspezialität, die man hier aber auch vegetarisch oder mit Fisch und Krabben bekommen kann.

Früher ging die Fahrt noch weiter bis ins knapp 50 km entfernte **Paranaguá.** Die Küstenstadt, heute zweitwichtigster Exporthafen des Landes, ist der älteste Ort des Bundesstaats (17. Jh.) mit einer sehenswerten Altstadt. Weitaus gemächlicher geht es im nur 15 km entfernten **Antonina** zu, einer kleinen, historischen Küstenstadt, an einer malerischen Bucht vor der Serra do Mar gelegen.

finden annähernd 400 Aufführungen zeitgenössischer Schauspielkunst in verschiedenen Theatern, auf Plätzen und Straßen statt.

Festival Folclórico de Etnias do Paraná: 2 Wochen im Juli, https://festivalfolclorico.com.br. Folkloregruppen verschiedenster Herkunft treten auf der Bühne des Teatro Guaíra auf.

Natal de Luz: ab Anfang Dez. Mega-Weihnachtsshow vor der Kulisse des Palácio Avenida in der Rua XV.

Verkehr

Flugzeug: Der **Aeroporto Afonso Pena** (Tel. 041 33 81 15 15, www.aeroportocuritiba.net) liegt 17 km südöstlich des Zentrums und bedient entferntere Ziele. Aktuell fährt kein Flughafenbus. Uber/Taxi ins Zentrum 45/90 R$.

Bus: Busbahnhof und Bahnhof sind am Rand des Zentrums zur **Rodoferroviária** (www.rodoferroviaria.com.br) zusammengelegt. Busverbindungen u. a. nach Foz do Iguaçu **(Catarinense,** www.catarinense.com.br, 7 x tgl., 9 Std., ab 255 R$), Florianópolis **(Catarinense,** s. o., 14 x tgl. bis 23.15 Uhr, 5 Std., 66–153 R$), Porto Alegre **(Catarinense,** s. o., tgl. 7, 18.05, 21.45 Uhr, 12 Std., 110–315 R$), Rio de Janeiro **(Catarinense,** s.o., 12 x tgl. bis 24 Uhr, 13 Std., 137–390 R$), São Paulo **(Catarinense,** s.o., rund um die Uhr, 6 Std., 60–230 R$).

Mietwagen: Localiza, Tel. 041 33 81 13 48, www.localiza.com/brasil/pt-br.

Stadtbusse: Es gibt ein großes Liniennetz, neben der ***Linha turismo*** empfiehlt sich noch die Buslinie ***Circular centro,*** die nur das Stadtzentrum abfährt (nicht Sa, So).

Erholsamer Schlaf, entspannter Start in den Tag – in der Pousada das Meninas

Ilha do Mel ▶ 1, L 12

Sie ist wirklich süß, die mit üppiger Vegetation und 27 km Strand ausgestattete **Honiginsel.** Der Name soll aber vom deutschen Wort Mehl kommen, die indigene Bevölkerung produzierte hier früher Maniokmehl.

Das Eiland steht unter Naturschutz, nur 200 der insgesamt 2785 ha dürfen genutzt werden. Es gibt weder Autos noch Straßen, nur gut ausgeschilderte Pfade *(trilhas)* für Fußgänger und Radfahrer. Es ist ein Ort der Ruhe und Muße, mehr als 5000 Besucher dürfen nicht gleichzeitig auf die Insel. Doch so viele kommen höchstens einmal an Wochenenden zur Haupturlaubszeit.

Die wichtigsten Dörfer sind **Encantadas** und **Nova Brasília.** Sie sind zwei Stunden zu Fuß voneinander entfernt, per Boot dauert es nur 10 Min. Genauer betrachtet besteht Nova Brasília aus zwei Teilorten, **Brasília** auf dem nördlichen Inselteil und **Vila do Farol** im Süden. Dazwischen liegt ein schmaler Isthmus aus Sand, der die beiden Inselteile verbindet. Sowohl der Schiffsanleger als auch die meisten Pousadas sind in der Vila do Farol angesiedelt. Während Encantadas mit seinen diversen Strandbars ein eher junges Publikum anzieht, schätzen die Besucher von Brasília/Vila do Farol eher die Ruhe. Die Stille ist ein wahrer Genuss, man hört weder Motoren noch Musik, die im Freien verboten ist. Nur aggressive Bremsen *(mutucas)* stören zum Sommeranfang im November auf dem nördlichen Inselteil die paradiesische Idylle. Wer drei Tage Zeit mitbringt, wird leicht die ganze Insel erkunden können.

1. Tag – Fortaleza de N. S. dos Prazeres

Das zwischen 1766 und 1770 von Sklaven errichtete und inzwischen mehrfach restaurierte **Fort,** auf Anordnung des portugiesischen Königs João V. zur Verteidigung der Bucht von Paranaguá bestimmt, ist eines der größten aus der Kolonialzeit Brasiliens und steht heute unter Denkmalschutz. Teilweise ist es in die natürliche Gesteinsformation hineingebaut. Aufmerksamkeit erregt außer dem **Portal** mit den beiden Masken und Ornamenten das **Kanonenarsenal** aus zwei verschiedenen Epochen. Der Weg dorthin führt zu Fuß ca. 4 km an zwei ebenso schönen wie einsamen **Stränden** entlang. Kurz vor der Ankunft kann man noch bei **Dona Quinota** (Tel. 041 34 26 81 71, www.donaquinota.com.br, mittags und abends Büfett, €) einem der ältesten Pousada-Restaurants der Insel Rast machen. Die **Praia da Fortaleza** ist einer der belebtesten Strände, mit feinem Sand und ruhigem Meer.

2. Tag – Praia do Farol und Farol das Conchas

Wir bleiben in der Nähe von Nova Brasília und begeben uns an zwei Strände, die zu den schönsten der Insel zählen. Die belebte **Praia do Farol** hat ihren Namen von dem 60 m hohen Leuchtturm, dem **Farol das Conchas.** Dieser wurde 1870 auf Anordnung des Barons von Cotegibe, dem damaligen Marineminister, mit aus Glasgow importierten Bauteilen errichtet und ist nach wie vor in Funktion. Der andere, ruhigere Strand, die **Praia Grande,** ist der größte der Insel, hat die Form eines Hufeisens und zieht wegen der bis zu 3 m hohen Wellen vor allem Surfer an.

3. Tag – Gruta das Encantadas

Per Boot ab Nova Brasília, dann 600 m zu Fuß oder zu Fuß auf einem der beiden folgenden Wege, Besuch bei Ebbe vormittags

Am dritten Tag geht es tiefer in den Süden.

Route 1: nur bei Ebbe begehbar. Die Route führt direkt am Meer entlang über die **Praia do Miguel** (einsamer Klippenstrand, gefährliche Strudel), den **Morro do Sabão** (wunderbarer Ausblick) und die **Praia de Fora** (bei Ebbe Schwimmbecken in den Prielen).

Route 2: Der andere Weg ist der **Caminho do Belo,** ein Fußpfad, der ein Stück durch den naturgeschützten, schattigen Inselwald führt.

Beide Wege steuern auf die **Gruta das Encantadas** zu, die verzauberte, 20 m hohe Höhle am gleichnamigen Strand, wo der Legende nach noch heute Sirenen locken und die Fischer der Insel sich sträuben, des Nachts vorbeizufahren. Am Tage sieht man hier häufig Kletterer, die versuchen, die Vorderwand des Höhlenfelsens zu bezwingen.

Übernachten

Bezaubernd – **Pousada das Meninas:** Vila do Farol, ca. 400 m vom Anleger, Tel. 041 34 26 80 23, https://pousadadasmeninas.com.br. Herrlich verspielte, rustikale Anlage mit viel Grün und zuvorkommender Gastgeberin. Integriert in die Pousada verführt das Bistro Café das Meninas (nachmittags Do–So, Hochsaison tgl.) mit Gebäck und feinen Kuchen, Happen und kleinen Mahlzeiten, auch vegan. DZ/ÜF €€, Suiten und Chalets €€€

Charmant – **Casa da Ilha do Mel:** Praia de Fora, ca. 1 km vom Anleger, Tel. 041 991 89 35 50, www.casadailhadomel.com. Exklusive Anlage mit direktem Zugang zum Strand, nur zwei Suiten und drei moderne, komfortable Bungalows mit Holzveranda, vorzügliches Frühstück. €€€

Camping – Zahlreiche kleinere Plätze, vor allem an der **Praia das Encantadas.**

Essen & Trinken

Frisch aus dem Meer – Man isst am besten in den Restaurants von Pousadas, die meist auch für die Allgemeinheit zugänglich sind. Das **Fim da Trilha** (Praia des Encantadas, Tel. 041 34 26 90 17, www.fimdatrilha.com.br, Sommer tgl. 12–16, 20–22.30 Uhr, sonst nur, wenn Gäste in der Pousada sind, €€) ist das beste Restaurant der Insel und liegt auf dem Weg von Encantadas zur Höhle. Ein beliebter Treffpunkt in der Nähe des Leuchtturms in Vila do Farol ist das **Mar e Sol** (Pça. Felipe Valentim, Tel. 041 34 26 80 21, www.restaurantemaresol.com.br, tgl. 11–22 Uhr, €€), wo man in familiärer Atmosphäre gut und günstig speist.

Verkehr

Bus: Von Curitiba bis Pontal do Sul/Hafen fahren 5 x tgl. von 7 bis 20.40 Uhr Busse der Gesellschaft **Graciosa** (www.viacaograciosa.com.br, 3 Std., 57 R$).

Boote: Die Linie **Abaline** (www.abaline.com.br), verkehrt von Pontal do Sul (Mo–Do stdl. 8–16, Fr, Sa halbstdl. 8–18, So halbstdl. 8–17 Uhr, Hochsaison häufiger, 30 Min., 45 R$ hin und zurück) und von Paranaguá (zuerst nach Brasília, dann nach Encantadas, Mo, Mi, Fr 15.30 Uhr, 2 Std., 80 R$ hin und zurück).

Kulinarisches Lexikon

Allgemeines

Restaurant	*restaurante*
Snackbar	*lanchonete*
Café	*café*
Frühstück	*café da manhã*
Mittagessen	*almoço*
Abendessen	*jantar*
Vorspeise	*entradas*
Salz/Pfeffer	*sal/pimenta*
Guten Appetit!	*Bom apetite!*
Prost!	*Saúde!*
Weinkarte	*carta de vinhos*

Peixe	**Fisch**
anchova	Anchovis
peixe vermelho	Rotbarsche
bacalhau	Stockfisch
piranha/pirarucu/ surubim/tucunaré	leckere Süßwasserfische
poraquê	Zitteraal
salmão	Lachs
truta	Forelle

Frutos do mar	**Meeresfrüchte**
camarões	Krabben/Shrimps
caranguejos	Taschenkrebse
lagosta	Languste
lula	Tintenfisch
ostras	Austern

Carne	**Fleisch**
boi	Rind
porco	Schwein
cabrito	Ziege
carne de sol/ carne seca	Trockenfleisch
churrasco	gegrilltes Fleisch
filé mignon	Filet mignon
mal passado	blutig
ao ponto	medium
bem passado	durchgebraten

Aves	**Geflügel**
codorna	Wachtel
frango	Hähnchen
galinha	Huhn
pato	Ente

Massas	**Nudeln**
espaguete	Spaghetti
penne/ravioli	Penne/Ravioli
lasanha	Lasagne

Legumes	**Gemüse**
abóbora	Kürbisart
beringela	Auberginen
cenoura	Möhre
couve mineira	grüner Kohl aus Minas Gerais
feijão preto	schwarze Bohnen
mandioca/aipim	Maniokwurzel
milho	Mais
palmito	Palmherz
pimentão	Paprikaschote
quiabo	Okraschote

Guarnições	**Beilagen**
arroz	Reis
batatas cozids	gekochte Kartoffeln
batata frita	Pommes frites
farofa	Maniokmehl (trocken)
pirão	Brei aus Maniokmehl
puré	Püree
salada (alface/ tomate)	Salat (Kopfsalat/ Tomaten)

Sopas	**Suppen und Eintöpfe**
caldo verde	Brühe aus Kartoffeln, Grünkohl, Räucherwurst, Olivenöl
canja	Hühnersuppe mit Gemüse
cozido	gekochter Eintopf mit Fleisch und verschiedenen Gemüsesorten
sopa de legumes	Gemüsesuppe
sopa de cebola	Zwiebelsuppe
sopa de ervilhas	Erbsensuppe
sopa de aspargos	Spargelsuppe

Petiscos	**Snacks**
bolinhos de bacalhau	frittierte Bällchen aus Stockfisch und Püree
casquinha de siri	Krebsfleisch und Püree
empada	gefüllte Pastete
frango à passarinho	frittierte Hähnchenteile mit viel Knoblauch
linguiça	fette Bratwurst vom Schwein
provolone à milanesa	frittierte Käsebällchen

Sobremesas	**Nachspeisen**
pudim	Pudding
sorvete	Eis
torta	Torte

Frutas	**Obst**
abacate	Avocado
abacaxi	Ananas
açaí/acerola	Beerenfrüchte aus Amazonien
ameixa	Pflaume
banana	Banane
cajá	Frucht aus dem Nordosten
caju	Cashewnuss-Frucht
caquí	Kaki
carambola	Karambole/Sternfrucht
goiaba	Guave
kiwi	Kiwi
laranja	Orange
limão	Limone
mamão	Papaya
maracujá	Maracuja
morango	Erdbeere
manga	Mango
melão	Honigmelone
melancia	Wassermelone
pêra	Birne
pêssego	Pfirsich
tangerina	Mandarine

Bebidas	**Getränke**
água (com/sem gás)	Mineralwasser (mit/ohne Kohlensäure)
água de coco	Wasser der Kokosnuss (keine Kokosmilch)
água tônica	Sodawasser
cachaça	Zuckerrohrschnaps
café	Kaffee
com/sem leite	mit/ohne Milch
com/sem açúcar	mit/ohne Zucker
cafezinho	kleiner Kaffee in Mokka-Tässchen
campari	Campari
cerveja	Bier (Flasche)
chá	Tee
champanhe	Sekt
chope	Bier (Glas)
coca	Cola
conhaque	Cognac
guaraná	koffeinhaltiger Saft einer Amazonasfrucht, auch als süße Limonade
licor	Likör
saidera	Absacker
suco natural de …	frisch gepresster Fruchtsaft aus …
uísque	Whisky
vinho tinto	Rotwein
vinho branco	Weißwein
taça/jarra/garrafa	Glas/Krug/Flasche
vitamina de frutas	Mixgetränk aus Milch und Früchten

Wichtige Redewendungen

Die Speisekarte, bitte!	O cardápio, por favor!
Was möchten Sie essen?	O que gostaria de comer?
Was möchten Sie trinken?	O que gostaria de beber?
Ich möchte gerne …	Eu gostaria (quero)…
Noch etwas?	Mais alguma coisa?
Die Rechnung bitte!	A conta, por favor!
Trinkgeld inbegriffen?	Gorjeta incluída?

Sprachführer

Ausspracheregeln

Im Unterschied zum europäischen Portugiesisch ist die brasilianische **Aussprache,** vor allem in Rio und Bahia, weicher und melodischer. So werden **x, ch** und **g** (vor hellen Vokalen: e, i) wie ›sch‹ gesprochen, **j** wie ›jsch‹, **ç** und **c** (vor hellen Vokalen) wie ein stimmloses ›s‹. Harte Konsonanten werden oft vokalisiert, z. B. wird **l** nach einem Vokal wie ›u‹ ausgesprochen (Brasiu = Brasil), **lh** wie ›ij‹, **nh** wie ›nj‹. Das harte **h** bleibt am Anfang eines Wortes stumm. Am Wortende wird **e** häufig wie ›i‹ ausgesprochen, **te** wie ›tschi‹ und **de** wie ›dschi‹ (vor allem in Rio). Die **Betonung** liegt den meisten Wörtern auf der vorletzten Silbe, falls nicht Akzentzeichen (á, â) etwas anderes verlangen.

Redeweisen

Man legt sich nicht gern fest in Brasilien, statt ›ja, nein‹ hört man viel häufiger ›vielleicht‹ *(talvez)* oder ›kann sein‹ *(pode ser)*. Vieles wird auf morgen verschoben *(amanhã)*. Ebenso locker geht es bei den Anredeformen zu. Außer bei älteren Leuten oder bei Respektspersonen *(a Senhora, o Senhor)* gilt wie im Englischen das intimere ›Du‹ *(você)*. Üblich ist auch, selbst bei Fremden, sich gleich mit ›Liebe, Lieber‹ *(amor)* anzureden.
Entgegen einem verbreiteten Vorurteil sind Brasilianer äußerst höflich, bei jeder Kleinigkeit entschuldigt man sich, bittet um Erlaubnis *(com licença)* oder bescheinigt seine Anteilnahme. Fast ständig hört man nach dem einleitenden *oi* (Hallo!) die Frage nach dem Befinden (*tudo bem?* = Alles o. k.?). Eine ernsthafte Antwort darauf wird nicht erwartet, lediglich *tudo bem.* Im schlimmsten Falle kommt die Erwiderung *mais ou menos* (mehr oder weniger, es geht so). Man sollte nicht alles wörtlich nehmen, schon gar nicht Einladungen oder Versprechungen. Ein freundliches *tchau, te ligo* (tschüs, ich ruf dich an) zum Abschied bedeutet in den meisten Fällen, dass sich die nette Person nie wieder meldet. Insistierendes Nachfragen (wann, wo) nützt wenig. Leider *(infelizmente)* oder: Wie schade *(que pena)*!

Allgemeines

Guten Tag	Bom dia
Guten Tag	Boa tarde (ab Mittag)
Guten Abend	Boa noite
Auf Wiedersehen!	Até logo!
Es war mir ein Vergnügen!	(Muito) prazer!
Ich bin	Eu sou
Deutsche(r)	alemão/alemã
Österreicher(in)	austríaco(a)
Schweizer(in)	suíço(a)
ja/nein	sim, não
Entschuldigung	desculpe
Tut mir leid!	sinto muito!
bitte/danke	por favor/obrigado/a
wann/wo	quando/onde
warum	por quê

Unterwegs

Flugzeug, Flughafen	avião, aeroporto
Omnibus	ônibus
Busbahnhof	rodoviária
Fähre/Boot	balsa
Autovermietung	autolocadora
Mietwagen	carro de aluguel
Führerschein	carteira de motorista
Touristeninfo	Informação turística
Stadtplan	mapa
Straße/Platz	rua/praça
Kirche	igreja
Brücke/Hafen	ponte/porto
Strand/Insel	praia/ilha
See/Fluss	lagoa/rio
links/rechts	à esquerda/à direita
geradeaus	direto

Zeit

Stunde/Tag/Woche	hora/dia/semana
Tag/Woche	dia/semana
Monat/Jahr	mês/ano
Montag	segunda-feira

Dienstag	terça-feira	Stockwerk	andar/piso
Mittwoch	quarta-feira	Frühstück bis zehn Uhr	Café da manhã até dez horas
Donnerstag	quinta-feira		
Freitag	sexta-feira		
Samstag/Sonntag	sábado/domingo		
heute/gestern	hoje/ontem		

Notfall

Hilfe!	Socorro!
Arzt/Krankenhaus	médico/hospital
Apotheke/Arznei	farmácia/remédio
Notfall/Unfall	emergência/acidente
Schmerzen	dor
Schlangenbiss	mordida de cobra

Übernachten

Einzel-/Doppelzimmer	quarto solteiro/casal
Bett	cama
Toilette/Bad	banheiro
Moskitonetz	mosquiteiro
Zimmerschlüssel	chave
Gepäck	bagagem
Treppe/Aufzug	escada/elevador

Einkaufen

Laden/Geschäft	loja
Markthalle	mercado
Wochenmarkt	feira
Kreditkarte	cartão de crédito
Quittung	recíbo
Ich hätte gern	gostaria
teuer/billig	caro/barato
mehr/weniger	mais/menos
mit/ohne	com/sem

Zahlen

0	zero	30	trinta
1	um/uma	40	quarenta
2	dois/duas	50	cinquenta
3, 4	três,quatro	60	sessenta
5, 6	cinco, seis	70	setenta
7, 8	sete, oito	80	oitenta
9, 10	nove, dez	90	noventa
20	vinte	100, 1000	cem, mil

Die wichtigsten Sätze

Allgemeines

Sprechen Sie Deutsch/ Englisch?	*Você fala alemão/ inglês?*
Ich spreche kein Portugiesisch.	*Eu não falo português*
Wie heißen Sie?	*Como se chama? Qual é seu nome?*
Wie geht's, alles o. k.?	*Como vai, tudo bem?*

Unterwegs

Wie komme ich zu/nach …?	*Como eu faço para chegar a …?*
Wo (befindet sich)?	*Onde (fica)?*
Um wie viel Uhr?	*Que horas?*
Wie lange dauert es?	*Quanto tempo demora?*

Notfall

Können Sie mir bitte helfen?	*Você pode me ajudar, por favor?*
Ich brauche einen Arzt	*Eu preciso de um médico.*

Übernachten

Haben Sie ein Zimmer frei?	*Tem um quarto livre? Tem vaga?*
Wieviel kostet das Zimmer?	*Quanto é a diária?*
Ich habe ein Zimmer reserviert.	*Eu fiz reserva de um quarto.*

Einkaufen

Wie viel kostet es?	*Quanto custa/é?*
Wann öffnet…?	*Que horas abre …?*
Wann schließt …?	*Que horas fecha …?*

Register

Register

Register

Register

Zitate

S. 20 Aus: Carl D. Goerdeler, Brasilienblues, Gardez! Verlag, Remscheid 2013

S. 47 Aus: Sergio Buarque de Holanda, Die Wurzeln Brasiliens, Suhrkamp Verlag, 1995

S. 57 Aus: Oscar Niemeyer, Paroles d'Architecte, Mailand 1996, übersetzt von Robert Schediwy, Städtebilder, LIT Verlag, Wien 2005, S. 50 ff.

S. 96 Aus: Walter Baumgartner, Handbuch für Überseer, Kaufleute und Auswanderer anderer Berufe sowie für Übersee-, Import- und Exportfirmen. 1947/1948 (2 Teile in 1 Band), Verlag des Schweizerischen Kaufmännischen Vereins, Zürich 1947–48, 1948

S. 102 Aus: Stefan Zweig, Brasilien. Ein Land der Zukunft, Insel Verlag, Frankfurt a. M., 1981

S. 352/353 Aus: João Ubaldo Ribeiro, Ein Brasilianer in Berlin, aus dem brasilianischen Portugiesisch übersetzt von Ray-Güde Mertin, Suhrkamp Verlag, Frankfurt a. M. 1994

S. 418 Aus: Rita Lee, Normal em Curitiba, 1997

Abbildungsnachweis/Impressum

Abbildungsnachweis

DuMont Bildarchiv, Ostfildern: S. 244/245, 255, 287, 400 (Conrad Piepenburg)
Helmuth Taubald, Rio de Janeiro (BRA): S. 9 u., 161, 273
Huber-Images, Garmisch-Partenkirchen: S. 310/311 (Antonino Bartuccio); 117, 238, 278/279 (Antonino Bartuccio); 347 (Croppi Gabriele); 320/321 (Stefano Scatá)
iStock.com, Calgary (CA): S. 324 (Alberto Pomares); 338 (DanielAzocar); 54/55 (Grafissimo); 26/27 (Kalistratova); 290/291 (Marcelo Horn); 322 (Peeter Viisimaa)
Jo Holz, Mönchengladbach: S. 190
laif, Köln: S. 233 (Anita Back); 258/259 (Aurora/Vitor Marigo); 21 (Aurora/Chris Schmid); 47, 63 (Bernd Jonkmanns); 314, 317, 333 (Christian Heeb); 81, 294 (Conrad Piepenburg); 48 (Fractures/Anderson Barbosa); 327, 342 (Frank Tophoven); Titelbild (Gonzalo Azumendi); 131 (Hans-Bernhard Huber); 59 (Heiko Meyer); Umschlagklappe vorn, 150, 250/251 (hemis.fr/Bertrand Gardel); 180 (hemis.fr/Monica DALMASSO); 83 (hemis.fr/Sylvain Cordier); 33, 53 (Ignazio Sciacca); 303 (JACANA/Kurt AMSLER); 31 (Julien Chatelin); 307 (Le Figaro Magazine/Stanilas Fautre); 124 (Le Figaro Magazine/Stepan Gladieu); 359 (Malte Jaeger); 362/363 (Manfred Linke); 146 (Nitro Imagens); 51 (Paul Hahn); 128 (Ralf Kreuels); 200 (robertharding/Ian Trower); 269 (robertharding/Michael Runkel)
Lookphotos, München: S. 65 o., 229, 386 (age fotostock); 65 M., 97 (Hauke Dressler); 261, Umschlagrückseite u. (Photononstop)
Mato, Hamburg: S. 267, 282/283 (Aldo Pavan); 15, 43, 57, 79, 98, 110/111, 123, 227, 298, 378 (Antonino Bartuccio); 422 (Chris Seba); 16 (Giordano Cipriani); 77, 112, 217, 357, 369, 381, 408, Umschlagrückseite M. (Guido Cozzi); 354 (Marco Gaiotti)
Mauritius Images, Mittenwald: S. 67 (Alamy Stock Photos/Donatas Dabravolskas); 396 (Alamy Stock Photos/Eduardo Teixeira); 391 (Alamy Stock Photos/Luis Felipe Roedel); 218 (Alamy/Godong); 424 (hemis.fr/Heintz Jean); 135 (imagebroker/Florian Kopp); 156/157 (John Warburton-Lee/Christian Heeb)
Michael Ende, Rio de Janeiro (BRA): S. 240
Nicolas Stockmann, Salvador (BRA): S. 9 o. li.
picture-alliance, Frankfurt a. M. : S. 142 (akg-images)
Ricardo Kötter, Frankfurt a. M.: S. 72, 372
Shutterstock.com, Amsterdam (NL): S. 28 (Ammit Jack); 204 (ByDroneVideos); 195 (Fred S. Pinheiro); 138/139 (lazyllama); 104 (marchello74); 39 (Paulo Jr); Umschlagrückseite o. (People-Images.com - Yuri A)
Werner Rudhart, Sao Paulo (BRA): S. 9 o. re., 65 u., 69, 75 o., 75 u., 94, 153, 165, 167, 171, 192, 208, 220, 264, 284, 328/329, 348/349, 382/383, 404/405, 415, 426/427

Kartografie

Umschlagfotos

Titelbild: Beachvolleyball an der Praia do Forte in Bahia nördlich von Salvador; Umschlagklappe vorn: Praia da Lula bei Paraty, Costa Verde; Umschlagrückseite oben: Sambatänzerin mit Band

Besonderer Dank geht an: Miriam Cutz (TurisRio) für ihre Unterstützung bei unseren Recherchen im Bundesstaat Rio de Janeiro, an Márcia Pessoa und Patrícia Masche vom Rio CVB sowie Julio Correa (ABIH-RJ). In Foz do Iguaçu unterstützten uns Jandira Cordeiro und Jonas Neto (Setur). In Minas Gerais geht unser Dank vor allem an Neuma Horta (Belotur), das gesamte Team von SECULT, Érica Maia (Circuito Veredas do Paraopeba) sowie Natália França (Caminho de Ouro).

Hinweis: Autoren und Verlag haben alle Informationen mit größtmöglicher Sorgfalt geprüft. Gleichwohl sind Fehler nicht vollständig auszuschließen. Alle Angaben erfolgen ohne Gewähr. Bitte schreiben Sie uns! Über Ihre Rückmeldung zum Buch und über Verbesserungsvorschläge freuen sich Autoren und Verlag:

DuMont Reiseverlag, Postfach 3151, 73751 Ostfildern, E-Mail: info@dumontreise.de

5., aktualisierte Auflage 2024

Autoren: Nicolas Stockmann, Werner Rudhart, Helmuth Taubald
Lektorat: Britta Rath, Oliver Fülling; Bildredaktion: Susanne Troll
Grafisches Konzept: Groschwitz/Tempel, Hamburg
Printed in Czech Republik